高等院校经济金融类核心课程教材

U0407243

高级计量经济分析及Stata应用

主　编● 王周伟
副主编● 崔百胜
参　编● 李小平　汪传江

An Introduction to Advanced Econometrics using Stata

机械工业出版社
CHINA MACHINE PRESS

本书通过系统地介绍高级计量经济分析的理论、思想及应用，使读者掌握高级计量经济分析的方法，以具备利用高级计量经济分析方法解决实际经济问题的能力。本书包括大量的 Stata 软件应用内容。这些内容既能帮助读者熟练掌握实际应用中的 Stata 软件操作技巧，又能帮助读者巩固关于高级计量经济分析的理论知识。

本书不仅适合作为高等院校经济类、统计类、管理类等专业本科生和研究生的教材，还适合作为在社会实践中参与相关经济研究和决策的工作人员的参考书。

图书在版编目（CIP）数据

高级计量经济分析及 Stata 应用 / 王周伟主编 . 北京 : 机械工业出版社 , 2024. 10. -- (高等院校经济金融类核心课程教材). -- ISBN 978-7-111-77229-3

Ⅰ. F224.0-39

中国国家版本馆 CIP 数据核字第 2024BR1830 号

机械工业出版社（北京市百万庄大街 22 号 邮政编码 100037）

策划编辑：王洪波　　责任编辑：王洪波　高天宇

责任校对：王小童　马荣华　景　飞　　责任印制：任维东

河北鹏盛贤印刷有限公司印刷

2025 年 3 月第 1 版第 1 次印刷

185mm × 260mm · 30.75 印张 · 779 千字

标准书号：ISBN 978-7-111-77229-3

定价：99.00 元

电话服务　　网络服务

客服电话：010-88361066　　机　工　官　网：www.cmpbook.com

010-88379833　　机　工　官　博：weibo.com/cmp1952

010-68326294　　金　　书　　网：www.golden-book.com

封底无防伪标均为盗版　　机工教育服务网：www.cmpedu.com

前言
PREFACE

计量经济分析是经济学、管理学、教育学、医学、工学等学科领域中的主要量化分析方法。数字经济时代大数据量化分析的应用场景更为广泛与深化。Stata 软件是专注于统计分析与计量经济分析的专业软件，该软件因其系统性、专业性、便利高效性与开放性的比较优势，在学界和业界获得了广泛认可，成为最主流的分析软件之一。

本书是我们教研团队总结多年教学经验，精心策划编写而成的。编写过程中，参考了 Stata 软件使用手册及其帮助系统和国内外主流的应用计量经济学教材，力求博采众长，为读者提供系统、前沿和专业的计量经济分析理论知识及 Stata 软件应用。为便于学习计量经济分析知识，熟练掌握软件应用精髓，书中多数例子的程序数据选用了 Stata 软件公司提供的相关数据集。在此对 Stata 软件公司与相关学者表示衷心的感谢。

本书主要特色如下。

（1）内容系统前沿。本书包含了完整的微观计量经济学、宏观计量经济学和空间计量经济学基础等主流计量经济分析内容，也包含了部分前沿计量经济分析内容，如结构转换模型、内生协变量、非线性面板模型、处理效应、贝叶斯估计和 lasso 回归等。

（2）理论与应用并重。本书内容侧重计量经济分析，以及模型方法的 Stata 应用。模型方法的 Stata 应用提供了菜单操作路径和相关实现示例。理论讲解和示例指导相结合，示例图文融合，命令、语法、功能、数据、模型与程序步骤简洁明晰，力争简明扼要、通俗易懂。

（3）分层分类学习。按照理论逻辑与实践应用层次和软件实现应用体系，可将计量经济分析划分为初级和高级两个层次的内容。其中，初级内容主要是单方程计量经济分析内容与方法，是《计量经济分析及 Stata 应用》(已由北京大学出版社出版）的内容，适用于研究生、本科生和零基础学习者；本书为《计量经济分析及 Stata 应用》的延伸，介绍高级计量经济分析内容，主要包括多元时间序列、面板数据分析、内生协变量、结构方程模型、基本空间计量经济分析等内容，适用于研究生和大数据量化分析专业人员。

与Stata软件的计量经济分析应用模块相对应，本书分为14章。这是我们教研团队依据多年的教研经验合作完成的集体成果。其中，李小平编写了第1章，崔百胜和汪传江编写了第11章，其余章节由王周伟编写。为便于学习计量经济分析方法的Stata应用，参考Stata帮助系统，本书的教辅资料配套了所有示例的do文件和数据文件，供读者自行学习和实践应用。

由于编写团队水平有限，书中错漏之处在所难免，还望广大读者批评指正，多提宝贵建议，以便在后续版本中及时更正。

编者

2024年10月

教学建议

SUGGESTION

一、教学安排

《高级计量经济分析及Stata应用》是经济学、管理学、教育学等学科领域的专业基础课，其教学可以安排在第1或第2学期，计划16～18个教学周，每周3学时，共48～54学时。

二、前置知识或预修课程

微观经济学、宏观经济学、货币金融学、管理学、概率论与数理统计、统计学、计量经济学。

三、教学内容安排

对应Stata17软件中计量经济分析的较高级内容，根据量化分析应用研究实践需要，本教材包括14章，包括多元时间序列、面板数据分析、面板数据分析拓展、多层混合效应模型与有限混合模型、生存分析、内生协变量、因果推断、因果推断拓展、结构方程模型、联立方程模型、基本空间计量经济分析、贝叶斯估计、lasso回归和Stata编程基础。

本教材内容系统前沿，注重知行合一、学以致用。各部分适用场合、难易程度和量化实践应用内容侧重有所不同，具体教学时，需结合所授学科专业人才培养定位与教研实践要求。对于数量经济学和经济统计学等量化分析方法类专业，各计量经济分析模型与方法，都需要有较好的掌握，而且对于注重应用研究能力培养的特色专业，还需重点讲授第12章"贝叶斯估计"、第13章"lasso回归"和第14章"Stata编程基础"；对所授学科专业应用场景广泛但有比较集中的学科专业，可以有重点安排相关章节讲授，如对于金融学、金融工程、数智金融、金融科技等专业，多元时间序列、生存分析就是重点，对于产业经济学、区域经济学、国民经济学、环境与资源经济学等专业，面板数据分析及其拓展、基本空间计量经济分析就是重点。

作为应用研究性课程教授，首先是“知识”。应把计量经济分析技术、模型与方法的理论要点讲授清楚，并且就要点、难点与重点知识，给研究生布置思考题，多做练习，批阅讲解；知识点内容较多，可以边教授边总结梳理，温故知新，也可以利用思维导图等学习工具，描述计量逻辑和技术路线，指导学生系统掌握计量经济分析知识。

其次，就是“应用”。这里的“应用”应该包括两个方面。一是软件实现计量经济分析的技术、方法与模型，可以先后讲解且演示计量经济分析模型、技术与方法实现的Stata软件主要函数命令的语法格式、命令元素含义、估计后函数命令及其应用示例，让研究生操作练习，课后布置作业，让研究生解读软件实现操作结果或提交实验报告。二是学以致用，就是把计量经济分析的技术、方法与模型知识与Stata软件应用方法综合运用于本学科专业问题的分析与解决中，可以组织相关文献研读，布置课程论文写作任务。

再次，就是“研究”。课堂讲授时，要及时关注本学科专业领域的理论前沿、发展趋势与实践问题，系统培养问题量化研析技能，也要及时跟踪关注Stata软件应用的新程序、新函数命令、新功能与新场景等方面的新发展。

最后，就是“统筹”。统筹本课程的各项任务，合理构建“课程思政教育＋知识＋应用＋研究”协调并重的四维一体应用计量课程教学体系，有效实现课程教学总目标，为本学科专业的应用研究能力培养提供适用、扎实的方法论。

四、课时分布与建议

周次	教学内容	教学（学习）要点	课时安排	教学方式	其他教学建议（课程思政）
1	第1章 多元时间序列	1. 多元GARCH模型 2. 误差修正模型	3	1. 课程概述 2. 知识与软件实现讲授 3. 文献研读 4. 软件实现演示 5. 软件实现练习 6. 实验报告布置 7. 课程论文布置	学习习近平总书记关于数字经济的论述
2	第1章 多元时间序列	1. 向量自回归模型 2. 结构向量自回归模型 3. 向量误差修正模型 4. 向量误差修正模型的协整秩	3	1. 知识与软件实现讲授 2. 文献研读 3. 软件实现演示 4. 软件实现练习 5. 作业1布置	学习《习近平总书记指引我国数字经济高质量发展纪实》
3	第1章 多元时间序列	1. 动态因子模型 2. 状态空间模型 3. VAR模型的诊断和检验 4. VEC模型的诊断和检验 5. VAR/VEC模型预测 6. 脉冲响应和方差分解分析	3	1. 知识与软件实现讲授 2. 文献研读 3. 软件实现演示 4. 软件实现练习 5. 作业1讲评	学习习近平总书记的重要文章《不断做强做优做大我国数字经济》

（续）

周次	教学内容	教学（学习）要点	课时安排	教学方式	其他教学建议（课程思政）
4	第 2 章 面板数据分析	1. 面板数据模型设定的 Stata 基本实用工具 2. 线性面板回归 3. 随机效应的拉格朗日乘子检验 4. 带 AR（1）干扰项的面板线性回归 5. 随机系数广义最小二乘回归	3	1. 知识与软件实现讲授 2. 文献研读 3. 软件实现演示 4. 软件实现练习 5. 实验报告选题	学习《"十四五"数字经济发展规划》
5	第 2 章 面板数据分析	1. 动态面板数据 2. 面板数据的删失结果 3. 面板数据的同期相关	3	1. 知识与软件实现讲授 2. 文献研读 3. 软件实现演示 4. 软件实现练习 5. 作业 2 布置	学习《百项数字经济应用场景报告》
6	第 3 章 面板数据 分析拓展	1. 面板二元结果 2. 面板序数结果 3. 面板分类结果 4. 面板计数结果	3	1. 知识与软件实现讲授 2. 文献研读 3. 软件实现演示 4. 软件实现练习 5. 课程论文选题	"五爱"教育
7	第 3 章 面板数据 分析拓展	1. 广义线性面板模型 2. 面板样本选择线性模型 3. 面板数据协整检验 4. 面板单位根检验 5. 面板折线图	3	1. 知识与软件实现讲授 2. 文献研读 3. 软件实现演示 4. 软件实现练习 5. 作业 2 讲评	"四个意识""四个自信""两个维护"
8	第 3 章 面板数据 分析拓展	1. 面板随机前沿模型 2. 面板数据模型的分位数回归估计 3. 面板门限回归模型 4. 动态面板门限回归模型 5. 面板平滑转换模型	3	1. 知识与软件实现讲授 2. 文献研读 3. 软件实现演示 4. 软件实现练习 5. 作业 3 布置	1. 社会责任与职业道德 2. 社会主义核心价值观
9	第 4 章 多层混合效应 模型与有限 混合模型	1. 多层混合效应线性回归 2. 多层混合效应非线性回归 3. 多层混合效应 logistic 回归 4. 有限混合模型	3	1. 知识与软件实现讲授 2. 文献研读 3. 软件实现演示 4. 软件实现练习 5. 实验报告写作辅导	聚焦"碳中和"，构建新发展格局
10	第 5 章 生存分析	1. 风险函数 2. 生存数据的归并与描述分析 3. Cox 比例风险模型 4. 检验 Cox 比例风险模型的假设 5. 间隔审查的 Cox 比例风险模型 6. 竞争风险回归 7. 参数生存模型 8. 面板数据随机效应参数生存回归模型 9. 多层混合效应参数生存回归模型	3	1. 知识与软件实现讲授 2. 文献研读 3. 软件实现演示 4. 软件实现练习 5. 课程论文研究设计与写作辅导	学习习近平总书记关于守住不发生系统性金融风险底线的论述
11	第 6 章 内生协变量	1. 含内生协变量的线性回归 2. 含内生协变量的扩展线性回归分析 3. 三阶段最小二乘法 4. 广义矩估计法 5. 含连续内生协变量的 probit 模型	3	1. 知识与软件实现讲授 2. 文献研读 3. 软件实现演示	学习习近平总书记关于经济高质量发展的论述

（续）

周次	教学内容	教学（学习）要点	课时安排	教学方式	其他教学建议（课程思政）
11	第 6 章 内生协变量	6. 含内生协变量的扩展 probit 回归 7. 含内生协变量的扩展有序 probit 回归 8. 含内生协变量的 Tobit 回归 9. 含内生协变量的区间回归 10. 含内生协变量的泊松模型估计 11. 含内生协变量的面板数据分析 12. 含内生协变量的随机效应回归	3	4. 软件实现练习 5. 实验报告讲评 6. 作业 3 讲评	学习习近平总书记关于经济高质量发展的论述
12	第 7 章 因果推断	1. 处理效应分析基础 2. 回归调整估计法 3. 逆概率加权估计法 4. 增广逆概率加权估计法 5. 逆概率加权回归调整估计法 6. 最近邻匹配估计 7. 倾向性得分匹配 8. 双重差分模型与三重差分模型 9. 合成控制法 10. 断点回归模型	3	1. 知识与软件实现讲授 2. 文献研读 3. 软件实现演示 4. 软件实现练习 5. 文献研读交流	学习习近平总书记关于“创新、协调、绿色、开放、共享”的五大新发展理念的相关论述
13	第 8 章 因果推断拓展	1. 处理效应的控制函数估计法 2. 处理效应的最大似然估计 3. 处理效应的含内生变量和样本选择的扩展线性回归分析 4. 处理效应的扩展 probit 回归分析 5. 处理效应的扩展有序 probit 回归分析 6. 处理效应的含内生变量和样本选择的区间回归模型分析 7. 处理效应的随机效应回归分析 8. 处理效应的随机效应 probit 回归分析 9. 处理效应的面板随机效应有序 probit 回归分析 10. 处理效应的随机效应区间回归分析	3	1. 知识与软件实现讲授 2. 文献研读 3. 软件实现演示 4. 软件实现练习 5. 文献研读交流	学习习近平总书记关于不断推进国家治理体系和治理能力现代化的系列重要论述
14	第 9 章 结构方程模型	1. 结构方程模型的构建方法 2. 结构方程模型的识别和估计 3. 结构方程模型的评价和修正 4. 结构方程模型与广义结构方程模型	3	1. 知识与软件实现讲授 2. 文献研读 3. 软件实现演示 4. 软件实现练习 5. 实验报告写作交流与演示	学习习近平总书记关于金融供给侧改革的系列重要论述
15	第 10 章 联立方程模型	1. 联立方程模型的识别 2. 多元回归 3. 似不相关回归 4. 三阶段最小二乘法 5. 系统广义矩估计 6. 完全信息最大似然估计法 7. 非线性似不相关回归	3	1. 知识与软件实现讲授 2. 文献研读 3. 软件实现演示 4. 软件实现练习 5. 实验报告写作交流与演示	学习习近平经济思想

（续）

周次	教学内容	教学（学习）要点	课时安排	教学方式	其他教学建议（课程思政）
16	第 11 章 基本空间 计量经济分析	1. 空间权重矩阵 2. 空间数据可视化 3. 空间自相关分析	3	1. 知识与软件实现讲授 2. 文献研读 3. 软件实现演示 4. 软件实现练习 5. 课程论文软件实现演示与写作交流	学习习近平总书记在全球发展高层对话会上的重要讲话
17	第 11 章 基本空间 计量经济分析	1. 空间相关模式识别与空间计量模型设定 2. 具有空间自相关误差项的截面空间自相关模型	3	1. 知识与软件实现讲授 2. 文献研读 3. 软件实现演示 4. 软件实现练习 5. 课程论文软件实现演示与写作交流	学习习近平总书记关于乡村振兴与“三农”工作的系列重要论述
18	第 11 章 基本空间 计量经济分析	1. 空间自回归模型 2. 空间误差模型 3. 空间杜宾模型 4. 空间面板模型	3	1. 知识与软件实现讲授 2. 文献研读 3. 软件实现演示 4. 软件实现练习 5. 课程论文软件实现演示与写作交流	学生自学或学科专业自选
	第 12 章 贝叶斯估计	1. 贝叶斯估计原理 2. 贝叶斯估计命令 3. 贝叶斯线性回归 4. MH 算法的贝叶斯模型	0	—	
	第 13 章 lasso 回归	1. lasso 回归预测及模型选择 2. 平方根 lasso 回归 3. 弹性网络回归	0	—	
	第 14 章 Stata 编程基础	1. 基本工具 2. 程序文件的基本格式 3. 程序控制与循环命令 4. 矩阵命令 5. 矩阵编程	0	—	
合计	—		54	—	—

注：1. 表中“课时安排”指该部分内容的建议教学时间。每周 3 节课，每节课 45 分钟。

2. 建议研究生上课自带笔记本计算机，学练结合，不集中安排上机操作课时，软件实现练习随堂安排。

3. 建议按照学科专业分层分类，统一组织教学，建议以 30 人左右为一个教学班。

五、考核建议

按照课程应用研究教授的培养目标，建议课程考核内容和分值（百分制）比重安排如下。

序号	项目	考核内容	单项分值	备注
1	学习态度	出勤、课堂问答、课堂汇报交流等	10	—
2	课后作业	3 次课后作业布置、1 次文献研读交流等	20	分批次布置、交流
3	实验报告	选题与问题提出，模型方法使用准确，量化分析逻辑严谨合理，软件实现步骤清晰，结果解读准确完整，汇报交流，报告写作	20	分批次演示交流
4	课程论文	选题、问题提出与创新贡献，理论分析与实证研究方法，结果分析、结论启示，汇报交流，论文写作	20	分批次汇报交流
5	期末考试	理论知识与软件实现操作，各占 50%	30	分层分类，统一教学

目 录

CONTENTS

第1章
CHAPTER 1

多元时间序列

1.1 多元 GARCH 模型

多元 GARCH（以下简称 MGARCH）模型允许因变量的条件协方差矩阵遵循灵活的动态结构，并允许条件均值遵循向量自回归（VAR）结构。

对于大多数问题，通用的 MGARCH 模型过于灵活。文献中有许多受限的 MGARCH 模型，因为没有参数化总是在灵活性和简约性之间提供最佳权衡。

MGARCH 实现了四种常用的参数化模型：对角向量（DVECH）模型、恒定条件相关（CCC）模型、动态条件相关（DCC）模型和时变条件相关（VCC）模型。

本节将围绕 MGARCH 中实现的模型进行介绍。首先给出了一般的 MGARCH 模型的形式化定义，以便进行模型比较。一般的 MGARCH 模型为

$$\begin{aligned} \boldsymbol{y}_t &= \boldsymbol{C}\boldsymbol{X}_t + \varepsilon_t \\ \varepsilon_t &= \boldsymbol{H}_t^{1/2}\boldsymbol{v}_t \end{aligned} \tag{1-1}$$

其中，$\boldsymbol{y}_t$ 为 $m \times 1$ 维因变量向量；$\boldsymbol{C}$ 为 $m \times k$ 维参数矩阵；$\boldsymbol{X}_t$ 为 $k \times 1$ 维自变量向量，其中可能包含 $\boldsymbol{y}_t$ 的滞后；$\boldsymbol{H}_t^{1/2}$ 是时变条件协方差矩阵 $\boldsymbol{H}_t$ 的 Cholesky 因子；$\boldsymbol{v}_t$ 是零均值、单位方差和独立同分布（i.i.d.）的 $m \times 1$ 维向量。

在一般的 MGARCH 模型中，$\boldsymbol{H}_t$ 是一元 GARCH 模型的矩阵推广。例如，在具有一个自回归条件异方差（ARCH）项和一个 GARCH 项的一般 MGARCH 模型中

$$\text{vech}(\boldsymbol{H}_t) = \boldsymbol{s} + \boldsymbol{A}\text{vech}(\varepsilon_{t-1}\varepsilon'_{t-1}) + \boldsymbol{B}\text{vech}(\boldsymbol{H}_{t-1}) \tag{1-2}$$

其中，函数 vech 将对称矩阵中主对角线上或主对角线下的唯一元素堆叠成一个向量，$\boldsymbol{s}$ 是参数向量，$\boldsymbol{A}$ 和 $\boldsymbol{B}$ 是参数的一致矩阵。由于该模型使用函数 vech 来提取和建模 $\boldsymbol{H}_t$ 的独特元素，因此也被称为 VECH 模型。

因为它是一个条件协方差矩阵，所以 $\boldsymbol{H}_t$ 必须是正定的。式（1-2）可表明 $\boldsymbol{s}$、$\boldsymbol{A}$ 和 $\boldsymbol{B}$ 中的参数不是唯一确定的，必须对 $\boldsymbol{s}$、$\boldsymbol{A}$ 和 $\boldsymbol{B}$ 施加进一步的限制，以确保 $\boldsymbol{H}_t$ 对所有 t 都是正定的。

多元 GARCH 模型的随机项可以假设服从正态分布或 t 分布，参数估计方法一般使用最大似然估计法（ML）和准最大似然估计法（QML）。

1.1.1 DVECH-MGARCH 模型

Bollerslev、Engle 和 Wooldridge（1988）通过将 $\boldsymbol{A}$ 和 $\boldsymbol{B}$ 限制为对角，推导出了对角向量多元 GARCH（DVECH-MGARCH）模型。虽然 DVECH 模型比一般模型要简单得多，但它只能处理几个序列，因为参数的数量随序列的数量呈二次增长。例如，在 $\boldsymbol{H}_t$ 的 DVECH(1, 1) 模型中有 $3m(m+1)/2$ 个参数。

尽管有大量参数，对角线结构意味着每个条件方差和每个条件协方差取决于其自身的过去，而不是其他条件方差和条件协方差的过去。形式上，在 DVECH(1, 1) 模型中，$\boldsymbol{H}_t$ 的每个元素都可以表示为

$$h_{ij,t} = s_{ij} + a_{ij}\varepsilon_{i,(t-1)}\varepsilon_{j,(t-1)} + b_{ij}h_{ij,(t-1)} \tag{1-3}$$

参数估计可能很困难，因为它要求每个 t 的 $\boldsymbol{H}_t$ 是正定的。每个 t 的 $\boldsymbol{H}_t$ 是正定的要求对非对角元素施加了复杂的限制。

Bollerslev、Engle 和 Wooldridge（1988）开发的一般 VECH-MGARCH 模型可以写成

$$\begin{gathered}\boldsymbol{y}_t = \boldsymbol{C}\boldsymbol{X}_t + \varepsilon_t \\ \varepsilon_t = \boldsymbol{H}_t^{1/2}\boldsymbol{v}_t \\ \boldsymbol{h}_t = \boldsymbol{s} + \sum_{i=1}^{p}\boldsymbol{A}_i \mathrm{vech}(\varepsilon_{t-i}\varepsilon'_{t-i}) + \sum_{j=1}^{q}\boldsymbol{B}_j \boldsymbol{h}_{t-j}\end{gathered} \tag{1-4}$$

其中，$\boldsymbol{y}_t$ 为 $m\times 1$ 维因变量向量；$\boldsymbol{C}$ 为 $m\times k$ 维参数矩阵；$\boldsymbol{X}_t$ 为 $k\times 1$ 维自变量向量，其中可能包含 $\boldsymbol{y}_t$ 的滞后项；$\boldsymbol{H}_t^{1/2}$ 是时变条件协方差矩阵 $\boldsymbol{H}_t$ 的 Cholesky 因子；$\boldsymbol{v}_t$ 是零均值、单位方差和 i.i.d. 的 $m\times 1$ 维向量；$\boldsymbol{h}_t = \mathrm{vech}(\boldsymbol{H}_t)$，例如，函数 vech 将对称矩阵中主对角线下的元素堆叠成列向量，$\mathrm{vech}\begin{pmatrix}1 & 2\\ 2 & 3\end{pmatrix} = (1,2,3)'$；$\boldsymbol{s}$ 是一个 $m(m+1)/2\times 1$ 维的参数向量；$\boldsymbol{A}_i$ 和 $\boldsymbol{B}_j$ 为 $\{m(m+1)/2\}\times\{m(m+1)/2\}$ 维参数矩阵。

Bollerslev、Engle 和 Wooldridge（1988）认为式（1-4）中的一般 VECH-MGARCH 模型对数据太灵活，因此他们建议将矩阵 $\boldsymbol{A}_i$ 和 $\boldsymbol{B}_j$ 限制为对角矩阵。正是由于这种限制，该模型被称为对角向量模型。DVECH-MGARCH 模型也可以将式（1-4）替换为

$$\begin{gathered}\boldsymbol{y}_t = \boldsymbol{C}\boldsymbol{X}_t + \varepsilon_t \\ \varepsilon_t = \boldsymbol{H}_t^{1/2}\boldsymbol{v}_t \\ \boldsymbol{H}_t = \boldsymbol{S} + \sum_{i=1}^{p}\boldsymbol{A}_i \odot \varepsilon_{t-i}\varepsilon'_{t-i} + \sum_{j=1}^{q}\boldsymbol{B}_j \odot \boldsymbol{H}_{t-j}\end{gathered} \tag{1-5}$$

其中，$\boldsymbol{S}$、$\boldsymbol{A}_i$ 和 $\boldsymbol{B}_j$ 为 $m\times m$ 维参数矩阵；$\odot$ 为矩阵点乘，即两个矩阵的每个对应元素逐个相乘。

DVECH-MGARCH 模型的 Stata 命令如下。

其菜单操作为：

Statistics > Multivariate time series > Multivariate GARCH

语法为：

mgarch dvech eq [eq ⋯ eq] [if] [in] [, options]

其中，options（选择项）有以下设定：

options		描述
model	arch(numlist)	arch 项
	garch(numlist)	garch 项
	distribution(dist[#])	误差服从的分布［可以是高斯分布（同义词为 normal）或 *t* 分布；默认值为高斯分布］
	constraints(numlist)	应用线性约束
SE/robust	vce(vcetype)	oim 或 robust
	level(#)	设定置信水平；默认为级别（95）
	noncnsreport	不约束
	display_options	控制列和列格式、行间距、线宽、省略变量、基单元格和空单元格的显示，以及因子变量标签
maximization	maximize_options	控制最大化过程；很少使用
	from(matname)	系数的初始值；很少使用
	svtechnique(algorithm_spec)	起始值最大化算法
	sviterate(#)	起始值迭代次数；默认值为 sviterate（25）
	coeflegend	显示图例而不是统计数据

例 1.1　具有公共协变量的模型

例 1.2　具有因方程不同而不同的协变量的模型

请扫码查看例 1.1 的内容　　请扫码查看例 1.2 的内容

例 1.3　带约束的模型

在这里，我们分析了一些虚构的每周数据，关于在 Acme 公司和 Anvil 公司的工厂中发现的坏部件的百分比。我们将这些级别建模为一阶自回归过程。这些公司的适应性管理风格导致差异遵循一个 DVECH-MGARCH 过程，带有一个 ARCH 项和一个 GARCH 项。此外，我们对这两家公司施加了 ARCH 和 GARCH 系数相同的约束。

（1）下载数据。

.use https://www.stata-press.com/data/r17/acme

（2）施加约束。

.constraint 1 [L.ARCH]1_1 = [L.ARCH]2_2

.constraint 2 [L.GARCH]1_1 = [L.GARCH]2_2

（3）DVECH-MGARCH 模型估计。

.mgarch dvech (acme = L.acme) (anvil = L.anvil), arch(1) garch(1) constraints(1 2)

```
Diagonal vech MGARCH model

Sample: 1969w35 - 1998w25                        Number of obs    =     1,499
Distribution: Gaussian                           Wald chi2(2)     =    272.47
Log likelihood =   -5973.8                       Prob > chi2      =    0.0000

 ( 1)  [L.ARCH]1_1 - [L.ARCH]2_2 = 0
 ( 2)  [L.GARCH]1_1 - [L.GARCH]2_2 = 0
------------------------------------------------------------------------------
             |      Coef.   Std. Err.      z    P>|z|     [95% Conf. Interval]
-------------+----------------------------------------------------------------
acme         |
        acme |
         L1. |   .3365278   .0255134    13.19   0.000     .2865225    .3865331
             |
       _cons |   1.124611    .060085    18.72   0.000     1.006847    1.242376
-------------+----------------------------------------------------------------
anvil        |
       anvil |
         L1. |   .3151955   .0263287    11.97   0.000     .2635922    .3667988
             |
       _cons |   1.215786   .0642052    18.94   0.000     1.089947    1.341626
-------------+----------------------------------------------------------------
Sigma0       |
         1_1 |   1.889237   .2168733     8.71   0.000     1.464173    2.314301
         2_1 |   .4599576   .1139843     4.04   0.000     .2365525    .6833626
         2_2 |   2.063113   .2454633     8.40   0.000     1.582014    2.544213
-------------+----------------------------------------------------------------
L.ARCH       |
         1_1 |   .2813443   .0299124     9.41   0.000      .222717    .3399716
         2_1 |    .181877   .0335393     5.42   0.000     .1161412    .2476128
         2_2 |   .2813443   .0299124     9.41   0.000      .222717    .3399716
-------------+----------------------------------------------------------------
L.GARCH      |
         1_1 |   .1487581   .0697531     2.13   0.033     .0120445    .2854716
         2_1 |    .085404   .1446524     0.59   0.555    -.1981094    .3689175
         2_2 |   .1487581   .0697531     2.13   0.033     .0120445    .2854716
------------------------------------------------------------------------------
```

我们可以通过拟合无约束模型并执行 Wald 检验或似然比检验来检验约束性。结果表明，我们可能会进一步限制条件方差的时不变性，使其在公司间保持相同。

例 1.4　带有 GARCH 项的模型

例 1.5　动态预测

请扫码查看例 1.4 的内容

在例 1.3 中，我们获得了 Acme 公司和 Anvil 公司虚构小部件数据的动态预测。

（1）下载数据。

.use https://www.stata-press.com/data/r17/acme

（2）施加约束。

.constraint 1 [L.ARCH]1_1 = [L.ARCH]2_2

.constraint 2 [L.GARCH]1_1 = [L.GARCH]2_2

（3）DVECH-MGARCH 模型估计。

.mgarch dvech (acme = L.acme) (anvil = L.anvil), arch(1) garch(1) constraints(1 2)

```
Diagonal vech MGARCH model

Sample: 1969w35 - 1998w25                        Number of obs    =     1,499
Distribution: Gaussian                           Wald chi2(2)     =    272.47
Log likelihood =   -5973.8                       Prob > chi2      =    0.0000
```

(1)　[L.ARCH]1_1 - [L.ARCH]2_2 = 0
(2)　[L.GARCH]1_1 - [L.GARCH]2_2 = 0

	Coef.	Std. Err.	z	P>|z|	[95% Conf. Interval]	
acme						
acme L1.	.3365278	.0255134	13.19	0.000	.2865225	.3865331
_cons	1.124611	.060085	18.72	0.000	1.006847	1.242376
anvil						
anvil L1.	.3151955	.0263287	11.97	0.000	.2635922	.3667988
_cons	1.215786	.0642052	18.94	0.000	1.089947	1.341626
Sigma0						
1_1	1.889237	.2168733	8.71	0.000	1.464173	2.314301
2_1	.4599576	.1139843	4.04	0.000	.2365525	.6833626
2_2	2.063113	.2454633	8.40	0.000	1.582014	2.544213
L.ARCH						
1_1	.2813443	.0299124	9.41	0.000	.222717	.3399716
2_1	.181877	.0335393	5.42	0.000	.1161412	.2476128
2_2	.2813443	.0299124	9.41	0.000	.222717	.3399716
L.GARCH						
1_1	.1487581	.0697531	2.13	0.033	.0120445	.2854716
2_1	.085404	.1446524	0.59	0.555	-.1981094	.3689175
2_2	.1487581	.0697531	2.13	0.033	.0120445	.2854716

（4）扩展数据。

.tsappend, add(1_2)

（5）动态预测。

.predict H*, variance dynamic(tw(1998w26))

（6）画图。

.tsline H_acme_acme H_anvil_anvil if t>=tw(1995w25), legend(rows(2))

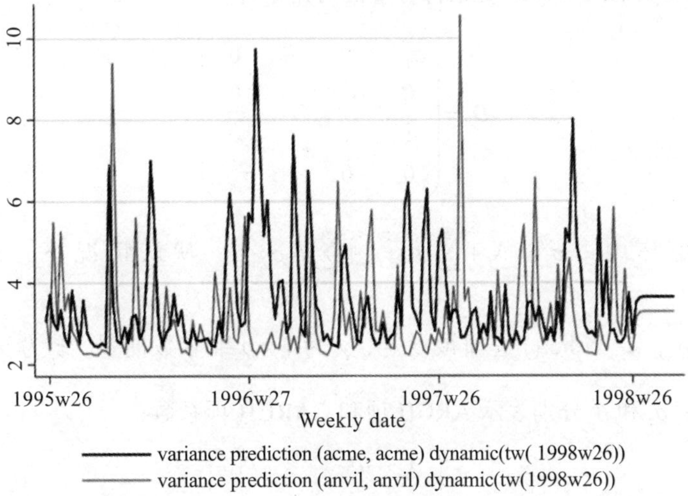

该图显示，Acme 和 Anvil 公司的条件方差的样本内预测是相似的，动态预测收敛到相似的水平。该图还表明，ARCH 和 GARCH 参数会导致显著的时变波动。acme 的预测条件方差范围是从略高于 2 的低点到高于 10 的高点。

例 1.6　预测样本内条件方差

请扫码查看例 1.6 的内容

1.1.2　CCC-MGARCH 模型

CC（条件相关）模型使用一元 GARCH 模型的非线性组合来表示条件协方差。在每个 CC 模型中，条件协方差矩阵通过构造是正定的，并且结构简单，便于参数估计。随着时间序列数量的增加，CC 模型的参数增长率低于 DVECH 模型。

在 CC 模型中，$\boldsymbol{H}_t$ 分解为条件相关性矩阵 $\boldsymbol{R}_t$ 和条件方差对角矩阵 $\boldsymbol{D}_t$：

$$\boldsymbol{H}_t = \boldsymbol{D}_t^{1/2}\boldsymbol{R}_t\boldsymbol{D}_t^{1/2} \tag{1-6}$$

其中，每个条件方差遵循一个一元 GARCH 过程，$\boldsymbol{R}_t$ 的参数化因模型而异。

式（1-6）意味着

$$h_{ij,t} = \rho_{ij,t}\sigma_{i,t}\sigma_{j,t} \tag{1-7}$$

其中，$\sigma_{i,t}^2 = (\sigma_{i,t})^2$ 由一元 GARCH 过程建模。式（1-7）强调了 CC 模型使用一元 GARCH 模型的非线性组合来表示条件协方差，并且 $\rho_{ij,t}$ 模型中的参数描述了方程 i 和 j 中的误差一起移动的程度。

MGARCH 中实现的三个 CC 模型在参数化 $\boldsymbol{R}_t$ 的方式上有所不同。

Bollerslev（1990）提出了一个 CC-MGARCH 模型［（见式（1-8）］，其中相关矩阵是时不变的。正是由于这个原因，该模型被称为 CCC（恒定条件相关）-MGARCH 模型。将 $\boldsymbol{R}_t$ 限制为常数矩阵可以减少参数数量并简化估计，但在许多经验应用中可能过于严格。

$$\begin{aligned} \boldsymbol{y}_t &= \boldsymbol{C}\boldsymbol{X}_t + \varepsilon_t \\ \varepsilon_t &= \boldsymbol{H}_t^{1/2}\boldsymbol{v}_t \\ \boldsymbol{H}_t &= \boldsymbol{D}_t^{1/2}\boldsymbol{R}\boldsymbol{D}_t^{1/2} \end{aligned} \tag{1-8}$$

其中，$\boldsymbol{y}_t$ 为 $m\times 1$ 维因变量向量；$\boldsymbol{C}$ 为 $m\times k$ 维参数矩阵；$\boldsymbol{X}_t$ 为 $k\times 1$ 维自变量向量，其中可能包含 $\boldsymbol{y}_t$ 的滞后；$\boldsymbol{H}_t^{1/2}$ 是时变条件协方差矩阵 $\boldsymbol{H}_t$ 的 Cholesky 因子；$\boldsymbol{v}_t$ 是零均值、单位方差和 i.i.d. 的 $m\times 1$ 维向量；$\boldsymbol{D}_t$ 为条件方差的对角矩阵，

$$\boldsymbol{D}_t = \begin{pmatrix} \sigma_{1,t}^2 & 0 & \cdots & 0 \\ 0 & \sigma_{2,t}^2 & \cdots & 0 \\ \vdots & \vdots & & \vdots \\ 0 & 0 & \cdots & \sigma_{m,t}^2 \end{pmatrix}$$

上面这个矩阵中，$\sigma_{i,t}^2 = \boldsymbol{s}_i + \sum_{j=1}^{p_i}\alpha_j\varepsilon_{i,t-j}^2 + \sum_{j=1}^{q_i}\beta_j\sigma_{i,t-j}^2$，默认情况下，$\sigma_{i,t}^2 = \exp(\boldsymbol{\gamma}_i\boldsymbol{z}_{i,t}) + \sum_{j=1}^{p_i}\alpha_j\varepsilon_{i,t-j}^2 + \sum_{j=1}^{q_i}\beta_j\sigma_{i,t-j}^2$，当 het() 选项被设定，$\boldsymbol{\gamma}_t$ 为 $1\times p$ 维参数向量，$\boldsymbol{z}_i$ 为 $p\times 1$ 维包含常数项的自变量向量；α_j 和 β_j 分别表示 ARCH 项和 GARCH 项系数；

$$\boldsymbol{R} = \begin{pmatrix} 1 & \rho_{12} & \cdots & \rho_{1m} \\ \rho_{12} & 1 & \cdots & \rho_{2m} \\ \vdots & \vdots & & \vdots \\ \rho_{1m} & \rho_{2m} & \cdots & 1 \end{pmatrix}$$

CCC-MGARCH 模型的 Stata 命令如下。

其菜单操作为：

Statistics > Multivariate time series > Multivariate GARCH

语法为：

mgarch ccc eq [eq ... eq] [if] [in] [, options]

每个 eq 有自己的形式：

(depvars =[indepvars] [, eqoptions])

选项		描述
model	arch(numlist)	arch 项
	garch(numlist)	garch 项
	distribution(dist[#])	误差服从的分布［可以是高斯分布（同义词为 normal）或 t 分布；默认值为高斯分布］
	constraints(numlist)	应用线性约束
SE/robust	vce(vcetype)	oim 或 robust
	level(#)	设定置信水平；默认为级别（95）
	noncnsreport	不约束
	display_options	控制列和列格式、行间距、线宽、省略变量、基本元素和空值元素的显示，以及因子变量标签
maximization	maximize_options	控制最大化过程；很少使用
	from(matname)	系数的初始值；很少使用
	svtechnique(algorithm_spec)	起始值最大化算法
	sviterate(#)	起始值迭代次数；默认值为 sviterate（25）
	coeflegend	显示图例而不是统计数据
eqoptions	noconstant	抑制均值方程中的常数项
	arch(numlist)	arch 项
	garch(numlist)	garch 项
	het(varlist)	在条件方差的规范中包括 varlist

例 1.7　CCC-MGARCH 模型的 Stata 实现

例 1.8　具有因方程不同而不同的协变量的模型

例 1.9　带约束的模型

例 1.10　带有 GARCH 项的模型

请扫码查看例 1.7 的内容

请扫码查看例 1.8 的内容

请扫码查看例 1.9 的内容

请扫码查看例 1.10 的内容

例 1.11 动态预测

在本例中，我们获得了例 1.8 中建模的丰田、日产和本田股票收益率的动态预测。在下面的输出中，我们重新估计了模型的参数，使用 tsappend 扩展数据，并使用 predict 获得样本中的提前一步预测和收益条件方差的动态预测。我们将下面的预测用图形表示出来。

（1）下载数据。

.use https://www.stata-press.com/data/r17/stocks

（2）CCC-MGARCH 模型估计。

.quietly mgarch ccc (toyota nissan = , noconstant)

> (honda = L.nissan, noconstant), arch(1) garch(1)

（3）扩展数据。

.tsappend, add(50)

（4）预测。

.predict H*, variance dynamic(2016)

（5）画图来表示预测的数据。

.tsline H_toyota_toyota H_nissan_nissan H_honda_honda if t>1600, legend(rows(3)) xline(2015)

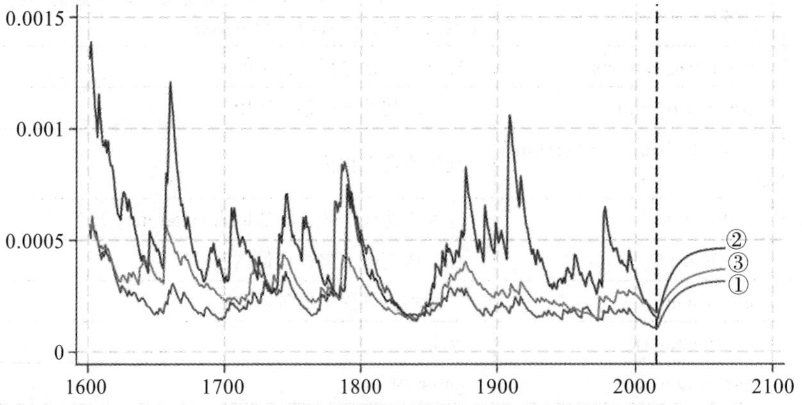

1.1.3 DCC-MGARCH 模型

在 MGARCH 模型的条件相关族中，H_t 的对角元素被建模为一元 GARCH 模型，而不是对角元素被建模为对角项的非线性函数。在动态条件相关多元 GARCH（DCC-MGARCH）模型中，

$$h_{ij,t} = \rho_{ij,t}\sqrt{h_{ii,t}h_{jj,t}} \tag{1-9}$$

由于 $\rho_{ij,t}$ 随时间变化，因此该模型被称为 DCC-MGARCH 模型。

Engle（2002）提出的 DCC-MGARCH 模型可以写成

$$
\begin{aligned}
\boldsymbol{y}_t &= \boldsymbol{C}\boldsymbol{X}_t + \varepsilon_t \\
\varepsilon_t &= \boldsymbol{H}_t^{1/2}\boldsymbol{v}_t \\
\boldsymbol{H}_t &= \boldsymbol{D}_t^{1/2}\boldsymbol{R}_t\boldsymbol{D}_t^{1/2} \\
\boldsymbol{R}_t &= \text{diag}(\boldsymbol{Q}_t)^{-1/2}Q_t\text{diag}(\boldsymbol{Q}_t)^{-1/2} \\
\boldsymbol{Q}_t &= (1-\lambda_1-\lambda_2)\boldsymbol{R} + \lambda_{1t-1}\tilde{\varepsilon}_{t-1}\tilde{\varepsilon}'_{t-1} + \lambda_2\boldsymbol{Q}_{t-1}
\end{aligned}
\tag{1-10}
$$

其中，$\boldsymbol{y}_t$ 为 $m\times 1$ 维因变量向量；$\boldsymbol{C}$ 为 $m\times k$ 维参数矩阵；$\boldsymbol{X}_t$ 为 $k\times 1$ 维自变量向量，其中可能包含 $\boldsymbol{y}_t$ 的滞后；$\boldsymbol{H}_t^{1/2}$ 是时变条件协方差矩阵 $\boldsymbol{H}_t$ 的 Cholesky 因子；$\boldsymbol{v}_t$ 是零均值、单位方差和 i.i.d. 的 $m\times 1$ 维向量；$\boldsymbol{D}_t$ 为条件方差的对角矩阵，

$$
\boldsymbol{D}_t = \begin{pmatrix} \sigma_{1,t}^2 & 0 & \cdots & 0 \\ 0 & \sigma_{2,t}^2 & \cdots & 0 \\ \vdots & \vdots & & \vdots \\ 0 & 0 & \cdots & \sigma_{m,t}^2 \end{pmatrix}
$$

上面的矩阵中，$\sigma_{i,t}^2 = \boldsymbol{s}_i + \sum_{j=1}^{p_i}\alpha_j\varepsilon_{i,t-j}^2\sum_{j=1}^{q_i}\beta_j\sigma_{i,t-j}^2$，默认情况下，$\sigma_{i,t}^2 = \exp(\boldsymbol{\gamma}_i\boldsymbol{z}_{i,t}) + \sum_{j=1}^{p_i}\alpha_j\varepsilon_{i,t-j}^2 + \sum_{j=1}^{q_i}\beta_j\sigma_{i,t-j}^2$，当 het() 选项被设定，$\boldsymbol{\gamma}_t$ 为 $1\times p$ 维参数向量，$\boldsymbol{z}_i$ 为 $p\times 1$ 维包含常数项的自变量向量；α_j 和 β_j 分别表示 ARCH 项和 GARCH 项系数；$\boldsymbol{R}_t$ 为式（1-10）条件相关矩阵，

$$
\boldsymbol{R}_t = \begin{pmatrix} 1 & \rho_{12,t} & \cdots & \rho_{1m,t} \\ \rho_{12,t} & 1 & \cdots & \rho_{2m,t} \\ \vdots & \vdots & \ddots & \vdots \\ \rho_{1m,t} & \rho_{2m,t} & \cdots & 1 \end{pmatrix}
$$

$\tilde{\varepsilon}_t = \boldsymbol{D}_t^{-1/2}\varepsilon_t$；$0 \leqslant \lambda_1 + \lambda_2 < 1$。

其菜单操作为

Statistics > Multivariate time series > Multivariate GARCH

DCC-MGARCH 模型的 Stata 命令为

```
mgarch dcc eq [eq ... eq] [if] [in] [, options]
```

每个 eq 有自己的形式：

```
(depvars =[ indepvars] [, eqoptions])
```

选项类型	选项	描述
model	arch(numlist)	arch 项
	garch(numlist)	garch 项
	distribution(dist[#])	误差服从的分布［可以是高斯分布（同义词为 normal）或 t 分布；默认值为高斯分布］
	constraints(numlist)	应用线性约束
SE/robust	vce(vcetype)	oim 或 robust
	reporting	
	level(#)	设定置信水平；默认为级别（95）
	noncnsreport	不约束
	display_options	控制列和列格式、行间距、线宽、省略变量、基单元格和空单元格的显示，以及因子变量标签

（续）

选项类型	选项	描述
maximization	maximize_options	控制最大化过程；很少使用
	from(matname)	系数的初始值；很少使用
	svtechnique(algorithm_spec)	起始值最大化算法
	sviterate(#)	起始值迭代次数；默认值为 sviterate（25）
	coeflegend	显示图例而不显示统计数据
eqoptions	noconstant	抑制均值方程中的常数项
	arch(numlist)	arch 项
	garch(numlist)	garch 项
	het(varlist)	在条件方差的规范中包括 varlist

例 1.12　具有公共协变量的模型

例 1.13　具有因方程不同而不同的协变量的模型

例 1.14　带约束的模型

例 1.15　带有 GARCH 项的模型

请扫码查看例 1.12 的内容

请扫码查看例 1.13 的内容　　请扫码查看例 1.14 的内容　　请扫码查看例 1.15 的内容

1.1.4 VCC-MGARCH 模型

在 MGARCH 模型的条件相关族中，H_t 的对角元素被建模为一元 GARCH 模型，而不是对角元素被建模为对角项的非线性函数。在时变条件相关多元 GARCH（VCC-MGARCH）模型中，

$$h_{ij,t}=\rho_{ij,t}\sqrt{h_{ii,t}h_{jj,t}} \tag{1-11}$$

式中，对角元素 $h_{ii,t}$ 和 $h_{jj,t}$ 服从一元 GARCH 过程，$\rho_{ij,t}$ 为设定的时变的动态过程。

由于 $\rho_{ij,t}$ 随时间变化，该模型被称为 VCC-MGARCH 模型。

VCC-MGARCH 模型可以写成

$$\begin{aligned}\boldsymbol{y}_t&=\boldsymbol{C}\boldsymbol{X}_t+\varepsilon_t\\ \varepsilon_t&=\boldsymbol{H}_t^{1/2}\boldsymbol{\nu}_t\\ \boldsymbol{H}_t&=\boldsymbol{D}_t^{1/2}\boldsymbol{R}_t\boldsymbol{D}_t^{1/2}\\ \boldsymbol{R}_t&=(1-\lambda_1-\lambda_2)\boldsymbol{R}+\lambda_1\boldsymbol{\Psi}_{t-1}+\lambda_2\boldsymbol{R}_{t-1}\end{aligned} \tag{1-12}$$

其中，$\boldsymbol{y}_t$ 为 $m\times 1$ 维因变量向量；$\boldsymbol{C}$ 为 $m\times k$ 维参数矩阵；$\boldsymbol{X}_t$ 为 $k\times 1$ 维自变量向量，其

中可能包含 $\boldsymbol{y}_t$ 的滞后；$\boldsymbol{H}_t^{1/2}$ 是时变条件协方差矩阵 $\boldsymbol{H}_t$ 的 Cholesky 因子；$\boldsymbol{v}_t$ 是零均值、单位方差和 i.i.d. 的 $m \times 1$ 维向量；$\boldsymbol{D}_t$ 为条件方差的对角矩阵，

$$\boldsymbol{D}_t = \begin{pmatrix} \sigma_{1,t}^2 & 0 & \cdots & 0 \\ 0 & \sigma_{2,t}^2 & \cdots & 0 \\ \vdots & \vdots & & \vdots \\ 0 & 0 & \cdots & \sigma_{m,t}^2 \end{pmatrix}$$

上面的矩阵中，$\sigma_{i,t}^2 = \boldsymbol{s}_i + \sum_{j=1}^{p_i} \alpha_j \varepsilon_{i,t-j}^2 + \sum_{j=1}^{q_i} \beta_j \sigma_{i,t-j}^2$，默认情况下，$\sigma_{i,t}^2 = \exp(\boldsymbol{\gamma}_i \boldsymbol{z}_{i,t}) + \sum_{j=1}^{p_i} \alpha_j \varepsilon_{i,t-j}^2 + \sum_{j=1}^{q_i} \beta_j \sigma_{i,t-j}^2$，当 het() 选项被设定，$\boldsymbol{\gamma}_t$ 为 $1 \times p$ 维参数向量，$\boldsymbol{z}_i$ 为 $p \times 1$ 维包含常数项的自变量向量；α_j 和 β_j 分别表示 ARCH 项和 GARCH 项系数；$\boldsymbol{R}_t$ 为式（1-12）条件相关矩阵，

$$\boldsymbol{R}_t = \begin{pmatrix} 1 & \rho_{12,t} & \cdots & \rho_{1m,t} \\ \rho_{12,t} & 1 & \cdots & \rho_{2m,t} \\ \vdots & \vdots & & \vdots \\ \rho_{1m,t} & \rho_{2m,t} & \cdots & 1 \end{pmatrix}$$

VCC-MGARCH 模型的 Stata 命令如下。

其菜单操作为

Statistics > Multivariate time series > Multivariate GARCH

语法为

mgarch vcc eq [eq ⋯ eq] [if] [in] [, options]

每个 eq 有自己的形式：

(depvars =[indepvars] [, eqoptions])

其中，options 的选项如下：

options		描述
model	arch(numlist)	arch 项
	garch(numlist)	garch 项
	distribution(dist[#])	误差服从的分布［可以是高斯分布（同义词为 normal）或 t 分布；默认值为高斯分布］
	constraints(numlist)	应用线性约束
SE/robust	vce(vcetype)	oim 或 robust
	reporting	
	level(#)	设定置信水平；默认为级别（95）
	noncnsreport	不约束
	display_options	控制列和列格式、行间距、线宽、省略变量、基单元格和空单元格的显示，以及因子变量标签

（续）

options		描述
maximization	maximize_options	控制最大化过程；很少使用
	from(matname)	系数的初始值；很少使用
	svtechnique(algorithm_spec)	起始值最大化算法
	sviterate(#)	起始值迭代次数；默认值为 sviterate（25）
	coeflegend	显示图例而不是统计数据
eqoptions	noconstant	抑制均值方程中的常数项
	arch(numlist)	arch 项
	garch(numlist)	garch 项
	het(varlist)	在条件方差的规范中包括 varlist

例 1.16　VCC-MGARCH 过程

例 1.17　具有因方程不同而不同的协变量的模型

例 1.18　带约束的模型

例 1.19　带有 GARCH 项的模型

请扫码查看例 1.16 的内容

请扫码查看例 1.17 的内容　　请扫码查看例 1.18 的内容　　请扫码查看例 1.19 的内容

1.2　误差修正模型

在自回归移动平均（ARMA）模型中要求经济时间序列是平稳的，但是由于实际应用中大多数时间序列是非平稳的，通常采用差分方法消除序列中含有的非平稳趋势，使得序列平稳后建立模型，这就是差分自回归移动平均（ARIMA）模型。但是变换后的序列限制了所讨论经济问题的范围，并且有时变换后的序列由于不具有直接的经济意义，使得化为平稳序列后所建立的时间序列模型不便于解释。

1987 年 Engle 和 Granger 提出的协整（co-integration）理论及其方法，为非平稳序列的建模提供了另一种途径。虽然一些经济变量本身是非平稳序列，但是，它们的线性组合有可能是平稳序列。这种平稳的线性组合被称为协整方程，并且可解释为变量之间的长期稳定的均衡关系。例如，消费和收入都是非平稳时间序列，但是具有协整关系。如果它们不具有协整关系，那么长期消费就可能比收入高或低，于是消费者便会非理性地消费或累积储蓄。

1.2.1　协整关系

假定一些经济指标被某经济系统联系在一起，那么从长远来看，这些变量应该具有均衡关系，这是建立和检验模型的基本出发点。在短期内，因为季节影响或随机干扰，这些变量有可能偏离均值。如果这种偏离是暂时的，那么随着时间推移将会回到均衡状态；如果这种偏离是持久的，就不能说这些变量之间存在均衡关系。协整可被看作这种均衡关系性质的统计表示。

协整概念是一个强有力的概念。因为协整允许我们刻画两个或多个序列之间的平衡或平稳关系。对于每一个序列单独来说可能是非平稳的，这些序列的矩，如均值、方差或协方差随时间而变化，而这些时间序列的线性组合序列却可能有不随时间变化的性质。

下面给出协整的定义：

k 维向量 $\boldsymbol{Y}=(y_1, y_2, \cdots, y_k)$ 的分量间被称为 d, b 阶协整，记为 $Y \sim CI(d, b)$，如果满足：

（1）$y_1, y_2, \cdots, y_k$ 都是 d 阶单整的，即 $y_i \sim I(d), i=1, 2, \cdots, k$ 要求 $\boldsymbol{Y}$ 的每个分量 $y_i \sim I(d)$；

（2）存在非零向量 $\boldsymbol{\beta}=(\beta_1, \beta_2, \cdots, \beta_k)$，使得 $\boldsymbol{\beta}'\boldsymbol{Y} \sim I(\mathrm{d-b}), 0<b \leqslant d$。

那么 $\boldsymbol{Y}$ 是协整的，向量 $\boldsymbol{\beta}$ 又称为协整向量。

对于协整向量而言，作为对非平稳变量之间关系的描述，协整向量是不唯一的；协整变量必须具有相同的单整阶数；最多可能存在 $k-1$ 个线性无关的协整向量（Y 的维数是 k）；协整变量之间具有共同的趋势成分，在数量上成比例。

1.2.2 协整的恩格尔 - 格兰杰检验

协整检验从检验的对象上可以分为两种：一种是基于回归系数的协整检验，如 Johansen 协整检验；另一种是基于回归残差的协整检验（residual-based test），如 CRDW（cointegration regression Durbin-Watson）检验、EG（Engle-Granger）检验、AEG（augmented Engle-Granger）检验和 PO（Phillips-Ouliaris）检验。

Engle 和 Granger（1987）提出了基于残差的协整检验方法。这种协整检验方法是对回归方程的残差进行单位根检验。从协整理论的思想来看，因变量和自变量之间存在协整关系。也就是说，因变量能被自变量的线性组合所解释，两者之间存在稳定的均衡关系，因变量不能被自变量所解释的部分构成一个残差序列，这个残差序列应该是平稳的。因此，检验一组变量（因变量和解释变量）之间是否存在协整关系等价于检验回归方程的残差序列是否是一个平稳序列。

EG 检验和 AEG 检验的主要步骤如下：

（1）若 $k+1$ 个序列 y 和 $x_1, x_2, \cdots, x_k$ 都是 1 阶单整序列，建立回归方程

$$y_t = \boldsymbol{x}_t \boldsymbol{\beta} + u_t \tag{1-13}$$

式中，y_t 是因变量，$\boldsymbol{x}_t=(x_{1,t}, x_{2,t}, \cdots, x_{k,t})$ 是解释变量向量，$\boldsymbol{\beta}$ 是 k 维系数向量，u_t 是误差项。估计的残差为 $\hat{u}_t = y_t - \hat{\beta}_1 x_{1,t} - \hat{\beta}_2 x_{2,t} - \cdots - \hat{\beta}_k x_{k,t}$。

（2）进行 EG 检验或 AEG 检验，检验残差序列 $\hat{u}_t$ 是否平稳。

$$\Delta \hat{u}_t = (\rho - 1)\hat{u}_{t-1} + \varepsilon_t \tag{1-14}$$

$$\Delta \hat{u}_t = (\rho - 1)\hat{u}_{t-1} + \sum_{i=1}^{p} \theta_i \Delta \hat{u}_{t-i} + \varepsilon_t \tag{1-15}$$

（3）EG 检验和 AEG 检验方程中还可包含与 DF 检验或 ADF 检验类似的截距项和趋势

项。协整检验统计量 EG 和 AEG 也等价于 t 统计量：

$$t=(\hat{\rho}-1)/\hat{\sigma}_{\hat{\rho}} \tag{1-16}$$

Engle 和 Granger 提出的 EG 检验或 AEG 检验回归式与 DF 检验或 ADF 检验类似，但判断残差 $\hat{u}_t$ 是否平稳所用的 EG 或 AEG 临界值表与 DF 或 ADF 临界值表不同。这是由于 OLS 估计的基本原理是使残差的平方和最小，所产生的残差序列的估计量的渐近分布与 DF 检验的 t 统计量的渐近分布不同，位于 DF 统计量分布位置的左侧。Mackinnon（1996）通过模拟实验得到了各种不同检验方程形式和回归因子不超过 12 个的协整检验临界值。

若式（1-16）得到的 $t>$ 临界值，则 $\rho=1$，若 $t<$ 临界值，则 $\rho<1$。检验的原假设为 $H_0:\rho=1$，非平稳，也即 $k+1$ 个序列 y 和 $x_1, x_2, \cdots, x_k$ 之间没有协整关系。备择假设为 $H_1:\rho<1$，平稳，也即 $k+1$ 个序列 y 和 $x_1, x_2, \cdots, x_k$ 之间存在协整关系，并且协整向量为 $(1,-\hat{\beta}_1,-\hat{\beta}_2,\cdots,-\hat{\beta}_k)'$。

1.2.3 误差修正模型设定形式的推导

Engle 和 Granger 将协整与误差修正模型结合起来，建立了向量误差修正（VEC）模型。向量误差修正模型是含有协整约束的 VAR 模型，多应用于具有协整关系的非平稳时间序列建模，用来描述经济变量序列之间的长期表现和短期特征。

为了简要说明，不妨忽略外生变量，则 VAR 模型可写为

$$\Delta y_t=\alpha\beta' y_{t-1}+\sum_{i=1}^{p-1}\Gamma_i\Delta y_{t-i}+\varepsilon_t \tag{1-17}$$

式中每个误差项 $\varepsilon_i\,(i=1, 2, \cdots, k)$ 都具有平稳性。

设式（1-17）中的 y_t 所包含的 k 个序列之间存在协整关系，一个协整体系有多种表示形式，用误差修正模型表示是当前处理这种问题的普遍方法，即

$$\Delta y_t=\boldsymbol{\alpha}\mathrm{ecm}_{t-1}+\sum_{i=1}^{p-1}\Gamma_i\Delta y_{t-i}+\varepsilon_t \tag{1-18}$$

式中的每个方程都是一个误差修正模型（ECM）；$\mathrm{ecm}_{t-1}=\beta' y_{t-1}$ 是误差修正项，反映变量之间的长期均衡关系，系数矩阵 $\boldsymbol{\alpha}$ 反映变量之间的均衡关系偏离长期均衡状态时，将其调整到均衡状态的调整速度。所有作为解释变量的差分项的系数反映各变量的短期波动对作为被解释变量的短期变化的影响，我们可以剔除其中统计不显著的滞后差分项。

误差修正模型还可以削弱原模型的多重共线性，以及扰动项的序列相关性。

1.2.4 两步 ECM 估计

最常用的 ECM 模型的估计方法是 Engle 和 Granger（1981）的两步 ECM 估计，其基本思想如下。

第一步是求模型 $y_t=k_0+k_1x_t+u_t$ 的 OLS 估计，又称协整回归，得到 x_t，并用 AEG 方法检验是否平稳，即

$$\hat{u}_t=y_t-\hat{k}_0-\hat{k}_1x_t$$

第二步是若 $\hat{u}_t$ 平稳，用 $\hat{u}_{t-1}$ 替换，即对 $\Delta y_t=\beta_0+\alpha\hat{u}_{t-1}+\beta_2\Delta x_t+\varepsilon_t$ 再用 OLS 方法估计其参数。

由此可知，误差修正模型不再单纯地使用变量的水平值（变量的原始值）或变量的差分

建模，而是把两者有机地结合在一起，充分利用这两者所提供的信息。

1.2.5 ECM 模型的实现

EG 和 AEG 协整检验与两步 ECM 估计的主要函数为 egranger，其语法格式为

egranger varlist [, ecm Lags(#) TRend QTRend REGress]

其选项及说明为

ecm：要求估计 EG 两步 ECM。默认情况是报告 EG/AEG 协整测试。

lags（#）：指定要包含在 AEG 测试回归中的残差的第一个差值的 lags 数或要包含在 ECM 第二步回归中的潜在协整变量的第一个差值的 lags 数。

trend：指定线性趋势包含在第一步回归中。

qtrend：指定在第一步回归中包含二次趋势。

regress：要求报告第一步和（如适用）EG/AEG 测试回归。

egranger 命令对 Engle 和 Granger（1987）提出的协整进行测试，报告测试统计数据加上 MacKinnon（1990，2010）计算的临界值。egranger 命令还将使用 Engle 和 Granger（1981）提出的两步 ECM 估计。

例 1.20　误差修正模型

请扫码查看例 1.20 的内容

1.3 向量自回归模型

VAR 模型的英文全称是 vector autoregression，即向量自回归模型，我们知道 AR 是自回归模型，是对单方程的时间序列进行建模的一种方法。而向量自回归则是由单变量自回归模型推广到了多元时间序列变量的“向量”自回归模型。

传统的计量模型都是根据经济理论来建模的，而 VAR 模型则是根据数据的统计性质来建模的。它是将每一个内生变量作为系统中所有内生变量的滞后值的函数来构造模型，从而可以更好地反映变量间的动态联系。VAR 模型是处理多个相关经济指标的关于分析与预测的最容易操作的模型之一，它常用于预测相互联系的时间序列系统及分析随机扰动对变量系统的动态冲击，从而解释各种经济冲击对经济变量形成的影响。

VAR 模型的结构表达式主要有三种：向量表达式、非限制向量自回归模型（用滞后算子表示）、VMA(∞) 模型。

VAR(p) 模型的一般表达式为

$$\boldsymbol{y}_t = \boldsymbol{\Phi}_1 \boldsymbol{y}_{t-1} + \cdots + \boldsymbol{\Phi}_p \boldsymbol{y}_{t-p} + \boldsymbol{H}\boldsymbol{x}_t + \boldsymbol{\varepsilon}_t \quad t = 1, 2, \cdots, T \tag{1-19}$$

其中，$\boldsymbol{y}_t$ 是 k 维内生变量列向量，$\boldsymbol{x}_t$ 是 d 维外生变量列向量，p 是滞后阶数，T 是样本个数。$k \times k$ 维矩阵 $\boldsymbol{\Phi}_1$, $\cdots$, $\boldsymbol{\Phi}_p$ 和 $k \times d$ 维矩阵 $\boldsymbol{H}$ 是待估计的系数矩阵。$\boldsymbol{\varepsilon}_t$ 是 k 维扰动列向量，一般假设它们相互之间可以同期相关，但不与自己的滞后值相关且不与等式右边的变量相关，假设 $\boldsymbol{\Sigma}$ 是 $\boldsymbol{\varepsilon}_t$ 的协方差矩阵，是一个 $(k \times k)$ 的正定矩阵，即 $\boldsymbol{\varepsilon}_t \sim \mathrm{VWN}(\boldsymbol{O}_k, \Sigma)$，其中 $\mathrm{VWN}(O_k, \Sigma)$ 表示均值为 $\boldsymbol{O}_k$、协方差矩阵为 $\boldsymbol{\Sigma}$ 的白噪声向量，这里 $\boldsymbol{O}_k$ 表示 k 维零向量。式（1-19）可以展开表示为矩阵表达式：

$$\begin{pmatrix} y_{1t} \\ y_{2t} \\ \vdots \\ y_{kt} \end{pmatrix} = \boldsymbol{\Phi}_1 \begin{pmatrix} y_{1t-1} \\ y_{2t-1} \\ \vdots \\ y_{kt-1} \end{pmatrix} + \cdots + \boldsymbol{\Phi}_p \begin{pmatrix} y_{1t-p} \\ y_{2t-p} \\ \vdots \\ y_{kt-p} \end{pmatrix} + \boldsymbol{H} \begin{pmatrix} x_{1t} \\ x_{2t} \\ \vdots \\ x_{dt} \end{pmatrix} + \begin{pmatrix} \varepsilon_{1t} \\ \varepsilon_{2t} \\ \vdots \\ \varepsilon_{kt} \end{pmatrix} \quad t = 1, 2, \cdots, T \tag{1-20}$$

即含有 k 个时间序列变量的 VAR(p) 模型由 k 个方程组成。还可以将式（1-20）做简单变换，表示为

$$\tilde{y}_t = \tilde{\boldsymbol{\Phi}}_1 y_{t-1} + \tilde{\boldsymbol{\Phi}}_2 y_{t-2} + \cdots + \tilde{\boldsymbol{\Phi}}_p y_{t-p} + \tilde{\boldsymbol{\varepsilon}}_t \tag{1-21}$$

其中，$\tilde{y}_t$ 是关于外生变量回归的残差。式（1-21）可以简写为

$$\tilde{\boldsymbol{\Phi}}(L)\tilde{y}_t = \tilde{\boldsymbol{\varepsilon}}_t \tag{1-22}$$

式中，$\tilde{\boldsymbol{\Phi}}(L) = I_k - \tilde{\boldsymbol{\Phi}}_1 L - \tilde{\boldsymbol{\Phi}}_2 L^2 - \cdots - \tilde{\boldsymbol{\Phi}}_p L^p$，是滞后算子 L 的 $k \times k$ 的参数矩阵。一般称式（1-22）为非限制向量自回归模型（unrestricted VAR)，即一般的简化 VAR 模型。冲击向量 $\tilde{\boldsymbol{\varepsilon}}_t$ 是白噪声向量，因为 $\tilde{\boldsymbol{\varepsilon}}_t$ 没有结构性的含义，被称为简化形式的冲击向量。

上面介绍的是含有外生变量的非限制性向量自回归模型，那么不含外生变量的非限制性向量自回归模型，即简单向量自回归模型。简化的 VAR 模型每个公式的左边是内生变量，右边是自身的滞后和其他内生变量的滞后。其表达式为

$$\begin{aligned} y_t &= \Phi_1 y_{t-1} + \cdots + \Phi_p y_{t-p} + \boldsymbol{\varepsilon}_t \\ \Phi(L) y_t &= \boldsymbol{\varepsilon}_t \end{aligned} \tag{1-23}$$

其中，$\Phi(L) = I_k - \Phi_1 L - \Phi_2 L^2 - \cdots - \Phi_p L^p$。

当行列式 det[$\Phi(L)$] 的根都在单位圆外，式（1-19）满足稳定性条件，此时可以将其表示为无穷阶的向量移动平均［Vector Moving Average，简称 VMA(∞)］形式：

$$y_t = \Theta(L)\varepsilon_t \tag{1-24}$$

式中，$\Theta(L) = \Phi(L)^{-1}$，$\Theta(L) = \Theta_0 + \Theta_1 L + \Theta_2 L_2 + \cdots$，$\Theta_0 = I_k$。

向量自回归模型（vector autoregressive model）估计命令为 var。var 根据每个因变量自身的滞后及其他所有因变量的滞后拟合每个因变量的多元时间序列回归。var 也适用于向量的一个变体自回归模型，被称为 VARX 模型，其中也包括外生变量。

菜单操作为：

Statistics > Multivariate time series > Vector autoregression (VAR)

语法为：

var depvarlist [if] [in] [, options]

其中的 options 如下：

options		描述
model	noconstant	抑制常数项
	lags(numlist)	指定 VAR 的滞后阶数
	exog(varlist)	指定外部变量
model2	constraints(numlist)	应用指定的线性约束
	[no]log	显示或抑制 SURE 迭代日志；默认是显示
	iterate(#)	确定最大迭代次数；默认值为迭代 1600 次

（续）

options		描述
model2	tolerance(#)	设置收敛公差
	noisure	使用一步 SURE
	dfk	进行小样本自由度调整
	small	报告小样本 t 和 F 统计数据
	nobigf	不要为隐式设置为零的系数计算参数向量
reporting	level(#)	设定置信水平；默认为级别（95）
	lutsatas	报告 Lütkepohl 滞后顺序选择统计信息
	noconsreport	不显示约束
	display_options	控制列和列格式、行间距和线宽
	coeflegend	显示图而不是统计数据

例 1.21　VAR 模型

（1）下载数据。

.use https://www.stata-press.com/data/r17/lütkepohl2

（2）设置时间序列。

.tsset

（3）VAR 模型估计。

```
Vector autoregression

Sample:  1960q4 - 1978q4                        Number of obs     =         73
Log likelihood =   606.307            (lutstats) AIC               =  -24.63163
FPE            =  2.18e-11                      HQIC              =  -24.40656
Det(Sigma_ml)  =  1.23e-11                      SBIC              =  -24.06686

Equation           Parms      RMSE     R-sq      chi2     P>chi2
----------------------------------------------------------------
dln_inv               7     .046148   0.1286   9.736909   0.1362
dln_inc               7     .011719   0.1142   8.508289   0.2032
dln_consump           7     .009445   0.2513   22.15096   0.0011
----------------------------------------------------------------

------------------------------------------------------------------------------
             |      Coef.   Std. Err.      z    P>|z|     [95% Conf. Interval]
-------------+----------------------------------------------------------------
dln_inv      |
     dln_inv |
         L1. |  -.3196318   .1254564    -2.55   0.011    -.5655218   -.0737419
         L2. |  -.1605508   .1249066    -1.29   0.199    -.4053633    .0842616
             |
     dln_inc |
         L1. |   .1459851   .5456664     0.27   0.789    -.9235013    1.215472
         L2. |   .1146009   .5345709     0.21   0.830    -.9331388    1.162341
             |
 dln_consump |
         L1. |   .9612288   .6643086     1.45   0.148    -.3407922     2.26325
         L2. |   .9344001   .6650949     1.40   0.160     -.369162    2.237962
             |
       _cons |  -.0167221   .0172264    -0.97   0.332    -.0504852    .0170409
```

dln_inc						
dln_inv						
L1.	.0439309	.0318592	1.38	0.168	-.018512	.1063739
L2.	.0500302	.0317196	1.58	0.115	-.0121391	.1121995
dln_inc						
L1.	-.1527311	.1385702	-1.10	0.270	-.4243237	.1188615
L2.	.0191634	.1357525	0.14	0.888	-.2469067	.2852334
dln_consump						
L1.	.2884992	.168699	1.71	0.087	-.0421448	.6191431
L2.	-.0102	.1688987	-0.06	0.952	-.3412354	.3208353
_cons	.0157672	.0043746	3.60	0.000	.0071932	.0243412
dln_consump						
dln_inv						
L1.	-.002423	.0256763	-0.09	0.925	-.0527476	.0479016
L2.	.0338806	.0255638	1.33	0.185	-.0162235	.0839847
dln_inc						
L1.	.2248134	.1116778	2.01	0.044	.005929	.4436978
L2.	.3549135	.1094069	3.24	0.001	.1404798	.5693471
dln_consump						
L1.	-.2639695	.1359595	-1.94	0.052	-.5304451	.0025062
L2.	-.0222264	.1361204	-0.16	0.870	-.2890175	.2445646
_cons	.0129258	.0035256	3.67	0.000	.0060157	.0198358

尽管所有滞后顺序统计信息都有标准公式，但 Lütkepohl（2005）给出了三个信息标准的不同版本，将常数项从可能性中剔除。为了获得 Lütkepohl（2005）的版本，我们指定了 lutstats 选项。

例 1.22　带约束的 VAR 模型

在上一个例子中，我们将一个完整的 VAR（2）模型转换为一个三方程模型。dln_inv 方程中的系数与 dln_inc 方程中的系数共同不显著；许多个体系数与 0 没有显著差异。在本例中，我们将系数限制在 L2 上。dln_inc 在 dln_inv 和 L2 上的系数的方程中。dln_inc 方程中的 dln 消耗为零。

（1）施加约束。

```
.constraint 1 [dln_inv]L2.dln_inc = 0
.constraint 2 [dln_inc]L2.dln_consump = 0
```

（2）VAR 模型估计。

```
.var dln_inv dln_inc dln_consump if qtr<=tq(1978q4), lutstats dfk
> constraints(1 2)
```

```
Vector autoregression

Sample:  1960q4 - 1978q4                        Number of obs     =         73
Log likelihood =  606.2804          (lutstats) AIC               =  -31.69254
FPE            =  1.77e-14                      HQIC              =  -31.46747
```

```
Det(Sigma_ml)  =   1.05e-14                        SBIC             =  -31.12777

Equation           Parms      RMSE     R-sq      chi2     P>chi2
----------------------------------------------------------------
dln_inv               6    .043895   0.1280   9.842338   0.0798
dln_inc               6    .011143   0.1141   8.584446   0.1268
dln_consump           7    .008981   0.2512   22.86958   0.0008
----------------------------------------------------------------

 ( 1)  [dln_inv]L2.dln_inc = 0
 ( 2)  [dln_inc]L2.dln_consump = 0
------------------------------------------------------------------------------
             |      Coef.   Std. Err.      z    P>|z|     [95% Conf. Interval]
-------------+----------------------------------------------------------------
dln_inv      |
     dln_inv |
         L1. |   -.320713   .1247512    -2.57   0.010    -.5652208   -.0762051
         L2. |  -.1607084    .124261    -1.29   0.196    -.4042555    .0828386
             |
     dln_inc |
         L1. |   .1195448   .5295669     0.23   0.821    -.9183873    1.157477
         L2. |   5.66e-19   9.33e-18     0.06   0.952    -1.77e-17    1.89e-17
             |
 dln_consump |
         L1. |   1.009281    .623501     1.62   0.106    -.2127586    2.231321
         L2. |   1.008079   .5713486     1.76   0.078    -.1117438    2.127902
             |
       _cons |  -.0162102    .016893    -0.96   0.337    -.0493199    .0168995
-------------+----------------------------------------------------------------
dln_inc      |
     dln_inv |
         L1. |   .0435712   .0309078     1.41   0.159     -.017007    .1041495
         L2. |   .0496788   .0306455     1.62   0.105    -.0103852    .1097428
             |
     dln_inc |
         L1. |  -.1555119   .1315854    -1.18   0.237    -.4134146    .1023908
         L2. |   .0122353   .1165811     0.10   0.916    -.2162595    .2407301
             |
 dln_consump |
         L1. |     .29286   .1568345     1.87   0.062      -.01453    .6002501
         L2. |  -1.53e-18   1.89e-17    -0.08   0.935    -3.85e-17    3.55e-17
             |
       _cons |    .015689    .003819     4.11   0.000     .0082039    .0231741
-------------+----------------------------------------------------------------
dln_consump  |
     dln_inv |
         L1. |  -.0026229   .0253538    -0.10   0.918    -.0523154    .0470696
         L2. |   .0337245   .0252113     1.34   0.181    -.0156888    .0831378
             |
     dln_inc |
         L1. |   .2224798   .1094349     2.03   0.042     .0079912    .4369683
         L2. |   .3469758   .1006026     3.45   0.001     .1497984    .5441532
             |
 dln_consump |
         L1. |  -.2600227   .1321622    -1.97   0.049     -.519056   -.0009895
         L2. |  -.0146825   .1117618    -0.13   0.895    -.2337315    .2043666
             |
       _cons |   .0129149    .003376     3.83   0.000     .0062981    .0195317
------------------------------------------------------------------------------
```

所有自由参数估计值都没有太大变化。虽然 dln_inv 方程中的系数现在在 10% 的置信水平上是显著的，但 dln_inc 方程中的系数仍然是不显著的。

1.4　结构向量自回归模型

1.3 节所介绍的 VAR 模型是一种简化形式，因为它并没有给出变量之间的当期相关关系的确切形式，即模型的右端不含内生变量的当期值。而结构 VAR（structural VAR，SVAR）模型在 VAR 模型的结构式中加入了内生变量的当期值，即解释变量中含有当期变量。与简化的 VAR 模型不同，SVAR 模型包含了变量之间的当期关系，而这些当期关系在 VAR 模型中是隐含在模型随机误差项中的。SVAR 模型每个方程的左边是内生变量，右边是其自身的滞后变量和其他内生变量的当期和滞后。

SVAR 模型的结构表达式分为一般表达式、递归的 SVAR 模型和 AB 型的 SVAR 模型。

对于 k 个变量、p 阶的结构向量自回归模型 SVAR(p)，其矩阵表达式为

$$\boldsymbol{C}_0 y_t = \boldsymbol{\Gamma}_0 + \boldsymbol{\Gamma}_1 y_{t-1} + \boldsymbol{\Gamma}_2 y_{t-2} + \cdots + \boldsymbol{\Gamma}_p y_{t-p} + \boldsymbol{\mu}_t, \quad t = 1, 2, \cdots, T \tag{1-25}$$

式中

$$\boldsymbol{C}_0 = \begin{pmatrix} 1 & -c_{12} & \cdots & -c_{1k} \\ -c_{21} & 1 & \cdots & -c_{2k} \\ \vdots & \vdots & & \vdots \\ -c_{k1} & -c_{k2} & \cdots & 1 \end{pmatrix} \quad \boldsymbol{\Gamma}_i = \begin{pmatrix} \gamma_{11}^{(i)} & \gamma_{12}^{(i)} & \cdots & \gamma_{1k}^{(i)} \\ \gamma_{21}^{(i)} & \gamma_{22}^{(i)} & \cdots & \gamma_{2k}^{(i)} \\ \vdots & \vdots & & \vdots \\ \gamma_{k1}^{(i)} & \gamma_{k2}^{(i)} & \cdots & \gamma_{kk}^{(i)} \end{pmatrix}, \quad i = 1, 2, \cdots, p \quad \boldsymbol{\mu}_t = \begin{pmatrix} \mu_{1t} \\ \mu_{2t} \\ \vdots \\ \mu_{kt} \end{pmatrix}$$

可以将式（1-25）写成滞后算子形式：

$$\boldsymbol{C}(L) y_t = \boldsymbol{\mu}_t \quad E(\boldsymbol{\mu}_t \boldsymbol{\mu}_t') = I_k \tag{1-26}$$

式中，$\boldsymbol{C}(L) = \boldsymbol{C}_0 - \boldsymbol{\Gamma}_1 L - \boldsymbol{\Gamma}_2 L^2 - \cdots - \boldsymbol{\Gamma}_p L^p$，$\boldsymbol{C}(L)$ 是滞后算子 L 的 $k \times k$ 维参数矩阵，$\boldsymbol{C}_0 \neq \boldsymbol{I}_k$。

VAR 模型是一种结构式经济模型，引入了变量之间的作用与反馈作用，其中当期系数 c 表示解释变量的单位变化对内生变量的即时作用，滞后期 γ 表示滞后期解释变量的单位变化对被解释变量当期值的滞后影响。虽然 $\boldsymbol{\mu}$ 是单纯出现在每个内生变量方程中的随机冲击，但如果当期系数 $C_{ij} \neq 0$，则作用在其他变量上的随机冲击通过对其他变量的影响，能够即时传递到该被解释变量上，这是一种间接的即时影响；反之同理。冲击的交互影响体现了变量作用的双向和反馈关系。

上面所讨论的 SVAR 模型，矩阵均是主对角线元素为 1 的矩阵。如果是一个下三角矩阵，则 SVAR 模型成为递归的 SVAR 模型。

不失一般性，在式（1-26）中假定结构向量自回归模型误差项（结构冲击）的方差 - 协方差矩阵可以标准化为单位矩阵 $\boldsymbol{I}_k$。同样地，如果矩阵多项式 $\boldsymbol{C}(L)$ 可逆，就可以表示出 SVAR 模型式（1-26）的无穷阶的 VMA(∞) 形式：

$$y_t = B(L)\mu_t \tag{1-27}$$

式中，$B(L) = \boldsymbol{C}(L)^{-1}$, $B(L) = B_0 + B_1 L + B_2 L^2 + \cdots$, $B_0 = \boldsymbol{C}_0^{-1}$。

式（1-27）通常称为经济模型的最终表达式，因为其中所有内生变量都表示为 μ_t 的分布滞后形式，而且结构冲击 μ_t 是不可直接观测得到，需要通过 y_t 各元素的响应才可观测到。可以通过估计式（1-25），转变简化式的误差项得到结构冲击。由式（1-26）和式（1-27）

可以得到

$$\Theta(L)\boldsymbol{\varepsilon}_t = B(L)\mu_t \tag{1-28}$$

上式对于任意的 t 都是成立的，成为典型的 SVAR 模型。由于 $\Theta_0 = I_k$ 可得

$$\Theta_0\boldsymbol{\varepsilon}_t = \boldsymbol{\varepsilon}_t = B_0\mu_t \text{ 或 } B_0^{-1}\boldsymbol{\varepsilon}_t = \mu_t \tag{1-29}$$

式（1-29）两端平方取期望，可得

$$\Sigma = B_0 B_0' \tag{1-30}$$

所以我们可以通过对 B_0 施加约束来识别 SVAR 模型。

更一般地，假定 $\boldsymbol{A}$、$\boldsymbol{B}$ 是 $k \times k$ 阶的可逆矩阵，$\boldsymbol{A}$ 矩阵左乘式（1-27）形式的 VAR 模型，则可得

$$A\Phi(L)y_t = A\boldsymbol{\varepsilon}_t \quad t = 1, 2, \cdots, T \tag{1-31}$$

如果 $\boldsymbol{A}$、$\boldsymbol{B}$ 满足 $A\varepsilon_t = B\mu_t$, $\mathrm{E}(\mu_t) = O_k$, $\mathrm{E}(\mu_t\mu_t) = I_k$，则称上述模型为 AB 型 SVAR 模型。特别地，在式（1-31）的后一个表达式中 $A = B_0^{-1}$, $B = I_k$。

结构向量自回归（SVAR）模型估计用 svar 命令。svar 适用于向量自回归模型，该模型受对结果脉冲响应函数（IRF）施加的短期或长期的约束。经济理论通常会提出一些约束，允许对 IRF 进行因果解释。

菜单操作：

Statistics > Multivariate time series > Structural vector autoregression (SVAR)

语法格式：

（1）短期约束。

svar depvarlist [if] [in] , { aconstraints(constraints_a) aeq(matrix_aeq) acns(matrix_acns) bconstraints(constraints_b) beq(matrix_beq) bcns(matrix_bcns) } [short_run_options]

（2）长期约束。

svar depvarlist [if] [in] , { lrconstraints(constraints_lr) lreq(matrix_lreq) lrcns(matrix_lrcns) } [long_run_options]

例 1.23　短期 SVAR 模型

请扫码查看例 1.23 的内容

例 1.24　长期 SVAR 模型

假设我们有一个理论，货币供应量的意外变化不会对产出的变化产生长期影响，同样地，产出的意外变化也不会对货币供应量的变化产生长期影响。这个理论隐含的 $\boldsymbol{C}$ 矩阵为

$$\boldsymbol{C} = \begin{bmatrix} . & 0 \\ 0 & . \end{bmatrix}$$

（1）下载数据。

.use https://www.stata-press.com/data/r17/m1gdp

（2）施加约束。

.matrix lr = (.,0\0,.)

（3）长期 SVAR 模型估计。

.svar d.ln_m1 d.ln_gdp, lreq(lr)

```
Structural vector autoregression

 ( 1)   [c_1_2]_cons = 0
 ( 2)   [c_2_1]_cons = 0

Sample:  1959q4 - 2002q2                        Number of obs     =        171
Overidentified model                            Log likelihood    =   1151.614

------------------------------------------------------------------------------
             |      Coef.   Std. Err.      z    P>|z|     [95% Conf. Interval]
-------------+----------------------------------------------------------------
       /c_1_1|   .0301007   .0016277    18.49   0.000     .0269106    .0332909
       /c_2_1|          0  (constrained)
       /c_1_2|          0  (constrained)
       /c_2_2|   .0129691   .0007013    18.49   0.000     .0115946    .0143436
------------------------------------------------------------------------------
LR test of identifying restrictions: chi2(1) = .1368        Prob > chi2 = 0.712
```

我们假设基础 VAR 有 2 个滞后；varsoc 计算的五个选择顺序标准推荐了这个选择，过度识别限制的检验没有表明它无效。

1.5 向量误差修正模型

Engle 和 Granger 将协整与误差修正模型结合起来，建立了向量误差修正模型。向量误差修正（VEC）模型是含有协整约束的 VAR 模型，多应用于具有协整关系的非平稳时间序列建模，用来描述经济变量序列之间的长期表现和短期特征。

为了简便说明，不妨忽略外生变量，VAR 模型可写为

$$\Delta y_t = \boldsymbol{\alpha}\beta' y_{t-1} + \sum_{i=1}^{p-1} \Gamma_i \Delta y_{t-i} + \varepsilon_t \tag{1-32}$$

式中，每个方程的误差项 $\varepsilon_t (t = 1, 2, \cdots, k)$ 都具有平稳性。

设式（1-32）的 y_t 所包含的 k 个序列之间存在协整关系，一个协整体系有多种表示形式，用向量误差修正模型表示是当前处理这种问题的普遍方法，即

$$\Delta y_t = \boldsymbol{\alpha}\mathrm{ecm}_{t-1} + \sum_{i=1}^{p-1} \Gamma_i \Delta y_{t-i} + \varepsilon_t \tag{1-33}$$

式中的每一个方程都是一个误差修正模型；$\mathrm{ecm}_{t-1} = \beta' y_{t-1}$ 是误差修正项，反映变量之间的长期均衡关系，系数矩阵 $\boldsymbol{\alpha}$ 反映变量之间的均衡关系偏离长期均衡状态时，将其调整到均衡状态的调整速度。所有作为解释变量的差分项的系数反映各变量的短期波动对作为被解释变量的短期变化的影响，我们可以剔除其中统计不显著的滞后差分项。

向量误差修正模型（vector error-correction models）的估计用 vec 命令。vec 拟合一种向量自回归，其中一些变量使用 Johansen（1995）的最大似然法进行协整。在协整方程中或在调整项上可以对参数设置约束。

菜单操作：

Statistics > Multivariate time series > Vector error-correction model (VECM)

语法格式：

vec depvarlist [if] [in] [, options]

例 1.25　VEC 模型构建的 Stata 示例

本例使用美国经济分析局（BEA）关于八个地区的人均可支配收入年度数据。我们使用 1948—2002 年的对数数据。对这些序列进行的单位根检验未能拒绝每个地区人均可支配收入包含单位根的原假设。由于资本和劳动力可以轻易在美国不同地区之间流动，因此我们预计没有一个序列会与所有剩余序列产生分歧，并且存在协整关系。

（1）下载数据。

.use https://www.stata-press.com/data/r17/rdinc

（2）画图。

.line ln_ne ln_se year

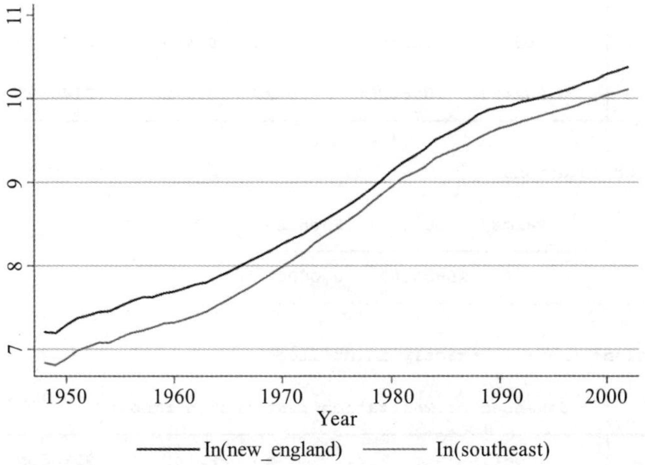

图形显示了这两个序列之间的差异，在 1960—1980 年缩小，然后增长，直到 1990 年左右稳定下来。接下来，我们估计一个具有一个协整关系的二元 VEC 模型的参数。

（3）VEC 模型估计。

.vec ln_ne ln_se

```
Vector error-correction model

Sample:  1950 - 2002                            Number of obs     =          53
                                                AIC               =   -11.00462
Log likelihood =  300.6224                      HQIC              =   -10.87595
Det(Sigma_ml)  =  4.06e-08                      SBIC              =   -10.67004

Equation           Parms      RMSE     R-sq      chi2     P>chi2
----------------------------------------------------------------
D_ln_ne              4     .017896   0.9313   664.4668   0.0000
D_ln_se              4     .018723   0.9292   642.7179   0.0000
----------------------------------------------------------------

------------------------------------------------------------------------------
             |      Coef.   Std. Err.      z    P>|z|     [95% Conf. Interval]
-------------+----------------------------------------------------------------
D_ln_ne      |
        _ce1 |
         L1. |  -.4337524   .0721365    -6.01   0.000    -.5751373   -.2923675
```

```
         ln_ne |
           LD. |   .7168658   .1889085     3.79   0.000     .3466119     1.08712
               |
         ln_se |
           LD. |  -.6748754   .2117975    -3.19   0.001    -1.089991   -.2597599
               |
         _cons |  -.0019846   .0080291    -0.25   0.805    -.0177214    .0137521
---------------+----------------------------------------------------------------
D_ln_se        |
          _ce1 |
           L1. |  -.3543935   .0754725    -4.70   0.000    -.5023168   -.2064701
               |
         ln_ne |
           LD. |   .3366786   .1976448     1.70   0.088     -.050698    .7240553
               |
         ln_se |
           LD. |  -.1605811   .2215922    -0.72   0.469    -.5948939    .2737317
               |
         _cons |    .002429   .0084004     0.29   0.772    -.0140355    .0188936
--------------------------------------------------------------------------------

Cointegrating equations

Equation           Parms    chi2     P>chi2
-------------------------------------------
_ce1                   1   29805.02   0.0000
-------------------------------------------

Identification:  beta is exactly identified

                 Johansen normalization restriction imposed
--------------------------------------------------------------------------------
          beta |      Coef.   Std. Err.      z    P>|z|     [95% Conf. Interval]
---------------+----------------------------------------------------------------
_ce1           |
         ln_ne |          1          .        .       .            .           .
         ln_se |  -.9433708   .0054643  -172.64   0.000    -.9540807   -.9326609
         _cons |  -.8964065          .        .       .            .           .
--------------------------------------------------------------------------------
```

默认输出有三个部分。模型总体描述提供了有关样本、模型拟合及协整方程中参数识别的信息。第一个估计表包含短期参数的估计，以及它们的标准误差和置信区间。第二个估计表报告了协整方程中参数的估计及其标准误差和置信区间。结果表明，协整方程得到了强有力的支持，如 ln_*ne*–0.943 ln_*se*–0.896 应该是一个固定的序列。协整方程中参数的识别是通过约束其中一些参数为固定参数来实现的，固定参数没有标准误差。在本例中，ln-*ne* 上的系数已标准化为 1，因此其标准误差缺失。正如在前面所讨论的那样，协整方程中的常数项在本趋势规范中不是直接估计的，而是从其他估计中撤销的。并不是所有与该参数对应的 VEC 元素都是可用的，因此 cons 参数的标准误差缺失。

（4）预测画图。

.predict ce, ce

.line ce year

为了更好地了解模型的拟合情况，我们预测了协整方程，并绘制了随时间变化的图形。

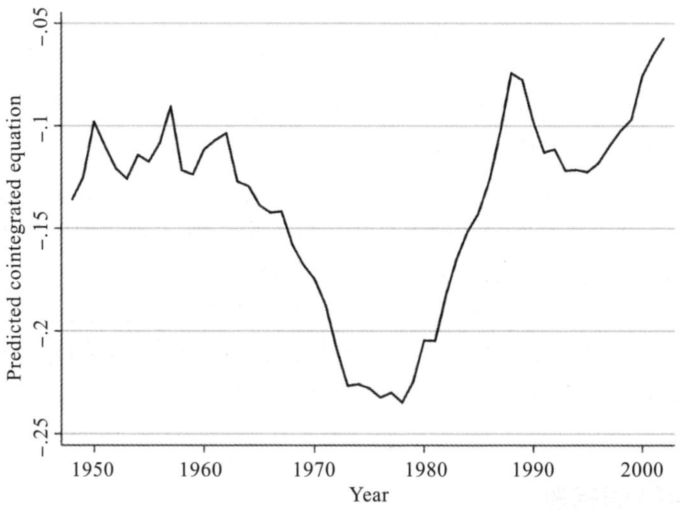

虽然预测的协整方程在 20 世纪 60 年代中期之前的时间内具有正确的外观，但在 60 年代中期之后，预测的协整方程看起来不像是一个平稳序列。更好的模型可以解释差异大小的趋势。

1.6 向量误差修正模型的协整秩

在估计 VECM 模型的参数之前，必须选择基础 VAR 中的滞后数、趋势识别及协整方程的数量。目前识别协整方程数量 r 的方法主要有三种，第一种是迹统计方法，第二种是最大特征值统计方法，第三种使用最小化信息准则选择法。

这三种方法都基于协整 VECM 的 Johansen 最大似然（ML）估计量，基本的 VECM 可以定义为

$$\Delta \boldsymbol{y}_t = \boldsymbol{\alpha}\boldsymbol{\beta}' \boldsymbol{y}_{t-1} + \sum_{t=1}^{p-1} \boldsymbol{\Gamma}_i \Delta \boldsymbol{y}_{t-i} + \boldsymbol{\varepsilon}_t \tag{1-34}$$

其中，$\boldsymbol{y}$ 是 $(K \times 1)$ 的一阶单整序列，$\boldsymbol{\alpha}$ 和 $\boldsymbol{\beta}$ 是 $(K \times r)$ 的秩为 r 的参数矩阵，其中 $r<K$。$\boldsymbol{\Gamma}_1, \cdots, \boldsymbol{\Gamma}_p$ 是 $(K \times K)$ 的系数矩阵，并且 $\boldsymbol{\varepsilon}_t$ 是一个 $(K \times 1)$ 的正态分布误差向量，满足序列不相关和同方差假设。

以 Anderson（1951）的工作为基础，Johansen（1995）推导了用于推断参数 r 的最大似然估计量和两个似然比（LR）检验。这些似然比检验被称为迹统计量和最大特征值统计量，因为对数似然可以写成一个矩阵行列式的对数加上另一个矩阵特征值的简单函数。

设 $\lambda_1, \cdots, \lambda_K$ 为 K 个特征值，用于计算最佳情况下的对数似然值。此外，假设这些特征值从最大的 λ_1 到最小的 λ_K。如果存在 $r<K$ 个协整方程，此时 $\boldsymbol{\alpha}$ 和 $\boldsymbol{\beta}$ 的秩为 r，并且特征值 $\lambda_{r+1}, \cdots, \lambda_K$ 均为 0。

1.6.1 迹统计量检验

设系数矩阵特征根为 $\lambda_1>\lambda_2>\cdots>\lambda_k$，有 r 个最大特征根可得到 r 个协整向量，而对于其余 $k-r$ 个非协整组合来说，$\lambda_{r+1}, \cdots, \lambda_k$ 应该为 0，于是可设原假设为 $H_{r0}: \lambda_{r+1}=0$；备择假设为 $H_{r1}: \lambda_{r+1}>0$。与之相应的统计量为

$$\eta_r = -T\sum_{i=r+1}^{k}\ln(1-\lambda_i), \quad r = 0, 1, \cdots, k-1 \qquad (1\text{-}35)$$

η_r 称为特征值迹统计量，服从 Johansen 分布。当 $r = 0, 1, \cdots, k-1$ 时可以得到一系列统计量，我们依次检验这一系列统计量的显著性。

当 η_0 不显著时，即 η_0 值小于某一显著性水平下的 Johansen 分布临界值，不能拒绝 H_{00}，说明有 k 个单位根，0 个协整向量，即不存在协整关系；当 η_0 显著时，拒绝 H_{00} 而接受 H_{10}，表明至少有 1 个协整向量，必须接着检验 η_1 的显著性。

同理，当 η_1 不显著时，则不能拒绝 H_{10}，说明存在 1 个协整向量；当 η_1 显著时，拒绝 H_{10} 而接受 H_{20}，表明至少有 2 个协整向量，必须接着检验 η_2 的显著性。以此类推，进行依次检验，直到出现第一个不显著的 H_{r0}，说明存在 r 个协整向量。

1.6.2 最大特征值检验

对于 VECM 的协整秩，另外一个类似的检验方法是最大特征值检验。原假设为 $H_{r0}:\lambda_{r+1}=0$；备择假设为 $H_{r1}:\lambda_{r+1}>0$，其中 $r = 0, 1, \cdots, k-1$。检验的统计量是基于最大特征值构造的：

$$\xi_r = -T\ln(1-\lambda_{r+1}) \qquad (1\text{-}36)$$

式中，ξ_r 称为最大特征值统计量，其检验过程是从下往上进行检验。首先，检验统计量 ξ_0，如果 ξ_0 小于临界值，则接受原假设，表明最大特征根为 0，无协整向量；其次，如果 ξ_0 大于临界值，则拒绝原假设 H_{00}，接受 H_{10}，表明至少有 1 个协整向量。同理，如果 ξ_1 显著，则拒绝 H_{10}，接受至少有 2 个协整向量的备择假设 H_{11}；整个过程依此类推，直到接受 H_{r0}，共有 r 个协整向量。

VECM 模型协整秩检验的菜单操作：

Statistics > Multivariate time series > Cointegrating rank of a VECM

Stata 命令语法：

vecrank depvarlist [if] [in] [, options]

其中，options 有以下设定：

options		描述
model	lags(#)	使用 # 表示基础 VAR 模型中的最大滞后
	trend(constant)	在模型中包含一个受限制的常数
	trend(trend)	在协整方程中包含线性趋势，在未差分数据中包含二次趋势
	trend(rtrend)	在模型中包含限制趋势项
	trend(none)	不包含常数项或趋势项
adv.model	sindicators(varlist)	包括标准化的季节性指标变量 varlist
	noreduce	不要检查和校正因变量滞后之间的共线性
reporting	notrace	不要报告迹统计量
	max	报告最大特征值统计量
	ic	报告信息准则
	level99	报告 1% 的临界值，而不是 5% 的临界值
	levela	报告 1% 和 5% 的临界值

例 1.26　多重迹检验

请扫码查看例 1.26 的内容

1.7　动态因子模型

动态因子模型把 k 个内生变量的向量表示为 $n_f < k$ 个不可观测因子和一些外生协变量的线性函数。观测变量方程中的未观测因子和扰动可能遵循向量自回归结构。动态因子模型经过长期发展并广泛应用于宏观经济学。

动态因子模型非常灵活。必须施加约束来识别动态因子和静态因子模型的参数。这些因子只被识别到一个符号，这意味着未观察到的因子上的系数可以翻转符号，并且仍然产生相同的预测和相同的对数似然。模型的灵活性有时会产生收敛问题。

最大似然估计量是通过以状态空间形式编写模型并使用 Kalman 滤波器推导和实现对数似然来实现的。随着 k 的增长，参数的数量迅速超过了可以估计的数量。

一个动态因子模型可以写成

$$\boldsymbol{y}_t = \boldsymbol{P}\boldsymbol{f}_t + \boldsymbol{Q}\boldsymbol{x}_t + \boldsymbol{\mu}_t \tag{1-37}$$

$$\boldsymbol{f}_t = \boldsymbol{R}\boldsymbol{w}_t + \boldsymbol{A}_1\boldsymbol{f}_{t-1} + \boldsymbol{A}_2\boldsymbol{f}_{t-2} + \cdots + \boldsymbol{A}_{t-p}\boldsymbol{f}_{t-p} + \boldsymbol{v}_t \tag{1-38}$$

$$\boldsymbol{\mu}_t = \boldsymbol{C}_1\boldsymbol{\mu}_{t-1} + \boldsymbol{C}_2\boldsymbol{\mu}_{t-2} + \cdots + \boldsymbol{C}_{t-q}\boldsymbol{\mu}_{t-q} + \boldsymbol{\varepsilon}_t \tag{1-39}$$

其中，$\boldsymbol{y}_t$ 为 $k\times 1$ 维向量，表示因变量向量；$\boldsymbol{P}$ 为 $k\times n_f$ 参数矩阵；$\boldsymbol{f}_t$ 为 $n_f\times 1$ 不可观测因子向量；$\boldsymbol{Q}$ 为 $k\times n_x$ 的参数矩阵；$\boldsymbol{x}_t$ 为 $n_x\times 1$ 的外生变量向量；$\boldsymbol{\mu}_t$ 为 $k\times 1$ 维随机扰动向量；$\boldsymbol{R}$ 为 $n_f\times n_w$ 的参数矩阵；$\boldsymbol{w}_t$ 为 $n_w\times 1$ 维的外生变量向量；$\boldsymbol{A}_i$ 为 $n_f\times n_f$ 维的自相关参数矩阵；$\boldsymbol{v}_t$ 为 $n_f\times 1$ 维的随机扰动向量；$\boldsymbol{C}_i$ 为 $k\times k$ 维的自相关参数矩阵；$\boldsymbol{\varepsilon}_t$ 为 $k\times 1$ 维随机扰动向量。通过选择不同数量的因素和滞后，动态因子模型包括六个方面的型号：

模型	缩写	参数设定
具有向量自回归误差的动态因子模型	DFAR	$n_f>0, p>0, q>0$
动态因子模型	DF	$n_f>0, p>0, q=0$
带向量自回归误差的静态因子模型	SFAR	$n_f>0, p=0, q>0$
静态因子模型	SF	$n_f>0, p=0, q=0$
向量自回归误差	VAR	$n_f=0, p=0, q>0$
看似无关的回归	SUR	$n_f=0, p=0, q=0$

动态因子模型的 Stata 命令语法：

dfactor obs_eq [fac eq] [if][in][, options]

其中，obs eq 指定了观测到的因变量的方程，其形式为

(depvars = [exog_d] [, sopts])

fac_eq 指定了未观测因子的方程式，其形式为

(facvars = [exog_f] [, sopts])

depvars 是可观测的因变量，exog_d 是可观测的因变量方程的外生变量，即所有因子都会自动进入可观测到的因变量方程中。facvars 是模型中不可观测到的因子的名称。exog_f 是进入因变量方程的外生变量。

菜单操作：
Statistics > Multivariate time series > Dynamic-factor models

例 1.27 动态因子模型

请扫码查看例 1.27 的内容

1.8 状态空间模型

许多线性时间序列模型可以写成线性状态空间模型，包括向量自回归滑动平均（VARMA）模型、动态因子（DF）模型和结构时间序列（STS）模型。一些随机动态规划问题的解也可以写成线性状态空间模型的形式。我们可以用最大似然（ML）估计线性状态空间模型的参数。假设误差为正态分布，使用 Kalman 滤波或扩散 Kalman 滤波以预测误差形式编写似然函数。当模型平稳时，放弃正态性假设的准最大似然估计量是一致且渐近正态的。Chang、Miller 和 Park（2009）建立了一类非平稳状态空间模型的 QML 估计的一致性和渐近正态性。QML 估计法与 ML 估计法的区别仅在于 VCE 的设定，设定 vce（robust）选项就是选用 QML 估计法。

状态空间模型的表达式包括状态方程和观测方程，状态方程为

$$\boldsymbol{z}_t = \boldsymbol{A}\boldsymbol{z}_{t-1} + \boldsymbol{B}\boldsymbol{x}_t + \boldsymbol{C}\boldsymbol{\varepsilon}_t \tag{1-40}$$

观测方程为

$$\boldsymbol{y}_t = \boldsymbol{D}\boldsymbol{z}_t + \boldsymbol{F}\boldsymbol{w}_t + \boldsymbol{G}\boldsymbol{v}_t \tag{1-41}$$

其中，$\boldsymbol{z}_t$ 为 $m\times 1$ 的不可观测状态变量；$\boldsymbol{x}_t$ 为 $k_x\times 1$ 的外生变量；$\boldsymbol{\varepsilon}_t$ 为 $q\times 1$ 的状态误差项，且 $q\leqslant m$；$\boldsymbol{y}_t$ 为 $n\times 1$ 可观测内生变量；$\boldsymbol{w}_t$ 为 $k_w\times 1$ 的外生变量；$\boldsymbol{v}_t$ 为 $r\times 1$ 的观测误差项。并且，$\boldsymbol{A}$、$\boldsymbol{B}$、$\boldsymbol{C}$、$\boldsymbol{D}$、$\boldsymbol{F}$ 和 $\boldsymbol{G}$ 都是参数矩阵。假设误差项为零均值、正态分布、序列不相关且彼此不相关：

$$\boldsymbol{\varepsilon}_t \sim N(0, \boldsymbol{Q}) \tag{1-42}$$

$$\boldsymbol{v}_t \sim N(0, \boldsymbol{R}) \tag{1-43}$$

$$E[\boldsymbol{\varepsilon}_t\boldsymbol{\varepsilon}_s'] = 0,\quad s \neq t \tag{1-44}$$

$$E[\boldsymbol{\varepsilon}_t\boldsymbol{v}_s'] = 0,\quad \forall s,\ \forall t \tag{1-45}$$

状态空间模型一般使用卡尔曼滤波进行更新与预测，现在我们给出一个直观的卡尔曼滤波版本。对于每个时间 t，卡尔曼滤波器产生条件期望状态向量 $\boldsymbol{z}_{t|t}$ 和条件协方差矩阵 $\boldsymbol{\Omega}_{t|t}$；两者都以时间 t 之前（包括时间 t）的信息为条件。使用模型和前期结果，对于每个时间 t 可以有：

$$\boldsymbol{z}_{t|t-1} = \boldsymbol{A}\boldsymbol{z}_{t-1|t-1} + \boldsymbol{B}\boldsymbol{x}_t \tag{1-46}$$

$$\boldsymbol{\Omega}_{t|t-1} = \boldsymbol{A}\boldsymbol{\Omega}_{t-1|t-1}\boldsymbol{A}' + \boldsymbol{C}\boldsymbol{Q}\boldsymbol{C}' \tag{1-47}$$

$$\boldsymbol{y}_{t|t-1} = \boldsymbol{D}\boldsymbol{z}_{t|t-1} + \boldsymbol{F}\boldsymbol{w}_t \tag{1-48}$$

预测误差的残差和均方误差（MSE）矩阵如下所示：

$$\tilde{\boldsymbol{v}}_{t|t} = \boldsymbol{y}_t - \boldsymbol{y}_{t|t-1} \tag{1-49}$$

$$\boldsymbol{\Sigma}_{t|t} = \boldsymbol{D}\boldsymbol{\Omega}_{t|t-1}\boldsymbol{D}' + \boldsymbol{G}\boldsymbol{R}\boldsymbol{G}' \tag{1-50}$$

在最后的步骤中，我们用 t 时间信息更新条件期望状态向量和条件协方差

$$\boldsymbol{z}_{t|t}=\boldsymbol{z}_{t|t-1}+\boldsymbol{\Omega}_{t|t-1}\boldsymbol{D}\boldsymbol{\Sigma}_{t|t}^{-1}\ \tilde{\boldsymbol{v}}_{t|t} \tag{1-51}$$

$$\boldsymbol{\Omega}_{t|t}=\boldsymbol{\Omega}_{t|t-1}-\boldsymbol{\Omega}_{t|t-1}\boldsymbol{D}\boldsymbol{\Sigma}_{t|t}^{-1}\boldsymbol{D}'\boldsymbol{\Omega}_{t|t-1} \tag{1-52}$$

式（1-46）至式（1-52）是 Kalman 滤波的预测和更新过程。式（1-46）至式（1-48）为一步预测，一步预测不使用 $\boldsymbol{y}_t$ 的同期值，只是用过去时期的 $\boldsymbol{y}_t$，过去时期的外生 $\boldsymbol{x}_t$，以及同期的 $\boldsymbol{x}_t$。式（1-49）至式（1-52）组成了 Kalman 滤波的更新过程，它们将同期因变量信息纳入预测状态。

状态空间模型估计的 Stata 命令为 sspace，sspace 通过最大似然估计线性状态空间模型的参数。线性的状态空间模型非常灵活，许多线性时间序列模型可以写成线性状态空间模型。

sspace 使用两种形式的卡尔曼滤波器递归地获得条件均值和未观测状态与测量因变量的方差，用于计算可能性。sspace 的协方差形式语法和误差形式语法反映了这两种不同的形式。

菜单操作：

Statistics > Multivariate time series > State-space models

（1）协方差形式语法。

sspace state_ceq [state_ceq ... state_ceq] obs_ceq [obs_ceq ... obs_ceq] [if] [in] [,options]

其中，每个状态都是：

(statevar [lagged_statevars] [indepvars], state [noerror noconstant])

每个 obs_ceq 的形式为：

(depvar [statevars] [indepvars] [, noerror noconstant])

（2）误差形式语法。

sspace state_efeq [state_efeq ... state_efeq] obs_efeq [obs_efeq ... obs_efeq] [if] [in] [,options]

其中，每个状态都是：

(statevar [lagged_statevars] [indepvars] [state_errors], state [noconstant])

每个 obs_ceq 的形式为：

(depvar [statevars] [indepvars] [obs_errors] [, noconstant])

例 1.28　一个 AR(1) 模型

例 1.29　一个 ARIMA(1, 1) 模型

请扫码查看例 1.28 的内容　　　请扫码查看例 1.29 的内容

1.9　VAR 模型的诊断和检验

1.9.1　滞后阶数确定

VAR 模型中一个重要的问题就是滞后阶数的确定。在选择滞后阶数 p 时，一方面想

使滞后阶数足够大，以便能完整反映所构造模型的动态特征。但是另一方面，滞后阶数越大，需要估计的参数也就越多，模型的自由度就减少。因此，我们进行选择时需要综合考虑，既要有足够数量的滞后项，又要有足够大的自由度。事实上，这是 VAR 模型的一个缺陷，在实际中常常会发现，将不得不限制滞后项的数量，使它少于反映模型动态特征性所应有的理想数量。最优滞后阶数的确定通常包括两种方法：LR（似然比）检验、模型顺序统计量。

1. LR 检验

LR（likelihood ratio，似然比）检验，是从最大的滞后阶数开始，检验在滞后阶数为 j 时系数矩阵 $\boldsymbol{\Phi}_j$ 的元素均为 0 的原假设。χ^2(Wald) 统计量如下：

$$\mathrm{LR}=(T-m)\{\ln|\hat{\boldsymbol{\Sigma}}_{j-1}|-\ln|\hat{\boldsymbol{\Sigma}}_j|\}\sim\chi^2(k^2) \tag{1-59}$$

其中，m 是可选择的其中一个方程中的参数个数：$m=d+kj$，d 是外生变量的个数，k 是内生变量的个数，$\hat{\boldsymbol{\Sigma}}_j$ 和 $\hat{\boldsymbol{\Sigma}}_{j-1}$ 分别表示之后阶数为 $(j-1)$ 和 j 的 VAR 模型的残差协方差矩阵的估计。

从最大滞后阶数开始，比较 LR 统计量和 5% 水平下的临界值。如果 $\mathrm{LR}>\chi^2_{0.05}$，则拒绝原假设，表示统计量显著，此时表示增加滞后值能够显著增大最大似然的估计值；否则，接受原假设。每次减少一个滞后阶数，直到拒绝原假设。

2. 模型顺序统计量

Lütkepohl（2005）给出的 FPE 统计量定义为

$$\mathrm{FPE}=|\boldsymbol{\Sigma}_u|\left(\frac{T+Kp+1}{T-Kp-1}\right)^K \tag{1-60}$$

然而，这个公式假设模型中有一个常数，并且没有因为共线而忽略任何变量。为了解决这些问题，FPE 的实现如下：

$$\mathrm{FPE}=|\boldsymbol{\Sigma}_u|\left(\frac{T+\bar{m}}{T-\bar{m}}\right)^K \tag{1-61}$$

其中，$\bar{m}$ 是 K 方程上的平均参数。这个实现解释了由于共线而忽略的变量。

确定 VAR 模型滞后阶数常用的信息准则一般有 AIC、SBIC 和 HQIC。默认情况下，AIC、SBIC 和 HQIC 根据其标准定义计算，其中包括对数似然中的常数项：

$$\mathrm{AIC}=-2\left(\frac{\mathrm{LL}}{T}\right)+\frac{2t_p}{T} \tag{1-62}$$

$$\mathrm{SBIC}=-2\left(\frac{\mathrm{LL}}{T}\right)+\frac{\ln(T)}{T}t_p \tag{1-63}$$

$$\mathrm{HQIC}=-2\left(\frac{\mathrm{LL}}{T}\right)+\frac{2\ln\{\ln(T)\}}{T}t_p \tag{1-64}$$

式中，t_p 是模型中的参数总数，LL 是对数似然值。另外，Lütkepohl（2005）主张从对数似然中去掉常数项，因为它不影响滞后阶数的推断，该版本的信息准则为

$$\mathrm{AIC}=\ln(|\boldsymbol{\Sigma}_u|)+\frac{2pK^2}{T} \tag{1-65}$$

$$\mathrm{SBIC} = \ln(|\boldsymbol{\Sigma}_u|) + \frac{\ln(T)}{T} pK^2 \tag{1-66}$$

$$\mathrm{HQIC} = \ln(|\boldsymbol{\Sigma}_u|) + \frac{2\ln\{\ln(T)\}}{T} pK^2 \tag{1-67}$$

确定滞后阶数的 Stata 命令如下。

菜单操作：

（1）VAR 模型估计前检验菜单。

Statistics > Multivariate time series > VAR diagnostics and tests > Lag-order selection statistics (preestimation)

（2）VAR 模型估计后检验菜单。

Statistics > Multivariate time series > VAR diagnostics and tests > Lag-order selection statistics (postestimation)

（3）VECM 模型估计前检验菜单。

Statistics > Multivariate time series > VEC diagnostics and tests > Lag-order selection statistics (preestimation)

（4）VECM 模型估计后检验菜单。

Statistics > Multivariate time series > VEC diagnostics and tests > Lag-order selection statistics (postestimation)

语法格式：

（1）估计前语法。

varsoc depvarlist [if] [in] [, preestimation options]

（2）估计后语法。

varsoc [, estimates(estname)]

例 1.30　估计前 varsoc 检验

例 1.31　估计后 varsoc 检验

请扫码查看例 1.30 的内容　　请扫码查看例 1.31 的内容

1.9.2　Granger 因果关系检验

Granger 因果关系检验实质上是检验一个变量的滞后变量是否可以被其他变量方程引入。一个变量如果受到其他变量的滞后影响，则称它们具有 Granger 因果关系。在一个二元 p 阶的 VAR 模型中

$$\begin{pmatrix} y_t \\ x_t \end{pmatrix} = \begin{pmatrix} \varphi_{10} \\ \varphi_{20} \end{pmatrix} + \begin{pmatrix} \varphi_{11}^{(1)} & \varphi_{12}^{(1)} \\ \varphi_{21}^{(1)} & \varphi_{22}^{(1)} \end{pmatrix} \begin{pmatrix} y_{t-1} \\ x_{t-1} \end{pmatrix} + \begin{pmatrix} \varphi_{11}^{(2)} & \varphi_{12}^{(2)} \\ \varphi_{21}^{(2)} & \varphi_{22}^{(2)} \end{pmatrix} \begin{pmatrix} y_{t-2} \\ x_{t-2} \end{pmatrix} + \cdots + \begin{pmatrix} \varphi_{11}^{(p)} & \varphi_{12}^{(p)} \\ \varphi_{21}^{(p)} & \varphi_{22}^{(p)} \end{pmatrix} \begin{pmatrix} y_{t-p} \\ x_{t-p} \end{pmatrix} + \begin{pmatrix} \varepsilon_{1t} \\ \varepsilon_{2t} \end{pmatrix} \tag{1-68}$$

当且仅当系数矩阵中的系数 $\varphi_{12}^{(q)}(q = 1, 2, \cdots, p)$ 全部为 0 时，变量 x 不是引起 y 变化的 Granger 原因，等价于变量 x 外生于变量 y。这时，判断 Granger 原因的直接方法是利用 F-检验来检验下述联合检验：

$$\begin{cases} \mathrm{H}_0\text{：} \varphi_{12}^{(q)} = 0\ ,\ q = 1, 2, \cdots, p \\ \mathrm{H}_1\text{：} \varphi_{12}^{(q)} \neq 0 \end{cases} \tag{1-69}$$

其统计量为

$$S_1 = \frac{(\mathrm{RSS}_0 - \mathrm{RSS}_1)/p}{\mathrm{RSS}_1/(T-2p-1)} \sim F(p, T-2p-1) \tag{1-70}$$

如果 S_1 大于 F 的临界值，则拒绝原假设；否则接受原假设，即 x 不能 Granger 引起 y。

其中，RSS_1 是式（1-68）中 y 方程的残差平方和：

$$\mathrm{RSS}_1 = \sum_{t=1}^{T} \hat{\varepsilon}_{1t}^2 \tag{1-71}$$

RSS_0 是不含 x 的滞后变量，如下面方程的残差平方和：

$$y_t = \varphi_{10} + \varphi_{11}^{(1)} y_{t-1} + \varphi_{11}^{(2)} y_{t-2} + \cdots + \varphi_{11}^{(p)} y_{t-p} + \tilde{\varepsilon}_{1t} \tag{1-72}$$

$$\mathrm{RSS}_0 = \sum_{t=1}^{T} \hat{\tilde{\varepsilon}}_{1t}^2 \tag{1-73}$$

在满足高斯分布的假定下，检验统计量式（1-73）具有精确的 F 分布。如果回归模型形式是如式（1-68）的 VAR 模型，一个渐近等价检验可由下式给出：

$$S_2 = \frac{T(\mathrm{RSS}_0 - \mathrm{RSS}_1)}{\mathrm{RSS}_1} \sim \chi^2(p) \tag{1-74}$$

注意，S_2 服从自由度为 p 的 χ^2 分布。如果 S_2 大于 χ^2 的临界值，则拒绝原假设；否则接受原假设，即 x 不是引起 y 变化的 Granger 原因。值得注意的是，Granger 因果关系检验的任何一种检验结果都和滞后长度 p 的选择有关。

Granger 因果关系检验的 Stata 命令如下。

菜单操作：

Statistics > Multivariate time series > VAR diagnostics and tests > Granger causality tests

语法格式：

```
vargranger [ , estimates(estname) separator(#) ]
```

例 1.32　估计后 Granger 因果关系检验

在这里，我们使用一些关于德国的数据建立 VAR 模型，然后用 vargranger 进行 Granger 因果关系检验。

（1）下载数据。

```
.use https://www.stata-press.com/data/r17/lütkepohl2
```

（2）建立 VAR 模型。

.var dln_inv dln_inc dln_consump if qtr<=tq(1978q4), dfk small

（3）Granger 检验。

.vargranger

Granger causality Wald tests

Equation	Excluded	F	df	df_r	Prob > F
dln_inv	dln_inc	.04847	2	66	0.9527
dln_inv	dln_consump	1.5004	2	66	0.2306
dln_inv	ALL	1.5917	4	66	0.1869
dln_inc	dln_inv	1.7683	2	66	0.1786
dln_inc	dln_consump	1.7184	2	66	0.1873
dln_inc	ALL	1.9466	4	66	0.1130
dln_consump	dln_inv	.97147	2	66	0.3839
dln_consump	dln_inc	6.1465	2	66	0.0036
dln_consump	ALL	3.7746	4	66	0.0080

由于未指定 estimates() 选项，vargranger 使用了活动的 estimates() 结果。考虑第一个方程的三个检验结果。第一个是 Wald 检验，即 dln_inv 方程中出现的 dln_inc 两个滞后的系数联合为零。不能拒绝 dln_inc 不会 Granger 导致 dln_inv 的原假设。同样地，我们不能拒绝 dln_inv 方程中 dln_consump 两个滞后的系数联合为零的原假设，因此，我们不能否认 dln_consump 不会导致 dln_inv 的假设。第三个检验是关于所有其他内生变量的两个滞后系数联合为零的原假设。由于这一点不可拒绝，我们不能拒绝 dln_inc 和 dln_consump 共同不会导致 dln_inv 的原假设。

1.9.3 残差检验

1. 残差自相关的 LM 检验

J 阶滞后的 LM 检验统计量的公式为

$$\mathrm{LM}_s=(T-d-0.5)\ln\left(\frac{|\Sigma|}{|\tilde{\Sigma}_s|}\right) \tag{1-75}$$

其中，T 为 VAR 模型的样本观测期，$\tilde{\Sigma}_s$ 是 VAR 扰动项的方差 – 协方差矩阵 $\boldsymbol{\Sigma}$ 的最大似然估计，并且 $\tilde{\Sigma}_s$ 是增广 VAR 的 Σ 的最大似然估计。

如果 VAR 模型中有 K 个方程，我们可以定义 $\boldsymbol{e}_t$ 为 $K\times 1$ 的残差向量。我们创建了包含 K 个方程残差的 K 个新变量 $e_1, e_2, \cdots, e_K$，我们可以用这些 K 个新变量的滞后来增加原始 VAR 模型。对于每个滞后 s，我们形成一个增广回归，其中新的残差变量滞后 s 次。根据 Davidson 和 MacKinnon（1993）的方法，这些 s 滞后的缺失值被替换为零。$\tilde{\Sigma}_s$ 是 VAR 模型中 Σ 的最大似然估计，并且 d 是这个增广 VAR 模型中需要估计的系数个数。LM_s 的渐进分布为 K^2 自由度的 χ^2 分布。

残差自相关 LM 检验的 Stata 命令如下。

菜单操作：

Statistics > Multivariate time series > VAR diagnostics and tests > LM test for residual autocorrelation

语法格式：

varlmar [, options]

其中 options 有以下设定：

options	描述
mlag(#)	使用 # 定义自相关的最大阶数；默认是 mlag(2)
estimate(estname)	使用之前保存结果的 estname；默认使用活动中的结果
trend(constant)	在模型中包含一个受限制的常数
separator	在每 # 行后画分隔线

varlmar 对 VAR 模型残差中的自相关进行了拉格朗日乘数（LM）测试，该测试在 Johansen（1995）中被提出。

例 1.33　估计后 varlmar 检验

请扫码查看例 1.33 的内容

2. 残差的正态性检验

本节使用的残差正态性检验是基于 Lütkepohl（2005）的工作。令 $\hat{u}_t$ 为 $K\times 1$ 的残差向量，它来自 VAR 或者 SVAR 拟合的 K 个方程的残差。相似地，使用 $\hat{\Sigma}$ 表示扰动项的方差矩阵。偏度、峰度和 Jarque–Bera 统计量必须使用正交化残差进行计算，由于

$$\hat{\boldsymbol{\Sigma}} = \hat{\boldsymbol{P}}\hat{\boldsymbol{P}}' \tag{1-76}$$

意味着

$$\hat{\boldsymbol{P}}^{-1}\hat{\boldsymbol{\Sigma}}\hat{\boldsymbol{P}}^{-1'} = \boldsymbol{I}_K \tag{1-77}$$

将 $\hat{u}_t$ 和 $\hat{p}$ 预先相乘是实行正交化的一种方法。当 varnorm 应用于 VAR 的结果，$\hat{\boldsymbol{P}}$ 被定义为 $\hat{\boldsymbol{\Sigma}}$ 的 Cholesky 分解。当 varnorm 应用于 svar 结果时，$\hat{\boldsymbol{P}}$ 被设定为估计结构分解的方法，即 $\hat{\boldsymbol{P}} = \hat{\boldsymbol{A}}^{-1}\hat{\boldsymbol{B}}$，其中，$\hat{\boldsymbol{A}}$ 和 $\hat{\boldsymbol{B}}$ 都是系数矩阵 $\boldsymbol{A}$ 和 $\boldsymbol{B}$ 的估计参数。$\hat{\boldsymbol{C}}$ 是 $\boldsymbol{C}$ 的长期 svar 估计值。当对 svar 结果应用 varnorm 并指定 cholesky 选项时，将 $\hat{\boldsymbol{P}}$ 设置为 $\hat{\boldsymbol{\Sigma}}$ 的 cholesky 分解。

将 $\hat{\boldsymbol{w}}_t$ 定义为以下公式给出的正交化 VAR 残差：

$$\hat{\boldsymbol{w}}_t = (\hat{w}_{1t}, \cdots, \hat{w}_{Kt})' = \hat{\boldsymbol{P}}^{-1}\hat{\boldsymbol{u}}_t \tag{1-78}$$

接下来，通过正交化残差可以得到 $K\times 1$ 的偏度和峰度系数。

$$\boldsymbol{b}_1 = (\hat{b}_{11}, \cdots, \hat{b}_{K1})'; \quad \hat{b}_{K1} = \frac{1}{T}\sum_{i=1}^{T}\hat{w}_{Kt}^3 \tag{1-79}$$

$$\boldsymbol{b}_2 = (\hat{b}_{12}, \cdots, \hat{b}_{K2})'; \quad \hat{b}_{K2} = \frac{1}{T}\sum_{i=1}^{T}\hat{w}_{Kt}^4 \tag{1-80}$$

在多元高斯扰动的原假设下，

$$\hat{\lambda}_1 = \frac{T\boldsymbol{b}_1'\boldsymbol{b}_1}{6} \xrightarrow{d} \chi^2(K) \tag{1-81}$$

$$\hat{\lambda}_2 = \frac{T(\boldsymbol{b}_2-3)'(\boldsymbol{b}_2-3)}{24} \xrightarrow{d} \chi^2(K) \tag{1-82}$$

$$\hat{\lambda}_3 = \hat{\lambda}_1 + \hat{\lambda}_2 \xrightarrow{d} \chi^2(2K) \tag{1-83}$$

其中，$\hat{\lambda}_1$为偏度统计量，$\hat{\lambda}_2$为峰度统计量，$\hat{\lambda}_3$是 Jarque–Bera 统计量，$\hat{\lambda}_1$、$\hat{\lambda}_2$和 $\hat{\lambda}_3$用于检验 $K\times 1$ 扰动项向量服从多元正态分布的原假设。针对第 k 个方程的扰动项服从一元正态分布的原假设，给出了相应的统计量：

$$\hat{\lambda}_{1k} = \frac{T\hat{b}_{k1}^2}{6} \xrightarrow{d} \chi^2(1) \tag{1-84}$$

$$\hat{\lambda}_{2k} = \frac{T(\hat{b}_{k2}^2 - 3)^2}{24} \xrightarrow{d} \chi^2(1) \tag{1-85}$$

$$\hat{\lambda}_{3k} = \hat{\lambda}_1 + \hat{\lambda}_2 \xrightarrow{d} \chi^2(2) \tag{1-86}$$

Stata 命令如下。

菜单操作：

Statistics > Multivariate time series > VAR diagnostics and tests > Test for normally distributed disturbances

语法格式：

varnorm [, options]

options 有以下设定：

options	描述
jbera	报告 Jarque–Bera 统计数据；默认情况下，报告所有三个统计数据
skewness	报告偏度统计数据；默认情况下，报告所有三个统计数据
kurtosis	报告峰度统计数据；默认情况下，报告所有三个统计数据
estimates(estname)	使用以前存储的结果名称；默认设置是使用活动状态的结果
cholesky	使用 Cholesky 分解
separator(#)	在每 # 行后画分隔线

例 1.34 残差正态性检验

请扫码查看例 1.34 的内容

1.9.4 VAR 模型平稳性检验

无论是 VAR 模型还是 SVAR 模型，它们的推断都要基于变量是协方差平稳的假设。如果 $\boldsymbol{y}_t$ 中的变量的前两个矩存在且与时间无关，则 $\boldsymbol{y}_t$ 中的变量是协方差平稳的。更具体地说，如果一个变量 $\boldsymbol{y}_t$ 是协方差平稳的，它需要满足：

（1）$E[\boldsymbol{y}_t]$ 是有限的，并且独立于 t；

（2）$\mathrm{Var}[\boldsymbol{y}_t]$ 是有限的，并且独立于 t；

（3）$\mathrm{Cov}[\boldsymbol{y}_t, \boldsymbol{y}_s]$ 是 $|t-s|$ 的有限的函数，但和单独的 t 或 s 无关。

然而，VAR 模型的解释要求满足更严格的稳定性条件。如果 VAR 是平稳的，则它是可逆的，并且具有无穷阶向量移动平均表示。如果 VAR 是平稳的，脉冲响应函数和预测误差方差分解具有已知的解释。

Lütkepohl（2005）和 Hamilton（1994）的工作都表明，如果矩阵 $\boldsymbol{A}$ 的每个特征值的模严格小于 1，则估计的 VAR 是平稳的。

假设伴随矩阵 $\boldsymbol{A}$ 有以下的形式：

$$\boldsymbol{A}=\begin{pmatrix} \boldsymbol{A}_1 & \boldsymbol{A}_2 & \cdots & \boldsymbol{A}_{p-1} & \boldsymbol{A}_p \\ \boldsymbol{I} & 0 & \cdots & 0 & 0 \\ 0 & \boldsymbol{I} & \cdots & 0 & 0 \\ \vdots & \vdots & & \vdots & \vdots \\ 0 & 0 & \cdots & \boldsymbol{I} & 0 \end{pmatrix} \tag{1-87}$$

求该矩阵的特征值，该伴随矩阵的复特征值 $r + c_i$ 的模为 $\sqrt{r^2+c^2}$，如 Lütkepohl（2005）和 Hamilton（1994）所示，如果 $\boldsymbol{A}$ 的每个特征值的模严格小于 1，则 VAR 是平稳的。

Stata 命令如下。

菜单操作：

Statistics > Multivariate time series > VAR diagnostics and tests > Check stability condition of VAR estimates

语法格式：

Varstable [, options]

options 有以下设定：

options	描述
estimates(estname)	使用以前存储的结果名称；默认设置是使用活动状态的结果
amat(matrix_name)	将伴随矩阵另存为矩阵名
graph	绘制伴随矩阵的特征值图
dlabel	用与单位圆的距离标注特征值
modlabel	用模数标注特征值
separator(#)	在每 # 行后画出分隔线
marker_options	更改标记的外观（颜色、大小等）
rlots	影响参考单位圆的格式副本
nogrid	抑制极地网格圈
pgrid	指定极地网格圈的半径和外观
add plots	
addplot	在生成的图形中添加其他图形

例 1.35　模型平稳性检验

请扫码查看例 1.35 的内容

1.10　VEC 模型的诊断和检验

1.10.1　残差检验

VEC 模型的残差检验主要包括残差自相关 LM 检验和残差正态性检验。

1. 残差自相关 LM 检验

考虑一个没有任何趋势的 VEC 模型：

$$\Delta\boldsymbol{y}_t = \boldsymbol{\alpha\beta y}_{t-1} + \sum_{i=1}^{p-1}\boldsymbol{\Gamma}_i\Delta\boldsymbol{y}_{t-i} + \varepsilon_t \tag{1-88}$$

只要协整向量 $\boldsymbol{\beta}$ 中的参数被准确识别或过度识别，这些参数的估计值就是超一致的。这意味着估计协整关系的 $r\times 1$ 向量

$$\boldsymbol{E}_t = \boldsymbol{\beta y}_t \tag{1-89}$$

可以被用作标准估计和推理方法的数据。当协整方程的参数未被确定时，式（1-88）不能提供一致的 $\boldsymbol{E}_t$ 估计值；在这些情况下，veclmar 命令退出时会显示一条错误信息。上述的 VEC 可以改写为

$$\Delta y_t = \alpha E_t + \sum_{i=1}^{p-1}\Gamma_i\Delta y_{t-i} + \varepsilon_t \tag{1-90}$$

这只是一个具有 p–1 滞后期的 VAR，其中内生变量已经被第一次差分，增加了外生变量 E。veclmar 命令拟合这个 VAR，然后调用 varlmar 命令计算自相关的 LM 检验。

正如在 vec 命令中讨论的那样，Johansen（1995）考虑的其他四种趋势规格使 $\boldsymbol{\beta}$ 中自由参数的估计变得复杂，但并不改变 $\boldsymbol{E}_t$ 可以作为后续 VAR 中的数据使用这一基本结果。同样地，对 α 中参数的约束意味着必须用这些约束来估计后续的 VAR，但 E_t 仍然可以作为 VAR 中的数据使用。

菜单操作：

Statistics > Multivariate time series > VEC diagnostics and tests > LM test for residual autocorrelation

语法格式：

veclmar [, options]

options	描述
mlag(#)	使用 # 为自相关的最大阶数；默认为 mlag(2)
estimates(estname)	使用先前存储的结果 estname；默认是使用活动结果
separator(#)	在每 # 行后画出分隔线

注意，veclmar 只能在 vec 之后使用。在使用 veclmar 之前，你必须先使用 tsset 命令设置你的数据。

例 1.36　残差自相关性检验

请扫码查看例 1.36 的内容

2. 残差正态性检验

协整 VEC 可以重写为一阶差分中的 VAR，其中包括作为外生变量的预测协整方程。

vecnorm 命令计算用于检验残差的正态性，用于一阶差分中相应的增广 VAR。

当协整方程的参数未被识别时，协整方程的一致估计不可用。在这些情况下，vecnorm 会退出并显示错误消息。

Stata 命令如下。

菜单操作：

Statistics > Multivariate time series > VEC diagnostics and tests > Test for normally distributed disturbances

语法格式：

vecnorm [, options]

options	描述
jbera	报告 Jarque-Bera 统计数据；默认情况下，报告所有三个统计数据
skewness	报告偏度统计数据；默认情况下，报告所有三个统计数据
kurtosis	报告峰度统计数据；默认情况下，报告所有三个统计数据
estimates(estname)	使用先前存储的结果 estname；默认是使用活动结果
dfk	在计算干扰因素的估计方差 – 协方差矩阵时进行小样本调整
separator(#)	在每 # 行后画出分隔线

例 1.37　残差正态性检验

请扫码查看例 1.37 的内容

1.10.2 VEC 模型估计的平稳性检验

vecstable 命令可用于检验 VEC 模型拟合的特征值稳定性条件。

菜单操作：

Statistics > Multivariate time series > VEC diagnostics and tests > Check stability condition of VEC estimates

语法格式：

vecstable [, options]

options		描述
main	estimates(estname)	使用先前存储的结果 estname；默认是使用活动结果
	amat(matrix_name)	将伴随矩阵保存为矩阵名
	graph	绘制伴随矩阵的特征值图
	dlabel	用与单位圆的距离标注特征值
	modlabel	用模数标注特征值
	marker_options	更改标记的外观（颜色、大小等）
	rlopts(cline_options)	影响参考单位圆的格式副本
	nogrid	抑制极地网格圈
	pgrid([. . .])	指定极地网格圈的半径和外观；详见选项
add plots	addplot(plot)	在生成的图形中添加其他图形
Y axis, X axis, titles, legend, overall	twoway_options	除了 [G-3] twoway_options 中记载的 by( ) 以外的任何选项

例 1.38　vecstable 特征值分析

请扫码查看例 1.38 的内容

1.11　VAR/VEC 模型预测

1.11.1　预测值计算

1. var 和 svar 后的预测

带有内生变量 $\boldsymbol{y}_t$ 和外生变量 $\boldsymbol{x}_t$ 的 VAR 可以写成：

$$\boldsymbol{y}_{t+h} = \boldsymbol{v} + \boldsymbol{A}_1\boldsymbol{y}_{t-1} + \cdots + \boldsymbol{A}_p\boldsymbol{y}_{t-p} + \boldsymbol{B}\boldsymbol{x}_t + \boldsymbol{u}_t \tag{1-91}$$

其中，$t = 1, \cdots, T$，$\boldsymbol{y}_t = (y_{1t}, \cdots, y_{Kt})'$ 是一个 $K \times 1$ 的随机向量，$\boldsymbol{A}_i$ 是固定的 $K \times K$ 参数矩阵，$\boldsymbol{x}_t$ 是一个 $M \times 1$ 的外生变量向量，$\boldsymbol{B}$ 是一个 $K \times M$ 的系数矩阵，$\boldsymbol{v}$ 是一个固定参数的 $K \times 1$ 矢量，以及 $\boldsymbol{u}_t$ 被认为是白噪声，也就是说，

$$\begin{cases} E(\boldsymbol{u}_t) = 0_K \\ E(\boldsymbol{u}_t\boldsymbol{u}_t') = \boldsymbol{\Sigma}, \quad t \neq s \\ E(\boldsymbol{u}_t\boldsymbol{u}_s') = 0_K \end{cases} \tag{1-92}$$

fcast compute 命令将动态地预测矢量 $\boldsymbol{y}_t$ 中的变量，条件是内生变量的 p 初始值和任何外生的 $\boldsymbol{x}_t$。采用 Lütkepohl（2005, 402）的符号来适应目前的情况，以 $\boldsymbol{x}_t$ 为条件对 $\boldsymbol{y}_{t+h}$ 的最佳 h 步预测是

$$\boldsymbol{y}_t(h) = \boldsymbol{v} + \boldsymbol{A}_1\boldsymbol{y}_t(h-1) + \cdots + \boldsymbol{A}_p\boldsymbol{y}_t(h-p) + \boldsymbol{B}\boldsymbol{x}_t \tag{1-93}$$

如果没有外生变量，式（1-91）变为

$$\boldsymbol{y}_t(h) = \boldsymbol{v} + \boldsymbol{A}_1\boldsymbol{y}_t(h-1) + \cdots + \boldsymbol{A}_p\boldsymbol{y}_t(h-p) \tag{1-94}$$

当没有外生变量时，fcast compute 可以计算出渐近的置信界限。如 Lütkepohl（2005, 204-205）所示，预测误差的协方差矩阵的渐近估计值为

$$\boldsymbol{\Sigma}_{\hat{y}}(h) = \boldsymbol{\Sigma}_y(h) + \frac{1}{T}\boldsymbol{\Omega}(h) \tag{1-95}$$

其中，

$$\boldsymbol{\Sigma}_y(h) = \sum_{i=0}^{h-1} \boldsymbol{\Phi}_i \boldsymbol{\Sigma} \boldsymbol{\Phi}_i' \tag{1-96}$$

$$\boldsymbol{\Omega}(h) = \frac{1}{T}\sum_{t=0}^{T}\left\{\sum_{i=0}^{h-1}\boldsymbol{Z}_t'(\boldsymbol{B}')^{h-1-i} \otimes \boldsymbol{\Phi}_i\right\}\boldsymbol{\Sigma}_{\beta}\left\{\sum_{i=0}^{h-1}\boldsymbol{Z}_t'(\boldsymbol{B}')^{h-1-i} \otimes \boldsymbol{\Phi}_i\right\}' \tag{1-97}$$

$$\boldsymbol{B} = \begin{pmatrix} 1 & 0 & 0 & \dots & 0 & 0 \\ \boldsymbol{v} & \boldsymbol{A}_1 & \boldsymbol{A}_2 & \dots & \boldsymbol{A}_{p-1} & \boldsymbol{A}_p \\ 0 & \boldsymbol{I}_K & 0 & \dots & 0 & 0 \\ 0 & \boldsymbol{0} & \boldsymbol{I}_K & & 0 & 0 \\ \vdots & \vdots & & \ddots & & \vdots \\ 0 & 0 & 0 & \dots & \boldsymbol{I}_K & 0 \end{pmatrix} \tag{1-98}$$

$$\boldsymbol{Z}_t = (1, \boldsymbol{y}_t', \cdots, \boldsymbol{y}_{t-p-1}')' \tag{1-99}$$

$$\boldsymbol{\Phi}_0 = \boldsymbol{I}_K \tag{1-100}$$

$$\boldsymbol{\Phi}_i = \sum_{j=1}^{i} \boldsymbol{\Phi}_{i-j} \boldsymbol{A}_j, \quad i = 1, 2, \cdots \tag{1-101}$$

$$\boldsymbol{A}_j = 0,\ j > p \tag{1-102}$$

式中，$\boldsymbol{\Sigma}$ 是残差项的协方差矩阵的估计，$\boldsymbol{\Sigma}_\beta$ 是 VAR 中系数的估计的 VCE。式（1-91）中的各项是通用的，足以处理对 VAR(p) 中的系数施加约束的情况。

式（1-95）是由两个项组成的。$\boldsymbol{\Sigma}_y(h)$ 是预测的估计平均平方误差（MSE）。$\boldsymbol{\Sigma}_{\hat{y}}(h)$ 估计的是由于未见的创新引起的预测误差。$T^{-1}\boldsymbol{\Omega}(h)$ 估计的是由于使用估计的系数而不是真实的系数而导致的预测误差。随着样本量的增加，关于系数估计的不确定性减少，$T^{-1}\boldsymbol{\Omega}(h)$ 归于零。

如果 $\boldsymbol{y}_t$ 是正态分布，那么对提前 h 个时期 $\boldsymbol{y}_t$ 的第 k 个分量的预测的渐近 $(1-\alpha)100\%$ 区间的界限为

$$\boldsymbol{y}_{k,t}(h) \pm z_{\left(\frac{\alpha}{2}\right)} \hat{\sigma}_k(h) \tag{1-103}$$

其中，$\hat{\sigma}_k(h)$ 是 $\boldsymbol{\Sigma}_{\hat{y}}(h)$ 的第 k 个对角线元素。

指定 bs 选项会导致使用自举残差通过模拟计算标准误差。var 和 svar 都是包含 VAR 系数的估计量，这些估计量以数据中内生变量的第一次观察为条件。同样地，这些算法以数据中内生变量的首次观察为条件。然而，基于模拟的标准误差估计也取决于估计的系数。

渐近标准误差不以系数估计为条件，因为式（1-95）右侧的第二项说明了使用估计参数产生的不确定性。

对于一个有 R 次重复的模拟，该方法使用以下算法：

（1）拟合模型并保存估计的系数。

（2）使用估计的系数来计算残差。

（3）重复步骤①～③ R 次。

①从残差中抽取一个大小为 $T+h$ 的简单随机样本。当抽取第 t 个观察值时，所有的 K 个残差都被选中，保留残差之间的任何同期相关性。

②使用抽出的残差、内生变量的 p 初始值、任何外生变量和估计的系数来构建一个新的样本数据集。

③保存自举数据集中 h 个预测期的模拟内生变量。

（4）对于每个内生变量和每个预测期，模拟标准误差是 R 模拟预测的估计标准误差。默认情况下，$(1-\alpha)100\%$ 的上界和下界是使用基于模拟的标准误差估计值和正态性假设估计的。如果指定了 bscentile 选项，R 模拟预测的上界和下界的样本百分位数被用于置信区间的上界和下界。

如果指定了 bsp 选项，则使用参数化的模拟算法。具体来说，除了用① (bsp) 代替①之外，其他都和上面一样。① (bsp) 为从具有协方差矩阵 $\boldsymbol{\Sigma}$ 的多变量正态分布中抽取 $T+h$ 个观测值。

上面的算法假设 h 个预测期是在 T 个观测值的原始样本之后。如果 h 个预测期位于原始样本内，较小的模拟数据集就足够了。

2. vec 后的动态预测

fcast compute 命令使用先前的动态预测作为后来动态预测的输入。

根据 Lütkepohl (2005), fcast compute 使用

$$\boldsymbol{\Sigma}_{\hat{y}}(h)=\left(\frac{T}{T-d}\right)\sum_{i=0}^{h-1}\boldsymbol{\Phi}_i\boldsymbol{\Omega}^{\Phi}\boldsymbol{\Phi}_i$$

其中，$\boldsymbol{\Phi}_i$ 是脉冲响应函数的估计矩阵，T 是样本中的观察数，d 是自由度数，$\boldsymbol{\Omega}$ 是估计的交叉方差矩阵。在步骤 h 的估计标准误差是 $\boldsymbol{\Sigma}_{\hat{y}}(h)$ 的对角线元素的平方根。

根据 Lütkepohl（2005），估计的预测误差方差不考虑参数的不确定性。当样本量变得无限大时，参数不确定性的重要性就会减弱到零。

菜单操作：

Statistics > Multivariate time series > VEC/VAR forecasts > Compute forecasts (required for graph)

语法格式：

After var and svar

fcast compute prefix [, options1]

After vec

fcast compute prefix [, options2]

options1		描述
main	step(#)	设置 # 个预测期；默认为 step(1)
	dynamic(time_constant)	在指定时间开始动态预测
	estimate(estname)	使用之前存储的结果 estname；默认使用活动结果
	replace	替换具有相同前缀的现有预测变量
std. errors	nose	抑制渐进式标准误差
	bs	从自举残差中获得标准误差
	bsp	从参数化引导中获得标准误差
	bscentile	通过使用自举数据集的百分位数来估计界限
	reps(#)	执行 # bootstrap 复制；默认为 reps(200)
	nodots	抑制每次自举复制后的常规点
	saving(filename[, replace]) s	将自举结果保存为文件名；使用替换来覆盖现有文件名
reporting	level(#)	设置置信度；默认为 level(95)

options2		描述
main	step(#)	设置 # 个预测期；默认为 step(1)。
	dynamic(time_constant)	在指定时间开始动态预测
	estimate(estname)	使用之前存储的结果 estname；默认是使用活动结果
	replace	替换具有相同前缀的现有预测变量
	differences	保存第一差分变量的动态预测值
std. errors	nose	抑制渐近式标准误差
reporting	level(#)	设置置信度；默认为 level(95)

例 1.39　VAR 模型预测

例 1.40　VAR 模型的拟合预测

请扫码查看例 1.39 的内容　　请扫码查看例 1.40 的内容

1.11.2　预测值绘图

菜单操作：

Statistics > Multivariate time series > VEC/VAR forecasts > Graph forecasts

语法格式：

fcast graph varlist [if] [in] [, options]

options		描述
main	differences	绘制第一差分变量的预测图（仅有 vec）
	noci	抑制置信带
	observed	包括预测变量的观察值
forecast plot	cline_options	影响预测线间的渲染
CI plot	ciopts(area_options)	影响置信区间的显示
observed plot	obopts(cline_options)	影响观察值的显示
Y axis, time axis, titles, legend, overall	twoway options	除了 [G-3]twoway 选项中记载的 by() 以外的任何选项
	byopts(by option)	影响组合图的外观；见 [G-3] by 选项

例 1.41　协整 VEC 预测

在这个例子中，我们使用协整 VEC 对密苏里州、印第安纳州、肯塔基州和伊利诺伊州的失业率进行建模，并将预测结果与 6 个月的搁置样本做对比。

（1）使用数据。

.use https://www.stata-press.com/data/r17/urates

（2）估计 VEC 模型。

.vec missouri indiana kentucky illinois if t < tm(2003m7), trend(rconstant) rank(2) lags(4)

（输出省略）

（3）计算六步动态预测值。

.fcast compute m1_, step(6)

（4）绘图。

.fcast graph m1_missouri m1_indiana m1_kentucky m1_illinois, observed

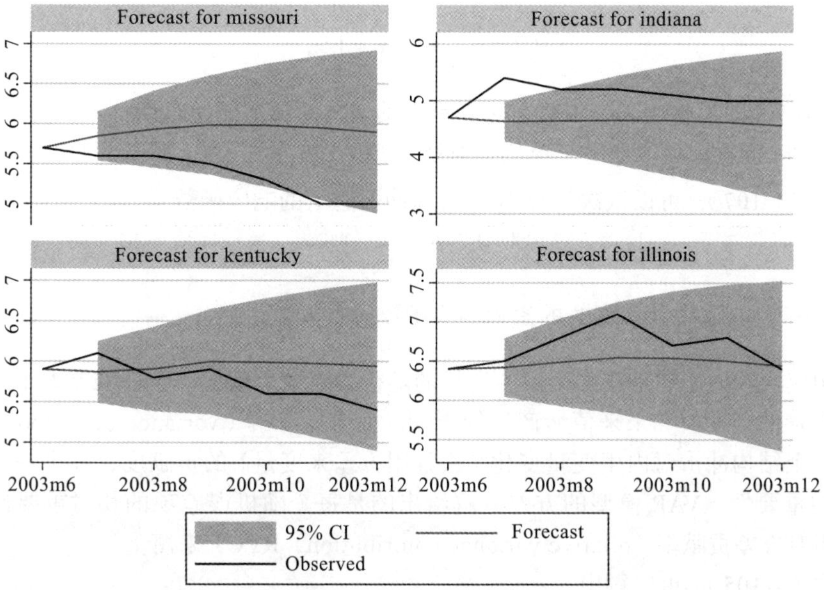

因为我们预测的密苏里州和印第安纳州的失业率的 95% 置信区间并不包含所有的观察值，所以该模型不能可靠地预测这些失业率。

1.12 脉冲响应和方差分解分析

在实际应用中，由于 VAR 模型是一种非理论性的模型，且由于模型的 OLS 估计量只具有一致性，导致很难对单个参数估计值进行经济解释，因此在 VAR 模型的应用中，我们往往不是分析一个变量对另一个变量的影响，而是分析当一个误差项发生变化，或者说，当模型受到某种冲击时对系统产生的动态影响，这种分析方法称为脉冲响应函数（impulse response function，IRF）方法。它描述的是在某个内生变量的随机误差项上施加一个标准差大小的冲击后对所有内生变量的当期值和未来值所产生的影响。

考虑下面的 VAR（p）模型：

$$Y_t = \Phi_1 Y_{t-1} + \Phi_2 Y_{t-2} + \cdots + \Phi_p Y_{t-p} + \boldsymbol{\varepsilon}_t, \quad t = 1, 2, \cdots, T \tag{1-104}$$

其中，$\varepsilon_t \sim N(0, \boldsymbol{\Sigma})$ 是 k 维扰动列向量，它们相互之间可以同期相关，但不与自己的滞后值相关且不与方程右边的变量相关。设滞后算子为 L，$L^k Y_t = Y_{t-k}$，则根据式（1-104）可得 VMA(∞) 模型：

$$\begin{aligned} Y_t &= (I_k - \Phi_1 L - \Phi_2 L^2 - \cdots - \Phi_p L^p)^{-1} \boldsymbol{\varepsilon}_t \\ &= (I_k + \boldsymbol{\Theta}_1 L + \boldsymbol{\Theta}_2 L^2 + \cdots + \boldsymbol{\Theta}_q L^q + \cdots) \boldsymbol{\varepsilon}_t \\ &= \boldsymbol{\varepsilon}_t + \boldsymbol{\Theta}_1 \boldsymbol{\varepsilon}_{t-1} + \boldsymbol{\Theta}_2 \boldsymbol{\varepsilon}_{t-2} + \cdots + \boldsymbol{\Theta}_q \boldsymbol{\varepsilon}_{t-q} + \cdots, \quad t = 1, 2, \cdots, T \end{aligned} \tag{1-105}$$

根据式（1-105）可得 VMA(∞) 模型的系数矩阵：

$$\boldsymbol{\Theta}_q = \frac{\partial Y_{t+q}}{\partial \boldsymbol{\varepsilon}_t}, q = 1, 2, \cdots \tag{1-106}$$

$\boldsymbol{\Theta}_q$ 的第 i 行、第 j 列元素可表示为

$$\theta_{ij}^{(q)}=\frac{\partial Y_{i,t+q}}{\partial \varepsilon_{ij}},\quad q=1,2,\cdots \tag{1-107}$$

式（1-107）即为脉冲响应函数，它表示当其他扰动项在任何时期都不变的情况下，第 j 个变量在时期 t 的扰动项增加一个单位，对第 i 个内生变量在 $t+q$ 期产生的影响。

根据式（1-107），可以依次计算出 Y_j 的脉冲引起 Y_i 的响应函数：

$$\theta_{ij}^{(0)},\theta_{ij}^{(1)},\theta_{ij}^{(2)},\cdots,\theta_{ij}^{(q)},\cdots \tag{1-108}$$

可得，由 Y_j 的脉冲引起的 Y_i 的累积响应函数为 $\sum_{q=0}^{\infty}\theta_{ij}^{(q)}$。

脉冲响应函数描述的是在某个内生变量的随机误差项上施加一个标准差大小的冲击后对所有内生变量的当期值和未来值所产生的影响。而方差分解（variance decomposition）是通过分析每一个结构冲击对内生变量变化（通常用方差来度量）的贡献度，并进一步评价不同结构冲击的重要性。VAR 模型的方差分解给出的是每个随机误差项的相对重要性信息，一般可以用相对方差贡献率（relative variance contribution，RVC）来衡量。

根据式（1-105），可以得出：

$$y_{it}=\sum_{j=1}^{k}(\tilde{\theta}_{ij}^{(0)}\tilde{\varepsilon}_{jt}+\tilde{\theta}_{ij}^{(1)}\tilde{\varepsilon}_{jt-1}+\tilde{\theta}_{ij}^{(2)}\tilde{\varepsilon}_{jt-2}+\tilde{\theta}_{ij}^{(3)}\tilde{\varepsilon}_{jt-3}+\cdots) \tag{1-109}$$

记 $\text{var}(\tilde{\varepsilon}_{it})=\sigma^2$，那么在公式两边求方差，假设扰动项无序列相关，则有

$$E[(a_{ij}^{(0)}\varepsilon_{jt}+a_{ij}^{(1)}\varepsilon_{jt-1}+a_{ij}^{(2)}\varepsilon_{jt-2}+\cdots)^2]=\sum_{q=0}^{\infty}(a_{ij}^{(q)})^2\sigma_{jj},i,\quad j=1,2,\cdots,k$$

再假定扰动项向量的协方差矩阵 $\boldsymbol{\Sigma}$ 是对角矩阵，则 y_i 的方差是上述方差的 k 项简单和：

$$\text{var}(y_i)=\sum_{j=1}^{k}\left\{\sum_{q=0}^{\infty}(a_{ij}^{(q)})^2\sigma_{jj}\right\},\quad i=1,2,\cdots,k \tag{1-110}$$

y_i 的方差可以分解成 k 种不相关的影响，因此为了测定各个扰动项相对 y_i 的方差有多大程度的贡献，因此可以定义相对方差贡献率为

$$\text{RVC}_{j\to i}(\infty)=\frac{\sum_{q=0}^{\infty}(a_{ij}^{(q)})^2\sigma_{jj}}{\text{var}(y_i)}=\frac{\sum_{q=0}^{\infty}(a_{ij}^{(q)})^2\sigma_{jj}}{\sum_{j=1}^{k}\left\{\sum_{q=0}^{\infty}(a_{ij}^{(q)})^2\sigma_{jj}\right\}},\quad i,j=1,2,\cdots,k \tag{1-111}$$

相对方差贡献率度量了第 j 个变量基于正交化冲击的方差的相对贡献度，反映了第 j 个变量对第 i 个变量的影响。当 $\text{RVC}_{j\to i}(\infty)$ 大时，表明第 j 个变量对第 i 个变量的影响大，与之相反，当 $\text{RVC}_{j\to i}(\infty)$ 小时，表明第 j 个变量对第 i 个变量的影响小。

创建和分析 IRF、动态乘数函数和 FEVD（forecast-error variance decomposition）的 Stata 语句。

语句格式：irf subcommand . . . [, . . .]

subcommand	描述
create	创建包含 IRF、动态倍增函数和 FEVD 的 IRF 文件
set	设置活动的 IRF 文件
graph	绘制活动文件的结果图

（续）

subcommand	描述
cgraph	合并 IRF、动态倍增函数和 FEVD 的图形
ograph	绘制重叠的 IRF、动态倍增函数和 FEVD 的图表
table	从活动文件中创建 IRF、动态倍增函数和 FEVD 表格
ctable	合并 IRF、动态倍增函数和 FEVD 表格
describe	描述活动文件的内容
add	将 IRF 文件中的结果添加到活动 IRF 文件中
drop	从活动文件中删除 IRF 结果
rename	重命名文件中的 IRF 结果

例 1.42　VAR 模型的脉冲响应分析和方差分解分析

要在 Stata 中分析 IRF 和 FEVD，首先要拟合一个模型，然后使用 irf create 来估计 IRF 和 FEVD 并将其保存在一个文件中，最后使用 irf graph 或其他任何 irf 分析命令来检查结果。

（1）使用数据。

.use https://www.stata-press.com/data/r17/lutkepohl2

（2）估计 VAR 模型。

.var dln_inv dln_inc dln_consump if qtr<=tq(1978q4), lags(1/2) dfk

```
Vector autoregression

Sample: 1960q4 thru 1978q4                     Number of obs     =         73
Log likelihood =   606.307                     AIC               =  -16.03581
FPE            =  2.18e-11                     HQIC              =  -15.77323
Det(Sigma_ml)  =  1.23e-11                     SBIC              =  -15.37691

Equation           Parms      RMSE     R-sq      chi2     P>chi2
------------------------------------------------------------------
dln_inv               7     .046148   0.1286   9.736909   0.1362
dln_inc               7     .011719   0.1142   8.508289   0.2032
dln_consump           7     .009445   0.2513   22.15096   0.0011
------------------------------------------------------------------

-------------------------------------------------------------------------------
             | Coefficient  Std. err.      z    P>|z|     [95% conf. interval]
-------------+-----------------------------------------------------------------
dln_inv      |
     dln_inv |
         L1. |  -.3196318   .1254564    -2.55   0.011    -.5655218   -.0737419
         L2. |  -.1605508   .1249066    -1.29   0.199    -.4053633    .0842616
             |
     dln_inc |
         L1. |   .1459851   .5456664     0.27   0.789    -.9235013    1.215472
         L2. |   .1146009   .5345709     0.21   0.830    -.9331388    1.162341
             |
 dln_consump |
         L1. |   .9612288   .6643086     1.45   0.148    -.3407922     2.26325
         L2. |   .9344001   .6650949     1.40   0.160     -.369162    2.237962
             |
       _cons |  -.0167221   .0172264    -0.97   0.332    -.0504852    .0170409
-------------+-----------------------------------------------------------------
dln_inc      |
     dln_inv |
         L1. |   .0439309   .0318592     1.38   0.168     -.018512    .1063739
         L2. |   .0500302   .0317196     1.58   0.115    -.0121391    .1121995
             |
     dln_inc |
         L1. |  -.1527311   .1385702    -1.10   0.270    -.4243237    .1188615
```

L2.	.0191634	.1357525	0.14	0.888	-.2469067	.2852334
dln_consump						
L1.	.2884992	.168699	1.71	0.087	-.0421448	.6191431
L2.	-.0102	.1688987	-0.06	0.952	-.3412354	.3208353
_cons	.0157672	.0043746	3.60	0.000	.0071932	.0243412
dln_consump						
dln_inv						
L1.	-.002423	.0256763	-0.09	0.925	-.0527476	.0479016
L2.	.0338806	.0255638	1.33	0.185	-.0162235	.0839847
dln_inc						
L1.	.2248134	.1116778	2.01	0.044	.005929	.4436978
L2.	.3549135	.1094069	3.24	0.001	.1404798	.5693471
dln_consump						
L1.	-.2639695	.1359595	-1.94	0.052	-.5304451	.0025062
L2.	-.0222264	.1361204	-0.16	0.870	-.2890175	.2445646
_cons	.0129258	.0035256	3.67	0.000	.0060157	.0198358

（3）创建脉冲响应函数 IRF 文件，命名为 order1。

```
.irf create order1, step(10) set(myirf1, new)
(file myirf1.irf created)
(file myirf1.irf now active)
(file myirf1.irf updated)
```

（4）绘制活动文件的结果图。

```
.irf graph oirf, impulse(dln_inc) response(dln_consump)
```

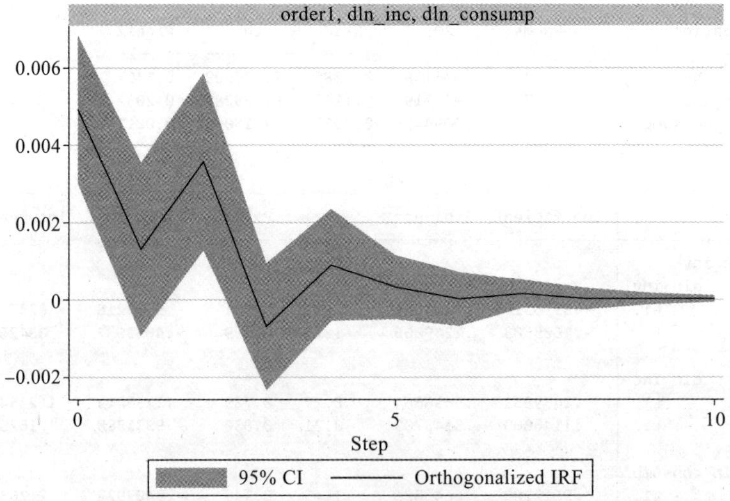

Graphs by irfname, impulse variable, and response variable

多组 IRF 和 FEVD 可以放在同一个文件中，每组结果在一个文件中都有一个不同的名字。上面的 irf 创建命令创建了 myirf1.irf 文件，并将一组结果放在其中，命名为 order1。order1 的结果包括简单 IRFs、正交 IRFs、累积 IRFs、累积正交 IRFs 和 Cholesky FEVD 的估计。

IRF 文件只是文件：它们可以被删除，被 dir 列出，被复制。下面我们使用相同的估计 var，但使用不同的 Cholesky 排序来创建第二组 IRF 结果，我们将在同一个文件中保存为 order2，然后我们将对这两个结果进行绘图。

（5）创建脉冲响应函数 IRF 文件，命名为 order2。

.irf create order2, step(10) order(dln_inc dln_inv dln_consump)

(file myirf1.irf updated)

（6）绘制活动文件的结果图。

.irf graph oirf, irf(order1 order2) impulse(dln_inc) response(dln_consump)

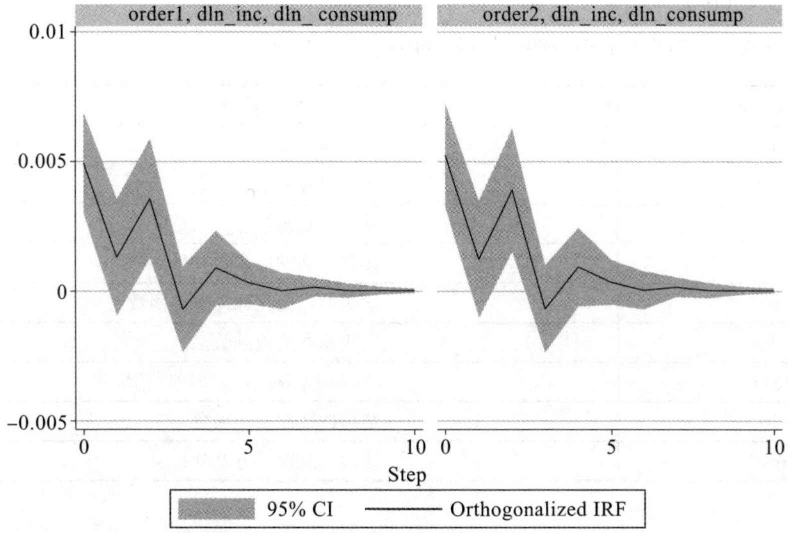

Graphs by irfname, impulse variable, and response variable

我们可以比较两个不同模型的结果。用 irf 表将结果以表格形式呈现出来。

（7）用 irf 表将结果以表格形式呈现出来。

.irf table oirf, irf(order1 order2) impulse(dln_inc) response(dln_consump)

Results from order1 and order2

Step	(1) oirf	(1) Lower	(1) Upper	(2) oirf	(2) Lower	(2) Upper
0	.004934	.003016	.006852	.005244	.003252	.007237
1	.001309	-.000931	.003549	.001235	-.001011	.003482
2	.003573	.001285	.005862	.00391	.001542	.006278
3	-.000692	-.002333	.00095	-.000677	-.002347	.000993
4	.000905	-.000541	.002351	.00094	-.000576	.002456
5	.000328	-.0005	.001156	.000341	-.000518	.001201
6	.000021	-.000675	.000717	.000042	-.000693	.000777
7	.000154	-.000206	.000515	.000161	-.000218	.00054
8	.000026	-.000248	.0003	.000027	-.000261	.000315
9	.000026	-.000121	.000174	.00003	-.000125	.000184
10	.000026	-.000061	.000113	.000027	-.000065	.00012

95% lower and upper bounds reported.
(1) irfname = order1, impulse = dln_inc, and response = dln_consump.
(2) irfname = order2, impulse = dln_inc, and response = dln_consump.

表和图都显示，两个正交化的 IRF 基本上是一样的。在这两个函数中，对 dln_inc 的正交化冲击的增加会导致 dln_consump 的短暂序列增加，并在四、五个时期后消失。

irf cgraph 与使用 irf graph 制作单个图形，然后使用 graph combine 将其组合在一起的方法基本相同。

Stata 语句如下。

菜单操作：

Statistics > Postestimation

语句格式：

irf cgraph (spec1) [(spec2) . . . [(specN)]] [, options]

where ($spec_k$) is

(irfname impulsevar responsevar stat [, spec_options])

stat（main）	描述
irf	脉冲响应函数
oirf	正交化脉冲响应函数
dm	动态乘数函数
cirf	累积脉冲响应函数
coirf	累积的正交化脉冲响应函数
cdm	累积动态乘数函数
fevd	Cholesky 预测误差方差分解
sirf	结构性脉冲响应函数
sfevd	结构预测误差方差分解

spec_options		描述
main	noci	抑制置信带
	level(#)	设置置信度；默认为 level(95)
	lstep(#)	使用 # 作为第一步
	ustep(#)	使用 # 作为最大步长
plot	plot#opts(cline_options)	影响绘制 # 统计量的线的渲染
ci plot	ci#opts(area_options)	影响 # 统计量的置信区间的渲染

options		描述
set(filename)		使文件名活跃
graph options	individual	单独绘制每个组合的图形
	Combine_options	影响组合图形的外观
	Graph_options	除了 [G-3] 中记载的 by() 以外的任何选项，双向选项

例 1.43　SVAR 模型的脉冲响应分析和方差分解分析

请扫码查看例 1.43 的内容

第2章
CHAPTER 2

面板数据分析

面板数据是同一组样本在一段时间内收集的数据。此类数据既有横截面维度（*n* 位个体），也有时间序列维度（*T* 个时期）。数据横截面维度 *n* 较大，时间序列维度 *T* 较小，为短面板数据；反之，则为长面板数据。如果每个时期样本的个体数一样，则为平滑面板数据；反之，则为非平滑面板数据。面板数据分析的优点在于：可以解决遗漏变量问题；提供更多个体动态行为信息；样本容量较大，可以提高估计准确性。

2.1　面板数据模型设定的 Stata 基本实用工具

2.1.1　声明数据集为面板数据

声明数据集为面板数据的 Stata 命令为：

xtset panelvar

xtset panelvar timevar [, tsoptions]

显示当前如何设置数据的 Stata 命令为：

xtset

清除 xt 设置的 Stata 命令为：

xtset, clear

在 declare 语法中，panelvar 表示面板数据变量，可选的 timevar 表示面板数据的时间维度。tsoptions 与 timevar 有关。

菜单操作：

Statistics > Longitudinal/panel data > Setup and utilities > Declare dataset to be panel data

xtset 管理数据集的面板设置。必须先设置数据，然后才能使用其他 xt 命令。xtset panelvar 将内存中的数据声明为一个与观察顺序无关的面板。xtset panelvar timevar 声明数据是与观察顺序相关的面板。当你指定 timevar 时，就可以使用 Stata 的时间序列运算符，并使用 ts 命令分析数据，而无须设置数据。

不带参数的 xtset 显示当前数据是如何被设置的。如果数据是用 panelvar 和 timevar 设置的，那么如果指定了 timevar，xtset 还会按 panelvar timevar 对数据进行排序。如果仅使用 panelvar 设置数据，则排序秩序没有改变。

2.1.2 描述面板数据集

描述面板数据集的 Stata 命令：

xtdescribe [if] [in] [, options]

菜单操作：

Statistics > Longitudinal/panel data > Setup and utilities > Describe pattern of xt data

xtdescripte 描述了横截面和时间序列（xt）数据的参与模式。

例 2.1 描述面板数据集

请扫码查看例 2.1 的内容

2.1.3 面板数据汇总

面板数据描述统计的 Stata 命令：

xtsum [varlist] [if]

必须使用 xtset 指定面板变量；varlist 可以包含时间序列操作符，参见 tsvarlist。允许 by 和 collect，参见 prefix。

菜单操作：

Statistics > Longitudinal/panel data > Setup and utilities > Summarize xt data

xtsum 是汇总、报告平均值和面板数据标准误差的概括，它与 Summary 的不同之处在于，它将标准误差分解为分组之间和分组内部。

例 2.2 面板数据描述统计

请扫码查看例 2.2 的内容

2.1.4 面板数据制表 xttab 与报告转移概率

面板数据制表的 Stata 命令：

xttab varname [if]

xttrans varname [if] [, freq]

必须使用 xtset 指定面板变量；xttab 和 xttrans 允许使用 by 和 collect，参见 prefix 帮助文件。

菜单操作：

xttab：Statistics > Longitudinal/panel data > Setup and utilities > Tabulate xt data

xttrans ：Statistics > Longitudinal/panel data > Setup and utilities > Report transition probabilities

xttab 是单向制表的推广，它执行单向制表，并将计数分解为面板数据中的分组之间和分组内部。xttrans 是“单向列表”的另一个推广，它报告了转移概率（一个分类变量随时间的变化）。

例 2.3　面板数据制表 xttab 与报告转移概率

请扫码查看例 2.3 的内容

2.2　线性面板回归

2.2.1　线性面板回归（FE、RE、PA、BE）模型的估计与实现

考虑线性面板回归模型：

$$y_{it} = \alpha + \boldsymbol{x}_{it}\boldsymbol{\beta} + \nu_i + \varepsilon_{it} \tag{2-1}$$

在这个模型中，$\nu_i + \varepsilon_{it}$ 是误差项；我们想要 $\boldsymbol{\beta}$ 的估计值。ν_i 是单位误差项，它在不同的单位之间有所不同，但对于任何特定的单位，它的值都是恒定的。ε_{it} 是一个“通常”的误差项，具有通常的特性（平均值为 0，与自身不相关，与 $\boldsymbol{x}$ 不相关，与 ν 不相关，且同分布）。在做出估计所需的假设之前，让我们对式（2-1）进行一些有用的代数运算。无论 ν_i 和 ε_{it} 的性质如何，如果式（2-1）为真，那么就有

$$\bar{y}_i = \alpha + \bar{\boldsymbol{x}}_i\boldsymbol{\beta} + \nu_i + \bar{\varepsilon}_i \tag{2-2}$$

这里，$\bar{y}_i = \sum_t y_{it} / T_i$，$\bar{\boldsymbol{x}}_i = \sum_t \boldsymbol{x}_{it} / T_i$ 和 $\bar{\varepsilon}_i = \sum_t \varepsilon_{it} / T_i$。从式（2-1）中减去式（2-2），则有

$$(y_{it} - \bar{y}_i) = (\boldsymbol{x}_{it} - \bar{\boldsymbol{x}}_i)\boldsymbol{\beta} + \left(\varepsilon_{it} - \bar{\varepsilon}_i\right) \tag{2-3}$$

这三个公式为估算 $\boldsymbol{\beta}$ 提供了基础。

1. 组内估计法

xtreg 和 fe 提供了固定效应估计法，也被称为组内估计法。组内估计法是对模型（2-4）做 OLS 估计，得到参数估计值。

$$(y_{it} - \bar{y}_i + \bar{\bar{y}}) = \alpha + (\boldsymbol{x}_{it} - \boldsymbol{x}_i + \bar{\bar{x}})\boldsymbol{\beta} + (\varepsilon_{it} - \bar{\varepsilon}_i + \bar{\nu}) + \bar{\bar{\varepsilon}} \tag{2-4}$$

式中，$\bar{y}_i = \sum_{t=1}^{T_i} y_{it} / T_i$，$\bar{\bar{y}} = \sum_i \sum_t y_{it} / (nT_i)$。

报告的组内 R^2 是平均偏差回归的 R^2；报告的组间 R^2 是 $\text{corr}(\bar{\boldsymbol{x}}_i\boldsymbol{\beta}, \bar{y}_i)^2$；报告的总体 R^2 为 $\text{corr}(\boldsymbol{x}_{it}\boldsymbol{\beta}, y_{it})^2$。

2. 组间估计法

xtreg 和 be 提供了组间估计法，相当于对式（2-2）做 OLS 估计。拟合模型为

$$\bar{y}_i = \alpha + \bar{\boldsymbol{x}}_i\boldsymbol{\beta} + \nu_i + \bar{\varepsilon}_i \tag{2-5}$$

除非 T_i 不是常数且指定了 WLS 选项，组间估计法通过对模型（2-5）做 OLS 估计，得到参数估计值，否则，通过 WLS 进行估计。对于这两种情况，估计值和传统的 VEC 都可以通过回归得到的，但对于 WLS，都需要指定权重。

报告的组内 R^2 是拟合回归的 R^2；报告的组间 R^2 是 $\text{corr}\{(\boldsymbol{x}_{it} - \bar{\boldsymbol{x}}_i)\boldsymbol{\beta}, y_{it} - \bar{y}_i\}^2$；报告的总体 R^2 为 $\text{corr}(\boldsymbol{x}_{it}\boldsymbol{\beta}, y_{it})^2$。

3. 随机效应估计法

xtreg 和 re 提供了随机效应估计法，它是由参数的组间估计值和组内估计值的加权平均。特别是，随机效应估计结果等价于模型（2-6）的估计值：

$$(y_{it}-\theta\overline{y}_i)=(1-\theta)\alpha+(\boldsymbol{x}_{it}-\theta\overline{\boldsymbol{x}}_i)\boldsymbol{\beta}+\{(1-\theta)\nu_i+(\varepsilon_{it}-\theta\overline{\varepsilon}_i)\} \tag{2-6}$$

其中，θ 是 σ_ν^2 和 σ_ε^2 的函数。如果 $\sigma_\nu^2=0$，则 $\nu_i=0$，$\theta=0$ 和模型（2-6）可以由 OLS 直接估计。或者，如果 $\sigma_\varepsilon^2=0$，意味着 $\varepsilon_{it}=0$，$\theta=1$，组内估计值返回所有可用信息。

随机效应估计法的关键是 GLS 变换。给定特质成分的估计 $\hat{\sigma}_e^2$ 和单个成分 $\hat{\sigma}_u^2$，对于随机效应模型，变量 z 的 GLS 变换是

$$z_{it}^*=z_{it}-\hat{\theta}_i\overline{z}_i \tag{2-7}$$

这里，$\overline{z}_i=1/T_i\sum_{t=1}^{T_i}z_{it}$，$\hat{\theta}_i=1-\sqrt{\dfrac{\hat{\sigma}_e^2}{T_i\hat{\sigma}_u^2+\hat{\sigma}_e^2}}$。

给定 $\hat{\theta}_i$ 的估计，就可以变换因变量和自变量，然后系数估计值和传统的方差 – 协方差矩阵就可以利用 y_{it}^* 关于 $\boldsymbol{x}_{it}^*$ 的 OLS 回归和变换后的常数 $1-\hat{\theta}_i$ 得到。

报告的组内 R^2 是 $\text{corr}(\overline{\boldsymbol{x}}_i\boldsymbol{\beta},\overline{y}_i)^2$；报告的组间 R^2 是 $\text{corr}\{(\boldsymbol{x}_{it}-\overline{\boldsymbol{x}}_i)\hat{\boldsymbol{\beta}},\ y_{it}-\overline{y}_i\}^2$；报告的总体 R^2 是 $\text{corr}(\boldsymbol{x}_{it}\hat{\boldsymbol{\beta}},\ y_{it})^2$。

4. 对数似然估计法

Stata 的 xtreg 和 mle 命令提供了面板数据的对数似然估计法。第 i 个样本的对数似然值为

$$\begin{aligned}l_i=-\frac{1}{2}\Bigg(&\frac{1}{\sigma_e^2}\left[\sum_{t=1}^{T_i}(y_{it}-\boldsymbol{x}_{it}\boldsymbol{\beta})^2-\frac{\sigma_u^2}{T_i\sigma_u^2+\sigma_e^2}\left\{\sum_{t=1}^{T_i}(y_{it}-\boldsymbol{x}_{it}\boldsymbol{\beta})\right\}^2\right]+\\&\ln\left(T_i\frac{\sigma_u^2}{\sigma_e^2}+1\right)+T_i\ln(2\pi\sigma_e^2)\Bigg)\end{aligned} \tag{2-8}$$

mle 和 re 选项产生的结果基本相同，但 $N=\sum_i T_i$ 较小（200 或更小）且数据不平衡时二者的结果不相同。

5. 广义估计方程法

使用广义估计方程法（xtreg, pa）计算总体平均值模型的方法和公式，与 xtgee 的原理相同。

6. 模型估计的 Stata 实现

固定效应、中间效应、随机效应和总体平均线性面板模型估计的 Stata 命令为：

（1）GLS 随机效应（RE）模型。

xtreg depvar [indepvars] [if] [in] [, re RE_options]

（2）组间效应（BE）模型。

xtreg depvar [indepvars] [if] [in] , be [BE_options]

（3）固定效应（FE）模型。

xtreg depvar [indepvars] [if] [in] [weight] , fe [FE_options]

（4）最大似然随机效应（MLE）模型。

xtreg depvar [indepvars] [if] [in] [weight] , mle [MLE_options]

（5）总体平均（PA）模型。

xtreg depvar [indepvars] [if] [in] [weight] , pa [PA_options]

菜单操作：

Statistics > Longitudinal/panel data > Linear models > Linear regression (FE, RE, PA, BE)

xtreg 将回归模型与面板数据相匹配。特别是，带有 be 选项的 xtreg 通过使用回归间估计来拟合随机效应模型；对于 fe 选项，它适用于固定效应模型（通过使用内部回归估计）；对于 re 选项，它使用 GLS 估计法拟合随机效应模型（产生结果之间和结果内部的矩阵加权平均值）。

例 2.4　线性面板模型估计

下面使用 [XT]XT 中描述的 nlswork.dta，对 ln_wage 进行建模，解释变量为受教育程度（年级）的完成年份、当前年龄和当前年龄的平方、当前工作年限（经验）和当前工作年限的平方、当前工作任期和当前工作任期的平方、是否为非洲裔（种族 =2）、是否居住在未指定为标准都市统计区（SMSA）的地区，以及是否住在南方。

组间效应模型估计、固定效应模型估计、随机效应模型估计和总体平均线性面板模型估计的程序命令如下：

（1）清理内存，下载数据集。

.clear

.use https://www.stata-press.com/data/r17/nlswork

（2）组间效应模型估计。

.xtreg ln_w grade age c.age#c.age ttl_exp c.ttl_exp#c.ttl_exp tenure c.tenure#c.tenure 2.race not_smsa south, be

```
Between regression (regression on group means)  Number of obs     =     28,091
Group variable: idcode                          Number of groups  =      4,697

R-squared:                                      Obs per group:
     Within  = 0.1591                                         min =          1
     Between = 0.4900                                         avg =        6.0
     Overall = 0.3695                                         max =         15

                                                F(10,4686)        =     450.23
sd(u_i + avg(e_i.)) = .3036114                  Prob > F          =     0.0000

------------------------------------------------------------------------------------
            ln_wage | Coefficient  Std. err.      t    P>|t|     [95% conf. interval]
--------------------+---------------------------------------------------------------
              grade |   .0607602   .0020006    30.37   0.000     .0568382    .0646822
                age |   .0323158   .0087251     3.70   0.000     .0152105    .0494211
                    |
        c.age#c.age |  -.0005997   .0001429    -4.20   0.000    -.0008799   -.0003194
                    |
            ttl_exp |   .0138853   .0056749     2.45   0.014     .0027598    .0250108
                    |
c.ttl_exp#c.ttl_exp |   .0007342   .0003267     2.25   0.025     .0000936    .0013747
                    |
             tenure |   .0698419   .0060729    11.50   0.000     .0579361    .0817476
                    |
  c.tenure#c.tenure |  -.0028756   .0004098    -7.02   0.000    -.0036789   -.0020722
                    |
               race |
              Black |  -.0564167   .0105131    -5.37   0.000    -.0770272   -.0358061
           not_smsa |  -.1860406   .0112495   -16.54   0.000    -.2080949   -.1639862
              south |  -.0993378    .010136    -9.80   0.000    -.1192091   -.0794665
              _cons |   .3339113   .1210434     2.76   0.006     .0966093    .5712133
------------------------------------------------------------------------------------
```

（3）固定效应模型估计。

.xtreg ln_w grade age c.age#c.age ttl_exp c.ttl_exp#c.ttl_exp tenure c.tenure#c.tenure 2.race not_smsa south, fe

```
Fixed-effects (within) regression               Number of obs     =     28,091
Group variable: idcode                          Number of groups  =      4,697

R-squared:                                      Obs per group:
     Within  = 0.1727                                         min =          1
     Between = 0.3505                                         avg =        6.0
     Overall = 0.2625                                         max =         15

                                                F(8,23386)        =     610.12
corr(u_i, Xb) = 0.1936                          Prob > F          =     0.0000

------------------------------------------------------------------------------------
           ln_wage | Coefficient  Std. err.      t    P>|t|     [95% conf. interval]
-------------------+----------------------------------------------------------------
             grade |          0  (omitted)
               age |   .0359987   .0033864    10.63   0.000     .0293611    .0426362
                   |
       c.age#c.age |   -.000723   .0000533   -13.58   0.000    -.0008274   -.0006186
                   |
           ttl_exp |   .0334668   .0029653    11.29   0.000     .0276545     .039279
                   |
c.ttl_exp#c.ttl_exp |   .0002163   .0001277     1.69   0.090    -.0000341    .0004666
                   |
            tenure |   .0357539   .0018487    19.34   0.000     .0321303    .0393775
                   |
 c.tenure#c.tenure |  -.0019701    .000125   -15.76   0.000    -.0022151   -.0017251
                   |
              race |
             Black |          0  (omitted)
          not_smsa |  -.0890108   .0095316    -9.34   0.000    -.1076933   -.0703282
             south |  -.0606309   .0109319    -5.55   0.000    -.0820582   -.0392036
             _cons |    1.03732   .0485546    21.36   0.000     .9421496     1.13249
-------------------+----------------------------------------------------------------
           sigma_u |  .35562203
           sigma_e |  .29068923
               rho |  .59946283   (fraction of variance due to u_i)
------------------------------------------------------------------------------------
F test that all u_i=0: F(4696, 23386) = 6.65                 Prob > F = 0.0000
```

（4）具有稳健标准误差的固定效应模型估计。

.xtreg ln_w grade age c.age#c.age ttl_exp c.ttl_exp#c.ttl_exp tenure c.tenure#c.tenure 2.race not_smsa south, fe vce(robust)

```
Fixed-effects (within) regression               Number of obs     =     28,091
Group variable: idcode                          Number of groups  =      4,697

R-squared:                                      Obs per group:
     Within  = 0.1727                                         min =          1
     Between = 0.3505                                         avg =        6.0
     Overall = 0.2625                                         max =         15

                                                F(8,4696)         =     273.86
corr(u_i, Xb) = 0.1936                          Prob > F          =     0.0000

                           (Std. err. adjusted for 4,697 clusters in idcode)
```

```
-------------------------------------------------------------------------------------
                    |               Robust
            ln_wage | Coefficient  std. err.      t    P>|t|     [95% conf. interval]
--------------------+----------------------------------------------------------------
              grade |          0  (omitted)
                age |   .0359987   .0052407     6.87   0.000     .0257243     .046273
                    |
        c.age#c.age |   -.000723   .0000845    -8.56   0.000    -.0008887   -.0005573
                    |
            ttl_exp |   .0334668    .004069     8.22   0.000     .0254896    .0414439
                    |
c.ttl_exp#c.ttl_exp |   .0002163   .0001763     1.23   0.220    -.0001294    .0005619
                    |
             tenure |   .0357539   .0024683    14.49   0.000     .0309148     .040593
                    |
  c.tenure#c.tenure |  -.0019701   .0001696   -11.62   0.000    -.0023026   -.0016376
                    |
               race |
              Black |          0  (omitted)
           not_smsa |  -.0890108   .0137629    -6.47   0.000    -.1159926    -.062029
              south |  -.0606309   .0163366    -3.71   0.000    -.0926583   -.0286035
              _cons |    1.03732   .0739644    14.02   0.000     .8923149    1.182325
--------------------+----------------------------------------------------------------
            sigma_u |  .35562203
            sigma_e |  .29068923
                rho |  .59946283   (fraction of variance due to u_i)
-------------------------------------------------------------------------------------
```

（5）随机效应模型估计。

.xtreg ln_w grade age c.age#c.age ttl_exp c.ttl_exp#c.ttl_exp tenure c.tenure#c.tenure 2.race not_smsa south, re theta

```
Random-effects GLS regression                   Number of obs     =     28,091
Group variable: idcode                          Number of groups  =      4,697

R-squared:                                      Obs per group:
     Within  = 0.1715                                         min =          1
     Between = 0.4784                                         avg =        6.0
     Overall = 0.3708                                         max =         15

                                                Wald chi2(10)     =    9244.74
corr(u_i, X) = 0 (assumed)                      Prob > chi2       =     0.0000

------------------- theta --------------------
  min      5%       median        95%      max
0.2520   0.2520     0.5499     0.7016   0.7206

-------------------------------------------------------------------------------------
            ln_wage | Coefficient  Std. err.      z    P>|z|     [95% conf. interval]
--------------------+----------------------------------------------------------------
              grade |   .0646499   .0017812    36.30   0.000     .0611589    .0681409
                age |   .0368059   .0031195    11.80   0.000     .0306918    .0429201
                    |
        c.age#c.age |  -.0007133     .00005   -14.27   0.000    -.0008113   -.0006153
                    |
            ttl_exp |   .0290208    .002422    11.98   0.000     .0242739    .0337678
                    |
c.ttl_exp#c.ttl_exp |   .0003049   .0001162     2.62   0.009      .000077    .0005327
                    |
             tenure |   .0392519   .0017554    22.36   0.000     .0358113    .0426925
                    |
  c.tenure#c.tenure |  -.0020035   .0001193   -16.80   0.000    -.0022373   -.0017697
                    |
               race |
```

```
           Black    -.053053   .0099926    -5.31   0.000    -.0726381   -.0334679
       not_smsa   -.1308252   .0071751   -18.23   0.000    -.1448881   -.1167622
          south   -.0868922   .0073032   -11.90   0.000    -.1012062   -.0725781
          _cons    .2387207    .049469     4.83   0.000     .1417633    .3356781

        sigma_u   .25790526
        sigma_e   .29068923
            rho   .44045273   (fraction of variance due to u_i)
```

（6）ML 法拟合的随机效应模型。

.xtreg ln_w grade age c.age#c.age ttl_exp c.ttl_exp#c.ttl_exp tenure c.tenure#c.tenure 2.race not_smsa south, mle

```
Random-effects ML regression                    Number of obs     =   28,091
Group variable: idcode                          Number of groups  =    4,697

Random effects u_i ~ Gaussian                   Obs per group:
                                                              min =        1
                                                              avg =      6.0
                                                              max =       15

                                                LR chi2(10)       =  7592.38
Log likelihood = -8853.4254                     Prob > chi2       =   0.0000

            ln_wage   Coefficient  Std. err.      z    P>|z|     [95% conf. interval]

              grade    .0646093   .0017372    37.19   0.000     .0612044    .0680142
                age    .0368531   .0031226    11.80   0.000      .030733    .0429732

        c.age#c.age   -.0007132   .0000501   -14.24   0.000    -.0008113    -.000615

            ttl_exp    .0288196   .0024143    11.94   0.000     .0240877    .0335515

c.ttl_exp#c.ttl_exp     .000309   .0001163     2.66   0.008     .0000811    .0005369

             tenure    .0394371   .0017604    22.40   0.000     .0359868    .0428875

  c.tenure#c.tenure   -.0020052   .0001195   -16.77   0.000    -.0022395   -.0017709

               race
              Black   -.0533394   .0097338    -5.48   0.000    -.0724172   -.0342615
           not_smsa   -.1323433   .0071322   -18.56   0.000    -.1463221   -.1183644
              south   -.0875599   .0072143   -12.14   0.000    -.1016998   -.0734201
              _cons    .2390837   .0491902     4.86   0.000     .1426727    .3354947

           /sigma_u    .2485556   .0035017                      .2417863    .2555144
           /sigma_e    .2918458    .001352                       .289208    .2945076
                rho    .4204033   .0074828                      .4057959    .4351212

LR test of sigma_u=0: chibar2(01) = 7339.84             Prob >= chibar2 = 0.000
```

（7）总体平均线性面板模型估计。

.xtreg ln_w grade age c.age#c.age ttl_exp c.ttl_exp#c.ttl_exp tenure c.tenure#c.tenure 2.race not_smsa south, pa

```
GEE population-averaged model                   Number of obs     =   28,091
Group variable: idcode                          Number of groups  =    4,697
Family: Gaussian                                Obs per group:
```

```
Link:    Identity                                         min =          1
Correlation: exchangeable                                 avg =        6.0
                                                          max =         15
                                                Wald chi2(10)    = 9598.89
Scale parameter = .1436709                      Prob > chi2      =  0.0000

------------------------------------------------------------------------------------
             ln_wage | Coefficient  Std. err.      z    P>|z|     [95% conf. interval]
---------------------+--------------------------------------------------------------
               grade |   .0645427   .0016829    38.35   0.000     .0612442    .0678412
                 age |    .036932   .0031509    11.72   0.000     .0307564    .0431076
                     |
         c.age#c.age |  -.0007129   .0000506   -14.10   0.000    -.0008121   -.0006138
                     |
             ttl_exp |   .0284878   .0024169    11.79   0.000     .0237508    .0332248
                     |
 c.ttl_exp#c.ttl_exp |   .0003158   .0001172     2.69   0.007      .000086    .0005456
                     |
              tenure |   .0397468   .0017779    22.36   0.000     .0362621    .0432315
                     |
   c.tenure#c.tenure |   -.002008   .0001209   -16.61   0.000    -.0022449   -.0017711
                     |
                race |
               Black |  -.0538314   .0094086    -5.72   0.000     -.072272   -.0353909
            not_smsa |  -.1347788   .0070543   -19.11   0.000    -.1486049   -.1209526
               south |  -.0885969   .0071132   -12.46   0.000    -.1025386   -.0746552
               _cons |   .2396286   .0491465     4.88   0.000     .1433034    .3359539
------------------------------------------------------------------------------------
```

2.2.2 Hausman 检验

构建面板数据模型，应该选用固定效应模型还是随机效应模型？这就需要进行 Hausman 检验。Hausman 检验的原假设为 H_0: u_i 与 x_{it}, z_i 不相关，即随机效应模型为正确模型。无论原假设是否成立，固定效应模型都是一致的。然而，如果原假设成立，则随机效应模型比固定效应模型更有效。但如果原假设不成立，随机效应模型是不一致的。因此，如果原假设成立，固定效应模型和随机效应模型的估计量将共同收敛于真实的参数估计值。反之，如果二者差距较大，就拒绝原假设。

Hausman 检验的检验统计量为

$$(\hat{\boldsymbol{\beta}}_{\mathrm{FE}}-\hat{\boldsymbol{\beta}}_{\mathrm{RE}})'[\mathrm{Var}(\hat{\boldsymbol{\beta}}_{\mathrm{FE}})-\mathrm{Var}(\hat{\boldsymbol{\beta}}_{\mathrm{RE}})]^{-1}(\hat{\boldsymbol{\beta}}_{\mathrm{FE}}-\hat{\boldsymbol{\beta}}_{\mathrm{RE}})\xrightarrow{d}\chi^2(K) \tag{2-9}$$

其中，K 为 $\hat{\boldsymbol{\beta}}_{\mathrm{FE}}$ 的维度，即 x_{it} 中所包含的随时间而变的解释变量个数。因为 $\hat{\boldsymbol{\beta}}_{\mathrm{FE}}$ 无法估计不随时间而变的解释变量系数。如果该统计量大于临界值，则拒绝 H_0。

Hausman 检验的缺点就是假设在 H_0 成立时，$\hat{\boldsymbol{\beta}}_{\mathrm{FE}}$ 是最有效率的。然而，如果扰动项存在异方差，则 $\hat{\boldsymbol{\beta}}_{\mathrm{FE}}$ 不是最有效的估计量。因此，Hausman 检验不适用于异方差情况。

解决方法一，通过自助法，即计算机模拟再抽样的方法计算 $\mathrm{Var}(\hat{\boldsymbol{\beta}}_{\mathrm{FE}}-\hat{\boldsymbol{\beta}}_{\mathrm{RE}})$；

解决方法二，做辅助回归：

$$y_{it}-\hat{\theta}\bar{y}_i=(\boldsymbol{x}_{it}-\hat{\theta}\bar{\boldsymbol{x}}_i)'\boldsymbol{\beta}+(1-\hat{\theta})z_i'\delta+(\boldsymbol{x}_{it}-\bar{\boldsymbol{x}}_i)'\gamma+[(1-\hat{\theta})u_i+(\varepsilon_{it}-\hat{\theta}\bar{\varepsilon}_i)] \tag{2-10}$$

然后，使用聚类稳健标准误差检验原假设 H_0 : $\boldsymbol{\gamma}=\mathbf{0}$。这个检验方法在异方差情况下也适用。辅助回归模型中 $\boldsymbol{\gamma}=\mathbf{0}$。如果随机效应模型成立，则 OLS 是一致的，故 $p\lim_{n\to\infty}\hat{\boldsymbol{\gamma}}=\boldsymbol{\gamma}=0$。反之，如果固定效应模型成立，辅助回归等式右边第三项（即扰动项）与 $(\boldsymbol{x}_{it}-\bar{\boldsymbol{x}}_i)$ 相关，故

OLS 是不一致的，即 $p\lim_{n\to\infty}\hat{\gamma}=\gamma^*\neq\gamma=0$，因此拒绝原假设 $H_0:\boldsymbol{\gamma}=\mathbf{0}$，拒绝随机效应模型，接受固定效应模型。对于非平衡面板，则以 $\hat{\theta}_i$ 替代辅助回归方程中的 $\hat{\theta}$ 即可。

实现 Hausman 检验的命令为

hausman name-consistent [name-efficient] [, options]

其中，name-consistent 和 name-effective 通过 estimates store 存储估计结果的名称。句号可用于参考上一次估算结果，即使这些结果尚未存储。不指定 name-effective 相当于将最后的估计结果指定为“.”。

检验设定选项（options）如下。

constant：包括比较中的估计截获量；默认情况是排除。

alleqs：使用所有方程式进行测试；默认值只是第一个等式。

skipeqs(eqlist)：在执行测试时跳过指定的方程式。

equations(matchlist)：关联或比较指定的（按数量）等式对。

force：测试的强制性能，即使不满足假设。

df (#)：使用 # 自由度。

sigmamore：将两个（协）方差矩阵都基于有效估计量的干扰方差估计。

sigmelss：将两个（协）方差矩阵都基于一致估计量的干扰方差估计。

tconsistent(string)：一致性估计法列标题。

tefficient(string)：高效估计法列标题。

例 2.5　Hausman 检验

请扫码查看例 2.5 的内容

2.3　随机效应的拉格朗日乘子检验

对于面板数据模型：

$$y_{it}=\alpha+\boldsymbol{x}_{it}\boldsymbol{\beta}+v_i \tag{2-11}$$

经过 OLS 拟合估计后，可计算得到随机效应的拉格朗日乘子检验统计量：

$$\lambda_{\text{LM}}=\frac{(n\bar{T})^2}{2}\left(\frac{A_1^2}{\left(\sum_i T_i^2\right)-n\bar{T}}\right) \tag{2-12}$$

式中，$A_1=1-\dfrac{\sum_{i=1}^{n}\left(\sum_{t=1}^{T_i}v_{it}\right)^2}{\sum_i\sum_t v_{it}^2}$。

一般地，则为

$$\lambda_{\text{LM}}=\begin{cases}\left\{\dfrac{nT}{2(T-1)}\left(\dfrac{\sum_i\left(\sum_t v_{it}\right)^2}{\sum_i\sum_t v_{it}^2}-1\right)\right\}^2, & \hat{\sigma}_u^2\geqslant 0\\ 0, & \hat{\sigma}_u^2<0\end{cases} \tag{2-13}$$

对于非平衡面板数据，$T_i \neq T$。在原假设下，λ_{LM} 以 50:50 的混合比例分布为 $\chi^2(1)$。

随机效应的拉格朗日乘子检验的 Stata 命令为 xttest0。

菜单操作：

Statistics > Longitudinal/panel data > Linear models > Lagrange multiplier test for random effects

xttest0 在 xtreg，re 之后使用，实现 Breusch 和 Pagan（1980）的拉格朗日乘子随机效应检验，原假设为 $\mathrm{Var}(v_i)=0$。

例 2.6　拉格朗日乘子随机效应检验

请扫码查看例 2.6 的内容

2.4　带 AR（1）干扰项的面板线性回归

带 AR（1）干扰项的面板线性回归模型为

$$y_{it}=\alpha+x_{it}\boldsymbol{\beta}+v_i+\varepsilon_{it},\quad i=1,\cdots,N,\quad t=1,\cdots,T_i \tag{2-14}$$

式中，$\varepsilon_{it}=\rho_{i,t-1}+\eta_{it}$；$|\rho|<1$，$\eta_{it}$ 是均值为 0，方差为 σ_η^2 的 i.i.d. 随机变量。

在固定效应模型中，假设 v_i 与协变量 x_{it} 相关。从式（2-14）中减去分组均值，则可以从模型中去掉 v_i：

$$y_{it_{ij}}-\overline{y}_i=(\overline{\boldsymbol{x}}_{it_{ij}}-\overline{\boldsymbol{x}}_i)\boldsymbol{\beta}+\varepsilon_{it_{ij}}-\varepsilon_i \tag{2-15}$$

式中，$\overline{y}_i=\dfrac{1}{n_i}\sum_{j=1}^{n_i}y_{it_{ij}},\overline{\boldsymbol{x}}_i=\dfrac{1}{n_i}\sum_{j=1}^{n_i}\boldsymbol{x}_{it_{ij}},\overline{\varepsilon}_{it_{ij}}=\dfrac{1}{n_i}\sum_{j=1}^{n_i}\varepsilon_{it_{ij}}$。利用转换后的数据做 OLS，就可以得到模型（2-15）的参数估计值。

令 $\tilde{y}_{it}=y_{it}-\overline{y}_i$，$\tilde{\boldsymbol{x}}_{it}=\boldsymbol{x}_{it}-\overline{\boldsymbol{x}}_i$，$\tilde{\varepsilon}_{it}=\varepsilon_{it}-\overline{\varepsilon}_i$，经过转换就可以去掉线性 AR（1）模型：

$$\tilde{y}_{it}=\tilde{x}_{it}\beta+\tilde{\varepsilon}_{it} \tag{2-16}$$

设 $e_{it_{ij}}$ 是估计误差项得到的残差，则有干扰项 AR（1）模型的相关系数估计值：

$$\hat{\rho}_{\text{onestep}}=\frac{n}{m_c}\frac{\sum_{i=1}^{N}\sum_{t=2}^{T}e_{it}e_{i,t-1}}{\sum_{i=1}^{N}\sum_{t=1}^{T}e_{it}^2} \tag{2-17}$$

在随机效应模型中，假设它们遵循一个均值为 0、方差为 σ_η^2 的 i.i.d. 过程，且与协变量 x_{it} 不相关。就可以利用 Baltagi-Wu-GLS 估计法估计得到参数估计值。

带 AR（1）干扰项的面板线性回归模型的 Stata 命令为：

（1）GLS 随机效应模型。

xtregar depvar [indepvars] [if] [in] [, re options]

（2）固定效应模型。

xtregar depvar [indepvars] [if] [in] [weight] , fe [options]

模型设定选项（options）如下所示。

re：重复使用随机效应估计法（默认值）；

fe：使用固定效应估计法；

rhotype（rhomethod）：指定计算自相关的方法，很少使用；

rhof（#）：用 # 表示 p，不要估计 p；

twostep：执行两步相关性估计。

菜单操作：

Statistics > Longitudinal/panel data > Linear models > Linear regression with AR(1) disturbance (FE, RE)

当干扰项为一阶自回归时，xtregar 拟合横截面时间序列回归模型。xtregar 为固定效应模型提供了内部估计，为随机效应模型提供了 GLS 估计。xtregar 可以适用于不平衡面板，其观察值随时间间隔不均匀。

例 2.7　带 AR（1）干扰项的面板线性回归模型

（1）清理内存，下载数据集。

.clear

.use https://www.stata-press.com/data/r17/grunfeld

.xtset

```
Panel variable: company (strongly balanced)
 Time variable: year, 1935 to 1954
         Delta: 1 year
```

（2）固定效应模型估计。

.xtregar invest mvalue kstock, fe

```
FE (within) regression with AR(1) disturbances  Number of obs     =       190
Group variable: company                         Number of groups  =        10

R-squared:                                      Obs per group:
     Within  = 0.5927                                         min =        19
     Between = 0.7989                                         avg =      19.0
     Overall = 0.7904                                         max =        19

                                                F(2,178)          =    129.49
corr(u_i, Xb) = -0.0454                         Prob > F          =    0.0000

------------------------------------------------------------------------------
      invest | Coefficient  Std. err.      t    P>|t|     [95% conf. interval]
-------------+----------------------------------------------------------------
      mvalue |   .0949999   .0091377    10.40   0.000     .0769677     .113032
      kstock |    .350161   .0293747    11.92   0.000     .2921935    .4081286
       _cons |  -63.22022   5.648271   -11.19   0.000    -74.36641   -52.07402
-------------+----------------------------------------------------------------
      rho_ar |  .67210608
     sigma_u |  91.507609
     sigma_e |  40.992469
     rho_fov |   .8328647   (fraction of variance because of u_i)
------------------------------------------------------------------------------
F test that all u_i=0: F(9,178) = 11.53                      Prob > F = 0.0000
```

（3）估计扰动项的一阶相关系数。

.xtregar invest mvalue kstock, fe rhotype(tscorr)

```
FE (within) regression with AR(1) disturbances  Number of obs     =       190
Group variable: company                         Number of groups  =        10

R-squared:                                      Obs per group:
     Within  = 0.6583                                         min =        19
     Between = 0.8024                                         avg =      19.0
     Overall = 0.7933                                         max =        19
```

```
                                                 F(2,178)          =     171.47
corr(u_i, Xb) = -0.0709                          Prob > F          =     0.0000

------------------------------------------------------------------------------
      invest | Coefficient  Std. err.      t    P>|t|     [95% conf. interval]
-------------+----------------------------------------------------------------
      mvalue |   .0978364   .0096786    10.11   0.000     .0787369    .1169359
      kstock |    .346097   .0242248    14.29   0.000     .2982922    .3939018
       _cons |  -61.84403   6.621354    -9.34   0.000    -74.91049   -48.77758
-------------+----------------------------------------------------------------
      rho_ar |  .54131231
     sigma_u |  90.893572
     sigma_e |  41.592151
     rho_fov |  .82686297   (fraction of variance because of u_i)
------------------------------------------------------------------------------
F test that all u_i=0: F(9,178) = 19.73                      Prob > F = 0.0000
```

（4）季度数据转换为年度数据。

.generate t = year – 1934

.generate t2 = tq(1934q4) + t

.format t2 %tq

.list year t2 in 1/5

	year	t2
1.	1935	1935q1
2.	1936	1935q2
3.	1937	1935q3
4.	1938	1935q4
5.	1939	1936q1

.xtset company t2

```
Panel variable: company (strongly balanced)
 Time variable: t2, 1935q1 to 1939q4
         Delta: 1 quarter
```

（5）固定效应模型估计。

.xtregar invest mvalue kstock, fe

```
FE (within) regression with AR(1) disturbances   Number of obs     =        190
Group variable: company                          Number of groups  =         10

R-squared:                                       Obs per group:
     Within  = 0.5927                                          min =         19
     Between = 0.7989                                          avg =       19.0
     Overall = 0.7904                                          max =         19

                                                 F(2,178)          =     129.49
corr(u_i, Xb) = -0.0454                          Prob > F          =     0.0000

------------------------------------------------------------------------------
      invest | Coefficient  Std. err.      t    P>|t|     [95% conf. interval]
-------------+----------------------------------------------------------------
      mvalue |   .0949999   .0091377    10.40   0.000     .0769677     .113032
      kstock |    .350161   .0293747    11.92   0.000     .2921935    .4081286
       _cons |  -63.22022   5.648271   -11.19   0.000    -74.36641   -52.07402
-------------+----------------------------------------------------------------
      rho_ar |  .67210608
     sigma_u |  91.507609
```

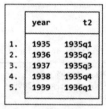

```
     sigma_e    40.992469
     rho_fov     .8328647   (fraction of variance because of u_i)
-------------------------------------------------------------------------------
F test that all u_i=0: F(9,178) = 11.53                    Prob > F = 0.0000
```

（6）检验自相关。

.xtregar invest mvalue kstock if year !=1934 & year !=1944, fe lbi

```
FE (within) regression with AR(1) disturbances  Number of obs     =        180
Group variable: company                         Number of groups  =         10

R-squared:                                      Obs per group:
     Within  = 0.5954                                         min =         18
     Between = 0.7952                                         avg =       18.0
     Overall = 0.7889                                         max =         18

                                                F(2,168)          =     123.63
corr(u_i, Xb) = -0.0516                         Prob > F          =     0.0000

------------------------------------------------------------------------------
      invest | Coefficient  Std. err.      t    P>|t|     [95% conf. interval]
-------------+----------------------------------------------------------------
      mvalue |   .0941122   .0090926    10.35   0.000     .0761617    .1120627
      kstock |   .3535872   .0303562    11.65   0.000     .2936584    .4135161
       _cons |  -64.82534   5.946885   -10.90   0.000    -76.56559   -53.08509
-------------+----------------------------------------------------------------
      rho_ar |   .6697198
     sigma_u |  93.320452
     sigma_e |  41.580712
     rho_fov |  .83435413   (fraction of variance because of u_i)
------------------------------------------------------------------------------
F test that all u_i=0: F(9,168) = 11.55                    Prob > F = 0.0000
Modified Bhargava et al. Durbin-Watson = .71380994
Baltagi-Wu LBI = 1.0134522
```

（7）随机效应模型估计。

.xtregar invest mvalue kstock if year !=1934 & year !=1944, re lbi

```
RE GLS regression with AR(1) disturbances       Number of obs     =        190
Group variable: company                         Number of groups  =         10

R-squared:                                      Obs per group:
     Within  = 0.7707                                         min =         19
     Between = 0.8039                                         avg =       19.0
     Overall = 0.7958                                         max =         19

                                                Wald chi2(3)      =     351.37
corr(u_i, Xb) = 0 (assumed)                     Prob > chi2       =     0.0000

------------------------------------------------------------------------------
      invest | Coefficient  Std. err.      z    P>|z|     [95% conf. interval]
-------------+----------------------------------------------------------------
      mvalue |   .0947714   .0083691    11.32   0.000     .0783683    .1111746
      kstock |   .3223932   .0263226    12.25   0.000     .2708019    .3739845
       _cons |  -45.21427   27.12492    -1.67   0.096    -98.37814    7.949603
-------------+----------------------------------------------------------------
      rho_ar |   .6697198   (estimated autocorrelation coefficient)
     sigma_u |  74.662876
     sigma_e |  42.253042
     rho_fov |  .75742494   (fraction of variance due to u_i)
       theta |  .66973313
------------------------------------------------------------------------------
Modified Bhargava et al. Durbin-Watson = .71380994
Baltagi-Wu LBI = 1.0134522
```

2.5 随机系数广义最小二乘回归

在随机系数模型中，参数的不均匀性（heterogeneity）被视为随机变量。假设：

$$\boldsymbol{y}_i = \boldsymbol{X}_i\boldsymbol{\beta}_i + \boldsymbol{\varepsilon}_i \tag{2-18}$$

其中，$i = 1, 2, \cdots, m$，$\boldsymbol{\beta}_i$ 是第 i 个横截面单位的系数向量（$k \times 1$），因此

$$\boldsymbol{\beta}_i = \boldsymbol{\beta} + \boldsymbol{v}_i, E(\boldsymbol{v}_i) = \boldsymbol{0}, E(\boldsymbol{v}_i\boldsymbol{v}_i') = \boldsymbol{\Sigma}$$

随机系数广义最小二乘回归法的推导假设横截面系数向量 $\boldsymbol{\beta}_i$ 为具有均值向量 $\boldsymbol{\beta}$ 和协方差矩阵 $\boldsymbol{\Sigma}$ 的随机过程的结果：

$$\boldsymbol{y}_i = \boldsymbol{X}_i\boldsymbol{\beta}_i + \boldsymbol{\varepsilon}_i = \boldsymbol{X}_i(\boldsymbol{\beta} + \boldsymbol{v}_i) + \boldsymbol{\varepsilon}_i = \boldsymbol{X}_i\boldsymbol{\beta} + (\boldsymbol{X}_i\boldsymbol{v}_i + \boldsymbol{\varepsilon}_i) = \boldsymbol{X}_i\boldsymbol{\beta} + \boldsymbol{\omega}_i \tag{2-19}$$

这里，$E(\boldsymbol{\omega}_i) = \boldsymbol{0}$，

$$E(\boldsymbol{\omega}_i\boldsymbol{\omega}_i') = E\{(\boldsymbol{X}_i\boldsymbol{v}_i + \boldsymbol{\varepsilon}_i)(\boldsymbol{X}_i\boldsymbol{v}_i + \boldsymbol{\varepsilon}_i)'\} = E(\boldsymbol{\varepsilon}_i\boldsymbol{\varepsilon}_i') + \boldsymbol{X}_i E(\boldsymbol{v}_i\boldsymbol{v}_i')\boldsymbol{X}_i' = \sigma_i^2\boldsymbol{I} + \boldsymbol{X}_i\boldsymbol{\Sigma}\boldsymbol{X}_i' = \boldsymbol{\Pi}_i$$

叠加 m 方程，我们得到：

$$\boldsymbol{y} = \boldsymbol{X\beta} + \boldsymbol{\omega} \tag{2-20}$$

$\boldsymbol{\Pi} \equiv E(\boldsymbol{\omega\omega}')$ 是一个块对角矩阵，沿主对角线 $\boldsymbol{\Pi}_i(i = 1, \cdots, m)$ 和其他元素为零。那么，$\hat{\boldsymbol{\beta}}$ 的 GLS 估计为

$$\hat{\boldsymbol{\beta}} = \left(\sum_i \boldsymbol{X}_i'\boldsymbol{\Pi}_i^{-1}\boldsymbol{X}_i\right)^{-1} \sum_i \boldsymbol{X}_i'\boldsymbol{\Pi}_i^{-1}\boldsymbol{y}_i = \sum_{i=1}^{m}\boldsymbol{W}_i\boldsymbol{b}_i \tag{2-21}$$

式中，$\boldsymbol{W}_i = \left\{\sum_{i=1}^{m}(\boldsymbol{\Sigma} + \boldsymbol{v}_i)^{-1}\right\}^{-1}(\boldsymbol{\Sigma} + \boldsymbol{v}_i)^{-1}$，$\boldsymbol{b}_i = (\boldsymbol{X}_i'\boldsymbol{X}_i)^{-1}\boldsymbol{X}_i'\boldsymbol{y}_i$，$\boldsymbol{v}_i = \sigma_i^2(\boldsymbol{X}_i'\boldsymbol{X}_i)^{-1}$。该式证明了由此得到的 GLS 估计量是面板特定 OLS 估计值的矩阵加权平均值。$\hat{\boldsymbol{\beta}}$ 的方差是

$$\mathrm{Var}(\hat{\boldsymbol{\beta}}) = \sum_{i=1}^{m}(\boldsymbol{\Sigma} + \boldsymbol{v}_i)^{-1} \tag{2-22}$$

对于未知的 $\boldsymbol{\Sigma}$ 和 $\boldsymbol{v}_i$ 参数，计算上述估计量 $\hat{\boldsymbol{\beta}}$，我们使用两步法，也就是先从通常的 OLS 估计 $\boldsymbol{\beta}_i$ 开始。有了这些估计，我们可以继续获取 $\hat{\boldsymbol{v}}_i$、$\hat{\boldsymbol{\Sigma}}$ 的估计值，然后获得 $\hat{\boldsymbol{W}}_i$，再获得 $\hat{\boldsymbol{\beta}}$。

随机系数回归（random-coefficients regression）的 Stata 命令：

xtrc depvar indepvars [if] [in] [, options]

菜单操作：

Statistics > Longitudinal/panel data > Random-coefficients regression by GLS

xtrc 拟合 Swamy（1970）的随机系数线性回归模型，该模型没有在面板之间施加恒定参数的假设。默认情况下会报告平均系数估计值，但可能会请求特定于面板的系数。

例 2.8　随机系数线性回归模型

（1）清理内存，下载数据集。

.clear

.webuse invest2

（2）拟合随机系数线性回归模型。

.xtrc invest market stock

```
Random-coefficients regression                  Number of obs     =        100
Group variable: company                         Number of groups  =          5

Time variable: time                             Obs per group:
                                                              min =         20
                                                              avg =       20.0
                                                              max =         20

                                                Wald chi2(2)      =      17.55
                                                Prob > chi2       =     0.0002

------------------------------------------------------------------------------
      invest | Coefficient  Std. err.      z    P>|z|     [95% conf. interval]
-------------+----------------------------------------------------------------
      market |   .0807646   .0250829     3.22   0.001     .0316031    .1299261
       stock |   .2839885   .0677899     4.19   0.000     .1511229    .4168542
       _cons |  -23.58361   34.55547    -0.68   0.495    -91.31108    44.14386
------------------------------------------------------------------------------
Test of parameter constancy: chi2(12) = 603.99          Prob > chi2 = 0.0000
```

（3）重现结果并显示特定于组的最佳线性预测值。

.xtrc, beta

```
Random-coefficients regression                  Number of obs     =        100
Group variable: company                         Number of groups  =          5

Time variable: time                             Obs per group:
                                                              min =         20
                                                              avg =       20.0
                                                              max =         20

                                                Wald chi2(2)      =      17.55
                                                Prob > chi2       =     0.0002

------------------------------------------------------------------------------
      invest | Coefficient  Std. err.      z    P>|z|     [95% conf. interval]
-------------+----------------------------------------------------------------
      market |   .0807646   .0250829     3.22   0.001     .0316031    .1299261
       stock |   .2839885   .0677899     4.19   0.000     .1511229    .4168542
       _cons |  -23.58361   34.55547    -0.68   0.495    -91.31108    44.14386
------------------------------------------------------------------------------
Test of parameter constancy: chi2(12) = 603.99          Prob > chi2 = 0.0000

Group-specific coefficients
------------------------------------------------------------------------------
             | Coefficient  Std. err.      z    P>|z|     [95% conf. interval]
-------------+----------------------------------------------------------------
Group 1      |
-------------+----------------------------------------------------------------
      market |   .1027848   .0108566     9.47   0.000     .0815062    .1240634
       stock |   .3678493   .0331352    11.10   0.000     .3029055    .4327931
       _cons |  -71.62927   37.46663    -1.91   0.056    -145.0625    1.803978
-------------+----------------------------------------------------------------
Group 2      |
-------------+----------------------------------------------------------------
      market |    .084236   .0155761     5.41   0.000     .0537074    .1147647
       stock |   .3092167   .0301806    10.25   0.000     .2500638    .3683695
       _cons |  -9.819343   14.07496    -0.70   0.485    -37.40575    17.76707
-------------+----------------------------------------------------------------
Group 3      |
-------------+----------------------------------------------------------------
      market |   .0279384    .013477     2.07   0.038     .0015241    .0543528
       stock |   .1508282   .0286904     5.26   0.000     .0945961    .2070603
       _cons |  -12.03268   29.58083    -0.41   0.684    -70.01004    45.94467
```

Group 4						
market	.0411089	.0118179	3.48	0.001	.0179461	.0642717
stock	.1407172	.0340279	4.14	0.000	.0740237	.2074108
_cons	3.269523	9.510794	0.34	0.731	-15.37129	21.91034
Group 5						
market	.147755	.0181902	8.12	0.000	.1121028	.1834072
stock	.4513312	.0569299	7.93	0.000	.3397506	.5629118
_cons	-27.70628	42.12524	-0.66	0.511	-110.2702	54.85766

（4）重现结果，显示小数点后 4 位的系数、标准误差和置信区间。

.xtrc, cformat(%8.4f)

```
Random-coefficients regression                  Number of obs     =       100
Group variable: company                         Number of groups  =         5

Time variable: time                             Obs per group:
                                                              min =        20
                                                              avg =      20.0
                                                              max =        20

                                                Wald chi2(2)      =     17.55
                                                Prob > chi2       =    0.0002

      invest   Coefficient  Std. err.      z    P>|z|     [95% conf. interval]

      market      0.0808     0.0251     3.22   0.001      0.0316      0.1299
       stock      0.2840     0.0678     4.19   0.000      0.1511      0.4169
       _cons    -23.5836    34.5555    -0.68   0.495    -91.3111     44.1439

Test of parameter constancy: chi2(12) = 603.99           Prob > chi2 = 0.0000
```

2.6 动态面板数据

线性动态面板数据模型包括因变量的 p 阶滞后作为协变量，并包含未观察到的面板水平效应、固定效应或随机效应。通过构造，未观察到的面板水平效应与滞后因变量相关，使得标准估计法不一致。一般使用差分 GMM 估计法、水平 GMM 估计法和系统 GMM 估计法，估计动态面板数据模型的参数估计值。

考虑动态面板数据模型的形式：

$$y_{it}=\sum_{j=1}^{p}\alpha_j y_{i,t-j}+\boldsymbol{x}_{it}\boldsymbol{\beta}_1+\boldsymbol{w}_{it}\boldsymbol{\beta}_2+\nu_i+\boldsymbol{\varepsilon}_{it} \tag{2-23}$$

$$i=\{1,\cdots,N\},\quad t=\{1,\cdots,T_i\}$$

其中，$\alpha_1, \alpha_2, \cdots, \alpha_p$ 是要估计的 p 个参数；$\boldsymbol{x}_{it}$ 是严格外生协变量的 $1\times k_1$ 维向量；$\boldsymbol{\beta}_1$ 是待估计参数的 $k_1\times 1$ 维向量；$\boldsymbol{w}_{it}$ 是预定协变量的 $1\times k_2$ 维向量；$\boldsymbol{\beta}_2$ 是待估计参数的 $k_2\times 1$ 维向量；ν_i 是面板层面的效应（可能与 $\boldsymbol{x}_{it}$ 或 $\boldsymbol{w}_{it}$ 相关）；$\boldsymbol{\varepsilon}_{it}$ 是方差为 σ_ε^2 的 i.i.d. 或来自低阶移动平均过程。

式（2-23）可以改写成每个个体的一组 T_i 方程：

$$y_i^L = X_i^L \delta + v_i \iota_i + \varepsilon_i \tag{2-24}$$

式中，$y_i, \iota_i, \varepsilon_i$ 都是 $T_i \times 1$ 维向量，T_i 是单个 i 的可用观察数；X_i 是 $T_i \times K$ 维向量。

1. 差分 GMM 估计法

差分 GMM 估计法的基本思路是，先对动态面板模型做相应滞后阶数的差分，在 ε_{it} 不存在自相关的前提下，选用高于模型滞后阶数的高阶滞后变量作为有效工具变量，再进行 GMM 估计，这样就可以得到一致有效的参数估计值。

2. 水平 GMM 估计法

水平 GMM 估计法就是对于动态面板数据模型的水平形式，假设 $\{\Delta y_{i,t-1}, \Delta y_{i,t-2}, \cdots\}$ 与相应阶数的解释变量 $y_{i,t-1}$ 等相关，与个体固定效应 v_i 不相关，则可以使用 $\{\Delta y_{i,t-1}, \Delta y_{i,t-2}, \cdots\}$ 作为工具变量，对水平形式的动态面板数据模型进行 GMM 估计，可以得到一致有效的参数估计值。

3. 系统 GMM 估计法

系统 GMM 估计法把差分 GMM 估计法与水平 GMM 估计法结合在一起，把差分方程与水平方程作为一个方程系统进行 GMM 估计。与差分 GMM 估计法相比，系统 GMM 估计法的优点是可以提高估计效率，并且可以估计不随时间变化的变量 z_i 的参数。其缺点是必须额外地假设解释变量差分项 $\{\Delta y_{i,t-1}, \Delta y_{i,t-2}, \cdots\}$ 与个体固定效应 v_i 不相关，如果这个条件无法满足，那么就不能使用系统 GMM 估计法。系统 GMM 估计法的前提包括：扰动项不存在自相关，而且解释变量差分项 $\{\Delta y_{i,t-1}, \Delta y_{i,t-2}, \cdots\}$ 与个体固定效应 v_i 不相关。

线性动态面板数据估计的 Stata 命令：

xtdpd depvar [indepvars] [if] [in], dgmmiv(varlist [...]) [options]

模型设定选项（options）有：

dgmmiv(varlist[...])：用于差分方程的 GMM 估计法；可以多次指定。

lgmmiv(varlist[...])：用于水平方程的 GMM 估计法；可以多次指定。

iv(varlist[...])：用于差分方程和水平方程的标准工具法；可以多次指定。

div(varlist[...])：仅用于差分方程的标准工具法；可以多次指定。

liv（varlist)：标准工具仅用于水平方程；可以多次指定。

noconstant：无常数项。

twostep：两步计算两步估计量，而不是两步计算一步估计量。

hascons：只检查自变量水平之间的共线性；默认情况下，会在级别和差异之间进行检查。

fodevision：使用正向正交偏差，而不是一阶偏差。

菜单操作：

Statistics > Longitudinal/panel data > Dynamic panel data (DPD) > Linear DPD estimation

xtdpd 拟合线性动态面板数据模型，其中未观察到的面板水平效应与因变量的滞后项相关。该命令可以适用于 Arellano Bond 和 Arellano Bover/Blundell Bond 模型估计，如 xtabond 和 xtdpdsys。然而，与 xtabond 和 xtdpdsys 相比，它也允许特殊误差或预定变量具有更复杂的结构，允许模型具有低阶移动平均相关。

例 2.9　动态面板数据模型

下面示例说明实现过程。

（1）清理内存，下载数据集。

.clear

.use https://www.stata-press.com/data/r17/abdata

（2）差分 GMM 估计。

.xtdpd L(0/2).n L(0/1).w L(0/2).(k ys) yr1980-yr1984 year, noconstant div(L(0/1).w L(0/2).(k ys) yr1980-yr1984 year) dgmmiv(n)

```
Dynamic panel-data estimation                 Number of obs      =        611
Group variable: id                            Number of groups   =        140
Time variable: year
                                              Obs per group:
                                                           min =          4
                                                           avg =   4.364286
                                                           max =          6

Number of instruments =     41                Wald chi2(16)      =    1757.07
                                              Prob > chi2        =     0.0000
One-step results
------------------------------------------------------------------------------
           n | Coefficient  Std. err.      z    P>|z|     [95% conf. interval]
-------------+----------------------------------------------------------------
           n |
         L1. |   .6862261   .1486163     4.62   0.000     .3949435    .9775088
         L2. |  -.0853582   .0444365    -1.92   0.055    -.1724523    .0017358
             |
           w |
         --. |  -.6078208   .0657694    -9.24   0.000    -.7367265   -.4789151
         L1. |   .3926237   .1092374     3.59   0.000     .1785222    .6067251
             |
           k |
         --. |   .3568456   .0370314     9.64   0.000     .2842653    .4294259
         L1. |  -.0580012   .0583051    -0.99   0.320     -.172277    .0562747
         L2. |  -.0199475   .0416274    -0.48   0.632    -.1015357    .0616408
             |
          ys |
         --. |   .6085073   .1345412     4.52   0.000     .3448115    .8722031
         L1. |  -.7111651   .1844599    -3.86   0.000      -1.0727   -.3496304
         L2. |   .1057969   .1428568     0.74   0.459    -.1741974    .3857912
             |
      yr1980 |   .0029062   .0212705     0.14   0.891    -.0387832    .0445957
      yr1981 |  -.0404378   .0354707    -1.14   0.254    -.1099591    .0290836
      yr1982 |  -.0652767    .048209    -1.35   0.176    -.1597646    .0292111
      yr1983 |  -.0690928   .0627354    -1.10   0.271    -.1920521    .0538664
      yr1984 |  -.0650302   .0781322    -0.83   0.405    -.2181665    .0881061
        year |   .0095545   .0142073     0.67   0.501    -.0182912    .0374002
------------------------------------------------------------------------------
Instruments for differenced equation
        GMM-type: L(2/.).n
        Standard: D.w LD.w D.k LD.k L2D.k D.ys LD.ys L2D.ys D.yr1980
                  D.yr1981 D.yr1982 D.yr1983 D.yr1984 D.year
```

（3）列表显示数据。

.list id year n L2.n dl2.n if id==140

```
                                     L2.        L2D.
       id   year          n            n           n

1023.  140  1976   .4324315            .           .
1024.  140  1977   .3694925            .           .
1025.  140  1978   .3541718     .4324315           .
1026.  140  1979   .3632532     .3694925   -.0629391
1027.  140  1980   .3371863     .3541718   -.0153207

1028.  140  1981    .285179     .3632532    .0090815
1029.  140  1982   .1756326     .3371863    -.026067
1030.  140  1983   .1275133      .285179   -.0520073
1031.  140  1984   .0889263     .1756326   -.1095464
```

（4）具有预设变量的差分 GMM 估计。

.xtdpd L(0/2).n L(0/1).(w ys) L(0/2).k yr1980-yr1984 year, div(L(0/1).(ys) yr1980-yr1984 year) dgmmiv(n) dgmmiv(L.w L2.k, lag(1 .)) twostep noconstant vce(robust)

```
Dynamic panel-data estimation                   Number of obs      =       611
Group variable: id                              Number of groups   =       140
Time variable: year
                                                Obs per group:
                                                              min =          4
                                                              avg =   4.364286
                                                              max =          6

Number of instruments =     83                  Wald chi2(15)      =    958.30
                                                Prob > chi2        =    0.0000
Two-step results
                                       (Std. err. adjusted for clustering on id)

                          WC-robust
           n  Coefficient  std. err.      z    P>|z|     [95% conf. interval]

           n
         L1.    .8580958   .1265515     6.78   0.000     .6100594    1.106132
         L2.    -.081207   .0760703    -1.07   0.286    -.2303022    .0678881

           w
         --.   -.6910855   .1387684    -4.98   0.000    -.9630666   -.4191044
         L1.    .5961712   .1497338     3.98   0.000     .3026982    .8896441

          ys
         --.    .6936392   .1728623     4.01   0.000     .3548354    1.032443
         L1.   -.8773678   .2183085    -4.02   0.000    -1.305245    -.449491

           k
         --.    .4140654   .1382788     2.99   0.003     .1430439    .6850868
         L1.   -.1537048   .1220244    -1.26   0.208    -.3928681    .0854586
         L2.   -.1025833   .0710886    -1.44   0.149    -.2419143    .0367477

      yr1980   -.0072451    .017163    -0.42   0.673    -.0408839    .0263938
      yr1981   -.0609608    .030207    -2.02   0.044    -.1201655   -.0017561
      yr1982   -.1130369   .0454826    -2.49   0.013    -.2021812   -.0238926
      yr1983   -.1335249   .0600213    -2.22   0.026    -.2511645   -.0158853
      yr1984   -.1623177   .0725434    -2.24   0.025    -.3045001   -.0201352
        year    .0264501   .0119329     2.22   0.027      .003062    .0498381

Instruments for differenced equation
        GMM-type: L(2/.).n L(1/.).L.w L(1/.).L2.k
        Standard: D.ys LD.ys D.yr1980 D.yr1981 D.yr1982 D.yr1983 D.yr1984
                  D.year
```

（5）系统 GMM 估计。

.xtdpd L(0/1).n L(0/2).(w k) yr1980-yr1984 year, div(yr1980-yr1984 year) dgmmiv(n) dgmmiv(L2.(w k), lag(1 .)) lgmmiv(n L1.(w k)) vce(robust) hascons

```
Dynamic panel-data estimation                  Number of obs      =        751
Group variable: id                             Number of groups   =        140
Time variable: year
                                               Obs per group:
                                                             min =          5
                                                             avg =   5.364286
                                                             max =          7

Number of instruments =     95                 Wald chi2(13)      =    7562.80
                                               Prob > chi2        =     0.0000
One-step results
                                  (Std. err. adjusted for clustering on id)
------------------------------------------------------------------------------
             |               Robust
           n | Coefficient  std. err.      z    P>|z|     [95% conf. interval]
-------------+----------------------------------------------------------------
           n |
         L1. |    .913278   .0460602    19.83   0.000     .8230017    1.003554
             |
           w |
         --. |   -.728159   .1019044    -7.15   0.000     -.927888   -.5284301
         L1. |   .5602737   .1939617     2.89   0.004     .1801156    .9404317
         L2. |  -.0523028   .1487653    -0.35   0.725    -.3438774    .2392718
             |
           k |
         --. |   .4820097   .0760787     6.34   0.000     .3328983    .6311212
         L1. |  -.2846944   .0831902    -3.42   0.001    -.4477442   -.1216446
         L2. |  -.1394181   .0405709    -3.44   0.001    -.2189356   -.0599006
             |
      yr1980 |  -.0325146   .0216371    -1.50   0.133    -.0749226    .0098935
      yr1981 |  -.0726116   .0346482    -2.10   0.036    -.1405207   -.0047024
      yr1982 |  -.0477038   .0451914    -1.06   0.291    -.1362772    .0408696
      yr1983 |  -.0396264   .0558734    -0.71   0.478    -.1491362    .0698835
      yr1984 |  -.0810383   .0736648    -1.10   0.271    -.2254186     .063342
        year |   .0192741   .0145326     1.33   0.185    -.0092092    .0477574
       _cons |  -37.34972   28.77747    -1.30   0.194    -93.75253    19.05308
------------------------------------------------------------------------------
Instruments for differenced equation
        GMM-type: L(2/.).n L(1/.).L2.w L(1/.).L2.k
        Standard: D.yr1980 D.yr1981 D.yr1982 D.yr1983 D.yr1984 D.year
Instruments for level equation
        GMM-type: LD.n L2D.w L2D.k
        Standard: _cons
```

（6）允许 MA(1) 随机误差项。

.xtdpd L(0/1).n L(0/2).(w k) yr1980-yr1984 year, div(L(0/1).(w k) yr1980-yr1984 year) dgmmiv(n) hascons

```
Dynamic panel-data estimation                  Number of obs      =        751
Group variable: id                             Number of groups   =        140
Time variable: year
                                               Obs per group:
                                                             min =          5
                                                             avg =   5.364286
                                                             max =          7

Number of instruments =     38                 Wald chi2(13)      =    1471.11
                                               Prob > chi2        =     0.0000
One-step results
------------------------------------------------------------------------------
           n | Coefficient  Std. err.      z    P>|z|     [95% conf. interval]
-------------+----------------------------------------------------------------
           n |
         L1. |   .6444041    .147458     4.37   0.000     .3553918    .9334164
```

```
           w
          --.   -.5477382   .0666235    -8.22   0.000    -.6783178   -.4171587
          L1.    .1988575   .1029405     1.93   0.053    -.0029021    .4006172
          L2.   -.5035317   .1761844    -2.86   0.004    -.8488468   -.1582166

           k
          --.    .3627546   .0391618     9.26   0.000     .2859989    .4395103
          L1.   -.0349607   .0598781    -0.58   0.559    -.1523196    .0823982
          L2.   -.1433396   .0655178    -2.19   0.029     -.271752   -.0149271

      yr1980     .0031798    .024052     0.13   0.895    -.0439613    .0503208
      yr1981     .0075993   .0441414     0.17   0.863    -.0789163    .0941148
      yr1982     .0678994   .0653742     1.04   0.299    -.0602316    .1960304
      yr1983     .1480634   .0904191     1.64   0.102    -.0291547    .3252815
      yr1984     .2009189   .1137102     1.77   0.077    -.0219489    .4237868
        year     -.035333   .0205286    -1.72   0.085    -.0755684    .0049024
       _cons     73.03809   41.18524     1.77   0.076    -7.683498    153.7597
-------------------------------------------------------------------------------
Instruments for differenced equation
        GMM-type: L(2/.).n
        Standard: D.w LD.w D.k LD.k D.yr1980 D.yr1981 D.yr1982 D.yr1983
                  D.yr1984 D.year
Instruments for level equation
        Standard: _cons
```

（7）萨根检验拒绝了过度识别限制在有 i.i.d. 误差项的模型中是有效的原假设。

.estat sargan

```
Sargan test of overidentifying restrictions
H0: Overidentifying restrictions are valid

        chi2(24)     =  49.70094
        Prob > chi2  =    0.0015
```

（8）假设 MA(1)，萨根检验不再拒绝过度识别限制是有效的原假设。

.xtdpd L(0/1).n L(0/2).(w k) yr1980-yr1984 year,div(L(0/1).(w k) yr1980-yr1984 year) dgmmiv(n, lag(3 .)) hascons

```
Dynamic panel-data estimation                  Number of obs      =        751
Group variable: id                             Number of groups   =        140
Time variable: year
                                               Obs per group:
                                                             min =          5
                                                             avg =   5.364286
                                                             max =          7

Number of instruments =     32                 Wald chi2(13)      =    1195.04
                                               Prob > chi2        =     0.0000
One-step results
-------------------------------------------------------------------------------
           n   Coefficient  Std. err.      z    P>|z|     [95% conf. interval]
-------------------------------------------------------------------------------
           n
          L1.    .8696303   .2014473     4.32   0.000     .4748008     1.26446

           w
          --.   -.5802971   .0762659    -7.61   0.000    -.7297756   -.4308187
          L1.    .2918658   .1543883     1.89   0.059    -.0107296    .5944613
          L2.   -.5903459   .2995123    -1.97   0.049    -1.177379   -.0033126

           k
          --.    .3428139   .0447916     7.65   0.000     .2550239    .4306039
          L1.   -.1383918   .0825823    -1.68   0.094    -.3002502    .0234665
          L2.   -.0260956   .1535855    -0.17   0.865    -.3271177    .2749265

      yr1980    -.0036873   .0301587    -0.12   0.903    -.0627973    .0554226
```

```
        yr1981 |     .00218   .0592014     0.04   0.971    -.1138526    .1182125
        yr1982 |   .0782939   .0897622     0.87   0.383    -.0976367    .2542246
        yr1983 |   .1734231   .1308914     1.32   0.185    -.0831193    .4299655
        yr1984 |   .2400685   .1734456     1.38   0.166    -.0998787    .5800157
          year |  -.0354681   .0309963    -1.14   0.253    -.0962198    .0252836
         _cons |   73.13706   62.61443     1.17   0.243    -49.58496    195.8591
------------------------------------------------------------------------------
Instruments for differenced equation
        GMM-type: L(3/.).n
        Standard: D.w LD.w D.k LD.k D.yr1980 D.yr1981 D.yr1982 D.yr1983
                  D.yr1984 D.year
Instruments for level equation
        Standard: _cons
```

.estat sargan

```
Sargan test of overidentifying restrictions
H0: Overidentifying restrictions are valid

        chi2(18)     =  20.80081
        Prob > chi2  =    0.2896
```

2.7 面板数据的删失结果

2.7.1 随机效应区间数据回归模型

面板随机效应的线性回归模型为：

$$y_{it}=\boldsymbol{x}_{it}\boldsymbol{\beta}+\nu_i+\varepsilon_{it} \tag{2-25}$$

式中，$i=1,\cdots,n$ 个面板，$t=1,\cdots,n_i$。随机效应 ν_i 服从 i.i.d.，$N(0,\sigma_\nu^2)$，ε_{it} 是 i.i.d 的 $N(0,\sigma_\varepsilon^2)$ 且独立于 ν_i。观察到的数据由（y_{1it}；y_{2it}）组成，且有 $y_{1it}\leqslant y_{it}\leqslant y_{2it}$，$y_{1it}$ 可以是负无穷，y_{2it} 可以是正无穷。由面板级方差构成的总方差的比例为

$$\rho=\frac{\sigma_\nu^2}{\sigma_\varepsilon^2+\sigma_\nu^2} \tag{2-26}$$

假设随机效应为正态分布，则对于第 i 个面板，观测数据的联合无条件概率为

$$\begin{aligned}&f\{(y_{1i1},y_{2i1}),\cdots,(y_{1in_i},y_{2in_i})|\,\boldsymbol{x}_{1i},\cdots,\boldsymbol{x}_{in_i}\}\\&=\int_{-\infty}^{\infty}\frac{\mathrm{e}^{-\nu_i^2/2\sigma_\nu^2}}{\sqrt{2\pi}\sigma_\nu}\left\{\prod_{t=1}^{n_i}F(y_{1it},y_{2it},\boldsymbol{x}_{it}\boldsymbol{\beta}+\nu_i)\right\}\mathrm{d}\nu_i\end{aligned} \tag{2-27}$$

式中，

$$F(y_{1it},y_{2it},\varDelta_{it})=\begin{cases}(\sqrt{2\pi}\sigma_\varepsilon)^{-1}\mathrm{e}^{-(y_{1it}-\varDelta_{it})^2/(2\sigma_\varepsilon^2)}, & \text{if}(y_{1it},y_{2it})\in\mathbf{C}\\ \varPhi\left(\dfrac{y_{2it}-\varDelta_{it}}{\sigma_\varepsilon}\right), & \text{if }(y_{1it},y_{2it})\in\mathbf{L}\\ 1-\varPhi\left(\dfrac{y_{1it}-\varDelta_{it}}{\sigma_\varepsilon}\right), & \text{if }(y_{1it},y_{2it})\in\mathbf{R}\\ \varPhi\left(\dfrac{y_{2it}-\varDelta_{it}}{\sigma_\varepsilon}\right)-\varPhi\left(\dfrac{y_{1it}-\varDelta_{it}}{\sigma}\right), & \text{if }(y_{1it},y_{2it})\in\mathbf{I}\end{cases} \tag{2-28}$$

所有样本的总似然函数值近似为

$$L \approx \sum_{i=1}^{n} w_i \log\left[\sqrt{2}\hat{\sigma}_i \sum_{m=1}^{M} w_m^* \exp\{(a_m^*)^2\} \frac{\exp\{-(\sqrt{2}\hat{\sigma}_i a_m^* + \hat{\mu}_i)^2 / 2\sigma_v^2\}}{\sqrt{2\pi}\sigma_v} \prod_{t=1}^{n_i} F(y_{1it}, y_{2it}, x_{it}\beta + \sqrt{2}\hat{\sigma}_i a_m^* + \hat{\mu}_i)\right] \tag{2-29}$$

随机效应区间数据回归模型估计的 Stata 命令：

xtintreg depvar_lower depvar_upper [indepvars] [if] [in] [weight] [, options]

depvar_lower 和 depvar_upper 取值格式如下。

数据类型	区间	depvar_lower	depvar_upper	符号
点数据	A=[a,a]	a	a	C
区间数据	[a,b]	a	b	I
左删失数据	(-inf,b)	.	b	L
右删失数据	[a,inf]	a	.	R
遗失数据		.	.	

菜单操作：

Statistics > Longitudinal/panel data > Censored outcomes > Interval regression (RE)

xtintreg 拟合随机效应回归模型，其中因变量可以作为点数据、区间数据、左删失数据或右删失数据进行测量。必须使用两个 depvar 设定因变量，这两个 depvar 指示如何测量因变量。用户可以要求在估计时进行似然比检验，比较面板区间回归模型和混合模型。

例 2.10　随机效应区间数据回归模型估计

请扫码查看例 2.10 的内容

2.7.2 随机效应面板 tobit 回归

设具有面板随机效应的线性回归模型为

$$y_{it} = \boldsymbol{x}_{it}\boldsymbol{\beta} + \nu_i + \varepsilon_{it} \tag{2-30}$$

式中，$i = 1, \cdots, n$ 个面板，$t = 1, \cdots, n_i$。随机效应 ν_i 服从 i.i.d.，$N(0, \sigma_\nu^2)$，ε_{it} 是 i.i.d 的 $N(0, \sigma_\varepsilon^2)$ 且独立于 ν_i。观察到的数据 y_{it}^0 表示 y_{it} 的可能审查后的数据。如果它们是左审查截断，则 $y_{it} < y_{it}^o$，用 ll() 表示；如果是右审查截断，则 $y_{it} > y_{it}^o$，用 ul() 表示；如果没有审查截断，则 $y_{it} = y_{it}^o$，用 depvar 表示。

给定随机效应的正态分布，第 i 组观测数据的联合密度函数为

$$f(y_{i1}^o, \cdots, y_{in_i}^o | \boldsymbol{x}_{i1}, \cdots, \boldsymbol{x}_{in_i}) = \int_{-\infty}^{\infty} \frac{\mathrm{e}^{-\nu_i^2/2\sigma_\nu^2}}{\sqrt{2\pi}\sigma_\nu} \left\{\prod_{t=1}^{n_i} F(y_{it}^o, \boldsymbol{x}_{it}\boldsymbol{\beta} + \nu_i)\right\} \mathrm{d}\nu_i \tag{2-31}$$

式中，

$$F(y_{it}^o, \Delta_{it}) = \begin{cases} (\sqrt{2\pi}\sigma_\varepsilon)^{-1} e^{-(y_{it}^o - \Delta_{it})^2/(2\sigma_\varepsilon^2)} & ,\text{if } y_{it}^o \in C \\ \Phi\left(\dfrac{y_{it}^o - \Delta_{it}}{\sigma_\varepsilon}\right) & ,\text{if } y_{it}^o \in L \\ 1 - \Phi\left(\dfrac{y_{it}^o - \Delta_{it}}{\sigma_\varepsilon}\right) & ,\text{if } y_{it}^o \in R \end{cases} \tag{2-32}$$

式中，C 表示没有审查截断；L 表示左审查截断；R 表示右审查截断；$\Phi(\cdot)$ 为累积正态分布函数。

对数似然的默认近似值是自适应高斯 – 埃尔米特求积，它将面板级别的可能性近似为

$$l_i \approx \sqrt{2}\hat{\sigma}_i \sum_{m=1}^{M} w_m^* \exp\{(a_m^*)^2\} g(y_{it}^o, x_{it}, \sqrt{2}\hat{\sigma}_i a_m^* + \hat{\mu}_i) \tag{2-33}$$

总样本的对数似然函数值近似为

$$L \approx \sum_{i=1}^{n} w_i \log\left[\sqrt{2}\hat{\sigma}_i \sum_{m=1}^{M} w_m^* \exp\{(a_m^*)^2\} \frac{\exp\{-(\sqrt{2}\hat{\sigma}_i a_m^* + \hat{\mu}_i)^2 / 2\sigma_v^2\}}{\sqrt{2\pi}\sigma_v} \prod_{t=1}^{n_i} F(y_{it}^o, x_{it}\beta + \sqrt{2}\hat{\sigma}_i a_m^* + \hat{\mu}_i)\right] \tag{2-34}$$

方差分解式为

$$\rho = \frac{\sigma_v^2}{\sigma_\varepsilon^2 + \sigma_v^2} \tag{2-35}$$

式中，w_i 为设定的第 i 组的权重，如果没有设定，则为 1。

随机效应面板 tobit 回归模型估计的 Stata 命令：

xttobit depvar [indepvars] [if] [in] [weight] [, options]

模型设定选项（options）有：

noconstant：无常数项；

ll[（varname |#）]：左删失变量或限制；

ul[（varname |#）]：右删失变量或限制；

offset(varname)：在系数约束为 1 的模型中包含 varname；

constraints(constraints)：应用指定的线性约束。

菜单操作：

Statistics > Longitudinal/panel data > Censored outcomes > Tobit regression (RE)

xttobit 适用于结果变量被删失的面板数据的随机效应 tobit 模型。所有观测值的审查限制可能是固定的，也可能因观测值而异。用户可以要求对面板进行似然比测试。面板 tobit 模型和混合 tobit 模型都可以在估算中构建。

例 2.11 随机效应 Tobit 回归

请扫码查看例 2.11 的内容

2.8 面板数据的同期相关

2.8.1 面板数据广义最小二乘法

建立模型的方程式为

$$y_{it} = \boldsymbol{x}_{it}\boldsymbol{\beta} + \varepsilon_{it} \tag{2-36}$$

模型等价的矩阵表达式为

$$\begin{pmatrix} \boldsymbol{y}_1 \\ \boldsymbol{y}_2 \\ \vdots \\ \boldsymbol{y}_m \end{pmatrix} = \begin{pmatrix} \boldsymbol{X}_1 \\ \boldsymbol{X}_2 \\ \vdots \\ \boldsymbol{X}_m \end{pmatrix}\boldsymbol{\beta} + \begin{pmatrix} \varepsilon_1 \\ \varepsilon_2 \\ \vdots \\ \varepsilon_m \end{pmatrix} \tag{2-37}$$

扰动项的方差矩阵可以写成

$$E[\varepsilon\varepsilon'] = \boldsymbol{\Omega} = \begin{pmatrix} \sigma_{1,1}\boldsymbol{\Omega}_{1,1} & \sigma_{1,2}\boldsymbol{\Omega}_{1,2} & \cdots & \sigma_{1,m}\boldsymbol{\Omega}_{1,m} \\ \sigma_{2,1}\boldsymbol{\Omega}_{2,1} & \sigma_{2,2}\boldsymbol{\Omega}_{2,2} & \cdots & \sigma_{2,m}\boldsymbol{\Omega}_{2,m} \\ \vdots & \vdots & \ddots & \vdots \\ \sigma_{m,1}\boldsymbol{\Omega}_{m,1} & \sigma_{m,2}\boldsymbol{\Omega}_{m,2} & \cdots & \sigma_{m,m}\boldsymbol{\Omega}_{m,m} \end{pmatrix} \tag{2-38}$$

式中，参数化的 $\boldsymbol{\Omega}_{i,j}$ 为建模截面相关，必须是正方形（平衡面板）。

在经典 OLS 回归模型中，方差矩阵为

$$\boldsymbol{\Omega} = \begin{pmatrix} \sigma^2\boldsymbol{I} & 0 & \cdots & 0 \\ 0 & \sigma^2\boldsymbol{I} & \cdots & 0 \\ \vdots & \vdots & \ddots & \vdots \\ 0 & 0 & \cdots & \sigma^2\boldsymbol{I} \end{pmatrix} \tag{2-39}$$

具有跨面板的异质性时，方差矩阵为

$$\boldsymbol{\Omega} = \begin{pmatrix} \sigma_1^2\boldsymbol{I} & 0 & \cdots & 0 \\ 0 & \sigma_2^2\boldsymbol{I} & \cdots & 0 \\ \vdots & \vdots & \ddots & \vdots \\ 0 & 0 & \cdots & \sigma_m^2\boldsymbol{I} \end{pmatrix} \tag{2-40}$$

具有跨面板的相关性时，方差矩阵为

$$\boldsymbol{\Omega} = \begin{pmatrix} \sigma_1^2\boldsymbol{I} & \sigma_{1,2}\boldsymbol{I} & \cdots & \sigma_{1,m}\boldsymbol{I} \\ \sigma_{2,1}\boldsymbol{I} & \sigma_2^2\boldsymbol{I} & \cdots & \sigma_{2,m}\boldsymbol{I} \\ \vdots & \vdots & \ddots & \vdots \\ \sigma_{m,1}\boldsymbol{I} & \sigma_{m,2}\boldsymbol{I} & \cdots & \sigma_m^2\boldsymbol{I} \end{pmatrix} \tag{2-41}$$

面板数据模型 GLS 法的参数估计结果为

$$\hat{\boldsymbol{\beta}}_{\text{GLS}} = (\boldsymbol{X}'\hat{\Omega}^{-1}\boldsymbol{X})^{-1}\boldsymbol{X}'\hat{\Omega}^{-1}\boldsymbol{y} \tag{2-42}$$

$$\text{Var}(\hat{\boldsymbol{\beta}}_{\text{GLS}}) = (\boldsymbol{X}'\hat{\boldsymbol{\Omega}}^{-1}\boldsymbol{X})^{-1} \tag{2-43}$$

对于上述所有的模型，$\boldsymbol{\Omega}$ 矩阵可以用克罗内克积来表示：

$$\boldsymbol{\Omega} = \boldsymbol{\Sigma}_{m\times m} \otimes \boldsymbol{I}_{T_i\times T_i} \tag{2-44}$$

通过用估计量 $\hat{\boldsymbol{\Sigma}}$ 替换 $\boldsymbol{\Sigma}$，得到估计的方差矩阵：

$$\hat{\boldsymbol{\Sigma}}_{i,j} = \frac{\hat{\varepsilon}_i'\hat{\varepsilon}_j}{T} \tag{2-45}$$

用于估算 $\hat{\boldsymbol{\Sigma}}$ 的残差首先从 OLS 回归中获得。如果迭代估计，残差是从最后拟合的模型中获得的。

对于没有自相关的模型 corr（independent），最大似然估计可以通过迭代 FGLS 估计来获得。

使用 GLS 拟合面板数据模型的 Stata 命令：

xtgls depvar [indepvars] [if] [in] [weight] [, options]

模型设定选项（options）有：

noconstant：无常数项；

panels(iid)：使用 i.i.d. 误差结构；

panels（heteroskedastic）：使用异方差但不相关的误差结构；

panels(correlated)：使用异方差和相关误差结构；

corr(independent)：使用独立的自相关结构；

corr（ar1）：使用 AR(1) 自相关结构；

corr（psar1）：使用面板特定的 AR(1) 自相关结构；

rhotype（calc）：指定计算自相关参数的方法，详见选项，很少使用；

igls：使用迭代 GLS 估计代替两步 GLS 估计；

force：即使观测的时间间隔不相等，也要进行估计。

菜单操作：

Statistics > Longitudinal/panel data > Contemporaneous correlation > GLS regression with correlated disturbances

xtgls 使用可行的广义最小二乘法拟合面板数据线性模型。该命令可以在面板数据内存在 AR(1) 自相关性，以及面板间横截面相关性和异方差性的情况下，进行有效估计。

例 2.12　面板数据广义最小二乘法

下面用 Stata 自带数据说明实现。

（1）清理内存，下载数据集。

.clear

.use https://www.stata-press.com/data/r17/invest2

（2）跨面板异方差：5 家公司的方差有差异。

.xtgls invest market stock, panels(hetero)

```
Cross-sectional time-series FGLS regression

Coefficients:  generalized least squares
Panels:        heteroskedastic
Correlation:   no autocorrelation

Estimated covariances      =         5          Number of obs      =        100
```

```
Estimated autocorrelations =          0          Number of groups     =          5
Estimated coefficients     =          3          Time periods         =         20
                                                 Wald chi2(2)         =     865.38
                                                 Prob > chi2          =     0.0000

------------------------------------------------------------------------------
      invest | Coefficient  Std. err.      z    P>|z|     [95% conf. interval]
-------------+----------------------------------------------------------------
      market |   .0949905    .007409    12.82   0.000     .0804692    .1095118
       stock |   .3378129   .0302254    11.18   0.000     .2785722    .3970535
       _cons |   -36.2537   6.124363    -5.92   0.000    -48.25723   -24.25017
------------------------------------------------------------------------------
```

（3）跨面板相关。

.xtset

.xtgls invest market stock, panels(correlated)

```
Panel variable: company (strongly balanced)
 Time variable: time, 1 to 20
         Delta: 1 unit

. xtgls invest market stock, panels(correlated)

Cross-sectional time-series FGLS regression

Coefficients:  generalized least squares
Panels:        heteroskedastic with cross-sectional correlation
Correlation:   no autocorrelation

Estimated covariances      =         15          Number of obs        =        100
Estimated autocorrelations =          0          Number of groups     =          5
Estimated coefficients     =          3          Time periods         =         20
                                                 Wald chi2(2)         =    1285.19
                                                 Prob > chi2          =     0.0000

------------------------------------------------------------------------------
      invest | Coefficient  Std. err.      z    P>|z|     [95% conf. interval]
-------------+----------------------------------------------------------------
      market |   .0961894   .0054752    17.57   0.000     .0854583    .1069206
       stock |   .3095321   .0179851    17.21   0.000     .2742819    .3447822
       _cons |  -38.36128   5.344871    -7.18   0.000    -48.83703   -27.88552
------------------------------------------------------------------------------
```

.matrix list e(Sigma)

```
symmetric e(Sigma)[5,5]
             _ee          _ee2          _ee3          _ee4          _ee5
 _ee   9410.9061
_ee2  -168.04631     755.85077
_ee3  -1915.9538    -4163.3434      34288.49
_ee4  -1129.2896    -80.381742     2259.3242     633.42367
_ee5   258.50132      4035.872    -27898.235    -1170.6801     33455.511
```

（4）MLE。

.xtgls invest market stock, panels(correlated) igls

```
Cross-sectional time-series FGLS regression

Coefficients:  generalized least squares
Panels:        heteroskedastic with cross-sectional correlation
Correlation:   no autocorrelation
```

```
Estimated covariances      =        15          Number of obs     =        100
Estimated autocorrelations =         0          Number of groups  =          5
Estimated coefficients     =         3          Time periods      =         20
                                                Wald chi2(2)      =     598.43
Log likelihood             = -515.4289          Prob > chi2       =     0.0000

------------------------------------------------------------------------------
      invest | Coefficient  Std. err.      z    P>|z|     [95% conf. interval]
-------------+----------------------------------------------------------------
      market |   .0244241    .004275     5.71   0.000     .0160453    .0328029
       stock |   .1761933   .0151981    11.59   0.000     .1464055    .2059811
       _cons |  -1.819411    1.97077    -0.92   0.356    -5.682049    2.043228
------------------------------------------------------------------------------
```

（5）跨面板自相关。

.xtgls invest market stock, panels(hetero) corr(ar1)

```
Cross-sectional time-series FGLS regression

Coefficients:  generalized least squares
Panels:        heteroskedastic
Correlation:   common AR(1) coefficient for all panels  (0.8651)

Estimated covariances      =         5          Number of obs     =        100
Estimated autocorrelations =         1          Number of groups  =          5
Estimated coefficients     =         3          Time periods      =         20
                                                Wald chi2(2)      =     119.69
                                                Prob > chi2       =     0.0000

------------------------------------------------------------------------------
      invest | Coefficient  Std. err.      z    P>|z|     [95% conf. interval]
-------------+----------------------------------------------------------------
      market |   .0744315   .0097937     7.60   0.000     .0552362    .0936268
       stock |   .2874294   .0475391     6.05   0.000     .1942545    .3806043
       _cons |  -18.96238   17.64943    -1.07   0.283    -53.55464    15.62987
------------------------------------------------------------------------------
```

（6）不同的 AR(1)。

.xtgls invest market stock, panels(iid) corr(psar1)

```
Cross-sectional time-series FGLS regression

Coefficients:  generalized least squares
Panels:        homoskedastic
Correlation:   panel-specific AR(1)

Estimated covariances      =         1          Number of obs     =        100
Estimated autocorrelations =         5          Number of groups  =          5
Estimated coefficients     =         3          Time periods      =         20
                                                Wald chi2(2)      =     252.93
                                                Prob > chi2       =     0.0000

------------------------------------------------------------------------------
      invest | Coefficient  Std. err.      z    P>|z|     [95% conf. interval]
-------------+----------------------------------------------------------------
      market |   .0934343   .0097783     9.56   0.000     .0742693    .1125993
       stock |   .3838814   .0416775     9.21   0.000      .302195    .4655677
       _cons |  -10.1246    34.06675    -0.30   0.766    -76.8942     56.64499
------------------------------------------------------------------------------
```

2.8.2　面板数据校正标准误差回归

xtpcse 计算线性横截面时间序列模型的面板校正标准误差（PCSE）估计，其中参数通过

OLS 或 Prais–Winsten 回归进行估计。在计算标准误差和方差－协方差估计时，xtpcse 假设扰动项是跨面板异方差的并且在面板之间同时相关。

假设模型为

$$y_{it} = \boldsymbol{x}_{it}\boldsymbol{\beta} + \varepsilon_{it} \tag{2-46}$$

其中，$i = 1, 2, \cdots, m$ 是单元（或面板）的数量；$t = 1, \cdots, T_i$，T_i 是面板 i 中的周期数；ε_{it} 是一种随机扰动项，可能沿 t 自相关或截面同时相关。

该模型也可以写成矩阵形式：

$$\begin{bmatrix} \boldsymbol{y}_1 \\ \boldsymbol{y}_2 \\ \vdots \\ \boldsymbol{y}_m \end{bmatrix} = \begin{bmatrix} \boldsymbol{X}_1 \\ \boldsymbol{X}_2 \\ \vdots \\ \boldsymbol{X}_m \end{bmatrix} \boldsymbol{\beta} + \begin{bmatrix} \varepsilon_1 \\ \varepsilon_2 \\ \vdots \\ \varepsilon_m \end{bmatrix} \tag{2-47}$$

对于一个具有异方差干扰和同时相关但没有自相关的模型，假设扰动协方差矩阵为

$$E[\varepsilon\varepsilon'] = \boldsymbol{\Omega} = \begin{bmatrix} \sigma_{11}\boldsymbol{I}_{11} & \sigma_{12}\boldsymbol{I}_{12} & \cdots & \sigma_{1m}\boldsymbol{I}_{1m} \\ \sigma_{21}\boldsymbol{I}_{21} & \sigma_{22}\boldsymbol{I}_{22} & \cdots & \sigma_{2m}\boldsymbol{I}_{2m} \\ \vdots & \vdots & \ddots & \vdots \\ \sigma_{m1}\boldsymbol{I}_{m1} & \sigma_{m2}\boldsymbol{I}_{m2} & \cdots & \sigma_{mm}\boldsymbol{I}_{mm} \end{bmatrix} \tag{2-48}$$

也可以写为

$$E[\varepsilon\varepsilon'] = \boldsymbol{\Omega} = \boldsymbol{\Sigma}_{m\times m} \otimes \boldsymbol{I}_{T_i \times T_i} \tag{2-49}$$

其中，$\boldsymbol{\Sigma}$ 是逐面板协方差矩阵，$\boldsymbol{I}$ 是单位矩阵。

xtpcse 估计 $\boldsymbol{\Sigma}$ 的矩阵元素为

$$\boldsymbol{\Sigma}_{ij} = \frac{\varepsilon_i'\varepsilon_j}{T_{ij}} \tag{2-50}$$

式中，ε_i' 和 ε_j 分别是面板 i 和 j 的残差，可通过周期进行匹配，T_{ij} 是 i 组和 j 组之间可按时间段匹配的残差数量。

面板数据校正标准误差回归估计的 Stata 命令：

xtpcse depvar [indepvars] [if] [in] [weight] [, options]

模型设定选项（options）有：

noconstant：无常数项；

correlation(independent)：使用独立的自相关结构；

correlation(ar1)：使用 AR(1) 自相关结构；

correlation(psar1)：使用面板特定的 AR(1) 自相关结构；

rhotype（calc）：指定计算自相关参数的方法，很少使用；

np1：按面板规模加权指定面板；

hetonly：只假设面板级别的异方差误差；

independent：假设跨面板的独立误差。

菜单操作：

Statistics > Longitudinal/panel data > Contemporaneous correlation > Regression with panel-corrected standard errors (PCSE)

例 2.13 面板数据校正标准误差回归估计

下面以 Stata 自带数据说明实现。

（1）控制异质性和面板间相关性。

清理内存，下载数据集。

.clear

.use https://www.stata-press.com/data/r17/grunfeld

.list in 1/5

	company	year	invest	mvalue	kstock	time
1.	1	1935	317.6	3078.5	2.8	1
2.	1	1936	391.8	4661.7	52.6	2
3.	1	1937	410.6	5387.1	156.9	3
4.	1	1938	257.7	2792.2	209.2	4
5.	1	1939	330.8	4313.2	203.4	5

.xtset company year, yearly

```
Panel variable: company (strongly balanced)
 Time variable: year, 1935 to 1954
         Delta: 1 year
```

（2）面板数据校正标准误差回归估计。

.xtpcse invest mvalue kstock

```
Linear regression, correlated panels corrected standard errors (PCSEs)

Group variable:   company                  Number of obs     =       200
Time variable:    year                     Number of groups  =        10
Panels:           correlated (balanced)    Obs per group:
Autocorrelation:  no autocorrelation                     min =        20
                                                         avg =        20
                                                         max =        20
Estimated covariances      =        55     R-squared         =    0.8124
Estimated autocorrelations =         0     Wald chi2(2)      =    637.41
Estimated coefficients     =         3     Prob > chi2       =    0.0000

------------------------------------------------------------------------------
             |           Panel-corrected
      invest | Coefficient  std. err.      z    P>|z|     [95% conf. interval]
-------------+----------------------------------------------------------------
      mvalue |   .1155622   .0072124    16.02   0.000      .101426    .1296983
      kstock |   .2306785   .0278862     8.27   0.000     .1760225    .2853345
       _cons |  -42.71437   6.780965    -6.30   0.000    -56.00482   -29.42392
------------------------------------------------------------------------------
```

（3）比较 FGLS 和 PCSE 方法。

.xtgls invest mvalue kstock, panels(correlated)

```
Cross-sectional time-series FGLS regression

Coefficients:  generalized least squares
Panels:        heteroskedastic with cross-sectional correlation
Correlation:   no autocorrelation

Estimated covariances      =        55     Number of obs     =       200
```

```
Estimated autocorrelations =          0      Number of groups   =        10
Estimated coefficients     =          3      Time periods       =        20
                                             Wald chi2(2)       =   3738.07
                                             Prob > chi2        =    0.0000

------------------------------------------------------------------------------
      invest | Coefficient  Std. err.      z    P>|z|     [95% conf. interval]
-------------+----------------------------------------------------------------
      mvalue |   .1127515   .0022364    50.42   0.000     .1083683    .1171347
      kstock |   .2231176   .0057363    38.90   0.000     .2118746    .2343605
       _cons |  -39.84382   1.717563   -23.20   0.000    -43.21018   -36.47746
------------------------------------------------------------------------------
```

.xtpcse invest mvalue kstock, correlation(ar1)

```
Prais-Winsten regression, correlated panels corrected standard errors (PCSEs)

Group variable:   company                    Number of obs      =       200
Time variable:    year                       Number of groups   =        10
Panels:           correlated (balanced)      Obs per group:
Autocorrelation:  common AR(1)                             min =        20
                                                           avg =        20
                                                           max =        20
Estimated covariances      =        55      R-squared          =    0.5468
Estimated autocorrelations =         1      Wald chi2(2)       =     93.71
Estimated coefficients     =         3      Prob > chi2        =    0.0000

------------------------------------------------------------------------------
             |           Panel-corrected
      invest | Coefficient  std. err.      z    P>|z|     [95% conf. interval]
-------------+----------------------------------------------------------------
      mvalue |   .0950157   .0129934     7.31   0.000     .0695492    .1204822
      kstock |    .306005   .0603718     5.07   0.000     .1876784    .4243317
       _cons |  -39.12569   30.50355    -1.28   0.200    -98.91154    20.66016
-------------+----------------------------------------------------------------
         rho |   .9059774
------------------------------------------------------------------------------
```

（4）控制面板间相关和自相关。

.xtpcse invest mvalue kstock, correlation(psar1) rhotype(tscorr)

```
Prais-Winsten regression, correlated panels corrected standard errors (PCSEs)

Group variable:   company                    Number of obs      =       200
Time variable:    year                       Number of groups   =        10
Panels:           correlated (balanced)      Obs per group:
Autocorrelation:  panel-specific AR(1)                     min =        20
                                                           avg =        20
                                                           max =        20
Estimated covariances      =        55      R-squared          =    0.8670
Estimated autocorrelations =        10      Wald chi2(2)       =    444.53
Estimated coefficients     =         3      Prob > chi2        =    0.0000

------------------------------------------------------------------------------
             |           Panel-corrected
      invest | Coefficient  std. err.      z    P>|z|     [95% conf. interval]
-------------+----------------------------------------------------------------
      mvalue |   .1052613   .0086018    12.24   0.000     .0884021    .1221205
      kstock |   .3386743   .0367568     9.21   0.000     .2666322    .4107163
       _cons |  -58.18714   12.63687    -4.60   0.000    -82.95496   -33.41933
-------------+----------------------------------------------------------------
        rhos =   .5135627     .87017  .9023497     .63368  .8571502 ...  .8752707
------------------------------------------------------------------------------
```

（5）仅控制异质性；不完全是 PCSE。

.xtpcse invest mvalue kstock, correlation(ar1) hetonly

```
Prais-Winsten regression, heteroskedastic panels corrected standard errors

Group variable:   company                      Number of obs      =        200
Time variable:    year                         Number of groups   =         10
Panels:           heteroskedastic (balanced)   Obs per group:
Autocorrelation:  common AR(1)                               min =         20
                                                             avg =         20
                                                             max =         20
Estimated covariances      =        10         R-squared          =     0.5468
Estimated autocorrelations =         1         Wald chi2(2)       =      91.72
Estimated coefficients     =         3         Prob > chi2        =     0.0000

------------------------------------------------------------------------------
             |           Het-corrected
      invest | Coefficient  std. err.      z    P>|z|     [95% conf. interval]
-------------+----------------------------------------------------------------
      mvalue |   .0950157   .0130872     7.26   0.000     .0693653    .1206661
      kstock |    .306005    .061432     4.98   0.000     .1856006    .4264095
       _cons |  -39.12569   26.16935    -1.50   0.135    -90.41666    12.16529
-------------+----------------------------------------------------------------
         rho |   .9059774
------------------------------------------------------------------------------
```

第3章
CHAPTER 3

面板数据分析拓展

3.1 面板二元结果

3.1.1 面板 logistic 回归

面板 logistic 回归模型为

$$\Pr(y_{it} \neq 0 \mid \boldsymbol{x}_{it}) = P(\boldsymbol{x}_{it}\boldsymbol{\beta} + \nu_i) \tag{3-1}$$

式中，$i = 1, \cdots, n$ 表示面板数，$t = 1, \cdots, n_i$，$\nu_i \sim N(0, \sigma_\nu^2)$ 为 i.i.d. 的正态分布随机误差项，$P(z) = \{1 + \exp(-z)\}^{-1}$。该模型的基础是方差分量模型：

$$y_{it} \neq 0 \Leftrightarrow \boldsymbol{x}_{it}\boldsymbol{\beta} + \nu_i + \varepsilon_{it} > 0 \tag{3-2}$$

式中，ε_{it} 是均值为 0、方差为 $\sigma_\varepsilon^2 = \pi^2/3$ 的 i.i.d. 的 logistic 分布随机项，并且与 $\nu_i \sim N(0, \sigma_\nu^2)$ 独立。面板方差成分贡献的总方差比重为

$$\rho = \frac{\sigma_\nu^2}{\sigma_\nu^2 + \sigma_\varepsilon^2} \tag{3-3}$$

第 i 组样本的条件联合概率为

$$\Pr(y_{i1}, \cdots, y_{in_i} \mid \boldsymbol{x}_{i1}, \cdots, \boldsymbol{x}_{in_i}) = \int_{-\infty}^{\infty} \frac{\mathrm{e}^{-\nu_i^2/2\sigma_\nu^2}}{\sqrt{2\pi}\sigma_\nu} \left\{ \prod_{t=1}^{n_i} F(y_{it}, \boldsymbol{x}_{it}\beta + \nu_i) \right\} \mathrm{d}\nu_i \tag{3-4}$$

其中，

$$F(y, z) = \begin{cases} \dfrac{1}{1+\exp(-z)}, & y \neq 0 \\ \dfrac{1}{1+\exp(z)}, & y = 0 \end{cases} \tag{3-5}$$

利用自适应高斯 – 埃尔米特求积（adaptive Gauss–Hermite quadrature），可得第 i 组样本的面板水平似然函数近似为

$$l_i \approx \sqrt{2}\hat{\sigma}_i \sum_{m=1}^{M} w_m^* \exp\{(a_m^*)^2\} g(y_{it}, x_{it}, \sqrt{2}\hat{\sigma}_i a_m^* + \hat{\mu}_i) \quad (3\text{-}6)$$

式中，w_m^* 表示正交权重，a_m^* 表示正交横坐标。

总样本对数似然函数是第 i 组样本的面板水平似然函数之和，具体为

$$L \approx \sum_{i=1}^{n} w_i \log\left[\sqrt{2}\hat{\sigma}_i \sum_{m=1}^{M} w_m^* \exp\{(a_m^*)^2\} \frac{\exp\left\{-(\sqrt{2}\hat{\sigma}_i a_m^* + \hat{\mu}_i)^2 / 2\sigma_v^2\right\}}{\sqrt{2\pi}\sigma_v} \prod_{t=1}^{n_i} F(y_{it}, x_{it}\beta + \sqrt{2}\hat{\sigma}_i a_m^* + \hat{\mu}_i)\right] \quad (3\text{-}7)$$

式中，w_i 为设定的面板权重，没有设定时，则等于 1。

面板 logistic 回归模型估计的 Stata 命令：

（1）随机效应模型。

xtlogit depvar [indepvars] [if] [in] [weight] [, re RE_options]

（2）条件固定效应模型。

xtlogit depvar [indepvars] [if] [in] [weight] , fe [FE_options]

（3）总体平均模型。

xtlogit depvar [indepvars] [if] [in] [weight] , pa [PA_options]

模型设定选项（options）有：

noconstant：无常数项；

re：重复使用随机效应估计法（默认值）；

offset(varname)：在系数约束为 1 的模型中包含 varname；

constraints(constraints)：应用指定的线性约束；

asis：保持完美的预测变量。

菜单操作：

Statistics > Longitudinal/panel data > Binary outcomes > Logistic regression (FE, RE, PA)

xtlogit 适用于二元因变量的随机效应、条件固定效应和总体平均 logit 模型。假设正结果的概率由逻辑累积分布函数确定。结果可以报告为系数或优势比。

例 3.1　二元面板 logit 分析

下面使用 Stata 的工会数据集研究美国妇女的工会参与程度。

（1）清理内存，下载数据集。

.clear

.use https://www.stata-press.com/data/r17/union

（2）随机效应 logit 模型拟合。

.xtlogit union age grade not_smsa south##c.year

```
Random-effects logistic regression              Number of obs     =  26,200
Group variable: idcode                          Number of groups  =   4,434

Random effects u_i ~ Gaussian                   Obs per group:
                                                              min =       1
                                                              avg =     5.9
                                                              max =      12
```

```
Integration method: mvaghermite                      Integration pts. =       12

                                                     Wald chi2(6)     =   227.46
Log likelihood = -10540.274                          Prob > chi2      =   0.0000

------------------------------------------------------------------------------
       union | Coefficient  Std. err.      z    P>|z|     [95% conf. interval]
-------------+----------------------------------------------------------------
         age |   .0156732   .0149895     1.05   0.296    -.0137056     .045052
       grade |   .0870851   .0176476     4.93   0.000     .0524965    .1216738
    not_smsa |  -.2511884   .0823508    -3.05   0.002    -.4125929   -.0897839
     1.south |  -2.839112   .6413116    -4.43   0.000    -4.096059   -1.582164
        year |  -.0068604   .0156575    -0.44   0.661    -.0375486    .0238277
             |
south#c.year |
          1  |   .0238506   .0079732     2.99   0.003     .0082235    .0394777
             |
       _cons |  -3.009365   .8414963    -3.58   0.000    -4.658667   -1.360062
-------------+----------------------------------------------------------------
    /lnsig2u |   1.749366   .0470017                      1.657245    1.841488
-------------+----------------------------------------------------------------
     sigma_u |   2.398116   .0563577                      2.290162    2.511158
         rho |   .6361098   .0108797                      .6145307    .6571548
------------------------------------------------------------------------------
LR test of rho=0: chibar2(01) = 6004.43                Prob >= chibar2 = 0.000
```

（3）等相关的面板 logit 模型。

.xtlogit union age grade not_smsa south##c.year, pa

```
GEE population-averaged model                       Number of obs     = 26,200
Group variable: idcode                              Number of groups  =  4,434
Family: Binomial                                    Obs per group:
Link:    Logit                                                    min =      1
Correlation: exchangeable                                         avg =    5.9
                                                                  max =     12
                                                    Wald chi2(6)      = 235.08
Scale parameter = 1                                 Prob > chi2       = 0.0000

------------------------------------------------------------------------------
       union | Coefficient  Std. err.      z    P>|z|     [95% conf. interval]
-------------+----------------------------------------------------------------
         age |   .0165893   .0092229     1.80   0.072    -.0014873    .0346659
       grade |   .0600669   .0108343     5.54   0.000     .0388321    .0813016
    not_smsa |  -.1215445   .0483713    -2.51   0.012    -.2163505   -.0267384
     1.south |  -1.857094    .372967    -4.98   0.000    -2.588096   -1.126092
        year |  -.0121168   .0095707    -1.27   0.205     -.030875    .0066413
             |
south#c.year |
          1  |   .0160193   .0046076     3.48   0.001     .0069886    .0250501
             |
       _cons |   -1.39755   .5089508    -2.75   0.006    -2.395075   -.4000247
------------------------------------------------------------------------------
```

（4）通过稳健方差计算得到总体平均 logit 估计。

.xtlogit union age grade not_smsa south##c.year, pa vce(robust) nolog

```
GEE population-averaged model                       Number of obs     = 26,200
Group variable: idcode                              Number of groups  =  4,434
Family: Binomial                                    Obs per group:
Link:    Logit                                                    min =      1
Correlation: exchangeable                                         avg =    5.9
                                                                  max =     12
                                                    Wald chi2(6)      = 154.88
Scale parameter = 1                                 Prob > chi2       = 0.0000

                                 (Std. err. adjusted for clustering on idcode)
```

union	Coefficient	Robust std. err.	z	P>|z|	[95% conf. interval]	
age	.0165893	.008951	1.85	0.064	-.0009543	.0341329
grade	.0600669	.0133193	4.51	0.000	.0339616	.0861722
not_smsa	-.1215445	.0613803	-1.98	0.048	-.2418477	-.0012412
1.south	-1.857094	.5389238	-3.45	0.001	-2.913366	-.8008231
year	-.0121168	.0096998	-1.25	0.212	-.0311282	.0068945
south#c.year						
1	.0160193	.0067217	2.38	0.017	.002845	.0291937
_cons	-1.39755	.5603767	-2.49	0.013	-2.495868	-.2992317

（5）拟合固定效应 logit 模型。

.xtlogit union age grade not_smsa south##c.year, fe

```
Conditional fixed-effects logistic regression         Number of obs     = 12,035
Group variable: idcode                                Number of groups  =  1,690

                                                      Obs per group:
                                                                    min =      2
                                                                    avg =    7.1
                                                                    max =     12

                                                      LR chi2(6)        =  78.60
Log likelihood = -4510.888                            Prob > chi2       = 0.0000
```

union	Coefficient	Std. err.	z	P>|z|	[95% conf. interval]	
age	.0710973	.0960536	0.74	0.459	-.1171643	.2593589
grade	.0816111	.0419074	1.95	0.051	-.0005259	.163748
not_smsa	.0224809	.1131786	0.20	0.843	-.199345	.2443069
1.south	-2.856488	.6765694	-4.22	0.000	-4.182539	-1.530436
year	-.0636853	.0967747	-0.66	0.510	-.2533602	.1259896
south#c.year						
1	.0264136	.0083216	3.17	0.002	.0101036	.0427235

3.1.2　面板 probit 回归

面板 probit 回归模型为

$$\Pr(y_{it} \neq 0 \mid \boldsymbol{x}_{it}) = \Phi(\boldsymbol{x}_{it}\boldsymbol{\beta} + v_i) \tag{3-8}$$

其中，Φ 为标准正态累积分布函数，其他符号含义同式（3-1）。假设随机效应 $v_i \sim N(0, \sigma_v^2)$，则样本数据的条件概率为

$$\Pr(y_{i1}, \cdots, y_{in_i} \mid \boldsymbol{x}_{i1}, \cdots, \boldsymbol{x}_{in_i}) = \int_{-\infty}^{\infty} \frac{\mathrm{e}^{-v_i^2/2\sigma_v^2}}{\sqrt{2\pi}\sigma_v} \left\{ \prod_{t=1}^{n_i} F(y_{it}, \boldsymbol{x}_{it}\boldsymbol{\beta} + v_i) \right\} \mathrm{d}v_i \tag{3-9}$$

式中，$F(y, z) = \begin{cases} \Phi(z), & y \neq 0; \\ 1 - \Phi(z), & y = 0。\end{cases}$

对数似然的默认近似值是自适应高斯 – 埃尔米特求积，面板水平似然近似值为

$$l_i \approx \sqrt{2}\hat{\sigma}_i \sum_{m=1}^{M} w_m^* \exp\{(a_m^*)^2\} g(y_{it}, x_{it}, \sqrt{2}\hat{\sigma}_i a_m^* + \hat{\mu}_i) \tag{3-10}$$

求和可得总对数似然函数的近似值为

$$L \approx \sum_{i=1}^{n} w_i \log\left[\sqrt{2}\hat{\sigma}_i \sum_{m=1}^{M} w_m^* \exp\{(a_m^*)^2\} \frac{\exp\{-(\sqrt{2}\hat{\sigma}_i a_m^* + \hat{\mu}_i)^2 / 2\sigma_v^2\}}{\sqrt{2\pi}\sigma_v} \prod_{t=1}^{n_i} F(y_{it}, x_{it}\beta + \sqrt{2}\hat{\sigma}_i a_m^* + \hat{\mu}_i)\right] \tag{3-11}$$

随机效应模型与总体平均模型估计的 Stata 命令：

（1）随机效应模型。

xtprobit depvar [indepvars] [if] [in] [weight] [, re RE_options]

（2）总体平均模型。

xtprobit depvar [indepvars] [if] [in] [weight], pa [PA_options]

模型设定选项（options）同 xtlogit 命令。

菜单操作：

Statistics > Longitudinal/panel data > Binary outcomes > Probit regression (RE, PA)

xtprobit 适用于二元因变量的随机效应模型和总体平均模型。假设正性结果的概率由标准正态累积分布函数确定。

例 3.2 二元面板 probit 分析

下面使用工会数据集研究美国妇女的工会参与程度。

（1）清理内存，下载数据集。

.clear

.use https://www.stata-press.com/data/r17/union

（2）拟合随机效应面板 probit 回归模型。

.xtprobit union age grade i.not_smsa south##c.year

```
Random-effects logistic regression              Number of obs     = 26,200
Group variable: idcode                          Number of groups  =  4,434

Random effects u_i ~ Gaussian                   Obs per group:
                                                              min =      1
                                                              avg =    5.9
                                                              max =     12

Integration method: mvaghermite                 Integration pts.  =     12

                                                Wald chi2(6)      = 227.46
Log likelihood = -10540.274                     Prob > chi2       = 0.0000
```

union	Coefficient	Std. err.	z	P>|z|	[95% conf. interval]	
age	.0156732	.0149895	1.05	0.296	-.0137056	.045052
grade	.0870851	.0176476	4.93	0.000	.0524965	.1216738
not_smsa	-.2511884	.0823508	-3.05	0.002	-.4125929	-.0897839
1.south	-2.839112	.6413116	-4.43	0.000	-4.096059	-1.582164
year	-.0068604	.0156575	-0.44	0.661	-.0375486	.0238277
south#c.year						

1	.0238506	.0079732	2.99	0.003	.0082235	.0394777
_cons	-3.009365	.8414963	-3.58	0.000	-4.658667	-1.360062
/lnsig2u	1.749366	.0470017			1.657245	1.841488
sigma_u	2.398116	.0563577			2.290162	2.511158
rho	.6361098	.0108797			.6145307	.6571548

LR test of rho=0: chibar2(01) = 6004.43　　　　Prob >= chibar2 = 0.000

（3）使用非自适应求积。

.xtprobit union age grade i.not_smsa south##c.year, intmethod(ghermite)

Random-effects probit regression	Number of obs = 26,200
Group variable: idcode	Number of groups = 4,434
Random effects u_i ~ Gaussian	Obs per group:
	min = 1
	avg = 5.9
	max = 12
Integration method: ghermite	Integration pts. = 12
	Wald chi2(6) = 218.99
Log likelihood = -10560.876	Prob > chi2 = 0.0000

union	Coefficient	Std. err.	z	P>|z|	[95% conf.	interval]
age	.0093488	.0083385	1.12	0.262	-.0069945	.025692
grade	.0488014	.0101168	4.82	0.000	.0289728	.06863
1.not_smsa	-.1364862	.0462831	-2.95	0.003	-.2271995	-.045773
1.south	-1.592711	.3576715	-4.45	0.000	-2.293734	-.8916877
year	-.0053723	.0087219	-0.62	0.538	-.0224668	.0117223
south#c.year						
1	.0136764	.0044532	3.07	0.002	.0049482	.0224046
_cons	-1.575539	.4639881	-3.40	0.001	-2.484939	-.6661388
/lnsig2u	.5615976	.0432021			.476923	.6462722
sigma_u	1.324187	.0286038			1.269295	1.381453
rho	.6368221	.0099918			.617021	.6561699

LR test of rho=0: chibar2(01) = 5967.02　　　　Prob >= chibar2 = 0.000

（4）等相关 probit 模型。

.xtprobit union age grade i.not_smsa south##c.year, pa

GEE population-averaged model	Number of obs = 26,200
Group variable: idcode	Number of groups = 4,434
Family: Binomial	Obs per group:
Link: Probit	min = 1
Correlation: exchangeable	avg = 5.9
	max = 12
	Wald chi2(6) = 242.57
Scale parameter = 1	Prob > chi2 = 0.0000

union	Coefficient	Std. err.	z	P>|z|	[95% conf.	interval]
age	.0089699	.0053208	1.69	0.092	-.0014586	.0193985

```
       grade    .0333174  .0062352     5.34  0.000    .0210966    .0455382
  1.not_smsa   -.0715717   .027543    -2.60  0.009   -.1255551   -.0175884
     1.south   -1.017368   .207931    -4.89  0.000   -1.424905   -.6098308
        year   -.0062708  .0055314    -1.13  0.257   -.0171122    .0045706

south#c.year
           1    .0086294    .00258     3.34  0.001    .0035727     .013686

       _cons   -.8670997   .294771    -2.94  0.003    -1.44484   -.2893592
```

（5）总体平均回归模型。

.xtprobit union age grade i.not_smsa south##c.year, pa vce(robust) nolog

```
GEE population-averaged model                    Number of obs     = 26,200
Group variable: idcode                           Number of groups  =  4,434
Family: Binomial                                 Obs per group:
Link:   Probit                                                 min =      1
Correlation: exchangeable                                      avg =    5.9
                                                               max =     12
                                                 Wald chi2(6)      = 156.33
Scale parameter = 1                              Prob > chi2       = 0.0000

                               (Std. err. adjusted for clustering on idcode)

                          Semirobust
       union  Coefficient  std. err.      z    P>|z|     [95% conf. interval]

         age    .0089699   .0051169     1.75   0.080    -.001059    .0189988
       grade    .0333174   .0076425     4.36   0.000    .0183383    .0482965
  1.not_smsa   -.0715717   .0348659    -2.05   0.040   -.1399076   -.0032359
     1.south   -1.017368   .3026981    -3.36   0.001   -1.610645   -.4240906
        year   -.0062708   .0055745    -1.12   0.261   -.0171965    .0046549

south#c.year
           1    .0086294   .0037866     2.28   0.023    .0012078    .0160509

       _cons   -.8670997   .3243959    -2.67   0.008   -1.502904   -.2312955
```

（6）具有稳定求积的随机效应模型。

清理内存，下载数据集。

.clear

.use https://www.stata-press.com/data/r17/chicken

（7）拟合估计。

.xtprobit complain age grade south tenure gender race income genderm burger chicken, nolog

```
Random-effects probit regression                 Number of obs    =  2,763
Group variable: restaurant                       Number of groups =    500

Random effects u_i ~ Gaussian                    Obs per group:
                                                              min =      3
                                                              avg =    5.5
                                                              max =      8

Integration method: mvaghermite                  Integration pts. =     12

                                                 Wald chi2(10)    = 126.59
Log likelihood = -1318.2088                      Prob > chi2      = 0.0000

    complain  Coefficient  Std. err.      z    P>|z|     [95% conf. interval]

         age   -.0430409   .0130211    -3.31   0.001   -.0685617     -.01752
```

grade	.0330934	.0264572	1.25	0.211	-.0187618	.0849486
south	.1012	.0707196	1.43	0.152	-.037408	.2398079
tenure	-.0440079	.0987099	-0.45	0.656	-.2374758	.14946
gender	.3318499	.0601382	5.52	0.000	.2139812	.4497185
race	.3417901	.0382251	8.94	0.000	.2668703	.4167098
income	-.0022702	.0008885	-2.56	0.011	-.0040117	-.0005288
genderm	.0524577	.0706585	0.74	0.458	-.0860305	.1909459
burger	.0448931	.0956151	0.47	0.639	-.1425091	.2322953
chicken	.1904714	.0953067	2.00	0.046	.0036737	.3772691
_cons	-.2145311	.6240549	-0.34	0.731	-1.437656	1.008594
/lnsig2u	-1.704494	.2502057			-2.194888	-1.214099
sigma_u	.4264557	.0533508			.333723	.5449563
rho	.1538793	.0325769			.1002105	.2289765

LR test of rho=0: chibar2(01) = 29.91　　Prob >= chibar2 = 0.000

3.2 面板序数结果

3.2.1 面板排序 logistic 回归

随机效应排序 logistic 模型为

$$\Pr(y_{it} > k \mid \boldsymbol{\kappa}, \boldsymbol{x}_{it}, v_i) = H(\boldsymbol{x}_{it}\boldsymbol{\beta} + v_i - \boldsymbol{\kappa}_k) \tag{3-12}$$

式中，$i = 1, \cdots, n$ 表示面板数，$t = 1, \cdots, n_i$，v_i 是 i.i.d. 的 $N(0, \sigma_v^2)$，而 κ 是一组临界值（κ_1, κ_2, $\cdots$, κ_{k-1}），其中 k 是可能结果的数量，$H(\cdot)$ 是逻辑累积分布函数。由此可知，响应变量 y_{it} 观察到第 k 个结果的概率为

$$\begin{aligned} p_{itk} &\equiv \Pr(y_{it} = k \mid \boldsymbol{\kappa}, \boldsymbol{x}_{it}, v_i) = \Pr(\kappa_{k-1} < \boldsymbol{x}_{it}\boldsymbol{\beta} + v_i + \varepsilon_{it} \leqslant \kappa_k) \\ &= \Pr(\kappa_{k-1} - \boldsymbol{x}_{it}\boldsymbol{\beta} - v_i < \varepsilon_{it} \leqslant \kappa_k - \boldsymbol{x}_{it}\boldsymbol{\beta} - v_i) \\ &= H(\kappa_k - \boldsymbol{x}_{it}\boldsymbol{\beta} - v_i) - H(\kappa_{k-1} - \boldsymbol{x}_{it}\boldsymbol{\beta} - v_i) \\ &= \frac{1}{1 + \exp(-\kappa_k + \boldsymbol{x}_{it}\boldsymbol{\beta} + v_i)} - \frac{1}{1 + \exp(-\kappa_{k-1} + \boldsymbol{x}_{it}\boldsymbol{\beta} + v_i)} \end{aligned} \tag{3-13}$$

其中，$\boldsymbol{\kappa}_0$ 被视为 $-\infty$，$\boldsymbol{\kappa}_k$ 被视为 $+\infty$。在这里，x_{it} 不包含常数项，因为它的效果被吸收到临界点中了。引入潜在变量后，模型表达式为

$$y_{it}^* = \boldsymbol{x}_{it}\boldsymbol{\beta} + v_i + \varepsilon_{it} \tag{3-14}$$

$$y_{it} = \begin{cases} 1 & \text{if} \quad y_{it}^* \leqslant \kappa_1 \\ 2 & \text{if} \quad \kappa_1 < y_{it}^* \leqslant \kappa_2 \\ \vdots & \vdots \qquad \vdots \\ k & \text{if} \quad \kappa_{k-1} < y_{it}^* \end{cases} \tag{3-15}$$

式中，误差项 ε_{it} 是平均值为零、方差为 $\pi^2/3$ 的 logistic 分布，与 v_i 无关。

给定面板水平随机效应，响应变量分布的条件密度为：

$$\begin{aligned} f(y_{it}, \boldsymbol{\kappa}, \boldsymbol{x}_{it}\boldsymbol{\beta} + v_i) &= \prod_{k=1}^{K} p_{itk}^{I_k(y_{it})} \\ &= \exp\sum_{k=1}^{K}\{I_k(y_{it})\log(p_{itk})\} \end{aligned} \tag{3-16}$$

式中，$I_k(y_{it})=\begin{cases}1, & y_{it}=k\\0, & y_{it}\neq k\end{cases}$。

对于面板 i，$\boldsymbol{y}_i=(y_{i1},\cdots,y_{in_i})'$ 条件分布为

$$\prod_{t=1}^{n_i} f(y_{it},\boldsymbol{\kappa},\boldsymbol{x}_{it}\boldsymbol{\beta}+\nu_i) \tag{3-17}$$

面板水平的似然函数近似值为

$$l_i \approx \sqrt{2}\hat{\sigma}_i \sum_{m=1}^{M} w_m^* \exp\{(a_m^*)^2\} g(y_{it},\boldsymbol{\kappa},\boldsymbol{x}_{it},\sqrt{2}\hat{\sigma}_i a_m^*+\hat{\mu}_i) \tag{3-18}$$

总样本数据的似然函数值为

$$\begin{aligned} L &= \sum_{i=1}^{n} w_i \log\{\Pr(y_{i1},\cdots,y_{in_i} \mid \boldsymbol{\kappa},\boldsymbol{x}_{i1},\cdots,\boldsymbol{x}_{in_i})\} \\ &\approx \sum_{i=1}^{n} w_i \log\left[\frac{1}{\sqrt{\pi}}\sum_{m=1}^{M} w_m^* \prod_{t=1}^{n_i} f\left\{y_{it},\boldsymbol{\kappa},\boldsymbol{x}_{it}\boldsymbol{\beta}+a_m^*\left(\frac{2\rho}{1-\rho}\right)^{1/2}\right\}\right] \end{aligned} \tag{3-19}$$

式中，$\rho=\sigma_\nu^2/(\sigma_\nu^2+1)$。

随机效应排序 logistic 模型估计的 Stata 命令：

xtologit depvar [indepvars] [if] [in] [weight] [, options]

模型设定选项（options）有：

offset(varname)：在系数约束为 1 的模型中包含 varname；

constraints(constraints)：应用指定的线性约束。

菜单操作：

Statistics > Longitudinal/panel data > Ordinal outcomes > Logistic regression (RE)

xtologit 拟合随机效应有序逻辑模型。尽管假设较大的值对应于“较高”的结果，但因变量的实际值是不相关的。假设给定随机效应的被解释变量条件分布为多项式，成功概率由 logistic 累积分布函数确定。

例 3.3　面板排序 logit 分析

请扫码查看例 3.3 的内容

3.2.2　面板排序 probit 回归

随机效应面板排序 probit 回归模型为

$$\Pr(y_{it}>k \mid \boldsymbol{\kappa},\boldsymbol{x}_{it},\nu_i)=\Phi(\boldsymbol{x}_{it}\boldsymbol{\beta}+\nu_i-\kappa_k) \tag{3-20}$$

式中，$i=1,\cdots,n$ 表示面板数，$t=1,\cdots,n_i$，ν_i 是 i.i.d. 的 $N(0,\sigma_\nu^2)$，而 $\boldsymbol{\kappa}$ 是一组临界值（$\kappa_1,\kappa_2,\cdots,\kappa_{k-1}$），其中 k 是可能结果的数量，$\Phi(\cdot)$ 是标准正态累积分布函数。由此可知，响应变量 y_{it} 观察到第 k 个结果的概率为

$$\begin{aligned} p_{itk} &\equiv \Pr(y_{it}=k \mid \boldsymbol{\kappa},\boldsymbol{x}_{it},\nu_i) \\ &= \Pr(\kappa_{k-1}<\boldsymbol{x}_{it}\boldsymbol{\beta}+\nu_i+\varepsilon_{it}\leqslant\kappa_k) \\ &= \Pr(\kappa_{k-1}-\boldsymbol{x}_{it}\boldsymbol{\beta}-\nu_i<\varepsilon_{it}\leqslant\kappa_k-\boldsymbol{x}_{it}\boldsymbol{\beta}-\nu_i) \\ &= \Phi(\kappa_k-\boldsymbol{x}_{it}\boldsymbol{\beta}-\nu_i)-\Phi(\kappa_{k-1}-\boldsymbol{x}_{it}\boldsymbol{\beta}-\nu_i) \end{aligned} \tag{3-21}$$

其中，$\boldsymbol{\kappa}_0$ 被视为 $-\infty$，$\boldsymbol{\kappa}_k$ 被视为 $+\infty$。在这里，$\boldsymbol{x}_{it}$ 不包含常数项，因为它的效果被吸收到临界点中了。

引入潜在变量后，模型表达式为

$$y_{it}^* = \boldsymbol{x}_{it}\boldsymbol{\beta} + \nu_i + \varepsilon_{it} \tag{3-22}$$

式中，误差项 ε_{it} 是平均值为零、方差为 $\pi^2/3$ 的 logistic 分布，与 ν_i 无关。潜在变量与响应变量之间的对应关系为

$$y_{it} = \begin{cases} 1 & \text{如果} \quad y_{it}^* \leqslant \kappa_1 \\ 2 & \text{如果} \quad \kappa_1 < y_{it}^* \leqslant \kappa_2 \\ \vdots & \quad \vdots \qquad\qquad \vdots \\ K & \text{如果} \quad \kappa_{K-1} < y_{it}^* \end{cases} \tag{3-23}$$

给定面板水平随机效应，响应变量分布的条件密度为

$$\begin{aligned} f(y_{it}, \boldsymbol{\kappa}, \boldsymbol{x}_{it}\boldsymbol{\beta} + \nu_i) &= \prod_{k=1}^{K} p_{itk}^{I_k(y_{it})} \\ &= \exp\sum_{k=1}^{K}\{I_k(y_{it})\log(p_{itk})\} \end{aligned} \tag{3-24}$$

其中，$I_k(y_{it}) = \begin{cases} 1, & y_{it} = k \\ 0, & y_{it} \neq k \end{cases}$。

对于面板 i，$\boldsymbol{y}_i = (y_{i1}, \cdots, y_{in_i})'$ 条件分布为

$$\prod_{t=1}^{n_i} f(y_{it}, \boldsymbol{\kappa}, \boldsymbol{x}_{it}\boldsymbol{\beta} + \nu_i) \tag{3-25}$$

面板水平似然函数值为

$$\begin{aligned} l_i(\boldsymbol{\beta}, \boldsymbol{\kappa}, \sigma_\nu^2) &= \int_{-\infty}^{\infty} \frac{\mathrm{e}^{-\nu_i^2/2\sigma_\nu^2}}{\sqrt{2\pi}\sigma_\nu}\left\{\prod_{t=1}^{n_i} f(y_{it}, \boldsymbol{\kappa}, \boldsymbol{x}_{it}\boldsymbol{\beta} + \nu_i)\right\}\mathrm{d}\nu_i \\ &\equiv \int_{-\infty}^{\infty} g(y_{it}, \boldsymbol{\kappa}, x_{it}, \nu_i)\,\mathrm{d}\nu_i \end{aligned} \tag{3-26}$$

由非自适应高斯 – 埃尔米特求积计算的总体样本数据的对数似然函数值为

$$\begin{aligned} L &= \sum_{i=1}^{n} w_i \log\{\Pr(y_{i1}, \cdots, y_{in_i} \mid \boldsymbol{\kappa}, \boldsymbol{x}_{i1}, \cdots, \boldsymbol{x}_{in_i})\} \\ &\approx \sum_{i=1}^{n} w_i \log\left[\frac{1}{\sqrt{\pi}}\sum_{m=1}^{M} w_m^* \prod_{t=1}^{n_i} f\left\{y_{it}, \boldsymbol{\kappa}, \boldsymbol{x}_{it}\boldsymbol{\beta} + a_m^*\left(\frac{2\rho}{1-\rho}\right)^{1/2}\right\}\right] \end{aligned} \tag{3-27}$$

式中，$\rho = \sigma_\nu^2/(\sigma_\nu^2 + 1)$。

随机效应序数 probit 模型估计的 Stata 命令：

xtoprobit depvar [indepvars] [if] [in] [weight] [, options]

模型设定选项（options）同 xtologit。

菜单操作：

Statistics > Longitudinal/panel data > Ordinal outcomes > Probit regression (RE)

xtoprobit 拟合随机效应有序概率模型。因变量的实际值是无关的，尽管假设较大的值对应于“较高”的结果。假设给定随机效应的因变量的条件分布为多项式，成功概率由标准正

态累积分布函数确定。

例 3.4 面板排序 probit 分析

请扫码查看例 3.4 的内容

3.3 面板分类结果

3.3.1 面板多项逻辑回归

条件固定效应和随机效应估计法的未观测异质性模型可以写成效用最大化形式：

$$U_{ijt} = \boldsymbol{x}_{it}\boldsymbol{\beta}_j + u_{ij} + \varepsilon_{ijt} \tag{3-28}$$

假设我们有一个来自样本重复观察的面板数据集，U_{ijt} 是第 i 个个体在 t 时获得结果 j 的效用，$i = 1, \cdots, N, j = 1, \cdots J, t = 1, \cdots, T_i$。效用的可观察成分是 $\boldsymbol{x}_{it}\boldsymbol{\beta}_j$，其中 $\boldsymbol{x}_{it}$ 是协变量的行向量，而 $\boldsymbol{\beta}_j$ 是结果 j 的系数列向量。未观测部分由误差分量 u_{ij} 和 ε_{ijt} 组成，其中 u_{ij} 是面板级异质性项，ε_{ijt} 是观察级误差项。

假设 ε_{ijt} 服从 1 型极值分布（type-1 extreme value distribution)，则可得随机效应和条件固定效应多项式 logit（MNL）模型 [random-effect and conditional fixed-effect multinomial logit (MNL) model]：

$$\Pr(y_{it} = m \mid \boldsymbol{x}_{it}, \boldsymbol{\beta}_j, u_{ij}) = \frac{\exp(\boldsymbol{x}_{it}\boldsymbol{\beta}_m + u_{im})}{\sum_{j=1}^{J}\exp(\boldsymbol{x}_{it}\boldsymbol{\beta}_j + u_{ij})} \tag{3-29}$$

对于模型识别，必须先将结果变量的其中一个类别的 $\boldsymbol{\beta}_j$ 和 u_{ij} 中的元素都设置为 0，对上述方程进行标准化。不失一般性，我们将基本结果设为结果 1，则第 i 个个体在时间 t 选择结果 m 的概率为

$$\begin{aligned}\Pr(y_{it} = m \mid \boldsymbol{x}_{it}, \boldsymbol{\beta}_j, u_{ij}) &= F(y_{it} = m, \boldsymbol{x}_{it}\boldsymbol{\beta}_j + u_{ij}) \\ &= \begin{cases} \dfrac{1}{1+\sum_{j=2}^{J}\exp(\boldsymbol{x}_{it}\boldsymbol{\beta}_j + u_{ij})}, & \text{if} \quad m = 1 \\ \dfrac{\exp(\boldsymbol{x}_{it}\boldsymbol{\beta}_m + u_{im})}{1+\sum_{j=2}^{J}\exp(\boldsymbol{x}_{it}\boldsymbol{\beta}_j + u_{ij})}, & \text{if} \quad m > 1 \end{cases}\end{aligned} \tag{3-30}$$

这里，$F(\cdot)$ 被定义为累积 logistic 分布函数。

随机效应和条件固定效应估计法对 u_i 中的不可观测项的假设不同，对 $\boldsymbol{\beta}_j$ 中的系数进行估计时，对不可观测项进行解释的方法也不同。

1. 随机效应估计法

随机效应估计需要假设 u_{ij} 的分布，并且假设 u_i 中的元素与 $\boldsymbol{x}_{it}$ 中的协变量不相关。协变量 $\boldsymbol{x}_{it}$ 可能包含常数项和不时变预测变量。假设 u_{ij} 为正态分布，则小组层面的似然函数值为

$$l_i = \int_{-\infty}^{\infty} \cdots \int_{-\infty}^{\infty} \left\{ \prod_{t=1}^{T_i} F(y_{it} = m, \boldsymbol{x}_{it}\boldsymbol{\beta}_j + u_{ij}) \right\} \phi(\boldsymbol{u}_i, \boldsymbol{\Sigma}_u) \mathrm{d}\boldsymbol{u}_i$$
$$\equiv \int_{-\infty}^{\infty} \cdots \int_{-\infty}^{\infty} f(y_{it} = m, \eta_{ijt}) \mathrm{d}\boldsymbol{u}_i \quad (3\text{-}31)$$

其中，$\phi(\boldsymbol{u}_i, \boldsymbol{\Sigma}_u)$ 是正态分布 $\boldsymbol{u}_i \sim N(0, \boldsymbol{\Sigma}_u)$ 的概率密度函数。这 J-1 维数的积分没有闭式解，必须用数值近似。xtmlogit 默认通过使用自适应高斯－埃尔米特求积（Gauss–Hermite quadrature）来近似此积分。可得自适应高斯－埃尔米特求积的似然函数为

$$\ddot{l}_i = \sum_{k_1=1}^{q} \cdots \sum_{k_r=1}^{q} \left[\exp\left\{ \sum_{t=1}^{T_i} \log f\left(y_{it} = m, \check{\eta}_{ijtk}\right) \right\} \prod_{s=1}^{r} \omega_{k_s} \right] \quad (3\text{-}32)$$

式中，$\check{\eta}_{ijtk} = \boldsymbol{x}_{it}\boldsymbol{\beta}_j + \boldsymbol{L}\boldsymbol{\alpha}_k$。$\alpha_k$ 和 w_{k_s} 是正交变换后横坐标和权重的自适应版本，正交变换消除了潜在变量之间的后验协方差。α_k 和 w_{k_s} 是 α_k 和 w_k 及 v 的后验均值和后验方差的函数。

2. 条件固定效应估计法

设 $Y_i = (Y_{i1}, \cdots, Y_{iT_i})$ 是第 i 个小组的结果顺序，让 $Y_i = (Y_{i1}, \cdots, Y_{iT_i})$ 是元素 $Y_{ijt} = 1$（i 在时刻 t 选择 j）的一个向量，表示第 i 个面板在时间 t 的选择结果。

面板 i 在时间点 T_i 上选择每个 J 备选方案的时间分布是充分统计量 $\boldsymbol{\Theta}_i = \sum_{t=1}^{T_i} \boldsymbol{Y}_{it} = \boldsymbol{c}_i = (c_{i1}, \cdots, c_{iJ})$。在充分统计 $\boldsymbol{\Theta}_i$ 的条件下，面板 i 选择与 $\boldsymbol{c}_i$ 一致的序列 $\boldsymbol{Y}_i = \boldsymbol{s}_i$ 的概率为

$$\Pr(\boldsymbol{Y}_i = \boldsymbol{s}_i \mid \boldsymbol{\Theta}_i, \boldsymbol{u}_i, \boldsymbol{x}_i, \boldsymbol{\beta}) = \Pr\{Y_{i1}, \cdots, Y_{iT_i} \mid \Psi(\boldsymbol{c}_i), \boldsymbol{u}_i, \boldsymbol{x}_i, \boldsymbol{\beta}\}$$
$$= \frac{\exp\left(\sum_{t=1}^{T_i} \sum_{j=1, j\neq b}^{J} Y_{ijt} \boldsymbol{x}_{it} \boldsymbol{\beta}_j \right)}{\sum_{\tilde{Y}_{ijt} \in \Psi(\boldsymbol{c}_i)} \exp\left(\sum_{t=1}^{T_i} \sum_{j=1, j\neq b}^{J} \tilde{Y}_{ijt} \boldsymbol{x}_{it} \boldsymbol{\beta}_j \right)} \quad (3\text{-}33)$$

其中，$\Psi(c_i)$ 是个体 i 观察到的结果序列的所有排列的集合，满足 $\sum_{t=1}^{T_i} \tilde{\boldsymbol{Y}}_{it} = \boldsymbol{c}_i$。即 $\Psi(\boldsymbol{c}_i) = \left\{ \boldsymbol{Y}_i = (\tilde{Y}_{i1}, \cdots, \tilde{Y}_{iT_i}) \mid \sum_{t=1}^{T_i} \boldsymbol{Y}_{it} = \boldsymbol{c}_i \right\}$，$\tilde{Y}_{it} = (\tilde{Y}_{i1t}, \cdots, \tilde{Y}_{iJt})$ 是一个关于观察到的结果序列 $\boldsymbol{Y}_i$ 数据的排列有关指标向量。因此，第 i 组的对数似然是上述概率的自然对数：

$$\log l_i = \sum_{t=1}^{T_i} \sum_{j=1, j\neq b}^{J} Y_{ijt} \boldsymbol{x}_{it} \boldsymbol{\beta}_j - \log \sum_{\tilde{Y}_{ijt} \in \Psi(\boldsymbol{c}_i)} \exp\left(\sum_{t=1}^{T_i} \sum_{j=1, j\neq b}^{J} \tilde{Y}_{ijt} \boldsymbol{x}_{it} \boldsymbol{\beta}_j \right) \quad (3\text{-}34)$$

求和可得总对数似然函数值 $\sum_{i=1}^{N} \log l_i$。

随机效应和条件固定效应多项式 logit 模型估计的 Stata 命令：

（1）随机效应模型。

xtmlogit depvar [indepvars] [if] [in] [weight] [, re RE_options]

（2）条件固定效应模型。

xtmlogit depvar [indepvars] [if] [in] [weight], fe [FE_options]

模型设定选项（options）有：

noconstant：无常数项；

re：重复使用随机效应估计法（默认值）；

baseoutcome(#)：将作为基本结果的 depvar 的值；

constraints(constraints)：应用指定的线性约束；

covariance(vartype)：随机效应的方差 - 协方差结构，默认值为协方差（独立）。

菜单操作：

Statistics > Longitudinal/panel data > Categorical outcomes > Multinomial logistic regression (FE, RE)

xtmlogit 适用于结果无序的分类因变量的随机效应和条件固定效应多项式 logit 模型。因变量的实际值是无关的。

例 3.5　随机效应和条件固定效应多项式 logit 模型

下面以 Stata 的一个虚构的数据集为例说明实现，该数据集包含第一次采访时年龄在 18 岁至 40 岁之间的 800 名女性。我们希望评估家庭中有 18 岁以下子女对女性就业状况的影响。具体来说，我们希望了解女性是否因为在家里有孩子而更可能不参与到劳动力到市场中。如果是的话，可能性有多大？

（1）模型估计。

清理内存，下载数据集。

.clear

.use https://www.stata-press.com/data/r17/estatus

.list id year estatus hhchild age in 22/41, sepby(id) noobs

id	year	estatus	hhchild	age
5	2002	Employed	Yes	38
5	2004	Employed	No	40
5	2006	Employed	No	42
5	2008	Employed	No	44
5	2010	Out of labor force	No	46
5	2012	Out of labor force	No	48
5	2014	Unemployed	No	50
6	2002	Unemployed	Yes	31
6	2004	Employed	Yes	33
6	2006	Out of labor force	Yes	35
6	2008	Unemployed	Yes	37
6	2010	Out of labor force	Yes	39
6	2012	Unemployed	No	41
7	2002	Out of labor force	Yes	33
7	2004	Employed	Yes	35
7	2006	Employed	Yes	37
7	2008	Out of labor force	Yes	39
7	2010	Employed	No	41
7	2012	Employed	No	43
7	2014	Employed	No	45

检查整个样本的就业状况分布。

.tabulate estatus

Employment status	Freq.	Percent	Cum.
Out of labor force	1,682	35.33	35.33
Unemployed	703	14.77	50.09
Employed	2,376	49.91	100.00
Total	4,761	100.00	

.xtset id

模型拟合估计。

.xtmlogit estatus i.hhchild age hhincome i.hhsigno i.bwinner

```
Random-effects multinomial logistic regression        Number of obs     =  4,761
Group variable: id                                    Number of groups  =    800

Random effects u_i ~ Gaussian                         Obs per group:
                                                                    min =      5
                                                                    avg =    6.0
                                                                    max =      7

Integration method: mvaghermite                       Integration pts.  =      7

                                                      Wald chi2(10)     = 239.26
Log likelihood = -4468.8413                           Prob > chi2       = 0.0000
```

estatus	Coefficient	Std. err.	z	P>|z|	[95% conf.	interval]
Out_of_labor_force						
hhchild						
Yes	.4628125	.0962758	4.81	0.000	.2741154	.6515096
age	-.004825	.0066428	-0.73	0.468	-.0178446	.0081946
hhincome	-.0046922	.001839	-2.55	0.011	-.0082965	-.0010879
hhsigno						
Yes	.4967056	.0946442	5.25	0.000	.3112063	.6822049
bwinner						
Yes	-.4740919	.0727992	-6.51	0.000	-.6167756	-.3314082
_cons	-.4787579	.2845139	-1.68	0.092	-1.036395	.0788792
Unemployed						
hhchild						
Yes	-.0401989	.119596	-0.34	0.737	-.2746027	.1942049
age	.0042644	.0081818	0.52	0.602	-.0117716	.0203004
hhincome	-.0308468	.0026529	-11.63	0.000	-.0360463	-.0256473
hhsigno						
Yes	.0968	.1192659	0.81	0.417	-.1369568	.3305568
bwinner						
Yes	-.2252587	.0951984	-2.37	0.018	-.4118441	-.0386733
_cons	-.0953821	.3508736	-0.27	0.786	-.7830817	.5923175
Employed	(base outcome)					
var(u1)	.8587807	.1090216			.6696113	1.101392
var(u2)	.7370366	.1388917			.5094287	1.066338

```
LR test vs. multinomial logit: chi2(2) = 225.31           Prob > chi2 = 0.0000

Note: LR test is conservative and provided only for reference.
```

系数的幂运算。

.xtmlogit, rrr

```
Random-effects multinomial logistic regression      Number of obs     =  4,761
Group variable: id                                  Number of groups =    800

Random effects u_i ~ Gaussian                       Obs per group:
                                                                  min =      5
                                                                  avg =    6.0
                                                                  max =      7

Integration method: mvaghermite                     Integration pts. =      7

                                                    Wald chi2(10)     = 239.26
Log likelihood = -4468.8413                         Prob > chi2       = 0.0000

-------------------------------------------------------------------------------------
            estatus |        RRR   Std. err.       z    P>|z|     [95% conf. interval]
--------------------+----------------------------------------------------------------
Out_of_labor_force  |
            hhchild |
                Yes |   1.588535   .1529375     4.81   0.000     1.315367    1.918435
                age |   .9951866   .0066108    -0.73   0.468     .9823137    1.008228
           hhincome |   .9953188   .0018303    -2.55   0.011     .9917379    .9989127
                    |
            hhsigno |
                Yes |   1.643299   .1555288     5.25   0.000     1.365071    1.978235
                    |
            bwinner |
                Yes |   .6224501   .0453138    -6.51   0.000     .5396818    .7179121
              _cons |   .6195525   .1762713    -1.68   0.092     .3547312    1.082074
--------------------+----------------------------------------------------------------
Unemployed          |
            hhchild |
                Yes |   .9605983   .1148837    -0.34   0.737     .7598739    1.214345
                age |   1.004274   .0082168     0.52   0.602     .9882974    1.020508
           hhincome |   .9696241   .0025723   -11.63   0.000     .9645956    .9746788
                    |
            hhsigno |
                Yes |    1.10164   .1313881     0.81   0.417     .8720079    1.391743
                    |
            bwinner |
                Yes |   .7983097   .0759978    -2.37   0.018     .6624275    .9620649
              _cons |   .9090255   .3189531    -0.27   0.786     .4569955    1.808174
--------------------+----------------------------------------------------------------
Employed            |  (base outcome)
--------------------+----------------------------------------------------------------
            var(u1) |   .8587807   .1090216                      .6696113    1.101392
            var(u2) |   .7370366   .1388917                      .5094287    1.066338
-------------------------------------------------------------------------------------
Note: Estimates are transformed only in the first 3 equations to relative-risk ratios
Note: _cons estimates baseline relative risk (conditional on zero random effects).
LR test vs. multinomial logit: chi2(2) = 225.31               Prob > chi2 = 0.0000

Note: LR test is conservative and provided only for reference.
```

边际分析。

.margins hhchild

```
Predictive margins                                  Number of obs = 4,761
Model VCE: OIM

1._predict: Pr(estatus==Out_of_labor_force), predict(pr outcome(1))
2._predict: Pr(estatus==Unemployed), predict(pr outcome(2))
3._predict: Pr(estatus==Employed), predict(pr outcome(3))

---------------------------------------------------------------------------------
                |            Delta-method
                |     Margin   std. err.       z    P>|z|     [95% conf. interval]
----------------+----------------------------------------------------------------
_predict#hhchild|
```

1#No	.3021986	.0131047	23.06	0.000	.2765138	.3278834
1#Yes	.3912783	.0119865	32.64	0.000	.3677852	.4147714
2#No	.1630791	.0101239	16.11	0.000	.1432367	.1829216
2#Yes	.139782	.0079417	17.60	0.000	.1242167	.1553474
3#No	.5347223	.0136504	39.17	0.000	.507968	.5614766
3#Yes	.4689397	.0116018	40.42	0.000	.4462006	.4916787

使用对比度运算符 r 直接计算这些风险差异。

.margins r.hhchild

```
Contrasts of predictive margins                        Number of obs = 4,761
Model VCE: OIM

1._predict: Pr(estatus==Out_of_labor_force), predict(pr outcome(1))
2._predict: Pr(estatus==Unemployed), predict(pr outcome(2))
3._predict: Pr(estatus==Employed), predict(pr outcome(3))
```

	df	chi2	P>chi2
hhchild@_predict			
(Yes vs No) 1	1	26.36	0.0000
(Yes vs No) 2	1	3.28	0.0700
(Yes vs No) 3	1	13.33	0.0003
Joint	2	26.40	0.0000

	Contrast	Delta-method std. err.	[95% conf.	interval]
hhchild@_predict				
(Yes vs No) 1	.0890797	.0173496	.0550752	.1230843
(Yes vs No) 2	-.0232971	.0128562	-.0484948	.0019005
(Yes vs No) 3	-.0657826	.0180195	-.1011001	-.0304651

（2）随机效应的协方差结构。

用非结构化协方差矩阵拟合我们的模型。

.xtmlogit estatus i.hhchild age hhincome i.hhsigno i.bwinner, covariance(unstructured)

```
Random-effects multinomial logistic regression    Number of obs     =  4,761
Group variable: id                                Number of groups  =    800

Random effects u_i ~ Gaussian                     Obs per group:
                                                                min =      5
                                                                avg =    6.0
                                                                max =      7

Integration method: mvaghermite                   Integration pts.  =      7

                                                  Wald chi2(10)     = 242.93
Log likelihood = -4438.2887                       Prob > chi2       = 0.0000
```

estatus	Coefficient	Std. err.	z	P>|z|	[95% conf.	interval]
Out_of_labor_force						
hhchild						
Yes	.4924799	.1002988	4.91	0.000	.295898	.6890619
age	-.004219	.0070064	-0.60	0.547	-.0179513	.0095133
hhincome	-.006046	.001992	-3.04	0.002	-.0099503	-.0021417
hhsigno						
Yes	.5036976	.0966982	5.21	0.000	.3141726	.6932225

bwinner						
Yes	-.489057	.0745454	-6.56	0.000	-.6351632	-.3429507
_cons	-.3930378	.298386	-1.32	0.188	-.9778636	.191788
Unemployed						
hhchild						
Yes	.0399687	.1238417	0.32	0.747	-.2027565	.2826939
age	.0045538	.0085081	0.54	0.592	-.0121219	.0212294
hhincome	-.0315377	.0027426	-11.50	0.000	-.0369131	-.0261624
hhsigno						
Yes	.1495817	.1214242	1.23	0.218	-.0884053	.3875687
bwinner						
Yes	-.2552257	.0968165	-2.64	0.008	-.4449826	-.0654689
_cons	-.0417024	.3633406	-0.11	0.909	-.7538368	.670432
Employed	(base outcome)					
var(u1)	1.132081	.1331468			.899012	1.425572
var(u2)	1.102612	.1698422			.8152803	1.49121
cov(u1,u2)	.7871916	.1222148	6.44	0.000	.547655	1.026728

```
LR test vs. multinomial logit: chi2(3) = 286.41          Prob > chi2 = 0.0000

Note: LR test is conservative and provided only for reference.
```

观察标准差和相关性。

.estat sd

estatus	Coefficient	Std. err.	z	P>|z|	[95% conf.	interval]
sd(u1)	1.063993	.0625694			.9481624	1.193973
sd(u2)	1.050053	.0808731			.9029287	1.221151
corr(u1,u2)	.7045801	.0632646	11.14	0.000	.5581225	.8084624

似然比检验。

.estimates store unstr

.xtmlogit estatus i.hhchild age hhincome i.hhsigno i.bwinner, baseoutcome(3)

```
Random-effects multinomial logistic regression       Number of obs     =  4,761
Group variable: id                                    Number of groups  =    800

Random effects u_i ~ Gaussian                         Obs per group:
                                                                    min =      5
                                                                    avg =    6.0
                                                                    max =      7

Integration method: mvaghermite                       Integration pts.  =      7

                                                      Wald chi2(10)     = 239.26
Log likelihood = -4468.8413                           Prob > chi2       = 0.0000
```

estatus	Coefficient	Std. err.	z	P>|z|	[95% conf.	interval]
Out_of_labor_force						
hhchild						
Yes	.4628125	.0962758	4.81	0.000	.2741154	.6515096
age	-.004825	.0066428	-0.73	0.468	-.0178446	.0081946
hhincome	-.0046922	.001839	-2.55	0.011	-.0082965	-.0010879

```
       hhsigno |
           Yes |   .4967056   .0946442     5.25   0.000     .3112063    .6822049
               |
       bwinner |
           Yes |  -.4740919   .0727992    -6.51   0.000    -.6167756   -.3314082
         _cons |  -.4787579   .2845139    -1.68   0.092    -1.036395    .0788792
---------------+----------------------------------------------------------------
Unemployed     |
       hhchild |
           Yes |  -.0401989    .119596    -0.34   0.737    -.2746027    .1942049
           age |   .0042644   .0081818     0.52   0.602    -.0117716    .0203004
      hhincome |  -.0308468   .0026529   -11.63   0.000    -.0360463   -.0256473
               |
       hhsigno |
           Yes |      .0968   .1192659     0.81   0.417    -.1369568    .3305568
               |
       bwinner |
           Yes |  -.2252587   .0951984    -2.37   0.018    -.4118441   -.0386733
         _cons |  -.0953821   .3508736    -0.27   0.786    -.7830817    .5923175
---------------+----------------------------------------------------------------
Employed       |  (base outcome)
---------------+----------------------------------------------------------------
       var(u1) |   .8587807   .1090216                      .6696113    1.101392
       var(u2) |   .7370366   .1388917                      .5094287    1.066338
--------------------------------------------------------------------------------
LR test vs. multinomial logit: chi2(2) = 225.31         Prob > chi2 = 0.0000

Note: LR test is conservative and provided only for reference.
```

.estimates store indep

.lrtest unstr indep

```
Likelihood-ratio test
Assumption: indep nested within unstr

 LR chi2(1) =  61.11
Prob > chi2 = 0.0000
```

（3）具有条件固定效应的 MNL 模型。

使用条件固定效应估计代替随机效应估计来拟合我们的模型。

.xtmlogit estatus i.hhchild age hhincome i.hhsigno i.bwinner, fe rrr

```
Fixed-effects multinomial logistic regression       Number of obs     =  4,310
Group variable: id                                  Number of groups  =    720

                                                    Obs per group:
                                                                  min =      5
                                                                  avg =    6.0
                                                                  max =      7

                                                    LR chi2(10)       = 103.29
Log likelihood = -2136.2728                         Prob > chi2       = 0.0000

--------------------------------------------------------------------------------
        estatus |        RRR   Std. err.      z    P>|z|     [95% conf. interval]
----------------+---------------------------------------------------------------
Out_of_labor_force |
        hhchild |
            Yes |   1.800717   .2266555     4.67   0.000     1.407036    2.304549
            age |   .9996159   .0147684    -0.03   0.979     .9710854    1.028985
       hhincome |   .9878698   .0087391    -1.38   0.168     .9708891    1.005148
                |
        hhsigno |
```

Yes	1.663632	.166548	5.08	0.000	1.367233	2.024287
bwinner						
Yes	.6277743	.0491447	-5.95	0.000	.5384781	.7318786
Unemployed						
hhchild						
Yes	1.177757	.1930267	1.00	0.318	.8541801	1.623911
age	1.006356	.0195273	0.33	0.744	.9688014	1.045366
hhincome	.9706959	.0116513	-2.48	0.013	.9481262	.9938029
hhsigno						
Yes	1.124478	.1463356	0.90	0.367	.8713222	1.451187
bwinner						
Yes	.7795833	.0802992	-2.42	0.016	.637069	.9539784
Employed	(base outcome)					

（4）随机置换抽样的条件固定效应估计。

.xtset id year

```
Panel variable: id (unbalanced)
 Time variable: year, 2002 to 2014, but with gaps
         Delta: 1 unit
```

.xtmlogit estatus i.hhchild age hhincome i.hhsigno i.bwinner, fe rrr rsample(10, rseed(123))

```
Fixed-effects multinomial logistic regression          Number of obs     =  4,310
Group variable: id                                     Number of groups  =    720

                                                       Obs per group:
                                                                    min =      5
                                                                    avg =    6.0
                                                                    max =      7

                                                       Wald chi2(10)     =  72.91
Log pseudolikelihood = -906.45801                      Prob > chi2       = 0.0000

                                    (Std. err. adjusted for 720 clusters in id)
```

estatus	RRR	Robust std. err.	z	P>|z|	[95% conf.	interval]
Out_of_labor_force						
hhchild						
Yes	1.790876	.2663706	3.92	0.000	1.338011	2.397017
age	.994506	.0167663	-0.33	0.744	.9621816	1.027916
hhincome	.9858517	.0099036	-1.42	0.156	.9666309	1.005455
hhsigno						
Yes	1.559166	.1891864	3.66	0.000	1.229162	1.977769
bwinner						
Yes	.6304536	.0616622	-4.72	0.000	.5204757	.7636702
Unemployed						
hhchild						
Yes	1.186982	.2173595	0.94	0.349	.8290349	1.699479
age	.9953453	.0215995	-0.21	0.830	.9538986	1.038593
hhincome	.9661192	.0127244	-2.62	0.009	.9414989	.9913833
hhsigno						

Yes	.9267669	.1294269	-0.54	0.586	.7048498	1.218553
bwinner						
Yes	.7490293	.088281	-2.45	0.014	.5945326	.9436738
Employed	(base outcome)					

（5）在条件固定效应和随机效应模型之间选择。

.xtmlogit estatus i.hhchild age hhincome i.hhsigno i.bwinner, fe

Fixed-effects multinomial logistic regression　　Number of obs = 4,310
Group variable: id　　Number of groups = 720

Obs per group:
min = 5
avg = 6.0
max = 7

LR chi2(10) = 103.29
Log likelihood = -2136.2728　　Prob > chi2 = 0.0000

estatus	Coefficient	Std. err.	z	P>|z|	[95% conf.	interval]
Out_of_labor_force						
hhchild						
Yes	.5881852	.1258696	4.67	0.000	.3414854	.834885
age	-.0003842	.0147741	-0.03	0.979	-.0293409	.0285725
hhincome	-.0122043	.0088464	-1.38	0.168	-.029543	.0051344
hhsigno						
Yes	.5090034	.100111	5.08	0.000	.3127893	.7052174
bwinner						
Yes	-.4655745	.0782841	-5.95	0.000	-.6190085	-.3121406
Unemployed						
hhchild						
Yes	.163612	.1638934	1.00	0.318	-.1576132	.4848372
age	.0063355	.019404	0.33	0.744	-.0316957	.0443667
hhincome	-.029742	.0120031	-2.48	0.013	-.0532676	-.0062164
hhsigno						
Yes	.1173192	.1301364	0.90	0.367	-.1377435	.3723819
bwinner						
Yes	-.2489958	.1030027	-2.42	0.016	-.4508773	-.0471142
Employed	(base outcome)					

.estimates store FE

.xtmlogit estatus i.hhchild age hhincome i.hhsigno i.bwinner

Random-effects multinomial logistic regression　　Number of obs = 4,761
Group variable: id　　Number of groups = 800

Random effects u_i ~ Gaussian　　Obs per group:
min = 5
avg = 6.0
max = 7

```
Integration method: mvaghermite                     Integration pts. =       7

                                                    Wald chi2(10)    = 239.26
Log likelihood = -4468.8413                         Prob > chi2      = 0.0000

------------------------------------------------------------------------------
     estatus | Coefficient  Std. err.      z    P>|z|     [95% conf. interval]
-------------+----------------------------------------------------------------
Out_of_labor_force
     hhchild |
         Yes |   .4628125   .0962758     4.81   0.000     .2741154    .6515096
         age |   -.004825   .0066428    -0.73   0.468    -.0178446    .0081946
    hhincome |  -.0046922    .001839    -2.55   0.011    -.0082965   -.0010879
             |
     hhsigno |
         Yes |   .4967056   .0946442     5.25   0.000     .3112063    .6822049
             |
     bwinner |
         Yes |  -.4740919   .0727992    -6.51   0.000    -.6167756   -.3314082
       _cons |  -.4787579   .2845139    -1.68   0.092    -1.036395    .0788792
-------------+----------------------------------------------------------------
Unemployed   |
     hhchild |
         Yes |  -.0401989    .119596    -0.34   0.737    -.2746027    .1942049
         age |   .0042644   .0081818     0.52   0.602    -.0117716    .0203004
    hhincome |  -.0308468   .0026529   -11.63   0.000    -.0360463   -.0256473
             |
     hhsigno |
         Yes |      .0968   .1192659     0.81   0.417    -.1369568    .3305568
             |
     bwinner |
         Yes |  -.2252587   .0951984    -2.37   0.018    -.4118441   -.0386733
       _cons |  -.0953821   .3508736    -0.27   0.786    -.7830817    .5923175
-------------+----------------------------------------------------------------
Employed     |  (base outcome)
-------------+----------------------------------------------------------------
     var(u1) |   .8587807   .1090216                      .6696113    1.101392
     var(u2) |   .7370366   .1388917                      .5094287    1.066338
------------------------------------------------------------------------------
LR test vs. multinomial logit: chi2(2) = 225.31         Prob > chi2 = 0.0000

Note: LR test is conservative and provided only for reference.
```

.estimates store RE

.hausman FE RE, alleqs

```
                 ---- Coefficients ----
             |      (b)          (B)            (b-B)     sqrt(diag(V_b-V_B))
             |      FE           RE          Difference       Std. err.
-------------+----------------------------------------------------------------
Out_of_lab~e |
   1.hhchild |    .5881852     .4628125        .1253727        .0810809
         age |   -.0003842     -.004825        .0044408        .0131965
    hhincome |   -.0122043    -.0046922       -.0075122        .0086532
   1.hhsigno |    .5090034     .4967056        .0122977        .0326296
   1.bwinner |   -.4655745    -.4740919        .0085173        .0287868
-------------+----------------------------------------------------------------
Unemployed   |
   1.hhchild |     .163612    -.0401989         .203811        .1120618
         age |    .0063355     .0042644        .0020711        .0175947
    hhincome |    -.029742    -.0308468        .0011048        .0117062
   1.hhsigno |    .1173192        .0968        .0205192        .0520686
   1.bwinner |   -.2489958    -.2252587       -.0237371        .0393297
------------------------------------------------------------------------------
                  b = Consistent under H0 and Ha; obtained from xtmlogit.
```

```
        B = Inconsistent under Ha, efficient under H0; obtained from xtmlogit.

Test of H0: Difference in coefficients not systematic

    chi2(10) = (b-B)'[(V_b-V_B)^(-1)](b-B)
             =    8.05
Prob > chi2 = 0.6238
```

3.3.2　面板混合 logit 选择模型

对于混合 logit 模型，个体 i 在时间 t 从备选方案 a 收到的效用（用 U_{iat} 表示）为

$$U_{iat}=\boldsymbol{x}_{iat}\boldsymbol{\beta}_i+\boldsymbol{w}_{iat}\boldsymbol{\alpha}+z_{it}\boldsymbol{\delta}_a+\varepsilon_{iat},\quad a=1,2,\cdots,A \tag{3-35}$$

其中，$\boldsymbol{\beta}_i$ 是随机系数，随总体中的个体变化而变化，$\boldsymbol{x}_{iat}$ 是替代特定变量的向量，$\boldsymbol{\alpha}$ 是 $\boldsymbol{w}_{iat}$ 上的固定系数，$\boldsymbol{w}_{iat}$ 是一个替代特定变量的向量，$\boldsymbol{\delta}_a$ 是 z_{it} 的固定替代特定系数，z_{it} 是一个案例特定变量的向量。ε_{iat} 是一个遵循 I 型极值分布的随机项。cmxtmixlogit 估计固定系数 $\boldsymbol{\alpha}$ 和 $\boldsymbol{\delta}_a$ 及随机系数的分布 $f(\boldsymbol{\beta})$ 的参数。

cmxtmixlogit 通过最大模拟似然（maximum simulated likelihood，MSL）法估计混合 logit 模型的参数。以随机参数 $\boldsymbol{\beta}_i$ 为条件，案例 i 在时间 t 选择备选方案 a 的概率为

$$P_{iat}(\boldsymbol{\beta})=\frac{\mathrm{e}^{\boldsymbol{x}_{iat}\boldsymbol{\beta}_i+\boldsymbol{w}_{iat}\boldsymbol{\alpha}+z_{it}\boldsymbol{\delta}_a}}{\sum_{a=1}^{A}\mathrm{e}^{\boldsymbol{x}_{iat}\boldsymbol{\beta}_i+\boldsymbol{w}_{iat}\boldsymbol{\alpha}+z_{it}\boldsymbol{\delta}_a}} \tag{3-36}$$

经过对混合分布 $f(\boldsymbol{\beta})$ 的积分，可得无条件选择概率为

$$P_{iat}=\int P_{iat}(\boldsymbol{\beta})f(\boldsymbol{\beta})\mathrm{d}\boldsymbol{\beta} \tag{3-37}$$

其模拟概率 $\hat{P}_{iat}$ 为：

$$\hat{P}_{iat}=\frac{1}{M}\sum_{m=1}^{M}P_{iat}(\boldsymbol{\beta}^m) \tag{3-38}$$

其中，$\boldsymbol{\beta}^m$ 是从 $f(\boldsymbol{\beta})$ 中抽取的随机参数，m 是随机抽取的数量。式（3-38）是用于近似式（3-37）中概率的计算。

式（3-37）是维数 d 的积分，其中 d 等于随机参数的个数，通过模拟来近似。第 i 种情况的模拟可能性为

$$L_i=\prod_{t=1}^{T}\sum_{a=1}^{A}d_{iat}\hat{P}_{iat} \tag{3-39}$$

其中，d_{iat} 是一个指示器，在时间 t，选择备选方案时取值为 1，否则为 0。然后，对式（3-39）求和可得总对数模拟似然为 $\sum_{i=1}^{N}\ln(L_i)$。

面板混合 logit 选择模型估计的 Stata 命令为：

cmxtmixlogit depvar [indepvars] [if] [in] [weight] [, options]

其中，depvar 等于 1 表示选择的备选方案，而等于 0 表示未选择的备选方案。对于每种情况，只能选择一种替代方案。indepvars 指定具有固定系数的替代特定协变量。

模型设定选项（options）有：

casevars（varlist）：选项设置特定变量；

random（varlist[，distribution]）：指定具有随机系数的变量及系数的分布；

corrmetric(metric)：相关随机系数的相关度量；

basealternative（#| lbl | str）：用于规范化位置的替代方案；

noconstant：省略替代的特定常数项；

altwise：使用交替删除而不是按大小写删除；

constraints(constraints)：应用指定的线性约束。

菜单操作：

Statistics > Choice models > Panel-data mixed logit model

cmxtmixlogit 将面板混合 logit 选择模型与决策者在不同时间段重复选择的数据相匹配。来自相同单元的重复案例数据也被称为面板。面板混合 logit 选择模型使用随机系数来模拟不同选择之间的相关性。随机系数是关于变量的，这些变量在不同的备选方案中有所不同（也可能在个人和选择集上有所不同），称为备选方案特定变量。

不同方案之间的选择相关性放松了传统多项式 logit 模型（通过 mlogit 拟合）和条件 logit 选择模型（通过 cmclogit 拟合）所要求的无关方案（IIA）假设的独立性。

在面板数据应用的背景下，面板混合 logit 选择模型对每个时间段选择每个备选方案的概率进行建模，而不是像横截面数据那样，对选择每个备选方案的单个概率进行建模。横截面数据的混合 logit 模型由 cmmixlogit 拟合。

例 3.6 面板混合 logit 选择模型估计

下面以 Stata 自带数据集说明实现。

（1）面板混合 logit 选择模型估计。

清理内存，下载数据集。

.clear

.use https://www.stata-press.com/data/r17/transport

(Transportation choice data)

.list in 1/12, sepby(t)

	id	t	alt	choice	trcost	trtime	age	income	parttime
1.	1	1	Car	1	4.14	0.13	3.0	3	Full-time
2.	1	1	Public	0	4.74	0.42	3.0	3	Full-time
3.	1	1	Bicycle	0	2.76	0.36	3.0	3	Full-time
4.	1	1	Walk	0	0.92	0.13	3.0	3	Full-time
5.	1	2	Car	1	8.00	0.14	3.2	5	Full-time
6.	1	2	Public	0	3.14	0.12	3.2	5	Full-time
7.	1	2	Bicycle	0	2.56	0.18	3.2	5	Full-time
8.	1	2	Walk	0	0.64	0.39	3.2	5	Full-time
9.	1	3	Car	1	1.76	0.18	3.4	5	Part-time
10.	1	3	Public	0	2.25	0.50	3.4	5	Part-time
11.	1	3	Bicycle	0	0.92	1.05	3.4	5	Part-time
12.	1	3	Walk	0	0.58	0.59	3.4	5	Part-time

识别设定变量。

.cmset id t alt

```
note: case identifier _caseid generated from id and t.
note: panel by alternatives identifier _panelaltid generated from id and alt.

                   Panel data: Panels id and time t
             Case ID variable: _caseid
        Alternatives variable: alt
Panel by alternatives variable: _panelaltid (strongly balanced)
                Time variable: t, 1 to 3
                        Delta: 1 unit

Note: Data have been xtset.
```

面板混合 logit 选择模型估计。

.cmxtmixlogit choice trcost, random(trtime) casevars(age income)

```
Mixed logit choice model                  Number of obs        =      6,000
                                          Number of cases      =      1,500
Panel variable: id                        Number of panels     =        500

Time variable: t                          Cases per panel: min =          3
                                                           avg =        3.0
                                                           max =          3

Alternatives variable: alt                Alts per case:   min =          4
                                                           avg =        4.0
                                                           max =          4
Integration sequence:      Hammersley
Integration points:               594        Wald chi2(8)      =     432.68
Log simulated-likelihood = -1005.9899        Prob > chi2       =     0.0000

------------------------------------------------------------------------------
      choice | Coefficient  Std. err.      z    P>|z|     [95% conf. interval]
-------------+----------------------------------------------------------------
alt          |
      trcost |  -.8388216   .0438587   -19.13   0.000    -.9247829   -.7528602
      trtime |  -1.508756   .2641554    -5.71   0.000    -2.026492   -.9910212
-------------+----------------------------------------------------------------
/Normal      |
  sd(trtime) |   1.945596   .2594145                      1.498161    2.526661
-------------+----------------------------------------------------------------
Car          |  (base alternative)
-------------+----------------------------------------------------------------
Public       |
         age |   .1538915   .0672638     2.29   0.022     .0220569    .2857261
      income |  -.3815444   .0347459   -10.98   0.000    -.4496451   -.3134437
       _cons |  -.5756547   .3515763    -1.64   0.102    -1.264732    .1134222
-------------+----------------------------------------------------------------
Bicycle      |
         age |     .20638   .0847655     2.43   0.015     .0402426    .3725174
      income |  -.5225054   .0463235   -11.28   0.000    -.6132978   -.4317131
       _cons |  -1.137393   .4461318    -2.55   0.011    -2.011795   -.2629909
-------------+----------------------------------------------------------------
Walk         |
         age |   .3097417   .1069941     2.89   0.004     .1000372    .5194463
      income |  -.9016697   .0686042   -13.14   0.000    -1.036132   -.7672078
       _cons |  -.4183279   .5607111    -0.75   0.456    -1.517302    .6806458
------------------------------------------------------------------------------
```

（2）预期选择概率。

估计变量的影响。

.margins, at(income=(3 8))

```
Predictive margins                                    Number of obs = 6,000
Model VCE: OIM

Expression: Pr(alt), predict()
```

```
1._at: income = 3

2._at: income = 8

------------------------------------------------------------------------------
             |            Delta-method
             |     Margin   std. err.      z    P>|z|     [95% conf. interval]
-------------+----------------------------------------------------------------
_outcome#_at |
       Car#1 |   .3331611   .0196734    16.93   0.000      .294602    .3717203
       Car#2 |   .7009364   .0109829    63.82   0.000     .6794103    .7224626
    Public#1 |   .2210964   .0184285    12.00   0.000     .1849772    .2572156
    Public#2 |   .1801593   .0091811    19.62   0.000     .1621646    .1981539
   Bicycle#1 |   .1676081   .0181511     9.23   0.000     .1320325    .2031837
   Bicycle#2 |   .0862692   .0080813    10.68   0.000     .0704302    .1021081
      Walk#1 |   .2781343   .0243791    11.41   0.000     .2303521    .3259166
      Walk#2 |   .0326352   .0058942     5.54   0.000     .0210827    .0441877
------------------------------------------------------------------------------
```

估计第一次平均预测与本例中前面一次预测得到的平均选择概率相同的预测。

.margins, at(income=(3 8)) subpop(if t==1)

```
Predictive margins                               Number of obs     = 6,000
Model VCE: OIM                                   Subpop. no. obs   = 2,000

Expression: Pr(alt), predict()

1._at: income = 3

2._at: income = 8

------------------------------------------------------------------------------
             |            Delta-method
             |     Margin   std. err.      z    P>|z|     [95% conf. interval]
-------------+----------------------------------------------------------------
_outcome#_at |
       Car#1 |   .3280809   .0193673    16.94   0.000     .2901217    .3660401
       Car#2 |   .6910464   .0110758    62.39   0.000     .6693381    .7127546
    Public#1 |   .2292844   .0188376    12.17   0.000     .1923633    .2662054
    Public#2 |   .1892283   .0094331    20.06   0.000     .1707398    .2077168
   Bicycle#1 |   .1723129   .0184627     9.33   0.000     .1361265    .2084992
   Bicycle#2 |   .0880065   .0083066    10.59   0.000     .0717258    .1042872
      Walk#1 |   .2703219   .0238268    11.35   0.000     .2236222    .3170215
      Walk#2 |   .0317188    .005727     5.54   0.000     .0204942    .0429434
------------------------------------------------------------------------------
```

（3）边际预测的对比。

上一个示例估计了一个时间点两种不同场景的平均值。基于这个模型，假设我们有一个随机或其他代表性样本，我们可以将这些平均概率的差异解释为收入是 80 000 美元而不是 30 000 美元的影响。我们可以使用 contrast() 选项来估计这种差异。我们加入 over(t) 选项，分别对每个时间点提出此要求：

.margins, at(income=(3 8)) contrast(at(r) nowald) over(t)

```
Contrasts of predictive margins                  Number of obs = 6,000
Model VCE: OIM

Expression: Pr(alt), predict()
Over:       t

1._at: 1.t
           income = 3
1._at: 2.t
           income = 3
```

```
1._at: 3.t
          income = 3

2._at: 1.t
          income = 8
2._at: 2.t
          income = 8
2._at: 3.t
          income = 8
```

	Contrast	Delta-method std. err.	[95% conf.	interval]
_at@_outcome#t				
(2 vs 1) Car#1	.3629654	.0192268	.3252817	.4006492
(2 vs 1) Car#2	.3734991	.0197989	.334694	.4123042
(2 vs 1) Car#3	.3668613	.0191453	.3293372	.4043854
(2 vs 1) Public#1	-.040056	.0189899	-.0772756	-.0028365
(2 vs 1) Public#2	-.0473747	.0183016	-.0832451	-.0115042
(2 vs 1) Public#3	-.0353807	.0182474	-.071145	.0003835
(2 vs 1) Bicycle#1	-.0843064	.0194643	-.1224557	-.046157
(2 vs 1) Bicycle#2	-.0810573	.018425	-.1171697	-.0449449
(2 vs 1) Bicycle#3	-.0786532	.0194817	-.1168366	-.0404699
(2 vs 1) Walk#1	-.2386031	.0245353	-.2866913	-.1905148
(2 vs 1) Walk#2	-.2450671	.0250718	-.2942069	-.1959274
(2 vs 1) Walk#3	-.2528274	.0259127	-.3036154	-.2020394

.marginsplot

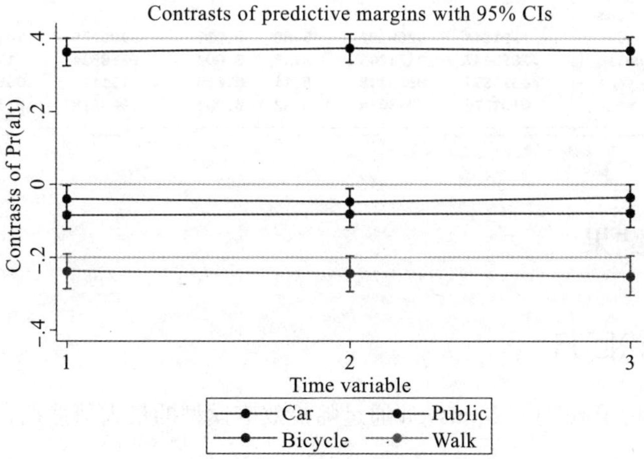

（4）具有替代特定变量的边际预测。

估计在两种情况下选择每个结果的预期概率。

.margins, alternative(Car) at(trcost = generate(trcost)) at(trcost = generate(1.25*trcost)) subpop(if t==1)

```
Predictive margins                              Number of obs    = 6,000
Model VCE: OIM                                  Subpop. no. obs = 2,000

Expression:  Pr(alt), predict()
Alternative: Car

1._at: trcost =        trcost

2._at: trcost = 1.25*trcost
```

	Delta-method					
	Margin	std. err.	z	P>|z|	[95% conf.	interval]
_outcome#_at						
Car#1	.5439062	.0113994	47.71	0.000	.5215638	.5662486
Car#2	.4405694	.0101017	43.61	0.000	.4207704	.4603683
Public#1	.2010082	.0104382	19.26	0.000	.1805497	.2214668
Public#2	.2548516	.0117988	21.60	0.000	.2317264	.2779769
Bicycle#1	.1255662	.0095539	13.14	0.000	.1068409	.1442914
Bicycle#2	.1566796	.0110237	14.21	0.000	.1350736	.1782856
Walk#1	.1295194	.0101536	12.76	0.000	.1096187	.1494201
Walk#2	.1478994	.0110109	13.43	0.000	.1263185	.1694803

（5）边际效应。

估计汽车行驶时间的直接边际效应和间接边际效应。

.margins, dydx(trtime) alternative(Car)

```
Average marginal effects                          Number of obs = 6,000
Model VCE: OIM

Expression:  Pr(alt), predict()
Alternative: Car
dy/dx wrt:   trtime
```

	Delta-method					
	dy/dx	std. err.	z	P>|z|	[95% conf.	interval]
trtime						
_outcome						
Car	-.1581844	.0269102	-5.88	0.000	-.2109275	-.1054414
Public	.1055447	.0171745	6.15	0.000	.0718834	.139206
Bicycle	.0374872	.0073318	5.11	0.000	.0231171	.0518573
Walk	.0151526	.0043034	3.52	0.000	.006718	.0235871

3.4 面板计数结果

3.4.1 面板泊松回归

默认情况下或指定 re 时，xtpoisson 通过随机效应模型的最大似然拟合模型：

$$\Pr(Y_{it}=y_{it}\mid \boldsymbol{x}_{it})=F\left(y_{it},\boldsymbol{x}_{it}\boldsymbol{\beta}+v_i\right) \tag{3-40}$$

对于 $i=1,\cdots,n$ 个面板，$t=1,\cdots,n_i$，$F(x,z)=\Pr(X=x)$，其中，X 是平均值为 $\exp(z)$ 的泊松分布随机变量。在标准随机效应模型中，假设 v_i 为 i.i.d.，则 $\exp(v_i)$ 是平均值为 1、方差为 α 的 gamma 分布随机变量，方差 α 根据数据进行估计。如果指定了 normal，则假定 v_i 为 i.i.d. 且 $N(0,\sigma_v^2)$。

设定随机效应，可知

$$\begin{aligned}&\Pr(y_{i1},\cdots,y_{in_i}\mid\alpha_i,\boldsymbol{x}_{i1},\cdots,\boldsymbol{x}_{in_i})\\&=\left(\prod_{t=1}^{n_i}\frac{\lambda_{it}^{y_{it}}}{y_{it}!}\right)\exp\left\{-\exp(\alpha_i)\sum_{t=1}^{n_i}\lambda_{it}\right\}\exp\left(\alpha_i\sum_{t=1}^{n_i}y_{it}\right)\end{aligned} \tag{3-41}$$

其中，$\lambda_{it}=\exp(\boldsymbol{x}_{it}\boldsymbol{\beta})$。定义 $\varepsilon_i=\exp(\alpha_i)$，可得

$$\begin{aligned}\Pr(y_{i1},\cdots,y_{in_i}\mid\varepsilon_i,\boldsymbol{x}_{i1},\cdots,\boldsymbol{x}_{in_i})&=\left\{\prod_{t=1}^{n_i}\frac{(\lambda_{it}\varepsilon_i)^{y_{it}}}{y_{it}!}\right\}\exp\left(-\sum_{t=1}^{n_i}\lambda_{it}\varepsilon_i\right)\\&=\left(\prod_{t=1}^{n_i}\frac{\lambda_{it}^{y_{it}}}{y_{it}!}\right)\exp\left(-\varepsilon_i\sum_{t=1}^{n_i}\lambda_{it}\right)_i^{\sum_{t=1}^{n_i}y_{it}}\end{aligned}\tag{3-42}$$

现在我们假设 ε_i 遵循均值为 1、方差为 $1/\theta$ 的 gamma 分布，因此 ε_i 的无条件分布概率为

$$\begin{aligned}\Pr(y_{i1},\cdots,y_{in_i}\mid\boldsymbol{X}_i)&=\frac{\theta^\theta}{\Gamma(\theta)}\left(\prod_{t=1}^{n_i}\frac{\lambda_{it}^{y_{it}}}{y_{it}!}\right)\int_0^\infty\exp\left(-\varepsilon_i\sum_{t=1}^{n_i}\lambda_{it}\right)^{\sum_{t=1}^{n_i}y_{it}}\varepsilon_i^{\theta-1}\exp(-\theta\varepsilon_i)\mathrm{d}\varepsilon_i\\&=\frac{\theta^\theta}{\Gamma(\theta)}\left(\prod_{t=1}^{n_i}\frac{\lambda_{it}^{y_{it}}}{y_{it}!}\right)\int_0^\infty\exp\left\{-\varepsilon_i\left(\theta+\sum_{t=1}^{n_i}\lambda_{it}\right)\right\}^{\theta+\sum_{t=1}^{n_i}y_{it}-1}\mathrm{d}\varepsilon_i\\&=\left(\prod_{t=1}^{n_i}\frac{\lambda_{it}^{y_{it}}}{y_{it}!}\right)\frac{\Gamma\left(\theta+\sum_{t=1}^{n_i}y_{it}\right)}{\Gamma(\theta)}\left(\frac{\theta_i}{\theta+\sum_{t=1}^{n_i}\lambda_{it}}\right)^{\theta}\left(\frac{1}{\theta+\sum_{t=1}^{n_i}\lambda_{it}}\right)^{\sum_{t=1}^{n_i}y_{it}}\end{aligned}\tag{3-43}$$

其中，$\boldsymbol{X}_i=(\boldsymbol{x}_{i1},\cdots,\boldsymbol{x}_{in_i})$。

综合利用：

$$u_i=\frac{\theta}{\theta+\sum_{t=1}^{n_i}\lambda_{it}}\tag{3-44}$$

$$\lambda_{it}=\exp(\boldsymbol{x}_{it}\boldsymbol{\beta})\tag{3-45}$$

$$\Pr(Y_{i1}=y_{i1},\cdots,Y_{in_i}=y_{in_i}\mid\boldsymbol{X}_i)=\frac{\prod_{t=1}^{n_i}\lambda_{it}^{y_{it}}\Gamma\left(\theta+\sum_{t=1}^{n_i}y_{it}\right)}{\prod_{t=1}^{n_i}y_{it}!\,\Gamma(\theta)\left(\sum_{t=1}^{n_i}\lambda_{it}\right)^{\sum_{t=1}^{n_i}y_{it}}}u_i^\theta(1-u_i)^{\sum_{t=1}^{n_i}y_{it}}\tag{3-46}$$

推导可得，假设 gamma 不均匀分布时的对数似然函数为

$$\begin{aligned}L=\sum_{i=1}^{n}w_i\Bigg\{&\log\Gamma\left(\theta+\sum_{t=1}^{n_i}y_{it}\right)-\sum_{t=1}^{n_i}\log\Gamma(1+y_{it})-\log\Gamma(\theta)+\theta\log u_i+\\&\log(1-u_i)\sum_{t=1}^{n_i}y_{it}+\sum_{t=1}^{n_i}y_{it}(\boldsymbol{x}_{it}\boldsymbol{\beta})-\left(\sum_{t=1}^{n_i}y_{it}\right)\log\left(\sum_{t=1}^{n_i}\lambda_{it}\right)\Bigg\}\end{aligned}\tag{3-47}$$

对数似然的近似值默认是用自适应高斯 – 埃尔米特求积，也可以用非自适应高斯 – 埃尔米特求积得到。

对于固定效应泊松回归，样本取值的条件概率为

$$\begin{aligned}\Pr(Y_{it}=y_{it}\mid\boldsymbol{x}_{it})&=\exp\{-\exp(\alpha_i+\boldsymbol{x}_{it}\boldsymbol{\beta})\}\exp(\alpha_i+\boldsymbol{x}_{it}\boldsymbol{\beta})^{y_{it}}/y_{it}!\\&=\frac{1}{y_{it}!}\exp\{-\exp(\alpha_i)\exp(\boldsymbol{x}_{it}\boldsymbol{\beta})+\alpha_iy_{it}\}\exp(\boldsymbol{x}_{it}\boldsymbol{\beta})^{y_{it}}\\&\equiv F_{it}\end{aligned}\tag{3-48}$$

每次观察之间相互独立，可得面板数据的联合概率为

$$\begin{aligned}\Pr(Y_{i1}=y_{i1},\cdots,Y_{in_i}=y_{in_i}\mid \boldsymbol{X}_i)&=\prod_{t=1}^{n_i}\frac{1}{y_{it}!}\exp\{-\exp(\alpha_i)\exp(\boldsymbol{x}_{it}\boldsymbol{\beta})+\alpha_i y_{it}\}\exp(\boldsymbol{x}_{it}\boldsymbol{\beta})^{y_{it}}\\&=\left(\prod_{t=1}^{n_i}\frac{\exp(\boldsymbol{x}_{it}\boldsymbol{\beta})^{y_{it}}}{y_{it}!}\right)\exp\left\{-\exp(\alpha_i)\sum_t\exp(\boldsymbol{x}_{it}\boldsymbol{\beta})+\alpha_i\sum_t y_{it}\right\}\end{aligned} \tag{3-49}$$

我们知道，n_i 个参数为 λ_{it}, $t=1,\cdots,n_i$ 的泊松分布独立随机变量之和是参数为 $\sum_t\lambda_{it}$ 的泊松分布。因此，

$$\Pr\left(\sum_t Y_{it}=\sum_t y_{it}\mid \boldsymbol{X}_i\right)=\frac{1}{\left(\sum_t y_{it}\right)!}\exp\left\{-\exp(\alpha_i)\sum_t\exp(\boldsymbol{x}_{it}\boldsymbol{\beta})+\alpha_i\sum_t y_{it}\right\}\left\{\sum_t\exp(\boldsymbol{x}_{it}\boldsymbol{\beta})\right\}^{\sum_t y_{it}} \tag{3-50}$$

条件可能性取决于集合（面板）中结果的总和。适当的函数为

$$\begin{aligned}&\Pr\left(Y_{i1}=y_{i1},\cdots,Y_{in_i}=y_{in_i}\mid \boldsymbol{X}_i,\sum_t Y_{it}=\sum_t y_{it}\right)\\&=\frac{\left[\left(\prod_{t=1}^{n_i}\frac{\exp(\boldsymbol{x}_{it}\boldsymbol{\beta})^{y_{it}}}{y_{it}!}\right)\exp\left\{-\exp(\alpha_i)\sum_t\exp(\boldsymbol{x}_{it}\boldsymbol{\beta})+\alpha_i\sum_t y_{it}\right\}\right]}{\left(\frac{1}{\left(\sum_t y_{it}\right)!}\exp\left\{-\exp(\alpha_i)\sum_t\exp(\boldsymbol{x}_{it}\boldsymbol{\beta})+\alpha_i\sum_t y_{it}\right\}\left\{\sum_t\exp(\boldsymbol{x}_{it}\boldsymbol{\beta})\right\}^{\sum_t y_{it}}\right)}\\&=\left(\sum_t y_{it}\right)!\prod_{t=1}^{n_i}\frac{\exp(\boldsymbol{x}_{it}\boldsymbol{\beta})^{y_{it}}}{y_{it}!\left\{\sum_k\exp(\boldsymbol{x}_{ik}\boldsymbol{\beta})\right\}^{y_{it}}}\end{aligned} \tag{3-51}$$

取对数可得对数似然函数为

$$\begin{aligned}L&=\log\prod_{i=1}^{n}\left[\left(\sum_{t=1}^{n_i}y_{it}\right)!\prod_{t=1}^{n_i}\frac{\exp(\boldsymbol{x}_{it}\boldsymbol{\beta})^{y_{it}}}{y_{it}!\left\{\sum_{\ell=1}^{n_\ell}\exp(\boldsymbol{x}_{i\ell}\boldsymbol{\beta})\right\}^{y_{it}}}\right]^{w_i}\\&=\log\prod_{i=1}^{n}\left\{\frac{\left(\sum_t y_{it}\right)!}{\prod_{t=1}^{n_i}y_{it}!}\prod_{t=1}^{n_i}p_{it}^{y_{it}}\right\}^{w_i}\\&=\sum_{i=1}^{n}w_i\left\{\log\Gamma\left(\sum_{t=1}^{n_i}y_{it}+1\right)-\sum_{t=1}^{n_i}\log\Gamma\left(y_{it}+1\right)+\sum_{t=1}^{n_i}y_{it}\log p_{it}\right\}\end{aligned} \tag{3-52}$$

其中，$p_{it}=\mathrm{e}^{\boldsymbol{x}_{it}\boldsymbol{\beta}}/\sum_\ell \mathrm{e}^{\boldsymbol{x}_{i\ell}\boldsymbol{\beta}}$。

随机效应模型、条件固定效应模型和总体平均模型估计的 Stata 命令为：

（1）随机效应模型。

xtpoisson depvar [indepvars] [if] [in] [weight] [, re RE_options]

（2）固定效应模型。

xtpoisson depvar [indepvars] [if] [in] [weight] , fe [FE_options]

（3）总体平均模型。

xtpoisson depvar [indepvars] [if] [in] [weight] , pa [PA_options]

模型设定选项（options）有：

noconstant ：无常数项；

re：重复使用随机效应估计法（默认值）；

exposure(varname) ：包括 ln（varname），系数限制为 1；

offset(varname) ：在系数约束为 1 的模型中包含 varname；

normal ：使用随机效应的正态分布，而不是 gamma 效应；

constraints(constraints) ：应用指定的线性约束。

菜单操作：

Statistics > Longitudinal/panel data > Count outcomes > Poisson regression (FE, RE, PA)

xtpoisson 拟合随机效应模型、条件固定效应模型和总体平均泊松模型。这些模型通常用于非负计数因变量。

例 3.7　面板泊松回归

下面用五种不同类型船舶的事故数据说明实现。我们希望分析事故率是否受这艘船建造和运行的时间段的影响。我们对暴露的衡量标准是船上服务的月数，在这个模型中，我们假设指数随机效应是均值为 1、方差为 α 的 gamma 分布。

（1）清理内存，下载数据集。

.clear

.use https://www.stata-press.com/data/r17/ships

（2）拟合随机效应泊松回归，对数 gamma 分布。

.xtpoisson accident op_75_79 co_65_69 co_70_74 co_75_79, exp(service) irr

```
Random-effects Poisson regression               Number of obs     =         34
Group variable: ship                            Number of groups  =          5

Random effects u_i ~ Gamma                      Obs per group:
                                                              min =          6
                                                              avg =        6.8
                                                              max =          7

                                                Wald chi2(4)      =      50.90
Log likelihood = -74.811217                     Prob > chi2       =     0.0000
```

accident	IRR	Std. err.	z	P>|z|	[95% conf. interval]	
op_75_79	1.466305	.1734005	3.24	0.001	1.162957	1.848777
co_65_69	2.032543	.304083	4.74	0.000	1.515982	2.72512
co_70_74	2.356853	.3999259	5.05	0.000	1.690033	3.286774
co_75_79	1.641913	.3811398	2.14	0.033	1.04174	2.58786
_cons	.0013724	.0002992	-30.24	0.000	.0008952	.002104
ln(service)	1	(exposure)				
/lnalpha	-2.368406	.8474597			-4.029397	-.7074155

```
       alpha |   .0936298   .0793475                      .0177851    .4929165
------------------------------------------------------------------------------
Note: Estimates are transformed only in the first equation to incidence-rate ratios.
Note: _cons estimates baseline incidence rate (conditional on zero random effects).
LR test of alpha=0: chibar2(01) = 10.61                Prob >= chibar2 = 0.001
```

（3）拟合固定效应泊松回归，对数 gamma 分布。

.xtpoisson accident op_75_79 co_65_69 co_70_74 co_75_79, exp(service) irr fe

```
Conditional fixed-effects Poisson regression        Number of obs     =     34
Group variable: ship                                Number of groups  =      5

                                                    Obs per group:
                                                                  min =      6
                                                                  avg =    6.8
                                                                  max =      7

                                                    Wald chi2(4)      =  48.44
Log likelihood = -54.641859                         Prob > chi2       = 0.0000

------------------------------------------------------------------------------
    accident |        IRR   Std. err.      z    P>|z|     [95% conf. interval]
-------------+----------------------------------------------------------------
    op_75_79 |   1.468831   .1737218     3.25   0.001     1.164926    1.852019
    co_65_69 |   2.008002   .3004803     4.66   0.000     1.497577    2.692398
    co_70_74 |    2.26693    .384865     4.82   0.000     1.625274    3.161912
    co_75_79 |   1.573695   .3669393     1.94   0.052     .9964273    2.485397
 ln(service) |          1  (exposure)
------------------------------------------------------------------------------
```

（4）假设随机项服从正态分布。

.xtpoisson accident op_75_79 co_65_69 co_70_74 co_75_79, exp(service) irr normal nolog

```
Random-effects Poisson regression                   Number of obs     =     34
Group variable: ship                                Number of groups  =      5

Random effects u_i ~ Gaussian                       Obs per group:
                                                                  min =      6
                                                                  avg =    6.8
                                                                  max =      7

Integration method: mvaghermite                     Integration pts.  =     12

                                                    Wald chi2(4)      =  50.95
Log likelihood = -74.780982                         Prob > chi2       = 0.0000

------------------------------------------------------------------------------
    accident |        IRR   Std. err.      z    P>|z|     [95% conf. interval]
-------------+----------------------------------------------------------------
    op_75_79 |   1.466677   .1734403     3.24   0.001     1.163259    1.849236
    co_65_69 |   2.032604   .3040933     4.74   0.000     1.516025    2.725205
    co_70_74 |   2.357045   .3998397     5.05   0.000     1.690338    3.286717
    co_75_79 |   1.646935   .3820235     2.15   0.031     1.045278    2.594905
       _cons |   .0013075   .0002775   -31.28   0.000     .0008625     .001982
 ln(service) |          1  (exposure)
-------------+----------------------------------------------------------------
    /lnsig2u |  -2.351868   .8586262                     -4.034745   -.6689918
-------------+----------------------------------------------------------------
     sigma_u |   .3085306   .1324562                      .1330045    .7156988
------------------------------------------------------------------------------
Note: Estimates are transformed only in the first equation to incidence-rate ratios.
Note: _cons estimates baseline incidence rate (conditional on zero random effects).
LR test of sigma_u=0: chibar2(01) = 10.67              Prob >= chibar2 = 0.001
```

（5）拟合稳健的等相关总体平均模型。

.xtpoisson accident op_75_79 co_65_69 co_70_74 co_75_79, exp(service) pa vce(robust) eform

```
GEE population-averaged model                   Number of obs     =         34
Group variable: ship                            Number of groups  =          5
Family: Poisson                                 Obs per group:
Link:     Log                                                 min =          6
Correlation: exchangeable                                     avg =        6.8
                                                              max =          7
                                                Wald chi2(4)      =     252.94
Scale parameter = 1                             Prob > chi2       =     0.0000

                                   (Std. err. adjusted for clustering on ship)
------------------------------------------------------------------------------
             |               Robust
    accident |        IRR   std. err.      z    P>|z|     [95% conf. interval]
-------------+----------------------------------------------------------------
    op_75_79 |   1.483299   .1197901     4.88   0.000     1.266153    1.737685
    co_65_69 |   2.038477   .1809524     8.02   0.000     1.712955    2.425859
    co_70_74 |   2.643467   .4093947     6.28   0.000     1.951407    3.580962
    co_75_79 |   1.876656     .33075     3.57   0.000     1.328511    2.650966
       _cons |   .0010255   .0000721   -97.90   0.000     .0008935     .001177
ln(service) |          1  (exposure)
------------------------------------------------------------------------------
Note: _cons estimates baseline incidence rate (conditional on zero random effects).
```

（6）将其与具有聚集稳健方差估计的集合估计进行比较。

.poisson accident op_75_79 co_65_69 co_70_74 co_75_79, exp(service) vce(cluster ship) irr

```
Poisson regression                                      Number of obs =     34
                                                        Wald chi2(3)  =      .
                                                        Prob > chi2   =      .
Log pseudolikelihood = -80.115916                       Pseudo R2     = 0.3438

                                    (Std. err. adjusted for 5 clusters in ship)
------------------------------------------------------------------------------
             |               Robust
    accident |        IRR   std. err.      z    P>|z|     [95% conf. interval]
-------------+----------------------------------------------------------------
    op_75_79 |    1.47324   .1287036     4.44   0.000       1.2414    1.748377
    co_65_69 |   2.125914   .2850531     5.62   0.000     1.634603    2.764897
    co_70_74 |   2.860138   .6213563     4.84   0.000     1.868384    4.378325
    co_75_79 |   2.021926   .4265285     3.34   0.001     1.337221    3.057227
       _cons |   .0009609   .0000277  -240.66   0.000      .000908    .0010168
ln(service) |          1  (exposure)
------------------------------------------------------------------------------
Note: _cons estimates baseline incidence rate.
```

3.4.2 面板负二项回归

设 y_{it} 作为第 i 组第 t 个观察的计数。设 $y_{it} \mid \gamma_{it} \sim \text{Poisson}(\gamma_{it})$，其中，$\gamma_{it} \mid \delta_i \sim \text{gamma}(\lambda_{it}, \delta_i)$，$\lambda_{it} = \exp(\boldsymbol{x}_{it}\beta + \text{offset}_{it})$，$\delta_i$ 是分散参数，由此可得随机效应和固定效应负二项回归模型：

$$\Pr(Y_{it} = y_{it} \mid \boldsymbol{x}_{it}, \delta_i) = \frac{\Gamma(\lambda_{it} + y_{it})}{\Gamma(\lambda_{it})\Gamma(y_{it}+1)} \left(\frac{1}{1+\delta_i}\right)^{\lambda_{it}} \left(\frac{\delta_i}{1+\delta_i}\right)^{y_{it}} \tag{3-53}$$

对于随机效应负二项回归模型，δ_i 在各组之间随机变化，即假设 $1 / (1 + \delta_i) \sim \text{Beta}(r, s)$，则第 i 组计数的联合概率为

$$\Pr(Y_{i1}=y_{i1},\cdots,Y_{in_i}=y_{in_i}\mid \boldsymbol{X}_i)=\int_0^{\infty}\prod_{t=1}^{n_i}\Pr(Y_{it}=y_{it}\mid \boldsymbol{x}_{it},\delta_i)f(\delta_i)\mathrm{d}\delta_i$$
$$=\frac{\Gamma(r+s)\Gamma\left(r+\sum_{t=1}^{n_i}\lambda_{it}\right)\Gamma\left(s+\sum_{t=1}^{n_i}y_{it}\right)}{\Gamma(r)\Gamma(s)\Gamma\left(r+s+\sum_{t=1}^{n_i}\lambda_{it}+\sum_{t=1}^{n_i}y_{it}\right)}\prod_{t=1}^{n_i}\frac{\Gamma(\lambda_{it}+y_{it})}{\Gamma(\lambda_{it})\Gamma(y_{it}+1)} \tag{3-54}$$

对于 $\boldsymbol{X}_i=(\boldsymbol{x}_{it},\cdots,\boldsymbol{x}_{in_i})$，$f$ 是 δ_i 的概率密度函数。由此可得对数似然函数：

$$\ln L=\sum_{i=1}^{n}w_i\left[\ln\Gamma(r+s)+\ln\Gamma\left(r+\sum_{k=1}^{n_i}\lambda_{ik}\right)+\ln\Gamma\left(s+\sum_{k=1}^{n_i}y_{ik}\right)-\ln\Gamma(r)-\ln\Gamma(s)-\right.$$
$$\left.\ln\Gamma\left(r+s+\sum_{k=1}^{n_i}\lambda_{ik}+\sum_{k=1}^{n_i}y_{ik}\right)+\sum_{t=1}^{n_i}\{\ln\Gamma(\lambda_{it}+y_{it})-\ln\Gamma(\lambda_{it})-\ln\Gamma(y_{it}+1)\}\right] \tag{3-55}$$

其中，$\lambda_{it}=\exp(\boldsymbol{x}_{it}\beta+\text{offset}_{it})$，$w_i$ 是第 i 组的权重。

对于固定效应负二项回归模型，将每组计数的联合概率设定为该组计数的总和（即观察到的 $\sum_{t=1}^{n_i}y_{it}$），可得

$$\Pr\left(Y_{i1}=y_{i1},\cdots,Y_{in_i}=y_{in_i}\mid \boldsymbol{X}_i,\sum_{t=1}^{n_i}Y_{it}=\sum_{t=1}^{n_i}y_{it}\right)$$
$$=\frac{\Gamma\left(\sum_{t=1}^{n_i}\lambda_{it}\right)\Gamma\left(\sum_{t=1}^{n_i}y_{it}+1\right)}{\Gamma\left(\sum_{t=1}^{n_i}\lambda_{it}+\sum_{t=1}^{n_i}y_{it}\right)}\prod_{t=1}^{n_i}\frac{\Gamma(\lambda_{it}+y_{it})}{\Gamma(\lambda_{it})\Gamma(y_{it}+1)} \tag{3-56}$$

条件对数似然函数值为

$$\ln L=\sum_{i=1}^{n}w_i\left[\ln\Gamma\left(\sum_{t=1}^{n_i}\lambda_{it}\right)+\ln\Gamma\left(\sum_{t=1}^{n_i}y_{it}+1\right)-\ln\Gamma\left(\sum_{t=1}^{n_i}\lambda_{it}+\sum_{t=1}^{n_i}y_{it}\right)+\right.$$
$$\left.\sum_{t=1}^{n_i}\{\ln\Gamma(\lambda_{it}+y_{it})-\ln\Gamma(\lambda_{it})-\ln\Gamma(y_{it}+1)\}\right] \tag{3-57}$$

随机效应负二项回归模型、固定效应负二项回归模型和总体平均负二项回归模型估计的 Stata 命令为：

（1）随机效应和固定效应负二项回归模型。

xtnbreg depvar [indepvars] [if] [in] [weight] [, [re|fe] RE/FE_options]

（2）总体平均负二项回归模型。

xtnbreg depvar [indepvars] [if] [in] [weight], pa [PA_options]

模型设定选项（options）有：

noconstant：无常数项，不适用于 fe；

re：重复使用随机效应估计法（默认值）；

fe：使用固定效应估计法；

exposure(varname)：包括 ln（varname），系数限制为 1；

offset(varname)：在系数约束为 1 的模型中包含 varname；

constraints(constraints)：应用指定的线性约束。

菜单操作：

Statistics > Longitudinal/panel data > Count outcomes > Negative binomial regression (FE, RE, PA)

xtnbreg 适用于随机效应和固定效应负二项回归模型，其中随机效应或固定效应适用于分散参数的分布。对于同一个小组中的所有观测，离散度是相同的。在随机效应模型中，各组的离散度随机变化，因此 1 加上离散度的倒数服从 Beta 分布。在固定效应模型中，群中的分散参数可以取任意值。xtnbreg 也适用于具有过度分散的非负计数因变量的总体平均负二项回归模型。

例 3.8　面板负二项回归

下面用 Stata 关于 20 家航空公司在 4 年中每年发生的人身伤害事故的数据说明实现（事故范围从重伤到极轻微）。负责监管航空公司的政府机构已经开展了一项实验性的安全培训计划，每年都会有一些航空公司参与。现在，希望分析事故率是否受培训项目影响。我们使用随机效应负二项回归模型、固定效应负二项回归模型和总体平均负二项回归模型进行估计。各航空公司之间的差异可能会有所不同。风险敞口是指各航空公司每年的乘客里程。

（1）清理内存，下载数据集。

.clear

.use https://www.stata-press.com/data/r17/airacc

（2）拟合随机效应负二项回归模型。

.xtnbreg i_cnt inprog, exposure(pmiles) irr

```
Random-effects negative binomial regression          Number of obs     =      80
Group variable: airline                              Number of groups  =      20

Random effects u_i ~ Beta                            Obs per group:
                                                                  min =       4
                                                                  avg =     4.0
                                                                  max =       4

                                                     Wald chi2(1)      =    2.04
Log likelihood = -265.38202                          Prob > chi2       = 0.1532

------------------------------------------------------------------------------
       i_cnt |        IRR   Std. err.      z    P>|z|     [95% conf. interval]
-------------+----------------------------------------------------------------
      inprog |    .911673   .0590277    -1.43   0.153     .8030206    1.035027
       _cons |   .0367524   .0407032    -2.98   0.003     .0041936    .3220983
 ln(pmiles) |          1  (exposure)
-------------+----------------------------------------------------------------
       /ln_r |   4.794991    .951781                      2.929535    6.660448
       /ln_s |   3.268052   .4709033                      2.345098    4.191005
-------------+----------------------------------------------------------------
           r |   120.9033   115.0735                      18.71892    780.9007
           s |   26.26013   12.36598                       10.4343    66.08918
------------------------------------------------------------------------------
Note: Estimates are transformed only in the first equation to incidence-rate ratios.
Note: _cons estimates baseline incidence rate (conditional on zero random effects).
LR test vs. pooled: chibar2(01) = 19.03                 Prob >= chibar2 = 0.000
```

（3）拟合固定效应负二项回归模型。

.xtnbreg i_cnt inprog, exposure(pmiles) irr fe nolog

```
Conditional FE negative binomial regression          Number of obs     =      80
Group variable: airline                              Number of groups  =      20
```

```
                                                Obs per group:
                                                          min =          4
                                                          avg =        4.0
                                                          max =          4

                                                Wald chi2(1)      =       2.11
Log likelihood = -174.25143                     Prob > chi2       =     0.1463
```

i_cnt	IRR	Std. err.	z	P>|z|	[95% conf.	interval]
inprog	.9062669	.0613917	-1.45	0.146	.793587	1.034946
_cons	.0329025	.0331262	-3.39	0.001	.0045734	.2367111
ln(pmiles)	1	(exposure)				

Note: _cons estimates baseline incidence rate (conditional on zero random effects).

（4）拟合稳健的总体平均负二项回归模型。

.xtnbreg i_cnt inprog, exposure(pmiles) irr vce(robust) pa

```
GEE population-averaged model                   Number of obs     =         80
Group variable: airline                         Number of groups  =         20
Family: Negative binomial(k=1)                  Obs per group:
Link:    Log                                                  min =          4
Correlation: exchangeable                                     avg =        4.0
                                                              max =          4
                                                Wald chi2(1)      =       1.28
Scale parameter = 1                             Prob > chi2       =     0.2571

                              (Std. err. adjusted for clustering on airline)
```

i_cnt	IRR	Semirobust std. err.	z	P>|z|	[95% conf.	interval]
inprog	.927275	.0617857	-1.13	0.257	.8137513	1.056636
_cons	.0080211	.0004117	-94.02	0.000	.0072535	.00887
ln(pmiles)	1	(exposure)				

Note: _cons estimates baseline incidence rate (conditional on zero random effects).

（5）对比。

.nbreg i_cnt inprog, exposure(pmiles) irr vce(cluster airline)

```
Negative binomial regression                    Number of obs =         80
                                                Wald chi2(1)  =       0.60
Dispersion: mean                                Prob > chi2   =     0.4369
Log pseudolikelihood = -274.55077               Pseudo R2     =     0.0009

                              (Std. err. adjusted for 20 clusters in airline)
```

i_cnt	IRR	Robust std. err.	z	P>|z|	[95% conf.	interval]
inprog	.9429015	.0713091	-0.78	0.437	.8130032	1.093555
_cons	.007956	.0004237	-90.77	0.000	.0071674	.0088314
ln(pmiles)	1	(exposure)				
/lnalpha	-2.835089	.3351784			-3.492027	-2.178151
alpha	.0587133	.0196794			.0304391	.1132507

Note: Estimates are transformed only in the first equation to incidence-rate ratios.
Note: _cons estimates baseline incidence rate.

3.5 广义线性面板模型

广义线性面板模型为

$$g\{E(y_{it})\} = \boldsymbol{x}_{it}\boldsymbol{\beta}, \quad y \sim F(\cdot|\theta_{it}) \tag{3-58}$$

其中，$g()$ 称为连接函数，$F()$ 称为分配族。替换不同的 $g()$ 和 $F()$，会产生一系列的线性回归模型。连接函数及其对应的选项、函数式选项如表 3-1 所示。

表 3-1　连接函数

序号	连接函数	glm 选项	连接函数式
1	identity	link（identity）	$\eta = g(\mu) = \mu$
2	log	link（log）	$\eta = \ln(\mu)$
3	logit	link（logit）	$\eta = \ln\{\mu / (1-\mu)\}$
4	probit	link（probit）	$\eta = \Phi^{-1}(\mu)$
5	cloglog	link（cloglog）	$\eta = \ln\{-\ln(1-\mu)\}$
6	odds power	link（opower #）	$\eta = \{\mu / (1-\mu)\}^n - 1 \mid /n$
7	power	link（power #）	$\eta = \mu^n$
8	negative binomial	link（nbinomial）	$\eta = \ln\{\mu / (\mu + k)\}$
9	loglog	link（loglog）	$\eta = -\ln\{-\ln(\mu)\}$
10	log-complement	link（logc）	$\eta = \ln(1-\mu)$

分布函数的分布类型、选项与默认连接函数如表 3-2 所示。默认连接函数是对于指定的分布族的典型连接（NBINOMINAL 除外）。

表 3-2　分布函数的分布类型、选项与默认连接函数

序号	分布类型	glm 选项	默认连接函数
1	Gaussian (normal)	family(gaussian)	link(identity)
2	inverse Gaussian	family(igaussian)	link(power -2)
3	Bernoulli/binomial	family(binomial)	link(logit)
4	Poisson	family(poisson)	link(log)
5	negative binomial	family(nbinomial)	link(log)
6	gamma	family(gamma)	link(power -1)

如果同时指定 family( ) 和 link( )，则并不是所有组合都有意义。需要选择表 3-3 中所列组合。

表 3-3　分布函数与连接函数的可选组合

	identity	log	logit	probit	cloglog	power	odds power	negative binomial	loglog
Gaussian (normal)	X	X				X			X
inverse Gaussian	X	X				X			
Bernoulli/binomial	X	X	X	X	X	X	X		X
Poisson	X	X				X			X
negative binomial	X	X				X		X	
gamma	X	X				X			X

注：表中的 X 表示组合是可选的。

分布函数、连接函数与相关结构的组合生成模型估计命令如表 3-4 所示。

表 3-4 分布类型、默认连接函数、corr() 及其他 Stata 估计命令

序号	分布类型	默认连接函数	corr()	其他 Stata 估计命令
1	Gaussian (normal)	link(identity)	independent	regress
2	Gaussian (normal)	link(identity)	exchangeable	xtreg, re
3	Gaussian (normal)	link(identity)	exchangeable	xtreg, pa
4	binomial	cloglog	independent	cloglog
5	binomial	cloglog	exchangeable	xtcloglog, pa
6	binomial	logit	independent	logit or logistic
7	binomial	logit	exchangeable	xtlogit, pa
8	binomial	probit	independent	probit
9	binomial	probit	exchangeable	xtprobit, pa
10	nbinomial	log	independent	nbreg
11	poisson	log	independent	poisson
12	poisson	log	exchangeable	xtpoisson, pa
13	gamma	log	independent	streg, dist(exp) nohr
14	family	link	independent	glm, irls

用 GEE 拟合人口平均面板数据模型的 Stata 命令为：

xtgee depvar [indepvars] [if] [in] [weight] [, options]

模型设定选项（options）有：

family(family)：depvar 的分布；

link(link)：链接函数；

exposure(varname)：包括 ln（varname），系数限制为 1；

offset(varname)：在系数约束为 1 的模型中包含 varname；

noconstant：无常数项；

asis：保持完美的预测变量；

force：即使观测值的时间间隔不相等，也要进行估计。

菜单操作：

Statistics > Longitudinal/panel data > Generalized estimating equations (GEE) > Generalized estimating equations (GEE)

xtgee 拟合总体平均面板数据模型。特别是，xtgee 适合广义线性面板模型，并允许面板指定组内相关性结构。

例 3.9 广义线性面板模型

下面以 Stata 自带数据集说明实现。

（1）清理内存，下载数据集。

```
.clear
.use https://www.stata-press.com/data/r17/nlswork2
```

（2）OLS 回归估计。

```
.regress ln_w grade age c.age#c.age
```

Source	SS	df	MS			
				Number of obs	=	16,085
				F(3, 16081)	=	1413.68
Model	597.54468	3	199.18156	Prob > F	=	0.0000
Residual	2265.74584	16,081	.14089583	R-squared	=	0.2087
				Adj R-squared	=	0.2085
Total	2863.29052	16,084	.178021047	Root MSE	=	.37536

ln_wage	Coefficient	Std. err.	t	P>|t|	[95% conf.	interval]
grade	.0724483	.0014229	50.91	0.000	.0696592	.0752374
age	.1064874	.0083644	12.73	0.000	.0900922	.1228825
c.age#c.age	-.0016931	.0001655	-10.23	0.000	-.0020174	-.0013688
_cons	-.8681487	.1024896	-8.47	0.000	-1.06904	-.6672577

（3）广义估计方程估计。

.xtgee ln_w grade age c.age#c.age, corr(indep) nmp

```
GEE population-averaged model                   Number of obs     =     16,085
Group variable: idcode                          Number of groups  =      3,913
Family: Gaussian                                Obs per group:
Link:    Identity                                             min =          1
Correlation: independent                                      avg =        4.1
                                                              max =          9
                                                Wald chi2(3)      =    4241.04
Scale parameter = .1408958                      Prob > chi2       =     0.0000

Pearson chi2(16081)    =   2265.75              Deviance          =    2265.75
Dispersion (Pearson) = .1408958                 Dispersion        =   .1408958
```

ln_wage	Coefficient	Std. err.	z	P>|z|	[95% conf.	interval]
grade	.0724483	.0014229	50.91	0.000	.0696594	.0752372
age	.1064874	.0083644	12.73	0.000	.0900935	.1228812
c.age#c.age	-.0016931	.0001655	-10.23	0.000	-.0020174	-.0013688
_cons	-.8681487	.1024896	-8.47	0.000	-1.069025	-.6672728

（4）利用可交换相关结构，我们得到了一个等相关线性回归估计量。

.xtgee ln_w grade age c.age#c.age, nolog

```
GEE population-averaged model                   Number of obs     =     16,085
Group variable: idcode                          Number of groups  =      3,913
Family: Gaussian                                Obs per group:
Link:    Identity                                             min =          1
Correlation: exchangeable                                     avg =        4.1
                                                              max =          9
                                                Wald chi2(3)      =    2918.26
Scale parameter = .1416586                      Prob > chi2       =     0.0000
```

ln_wage	Coefficient	Std. err.	z	P>|z|	[95% conf.	interval]
grade	.0717731	.00211	34.02	0.000	.0676377	.0759086
age	.1077645	.006885	15.65	0.000	.0942701	.1212589
c.age#c.age	-.0016381	.0001362	-12.03	0.000	-.001905	-.0013712
_cons	-.9480449	.0869277	-10.91	0.000	-1.11842	-.7776698

（5）xtgee 与 xtreg 的对应关系。

.xtreg ln_w grade age c.age#c.age, mle

```
Random-effects ML regression                    Number of obs     =    16,085
Group variable: idcode                          Number of groups  =     3,913

Random effects u_i ~ Gaussian                   Obs per group:
                                                              min =         1
                                                              avg =       4.1
                                                              max =         9

                                                LR chi2(3)        =   2592.94
Log likelihood = -4562.3525                     Prob > chi2       =    0.0000

------------------------------------------------------------------------------
     ln_wage | Coefficient  Std. err.      z    P>|z|     [95% conf. interval]
-------------+----------------------------------------------------------------
       grade |   .0717747    .002142    33.51   0.000     .0675765     .075973
         age |   .1077899   .0068266    15.79   0.000     .0944101    .1211697
             |
 c.age#c.age |  -.0016364    .000135   -12.12   0.000    -.0019011   -.0013718
             |
       _cons |  -.9500833    .086384   -11.00   0.000    -1.119393   -.7807737
-------------+----------------------------------------------------------------
    /sigma_u |   .2689639   .0040854                      .2610748    .2770915
    /sigma_e |   .2669944   .0017113                      .2636613    .2703696
         rho |   .5036748   .0086449                      .4867329      .52061
------------------------------------------------------------------------------
LR test of sigma_u=0: chibar2(01) = 4996.22           Prob >= chibar2 = 0.000
```

.xtreg ln_w grade age c.age#c.age, re

```
Random-effects GLS regression                   Number of obs     =     16,085
Group variable: idcode                          Number of groups  =      3,913

R-squared:                                      Obs per group:
     Within  = 0.0983                                         min =          1
     Between = 0.2946                                         avg =        4.1
     Overall = 0.2076                                         max =          9

                                                Wald chi2(3)      =    2875.02
corr(u_i, X) = 0 (assumed)                      Prob > chi2       =     0.0000

------------------------------------------------------------------------------
     ln_wage | Coefficient  Std. err.      z    P>|z|     [95% conf. interval]
-------------+----------------------------------------------------------------
       grade |   .0717757   .0021666    33.13   0.000     .0675294    .0760221
         age |   .1078042   .0068125    15.82   0.000     .0944519    .1211566
             |
 c.age#c.age |  -.0016355   .0001347   -12.14   0.000    -.0018996   -.0013714
             |
       _cons |  -.9512118   .0863139   -11.02   0.000    -1.120384   -.7820397
-------------+----------------------------------------------------------------
     sigma_u |  .27383747
     sigma_e |  .26624266
         rho |  .51405959   (fraction of variance due to u_i)
------------------------------------------------------------------------------
```

.xtgee ln_w grade age c.age#c.age, vce(robust) nolog

```
GEE population-averaged model                   Number of obs     =    16,085
Group variable: idcode                          Number of groups  =     3,913
Family: Gaussian                                Obs per group:
Link:   Identity                                              min =         1
Correlation: exchangeable                                     avg =       4.1
```

```
                                                         max =          9
                                          Wald chi2(3)       =    2031.28
Scale parameter = .1416586                Prob > chi2        =     0.0000

                              (Std. err. adjusted for clustering on idcode)
----------------------------------------------------------------------------
              |               Robust
      ln_wage | Coefficient  std. err.      z    P>|z|     [95% conf. interval]
--------------+-------------------------------------------------------------
        grade |   .0717731   .0023341    30.75   0.000     .0671983    .0763479
          age |   .1077645   .0098097    10.99   0.000     .0885379    .1269911
              |
  c.age#c.age |  -.0016381   .0001964    -8.34   0.000     -.002023   -.0012532
              |
        _cons |  -.9480449   .1195009    -7.93   0.000    -1.182262   -.7138274
----------------------------------------------------------------------------
```

（6）清理内存，下载数据集。

.clear

.webuse union

(NLS Women 14-24 in 1968)

.xtset id year

```
Panel variable: idcode (unbalanced)
 Time variable: year, 70 to 88, but with gaps
         Delta: 1 unit
```

（7）拟合 logit 模型。

.xtgee union age grade not_smsa south, family(binomial) link(logit)

```
GEE population-averaged model                    Number of obs     = 26,200
Group variable: idcode                           Number of groups =  4,434
Family: Binomial                                 Obs per group:
Link:    Logit                                                min =       1
Correlation: exchangeable                                     avg =     5.9
                                                              max =      12
                                                 Wald chi2(4)      = 229.87
Scale parameter = 1                              Prob > chi2       = 0.0000

----------------------------------------------------------------------------
        union | Coefficient  Std. err.      z    P>|z|     [95% conf. interval]
--------------+-------------------------------------------------------------
          age |   .0098801   .0020824     4.74   0.000     .0057986    .0139616
        grade |   .0606146   .0108383     5.59   0.000     .0393719    .0818573
     not_smsa |  -.1257349   .0483488    -2.60   0.009    -.2204969   -.0309729
        south |  -.5747081    .048645   -11.81   0.000    -.6700506   -.4793656
        _cons |  -2.163394   .1484472   -14.57   0.000    -2.454345   -1.872443
----------------------------------------------------------------------------
```

（8）拟合 AR(1) 相关结构的 probit 模型。

.xtgee union age grade not_smsa south, family(binomial) link(probit) corr(ar1)

```
GEE population-averaged model                    Number of obs     =    702
Group and time vars: idcode year                 Number of groups =    268
Family: Binomial                                 Obs per group:
Link:    Probit                                               min =       2
Correlation: AR(1)                                            avg =     2.6
                                                              max =       4
                                                 Wald chi2(4)      =    5.16
Scale parameter = 1                              Prob > chi2       = 0.2708
```

union	Coefficient	Std. err.	z	P>|z|	[95% conf.	interval]
age	-.0071368	.0135601	-0.53	0.599	-.033714	.0194404
grade	.0211537	.0342098	0.62	0.536	-.0458962	.0882036
not_smsa	.1165982	.1826039	0.64	0.523	-.2412989	.4744953
south	-.3202941	.1602177	-2.00	0.046	-.6343149	-.0062732
_cons	-.8541581	.507365	-1.68	0.092	-1.848575	.1402591

3.6 面板样本选择线性模型

内生样本选择有时被称为选择的不可忽略性、随机缺失或选择偏差。内部面板相关性是通过使用面板级随机效应来解释的。被解释变量 y_{it} 的结果被建模为

$$y_{it} = \boldsymbol{x}_{it}\boldsymbol{\beta} + \nu_{1i} + \varepsilon_{1it} \tag{3-59}$$

其中，$\boldsymbol{x}_{it}$ 是模型结果的协变量，ν_{1i} 是面板水平的随机效应，ε_{1it} 是观察水平的误差。

被解释变量 y_{it} 的结果的选择过程建模为

$$s_{it} = 1(\boldsymbol{z}_{it}\boldsymbol{\alpha} + \nu_{2i} + \varepsilon_{2it} > 0) \tag{3-60}$$

其中，如果我们观察 y_{it}，$s_{it}=1$，否则为 0；$\boldsymbol{z}_{it}$ 为建模选择的协变量，ν_{2i} 为面板水平随机选择效应，ε_{2it} 为观察水平选择误差。

随机效应 ν_{1i} 和 ν_{2i} 是均值为 0 的双变量正态，方差为

$$\boldsymbol{\Sigma}_{\nu} = \begin{pmatrix} \sigma_{1\nu}^2 & \rho_{\nu}\sigma_{1\nu}\sigma_{2\nu} \\ \rho_{\nu}\sigma_{1\nu}\sigma_{2\nu} & \sigma_{2\nu}^2 \end{pmatrix} \tag{3-61}$$

随机效应 ε_{1it} 和 ε_{2it} 是均值为 0 的双变量正态，方差为

$$\boldsymbol{\Sigma}_{\varepsilon} = \begin{pmatrix} \sigma_1^2 & \rho\sigma_1 \\ \rho\sigma_1 & 1 \end{pmatrix} \tag{3-62}$$

这些观测级误差与随机效应无关。

对该模型使用赫克曼（Heckman）估计量将提供低效的估计，因为它忽略了面板内的相关性。相反，我们使用最大似然法对选择方程和结果方程进行建模，并考虑数据的面板结构。

对于选择指示器 s_i，我们有下限 l_{it} 和上限 u_{it}：

$$l_{it} = \begin{cases} -\infty, & s_{it}=0 \\ -\boldsymbol{z}_{it}\boldsymbol{\alpha} - \nu_{2i} - \dfrac{\rho}{\sigma_1}(y_{it} - \boldsymbol{x}_{it}\boldsymbol{\beta} - \nu_{1i}), & s_{it}=1 \end{cases} \tag{3-63}$$

$$u_{it} = \begin{cases} -\boldsymbol{z}_{it}\boldsymbol{\alpha} - \nu_{2i}, & s_{it}=0 \\ \infty, & s_{it}=1 \end{cases} \tag{3-64}$$

然后，在随机效应的条件下，计算 y_{it} 和 s_{it} 的联合密度可知：

$$f(y_{it}, s_{it} \mid \nu_{1i}, \nu_{2i}) = \begin{cases} \Phi\left(\dfrac{-l_{it}}{\sqrt{1-\rho^2}}\right) + \phi\left(\dfrac{y_{it} - \boldsymbol{x}_{it}\boldsymbol{\beta}}{\sigma_1}\right), & s_{it}=1 \\ \Phi\left(\dfrac{u_{it}}{\sqrt{1-\rho^2}}\right), & s_{it}=0 \end{cases} \tag{3-65}$$

其中，每个小组对每次观察都有相同的随机效应。所以第 i 小组的可能性是

$$L_i = \int_{\Re^2}\left[\prod_{t=1}^{N_i} f(y_{it}, s_{it} \mid \nu_{1i}, \nu_{2i})\phi_2\{(\nu_{1i}, \nu_{2i}), \boldsymbol{\Sigma}_\nu\}\mathrm{d}\nu_{1i}\mathrm{d}\nu_{2i}\right] \tag{3-66}$$

这种多元积分通常不易处理。我们可以使用变量变换技术将其转换为一组嵌套的一元积分。设 L 为 $\boldsymbol{\Sigma}_\nu$ 的 Cholesky 分解；也就是说，$\boldsymbol{\Sigma}_\nu = \boldsymbol{LL}'$。因此 $(\nu_{1i}, \nu_{2i}) = \boldsymbol{L}\boldsymbol{\psi}_i$，其中，$\boldsymbol{\Psi}_i$ 是独立标准正态随机变量的向量，则式（3-66）可改写为

$$L_i = \int_{-\infty}^{\infty}\int_{-\infty}^{\infty}\left\{\prod_{t=1}^{N_i} f(y_{it}, s_{it} \mid (\nu_{1i}, \nu_{2i})' = \boldsymbol{L}\boldsymbol{\psi}_i)\right\}\phi(\boldsymbol{\psi}_{1i})\phi(\boldsymbol{\psi}_{2i})\mathrm{d}\boldsymbol{\psi}_{1i}\mathrm{d}\boldsymbol{\psi}_{2i} \tag{3-67}$$

利用均值 – 方差自适应的高斯 – 埃尔米特求积（Gauss–Hermite quadrature，GHQ），我们可以合理地假设，该后验密度可以用具有平均向量 $\boldsymbol{\mu}_{vi}$ 和方差矩阵 $\boldsymbol{\tau}_{vi}$ 的多元正态密度来近似。我们可以使用后验密度的近似值，而不是使用 $\boldsymbol{\Psi}_i$ 的先验密度作为积分中的加权分布，可得

$$L_i = \int_{\Re^2}\frac{\left\{\prod_{t=1}^{N_i} f(y_{it}, s_{it} \mid (\nu_{1i}, \nu_{2i})' = \boldsymbol{L}\boldsymbol{\psi}_i)\right\}\phi(\boldsymbol{\psi}_i)}{\phi(\boldsymbol{\psi}_i, \boldsymbol{\mu}_{vi}, \boldsymbol{\tau}_{vi})}\phi(\boldsymbol{\psi}_i, \boldsymbol{\mu}_{vi}, \boldsymbol{\tau}_{vi})\mathrm{d}\boldsymbol{\psi}_i \tag{3-68}$$

则第 i 个面板的似然函数近似为

$$L_i = \sum_{k_1=1}^{q}\cdots\sum_{k_2=1}^{q}\left[\left\{\prod_{t=1}^{N_i} f(y_{it}, s_{it} \mid (\nu_{1i}, \nu_{2i})' = \boldsymbol{L}\boldsymbol{\alpha}_k)\right\}\left\{\prod_{s=1}^{2}\omega_{k_s}\right\}\right] \tag{3-69}$$

所有面板的对数似然函数为

$$\ln L = \sum_{i=1}^{N}\left(\ln\sum_{k_1=1}^{q}\cdots\sum_{k_2=1}^{q}\left[\left\{\prod_{t=1}^{N_i} f(y_{it}, s_{it} \mid (\nu_{1i}, \nu_{2i})' = \boldsymbol{L}\boldsymbol{\alpha}_k)\right\}\left\{\prod_{s=1}^{2}\omega_{k_s}\right\}\right]\right) \tag{3-70}$$

y_{it} 的条件预期值为

$$E(y_{it} \mid \boldsymbol{x}_{it}) = \boldsymbol{x}_{it}\boldsymbol{\beta} \tag{3-71}$$

内生样本选择的随机效应线性回归估计的 Stata 命令为：

xtheckman depvar [indepvars] [if] [in], select(depvar_s = varlist_s [, sel_options]) [options]

模型设定选项（options）有：

select()：指定选择方程，其中包括因变量和自变量；是否有常数项和偏移变量或是否包含随机效应；

noconstant：无常数项；

norecorrelation：约束随机效应是独立的；

offset(varname_o)：将 varname_o 包含在系数约束为 1 的模型中；

constraints(numlist)：应用指定的线性约束。

菜单操作：

Statistics > Longitudinal/panel data > Sample-selection models > Linear regression with sample selection (RE)

例 3.10　含样本选择的面板数据分析

下面用 Stata 自带数据集说明实现。假设我们希望研究受过大学教育的成年人的工资、工作年限和年龄之间的关系。我们有从 2013 年至 2016 年观察到的 600 名成年人的虚构数

据。我们使用这些数据将小时工资建模为年龄、年龄平方和工作年限的函数。然而，只有当个人工作时，工资才会被观察到，并且不是每个人都能在数据日期范围内被雇用，以及其数据被收集到。

影响工资的未被观察到的因素可能与未被观察到的影响就业状况的因素有关。

（1）清理内存，下载数据集。

.clear

.use https://www.stata-press.com/data/r17/wagework

.xtset personid year

```
Panel variable: personid (strongly balanced)
 Time variable: year, 2013 to 2016
         Delta: 1 unit
```

（2）拟合含样本选择的面板线性回归模型。

.xtheckman wage c.age##c.age tenure, select(working = c.age##c.age market)

```
Random-effects regression with selection          Number of obs     =   2,400
                                                        Selected    =   1,928
                                                     Nonselected    =     472

Group variable: personid                          Number of groups  =     600

                                                  Obs per group:
                                                                min =       4
                                                                avg =     4.0
                                                                max =       4

Integration method: mvaghermite                   Integration pts.  =       7

                                                  Wald chi2(3)      = 2827.78
Log likelihood = -5376.445                        Prob > chi2       =  0.0000
```

	Coefficient	Std. err.	z	P>|z|	[95% conf.	interval]
wage						
age	.5722234	.0477613	11.98	0.000	.4786129	.6658339
c.age#c.age	-.0042448	.0005329	-7.97	0.000	-.0052893	-.0032003
tenure	.5927719	.0169866	34.90	0.000	.5594787	.626065
_cons	5.651812	1.038011	5.44	0.000	3.617347	7.686277
working						
age	.2305309	.0207988	11.08	0.000	.1897661	.2712958
c.age#c.age	-.0026832	.0002241	-11.97	0.000	-.0031225	-.0022439
market	.1894934	.019038	9.95	0.000	.1521796	.2268072
_cons	-3.276904	.4352836	-7.53	0.000	-4.130045	-2.423764
var(e.wage)	4.458219	.2235342			4.040939	4.918588
corr(e.working,e.wage)	.4091115	.1391856	2.94	0.003	.1065022	.642359
var(wage[personid])	2.493737	.2547628			2.041226	3.046564
var(working[personid])	.3831411	.0830963			.250466	.5860961
corr(working[personid],wage[personid])	.6021096	.0845675	7.12	0.000	.4106863	.7426953

（3）边际效应分析。

.margins, at(age=(30(5)70) tenure =(0 5))

	Margin	Delta-method std. err.	z	P>|z|	[95% conf. interval]	
_at						
1	18.99822	.1600356	118.71	0.000	18.68456	19.31189
2	21.96208	.1430232	153.56	0.000	21.68176	22.2424
3	20.47979	.1419089	144.32	0.000	20.20165	20.75793
4	23.44365	.1141963	205.29	0.000	23.21983	23.66747
5	21.74912	.1482284	146.73	0.000	21.4586	22.03964
6	24.71298	.115045	214.81	0.000	24.4875	24.93846
7	22.80621	.1588729	143.55	0.000	22.49483	23.1176
8	25.77007	.1231579	209.24	0.000	25.52869	26.01146
9	23.65106	.1683258	140.51	0.000	23.32115	23.98098
10	26.61492	.1312518	202.78	0.000	26.35768	26.87217
11	24.28368	.1841178	131.89	0.000	23.92281	24.64454
12	27.24754	.1485316	183.45	0.000	26.95642	27.53865
13	24.70405	.2210133	111.78	0.000	24.27088	25.13723
14	27.66791	.1912604	144.66	0.000	27.29305	28.04278
15	24.91219	.2904223	85.78	0.000	24.34298	25.48141
16	27.87605	.2682401	103.92	0.000	27.35031	28.40179
17	24.90809	.3947445	63.10	0.000	24.13441	25.68178
18	27.87195	.3789556	73.55	0.000	27.12921	28.61469

.marginsplot

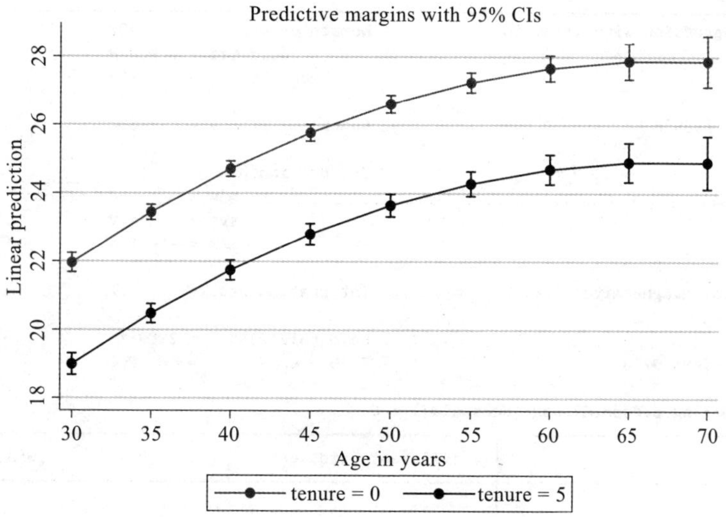

（4）拟合含内生样本选择的工资对年龄和任期的随机效应回归模型。

.xtheckman wage age tenure, select(working = age market)

```
Random-effects regression with selection        Number of obs     =     2,400
                                                           Selected =     1,928
                                                        Nonselected =       472

Group variable: personid                        Number of groups  =       600

                                                Obs per group:
                                                              min =         4
                                                              avg =       4.0
                                                              max =         4

Integration method: mvaghermite                 Integration pts.  =         7

                                                Wald chi2(2)      =   2376.13
Log likelihood = -5464.2373                     Prob > chi2       =    0.0000
```

```
                                        | Coefficient  Std. err.      z    P>|z|     [95% conf. interval]
----------------------------------------+----------------------------------------------------------------
wage                                    |
                                    age |   .1854902   .0070391    26.35   0.000     .1716938    .1992866
                                 tenure |   .5985921   .0170589    35.09   0.000     .5651572    .6320269
                                  _cons |   13.64236     .29338    46.50   0.000     13.06735    14.21737
----------------------------------------+----------------------------------------------------------------
working                                 |
                                    age |  -.0193917   .0034618    -5.60   0.000    -.0261768   -.0126067
                                 market |   .1896707    .019349     9.80   0.000     .1517474     .227594
                                  _cons |   2.035933   .1692975    12.03   0.000     1.704116     2.36775
----------------------------------------+----------------------------------------------------------------
                           var(e.wage)  |    4.43866   .2162614                      4.034405    4.883423
----------------------------------------+----------------------------------------------------------------
               corr(e.working,e.wage)   |   .3616189   .1517802     2.38   0.017     .0364934    .6175188
----------------------------------------+----------------------------------------------------------------
                 var(wage[personid])    |   2.967407   .3263585                      2.391999    3.681231
              var(working[personid])    |   .7292573   .1198437                      .5284418    1.006386
----------------------------------------+----------------------------------------------------------------
 corr(working[personid],wage[personid]) |   .6913757   .0645308    10.71   0.000      .542923    .7979276
```

（5）同（4），但限制工资方程和选择方程中的随机效应是相互独立的。

.xtheckman wage age tenure, select(working = age market) norecorrelation

```
Random-effects regression with selection             Number of obs     =  2,400
                                                              Selected =  1,928
                                                           Nonselected =    472

Group variable: personid                             Number of groups  =    600

                                                     Obs per group:
                                                                   min =      4
                                                                   avg =    4.0
                                                                   max =      4

Integration method: mvaghermite                      Integration pts.  =      7

                                                     Wald chi2(2)      = 2809.11
Log likelihood = -5485.9276                          Prob > chi2       = 0.0000

 ( 1)  [/]corr(working[personid],wage[personid]) = 0
----------------------------------------+----------------------------------------------------------------
                                        | Coefficient  Std. err.      z    P>|z|     [95% conf. interval]
----------------------------------------+----------------------------------------------------------------
wage                                    |
                                    age |   .2019805   .0064176    31.47   0.000     .1894023    .2145587
                                 tenure |   .5972492   .0173136    34.50   0.000     .5633152    .6311832
                                  _cons |   13.65414   .2738705    49.86   0.000     13.11736    14.19091
----------------------------------------+----------------------------------------------------------------
working                                 |
                                    age |   -.021115   .0036167    -5.84   0.000    -.0282037   -.0140264
                                 market |   .1695967   .0204121     8.31   0.000     .1295897    .2096036
                                  _cons |   2.120945    .177023    11.98   0.000     1.773986    2.467904
----------------------------------------+----------------------------------------------------------------
                           var(e.wage)  |   4.789634    .270244                      4.288202    5.349699
----------------------------------------+----------------------------------------------------------------
               corr(e.working,e.wage)   |  -.5993655   .1117035    -5.37   0.000    -.7754422   -.3367984
----------------------------------------+----------------------------------------------------------------
                 var(wage[personid])    |   2.235248   .2249953                       1.83504    2.722737
              var(working[personid])    |   .7930165   .1248259                      .5825023     1.07961
----------------------------------------+----------------------------------------------------------------
 corr(working[personid],wage[personid]) |          0  (constrained)
----------------------------------------+----------------------------------------------------------------
```

3.7　面板数据协整检验

考虑面板数据模型：

$$y_{it}=\boldsymbol{x}_{it}'\boldsymbol{\beta}_i+\boldsymbol{z}_{it}'\gamma_i+e_{it} \tag{3-72}$$

式中符号含义同前。

3.7.1　Kao 检验

Kao 检验假设 $\beta_i=\beta$，则辅助回归模型为

$$y_{it}=\gamma_i+\boldsymbol{x}_{it}'\boldsymbol{\beta}+e_{it} \tag{3-73}$$

基于 DF 回归模型 $\hat{e}_{it}=\rho\hat{e}_{i,t-1}+\nu_{it}$，Kao（1999）提出了五种检验统计量。

（1）DF t 检验统计量为

$$\text{DF } t=\frac{t_{\rho}+\dfrac{\sqrt{6N}\hat{\sigma}_{\nu}}{2\hat{\omega}_{\nu}}}{\sqrt{\dfrac{\hat{\omega}_{\nu}^2}{2\hat{\sigma}_{\nu}^2}+\dfrac{3\hat{\sigma}_{\nu}^2}{10\hat{\omega}_{\nu}^2}}} \tag{3-74}$$

（2）修正的 DF t 检验统计量为

$$\text{Modified DF } t=\frac{\sqrt{N}T(\hat{\rho}-1)+\dfrac{3\sqrt{N}\hat{\sigma}_{\nu}^2}{\hat{\omega}_{\nu}^2}}{\sqrt{3+\dfrac{36\hat{\sigma}_{\nu}^4}{5\hat{\omega}_{\nu}^4}}} \tag{3-75}$$

式中，$\hat{\rho}$ 是 ρ 的估计值，$\hat{\sigma}_{\nu}^2$ 是 $\sigma_{\nu}^2=\sigma_u^2-\boldsymbol{\Sigma}_{u\varepsilon}'\boldsymbol{\Sigma}_{\varepsilon}\boldsymbol{\Sigma}_{u\varepsilon}$ 的一致估计，$\hat{\omega}_{\nu}^2$ 是 $\omega_{\nu}^2=\omega_u^2-\boldsymbol{\Sigma}_{u\varepsilon}'\boldsymbol{\Sigma}_{\varepsilon}\boldsymbol{\Sigma}_{u\varepsilon}$ 的一致估计，t_{ρ} 是检验原假设 $\mathrm{H}_0:\rho=1$ 的检验统计量。

（3）未调整的 DF t 检验统计量为

$$\text{Unadjusted DF } t=\sqrt{\frac{5t_{\rho}}{4}}+\sqrt{\frac{15N}{8}} \tag{3-76}$$

（4）未调整、修正的 DF t 检验统计量为

$$\text{Unadjusted modified DF } t=\frac{\sqrt{NT(\hat{\rho}-1)+3\sqrt{N}}}{\sqrt{51/5}} \tag{3-77}$$

（5）ADF t 检验统计量

① ADF 回归模型为

$$\hat{e}_{it}=\rho\hat{e}_{i,t-1}+\sum_{j=1}^{p}\rho_j\Delta\hat{e}_{i,t-j}+\nu_{it}^{*} \tag{3-78}$$

② ADF t 检验统计量为

$$\text{ADF}t=\frac{t_{\text{ADF}}+\dfrac{\sqrt{6N}\hat{\sigma}_{\nu}}{2\hat{\omega}_{\nu}}}{\sqrt{\dfrac{\hat{\omega}_{\nu}^2}{2\hat{\sigma}_{\nu}^2}+\dfrac{3\hat{\sigma}_{\nu}^2}{10\hat{\omega}_{\nu}^2}}} \tag{3-79}$$

其中，$t_{\mathrm{ADF}}=\dfrac{\hat{\rho}}{\mathrm{SE}(\hat{\rho})}$。所有检验统计量的渐近分布收敛于 $N(0, 1)$。

3.7.2 Pedroni 检验

Pedroni（1999）假设一个特定于面板的协整向量，如式（3-72）所示，其中所有面板都有单个斜率系数。面板协整检验是通过单位根检验获得的使用式（3-78）中的 ADF 回归估计残差，但允许面板特定的 ρ_i 而不是 ρ，或者使用 Pedroni（1999）中给出的 PP 回归。

Pedroni（1999，2004）基于 AR 参数为面板特定或与面板相同。Pedroni（1999，2004）称之为面板特定 AR 检验统计量"组均值统计"和面板相同 AR 检验统计量"面板协整统计"。

面板特定 AR 检验统计量为

$$\text{Modified PP } t = TN^{-1/2}\sum_{i=1}^{N}\left(\sum_{t=1}^{T}\hat{e}_{i,t-1}^{2}\right)^{-1}\sum_{t=1}^{T}\left(\hat{e}_{i,t-1}\Delta\hat{e}_{i,t}-\hat{\lambda}_i\right) \tag{3-80}$$

$$\text{PP } t = N^{-1/2}\sum_{i=1}^{N}\left(\hat{\sigma}_i^2\sum_{t=1}^{T}\hat{e}_{i,t-1}^{2}\right)^{-1/2}\sum_{t=1}^{T}(\hat{e}_{i,t-1}\Delta\hat{e}_{i,t}-\hat{\lambda}_i) \tag{3-81}$$

$$\text{ADF } t = N^{-1/2}\sum_{i=1}^{N}\left(\sum_{t=1}^{T}\hat{s}_i^{*2}\hat{e}_{i,t-1}^{2}\right)^{-1/2}\sum_{t=1}^{T}\hat{e}_{i,t-1}\Delta\hat{e}_{i,t} \tag{3-82}$$

$$\text{Modified VR } = T^2N^{3/2}\left(\sum_{i=1}^{N}\sum_{t=1}^{T}\hat{L}_{11i}^{-2}\hat{e}_{i,t-1}^{2}\right)^{-1} \tag{3-83}$$

经过适当的标准化，所有检验统计量的渐近分布收敛于 $N(0, 1)$。

3.7.3 Westerlund 检验

Westerlund（2005）假设面板特定的协整向量如式（3-72）所示，其中所有面板都有单个斜率系数。VR 检验统计数据通过测试使用式（3-73）中的 DF 回归预测残差。Westerlund（2005）基于 AR 参数为面板特定或与面板相同。面板特定 AR 检验统计量用于检验非协整的原假设；另一种假设为某些面板是协整的。面板相同 AR 检验统计量用于检验无协整的原假设与所有面板均为零的备择假设。

面板特定 AR 检验统计量为

$$\mathrm{VR}=\sum_{i=1}^{N}\sum_{t=1}^{T}\hat{E}_{it}^{2}\hat{R}_i^{-1} \tag{3-84}$$

其中，$\hat{E}_{it}=\sum_{j=1}^{t}\hat{e}_{ij}, \hat{R}_i=\sum_{t=1}^{T}\hat{e}_{it}^{2}$。经过适当的标准化，该检验统计量的渐近分布收敛于 $N(0, 1)$。

面板数据协整检验的 Stata 命令为：

（1）Kao 检验。

```
xtcointtest kao depvar varlist [if] [in] [, kao_options]
```

（2）Pedroni 检验。

```
xtcointtest pedroni depvar varlist [if] [in] [, pedroni_options]
```

（3）Westerlund 检验。

xtcointtest westerlund depvar varlist [if] [in] [, westerlund_options]

菜单操作：

Statistics > Longitudinal/panel data > Cointegrated data > Tests for cointegration

xtcointettest 对面板数据集进行 Kao（1999）、Pedroni（1999，2004）和 Westerlund（2005）协整检验。协整回归模型中可能包括特定于面板的平均数（固定效应）和特定于面板的时间趋势。所有测试都有一个共同的原假设，即没有协整。Kao 检验和 Pedroni 检验的另一个假设是，变量在所有面板中都是协整的。在 Westerlund 检验的一个版本中，备择假设为一些面板中的变量是协整的。在 Westerlund 检验的另一个版本中，备择假设为所有面板中的变量都是协整的。

例 3.11　面板数据协整检验

下面用 Stata 自带数据集说明实现。

（1）清理内存，下载数据集。

.clear

.webuse xtcoint

（2）在生产率、国内生产总值和国外生产总值之间进行无协整的 Kao 检验。

.xtcointtest kao productivity rddomestic rdforeign

```
Kao test for cointegration
--------------------------
H0: No cointegration                        Number of panels      =   100
Ha: All panels are cointegrated             Number of periods     =   148

Cointegrating vector: Same
Panel means:          Included              Kernel:          Bartlett
Time trend:           Not included          Lags:            3.60 (Newey-West)
AR parameter:         Same                  Augmented lags:  1
------------------------------------------------------------------------------
                                            Statistic        p-value
------------------------------------------------------------------------------
 Modified Dickey-Fuller t                   -23.6733         0.0000
 Dickey-Fuller t                            -15.1293         0.0000
 Augmented Dickey-Fuller t                   -3.6909         0.0001
 Unadjusted modified Dickey-Fuller t        -46.7561         0.0000
 Unadjusted Dickey-Fuller t                 -20.2521         0.0000
------------------------------------------------------------------------------
```

（3）对生产率、国内生产总值和国外生产总值之间不存在协整关系进行 Pedroni 检验。

.xtcointtest pedroni productivity rddomestic rdforeign

```
Pedroni test for cointegration
------------------------------
H0: No cointegration                        Number of panels      =   100
Ha: All panels are cointegrated             Number of periods     =   149

Cointegrating vector: Panel specific
Panel means:          Included              Kernel:          Bartlett
Time trend:           Not included          Lags:            4.00 (Newey-West)
AR parameter:         Panel specific        Augmented lags:  1
------------------------------------------------------------------------------
                                            Statistic        p-value
------------------------------------------------------------------------------
 Modified Phillips-Perron t                 -26.1145         0.0000
 Phillips-Perron t                          -21.2436         0.0000
 Augmented Dickey-Fuller t                  -25.3701         0.0000
------------------------------------------------------------------------------
```

（4）在一些面板中，使用协整的备择假设，对生产率、国内生产总值和国外生产总值进行 Westerlund 检验，检验它们之间是否存在协整关系。

.xtcointtest westerlund productivity rddomestic rdforeign

```
Westerlund test for cointegration
------------------------------------
H0: No cointegration                          Number of panels     =    100
Ha: Some panels are cointegrated              Number of periods    =    150

Cointegrating vector: Panel specific
Panel means:          Included
Time trend:           Not included
AR parameter:         Panel specific
--------------------------------------------------------------------------
                                              Statistic        p-value
--------------------------------------------------------------------------
 Variance ratio                               -8.0237          0.0000
--------------------------------------------------------------------------
```

（5）同上，但备择假设改为所有面板都是协整的。

.xtcointtest westerlund productivity rddomestic rdforeign, allpanels

```
Westerlund test for cointegration
------------------------------------
H0: No cointegration                          Number of panels     =    100
Ha: All panels are cointegrated               Number of periods    =    150

Cointegrating vector: Panel specific
Panel means:          Included
Time trend:           Not included
AR parameter:         Same
--------------------------------------------------------------------------
                                              Statistic        p-value
--------------------------------------------------------------------------
 Variance ratio                               -5.9709          0.0000
--------------------------------------------------------------------------
```

3.8 面板单位根检验

我们考虑一个简单的面板数据模型，具有一阶自回归分量：

$$y_{it} = \rho_i y_{i,t-1} + z_{it}'\gamma_i + \varepsilon_{it} \tag{3-85}$$

面板单位根检验用于检验原假设 $H_0: \rho_i = 1$，所有 i 与备择假设 $H_1: \rho_i < 1$。根据检验的不同，对于一个 i 或全部 i 的一小部分，$H_1: \rho_i < 1$ 可能成立；相应检验的输出结果会说明备择假设。式（3-85）通常写为

$$\Delta y_{it} = \phi_i y_{i,t-1} + z_{it}'\gamma_i + \varepsilon_{it} \tag{3-86}$$

相应地，原假设与备择假设变为

$$H_0: \delta_i = 0, \forall i \quad 与 \quad H_1: \delta_i < 0$$

3.8.1 LLC 检验

面板扰动项可能存在自相关，LLC（Levin-Lin-Chu）检验在方程中引入高阶差分滞后项：

$$\Delta y_{it} = \delta y_{i,t-1} + z_{it}^{'}\gamma_i + \sum_{j=1}^{p_i}\theta_{ij}\Delta y_{i,t-j} + \varepsilon_{it} \tag{3-87}$$

其中，δ 为共同的自回归系数，不同个体的滞后阶数可以不同。ε_{it} 为平稳的 ARMA 过程，不同个体的 ε_{it} 相互独立，不存在截面相关，但允许异方差。通过引入足够高阶的差分滞后项，可以保障 ε_{it} 为白噪声。

由于式（3-87）为动态模型且包含个体固定效应，故存在动态面板偏差，因此直接进行 OLS 回归，估计量 $\hat{\delta}$ 及相应的统计量将存在偏差，而且不服从渐近正态分布，所以需要对 t 统计量进行校正。模型的滞后阶数未知，所以 LLC 检验分为三步进行。

第 1 步，对每个面板单位 i，先做 Δy_{it} 对 $\left(z'_{it}, \sum_{j=1}^{p_i}\Delta y_{i,t-j}\right)$ 的回归估计，得到残差 $\hat{e}_{it}$。再将 $y_{i,t-1}$ 对 $\left(z'_{it}, \sum_{j=1}^{p_i}\Delta y_{i,t-j}\right)$ 回归得到 $\hat{v}_{i,t-1}$。

第 2 步，考虑不同面板模型可能存在异方差，将第 1 步的残差标准化：

$$e_{it} \equiv \hat{e}_{it} / \hat{\sigma}_{si}, \quad \tilde{v}_{i,t-1} \equiv \hat{v}_{i,t-1} / \hat{\sigma}_{ei} \tag{3-88}$$

第 3 步，使用全部数据进行混合回归：

$$e_{it} = \delta\tilde{v}_{i,t-1} + \tilde{\varepsilon}_{it} \tag{3-89}$$

可得参数估计值 $\hat{\delta}$ 和相应的 t 统计量，$t_\delta = \hat{\delta} / \mathrm{se}_{(\hat{\delta})}$。但如果存在个体固定效应，则 t_δ 发散至负无穷。于是 LLC 检验提出偏差校正 t 统计量 $t_\delta^* = \dfrac{t_\delta - N\tilde{T}\hat{S}_N \mathrm{se}_{(\hat{\delta})}\mu_{\tilde{T}}^*}{\sigma_{\tilde{T}}^*}$，在大样本下服从标准正态分布。与 EDF 检验类似，LLC 检验也是左侧检验，即拒绝域仅在分布的最左边。

LLC 检验假设不存在截面相关，如果该假设不成立，LLC 检验将存在显著性水平扭曲。为了缓解可能存在的截面相关，LLC 检验建议先将面板数据减去各截面单位的均值，再进行 LLC 检验。

3.8.2 HT 检验

LLC 检验仅适用于长面板，而许多微观面板数据时间维度较小，因此，HT（Harris-Tzavalis）检验提出了基于 T 固定而 $n\to\infty$ 的检验统计量。设式（3-85）的自回归系数均相等，可得

$$y_{it} = \rho y_{i,t-1} + z'_{it}\gamma_i + \varepsilon_{it} \tag{3-90}$$

其中，ρ 为共同根，ε_{it} 服从 i.i.d. 的正态分布且同方差。在原假设 $H_0: \rho = 1$ 成立的情况下，HT 检验推导出 OLS 参数估计量的期望值与方差的表达式，并且证明 T 固定且 $n\to\infty$ 时，

$$Z_{\mathrm{HT}} = \sqrt{N}(\hat{\rho} - \mu) \xrightarrow{D} N(0, \sigma^2) \tag{3-91}$$

式中，μ，σ^2 的设定组合如下。

选项	μ	σ^2
noconstant	1	$\dfrac{2}{T(T-1)}$
none	$1-\dfrac{3}{T+1}$	$\dfrac{3(17T^2-20T+17)}{5(T-1)(T+1)^3}$
trend	$1-\dfrac{15}{2(T+2)}$	$\dfrac{15(193T^2-728T+1147)}{112(T+2)^3(T-2)}$

基于式（3-91）的大样本分布，然后进行 HT 左侧检验。

3.8.3 Breitung 检验

LLC 检验与 HT 检验的共同特点是，直接用 OLS 估计回归方程，然后再对自回归系数或 t 统计量进行校正，以消除动态面板偏差。Breitung 检验基本思路与 LLC 检验类似。区别在于，首先对数据进行向前正交变换，即减去未来各期的平均值，然后再进行回归，使得回归后不再需要偏差校正。所得的检验统计量服从接近标准正态分布，再进行左侧检验。

没有设定趋势项时，

$$\sigma_i^2=\frac{1}{T-p-2}\sum_{t=p+2}^{T}(\Delta y_{it})^2 \tag{3-92}$$

Breitung 检验统计量为

$$\lambda=\frac{\sum_{i=1}^{N}\sum_{t=p+2}^{T}y_{it}^{\ell}\cdot\Delta y_{it}/\sigma_i^2}{\sqrt{\sum_{i=1}^{N}\sum_{t=p+2}^{T}(y_{it}^{\ell})^2/\sigma_i^2}}\sim N(0,1) \tag{3-93}$$

式中，$y_{it}^{\ell}=y_{i,t-1}-y_{i,p+1}$。随着 $T\to\infty$，$N\to\infty$，λ 渐近服从标准正态分布，检验统计量 λ 值越小，越拒绝原假设 H_0。

设定取标准误估计时，

$$\phi=\frac{\sum_{i=1}^{N}\sum_{t=p+2}^{T}y_{it}^{\ell}\cdot\Delta y_{it}/\sigma_i^2}{\sum_{i=1}^{N}\sum_{t=p+2}^{T}(y_{it}^{\ell})^2/\sigma_i^2} \tag{3-94}$$

设 $u_{it}=\Delta y_{it}-\phi y_{it}^{\ell}$，$\boldsymbol{u}_i=(u_{i,p+2},\cdots,u_{iT})'$，$\boldsymbol{\Omega}=\boldsymbol{u}_i'\boldsymbol{u}_j/(T-p-2)$，$\Delta\boldsymbol{y}_t=(\Delta y_{1t},\cdots,\Delta y_{Nt})'$，$\boldsymbol{y}_t^{\ell}=(y_{1,t-1},\cdots,y_{N,t-1})'$，则有

$$\lambda_{\text{robust}}=\frac{\sum_{t=p+2}^{T}(\Delta\boldsymbol{y}_t)'\boldsymbol{y}_t^{\ell}}{\sum_{t=p+2}^{T}(\boldsymbol{y}_t^{\ell})'\boldsymbol{\Omega}\boldsymbol{y}_t^{\ell}}\sim N(0,1) \tag{3-95}$$

随着 $T\to\infty$，$N\to\infty$，λ_{robust} 渐近服从标准正态分布，检验统计量 λ 值越小，越拒绝原假设 H_0。

设定时间趋势时，Breitung 检验的辅助回归模型为

$$\Delta y_{it}=\alpha_{i0}+\sum_{j=1}^{P}\alpha_{ij}\Delta y_{i,t-j}+\nu_{it} \tag{3-96}$$

计算 $\Delta u_{is}=\Delta y_{is}-\sum_{j=1}^{p}\hat{\alpha}_{ij}\Delta y_{i,s-j}$，$u_{is}^{\ell}=y_{i,s-1}-\sum_{j=1}^{p}\hat{\alpha}_{ij}y_{i,s-j-1}$。

设 $\sigma_i^2=\dfrac{1}{T-p-2}\sum_{s=1}^{T-p-1}(\Delta u_{is}-\overline{\Delta u_i})\Delta u_{is}$，$\Delta v_{is}=\sqrt{\dfrac{T-p-s-1}{T-p-s}}\left(\Delta u_{is}-\dfrac{1}{T-p-s-1}\sum_{j=s+1}^{T-p-1}\Delta u_{ij}\right)$，$v_{is}^{\ell}=u_{is}^{\ell}-u_{i1}^{\ell}-(T-p-1)\overline{\Delta u_i}$，则有

$$\lambda_{\text{trend}}=\frac{\sum_{i=1}^{N}\sum_{s=1}^{T-p-1}v_{is}^{\ell}\Delta v_{is}/\sigma_i^2}{\sqrt{\sum_{i=1}^{N}\sum_{s=1}^{T-p-1}(v_{is}^{\ell})^2/\sigma_i^2}}\xrightarrow{d}N(0,1) \tag{3-97}$$

随着 $T\to\infty$，$N\to\infty$，λ_{trend} 渐近服从标准正态分布，检验统计量 λ 值越小，越拒绝原假设 H_0。

3.8.4　IPS 检验

LLC 检验、HT 检验与 Breitung 检验的共同局限性在于，要求每位个体的自回归系数相等。该假设在实践中不太现实。为了克服此缺点，IPS（Im-Pesaran-Shin）检验假设面板数据中共有 n 个相互独立的个体，对每位个体分别进行 DF 式回归：

$$\Delta y_{it}=\delta_i y_{i,t-1}+z_{it}'\gamma_i+\varepsilon_{it} \tag{3-98}$$

其中，δ_i 为个体 i 的自回归系数；ε_{it} 服从相互独立的正态分布与扰动项不相关，允许异方差。假设 T 固定而 n 趋于无穷或固定，面板单位根检验的原假设为 $H_0:\delta_i=0,\forall i$，而备择假设为服从平稳过程的个体比例大于 0。

记个体 i 的 t 统计量为 t_i，计算所有个体 t 统计量的样本均值得到检验统计量 $\bar{t}\equiv\frac{1}{n}\sum_{i=1}^{n}t_i$。进一步标准化可以得到渐近服从标准正态分布的检验统计量：

$$Z_{\bar{t}}\equiv\frac{\bar{t}-E(\bar{t})}{\sqrt{\mathrm{Var}(\bar{t})/n}}\xrightarrow{d}N(0,1) \tag{3-99}$$

IPS 检验也是左侧检验。如果扰动项存在自相关，可通过引入差分滞后项消除，即对每位个体分别进行 ADF 式回归：

$$\Delta y_{it}=\delta_i y_{i,t-1}+z_{it}'\gamma_i+\sum_{j=1}^{p_i}\theta_{ij}\Delta y_{i,t-j}+\varepsilon_{it} \tag{3-100}$$

其余步骤与上述扰动项无自相关情况相似。

3.8.5　费希尔型检验

费希尔型（Fisher-type）检验的基本思路类似于 IPS 检验，即对每位个体分别进行检验，然后再将这些检验信息综合起来。具体来讲，先对面板数据中每位个体分别进行单位根检验，如 ADF 检验或 PP 检验，得到 n 个检验统计量及相应的 P 值 $\{p_1,\cdots,p_n\}$。再通过 4 种方

法将这些 P 值综合成费希尔型检验统计量。

第一种方法为“逆卡方变换”：

$$P \equiv -2\sum_{i=1}^{n} \ln p_i \xrightarrow{d} \chi^2(2n), \quad (T_i \to \infty) \tag{3-101}$$

第二种方法为“逆正态变换”：

$$Z \equiv \frac{1}{\sqrt{n}}\sum_{i=1}^{n} \Phi^{-1}(p_i) \xrightarrow{d} N(0,1), \quad (T_i \to \infty) \tag{3-102}$$

第三种方法为“逆逻辑变换”：

$$L^* \equiv \sqrt{k}\sum_{i=1}^{n} \ln\left(\frac{p_i}{1-p_i}\right) \xrightarrow{d} t(5n+4), \quad (T_i \to \infty) \tag{3-103}$$

第四种方法为“调整后的逆卡方变换”：

$$P_m \equiv -\frac{1}{\sqrt{n}}\sum_{i=1}^{n} \left(\ln p_i + 1\right) \xrightarrow{d} N(0,1), \quad (T_i, n \to \infty) \tag{3-104}$$

3.8.6 HL 乘数平稳性检验

HL（Hadri-Lagrange）检验把 KPSS 平稳性检验推广到面板数据的平稳性检验，提出了检验面板数据平稳性的 LM 检验。考虑面板形式的 KPSS 辅助回归模型：

$$\begin{aligned} y_{it} &= \beta_i t + u_{it} + \varepsilon_{it} \\ u_{it} &= u_{i,t-1} + v_{it} \end{aligned} \tag{3-105}$$

其中，$\beta_i t$ 为个体时间趋势，ε_{it} 与 v_{it} 均服从 i.i.d. 的正态分布。面板数据平稳性 HL 检验的原假设为 $H_0 : \lambda = \dfrac{\sigma_v^2}{\sigma_\varepsilon^2} = 0$，备择假设为 $H_1 : \lambda > 0$。如果指定了趋势，设 $\hat{\varepsilon}_{it}$ 表示特定面板的截距或特定面板的截距和时间趋势上 y_{it} 回归的残差。LM 检验统计量为

$$\text{LM} = \frac{\dfrac{1}{N}\sum_i \dfrac{1}{T^2}\sum_t S_{it}^2}{\hat{\sigma}_\varepsilon^2} \tag{3-106}$$

式中，$S_{it} = \sum_{j=1}^{t} \hat{\varepsilon}_{ij}$，$\hat{\sigma}_\varepsilon^2 = \dfrac{1}{NT'}\sum_{i=1}^{N}\sum_{t=1}^{T} \hat{\varepsilon}_{it}^2$，则有

$$Z = \frac{\sqrt{N}(\text{LM} - \mu)}{\sigma} \sim N(0,1) \tag{3-107}$$

随着 $T \to \infty$，$N \to \infty$，Z 渐近服从标准正态分布，Z 检验统计量值取越大的正值，越拒绝原假设 H_0。

如果设定了稳健标准误差，则 LM 检验统计量为

$$\text{LM} = \frac{1}{N}\sum_{i=1}^{N} \left(\frac{\sum_{t=1}^{T} S_{it}^2}{T^2 \hat{\sigma}_{\varepsilon,i}^2} \right) \tag{3-108}$$

式中，$\hat{\sigma}_{\varepsilon,i}^2 = \frac{1}{T'}\sum_{t=1}^{T}\hat{\varepsilon}_{it}^2$。如果设定了 kernel()，则有

$$\hat{\sigma}_{\varepsilon}^2 = \frac{1}{N}\sum_{i=1}^{N}\left\{\frac{1}{T}\sum_{t=p+1}^{T}\hat{\varepsilon}_{it}^2 + \frac{2}{T}\sum_{j=1}^{m}K(j,m)\sum_{t=j+1}^{T}\hat{\varepsilon}_{it}\hat{\varepsilon}_{i,t-j}\right\} \tag{3-109}$$

其中，如果指定了趋势，则 $\mu = 15$ 和 $\sigma^2 = 11/6300$；否则 $\mu = 1/6$ 和 $\sigma^2 = 1/45$。

式中，m 是滞后阶数的最大数，K（·,·）为前面定义的核函数。

面板单位根检验的 Stata 命令句式为：

（1）LLC 检验。

xtunitroot llc varname [if] [in] [, LLC_options]

（2）HT 检验。

xtunitroot ht varname [if] [in] [, HT_options]

（3）Breitung 检验。

xtunitroot breitung varname [if] [in] [, Breitung_options]

（4）IPS 检验。

xtunitroot ips varname [if] [in] [, IPS_options]

（5）费希尔型检验。

xtunitroot fisher varname [if] [in], {dfuller | pperron} lags(#) [Fisher_options]

（6）HL 乘数平稳性检验。

xtunitroot hadri varname [if] [in] [, Hadri_options]

菜单操作：

Statistics > Longitudinal/panel data > Unit-root tests

xtunitroot 对面板数据集中的单位根（或平稳性）进行各种测试。LLC 检验（2002）、HT 检验（1999）、Breitung 检验（2000；Breitung，Das，2005）、IPS 检验（2003）和费希尔型检验（Choi，2001）的原假设为所有面板都包含单位根。HL 乘数平稳性检验（2000）的原假设为所有面板（趋势）平稳。每个测试的输出顶部都会显示 null 和其他假设。选项允许你在数据生成过程的模型中包括特定于面板的方式（固定效应）和时间趋势。

例 3.12　面板单位根检验

下面用 Stata 自带数据集说明实现。

（1）清理内存，下载数据集。

.clear

.webuse pennxrate

（2）LLC 检验，使用 AIC 选择回归的滞后阶数，并使用基于 Bartlett 核的 HAC 方差估计法，以及使用 Newey 和 West 方法选择滞后阶数。

.xtunitroot llc lnrxrate if oecd, demean lags(aic 10) kernel(bartlett nwest)

```
Levin-Lin-Chu unit-root test for lnrxrate
─────────────────────────────────────────
H0: Panels contain unit roots               Number of panels  =     27
Ha: Panels are stationary                   Number of periods =     34

AR parameter: Common                        Asymptotics: N/T -> 0
Panel means:  Included
```

```
Time trend:  Not included                    Cross-sectional means removed

ADF regressions: 1.33 lags average (chosen by AIC)
LR variance:     Bartlett kernel, 3.63 lags average
                 (chosen by Newey-West)
--------------------------------------------------------------------------
                    Statistic      p-value
--------------------------------------------------------------------------
 Unadjusted t        -13.0033
 Adjusted t*          -2.4486       0.0072
--------------------------------------------------------------------------
```

（3）HT 检验，从数据中删除横截面平均值。

.xtunitroot ht lnrxrate, demean

```
Harris-Tzavalis unit-root test for lnrxrate
-------------------------------------------
H0: Panels contain unit roots                Number of panels  =    151
Ha: Panels are stationary                    Number of periods =     34

AR parameter: Common                         Asymptotics: N -> Infinity
Panel means:  Included                                    T Fixed
Time trend:   Not included                   Cross-sectional means removed
--------------------------------------------------------------------------
                   Statistic          z           p-value
--------------------------------------------------------------------------
 rho                  0.8184      -13.1239         0.0000
--------------------------------------------------------------------------
```

（4）对 OECD 国家子集进行 Breitung 检验，预设滞后阶数。

.xtunitroot breitung lnrxrate if g7, lags(3) robust

```
Breitung unit-root test for lnrxrate
------------------------------------
H0: Panels contain unit roots                Number of panels  =      6
Ha: Panels are stationary                    Number of periods =     34

AR parameter: Common                         Asymptotics:   T,N -> Infinity
Panel means:  Included                                      sequentially
Time trend:   Not included                   Prewhitening: 3 lags
--------------------------------------------------------------------------
                   Statistic      p-value
--------------------------------------------------------------------------
 lambda*            -1.2258        0.1101
--------------------------------------------------------------------------
 * Lambda robust to cross-sectional correlation
```

（5）IPS 检验，使用 AIC 选择回归的滞后阶数。

.xtunitroot ips lnrxrate, lags(aic 5)

```
Im-Pesaran-Shin unit-root test for lnrxrate
-------------------------------------------
H0: All panels contain unit roots            Number of panels  =    151
Ha: Some panels are stationary               Number of periods =     34

AR parameter: Panel-specific                 Asymptotics: T,N -> Infinity
Panel means:  Included                                    sequentially
Time trend:   Not included

ADF regressions: 1.11 lags average (chosen by AIC)
--------------------------------------------------------------------------
                   Statistic      p-value
--------------------------------------------------------------------------
 W-t-bar           -15.2812        0.0000
--------------------------------------------------------------------------
```

（6）基于 ADF 测试的费希尔型检验，有 3 个滞后阶数，允许每个面板中有一个漂移项。

.xtunitroot fisher lnrxrate, dfuller lags(3) drift

```
Fisher-type unit-root test for lnrxrate
Based on augmented Dickey-Fuller tests
----------------------------------------
H0: All panels contain unit roots             Number of panels  =    151
Ha: At least one panel is stationary          Number of periods =     34

AR parameter: Panel-specific                  Asymptotics: T -> Infinity
Panel means:  Included
Time trend:   Not included
Drift term:   Included                        ADF regressions: 3 lags
------------------------------------------------------------------------
                                  Statistic      p-value
------------------------------------------------------------------------
 Inverse chi-squared(302)  P       916.1451       0.0000
 Inverse normal            Z       -18.8512       0.0000
 Inverse logit t(759)      L*      -19.5571       0.0000
 Modified inv. chi-squared Pm       24.9892       0.0000
------------------------------------------------------------------------
 P statistic requires number of panels to be finite.
 Other statistics are suitable for finite or infinite number of panels.
------------------------------------------------------------------------
```

（7）HL 乘数平稳性检验，使用基于 5 个滞后的 Parzen 核的 HAC 方差估计。

.xtunitroot hadri lnrxrate, kernel(parzen 5)

```
Hadri LM test for lnrxrate
------------------------------
H0: All panels are stationary                 Number of panels  =    151
Ha: Some panels contain unit roots            Number of periods =     34

Time trend:         Not included              Asymptotics: T, N -> Infinity
Heteroskedasticity: Robust                                  sequentially
LR variance:        Parzen kernel, 5 lags
------------------------------------------------------------------------
                    Statistic      p-value
------------------------------------------------------------------------
 z                    32.5181       0.0000
------------------------------------------------------------------------
```

3.9　面板折线图

Stata 命令 xtline 为面板数据绘制线形图。其句式为：

（1）按面板绘制图表。

xtline varlist [if] [in] [, panel_options]

（2）组合面板。

xtline varname [if] [in], overlay [overlaid_options]

菜单操作：

Statistics > Longitudinal/panel data > Line plots

例 3.13　面板折线图

请扫码查看例 3.13 的内容

3.10　面板随机前沿模型

如果没有误差和无效项，则 t 时刻公司 i 的生产函数为

$$q_{it} = f(z_{it}, \boldsymbol{\beta}) \tag{3-110}$$

随机前沿分析的一个基本要素是，由于一定程度的低效率，每一家公司的产量都可能低于潜在产量。

$$q_{it} = f(\boldsymbol{z}_{it}, \boldsymbol{\beta})\xi_{it} \tag{3-111}$$

式中，ξ_{it} 是公司 i 在 t 时刻的效率水平；其取值区间为（0, 1）。如果 $\xi_{it} = 1$，那么该公司正在利用生产函数中体现的技术实现最佳产出 $q_{it} = f(\boldsymbol{z}_{it}, \boldsymbol{\beta})$。当 $\xi_{it} < 1$ 时，公司没有充分利用体现在生产函数中给定的技术投入 $\boldsymbol{z}_{it}$。因为产出被认为是严格正的（即 $q_{it} > 0$），技术效率的程度也被认为是严格正的（也就是说，$\xi_{it} > 0$）。

产出也被假定受到随机冲击，这意味着：

$$q_{it} = f(\boldsymbol{z}_{it}, \boldsymbol{\beta})\xi_{it}\exp(v_{it}) \tag{3-112}$$

两边取自然对数可得：

$$\ln(q_{it}) = \ln\{f(\boldsymbol{z}_{it}, \boldsymbol{\beta})\} + \ln(\xi_{it}) + v_{it} \tag{3-113}$$

假设有 k 个输入，并且生产函数是对数线性的，定义 $u_{it} = -\ln(\zeta_{it}) \geqslant 0$，则有：

$$\ln(q_{it}) = \beta_0 + \sum_{j=1}^{\kappa}\beta_j \ln(z_{jit}) + v_{it} - u_{it} \tag{3-114}$$

考虑最简单的设定，其中低效率项 u_{it} 是时不变的截尾正态随机变量。在时不变模型中，$u_{it} = u_i$，$u_i \overset{\text{iid}}{\sim} N^{+}(\mu, \sigma_u^2)$，$v_{it} \overset{\text{iid}}{\sim} N(0, \sigma_v^2)$，$u_i$ 和 v_{it} 的分布相互独立，模型中的协变量也相互独立。

在时变衰减效应模型中，

$$u_{it} = \exp\{-\eta(t - T_i)\}u_i \tag{3-115}$$

面板随机前沿模型的回归模型为

$$y_{it} = \beta_0 + \sum_{j=1}^{k}\beta_j x_{jit} + v_{it} - su_{it} \tag{3-116}$$

其中，对于生产效率问题，y_{it} 是输出的自然对数，x_{jit} 是输入量的自然对数；对于成本效率问题，y_{it} 是成本的自然对数，x_{it} 是投入价格的自然对数，

$$s = \begin{cases} 1, & \text{生产函数} \\ -1, & \text{成本函数} \end{cases}$$

对于时变衰变模型，对数似然函数推导如下：

$$\begin{aligned} \ln L = & -\frac{1}{2}\left(\sum_{i=1}^{N}T_i\right)\{\ln(2\pi) + \ln(\sigma_S^2)\} - \frac{1}{2}\sum_{i=1}^{N}(T_i - 1)\ln(1-\gamma) - \\ & \frac{1}{2}\sum_{i=1}^{N}\ln\left\{1 + \left(\sum_{t=1}^{T_i}\eta_{it}^2 - 1\right)\gamma\right\} - N\ln\{1 - \Phi(-\tilde{z})\} - \frac{1}{2}N\tilde{z}^2 + \\ & \sum_{i=1}^{N}\ln\{1 - \Phi(-z_i^*)\} + \frac{1}{2}\sum_{i=1}^{N}z_i^{*2} - \frac{1}{2}\sum_{i=1}^{N}\sum_{t=1}^{T_i}\frac{\varepsilon_{it}^2}{(1-\gamma)\sigma_S^2} \end{aligned} \tag{3-117}$$

式中，$\sigma_S = (\sigma_u^2 + \sigma_v^2)^{1/2}$，$\gamma = \sigma_u^2 / \sigma_S^2$，$\varepsilon_{it} = y_{it} - \boldsymbol{x}_{it}\boldsymbol{\beta}$，$\eta_{it} = \exp\{-\eta(t - T_i)\}$，$\tilde{z} = \mu / (\gamma\sigma_S^2)^{1/2}$，

$$z_i^* = \frac{\mu(1-\gamma) - s\gamma\sum_{t=1}^{T_i}\eta_{it}\varepsilon_{it}}{\left[\gamma(1-\gamma)\sigma_S^2\left\{1 + \left(\sum_{t=1}^{T_i}\eta_{it}^2 - 1\right)\gamma\right\}\right]^{1/2}}\text{。}$$

求解最大化对数似然函数（3-117），就可得参数估计值。

面板随机前沿模型估计的 Stata 命令为：

（1）时不变模型。

xtfrontier depvar [indepvars] [if] [in] [weight] , ti [ti_options]

（2）时变衰变模型。

xtfrontier depvar [indepvars] [if] [in] [weight] , tvd [tvd_options]

菜单操作：

Statistics > Longitudinal/panel data > Frontier models

xtfrontier 适用于面板数据的随机生产或成本前沿模型，其中干扰项是无效项和特殊误差的混合物。xtfrontier 可以拟合一个时不变模型，其中假设无效项具有截断正态分布，或者一个时变衰变模型，其中无效项被建模为截断正态随机变量乘以时间函数。xtfrontier 期望因变量和自变量在自然对数标度上；这种转换必须在进行估计之前进行。

例 3.14　面板随机前沿模型

（1）清理内存，下载数据集。

.clear

.webuse xtfrontier1

（2）时不变模型。

.xtfrontier lnwidgets lnmachines lnworkers, ti

```
Time-invariant inefficiency model                Number of obs     =       948
Group variable: id                               Number of groups  =        91

                                                 Obs per group:
                                                               min =         6
                                                               avg =      10.4
                                                               max =        14

                                                 Wald chi2(2)      =    661.76
Log likelihood = -1472.6069                      Prob > chi2       =    0.0000

   lnwidgets | Coefficient  Std. err.      z    P>|z|     [95% conf. interval]
-------------+----------------------------------------------------------------
  lnmachines |   .2904551   .0164219    17.69   0.000     .2582688    .3226415
   lnworkers |   .2943333   .0154352    19.07   0.000     .2640808    .3245858
       _cons |   3.030983   .1441022    21.03   0.000     2.748548    3.313418
-------------+----------------------------------------------------------------
         /mu |   1.125667   .6479217     1.74   0.082     -.144236     2.39557
   /lnsigma2 |   1.421979   .2672745     5.32   0.000      .898131    1.945828
  /lgtgamma |   1.138685   .3562642     3.20   0.001     .4404204     1.83695
-------------+----------------------------------------------------------------
      sigma2 |   4.145318   1.107938                      2.455011    6.999424
       gamma |   .7574382   .0654548                      .6083592    .8625876
    sigma_u2 |   3.139822   1.107235                      .9696821    5.309962
    sigma_v2 |   1.005496   .0484143                      .9106055    1.100386
------------------------------------------------------------------------------
```

（3）时变衰变模型。

.xtfrontier lnwidgets lnmachines lnworkers, tvd

```
Time-varying decay inefficiency model            Number of obs     =       948
Group variable: id                               Number of groups  =        91

Time variable: t                                 Obs per group:
```

```
                                                           min =         6
                                                           avg =      10.4
                                                           max =        14

                                                  Wald chi2(2)      = 661.93
Log likelihood = -1472.5289                       Prob > chi2       = 0.0000

------------------------------------------------------------------------------
   lnwidgets | Coefficient  Std. err.      z    P>|z|     [95% conf. interval]
-------------+----------------------------------------------------------------
  lnmachines |   .2907555   .0164376    17.69   0.000     .2585384    .3229725
   lnworkers |   .2942412   .0154373    19.06   0.000     .2639846    .3244978
       _cons |   3.028939   .1436046    21.09   0.000      2.74748    3.310399
-------------+----------------------------------------------------------------
         /mu |   1.110831   .6452809     1.72   0.085    -.1538967    2.375558
        /eta |   .0016764     .00425     0.39   0.693    -.0066535    .0100064
   /lnsigma2 |   1.410723   .2679485     5.26   0.000      .885554    1.935893
  /lgtgamma  |   1.123982   .3584243     3.14   0.002     .4214828     1.82648
-------------+----------------------------------------------------------------
      sigma2 |   4.098919   1.098299                      2.424327    6.930228
       gamma |   .7547265   .0663495                       .603838    .8613419
    sigma_u2 |   3.093563   1.097606                      .9422943    5.244832
    sigma_v2 |   1.005356   .0484079                      .9104785    1.100234
------------------------------------------------------------------------------
```

（4）带约束的时变衰变模型。

.constraint 1 [eta]_cons = 0

.xtfrontier lnwidgets lnmachines lnworkers, tvd constraints(1)

```
Time-varying decay inefficiency model             Number of obs     =    948
Group variable: id                                Number of groups  =     91

Time variable: t                                  Obs per group:
                                                           min =         6
                                                           avg =      10.4
                                                           max =        14

                                                  Wald chi2(2)      = 661.76
Log likelihood = -1472.6069                       Prob > chi2       = 0.0000

 ( 1)  [eta]_cons = 0
------------------------------------------------------------------------------
   lnwidgets | Coefficient  Std. err.      z    P>|z|     [95% conf. interval]
-------------+----------------------------------------------------------------
  lnmachines |   .2904551   .0164219    17.69   0.000     .2582688    .3226414
   lnworkers |   .2943332   .0154352    19.07   0.000     .2640807    .3245857
       _cons |   3.030963   .1440995    21.03   0.000     2.748534    3.313393
-------------+----------------------------------------------------------------
         /mu |   1.125507   .6480444     1.74   0.082    -.1446369     2.39565
        /eta |          0  (omitted)
   /lnsigma2 |   1.422039   .2673128     5.32   0.000     .8981155    1.945962
   /lgtgamma |   1.138764   .3563076     3.20   0.001     .4404135    1.837114
-------------+----------------------------------------------------------------
      sigma2 |   4.145565   1.108162                      2.454972    7.000366
       gamma |   .7574526   .0654602                      .6083575     .862607
    sigma_u2 |   3.140068   1.107459                      .9694878    5.310649
    sigma_v2 |   1.005496   .0484143                      .9106057    1.100386
------------------------------------------------------------------------------
```

3.11 面板数据模型的分位数回归估计

作为一种模型估计方法，分位数回归估计能够较为准确地描述解释变量 x 对于被解释变量 y 的变化范围及条件分布形状的影响。其中，分位数回归方程可以被定义为

$$Q_{it}(\tau_j \mid x_{it}) = x_{it}\beta(\tau_j) \tag{3-118}$$

其中，$Q_{it}(\tau_j \mid x_{it})$ 表示被解释变量的第 τ_j 个条件分位数，$\beta(\tau_j)$ 表示解释变量在第 τ_j 个分位数下的回归系数估计，$\tau_j \in (0, 1)$。若要得到 $\beta(\tau_j)$ 的参数估计，需要求解加权绝对残差和最小化问题，即

$$\min \sum_{j=1}^{J}\sum_{i=1}^{N}\sum_{i=1}^{T} w_j \rho_{\tau j}[y_{ii} - x_{it}\beta(\tau_j)] \tag{3-119}$$

综合分位数回归与面板数据，采用分位数回归的方法对面板数据变量的参数进行估计，不仅能够更好地控制个体的异质性，以缓解遗漏变量导致的内生性问题；还可以从多个维度分析在特定的分位数处自变量对因变量的边际效应。

随机效应面板分位数回归模型为

$$Q_{y_{it}}^{(\tau)}(\tau \mid x_{it}) = \alpha_i + x_{it}^T \beta_\tau + u_{ij}, \quad i, j = 1, 2, \cdots, \quad N, t = 1, 2, \cdots, T \tag{3-120}$$

式中，x_{it} 和 y_{it} 分别表示第 i 截面在第 t 时刻的解释变量、被解释变量的观测值，α_i 表示不可观测的个体固定效应，u_{ij} 为误差项。

控制个体效应的固定效应模型为

$$Q_{y_{it}}^{(\tau)}(\tau \mid x_{it}) = \alpha_i + x_{it}^T \beta_\tau, \quad i = 1, 2, \cdots, N, \quad t = 1, 2, \cdots, T \tag{3-121}$$

该模型的高斯惩罚最小二乘法为

$$(\hat{\beta}(\tau_k : \lambda), \{\alpha_i(\lambda)\}_{i=1}^{n}) = \operatorname{argmin} \sum_{k=1}^{K}\sum_{l=1}^{T}\sum_{i=1}^{N} w_k \rho_{\tau_k}(y_{it} - \alpha_i - x_{it}^T \beta_{\tau_k}) + \lambda \sum_{i=1}^{N} |\alpha_i| \tag{3-122}$$

其中，w_k 是第 τ_k 分位数的权重，τ_k 表示第 k 个分位数对固定效应的贡献。$\rho_{\tau_k}(u) = u(\tau_k - I(u<0))$ 是损失函数，$I(u<0))$ 是示性函数，λ 是惩罚因子，当 $\lambda<0$，惩罚项消失，为固定效应模型；当 $\lambda \to \infty$，固定效应消失，为混合回归模型。考虑主观性对权重赋值的影响，通常的做法是，定义权重 $w_k = 1/k$，即对所有指标赋相同的权重，从而降低主观性带来的影响。

面板数据模型的分位数回归估计的 Stata 命令为：

（1）面板数据模型的分位数回归估计。

qregpd depvar indepvars [if] [in] [weight], [quantile(#) instruments(varlist) identifier(varlist) fix(varlist) optimize(string) MCMC options Grid-search options]

qregpd 可用于拟合 Powell（2015）开发的面板数据分位数回归（QRPD）估计法。该估计法解决了替代固定效应分位数估计法提出的一个基本问题：个体固定效应的包含改变了处理变量上估计系数的解释。如 Powell（2016）所述，QRPD 估计法是 genqreg 实现的广义分位数估计法的特例。

数值优化通过 Nelder-Mead 算法进行。由于标准误差的估计和计算有时会带来数值挑战，用户可以使用马尔可夫链蒙特卡洛方法或网格搜索方法。

（2）广义分位数回归。

genqreg depvar indepvars [if] [in] [weight], [quantile(#) instruments(varlist) proneness(varlist) technique(string) optimize(string) MCMC options Grid-search options]

genqreg 可用于拟合 Powell（2016）开发的广义分位数回归（GQR）估计法。该估计法解决了传统分位数估计的一个基本问题：包含额外的协变量改变处理变量上估计系数的解释。如 Powell（2016）所述，genqreg 实施的广义分位数回归估计法解决了这个问题，并产生无条件分位数处理效应，即使存在额外的控制变量。广义分位数回归的一个特例是带有面板

数据的分位数回归（Powell，2015）；带有面板数据的分位数回归也可以使用 genqreg 进行估计。

数值优化通过 Nelder-Mead 算法进行。由于标准误差的估计和计算有时会带来数值挑战，用户可以使用马尔可夫链蒙特卡洛方法或网格搜索方法。

（3）固定效应面板模型的分位数回归估计。

xtqreg depvar indepvars [if] [in] [, options]

xtqreg 使用 Machado 和 Santos Silva（2019）的方法估计具有固定效应的分位数回归。

（4）MM 分位数回归估计。

mmqreg depvar indepvars [if] [in] [, options]

mmqreg 使用 Machado 和 Santos Silva（2019）中描述的矩量法估计分位数回归。

与 xtqreg 相比，mmqreg 为此类模型的估计增加了三个特征：

①当没有固定效应时，它允许估计位置 - 尺度分位数回归。

②使用命令 hdfe，它允许估计吸收多重固定效应的 LS 分位数回归。

③它联合报告了各种分位数的估计，这有助于使用重采样方法（如 bootstrap）跨分位数测试系数。

此外，与 xtqreg 相比，通过调整自由度，可以估计分位数、位置和尺度效应的标准误差。

例 3.15　面板数据模型的分位数回归估计

下面用 Stata 自带数据集说明实现。

（1）清理内存，下载数据集。

.clear

.webuse nlswork

（2）面板数据的稳健分位数回归估计，考察该面板数据下，聘期 (tenure) 和是否加入工会 (union) 这两个变量与对数工资的关系。

.qregpd ln_wage tenure union, id(idcode) fix(year)

```
Quantile Regression for Panel Data (QRPD)
         Number of obs:              19010
         Number of groups:            4134
         Min obs per group:              1
         Max obs per group:             12
```

ln_wage	Coefficient	Std. err.	z	P>|z|	[95% conf. interval]	
tenure	.0208254	.0018517	11.25	0.000	.0171962	.0244547
union	.0943866	.0125604	7.51	0.000	.0697687	.1190044

No excluded instruments - standard QRPD estimation.

估计结果表明，在 1% 显著性水平上，tenure 与 union 与对数工资正相关。

（3）同上，但使用马尔可夫链蒙特卡洛方法进行优化。

.qregpd ln_wage tenure union, id(idcode) fix(year) optimize(mcmc) noisy draws(1000) burn(100) arate(.5)

```
Quantile Regression for Panel Data (QRPD)
     Number of obs:              19010
     Number of groups:            4134
     Min obs per group:              1
     Max obs per group:             12

     ln_wage | Coefficient  Std. err.      z    P>|z|     [95% conf. interval]
-------------+----------------------------------------------------------------
      tenure |   .0208436   .0010891    19.14   0.000     .0187091    .0229782
       union |   .0928794   .0067051    13.85   0.000     .0797375    .1060212
------------------------------------------------------------------------------
No excluded instruments - standard QRPD estimation.
```

.mat list e(gamma)

```
e(gamma)[12,2]
          year   estimate
 r1         70  1.5803443
 r2         71  1.5954278
 r3         72  1.6020922
 r4         73  1.6061456
 r5         77  1.5767842
 r6         78   1.655405
 r7         80  1.6065229
 r8         82  1.5946918
 r9         83  1.6352683
r10         85  1.6820085
r11         87  1.6843317
r12         88  1.7177048
```

（4）面板数据的稳健工具变量分位数回归。使用马尔可夫链蒙特卡洛方法进行优化。考虑 tenure 可能存在内生性，因此我们使用工具变量法处理内生变量，并利用马尔可夫链蒙特卡洛方法估计结果。

.qregpd ln_wage tenure union, id(idcode) fix(year) optimize(mcmc) noisy draws(1000) burn(100) arate(.5) instruments(ttl_exp wks_work union)

```
Quantile Regression for Panel Data (QRPD)
     Number of obs:              19010
     Number of groups:            4134
     Min obs per group:              1
     Max obs per group:             12

     ln_wage | Coefficient  Std. err.      z    P>|z|     [95% conf. interval]
-------------+----------------------------------------------------------------
      tenure |   .0295982   .0050395     5.87   0.000      .019721    .0394754
       union |   .0888596   .0116558     7.62   0.000     .0660147    .1117046
------------------------------------------------------------------------------
Excluded instruments: ttl_exp wks_work
```

利用 ttl_exp、wks_work 两个工具变量重新估计，解决 tenure 内生性后，可以发现 tenure 对工资的正向影响有所增加，并且在 1% 置信水平上是显著的。

.mat list e(gamma)

```
e(gamma)[12,2]
          year   estimate
 r1         70   1.567417
 r2         71  1.5769113
 r3         72  1.5846466
 r4         73  1.5847987
 r5         77   1.554022
 r6         78  1.6240157
 r7         80  1.5706696
```

r8	82	1.5581204
r9	83	1.597086
r10	85	1.6401801
r11	87	1.6312536
r12	88	1.6555336

（5）清理内存，下载数据集。

.clear

.use "http://fmwww.bc.edu/repec/bocode/j/jtpa.dta"

.keep if sex==1

（6）稳健分位数回归。

.qreg earnings training hsorged black hispanic married wkless13 class_tr ojt_jsa age2225 age2629 age3035 age3644 age4554 f2sms, q(85) vce(robust)

```
.85 Quantile regression                             Number of obs =      5,102
  Raw sum of deviations 2.77e+07 (about 39717)
  Min sum of deviations 2.58e+07                    Pseudo R2     =     0.0674
```

earnings	Coefficient	Robust std. err.	t	P>|t|	[95% conf.	interval]
training	4806.092	990.5607	4.85	0.000	2864.166	6748.017
hsorged	6223.783	1074.318	5.79	0.000	4117.658	8329.908
black	-3609.325	1176.334	-3.07	0.002	-5915.446	-1303.204
hispanic	-85.15425	1826.268	-0.05	0.963	-3665.425	3495.117
married	11061.98	1096.298	10.09	0.000	8912.767	13211.2
wkless13	-9951.154	1055.296	-9.43	0.000	-12019.99	-7882.321
class_tr	-1892.458	1412.592	-1.34	0.180	-4661.746	876.8298
ojt_jsa	1352.954	1125.906	1.20	0.230	-854.307	3560.215
age2225	10207.49	3364.265	3.03	0.002	3612.084	16802.9
age2629	14491.83	3442.538	4.21	0.000	7742.972	21240.69
age3035	10114.72	3432.133	2.95	0.003	3386.262	16843.18
age3644	10993.94	3456.663	3.18	0.001	4217.391	17770.48
age4554	5068.829	3618.301	1.40	0.161	-2024.598	12162.26
f2sms	119.5831	1063.216	0.11	0.910	-1964.777	2203.943
_cons	21526.65	3581.223	6.01	0.000	14505.91	28547.39

（7）同上，但使用马尔可夫链蒙特卡洛方法进行优化。

.genqreg earnings training hsorged black hispanic married wkless13 class_tr ojt_jsa age2225 age2629 age3035 age3644 age4554 f2sms, q(85) optimize(mcmc) noisy draws(10000) burn(3000) arate(.5)

```
mcmc-estimated Generalized Quantile Regression
     Observations:              5102
     Mean acceptance rate:     0.433
     Total draws:              10000
     Burn-in draws:             3000
     Draws retained:            7000
```

earnings	Coefficient	Std. err.	t	P>|t|	[95% conf.	interval]
training	5013.166	471.2984	10.64	0.000	4089.279	5937.054
hsorged	5809.172	554.7214	10.47	0.000	4721.75	6896.594
black	-3383.554	501.2869	-6.75	0.000	-4366.229	-2400.88
hispanic	359.4828	808.1653	0.44	0.656	-1224.766	1943.732
married	10390.83	564.7443	18.40	0.000	9283.763	11497.9
wkless13	-10135.79	447.4317	-22.65	0.000	-11012.89	-9258.688
class_tr	-2114.348	622.5276	-3.40	0.001	-3334.691	-894.0053
ojt_jsa	1263.769	618.6931	2.04	0.041	50.94287	2476.595

age2225	7326.084	4886.38	1.50	0.134	-2252.702	16904.87
age2629	11497.64	4893.646	2.35	0.019	1904.606	21090.66
age3035	7128.614	4719.455	1.51	0.131	-2122.947	16380.17
age3644	8107.143	4751.413	1.71	0.088	-1207.067	17421.35
age4554	2122.485	4666.911	0.45	0.649	-7026.075	11271.04
f2sms	-125.0522	432.983	-0.29	0.773	-973.8299	723.7256
_cons	25122.69	5411.286	4.64	0.000	14514.93	35730.45

```
No excluded instruments and no proneness variables.
--> Estimation is equivalent to standard quantile regression.
 Value of objective function:
             Mean:                -6.28
             Min:                -24.33
             Max:                 -1.53
```

（8）稳健的工具变量分位数回归。使用马尔可夫链蒙特卡洛方法进行优化。

.genqreg earnings training hsorged black hispanic married wkless13 class_tr ojt_jsa age2225 age2629 age3035 age3644 age4554 f2sms, q(85) optimize(mcmc) noisy draws(10000) burn(3000) arate(.5) instruments(assignmt hsorged black hispanic married wkless13 class_tr ojt_jsa age2225 age2629 age3035 age3644 age4554 f2sms)

```
mcmc-estimated Generalized Quantile Regression
     Observations:                5102
     Mean acceptance rate:       0.416
     Total draws:                10000
     Burn-in draws:               3000
     Draws retained:              7000
```

earnings	Coefficient	Std. err.	t	P>|t|	[95% conf.	interval]
training	3428.875	666.2299	5.15	0.000	2122.863	4734.888
hsorged	6353.614	509.3497	12.47	0.000	5355.134	7352.093
black	-3394.447	580.0895	-5.85	0.000	-4531.598	-2257.296
hispanic	572.1865	689.4849	0.83	0.407	-779.4129	1923.786
married	10687.66	493.6885	21.65	0.000	9719.877	11655.43
wkless13	-9897.687	558.1504	-17.73	0.000	-10991.83	-8803.543
class_tr	-2044.7	750.0869	-2.73	0.006	-3515.098	-574.3023
ojt_jsa	1483.394	687.3584	2.16	0.031	135.9634	2830.825
age2225	9456.991	7164.405	1.32	0.187	-4587.413	23501.39
age2629	13501.38	6959.709	1.94	0.052	-141.755	27144.52
age3035	9121.926	6973.877	1.31	0.191	-4548.986	22792.84
age3644	10164.31	7128.76	1.43	0.154	-3810.22	24138.84
age4554	3888.884	7173.739	0.54	0.588	-10173.82	17951.59
f2sms	253.3993	516.1715	0.49	0.623	-758.4531	1265.252
_cons	23061.48	8136.619	2.83	0.005	7111.247	39011.72

```
Excluded instruments: assignmt
 Value of objective function:
             Mean:                -6.56
             Min:                -17.87
             Max:                 -0.73
```

（9）将控制变量指定为倾向性变量。使用马尔可夫链蒙特卡洛方法进行优化。

.genqreg earnings training, q(85) proneness(hsorged black hispanic married wkless13 class_tr ojt_jsa age2225 age2629 age3035 age3644 age4554 f2sms) optimize(mcmc) noisy draws(10000) burn(3000) arate(.5)

```
mcmc-estimated Generalized Quantile Regression
     Observations:                5102
     Mean acceptance rate:       0.484
     Total draws:                10000
     Burn-in draws:               3000
```

```
    Draws retained:             7000

 earnings   Coefficient  Std. err.      t    P>|t|     [95% conf. interval]

 training     5474.095   424.6751    12.89   0.000     4641.603    6306.587
    _cons     37553.03   187.1976   200.61   0.000     37186.07       37920

Proneness variables: hsorged black hispanic married wkless13 class_tr ojt_jsa age2225 age2629 age3035 age3644 age4554 f2sms
 Value of objective function:
            Mean:                   -0.62
            Min:                    -7.89
            Max:                    -0.00
```

（10）同上，但使用工具变量回归法的马尔可夫链蒙特卡洛方法进行优化。

.genqreg earnings training, q(85) instrument(assignmt) proneness(hsorged black hispanic married wkless13 class_tr ojt_jsa age2225 age2629 age3035 age3644 age4554 f2sms) optimize(mcmc) noisy draws(10000) burn(3000) arate(.5)

```
mcmc-estimated Generalized Quantile Regression
    Observations:               5102
    Mean acceptance rate:      0.471
    Total draws:               10000
    Burn-in draws:              3000
    Draws retained:             7000

 earnings   Coefficient  Std. err.      t    P>|t|     [95% conf. interval]

 training     3769.483   1117.519     3.37   0.001     1578.807    5960.159
    _cons     38334.77   520.5715    73.64   0.000     37314.29    39355.25

Excluded instruments: assignmt
Proneness variables: hsorged black hispanic married wkless13 class_tr ojt_jsa age2225 age2629 age3035 age3644 age4554 f2sms
 Value of objective function:
            Mean:                   -0.46
            Min:                    -7.04
            Max:                    -0.00
```

（11）同上，但使用工具变量回归法的网格搜索方法进行优化。

.genqreg earnings training, q(85) instrument(assignmt) proneness(hsorged black hispanic married wkless13 class_tr ojt_jsa age2225 age2629 age3035 age3644 age4554 f2sms) optimize(grid) grid1(1000(50)3500)

```
Generalized Quantile Regression (GQR)
    Observations:               5102

 earnings   Coefficient  Std. err.      z    P>|z|     [95% conf. interval]

 training         3475    66069.8     0.05   0.958    -126019.4    132969.4

Excluded intstruments: assignmt
Proneness variables: hsorged black hispanic married wkless13 class_tr ojt_jsa age2225 age2629 age3035 age3644 age4554 f2sms
    Note: Alternative solutions exist. See e(solutions).
```

（12）清理内存，下载数据集。

.clear

.sysuse auto

（13）headroom 固定效应的中值回归。

.xtqreg price weight length i.foreign, i(headroom)

```
.5 Quantile regression

             Coefficient  Std. err.      z    P>|z|     [95% conf. interval]

     weight     5.5721   2.207733     2.52   0.012     1.245022    9.899177
```

length	-79.3408	75.27539	-1.05	0.292	-226.8779	68.19626
foreign						
Foreign	3155.979	1129.101	2.80	0.005	942.9807	5368.977

（14）估计 25% 分位数，具有固定的净空效应。

.xtqreg price weight length i.foreign, i(headroom) quantile(.25)

.25 Quantile regression

	Coefficient	Std. err.	z	P>|z|	[95% conf.	interval]
weight	3.942498	1.47786	2.67	0.008	1.045945	6.839051
length	-26.30595	50.22945	-0.52	0.600	-124.7539	72.14196
foreign						
Foreign	3219.176	735.2745	4.38	0.000	1778.064	4660.287

（15）估计 90% 分位数的净空固定效应。

.xtqreg price weight length i.foreign, i(headroom) quantile(.1(0.1)0.9)

.1 Quantile regression

	Coefficient	Std. err.	z	P>|z|	[95% conf.	interval]
weight	2.930069	2.08531	1.41	0.160	-1.157063	7.017201
length	6.643234	71.34646	0.09	0.926	-133.1933	146.4797
foreign						
Foreign	3258.438	1097.766	2.97	0.003	1106.856	5410.021

.2 Quantile regression

	Coefficient	Std. err.	z	P>|z|	[95% conf.	interval]
weight	3.502437	1.663279	2.11	0.035	.2424698	6.762404
length	-11.98431	56.71065	-0.21	0.833	-123.1351	99.16652
foreign						
Foreign	3236.241	850.8364	3.80	0.000	1568.633	4903.85

.3 Quantile regression

	Coefficient	Std. err.	z	P>|z|	[95% conf.	interval]
weight	4.395751	1.480827	2.97	0.003	1.493383	7.298118
length	-41.0569	50.22714	-0.82	0.414	-139.5003	57.38649
foreign						
Foreign	3201.598	722.156	4.43	0.000	1786.198	4616.998

.4 Quantile regression

	Coefficient	Std. err.	z	P>|z|	[95% conf.	interval]
weight	4.853729	1.67185	2.90	0.004	1.576963	8.130495
length	-55.96167	56.76297	-0.99	0.324	-167.215	55.29172
foreign						
Foreign	3183.838	822.8099	3.87	0.000	1571.16	4796.515

.5 Quantile regression

	Coefficient	Std. err.	z	P>|z|	[95% conf. interval]	
weight	5.5721	2.207733	2.52	0.012	1.245022	9.899177
length	-79.3408	75.27539	-1.05	0.292	-226.8779	68.19626
foreign						
Foreign	3155.979	1129.101	2.80	0.005	942.9807	5368.977

.6 Quantile regression

	Coefficient	Std. err.	z	P>|z|	[95% conf. interval]	
weight	6.009517	2.668757	2.25	0.024	.778849	11.24018
length	-93.57641	90.96555	-1.03	0.304	-271.8656	84.7128
foreign						
Foreign	3139.015	1360.524	2.31	0.021	472.4365	5805.594

.7 Quantile regression

	Coefficient	Std. err.	z	P>|z|	[95% conf. interval]	
weight	7.27941	4.06007	1.79	0.073	-.6781819	15.237
length	-134.9047	138.6556	-0.97	0.331	-406.6646	136.8553
foreign						
Foreign	3089.768	2105.149	1.47	0.142	-1036.249	7215.785

.8 Quantile regression

	Coefficient	Std. err.	z	P>|z|	[95% conf. interval]	
weight	8.15355	5.071918	1.61	0.108	-1.787227	18.09433
length	-163.3533	173.3191	-0.94	0.346	-503.0524	176.3459
foreign						
Foreign	3055.869	2644.492	1.16	0.248	-2127.24	8238.978

.9 Quantile regression

	Coefficient	Std. err.	z	P>|z|	[95% conf. interval]	
weight	9.943691	7.173976	1.39	0.166	-4.117044	24.00443
length	-221.6128	245.4038	-0.90	0.366	-702.5954	259.3698
foreign						
Foreign	2986.446	3773.259	0.79	0.429	-4409.006	10381.9

（16）具有固定净空效应的中值回归报告位置和规模估计。

.xtqreg price weight length i.foreign, i(headroom) quantile(.25) ls

MM-QR regression results

Number of obs = 74

Location parameters

(Std. err. adjusted for 8 clusters in headroom)

price	Coefficient	Robust std. err.	t	P>|t|	[95% conf. interval]	
weight	5.808585	1.890251	3.07	0.018	1.338851	10.27832

length	-87.03713	61.15746	-1.42	0.198	-231.6515	57.57728
foreign						
Foreign	3146.808	535.8485	5.87	0.001	1879.727	4413.888
_cons	4048.033	5960.172	0.68	0.519	-10045.53	18141.6

Scale parameters
(Std. err. adjusted for 8 clusters in headroom)

	Coefficient	Robust std. err.	t	P>|t|	[95% conf.	interval]
weight	2.059933	.4740231	4.35	0.003	.9390462	3.180819
length	-67.03984	23.26908	-2.88	0.024	-122.0625	-12.01722
foreign						
Foreign	-79.88532	194.57	-0.41	0.694	-539.9704	380.1997
_cons	7839.758	3333.199	2.35	0.051	-42.0063	15721.52

.25 Quantile regression

	Coefficient	Std. err.	z	P>|z|	[95% conf.	interval]
weight	3.942498	1.47786	2.67	0.008	1.045945	6.839051
length	-26.30595	50.22945	-0.52	0.600	-124.7539	72.14196
foreign						
Foreign	3219.176	735.2745	4.38	0.000	1778.064	4660.287

（17）清理内存，下载数据集。

```
.clear
.webuse nlswork, clear
```

（18）安装以下命令。

```
.ssc install xtqreg
.ssc install ftools
.ssc install hdfe
```

（19）idcode 具有固定效应的中值回归。使用 xtqreg。

```
.xtqreg ln_w age c.age#c.age ttl_exp c.ttl_exp#c.ttl_exp tenure c.tenure#c.tenure not_smsa south, i(idcode) ls
```

MM-QR regression results
Number of obs = 28093

Location parameters
(Std. err. adjusted for 4,699 clusters in idcode)

ln_wage	Coefficient	Robust std. err.	t	P>|t|	[95% conf.	interval]
age	.0359987	.0052407	6.87	0.000	.0257244	.046273
c.age#c.age	-.000723	.0000845	-8.56	0.000	-.0008887	-.0005573
ttl_exp	.0334668	.004069	8.22	0.000	.0254896	.0414439
c.ttl_exp#c.ttl_exp	.0002163	.0001763	1.23	0.220	-.0001294	.0005619
tenure	.0357539	.0024683	14.49	0.000	.0309148	.040593
c.tenure#c.tenure	-.0019701	.0001696	-11.62	0.000	-.0023026	-.0016376

	Coefficient	Std. err.	z	P>|z|	[95% conf.	interval]
not_smsa	-.0890108	.0137629	-6.47	0.000	-.1159925	-.062029
south	-.0606309	.0163366	-3.71	0.000	-.0926583	-.0286035
_cons	1.037301	.0739644	14.02	0.000	.892296	1.182306

Scale parameters

(Std. err. adjusted for 4,699 clusters in idcode)

	Coefficient	Robust std. err.	t	P>|t|	[95% conf.	interval]
age	-.010149	.0025422	-3.99	0.000	-.0151328	-.0051651
c.age#c.age	.0002173	.000041	5.30	0.000	.0001369	.0002976
ttl_exp	-.0080147	.0020164	-3.97	0.000	-.0119677	-.0040616
c.ttl_exp#c.ttl_exp	.0004076	.000092	4.43	0.000	.0002273	.000588
tenure	-.0100616	.0012234	-8.22	0.000	-.01246	-.0076632
c.tenure#c.tenure	.0003638	.0000868	4.19	0.000	.0001937	.000534
not_smsa	-.0053281	.0070617	-0.75	0.451	-.0191724	.0085162
south	-.0068106	.007964	-0.86	0.392	-.0224238	.0088026
_cons	.3331506	.0356566	9.34	0.000	.2632469	.4030543

.5 Quantile regression

	Coefficient	Std. err.	z	P>|z|	[95% conf.	interval]
age	.035267	.0162301	2.17	0.030	.0034566	.0670775
c.age#c.age	-.0007073	.0002549	-2.77	0.006	-.001207	-.0002077
ttl_exp	.032889	.0138415	2.38	0.017	.0057601	.0600179
c.ttl_exp#c.ttl_exp	.0002457	.0005966	0.41	0.681	-.0009237	.001415
tenure	.0350286	.0082498	4.25	0.000	.0188592	.0511979
c.tenure#c.tenure	-.0019439	.0005457	-3.56	0.000	-.0030134	-.0008744
not_smsa	-.0893949	.0450118	-1.99	0.047	-.1776164	-.0011733
south	-.0611219	.0527002	-1.16	0.246	-.1644123	.0421686

（20）idcode 具有固定效应的中值回归。使用 mmqreg。

.mmqreg ln_w age c.age#c.age ttl_exp c.ttl_exp#c.ttl_exp tenure c.tenure#c.tenure not_smsa south, abs(idcode)

ln_wage	Coefficient	Std. err.	z	P>|z|	[95% conf.	interval]
location						
age	.0359987	.0174207	2.07	0.039	.0018548	.0701426
c.age#c.age	-.000723	.0002738	-2.64	0.008	-.0012596	-.0001864
ttl_exp	.0334668	.0148518	2.25	0.024	.0043578	.0625757
c.ttl_exp#c.ttl_exp	.0002163	.0006403	0.34	0.736	-.0010386	.0014712
tenure	.0357539	.0088671	4.03	0.000	.0183746	.0531332
c.tenure#c.tenure	-.0019701	.0005856	-3.36	0.001	-.0031179	-.0008223
not_smsa	-.0890108	.0482793	-1.84	0.065	-.1836365	.0056149
south	-.0606309	.0565261	-1.07	0.283	-.17142	.0501582

_cons	1.037459	.2488778	4.17	0.000	.5496677	1.525251
scale						
age	-.010149	.0166106	-0.61	0.541	-.0427052	.0224072
c.age#c.age	.0002173	.000261	0.83	0.405	-.0002944	.0007289
ttl_exp	-.0080147	.0141611	-0.57	0.571	-.03577	.0197407
c.ttl_exp#c.ttl_exp	.0004076	.0006105	0.67	0.504	-.000789	.0016042
tenure	-.0100616	.0084548	-1.19	0.234	-.0266327	.0065095
c.tenure#c.tenure	.0003638	.0005584	0.65	0.515	-.0007306	.0014582
not_smsa	-.0053281	.0460343	-0.12	0.908	-.0955536	.0848974
south	-.0068106	.0538976	-0.13	0.899	-.1124479	.0988267
_cons	.3371566	.2373047	1.42	0.155	-.1279522	.8022653
qtile						
age	.03531	.0184135	1.92	0.055	-.0007798	.0713997
c.age#c.age	-.0007082	.0002892	-2.45	0.014	-.0012751	-.0001414
ttl_exp	.0329229	.0157036	2.10	0.036	.0021444	.0637014
c.ttl_exp#c.ttl_exp	.0002439	.0006769	0.36	0.719	-.0010827	.0015705
tenure	.0350711	.0093596	3.75	0.000	.0167266	.0534156
c.tenure#c.tenure	-.0019454	.0006191	-3.14	0.002	-.0031588	-.000732
not_smsa	-.0893723	.0510672	-1.75	0.080	-.1894622	.0107175
south	-.061093	.0597899	-1.02	0.307	-.178279	.0560929
_cons	1.060339	.2625523	4.04	0.000	.5457454	1.574932

3.12 面板门限回归模型

单一门限变量和门限值的静态面板门限回归模型表达式为

$$y_{it} = x'_{it}\beta + (1, x'_{it})\delta_1\{q_{it} > \gamma\} + u_i + \varepsilon_{it}$$
$$i = 1, 2, \cdots, n; t = 1, 2, \cdots, T \quad (3\text{-}123)$$

式中，x_{it} 为包含滞后因变量的解释变量向量；q_{it} 为门限变量。

Stata 估计固定效应面板门限回归模型用 xthreg 命令。固定效应面板门限回归模型需要平衡面板数据，由 xthreg 自动检查。计算门限效应的估计和检验在 Mata（Stata 的高级编程模块）内计算。

其语法格式为：

xthreg depvar [indepvars] [if] [in], rx(varlist) qx(varname) [thnum(#) grid(#) trim(numlist) bs(numlist) thlevel(#) gen(newvarname) noreg nobslog thgiven options]

例 3.16 面板门限回归模型

下面用 Stata 软件自带的 hansen1999.dta 数据集说明实现。

（1）清空内存，打开数据集。

.clear

.use "E:\ 教学 \ 研究生计量 \stata 计量应用 \ 回复 _ 关于 xtstregress 指令的详细说明和

下载 \xtstregress\hansen1999.dta"[⊖]

（2）估计单阈值模型。

.xthreg i q1 q2 q3 d1 qd1, rx(c1) qx(d1) thnum(1) trim(0.01) grid(400) bs(300)

```
Threshold estimator (level = 95):

       model   Threshold       Lower       Upper

        Th-1      0.0154      0.0141      0.0167

Threshold effect test (bootstrap = 300):

   Threshold        RSS        MSE      Fstat    Prob   Crit10    Crit5    Crit1

      Single    17.7818     0.0023      35.20  0.0000  13.0421  15.6729  21.1520
```

```
Fixed-effects (within) regression               Number of obs     =      7910
Group variable: id                              Number of groups  =       565

R-sq:  Within  = 0.0951                         Obs per group: min =        14
       Between = 0.0692                                        avg =      14.0
       Overall = 0.0660                                        max =        14

                                                F(7,7338)         =    110.21
corr(u_i, Xb)  = -0.3972                        Prob > F          =    0.0000

           i   Coefficient  Std. err.      t    P>|t|     [95% conf. interval]

          q1     .0105555   .0008917    11.84   0.000     .0088075    .0123035
          q2    -.0202872   .0025602    -7.92   0.000     -.025306   -.0152683
          q3     .0010785   .0001952     5.53   0.000     .0006959    .0014612
          d1    -.0229482   .0042381    -5.41   0.000     -.031256   -.0146403
         qd1     .0007392   .0014278     0.52   0.605    -.0020597    .0035381

    _cat#c.c1
           0     .0552454   .0053343    10.36   0.000     .0447885    .0657022
           1     .0862498   .0052022    16.58   0.000      .076052    .0964476

       _cons     .0628165   .0016957    37.05   0.000     .0594925    .0661405

     sigma_u    .03980548
     sigma_e    .04922656
         rho    .39535508   (fraction of variance due to u_i)

F test that all u_i=0: F(564, 7338) = 6.90                 Prob > F = 0.0000
```

（3）根据上述估计结果，估计一个三阈值模型。

.xthreg i q1 q2 q3 d1 qd1, rx(c1) qx(d1) thnum(3) trim(0.01 0.01 0.05) bs(0 300 300) thgiven

```
Threshold estimator (level = 95):

       model   Threshold       Lower       Upper

        Th-1      0.0154      0.0141      0.0167
       Th-21      0.0148      0.0131      0.0163
       Th-22      0.5364      0.5239      0.5440
        Th-3      0.5200      0.4554      0.5278
```

⊖ 这是作者计算机的运行路径，读者在使用此命令时需要切换到自己计算机的运行路径。

Threshold effect test (bootstrap = 0 300 300):

Threshold	RSS	MSE	Fstat	Prob	Crit10	Crit5	Crit1
Single	17.7818	0.0023	35.20	0.0000	13.0421	15.6729	21.1520
Double	17.7357	0.0022	20.52	0.0167	12.4046	14.4825	27.2155
Triple	17.7158	0.0022	8.88	0.2200	11.8294	14.6452	19.7998

Threshold effect test (bootstrap = 0 300 300):

Threshold	RSS	MSE	Fstat	Prob	Crit10	Crit5	Crit1
Single	17.7818	0.0023	35.20	0.0000	13.0421	15.6729	21.1520
Double	17.7357	0.0022	20.52	0.0167	12.4046	14.4825	27.2155
Triple	17.7158	0.0022	8.88	0.2200	11.8294	14.6452	19.7998

```
Fixed-effects (within) regression               Number of obs     =      7910
Group variable: id                              Number of groups  =       565

R-sq:  Within  = 0.0985                         Obs per group: min =       14
       Between = 0.0668                                        avg =     14.0
       Overall = 0.0656                                        max =       14

                                                F(9,7336)         =     89.05
corr(u_i, Xb)  = -0.4121                        Prob > F          =    0.0000
```

i	Coefficient	Std. err.	t	P>|t|	[95% conf.	interval]
q1	.0103706	.000891	11.64	0.000	.008624	.0121172
q2	-.0201185	.0025563	-7.87	0.000	-.0251295	-.0151075
q3	.0010746	.0001949	5.51	0.000	.0006926	.0014566
d1	-.0160041	.0045483	-3.52	0.000	-.02492	-.0070882
qd1	.0008919	.0014256	0.63	0.532	-.0019026	.0036865
_cat#c.c1						
0	.0598482	.0053923	11.10	0.000	.0492777	.0704187
1	.0917905	.0053786	17.07	0.000	.0812469	.1023341
2	.1977029	.0371546	5.32	0.000	.1248692	.2705367
3	.0409602	.0110755	3.70	0.000	.0192489	.0626714
_cons	.0604252	.0017825	33.90	0.000	.056931	.0639194
sigma_u	.04023707					
sigma_e	.04914178					
rho	.40135033	(fraction of variance due to u_i)				

F test that all u_i=0: F(564, 7336) = 6.96　　　Prob > F = 0.0000

.xthreg i q1 q2 q3 d1 qd1, rx(c1) qx(d1) thnum(3) trim(0.01 0.01 0.05) grid(400) bs(300 300 300)

Threshold estimator (level = 95):

model	Threshold	Lower	Upper
Th-1	0.0154	0.0141	0.0167
Th-21	0.0154	0.0141	0.0167
Th-22	0.5418	0.5268	0.5473
Th-3	0.4778	0.4755	0.4823

```
Threshold effect test (bootstrap = 300 300 300):

Threshold |      RSS       MSE     Fstat   Prob   Crit10    Crit5    Crit1
----------+----------------------------------------------------------------
   Single |  17.7818    0.0023     35.20 0.0000  11.8091  15.7084  23.2124
   Double |  17.7258    0.0022     24.97 0.0100  12.1526  15.0158  23.0159
   Triple |  17.7119    0.0022      6.20 0.5300  14.8758  18.5197  34.4336

Fixed-effects (within) regression               Number of obs      =      7910
Group variable: id                              Number of groups   =       565

R-sq:  Within  = 0.0987                         Obs per group: min =        14
       Between = 0.0684                                        avg =      14.0
       Overall = 0.0667                                        max =        14

                                                F(9,7336)          =     89.26
corr(u_i, Xb)  = -0.4072                        Prob > F           =    0.0000

           i | Coefficient  Std. err.      t    P>|t|     [95% conf. interval]
-------------+----------------------------------------------------------------
          q1 |   .0103968   .0008909    11.67   0.000     .0086503    .0121432
          q2 |  -.0201183   .0025559    -7.87   0.000    -.0251286   -.0151081
          q3 |   .0010734   .0001949     5.51   0.000     .0006915    .0014554
          d1 |  -.0166801   .0045804    -3.64   0.000    -.0256589   -.0077012
         qd1 |   .0008845   .0014255     0.62   0.535    -.0019099    .0036788
             |
    _cat#c.c1 |
           0 |   .0587984   .0053924    10.90   0.000     .0482278     .069369
           1 |   .0920255   .0053928    17.06   0.000     .0814541    .1025969
           2 |   .1325752   .0173155     7.66   0.000     .0986318    .1665186
           3 |   .0419859   .0112319     3.74   0.000     .0199681    .0640037
             |
       _cons |   .0604649   .0017873    33.83   0.000     .0569613    .0639684
-------------+----------------------------------------------------------------
     sigma_u |   .0400859
     sigma_e |  .04913619
         rho |  .39959759   (fraction of variance due to u_i)
------------------------------------------------------------------------------
F test that all u_i=0: F(564, 7336) = 6.94                   Prob > F = 0.0000
```

（4）直接估计三阈值模型。

.xthreg i q1 q2 q3 d1 qd1, rx(c1) qx(d1) thnum(3) trim(0.01 0.01 0.05) bs(300 300 300)

```
Threshold estimator (level = 95):

    model |  Threshold      Lower      Upper
----------+---------------------------------
     Th-1 |     0.0163     0.0136     0.0181
    Th-21 |     0.0148     0.0131     0.0163
    Th-22 |     0.5364     0.5239     0.5440
     Th-3 |     0.5200     0.4554     0.5278

Threshold effect test (bootstrap = 300 300 300):

Threshold |      RSS       MSE     Fstat   Prob   Crit10    Crit5    Crit1
----------+----------------------------------------------------------------
   Single |  17.7900    0.0023     31.57 0.0000  12.6567  15.0160  22.7659
   Double |  17.7357    0.0022     24.14 0.0000  10.8382  14.7167  18.7189
   Triple |  17.7158    0.0022      8.88 0.2500  12.5073  15.8665  27.3023

Fixed-effects (within) regression               Number of obs      =      7910
Group variable: id                              Number of groups   =       565
```

```
R-sq:  Within  = 0.0985                         Obs per group: min =         14
       Between = 0.0668                                        avg =       14.0
       Overall = 0.0656                                        max =         14

                                                F(9,7336)          =      89.05
corr(u_i, Xb)  = -0.4121                        Prob > F           =     0.0000

------------------------------------------------------------------------------
           i | Coefficient  Std. err.      t    P>|t|     [95% conf. interval]
-------------+----------------------------------------------------------------
          q1 |   .0103706    .000891    11.64   0.000      .008624    .0121172
          q2 |  -.0201185   .0025563    -7.87   0.000    -.0251295   -.0151075
          q3 |   .0010746   .0001949     5.51   0.000     .0006926    .0014566
          d1 |  -.0160041   .0045483    -3.52   0.000      -.02492   -.0070882
         qd1 |   .0008919   .0014256     0.63   0.532    -.0019026    .0036865
             |
   _cat#c.c1 |
           0 |   .0598482   .0053923    11.10   0.000     .0492777    .0704187
           1 |   .0917905   .0053786    17.07   0.000     .0812469    .1023341
           2 |   .1977029   .0371546     5.32   0.000     .1248692    .2705367
           3 |   .0409602   .0110755     3.70   0.000     .0192489    .0626714
             |
       _cons |   .0604252   .0017825    33.90   0.000      .056931    .0639194
-------------+----------------------------------------------------------------
     sigma_u |  .04023707
     sigma_e |  .04914178
         rho |  .40135033   (fraction of variance due to u_i)
------------------------------------------------------------------------------
F test that all u_i=0: F(564, 7336) = 6.96                   Prob > F = 0.0000
```

（5）使用似然比统计量绘制置信区间。

._matplot e(LR21), columns(1 2) yline(7.35, lpattern(dash)) connect(direct) msize(small) mlabp(0) mlabs (zero) ytitle("LR Statistics") xtitle("First Threshold") recast(line) name(LR21) nodraw

._matplot e(LR22), columns(1 2) yline(7.35, lpattern(dash)) connect(direct) msize(small) mlabp(0) mlabs(zero) ytitle("LR Statistics") xtitle("Second Threshold") recast(line) name(LR22) nodraw

.graph combine LR21 LR22, cols(1)

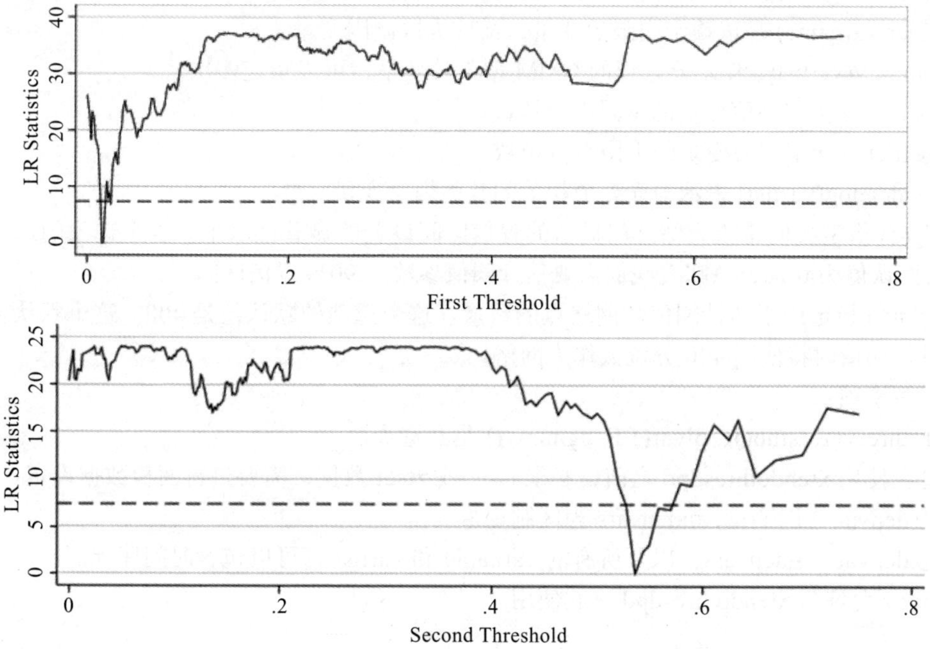

3.13 动态面板门限回归模型

Hansen（1999）模型是静态的，其固定效应回归估计要求协变量是强外生变量，估计值是一致的。然而，在许多实际应用程序中，强外生性可能具有限制性。因此，Seo 和 Shin（2016）将该模型扩展到动态面板门限回归模型。

单一门限变量和门限值的动态面板门限回归模型表达式为

$$
\begin{aligned}
y_{it} = \rho_{si} y_{i,t-1} + \beta_1 (y_{i,t-1} \quad x_{2,it}) \cdot I(q_{it} \leqslant \gamma) + \beta_2 (y_{i,t-1} \quad x_{2,it}) \cdot I(q_{it} > \gamma) + \\
\rho_{hi1} x_{1,it} + \rho_{hi2} x_{2,it} + u_i + \varepsilon_{it}
\end{aligned} \tag{3-124}
$$

$$
i = 1, 2, \cdots, n;\ t = 1, 2, \cdots, T
$$

式中，y_{it} 是被解释变量；$I(\cdot)$ 为标识函数，括号中的条件成立时取值为 1，反之，取值为 0；q_{it} 为门限变量；γ 为门限值；$x_{1,it}$ 是与随机项不相关的外生变量，即第一组区制变量；$x_{2,it}$ 是与随机项相关的内生变量，即第二组区制变量；u_i 为个体固定效应；ε_{it} 为随机项；ρ_{si}、β_1、β_2、ρ_{hi1}、ρ_{hi2} 为待估计参数。

内生回归变量的动态面板数据门限效应模型估计使用命令 xtendothresdpd。命令 xtendothresdpd 参照 Kremer、Bick 和 Nautz(2013) 编写的内容。在动态面板数据阈值效应模型中，也有一个阈值效应，并且回归变量是内生的，那么可以使用命令 xtendothresdpd 来估计阈值效应和斜率系数。在这个命令中，门限值是内生确定的。也就是说，如果有一个阈值，命令 xtendothresdpd 会使用数据提供的信息找到它。

（1）模型参数估计命令应用的语法格式如下所示。

xtendothresdpd depvar indepvars[if] [in], thresv(varname) stub(string) pivar(varname) dgmmiv(varlist [...]) [options]

该命令为第三方命令，使用之前需要先下载安装。

选项含义为：

thresv(varname) 表示门限变量。

stub(string) 指定一个字符串名称，新的变量名将从中创建。

pivar(varname) 是依赖于门限的变量，又称为区制因变量。

dgmmiv(varlist[...]) 差分方程的 GMM 型工具变量，可以指定多次。

fpctile(#) 指定阈值变量的下限百分位数。

lpctile(#) 指定阈值变量的上限百分位数。

xaddendog(varlist) 表示与误差项相关的其他内生变量。

sig(#) 指定我们希望为估计门槛值的置信区间设置的显著性水平。这个选项的默认值是 0.10。默认值为 0.10，意味着我们需要估计阈值参数的 90% 置信区间。

grid(#) 指定用于估计阈值的网格点的数量。这个选项的默认值是 400。这个默认值意味着在计算阈值时将使用 400 分位数作为网格。

注意事项：

① thresv()、stub()、pivar() 和 dgmmiv() 是必选项。

②在使用 xtendothresdpd 之前，必须 tsset 或 xtset 数据，需要进行面板数据设定。

③ depvar 为因变量，indepvars 为区制变量。

④ depvar、indepvars，以及所有的 varname 和 varlist 都可以包含时间序列。

⑤ by 允许与 xtendothresdpd 一起使用。

（2）模型预测命令应用的语法格式如下所示。

predict [type] newvar [if] [in] [, xb e stdp difference]

predict 创建包含预测（如线性预测）的新变量。

（3）模型检验命令 xtendothresdpdtest 应用的语法格式如下所示。

xtendothresdpdtest , comdline(string) [options]

命令 xtendothresdpdtest 主要是用于检验使用命令 xtendothresdpd 后得到的门限值的有效性。

例 3.17　内生动态面板门限回归模型

下面示例说明内生动态面板门限回归模型估计。

（1）下载并安装命令 xtendothresdpd。

.clear all

.ssc install xtendothresdpd

（2）关闭分屏展示。

.set more off

（3）下载、打开数据集。

.use http://fmwww.bc.edu/repec/bocode/x/xtendothresdpddata.dta, clear

（4）数据集描述。

.describe

(结果略)

（5）数据变量描述统计。

.sum

(结果略)

.xtsum

(结果略)

（6）动态面板门限回归模型的稳健标准误估计。

我们将因变量（lggdppccstd）对滞后因变量（L.lggdppccstd）和制度自变量（lginvestgdpr lginflation）进行回归。我们将阈值变量（debtpcgdpr）放在选项 thresv() 中。我们将依赖于阈值的变量放在选项 pivar() 中。在此规范中，阈值变量和依赖于阈值的变量是相同的。在下面的其他回归中，我们将放宽这一假设。我们将差分方程（lggdppccstd）的 gmm 类型工具放在选项 dgmmiv() 中，选用两步估计法计算，增加选项 twostep。最后，我们通过选项 vce（robust）指定稳健标准误差估计。

代码为：

.xtendothresdpd lggdppccstd L.lggdppccstd lginvestgdpr lginflation, thresv(debtpcgdpr) stub(enr) pivar(debtpcgdpr) dgmmiv(lggdppccstd) twostep vce(robust)

运行结果为：

```
Dynamic panel-data estimation                  Number of obs      =        544
Group variable: id                             Number of groups   =         78
Time variable: period
                                               Obs per group:
                                                            min =          6
                                                            avg =   6.974359
                                                            max =          7
```

```
Number of instruments =      22                   Wald chi2(5)      =     717.87
                                                  Prob > chi2       =     0.0000
Two-step results
                                     (Std. err. adjusted for clustering on id)
------------------------------------------------------------------------------
             |              WC-robust
  lggdppccstd | Coefficient  std. err.      z    P>|z|     [95% conf. interval]
-------------+----------------------------------------------------------------
  lggdppccstd |
          L1. |   .8949676   .0495721    18.05   0.000      .797808    .9921272
             |
below_thres_enr |  -.5097349   .2594724    -1.96   0.049    -1.018291   -.0011783
above_thres_enr |  -.2301179    .091428    -2.52   0.012    -.4093134   -.0509223
  lginvestgdpr |  -.0097807   .1342517    -0.07   0.942    -.2729091    .2533478
  lginflation |  -.5291435   .2562929    -2.06   0.039    -1.031468   -.0268187
        _cons |    1.18536   .4930854     2.40   0.016     .2189301    2.151789
------------------------------------------------------------------------------
Instruments for differenced equation
        GMM-type: L(2/.).lggdppccstd
Instruments for level equation
        Standard: _cons

Threshold Parameter (level = 90)
------------------------------------------------------------------
                Threshold           Lower          Upper
------------------------------------------------------------------
Gamma_Hat       .30745              .30192          .319
------------------------------------------------------------------
```

结果解释：

我们看到两个结果输出表。一张大表（第一张表）和一张小表（第二张表）。

在标题为 Dynamic panel-data estimation 的大结果表中，我们注意到生成了两个变量：below_thres_enr 和 above_thres_enr。below_thres_enr 对应的是低于估计阈值的制度因变量。它对应于 pi_it*I(q_it <= gamma_hat)。above_thres_enr 对应的是估计阈值以上的区制变量。它对应于 pi_it*I(q_it > gamma_hat))。

这张大表中的其他变量对应于滞后因变量和区制自变量。这张大表还有页眉和页脚。(level = 90) 意味着报告的阈值参数有一个 90% 的置信区间。

这张小表中的结果表明，阈值为 0.30745，置信区间下限为 0.30192，置信区间上限为 0.319。下图显示了阈值模型的置信区间构造。

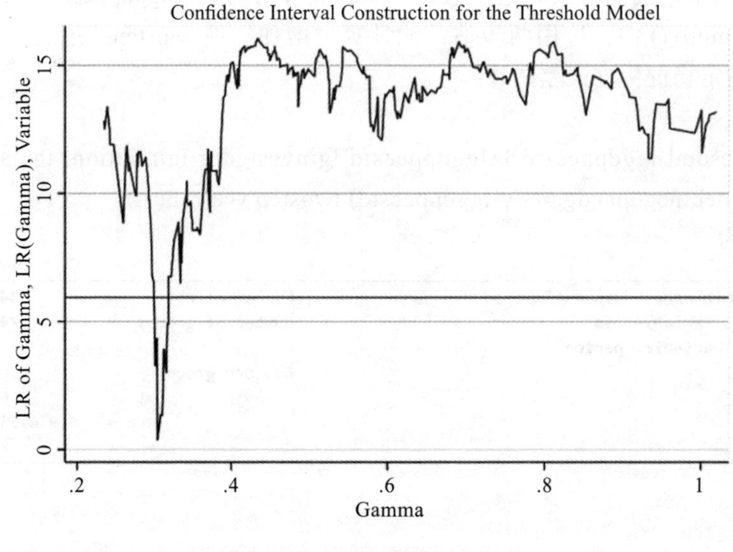

在这幅图中，波动曲线表示似然比统计量：LR(gamma)。水平线表示似然比统计量的渐近分布的百分比。

图中两条线的交点对应于置信区间。波动曲线与水平线接触的点对应于估计的阈值参数 Gamma_Hat。

（7）也可以用 noconstant 选项估计与上面相同的回归。

.xtendothresdpd lggdppccstd L.lggdppccstd lginvestgdpr lginflation, thresv(debtpcgdpr) stub(enr) pivar(debtpcgdpr) dgmmiv(lggdppccstd) twostep vce(robust) noconstant

（结果略）

（8）恢复数据集的原始顺序。

.tsset

（9）再次进行回归。

.xtendothresdpd lggdppccstd L.lggdppccstd lginvestgdpr lginflation, thresv(debtpcgdpr) stub(enr) pivar(debtpcgdpr) dgmmiv(lggdppccstd) lgmmiv(lggdppccstd) div(L(0/3).lgdebtothers, nodifference) vce(robust)

（结果略）

（10）计算线性预测值。

.predict double xbhat, xb

（11）计算残差。

.predict double residshat, e

（12）计算预测值的标准差。

.predict double stanerphat, stdp

（13）描述所有预测值。

.describe xbhat residshat stanerphat

Variable name	Storage type	Display format	Value label	Variable label
xbhat	double	%10.0g		Linear prediction
residshat	double	%10.0g		Residuals
stanerphat	double	%10.0g		S.E. of the prediction

（14）对这些预测值进行描述性统计分析。

.summarize xbhat residshat stanerphat

Variable	Obs	Mean	Std. dev.	Min	Max
xbhat	390	8.77322	1.64992	5.092969	11.69505
residshat	390	8.99e-13	.1430056	-.4396034	1.812246
stanerphat	390	.055242	.0475387	.0149938	.8183329

（15）安装数据集。

.use http://fmwww.bc.edu/repec/bocode/x/xtendothresdpddata.dta, clear

（16）对模型进行回归。

.xtendothresdpd lggdppccstd L.lggdppccstd lginvestgdpr lginflation, thresv(debtpcgdpr) stub(enr) pivar(debtpcgdpr) dgmmiv(lggdppccstd) twostep vce(robust) grid(100)

```
Dynamic panel-data estimation                   Number of obs      =       544
Group variable: id                              Number of groups   =        78
Time variable: period
                                                Obs per group:
                                                             min =           6
                                                             avg =    6.974359
                                                             max =           7

Number of instruments =     22                  Wald chi2(5)       =    718.68
                                                Prob > chi2        =    0.0000
Two-step results
                                     (Std. err. adjusted for clustering on id)
------------------------------------------------------------------------------
             |              WC-robust
  lggdppccstd | Coefficient  std. err.      z    P>|z|     [95% conf. interval]
-------------+----------------------------------------------------------------
  lggdppccstd |
         L1. |   .8992957   .0490055    18.35   0.000     .8032466    .9953447
             |
below_thres_enr |  -.5691778   .2632073    -2.16   0.031    -1.085055   -.0533009
above_thres_enr |  -.2357622   .0945419    -2.49   0.013    -.4210609   -.0504634
  lginvestgdpr |   .0042169   .1527307     0.03   0.978    -.2951297    .3035636
   lginflation |  -.5112919   .2503218    -2.04   0.041    -1.001914   -.0206702
       _cons |   1.175034   .4900479     2.40   0.016     .2145579     2.13551
------------------------------------------------------------------------------
Instruments for differenced equation
        GMM-type: L(2/.).lggdppccstd
Instruments for level equation
        Standard: _cons

Threshold Parameter (level = 90)
---------------------------------------------------------
               Threshold          Lower         Upper
---------------------------------------------------------
Gamma_Hat      .30484             .30296        .316225
---------------------------------------------------------
```

（17）显示返回数据。

.ereturn list

（18）我们出于再现性目的设置随机数种子。

.set seed 542020

（19）门限效应检验。

.xtendothresdpdtest, comdline('e(cmdline)') reps(50)

```
Bootstrap results                                   Number of obs = 465
                                                    Replications  =  50
------------------------------------------------------------------------------
             |   Observed   Bootstrap                         Normal-based
             | coefficient  std. err.      z    P>|z|     [95% conf. interval]
-------------+----------------------------------------------------------------
    SupWStar |   4.257963   1.822641     2.34   0.019     .6856525    7.830273
------------------------------------------------------------------------------
```

（20）查看返回值。

.ereturn list

（21）查看 SupWStar 统计的观测系数。

.matrix list e(b)

```
symmetric e(b)[1,1]
        SupWStar
y1  4.2579625
```

3.14　面板平滑转换模型

平滑转换（Smooth Transition Regression，STR）模型从一个状态到另一个状态的转换过程是平滑连续的。基本的面板平滑转换模型为

$$y_{it}=\boldsymbol{c}+\boldsymbol{x}_{it}\boldsymbol{\beta}+G(\boldsymbol{s}_{it};\boldsymbol{c},\gamma)z_{it}\alpha+u_i+\varepsilon_{it} \tag{3-125}$$

式中，被解释变量 y_{it} 受到两个部分影响：线性解释变量向量 $\boldsymbol{x}_{it}$ 作用部分 $\boldsymbol{x}_{it}\boldsymbol{\beta}$ 和非线性平滑转换解释变量向量 $\boldsymbol{z}_{it}$ 作用部分 $G(\boldsymbol{s}_{it};\ \boldsymbol{c},\ \gamma)z_{it}\alpha$。$\boldsymbol{s}_{it}$ 为转换变量向量；$\boldsymbol{c}$ 为转换变量对应的门限值向量；γ 反映转换速率或平滑程度的参数；$G(\boldsymbol{s}_{it};\ \boldsymbol{c},\ \gamma)$ 为平滑转换函数，其值在 0 到 1 之间。目前，$G(\boldsymbol{s}_{it};\ \boldsymbol{c},\ \gamma)$ 一般采用逻辑平滑函数、指数平滑函数和正态平滑函数三种形式，即

$$G(\boldsymbol{s}_{it};\boldsymbol{c},\gamma)=\begin{cases}[1+\exp(-\gamma(\boldsymbol{s}_{it}-\boldsymbol{c}))]^{-1} & \text{逻辑平滑函数}\\ 1-\exp(-\gamma(\boldsymbol{s}_{it}-\boldsymbol{c})^2) & \text{指数平滑函数}\\ \Phi(\gamma(\boldsymbol{s}_{it}-\boldsymbol{c})) & \text{正态平滑函数}\end{cases} \tag{3-126}$$

在三种平滑函数中，γ 均大于 0。逻辑平滑函数可以扩展到多个状态：

$$G(\boldsymbol{s}_{it};\boldsymbol{c},\gamma)=\left[1+\exp\left(-\gamma\prod_{j=1}^{m}(\boldsymbol{s}_{it}-\boldsymbol{c}_j)\right)\right]^{-1} \tag{3-127}$$

式中，$\boldsymbol{c}_1<\boldsymbol{c}_2<\cdots<\boldsymbol{c}_m$，$m=1$ 或 2。

面板平滑转换模型的参数估计函数主要是 xtstregress。

xtstregress depvar [indepvars] [if] [in] [, lstr(spec) lstr(spec) lstr(spec) ... noconstant nolog {opt vce(type)]

例 3.18　面板平滑转换模型

下面用相关数据集说明面板平滑转换模型的 Stata 软件实现。

（1）打开数据集。

.clear all

我们以 Hansen（1999）为例，他研究了面板阈值模型。这里我们估计一个面板平滑转换模型。

.use hansen1999

（2）面板平滑转换模型回归。

.xtstregress i L.q1 q2 q3 d1 qd1, lstr(c1, d1)

```
Smoothing transition regression (lstr)

log-likelihood  =     11784.0650          Number of obs   =      7345
AIC             =    -23552.1300          R2-within       =    0.0270
BIC             =    -23496.9158          R2-between      =    0.0189
HQIC            =    -23533.1500          R2-overall      =    0.0211
------------------------------------------------------------------------------
           i | Coefficient  Std. err.      z    P>|z|     [95% conf. interval]
-------------+----------------------------------------------------------------
Linear       |
          q1 |
         L1. |   .0018006   .0004176     4.31   0.000     .0009822    .0026191
```

q2	.0099273	.0032931	3.01	0.003	.003473	.0163816
q3	-.0014433	.0004337	-3.33	0.001	-.0022935	-.0005932
d1	-.0555638	.0065548	-8.48	0.000	-.0684109	-.0427166
qd1	.0035961	.001564	2.30	0.021	.0005307	.0066616
_cons	.0925408	.000642	144.15	0.000	.0912825	.0937991
c1						
d1	.0533874	.007826	6.82	0.000	.0380487	.0687262
threshold1	.1978173	.0184716	10.71	0.000	.1616136	.234021
lngamma	3.361259	.4060311	8.28	0.000	2.565453	4.157065

估计后命令。

.est store lstr

系数γ可以转换回来。

Transformed coefficient confidence interval (level=95):

	Coef	se	z	P>|z|	CILower	CIUpper
c1						
gamma	28.8255	11.7040	2.46	0.0138	5.8860	51.7649

.estat stcoef

estat stcoef 通过 nlcom 估算原始系数。可以很容易地得到 γ 值。

.nlcom exp(_b[c1:lngamma])

i	Coefficient	Std. err.	z	P>|z|	[95% conf.	interval]
_nl_1	28.82545	11.70403	2.46	0.014	5.885978	51.76493

我们可以通过 estat stplot 查看面板平滑转换模型，如下图所示。

.estat stplot

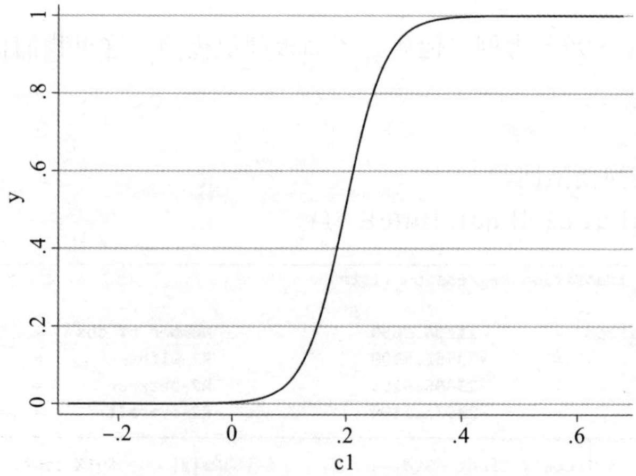

我们通过 estat linear 对线性模型和面板平滑转换模型进行了测试。

.estat linear

Linearity (homegeneity) test for all nonlinear parts:

Ho	F	df1	df2	prob
b1=0	172.7379	2	6773	6.784e-74
b1=b2=0	99.5323	4	6771	1.862e-82
b1=b2=b3=0	69.3872	6	6769	3.599e-84
b1=b2=b3=b4=0	53.0423	8	6767	5.746e-84

Escribano-Jorda linearity test (based on 4th Taylor expansion):

Ho	F	df1	df2	prob
b1=b3=0(HoL)	80.0373	4	6767	1.828e-66
b2=b4=0(HoE)	8.8806	4	6767	3.782e-07

Note: HoL against LSTR, HoE against ESTR

Terasvirta sequential test:

Ho	F	df1	df2	prob
b1=0|b2=b3=0	172.7379	2	6773	6.784e-74
b2=0|b3=0	25.0975	2	6771	1.382e-11
b3=0	8.6473	2	6769	.0001775

.estat reslinear

Terasvirta sequential test:

Ho	F	df1	df2	prob
b1=0|b2=b3=0	172.7379	2	6773	6.784e-74
b2=0|b3=0	25.0975	2	6771	1.382e-11
b3=0	8.6473	2	6769	.0001775

. estat reslinear

Linearity (homegeneity) test for all nonlinear parts:

Ho	F	df1	df2	prob
b1=0	7.9918	1	6774	.004713
b1=b2=0	4.0209	2	6773	.01798
b1=b2=b3=0	3.4228	3	6772	.01647
b1=b2=b3=b4=0	4.8037	4	6771	.0007211

Escribano-Jorda linearity test (based on 4th Taylor expansion):

Ho	F	df1	df2	prob
b1=b3=0(HoL)	2.8252	2	6771	.05936
b2=b4=0(HoE)	5.4959	2	6771	.004122

Note: HoL against LSTR, HoE against ESTR

Terasvirta sequential test:

Ho	F	df1	df2	prob
b1=0|b2=b3=0	7.9918	1	6774	.004713
b2=0|b3=0	0.0511	1	6773	.8212
b3=0	2.2253	1	6772	.1358

.estat pconstant

Terasvirta sequential test:

Ho	F	df1	df2	prob
b1=0|b2=b3=0	7.9918	1	6774	.004713
b2=0|b3=0	0.0511	1	6773	.8212
b3=0	2.2253	1	6772	.1358

. estat pconstant

Linearity (homegeneity) test for all nonlinear parts:

Ho	F	df1	df2	prob
b1=0	38.4508	1	6774	5.945e-10
b1=b2=0	20.4579	2	6773	1.387e-09
b1=b2=b3=0	14.1925	3	6772	3.224e-09
b1=b2=b3=b4=0	14.1479	4	6771	1.682e-11

Escribano-Jorda linearity test (based on 4th Taylor expansion):

Ho	F	df1	df2	prob
b1=b3=0(HoL)	9.2791	2	6771	.00009455
b2=b4=0(HoE)	8.0791	2	6771	.0003129

Note: HoL against LSTR, HoE against ESTR

Terasvirta sequential test:

Ho	F	df1	df2	prob
b1=0|b2=b3=0	38.4508	1	6774	5.945e-10
b2=0|b3=0	2.4568	1	6773	.1171
b3=0	1.6578	1	6772	.1979

现在我们估计一个指数平滑模型和一个正态平滑模型，并抑制迭代日志。

.xtstregress i L.q1 q2 q3 d1 qd1, estr(c1, d1)

```
Smoothing transition regression (estr)

log-likelihood  =      11805.3583          Number of obs  =       7345
AIC             =     -23594.7166          R2-within      =     0.0326
BIC             =     -23539.5024          R2-between     =     0.0241
HQIC            =     -23575.7365          R2-overall     =     0.0266
```

i	Coefficient	Std. err.	z	P>|z|	[95% conf.	interval]
Linear						
q1						
L1.	.0017809	.000416	4.28	0.000	.0009655	.0025963
q2	.0099293	.0032826	3.02	0.002	.0034955	.0163632
q3	-.0014338	.0004322	-3.32	0.001	-.002281	-.0005867
d1	.0522193	.0115413	4.52	0.000	.0295988	.0748397
qd1	.004218	.0015417	2.74	0.006	.0011964	.0072397
_cons	.0902892	.0005806	155.51	0.000	.0891512	.0914272
c1						
d1	-.1054774	.0111374	-9.47	0.000	-.1273063	-.0836484
threshold1	.4887818	.021215	23.04	0.000	.4472012	.5303625
lngamma	2.785013	.1663468	16.74	0.000	2.45898	3.111047

.est store estr

.xtstregress i L.q1 q2 q3 d1 qd1, nstr(c1, d1)

```
Smoothing transition regression (nstr)

log-likelihood  =      11784.3552          Number of obs  =       7345
AIC             =     -23552.7104          R2-within      =     0.0270
BIC             =     -23497.4962          R2-between     =     0.0189
HQIC            =     -23533.7304          R2-overall     =     0.0212
```

i	Coefficient	Std. err.	z	P>|z|	[95% conf.	interval]
Linear						
q1						
L1.	.0018061	.0004176	4.33	0.000	.0009877	.0026245
q2	.0099152	.003293	3.01	0.003	.003461	.0163693
q3	-.0014431	.0004337	-3.33	0.001	-.0022932	-.000593
d1	-.057519	.0061	-9.43	0.000	-.0694747	-.0455633
qd1	.0036109	.0015644	2.31	0.021	.0005447	.0066771
_cons	.0925082	.0006407	144.39	0.000	.0912524	.093764
c1						
d1	.0551481	.0072386	7.62	0.000	.0409607	.0693356
threshold1	.190227	.0188175	10.11	0.000	.1533453	.2271086
lngamma	2.683891	.2299032	11.67	0.000	2.233289	3.134493

.est store nstr

我们通过一些信息标准来比较这三个模型。

.est table lstr estr nstr, star(.1 .05 .01) stat(r2w ai bic hqic) b(%12.4f)

Variable	lstr	estr	nstr
Linear			
q1			
L1.	0.0018***	0.0018***	0.0018***
q2	0.0099***	0.0099***	0.0099***
q3	-0.0014***	-0.0014***	-0.0014***
d1	-0.0556***	0.0522***	-0.0575***
qd1	0.0036**	0.0042***	0.0036**
_cons	0.0925***	0.0903***	0.0925***
c1			
d1	0.0534***	-0.1055***	0.0551***
threshold1	0.1978***	0.4888***	0.1902***
lngamma	3.3613***	2.7850***	2.6839***
Statistics			
r2w	0.0270	0.0326	0.0270
ai			
bic	-23488.0140	-23530.6006	-23488.5944
hqic	-23533.1500	-23575.7365	-23533.7304

Legend: * p<.1; ** p<.05; *** p<.01

结果，指数平滑模型目前处于活动状态。

.est restore estr

估计的指数平滑模型的平滑过渡，如下图所示。

.estat stplot

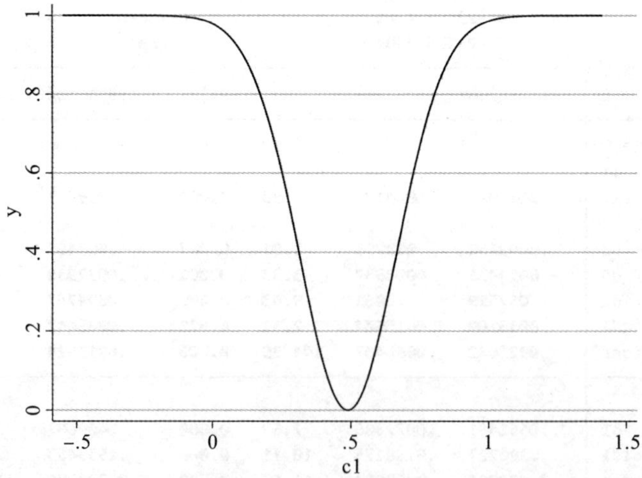

.estat linear

Linearity (homegeneity) test for all nonlinear parts:

Ho	F	df1	df2	prob
b1=0	172.7379	2	6773	6.784e-74
b1=b2=0	99.5323	4	6771	1.862e-82
b1=b2=b3=0	69.3872	6	6769	3.599e-84
b1=b2=b3=b4=0	53.0423	8	6767	5.746e-84

Escribano-Jorda linearity test (based on 4th Taylor expansion):

Ho	F	df1	df2	prob
b1=b3=0(HoL)	80.0373	4	6767	1.828e-66
b2=b4=0(HoE)	8.8806	4	6767	3.782e-07

Note: HoL against LSTR, HoE against ESTR

Terasvirta sequential test:

Ho	F	df1	df2	prob
b1=0|b2=b3=0	172.7379	2	6773	6.784e-74
b2=0|b3=0	25.0975	2	6771	1.382e-11
b3=0	8.6473	2	6769	.0001775

.estat reslinear

Linearity (homegeneity) test for all nonlinear parts:

Ho	F	df1	df2	prob
b1=0	0.9206	1	6774	.3373
b1=b2=0	2.9259	2	6773	.05369
b1=b2=b3=0	1.9503	3	6772	.1192
b1=b2=b3=b4=0	1.4632	4	6771	.2105

Escribano-Jorda linearity test (based on 4th Taylor expansion):

Ho	F	df1	df2	prob
b1=b3=0(HoL)	0.6540	2	6771	.52
b2=b4=0(HoE)	0.4997	2	6771	.6067

Note: HoL against LSTR, HoE against ESTR

Terasvirta sequential test:

Ho	F	df1	df2	prob
b1=0|b2=b3=0	0.9206	1	6774	.3373
b2=0|b3=0	4.9306	1	6773	.02642
b3=0	0.0000	1	6772	.998

最后，我们进行了参数恒常性检验。

.estat pconstant

Linearity (homegeneity) test for all nonlinear parts:

Ho	F	df1	df2	prob
b1=0	49.1436	1	6774	2.609e-12

b1=b2=0	25.4762	2	6773	9.489e-12
b1=b2=b3=0	17.2984	3	6772	3.468e-11
b1=b2=b3=b4=0	17.7703	4	6771	1.599e-14

Escribano-Jorda linearity test (based on 4th Taylor expansion):

Ho	F	df1	df2	prob
b1=b3=0(HoL)	11.1008	2	6771	.00001538
b2=b4=0(HoE)	10.1825	2	6771	.00003841

Note: HoL against LSTR, HoE against ESTR

Terasvirta sequential test:

Ho	F	df1	df2	prob
b1=0|b2=b3=0	49.1436	1	6774	2.609e-12
b2=0|b3=0	1.8030	1	6773	.1794
b3=0	0.9434	1	6772	.3315

第4章
CHAPTER 4

多层混合效应模型与有限混合模型

多层混合效应模型的数据表现为分级或多层结构，低层级单位嵌套或集聚于高层级单位之中，高层级单位内同一个水平的观测数据常常存在一定的集聚性、相关性，即组内观测是非独立的，从而使组间产生了差别，此即所谓的“组内同质、组间异质”。

在多层混合效应模型中，固定效应可以直接估计得到，用均数描述，类似于回归系数，如在平均回归线中的截距表示平均截距，斜率即平均斜率；随机效应不是直接估计得到，用方差进行描述，以随机截距或随机斜率的形式呈现，反映在它们的方差和协方差估计值中。数据的分层结构使得每一层都会有一个残差－协方差结构，个体间（高层级单位）残差－协方差常用 $\boldsymbol{G}$ 表示，矩阵 $\boldsymbol{G}$ 通常为随机截距与随机斜率的方差－协方差矩阵，个体内（低层级单位）残差－协方差常用 $\boldsymbol{R}$ 表示。在纵向数据的发展模型中，y 的均值或期望值是通过固定效应的 β 来分析的，而 y 的方差则是通过 $\boldsymbol{G}$（随机效应的方差－协方差）矩阵和 $\boldsymbol{R}$（低层级单位的方差－协方差）矩阵来分析。

根据截距和斜率是否随机，多层混合效应模型可以有四种情况：①固定截距＋固定斜率。这种情况实际上是混合线性模型的特殊情况，采用一般线性模型进行分析就可以了。②固定截距＋随机斜率。各组回归线截距相同，但斜率不同，斜率随组的变化而变化。③随机截距＋固定斜率。组内回归的截距随组变化而变化但斜率相同，即低层级自变量的斜率在不同的组里面都是一致的。虽然实际中这种绝对一致（斜率相等）的情况很少存在，但在统计学上的相等并不等于绝对相等，可以通过显著性检验来确定组间斜率是否保持一致。④随机截距＋随机斜率。各组回归线截距和斜率都不同，均会跨组变化。

在进行多层混合效应模型分析时，除了需要分析固定效应，还需要分析随机效应。随机效应的分析一般都会考虑随机截距，即将截距设置为随机截距，也就是允许不同组具有各自的截距（基线水平）。在这种模型下讲固定效应和随机效应，一般是指斜率是固定的还是随机的。根据分析时具体采用的模型，多层混合效应模型也被称为随机截距－斜率模型（random intercept and slop model，RIS model）、随机效应模型（random coefficient model）、随机系数模型（random coefficient model）、随机斜率模型（random slop model）、随机截距模型（random intercept model）等。随机截距模型是多层混合效应模型中最简单、最基本的一种模型，也被称为方差成分模型（variance component model）。

从方差组成的角度看，多层混合效应模型将总方差分为两个成分：个体间变异和残差方差。随机截距 - 斜率模型将个体间随机变异纳入模型进行分析，并假设残差 σ^2 相互独立且相等，即个体内的残差方差或协方差矩阵为单位矩阵（即 $\boldsymbol{R}=\sigma^2\boldsymbol{I}$），这在横向数据的分析（如大型的多中心临床试验）中较为常见，但对于纵向数据（如跟踪研究的重复测量资料）而言，个体内常常不独立，这种独立的假设往往不成立，这时我们需要考虑残差方差或协方差结构模型（residual covariance pattern model），将矩阵 $\boldsymbol{R}$ 设置成不同的方差 - 协方差结构。如果将两个局部模型组合起来，既可以分析个体间变异（随机系数模型）又可以分析个体内变异（方差 - 协方差结构模型）的全模型。

方差 - 协方差结构模型有二十几种，如果跟前面的固定效应和随机截距或斜率结合，能够衍生出非常多的全模型。为了确定合适的结构，一般先运行非特定结构残差 - 协方差结构，并通过相关系数矩阵来初步判断合适的模型。当然，模型之间的比较有似然比检验和信息标准统计量，嵌套模型的比较（即一个模型与其亚模型的比较）可以使用似然比检验或信息标准统计量来比较（如 AIC、AICC、CAIC、BIC），信息标准统计量的值越小，模型拟合越好，BIC 绝对差值 0–2 为弱证据，2–6 为正证据，6–10 为强证据，10+ 为超强证据。非嵌套模型一般采用信息标准统计量来进行比较。

另外，在模型比较时，模型参数估计方法可以采用 ML 与 REML。估计方法选用原则为：当比较随机效应相同但固定效应不同的模型时，模型估计方法必须采用 ML ；当比较随机效应不同而固定效应相同的模型时，模型估计方法必须采用 REML。一般情况下，ML 较灵活，当模型的固定效应不同，随机效应也不同，并且两个模型的随机效应是嵌套时，也可以采用 ML 方法进行模型比较。该原则不仅适用于 LR 检验，也适用于信息标准统计量（如 AIC、AICC、CAIC、BIC）的计算。当模型比较完成后，需要应用 REML 法运行最终模型，并报告模型的 REML 估计结果，因为 REML 估计比 ML 估计更准确。

4.1　多层混合效应线性回归

多层混合效应线性模型是既包含固定效应又包含随机效应的模型。它们是一个线性回归的推广，允许包含随机偏差（影响），而非与总体误差项相关。模型的矩阵表达式为

$$\boldsymbol{y}=\boldsymbol{X\beta}+\boldsymbol{Zu}+\boldsymbol{\varepsilon} \tag{4-1}$$

其中，$\boldsymbol{y}$ 是响应的 $n\times 1$ 向量；$\boldsymbol{X}$ 是固定效应 $\boldsymbol{\beta}$ 的 $n\times p$ 维的协变量矩阵；$\boldsymbol{Z}$ 是随机效应 $\boldsymbol{u}$ 的 $n\times q$ 维的协变量矩阵；$n\times 1$ 误差向量 ε 假设是均值为 0、方差矩阵为 $\sigma_\varepsilon^2\boldsymbol{R}$ 的多元正态随机变量。

式（4-1）的固定部分 $\boldsymbol{X\beta}$ 类似于标准 OLS 回归的线性预测值，$\boldsymbol{\beta}$ 为待估计回归系数。对于式（4-1）的随机部分 $\boldsymbol{Zu}+\varepsilon$，假设 $\boldsymbol{u}$ 具有方差 - 协方差矩阵 $\boldsymbol{G}$，并且 $\boldsymbol{u}$ 与 $\boldsymbol{\varepsilon}$ 正交，因此

$$\text{Var}\begin{bmatrix}\boldsymbol{u}\\ \boldsymbol{\varepsilon}\end{bmatrix}=\begin{bmatrix}\boldsymbol{G} & 0\\ 0 & \sigma_\varepsilon^2\boldsymbol{R}\end{bmatrix} \tag{4-2}$$

随机效应 $\boldsymbol{u}$ 不是直接估计的，而是用总体残差方差 σ_ε^2 及 $\boldsymbol{R}$ 中包含的残差方差参数可以预测的以 $\boldsymbol{G}$ 元素为特征的方差分量。

多层混合效应线性模型估计的 Stata 命令为：

mixed depvar fe_equation [|| re_equation] [|| re_equation ...] [, options]

其中，fe_equation 的语法为：

[indepvars] [if] [in] [weight] [, fe_options]

re_equation 的语法为下列之一：

（1）对于随机参数和随机截距。

levelvar: [varlist] [, re_options]

（2）对于交叉效应模型中因子变量值之间的随机效应。

levelvar: R.varname [, re_options]

levelvar 是一个变量，用于识别该级别随机效应的组结构，或者表示包含所有观察值的一个组。

菜单操作：

Statistics > Multilevel mixed-effects models > Linear regression

mixed 拟合多层混合效应线性模型。这些模型也称为多级模型或分层线性模型。假设混合效应线性模型的总体误差分布为高斯分布，且具有异方差性，也可对最低水平组内的相关性进行建模。

例 4.1　多层混合效应线性回归

请扫码查看例 4.1 的内容

4.2　多层混合效应非线性回归

考虑 M 个研究对象，其中 n_j 个测量值 $y_{1j}, y_{2j}, \cdots, y_{n_j j}$ 是样本 j 在时间 $t_{1j}, t_{2j}, \cdots t_{n_j j}$ 时观察到的。“研究对象”是指任何不同的主体，如具有两个或多个相关观测值的实验单位、个体、小组或集群。这个基本的非线性两层模型可以写成［一层的混合效应非线性回归（NLME）只是独立数据的非线性回归模型］

$$y_{ij} = \mu(\boldsymbol{x}'_{ij}, \boldsymbol{\beta}, \boldsymbol{u}_j) + \varepsilon_{ij} \quad i = 1, \cdots, n_j; j = 1, \cdots, M \tag{4-3}$$

其中，$\mu(\cdot)$ 是一个实值函数，它依赖于固定效应 $\boldsymbol{\beta}$ 的 $p \times 1$ 向量，$q \times 1$ 随机效应矢量 $\boldsymbol{u}_j$，以平均值为 0、方差 - 协方差矩阵 $\boldsymbol{\Sigma}$，以及包含样本内协变量 $\boldsymbol{x}_{ij}^{w}$ 和样本间的协变量 $\boldsymbol{x}_j^{b}$ 的协变量向量 $\boldsymbol{x}_{ij}$。$n_j \times 1$ 维的误差向量 $\boldsymbol{\varepsilon}_j = (\varepsilon_{1j}, \cdots, \varepsilon_{n_j j})'$ 是均值为 0 、方差协方差矩阵为 $\sigma^2 \boldsymbol{\Lambda}_j$ 的多元正态分布。

多层混合效应非线性回归的 Stata 命令为：

menl depvar = <menlexpr> [if] [in] [, options]

<menlexpr> 将非线性回归函数定义为包含花括号 {} 中指定的模型参数和随机效应的可替换表达式，如 exp（{b}+{U[id]}）；有关详细信息，请参见 [ME] 菜单中的随机效应替代表达式。

菜单操作：

Statistics > Multilevel mixed-effects models > Nonlinear regression

menl 拟合多层混合效应非线性模型，其中部分或全部固定效应和随机效应非线性进入。这些模型也称为多层非线性模型或分层非线性模型。非线性系统的总体误差分布混合效应模型假设为高斯模型。也提供了不同的协方差结构来模拟随机效应并模拟最低水平组内的异方差性和相关性。

例 4.2　多层混合效应非线性回归

下面以 Stata 自带数据集为例说明实现。

（1）清除内存，下载数据集。

.clear

.webuse orange

（2）拟合无协变量的两层模型。

.menl circumf = ({b1}+{U1[tree]})/(1+exp(-(age-{b2})/{b3}))

```
Mixed-effects ML nonlinear regression           Number of obs     =         35
Group variable: tree                            Number of groups  =          5

                                                Obs per group:
                                                              min =          7
                                                              avg =        7.0
                                                              max =          7

Linearization log likelihood = -131.58458

------------------------------------------------------------------------------
      circumf | Coefficient  Std. err.      z    P>|z|     [95% conf. interval]
--------------+----------------------------------------------------------------
          /b1 |    191.049   16.15403    11.83   0.000     159.3877    222.7103
          /b2 |    722.556   35.15082    20.56   0.000     653.6616    791.4503
          /b3 |   344.1624   27.14739    12.68   0.000     290.9545    397.3703
------------------------------------------------------------------------------

------------------------------------------------------------------------------
  Random-effects parameters |   Estimate   Std. err.     [95% conf. interval]
----------------------------+-------------------------------------------------
tree: Identity              |
                    var(U1) |   991.1514   639.4636      279.8776    3510.038
----------------------------+-------------------------------------------------
              var(Residual) |   61.56371   15.89568      37.11466    102.1184
------------------------------------------------------------------------------
```

（3）同上，但使用 define() 简化模型规范并突出显示两阶段模型公式。

.menl circumf = {phi1:}/(1+exp(-(age-{b2})/{b3})), define(phi1:{b1}+{U1[tree]})

```
Mixed-effects ML nonlinear regression           Number of obs     =         35
Group variable: tree                            Number of groups  =          5

                                                Obs per group:
                                                              min =          7
                                                              avg =        7.0
                                                              max =          7

Linearization log likelihood = -131.58458

        phi1: {b1}+{U1[tree]}

------------------------------------------------------------------------------
      circumf | Coefficient  Std. err.      z    P>|z|     [95% conf. interval]
--------------+----------------------------------------------------------------
          /b1 |    191.049   16.15403    11.83   0.000     159.3877    222.7103
          /b2 |    722.556   35.15082    20.56   0.000     653.6616    791.4503
          /b3 |   344.1624   27.14739    12.68   0.000     290.9545    397.3703
------------------------------------------------------------------------------

------------------------------------------------------------------------------
  Random-effects parameters |   Estimate   Std. err.     [95% conf. interval]
----------------------------+-------------------------------------------------
tree: Identity              |
```

var(U1)	991.1514	639.4636	279.8776	3510.038
var(Residual)	61.56371	15.89568	37.11466	102.1184

（4）在指数中添加一个随机截距 {U2[tree]}，并允许随机截距 U1 和 U2 之间存在相关性。

.menl circumf = {phi1:}/(1+exp(-(age-{phi2:})/{b3})), define(phi1:{b1}+{U1[tree]}) define(phi2:{b2}+{U2[tree]}) covariance(U1 U2, unstructured)

```
Mixed-effects ML nonlinear regression           Number of obs     =         35
Group variable: tree                            Number of groups  =          5

                                                Obs per group:
                                                              min =          7
                                                              avg =        7.0
                                                              max =          7

Linearization log likelihood = -130.90177

      phi1: {b1}+{U1[tree]}
      phi2: {b2}+{U2[tree]}
```

circumf	Coefficient	Std. err.	z	P>|z|	[95% conf. interval]	
/b1	189.8349	17.20035	11.04	0.000	156.1228	223.546
/b2	709.5333	37.24229	19.05	0.000	636.5397	782.526
/b3	340.4731	25.52176	13.34	0.000	290.4514	390.494

Random-effects parameters	Estimate	Std. err.	[95% conf. interval]	
tree: Unstructured				
var(U1)	1180.097	775.0819	325.7264	4275.458
var(U2)	1469.879	2777.132	36.22883	59636.02
cov(U1,U2)	1015.504	1124.568	-1188.609	3219.617
var(Residual)	56.07332	16.20294	31.82681	98.79144

（5）假设独立随机截取 U1 和 U2，并指定受试者误差方差内的异方差，该方差随预测平均值的幂的变化而变化。

.menl circumf = {phi1:}/(1+exp(-(age-{phi2:})/{b3})), define(phi1:{b1}+{U1[tree]}) define(phi2:{b2}+{U2[tree]}) covariance(U1 U2, independent) resvariance(power _yhat, noconstant)

```
Mixed-effects ML nonlinear regression           Number of obs     =         35
Group variable: tree                            Number of groups  =          5

                                                Obs per group:
                                                              min =          7
                                                              avg =        7.0
                                                              max =          7

Linearization log likelihood = -130.90929

      phi1: {b1}+{U1[tree]}
      phi2: {b2}+{U2[tree]}
```

```
------------------------------------------------------------------------------
     circumf | Coefficient  Std. err.      z    P>|z|     [95% conf. interval]
-------------+----------------------------------------------------------------
         /b1 |   191.0458   16.52026    11.56   0.000     158.6667    223.4249
         /b2 |   718.4818   39.68094    18.11   0.000     640.7086     796.255
         /b3 |   346.4098   23.47147    14.76   0.000     300.4065     392.413
------------------------------------------------------------------------------

------------------------------------------------------------------------------
  Random-effects parameters  |   Estimate   Std. err.     [95% conf. interval]
-----------------------------+------------------------------------------------
tree: Independent            |
                     var(U1) |   1047.791    701.519      282.083    3891.998
                     var(U2) |   1337.131   2519.975     33.26502     53747.7
-----------------------------+------------------------------------------------
Residual variance:           |
  Power _yhat                |
                      sigma2 |   3.677958   8.200654     .0465268    290.7437
                       delta |   .2955494   .2403874    -.1756013    .7667001
------------------------------------------------------------------------------
```

（6）同上，但执行受限最大似然估计，而不是默认的最大似然估计。

.menl circumf = {phi1:}/(1+exp(-(age-{phi2:})/{b3})), define(phi1:{b1}+{U1[tree]}) define(phi2:{b2}+{U2[tree]}) covariance(U1 U2, independent) resvariance(power _yhat, noconstant) reml

```
Mixed-effects REML nonlinear regression         Number of obs     =         35
Group variable: tree                            Number of groups  =          5

                                                Obs per group:
                                                              min =          7
                                                              avg =        7.0
                                                              max =          7

Linear. log restricted-likelihood = -118.97198

        phi1: {b1}+{U1[tree]}
        phi2: {b2}+{U2[tree]}

------------------------------------------------------------------------------
     circumf | Coefficient  Std. err.      z    P>|z|     [95% conf. interval]
-------------+----------------------------------------------------------------
         /b1 |   190.9364   18.54391    10.30   0.000      154.591    227.2818
         /b2 |   716.8189   42.66206    16.80   0.000     633.2028     800.435
         /b3 |   345.4845   23.80121    14.52   0.000      298.835     392.134
------------------------------------------------------------------------------

------------------------------------------------------------------------------
  Random-effects parameters  |   Estimate   Std. err.     [95% conf. interval]
-----------------------------+------------------------------------------------
tree: Independent            |
                     var(U1) |   1370.907   1011.347     322.8928    5820.463
                     var(U2) |   2426.111   3542.724     138.6582    42449.82
-----------------------------+------------------------------------------------
Residual variance:           |
  Power _yhat                |
                      sigma2 |   4.548391   10.14578     .0574304    360.2247
                       delta |   .2746844   .2402377    -.1961728    .7455417
------------------------------------------------------------------------------
```

（7）显示标准误差和相关性，而不是默认的方差和协方差。

.menl, stddeviations

```
Mixed-effects REML nonlinear regression          Number of obs     =         35
Group variable: tree                             Number of groups  =          5

                                                 Obs per group:
                                                               min =          7
                                                               avg =        7.0
                                                               max =          7

Linear. log restricted-likelihood = -118.97198

       phi1: {b1}+{U1[tree]}
       phi2: {b2}+{U2[tree]}

------------------------------------------------------------------------------
      circumf | Coefficient  Std. err.      z    P>|z|     [95% conf. interval]
-------------+----------------------------------------------------------------
          /b1 |   190.9364   18.54391    10.30   0.000      154.591    227.2818
          /b2 |   716.8189   42.66206    16.80   0.000     633.2028     800.435
          /b3 |   345.4845   23.80121    14.52   0.000      298.835     392.134
------------------------------------------------------------------------------

------------------------------------------------------------------------------
  Random-effects parameters  |   Estimate   Std. err.     [95% conf. interval]
-----------------------------+------------------------------------------------
tree: Independent            |
                      sd(U1) |   37.02576    13.65735      17.96922    76.29196
                      sd(U2) |   49.25557    35.96267      11.77532    206.0336
-----------------------------+------------------------------------------------
Residual variance:           |
  Power _yhat                |
                       sigma |   2.132696    2.378628      .2396465    18.97959
                       delta |   .2746844    .2402377     -.1961728    .7455417
------------------------------------------------------------------------------
```

（8）拟合具有可交换组内误差 – 协方差结构的非线性边际模型。

.menl circumf = {b1}/(1+exp(-(age-{b2})/{b3})), rescovariance(exchangeable, group(tree))

```
Mixed-effects ML nonlinear regression            Number of obs     =         35
Group variable: tree                             Number of groups  =          5
                                                 Obs per group:
                                                               min =          7
                                                               avg =        7.0
                                                               max =          7

Log likelihood = -147.63179
------------------------------------------------------------------------------
      circumf | Coefficient  Std. err.      z    P>|z|     [95% conf. interval]
-------------+----------------------------------------------------------------
          /b1 |   192.2526   17.06127    11.27   0.000     158.8131    225.6921
          /b2 |   729.3642   68.05493    10.72   0.000      595.979    862.7494
          /b3 |    352.405   58.25042     6.05   0.000     238.2363    466.5737
------------------------------------------------------------------------------

------------------------------------------------------------------------------
  Random-effects parameters  |   Estimate   Std. err.     [95% conf. interval]
-----------------------------+------------------------------------------------
Residual: Exchangeable       |
                         var |   499.5166    218.0324      212.3302    1175.136
                         cov |   311.5553    214.1396     -108.1505    731.2612
------------------------------------------------------------------------------
```

（9）清除内存，下载数据集。

.clear

.webuse unicorn

（10）用具有协变量的两层模型拟合。

.menl weight = {phi1:}+({phi2}-{phi1:})*exp(-{phi3:}*time), define(phi1:{b10}+{b11}*1.female+{U0[id]}) define(phi3:{b30}+{b31}*cupcake)

```
Mixed-effects ML nonlinear regression           Number of obs     =        780
Group variable: id                              Number of groups  =         60

                                                Obs per group:
                                                              min =         13
                                                              avg =       13.0
                                                              max =         13

Linearization log likelihood = -29.014987

      phi1: {b10}+{b11}*1.female+{U0[id]}
      phi3: {b30}+{b31}*cupcake

------------------------------------------------------------------------------
      weight | Coefficient  Std. err.      z    P>|z|     [95% conf. interval]
-------------+----------------------------------------------------------------
        /b10 |   4.072752   .1627414    25.03   0.000     3.753785     4.39172
        /b11 |   1.264407   .2299723     5.50   0.000     .8136695    1.715144
        /b30 |   4.706926   .1325714    35.50   0.000      4.44709    4.966761
        /b31 |  -.2007309   .0356814    -5.63   0.000    -.2706651   -.1307966
       /phi2 |   8.088102   .0255465   316.60   0.000     8.038032    8.138172
------------------------------------------------------------------------------

------------------------------------------------------------------------------
  Random-effects parameters  |   Estimate   Std. err.     [95% conf. interval]
-----------------------------+------------------------------------------------
id: Identity                 |
                     var(U0) |   .7840578   .1438924      .5471838    1.123474
-----------------------------+------------------------------------------------
               var(Residual) |   .0420763   .0022176      .0379468    .0466551
------------------------------------------------------------------------------
```

（11）同上，但使用有效的线性组合规范。

.menl weight = {phi1:}+({phi2}-{phi1:})*exp(-{phi3:}*time), define(phi1: i.female U0[id]) define(phi3: cupcake, xb)

```
Mixed-effects ML nonlinear regression           Number of obs     =        780
Group variable: id                              Number of groups  =         60

                                                Obs per group:
                                                              min =         13
                                                              avg =       13.0
                                                              max =         13

                                                Wald chi2(2)      =      61.78
Linearization log likelihood = -29.014988       Prob > chi2       =     0.0000

      phi1: i.female U0[id]
      phi3: cupcake, xb

------------------------------------------------------------------------------
      weight | Coefficient  Std. err.      z    P>|z|     [95% conf. interval]
-------------+----------------------------------------------------------------
phi1         |
      female |
     female  |   1.264407   .2299723     5.50   0.000     .8136694    1.715144
```

```
       _cons |   4.072752   .1627414    25.03   0.000     3.753785     4.39172
-------------+----------------------------------------------------------------
phi3         |
     cupcake |  -.2007309   .0356814    -5.63   0.000    -.2706651   -.1307966
       _cons |   4.706926   .1325714    35.50   0.000      4.44709    4.966761
-------------+----------------------------------------------------------------
       /phi2 |   8.088102   .0255465   316.60   0.000     8.038032    8.138172
------------------------------------------------------------------------------

------------------------------------------------------------------------------
  Random-effects parameters  |   Estimate   Std. err.     [95% conf. interval]
-----------------------------+------------------------------------------------
id: Identity                 |
                     var(U0) |   .7840578   .1438924      .5471838    1.123474
-----------------------------+------------------------------------------------
               var(Residual) |   .0420763   .0022176      .0379468    .0466551
------------------------------------------------------------------------------
```

（12）包括连续变量 cupcake 上的随机斜率，指定随机斜率 U1 和随机截距 U0 之间的可交换协方差结构。

.menl weight = {phi1:}+({phi2}-{phi1:})*exp(-{phi3:}*time), define(phi1: i.female U0[id]) define(phi3: cupcake c.cupcake#U1[id]) covariance(U0 U1, exchangeable)

```
Mixed-effects ML nonlinear regression           Number of obs     =        780
Group variable: id                              Number of groups  =         60

                                                Obs per group:
                                                              min =         13
                                                              avg =       13.0
                                                              max =         13

                                                Wald chi2(2)      =      59.83
Linearization log likelihood =  150.96014       Prob > chi2       =     0.0000

           phi1: i.female U0[id]
           phi3: cupcake c.cupcake#U1[id]
------------------------------------------------------------------------------
      weight | Coefficient  Std. err.      z    P>|z|     [95% conf. interval]
-------------+----------------------------------------------------------------
phi1         |
      female |
     female  |   1.329975   .1785691     7.45   0.000     .9799865    1.679964
       _cons |   4.000785   .1265408    31.62   0.000     3.752769      4.2488
-------------+----------------------------------------------------------------
phi3         |
     cupcake |  -.2240012   .1087199    -2.06   0.039    -.4370882   -.0109142
       _cons |   4.822378   .1198372    40.24   0.000     4.587502    5.057255
-------------+----------------------------------------------------------------
       /phi2 |   8.088563   .0178963   451.97   0.000     8.053487     8.12364
------------------------------------------------------------------------------

------------------------------------------------------------------------------
  Random-effects parameters  |   Estimate   Std. err.     [95% conf. interval]
-----------------------------+------------------------------------------------
id: Exchangeable             |
                  var(U0 U1) |   .4719382   .0651436      .3600727    .6185575
                  cov(U0,U1) |  -.0314093   .0899293     -.2076675    .1448489
-----------------------------+------------------------------------------------
               var(Residual) |   .0207017   .0011293      .0186025    .0230377
------------------------------------------------------------------------------
```

（13）清除内存，下载数据集。

.clear

.webuse ovary

（14）为固定效应指定初始值。

.menl follicles = {phi1:}+{b1}*sin(2*_pi*stime*{b2})+{b3}*cos(2*_pi*stime*{b2}), define(phi1: U1[mare], xb) initial(phi1:_cons 12.2 b1 -3.0 b2 1 b3 -.88, fixed)

```
Mixed-effects ML nonlinear regression          Number of obs     =        308
Group variable: mare                           Number of groups  =         11

                                               Obs per group:
                                                             min =         25
                                                             avg =       28.0
                                                             max =         31

Linearization log likelihood = -826.68437

        phi1: U1[mare], xb

    follicles   Coefficient  Std. err.      z    P>|z|     [95% conf. interval]

phi1
        _cons     12.15953   .9006651    13.50   0.000     10.39426     13.9248

          /b1    -3.165947   .3205644    -9.88   0.000    -3.794242   -2.537652
          /b2     .9285707    .027441    33.84   0.000     .8747873    .9823541
          /b3    -1.633183   .3769963    -4.33   0.000    -2.372082   -.8942839


  Random-effects parameters    Estimate   Std. err.     [95% conf. interval]

mare: Identity
                    var(U1)    8.378449    3.74283      3.490711    20.11006

              var(Residual)    11.24694   .9229191      9.576021    13.20942
```

（15）同上，但为残差指定 AR(1) 协方差结构，而不是默认的标识结构。

.menl follicles = {phi1:}+{b1}*sin(2*_pi*stime*{b2})+{b3}*cos(2*_pi*stime*{b2}), define(phi1: U1[mare], xb) initial(phi1:_cons 12.2 b1 -3.0 b2 1 b3 -.88, fixed) rescovariance(ar 1, t(time))

```
Mixed-effects ML nonlinear regression          Number of obs     =        308
Group variable: mare                           Number of groups  =         11

                                               Obs per group:
                                                             min =         25
                                                             avg =       28.0
                                                             max =         31

Linearization log likelihood = -775.62433

        phi1: U1[mare], xb

    follicles   Coefficient  Std. err.      z    P>|z|     [95% conf. interval]

phi1
        _cons     12.18125   .9055129    13.45   0.000     10.40647     13.95602
```

/b1	-2.874425	.5389403	-5.33	0.000	-3.930729	-1.818122
/b2	.919117	.0512354	17.94	0.000	.8186974	1.019537
/b3	-1.675281	.6766255	-2.48	0.013	-3.001443	-.3491196

Random-effects parameters	Estimate	Std. err.	[95% conf.	interval]
mare: Identity				
var(U1)	7.207072	3.755605	2.595362	20.01336
Residual: AR(1), time time				
var(e)	12.63377	1.646898	9.785276	16.31146
corr	.5823733	.0544508	.4656903	.679153

（16）清除内存，下载数据集。

.clear

.webuse glucose

（17）在受试者和 guar 水平上具有随机截距 U1 和 UU2、在时间上的 glucose 的三层次模型且 guar 嵌套在样本内。

.menl glucose = {phi1:} + {phi2:}*c.time#c.time#c.time*exp(-{phi3:}*time), define(phi1: i.guar U1[subject]) define(phi2: i.guar UU2[subject>guar]) define(phi3: i.guar, xb)

```
Mixed-effects ML nonlinear regression           Number of obs     =        196

      Grouping information
```

Path	No. of groups	Observations per group Minimum	Average	Maximum
subject	7	28	28.0	28
subject>guar	14	14	14.0	14

```
                                                Wald chi2(3)      =       1.21
Linearization log likelihood = -189.75502       Prob > chi2       =     0.7507
```

```
         phi1: i.guar U1[subject]
         phi2: i.guar UU2[subject>guar]
         phi3: i.guar
```

glucose	Coefficient	Std. err.	z	P>|z|	[95% conf.	interval]
phi1						
guar						
with guar	-.0781839	.1081392	-0.72	0.470	-.2901329	.1337651
_cons	3.698018	.1293006	28.60	0.000	3.444593	3.951442
phi2						
guar						
with guar	.0161024	.1028917	0.16	0.876	-.1855617	.2177665
_cons	.4159604	.0705308	5.90	0.000	.2777225	.5541982
phi3						
guar						

```
    with guar   .0119441   .0278841     0.43   0.668    -.0427078    .066596
        _cons   .5817953   .0182124    31.95   0.000     .5460997   .6174909

------------------------------------------------------------------------------
  Random-effects parameters  |   Estimate   Std. err.     [95% conf. interval]
-----------------------------+------------------------------------------------
subject: Identity            |
                     var(U1) |   .0742442   .0483489       .020718   .2660584
-----------------------------+------------------------------------------------
subject>guar: Identity       |
                    var(UU2) |   .0196298   .0086158      .0083044   .0464004
-----------------------------+------------------------------------------------
               var(Residual) |   .3287287   .0350897      .2666719   .4052266
------------------------------------------------------------------------------
```

（18）同上，但为残差指定连续时间 AR（1）相关结构。

.menl glucose = {phi1:} + {phi2:}*c.time#c.time#c.time*exp(-{phi3:}*time), define(phi1: i.guar U1[subject]) define(phi2: i.guar UU2[subject>guar]) define(phi3: i.guar) rescorrelation(ctar1, t(time))

```
Mixed-effects ML nonlinear regression           Number of obs     =        196

      Grouping information
      -------------------------------------------------------------
                     |     No. of       Observations per group
                Path |     groups    Minimum    Average    Maximum
      ---------------+---------------------------------------------
             subject |          7         28       28.0         28
        subject>guar |         14         14       14.0         14
      -------------------------------------------------------------

                                                Wald chi2(3)      =       0.66
Linearization log likelihood = -181.18699       Prob > chi2       =     0.8814

       phi1: i.guar U1[subject]
       phi2: i.guar UU2[subject>guar]
       phi3: i.guar

------------------------------------------------------------------------------
     glucose | Coefficient  Std. err.      z    P>|z|     [95% conf. interval]
-------------+----------------------------------------------------------------
phi1         |
        guar |
   with guar |  -.0814355   .1532735    -0.53   0.595     -.381846    .218975
       _cons |   3.685365   .1433368    25.71   0.000      3.40443     3.9663
-------------+----------------------------------------------------------------
phi2         |
        guar |
   with guar |   .0109469   .0883807     0.12   0.901     -.162276   .1841698
       _cons |    .344372   .0606914     5.67   0.000     .2254191   .4633248
-------------+----------------------------------------------------------------
phi3         |
        guar |
   with guar |   .0103743   .0330196     0.31   0.753     -.054343   .0750916
       _cons |   .5514012    .022009    25.05   0.000     .5082642   .5945381
------------------------------------------------------------------------------

------------------------------------------------------------------------------
  Random-effects parameters  |   Estimate   Std. err.     [95% conf. interval]
-----------------------------+------------------------------------------------
subject: Identity            |
                     var(U1) |   .0602032    .049722      .0119291   .3038293
```

subject>guar: Identity				
var(UU2)	.0102384	.0055939	.0035089	.0298744
Residual: CTAR1,				
time time				
var(e)	.385467	.0512766	.297	.5002854
corr	.6547722	.0564848	.5440641	.7654803

4.3　多层混合效应 logistic 回归

混合效应 logistic 回归是包含固定效应和随机效应的 logistic 回归。在纵向数据和面板数据中，随机效应可用于集群内的相关性建模。也就是说，同一簇中的观测值是相互关联的，因为它们有共同集群级随机效应。

melogit 允许许多级别的随机效果。然而，为了简单起见，现在我们考虑两层模型，其中为一系列 M 个独立的簇，并以一组随机影响 $\boldsymbol{u}_j$ 为条件：

$$\Pr(y_{ij}=1\,|\,\boldsymbol{x}_{ij},\boldsymbol{u}_j)=H(\boldsymbol{x}_{ij}\boldsymbol{\beta}+\boldsymbol{z}_{ij}\boldsymbol{u}_j) \tag{4-4}$$

对于 $j=1, \cdots, M$ 簇，簇 j 由 $i=1, \cdots, n_j$ 个观察值组成。响应变量是二元值 y_{ij}，按照标准取值定义，如果 $\text{depvar}_{ij}\neq 0$，$y_{ij}=1$；否则 $y_{ij}=0$。$1\times p$ 向量 $\boldsymbol{x}_{ij}$ 是固定效应的协变量，类似于在系数 β（固定效应）标准 logistic 回归模型中的协变量。

$1\times q$ 向量 $\boldsymbol{z}_{ij}$ 是对应于随机效应的协变量，可用于表示随机截距和随机系数。例如，在随机截距模型中，$\boldsymbol{z}_{ij}$ 只是标量 1。随机效应 $\boldsymbol{u}_j$ 是平均值为 0 且 $q\times q$ 方差矩阵 $\boldsymbol{\Sigma}$ 的多元正态分布的 M 个实现。随机效应不是作为模型参数直接估计的，而是根据已知的 $\boldsymbol{\Sigma}$ 的方差分量进行汇总计算得到。

最后，因为这是逻辑回归，$H(\cdot)$ 是逻辑累积分布函数，它将线性预测值映射到成功概率（$y_{ij}=1$）：

$$H(v)=\exp(v)/\{1+\exp(v)\} \tag{4-5}$$

多层混合效应 logistic 回归模型也可以用潜在线性响应表示，其中仅 $y_{ij}=I(y_{ij}^*>0)$ 对应于潜在变量 y_{ij}^* 是可以观察到的：

$$y_{ij}^*=\boldsymbol{x}_{ij}\boldsymbol{\beta}+\boldsymbol{z}_{ij}\boldsymbol{u}_j+\varepsilon_{ij} \tag{4-6}$$

式中，ε_{ij} 为服从以平均值为 0、方差为 $\pi^2/3$ 的 logistic 分布的随机误差项且与 $\boldsymbol{u}_j$ 无关。

多层混合效应 logistic 回归估计的 Stata 命令为：

melogit depvar fe_equation [|| re_equation] [|| re_equation ...] [, options]

其中，fe_equation 的语法格式为：

[indepvars] [if] [in] [weight] [, fe_options]

re_equation 的语法格式为：

（1）对于随机参数和截距。

levelvar: [varlist] [, re_options]

（2）对于交叉效应模型中因子变量值之间的随机效应。

levelvar: R.varname

levelvar 是一个变量，用于识别该级别随机效应的组结构或表示包含所有观察结果的一个组。

菜单操作：

Statistics > Multilevel mixed-effects models > Logistic regression

例 4.3 多层混合效应 logistic 回归

下面以 Stata 自带数据集为例说明实现。

（1）两层混合效应 logistic 回归。

清理内存，下载数据集。

.clear

.webuse bangladesh

两层随机截距模型，类似于 xtlogit。

.melogit c_use i.urban age i.children || district:

```
Mixed-effects logistic regression               Number of obs     =      1,934
Group variable: district                        Number of groups  =         60

                                                Obs per group:
                                                              min =          2
                                                              avg =       32.2
                                                              max =        118

Integration method: mvaghermite                 Integration pts.  =          7

                                                Wald chi2(5)      =     109.60
Log likelihood = -1206.8322                     Prob > chi2       =     0.0000

------------------------------------------------------------------------------
               c_use | Coefficient  Std. err.      z    P>|z|     [95% conf. interval]
---------------------+--------------------------------------------------------
               urban |
               Urban |   .7322765   .1194857     6.13   0.000     .4980888    .9664641
                 age |  -.0264981   .0078916    -3.36   0.001    -.0419654   -.0110309
                     |
            children |
             1 child |   1.116001   .1580921     7.06   0.000     .8061465    1.425856
          2 children |   1.365895   .1746691     7.82   0.000      1.02355     1.70824
  3 or more children |   1.344031   .1796549     7.48   0.000     .9919139    1.696148
                     |
               _cons |   -1.68929   .1477591   -11.43   0.000    -1.978892   -1.399687
---------------------+--------------------------------------------------------
district             |
          var(_cons)|    .215618   .0733222                      .1107208    .4198954
------------------------------------------------------------------------------
LR test vs. logistic model: chibar2(01) = 43.39       Prob >= chibar2 = 0.0000
```

两层随机截距和随机系数模型。

.melogit c_use i.urban age i.children || district: i.urban

```
Mixed-effects logistic regression               Number of obs     =      1,934
Group variable: district                        Number of groups  =         60

                                                Obs per group:
                                                              min =          2
                                                              avg =       32.2
                                                              max =        118

Integration method: mvaghermite                 Integration pts.  =          7

                                                Wald chi2(5)      =      97.30
Log likelihood = -1205.0025                     Prob > chi2       =     0.0000
```

c_use	Coefficient	Std. err.	z	P>|z|	[95% conf. interval]	
urban						
Urban	.7143927	.1513595	4.72	0.000	.4177335	1.011052
age	-.0262261	.0079656	-3.29	0.001	-.0418384	-.0106138
children						
1 child	1.128973	.1599347	7.06	0.000	.815507	1.442439
2 children	1.363165	.1761804	7.74	0.000	1.017857	1.708472
3 or more children	1.352238	.1815608	7.45	0.000	.9963853	1.708091
_cons	-1.698137	.1505019	-11.28	0.000	-1.993115	-1.403159
district						
var(1.urban)	.2741013	.2131525			.059701	1.258463
var(_cons)	.2390807	.0857012			.1184191	.4826891

LR test vs. logistic model: chi2(2) = 47.05　　Prob > chi2 = 0.0000

两层随机截距和随机系数模型，设定随机效应。

.melogit c_use i.urban age i.children || district: i.urban, cov(unstruct)

```
Mixed-effects logistic regression               Number of obs     =      1,934
Group variable: district                        Number of groups  =         60

                                                Obs per group:
                                                              min =          2
                                                              avg =       32.2
                                                              max =        118

Integration method: mvaghermite                 Integration pts.  =          7

                                                Wald chi2(5)      =      97.50
Log likelihood = -1199.315                      Prob > chi2       =     0.0000
```

c_use	Coefficient	Std. err.	z	P>|z|	[95% conf. interval]	
urban						
Urban	.8157875	.1715519	4.76	0.000	.4795519	1.152023
age	-.026415	.008023	-3.29	0.001	-.0421398	-.0106902
children						
1 child	1.13252	.1603285	7.06	0.000	.818282	1.446758
2 children	1.357739	.1770522	7.67	0.000	1.010723	1.704755
3 or more children	1.353827	.1828801	7.40	0.000	.9953882	1.712265
_cons	-1.71165	.1605618	-10.66	0.000	-2.026345	-1.396954
district						
var(1.urban)	.6663237	.3224689			.258074	1.720387
var(_cons)	.3897448	.1292463			.203473	.7465413
district						
cov(1.urban,_cons)	-.4058861	.1755414	-2.31	0.021	-.7499408	-.0618313

LR test vs. logistic model: chi2(3) = 58.42　　Prob > chi2 = 0.0000

（2）三层嵌套模型。

清理内存，下载数据集。

.clear

.webuse towerlondon

三层嵌套模型，样本嵌套在簇中。

.melogit dtlm difficulty i.group || family: || subject:

```
Mixed-effects logistic regression               Number of obs     =        677

        Grouping information
        -------------------------------------------------------------
                        |     No. of       Observations per group
         Group variable |     groups    Minimum    Average    Maximum
        ----------------+--------------------------------------------
                 family |        118          2        5.7         27
                subject |        226          2        3.0          3
        -------------------------------------------------------------

Integration method: mvaghermite                 Integration pts.  =          7

                                                Wald chi2(3)      =      74.90
Log likelihood = -305.12041                     Prob > chi2       =     0.0000
------------------------------------------------------------------------------
        dtlm | Coefficient  Std. err.      z    P>|z|     [95% conf. interval]
-------------+----------------------------------------------------------------
  difficulty |  -1.648505   .1932075    -8.53   0.000    -2.027185   -1.269826
             |
       group |
          2  |  -.2486841   .3544076    -0.70   0.483    -.9433102     .445942
          3  |  -1.052306   .3999921    -2.63   0.009    -1.836276   -.2683357
             |
       _cons |  -1.485863   .2848455    -5.22   0.000     -2.04415   -.9275762
-------------+----------------------------------------------------------------
family       |
   var(_cons)|   .5692105   .5215654                      .0944757    3.429459
-------------+----------------------------------------------------------------
family>subject|
   var(_cons)|   1.137917   .6854853                      .3494165    3.705762
------------------------------------------------------------------------------
LR test vs. logistic model: chi2(2) = 17.54               Prob > chi2 = 0.0002
```

（3）双向交叉随机效应 logistic 模型。

清理内存，下载数据集。

.clear

.webuse fifeschool

生成新变量。

.gen byte attain_gt_6 = attain > 6

双向交叉随机效应。

.melogit attain_gt_6 sex || _all:R.sid || pid:

```
Mixed-effects logistic regression               Number of obs     =      3,435

        Grouping information
        -------------------------------------------------------------
                        |     No. of       Observations per group
         Group variable |     groups    Minimum    Average    Maximum
        ----------------+--------------------------------------------
                   _all |          1      3,435    3,435.0      3,435
                    pid |        148          1       23.2         72
        -------------------------------------------------------------

Integration method: laplace

                                                Wald chi2(1)      =      14.36
Log likelihood = -2220.0035                     Prob > chi2       =     0.0002
------------------------------------------------------------------------------
 attain_gt_6 | Coefficient  Std. err.      z    P>|z|     [95% conf. interval]
-------------+----------------------------------------------------------------
         sex |   .2815026   .0742785     3.79   0.000     .1359194    .4270858
```

```
        _cons | -.6327013   .1161573    -5.45   0.000    -.8603653   -.4050372
--------------+----------------------------------------------------------------
_all>sid      |
   var(_cons) |  .1239743   .0692746                      .0414663    .3706534
--------------+----------------------------------------------------------------
pid           |
   var(_cons) |   .452052   .0953482                      .2989856     .683481
-------------------------------------------------------------------------------
LR test vs. logistic model: chi2(2) = 195.80          Prob > chi2 = 0.0000
```

4.4　有限混合模型

有限混合模型（FMM）用于对观察结果进行分类、调整聚类和对未观察到的异质性进行建模分析。在有限混合模型中，假设观测数据属于被称为类的未观察到的亚种群，概率密度函数或回归模型组合用于模拟所研究问题的结果。在拟合模型后，可以对每次观察进行预测类成员概率。

FMM 是包含两个或多个密度函数的概率模型。在 FMM 中，假设观察到的响应 $\boldsymbol{y}$ 来自 g 个不同类别 $f_1, f_2, \cdots, f_g$ 的比例为 $\pi_1, \pi_2, \cdots, \pi_g$。以最简单的形式，我们可以将 g 组分混合模型的密度写成

$$f(\boldsymbol{y}) = \sum_{i=1}^{g} \pi_i f_i(\boldsymbol{y} \mid \boldsymbol{x}'\boldsymbol{\beta}_i) \tag{4-7}$$

式中 π_i 是第 i 类的概率，$0 \leqslant \pi_i \leqslant 1$ 和 $\sum_{i=1}^{g} \pi_i = 1$，$f_i(\cdot)$ 是第 i 类模型中观测响应的条件概率密度函数。

Stata 的 fmm 命令通过最大似然估计拟合有限混合模型。在假设给定的潜在类别内，每个响应变量在整个估计样本中独立且相同地分布，计算得到设定模型的似然值，这些假设是以潜在类和观察到的外生变量为条件的。

由相关的潜在类概率加权组合中每个潜在类的条件似然度来计算似然值。设 $\boldsymbol{\theta}$ 为模型参数的向量，对于给定一个观测值，$\boldsymbol{y}$ 为观测响应变量的向量，$\boldsymbol{x}$ 为观测响应变量的自变量向量。设 C 为具有 g 个类别的潜变量。给定观测值的边际似然为

$$L_C(\boldsymbol{\theta}) = \sum_{i=1}^{g} \pi_i f_i(\boldsymbol{y} \mid \boldsymbol{x}, c_i = 1, \boldsymbol{\theta}) \tag{4-8}$$

式中，$\boldsymbol{c} = (c_1, \cdots, c_g)$ 是潜在类别标示向量。当 $c_i = 1$ 时，$\boldsymbol{c}$ 的所有其他元素都为零。

假设 $\boldsymbol{y}$ 变量是以 $\boldsymbol{x}$ 和 C 为条件且相互独立的，因此 $f_i(\cdot)$ 是单个条件密度的乘积。对于具有 n 个响应变量的第 i 个潜在类，给定响应变量的条件联合密度函数为

$$f_i(\boldsymbol{y} \mid \boldsymbol{x}, \boldsymbol{\theta}) = \prod_{j=1}^{n} f_{ij}(y_{ij} \mid \boldsymbol{x}, \boldsymbol{\theta}) \tag{4-9}$$

FMM 模型的所有估计命令都假设 y_{ij} 通过线性预测依赖于解释变量向量 $\boldsymbol{x}$：

$$z_{ij} = \boldsymbol{x}'\beta_{ij} \tag{4-10}$$

则给定观测值的似然值为

$$L(\boldsymbol{\theta}) = \sum_{i=1}^{g} \pi_i \prod_{j=1}^{n} f_{ij}(y_{ij}, z_{ij}, \boldsymbol{\theta}) \tag{4-11}$$

Stata 的 fmm 命令使用多项式逻辑分布来模拟潜在类别的概率。第 i 个潜在类的概率为

$$\pi_i = \Pr(c_i = 1 | \boldsymbol{x}) = \frac{\exp(z_i)}{\sum_{j=1}^{g}\exp(z_j)} \tag{4-12}$$

γ_i 是第 i 个潜在类的线性预测。默认情况下，第一个潜在类是基准类水平，以便 $\gamma_1 = 0$ 和 $\exp(\gamma_1) = 1$。fmm 命令使用 EM（期望最大化）算法最大化式（4-11）。在此之前需要定义起始值。

EM 算法使用完全数据似然值，即所有潜在类指标变量 c 的观测值。在完全数据情况下，给定观测的似然值为

$$L(\boldsymbol{\theta}) = \prod_{i=1}^{g}\{\pi_i f_i(\boldsymbol{y}, \boldsymbol{z}_i, \boldsymbol{\theta})\}^{c_i} \tag{4-13}$$

取对数得到对数似然函数值为

$$\log L(\boldsymbol{\theta}) = \sum_{i=1}^{g} c_i\{\log\pi_i + \log f_i(\boldsymbol{y}, \boldsymbol{z}_i, \boldsymbol{\theta})\} \tag{4-14}$$

第 i 个潜在类的预测概率为

$$\hat{\pi}_i = \frac{\exp(\hat{z}_i)}{\sum_{j=1}^{g}\exp(\hat{z}_j)} \tag{4-15}$$

使用拟合的潜在类概率得到的 $\boldsymbol{y}$ 的预测总平均值为

$$\hat{\mu} = \sum_{i=1}^{g}\hat{\pi}_i\hat{\mu}_i \tag{4-16}$$

第 i 个潜在类别的预测后验概率为

$$\tilde{\pi}_i = \frac{\hat{\pi}_i f_i(\boldsymbol{y}, \hat{z}_i, \hat{\boldsymbol{\theta}})}{\sum_{j=1}^{g}\hat{\pi}_j f_j(\boldsymbol{y}, \hat{z}_j, \hat{\boldsymbol{\theta}})} \tag{4-17}$$

使用后验潜在类概率得到的 $\boldsymbol{y}$ 的预测总平均值为

$$\tilde{\mu} = \sum_{i=1}^{g}\tilde{\pi}_i\hat{\mu}_i \tag{4-18}$$

使用 fmm 前缀的有限混合模型估计的 Stata 命令语法格式为：

（1）标准语法。

fmm # [if] [in] [weight] [, fmmopts] : component

其中，标准语法的 component 为

model depvar indepvars [, options]

（2）混合语法。

fmm [if] [in] [weight] [, fmmopts] : (component_1) (component_2) ...

其中，混合语法的 component 为

model depvar indepvars [, lcprob(varlist) options]

model 是一个估算命令，options 是特定于模型的估算选项。

使用 fmm 前缀的有限混合模型估计的 Stata 命令汇总如下表所示。

序号	模型	Stata 命令及模型	
1	线性回归模型	[FMM] fmm: regress [FMM] fmm: truncreg [FMM] fmm: intreg [FMM] fmm: tobit [FMM] fmm: ivregress	Linear regression Truncated regression Interval regression Tobit regression Instrumental-variables regression
2	二元响应回归模型	[FMM] fmm: logit [FMM] fmm: probit [FMM] fmm: cloglog	Logistic regression, reporting coefficients Probit regression Complementary log-log regression
3	排序响应回归模型	[FMM] fmm: ologit [FMM] fmm: oprobit	Ordered logistic regression Ordered probit regression
4	分类反应回归模型	[FMM] fmm: mlogit	Multinomial (polytomous) logistic regression
5	计数响应回归模型	[FMM] fmm: poisson [FMM] fmm: nbreg [FMM] fmm: tpoisson	Poisson regression Negative binomial regression Truncated Poisson regression
6	广义线性模型	[FMM] fmm: glm	Generalized linear models
7	分数响应回归模型	[FMM] fmm: betareg	Beta regression
8	生存回归模型	[FMM] fmm: streg	Parametric survival models

例 4.4　有限混合模型

下面用 Stata 自带数据集说明实现。

（1）正态分布混合模型。

清理内存，下载数据集。

```
.clear
.use https://www.stata-press.com/data/r17/stamp
```

1872 年墨西哥的伊达尔戈邮票被印在不同的纸张上。对于收藏家来说，使用较厚纸张印刷的邮票更有价值。我们可以使用 FMM 来预测邮票使用厚纸印刷的可能性。stamp.dta 包含 485 个邮票厚度测量值的数据。接下来我们绘制了测量值的直方图。

绘制直方图。

```
.histogram thickness, bin(80)
```

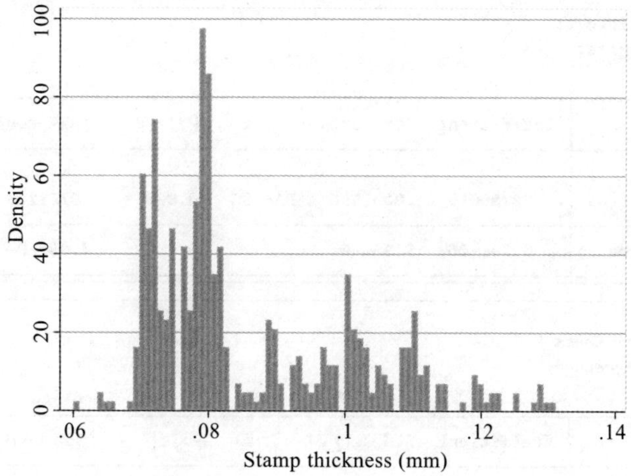

设定模型为

$$f(\boldsymbol{y})=\pi_1 N(\mu_1,\sigma_1^2)+\pi_2 N(\mu_2,\sigma_2^2)+\pi_3 N(\mu_3,\sigma_3^2)$$

使用多项式逻辑回归估计每个类别的概率：

$$\pi_1 = \frac{1}{1+\exp(\gamma_2)+\exp(\gamma_3)}$$

$$\pi_2 = \frac{\exp(\gamma_2)}{1+\exp(\gamma_2)+\exp(\gamma_3)}$$

$$\pi_3 = \frac{\exp(\gamma_3)}{1+\exp(\gamma_2)+\exp(\gamma_3)}$$

设定正态分布混合模型，拟合估计。

.fmm 3: regress thickness

```
Finite mixture model                              Number of obs = 485
Log likelihood = 1518.8484

------------------------------------------------------------------------------
             | Coefficient  Std. err.      z    P>|z|     [95% conf. interval]
-------------+----------------------------------------------------------------
1.Class      |  (base outcome)
-------------+----------------------------------------------------------------
2.Class      |
       _cons |   .6410696   .1625089     3.94   0.000     .3225581    .9595812
-------------+----------------------------------------------------------------
3.Class      |
       _cons |   .8101538   .1493673     5.42   0.000     .5173992    1.102908
------------------------------------------------------------------------------

Class:    1
Response: thickness
Model:    regress

------------------------------------------------------------------------------
                  | Coefficient  Std. err.      z    P>|z|     [95% conf. interval]
------------------+----------------------------------------------------------------
thickness         |
            _cons |   .0712183   .0002011   354.20   0.000     .0708242    .0716124
------------------+----------------------------------------------------------------
var(e.thickness)  |   1.71e-06   4.49e-07                      1.02e-06    2.86e-06
------------------------------------------------------------------------------

Class:    2
Response: thickness
Model:    regress

------------------------------------------------------------------------------
                  | Coefficient  Std. err.      z    P>|z|     [95% conf. interval]
------------------+----------------------------------------------------------------
thickness         |
            _cons |   .0786016   .0002496   314.86   0.000     .0781123    .0790909
------------------+----------------------------------------------------------------
var(e.thickness)  |   5.74e-06   9.98e-07                      4.08e-06    8.07e-06
------------------------------------------------------------------------------
```

```
Class:    3
Response: thickness
Model:    regress

------------------------------------------------------------------------------
                  | Coefficient  Std. err.      z    P>|z|     [95% conf. interval]
------------------+----------------------------------------------------------------
thickness         |
            _cons |   .0988789   .0012583    78.58   0.000     .0964127    .1013451
------------------+----------------------------------------------------------------
var(e.thickness)  |   .0001967   .0000223                      .0001575    .0002456
------------------------------------------------------------------------------
```

得到的混合密度函数为

$$0.19\times N(0.071,0.000\,001\,7)+0.37\times N(0.079,0.000\,005\,7)+0.44\times N(0.099,0.000\,196\,7)$$

代入参数估计值得到的模型估算的类别概率为

$$\pi_1=\frac{1}{1+\exp(0.64)+\exp(0.81)}\approx 0.19$$

$$\pi_2=\frac{\exp(0.64)}{1+\exp(0.64)+\exp(0.81)}\approx 0.37$$

$$\pi_3=\frac{\exp(0.81)}{1+\exp(0.64)+\exp(0.81)}\approx 0.44$$

计算潜在类的边际概率、相关标准误差和置信区间。

.estat lcprob

```
Latent class marginal probabilities              Number of obs = 485

--------------------------------------------------------------
             |            Delta-method
             |     Margin   std. err.     [95% conf. interval]
-------------+------------------------------------------------
       Class |
          1  |   .1942968    .0221242      .1545535    .2413428
          2  |   .3688746    .0286318      .3147305    .4265356
          3  |   .4368286     .027885       .383149      .49203
--------------------------------------------------------------
```

预测概率密度，绘制经验分布图。

.predict den, density marginal

.histogram thickness, bin(80) addplot(line den thickness)

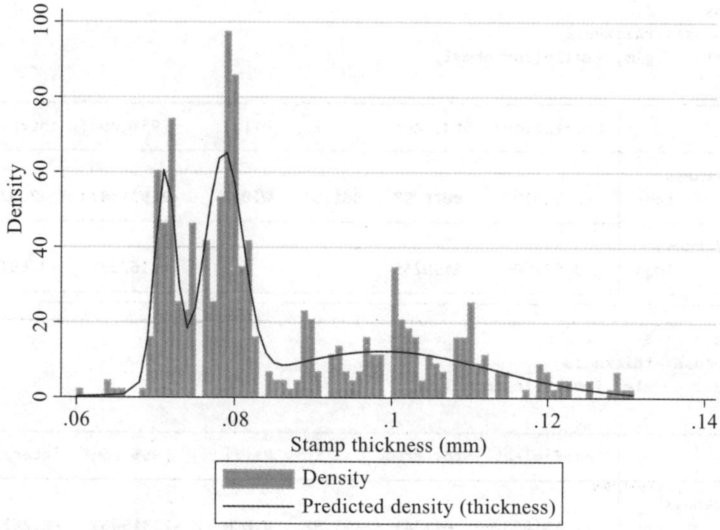

预测计算类别的后验概率。

.predict pr*, classposteriorpr

.format %4.3f pr*

.list thickness pr* in 1, abbreviate(10)

```
     thickness     pr1     pr2     pr3
1.         .06   0.000   0.000   1.000
```

对数正态分布。

.fmm 3: glm thickness, family(lognormal)

```
Finite mixture model                              Number of obs = 485
Log likelihood = 1511.3111

             Coefficient  Std. err.      z    P>|z|     [95% conf. interval]

1.Class       (base outcome)

2.Class
       _cons   -.2432415   .2226096    -1.09   0.275    -.6795482    .1930652

3.Class
       _cons     .140983   .1464947     0.96   0.336    -.1461413    .4281073

Class:    1
Response: thickness
Model:    glm, family(lognormal)

             Coefficient  Std. err.      z    P>|z|     [95% conf. interval]

thickness
       _cons   -2.620442   .0071084  -368.64   0.000    -2.634374    -2.60651

/thickness
        logs   -3.101901   .1222819                     -3.341569   -2.862232

Class:    2
Response: thickness
Model:    glm, family(lognormal)

             Coefficient  Std. err.      z    P>|z|     [95% conf. interval]

thickness
       _cons   -2.529194   .0026293  -961.92   0.000    -2.534347    -2.52404

/thickness
        logs   -3.932504   .1198245                     -4.167355   -3.697652

Class:    3
Response: thickness
Model:    glm, family(lognormal)

             Coefficient  Std. err.      z    P>|z|     [95% conf. interval]

thickness
       _cons   -2.291666    .011941  -191.92   0.000    -2.315069   -2.268262

/thickness
        logs   -2.172819   .0921341                     -2.353399    -1.99224
```

（2）线性回归混合模型。

清理内存，下载数据集。

.clear

.use https://www.stata-press.com/data/r17/mus03sub

绘制直方图。

.histogram lmedexp, bin(100) normal

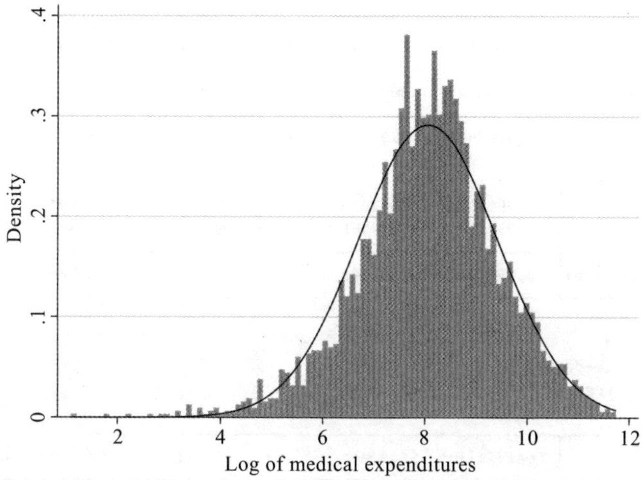

拟合三组模型。

.fmm 3: regress lmedexp income c.age##c.age totchr i.sex

```
Finite mixture model                                    Number of obs = 2,955
Log likelihood = -4727.6738

--------------------------------------------------------------------------------
             |  Coefficient  Std. err.      z    P>|z|     [95% conf. interval]
-------------+------------------------------------------------------------------
1.Class      |  (base outcome)
-------------+------------------------------------------------------------------
2.Class      |
       _cons |   1.162296    .292186     3.98   0.000     .5896216      1.73497
-------------+------------------------------------------------------------------
3.Class      |
       _cons |  -1.153202   .3188697    -3.62   0.000    -1.778175    -.5282289
--------------------------------------------------------------------------------

Class:     1
Response:  lmedexp
Model:     regress

----------------------------------------------------------------------------------
                 |  Coefficient  Std. err.      z    P>|z|     [95% conf. interval]
-----------------+----------------------------------------------------------------
lmedexp          |
          income |   .0059804    .002604     2.30   0.022     .0008768     .0110841
             age |   .1201823   .2926979     0.41   0.681    -.4534951     .6938597
                 |
     c.age#c.age |  -.0007572   .0019417    -0.39   0.697    -.0045628     .0030483
                 |
          totchr |   .9223744   .0810612    11.38   0.000     .7634974     1.081251
                 |
             sex |
          Female |   .0576508   .1453985     0.40   0.692     -.227325     .3426266
           _cons |   .6300965   10.96433     0.06   0.954    -20.8596     22.11979
-----------------+----------------------------------------------------------------
var(e.lmedexp)   |    1.43183   .1533984                      1.160642     1.766382
----------------------------------------------------------------------------------
```

```
Class:     2
Response:  lmedexp
Model:     regress
```

	Coefficient	Std. err.	z	P>|z|	[95% conf.	interval]
lmedexp						
income	.0023725	.0012209	1.94	0.052	-.0000205	.0047655
age	.2136658	.1075408	1.99	0.047	.0028897	.424442
c.age#c.age	-.0013195	.0007152	-1.84	0.065	-.0027213	.0000823
totchr	.3106586	.0292864	10.61	0.000	.2532583	.3680589
sex						
Female	-.0918924	.0543976	-1.69	0.091	-.1985097	.0147249
_cons	-.9546721	4.017561	-0.24	0.812	-8.828947	6.919602
var(e.lmedexp)	.7966127	.0805009			.6534764	.9711013

```
Class:     3
Response:  lmedexp
Model:     regress
```

	Coefficient	Std. err.	z	P>|z|	[95% conf.	interval]
lmedexp						
income	.0009315	.0048146	0.19	0.847	-.0085049	.0103679
age	-.2645947	.2637125	-1.00	0.316	-.7814618	.2522724
c.age#c.age	.0015761	.001754	0.90	0.369	-.0018616	.0050138
totchr	.186475	.0647115	2.88	0.004	.0596427	.3133072
sex						
Female	-.1761484	.1371471	-1.28	0.199	-.4449517	.0926549
_cons	20.79524	9.853989	2.11	0.035	1.481775	40.1087
var(e.lmedexp)	.3846891	.0983236			.2331038	.634849

计算潜在类的边际概率。

.estat lcprob, nose

Latent class marginal probabilities　　Number of obs = 2,955

	Margin
Class	
1	.2215875
2	.708474
3	.0699385

计算每类的边际概率均值。

.estat lcmean

Latent class marginal means　　Number of obs = 2,955

	Margin	Delta-method std. err.	z	P>|z|	[95% conf.	interval]
1						
lmedexp	7.185846	.1572402	45.70	0.000	6.877661	7.494031

2						
lmedexp	8.143981	.0469051	173.63	0.000	8.052049	8.235914
3						
lmedexp	10.15809	.1712913	59.30	0.000	9.822369	10.49382

模型分类效果比较。

.estimates store fmm3

.fmm 2: regress lmedexp income c.age##c.age totchr i.sex

（结果略）

.estimates store fmm2

.fmm 1: regress lmedexp income c.age##c.age totchr i.sex

（结果略）

.estimates store fmm1

列表比较模型。

.estimates stats fmm1 fmm2 fmm3

Akaike's information criterion and Bayesian information criterion

Model	N	ll(null)	ll(model)	df	AIC	BIC
fmm1	2,955	.	-4807.386	7	9628.772	9670.711
fmm2	2,955	.	-4758.177	15	9546.354	9636.223
fmm3	2,955	.	-4727.674	23	9501.348	9639.147

（3）两类泊松混合模型。

清理内存，下载数据集。

.clear

.webuse gsem_mixture

两类泊松回归混合模型。

.fmm 2: poisson drvisits private medicaid c.age##c.age actlim chronic

Finite mixture model　　Number of obs = 3,677
Log likelihood = -11543.974

	Coefficient	Std. err.	z	P>|z|	[95% conf.	interval]
1.Class	(base outcome)					
2.Class						
_cons	-.8925592	.0488697	-18.26	0.000	-.9883422	-.7967763

Class:　　1
Response: drvisits
Model:　　poisson

	Coefficient	Std. err.	z	P>|z|	[95% conf.	interval]
drvisits						
private	.2582184	.0292435	8.83	0.000	.2009022	.3155347
medicaid	.0530844	.0384926	1.38	0.168	-.0223598	.1285286
age	.4180235	.0557282	7.50	0.000	.3087982	.5272489

c.age#c.age	-.0027357	.0003702	-7.39	0.000	-.0034613	-.0020102
actlim	.0946769	.0307329	3.08	0.002	.0344415	.1549123
chronic	.3221837	.0088973	36.21	0.000	.3047455	.339622
_cons	-15.39593	2.088288	-7.37	0.000	-19.4889	-11.30296

```
Class:    2
Response: drvisits
Model:    poisson
```

	Coefficient	Std. err.	z	P>|z|	[95% conf. interval]	
drvisits						
private	.1759142	.0240547	7.31	0.000	.1287678	.2230606
medicaid	.0784217	.0329881	2.38	0.017	.0137661	.1430772
age	.3016981	.0460934	6.55	0.000	.2113566	.3920395
c.age#c.age	-.0019974	.0003072	-6.50	0.000	-.0025995	-.0013953
actlim	.167458	.024375	6.87	0.000	.119684	.2152321
chronic	.2017116	.0088854	22.70	0.000	.1842965	.2191268
_cons	-9.244879	1.721107	-5.37	0.000	-12.61819	-5.871571

每类的边际均值预测。

.estat lcmean

Latent class marginal means　　　　Number of obs = 3,677

	Margin	Delta-method std. err.	z	P>|z|	[95% conf. interval]	
1						
drvisits	3.805479	.0574208	66.27	0.000	3.692937	3.918022
2						
drvisits	14.12609	.178559	79.11	0.000	13.77612	14.47606

（4）零膨胀泊松模型。

清理内存，下载数据集。

.clear

.webuse fish2

零膨胀泊松模型作为零点质量分布和泊松回归混合模型。

.fmm: (pointmass count) (poisson count persons boat)

Finite mixture model　　　　Number of obs = 250

Log likelihood = -882.31198

	Coefficient	Std. err.	z	P>|z|	[95% conf. interval]	
1.Class	(base outcome)					
2.Class						
_cons	-.0867958	.1390251	-0.62	0.532	-.35928	.1856884

```
Class:     2
Response:  count
Model:     poisson
```

	Coefficient	Std. err.	z	P>|z|	[95% conf. interval]	
count						
persons	.750919	.0422907	17.76	0.000	.6680307	.8338072
boat	1.813785	.2648584	6.85	0.000	1.294672	2.332898
_cons	-2.024982	.2974941	-6.81	0.000	-2.608059	-1.441904

第5章
CHAPTER 5

生存分析

把某种活动的持续时间作为被解释变量进行计量经济分析，是生存分析。基于风险函数，生存分析形成了系统的个体持续时间及其概率的研究体系。

5.1 风险函数

记在某个状态下个体某种活动持续的时间为连续性随机变量 $T \geqslant 0$，其概率密度函数为 $f(t)$，累积分布函数为 $F(t)$，$F(t)$ 也称为失效函数。生存函数为个体某种活动持续时间超过 t 的概率：

$$S(t) \equiv \mathrm{P}(T > t) = 1 - F(t), \quad t \geqslant 0 \tag{5-1}$$

在 $[t, t+\Delta t]$ 期间 $\Delta t > 0$ 的死亡概率为

$$\mathrm{P}(t \leqslant T < t + \Delta t \mid T \geqslant t) = \frac{\mathrm{P}(t, T < t + \Delta t)}{\mathrm{P}(T \geqslant t)} = \frac{F(t + \Delta t) - F(t)}{S(t)}$$

则风险函数为在时刻 t 的瞬间死亡率：

$$\begin{aligned} \lambda(t) &\equiv \lim_{\Delta t \to 0^+} \frac{\mathrm{P}(t \leqslant T < t + \Delta t \mid T \geqslant t)}{\Delta t} \\ &= \lim_{\Delta t \to 0^+} \frac{F(t + \Delta t) - F(t)}{\Delta t S(t)} \\ &= \frac{1}{S(t)} \lim_{\Delta t \to 0^+} \frac{F(t + \Delta t) - F(t)}{\Delta t} = \frac{f(t)}{S(t)} \end{aligned} \tag{5-2}$$

利用风险函数，可以反向推出生存函数、累积分布函数和密度函数。

$$\lambda(t) = -\frac{\mathrm{d} \ln S(t)}{\mathrm{d}t} \tag{5-3}$$

$$\ln S(t) = -\int_0^t \lambda(u) \mathrm{d}u \tag{5-4}$$

$$S(t) = \exp\left[-\int_0^t \lambda(u) \mathrm{d}u \right] \tag{5-5}$$

$$F(t)=1-S(t)=1-\exp\left[-\int_0^t \lambda(u)\mathrm{d}u\right] \quad (5\text{-}6)$$

$$f(t)=\lambda(t)\exp\left[-\int_0^t \lambda(u)\mathrm{d}u\right] \quad (5\text{-}7)$$

截至时刻 t 的累积总风险为累积风险函数：

$$\Lambda(t)=\int_0^t \lambda(u)\mathrm{d}u=-\ln S(t)$$

则有

$$S(t)=\exp[-\Lambda(t)] \quad (5\text{-}8)$$

5.2 生存数据的归并与描述分析

5.2.1 数据归并

生存数据存在右归并。记个体的真实寿命为 T_i^*，归并时间为 C_i^*，则实际观测到的持续时间为

$$T_i=\min(T_i^*, C_i^*) \quad (5\text{-}9)$$

用标识函数 $I(\cdot)$ 和虚拟变量 d_i 记录个体 i 的观测记录是否完整：

$$d_i=I(T_i^*<C_i^*) \quad (5\text{-}10)$$

生存数据也会存在左归并 $(0, C_i^*)$ 或区间归并 (C_{ai}^*, C_{bi}^*)。

为保障久期分析的有效性，经常假设独立归并或无信息归并，也就是归并时间的分布，不包含任何有关个体寿命分布的信息。另外，在生存分析样本中，每一个体开始活动的时间可以不同，通常将风险开始的时间标准化为 0 时刻，以此度量的时间成为分析时间。久期分析的被解释变量以分析时间来计算。

生存分析常用的 Stata 描述统计命令汇总如下表所示。

序号	功能	命令
1	定义生存数据	stset
2	描述生存数据	stdes
3	显示生存数据特征	stsum
4	画图，描述分析	sts graph
5	画相关函数图	stcurve

5.2.2 Kaplan-Meier 估计

记 $t_1<t_2<\cdots<t_j<\cdots<t_K$ 为样本观测到的死亡时间；经过分析期 $[t_{j-1}, t_j)$ 仍存活且面临风险的个体数为 n_j。在分析期 $[t_{j-1}, t_j)$ 死亡的人数为 m_j，则累积生存率等于边际生存率的乘积，即累积生存函数的 Kaplan-Meier 估计量为

$$\hat{S}(t) \equiv \prod_{j \mid t_j \leqslant t} \left(\frac{n_j - m_j}{n_j} \right) = \frac{r}{n} \tag{5-11}$$

式中，r 为经过多期生存至 t 时刻的个体数。

累积风险函数的 Nelson-Aalen 估计为

$$\hat{\Lambda}(t) \equiv \sum_{j=t_j} \left(\frac{m_j}{n_j} \right) \tag{5-12}$$

5.3 Cox 比例风险模型

如果风险函数 $\lambda(t, x)$ 可以分解为基准风险 $\lambda_0(t)$ 与比例风险 $h(x)$ 的乘积，则风险函数称为比例风险（PH）函数：

$$\lambda(t, x) = \lambda_0(t) h(x) \tag{5-13}$$

设比例风险函数为

$$h_i(t) = h_{0i}(t) \exp\left(\beta_1 x_1 + \cdots + \beta_k x_k\right) \tag{5-14}$$

依据基准风险函数形式可以设定为不同的回归如下表所示。

序号	基准风险函数	回归类型
1	$\lambda_0(t) = e^a$	指数回归
2	$\lambda_0(t) = pt^{p-1}e^a$	威布尔回归
3	$\lambda_0(t) = e^{a+\gamma t}$	冈珀茨回归

Cox 比例风险模型估计的 Stata 命令为 stcox。该命令利用部分对数似然函数最大化得到参数估计值。

stcox 的语法为

stcox [indepvars] [if] [in] [, options]

菜单操作：

Statistics > Survival analysis > Regression models > Cox proportional hazards (PH) model

例 5.1 Cox 比例风险模型

下面以 Stata 自带数据集为例说明实现。

（1）未经审查数据的 Cox 回归示例。

清理内存，下载数据集。

.clear

.webuse kva

数据列表。

.list

	failtime	load	bearings
1.	100	15	0
2.	140	15	1

3.	97	20	0
4.	122	20	1
5.	84	25	0
6.	100	25	1
7.	54	30	0
8.	52	30	1
9.	40	35	0
10.	55	35	1
11.	22	40	0
12.	30	40	1

将数据声明为生存时间数据。

.stset failtime

```
 12  total observations
  0  exclusions

 12  observations remaining, representing
 12  failures in single-record/single-failure data
896  total analysis time at risk and under observation
                                  At risk from t =         0
                       Earliest observed entry t =         0
                            Last observed exit t =       140
```

拟合 Cox 比例风险模型。

.stcox load bearings

```
Cox regression with Breslow method for ties

No. of subjects =  12                              Number of obs =      12
No. of failures =  12
Time at risk    = 896
                                                   LR chi2(2)    =   23.39
Log likelihood = -8.577853                         Prob > chi2   =  0.0000

          _t | Haz. ratio  Std. err.      z    P>|z|     [95% conf. interval]
-------------+--------------------------------------------------------------
        load |   1.52647   .2188172     2.95   0.003     1.152576    2.021653
    bearings |  .0636433   .0746609    -2.35   0.019     .0063855    .6343223
```

复现结果，但显示系数而不是风险比例。

.stcox, nohr

```
Cox regression with Breslow method for ties

No. of subjects =  12                              Number of obs =      12
No. of failures =  12
Time at risk    = 896
                                                   LR chi2(2)    =   23.39
Log likelihood = -8.577853                         Prob > chi2   =  0.0000

          _t | Coefficient  Std. err.      z    P>|z|     [95% conf. interval]
-------------+--------------------------------------------------------------
        load |   .4229578   .1433485     2.95   0.003     .1419999    .7039157
    bearings |  -2.754461   1.173115    -2.35   0.019    -5.053723   -.4551981
```

（2）截尾数据的 Cox 回归示例

清理内存，下载数据集。

.clear

.webuse drugtr

显示 st 设置。

.stset

```
Survival-time data settings

        Failure event: died!=0 & died<.
Observed time interval: (0, studytime]
     Exit on or before: failure

--------------------------------------------------------------------------
         48  total observations
          0  exclusions
--------------------------------------------------------------------------
         48  observations remaining, representing
         31  failures in single-record/single-failure data
        744  total analysis time at risk and under observation
                                                At risk from t =         0
                                     Earliest observed entry t =         0
                                          Last observed exit t =        39
```

拟合 Cox 比例风险模型。

.stcox drug age

```
Cox regression with Breslow method for ties

No. of subjects =  48                                  Number of obs =     48
No. of failures =  31
Time at risk    = 744
                                                       LR chi2(2)    =  33.18
Log likelihood = -83.323546                            Prob > chi2   = 0.0000

------------------------------------------------------------------------------
          _t | Haz. ratio   Std. err.      z    P>|z|     [95% conf. interval]
-------------+----------------------------------------------------------------
        drug |   .1048772   .0477017    -4.96   0.000     .0430057    .2557622
         age |   1.120325   .0417711     3.05   0.002     1.041375     1.20526
------------------------------------------------------------------------------
```

（3）具有离散时变协变量的 Cox 回归示例。

清理内存，下载数据集。

.clear

.webuse stan3

.stset

```
Survival-time data settings

           ID variable: id
         Failure event: died!=0 & died<.
Observed time interval: (t1[_n-1], t1]
     Exit on or before: failure

--------------------------------------------------------------------------
        172  total observations
          0  exclusions
--------------------------------------------------------------------------
```

```
     172  observations remaining, representing
     103  subjects
      75  failures in single-failure-per-subject data
31,938.1  total analysis time at risk and under observation
                                          At risk from t =         0
                               Earliest observed entry t =         0
                                    Last observed exit t =     1,799
```

拟合 Cox 比例风险模型。

.stcox age posttran surg year

```
Cox regression with Breslow method for ties

No. of subjects =       103                         Number of obs =    172
No. of failures =        75
Time at risk    = 31,938.1
                                                    LR chi2(4)    =  17.56
Log likelihood = -289.53378                         Prob > chi2   = 0.0015

------------------------------------------------------------------------------
          _t | Haz. ratio   Std. err.      z    P>|z|     [95% conf. interval]
-------------+----------------------------------------------------------------
         age |   1.030224   .0143201     2.14   0.032     1.002536    1.058677
    posttran |   .9787243   .3032597    -0.07   0.945     .5332291    1.796416
     surgery |   .3738278    .163204    -2.25   0.024     .1588759       .8796
        year |   .8873107    .059808    -1.77   0.076     .7775022    1.012628
------------------------------------------------------------------------------
```

获得方差的稳健估计。

.stcox age posttran surg year, vce(robust)

```
Cox regression with Breslow method for ties

No. of subjects =       103                         Number of obs =    172
No. of failures =        75
Time at risk    = 31,938.1
                                                    Wald chi2(4)  =  19.68
Log pseudolikelihood = -289.53378                   Prob > chi2   = 0.0006

                                 (Std. err. adjusted for 103 clusters in id)
------------------------------------------------------------------------------
             |               Robust
          _t | Haz. ratio   std. err.      z    P>|z|     [95% conf. interval]
-------------+----------------------------------------------------------------
         age |   1.030224   .0148771     2.06   0.039     1.001474    1.059799
    posttran |   .9787243   .2961736    -0.07   0.943     .5408498    1.771104
     surgery |   .3738278   .1304912    -2.82   0.005     .1886013    .7409665
        year |   .8873107   .0613176    -1.73   0.084     .7749139     1.01601
------------------------------------------------------------------------------
```

（4）具有连续时变协变量的 Cox 回归示例。

清理内存，下载数据集。

.clear

.webuse drugtr2

列出一些数据。

.list in 1/12, sep(0)

	age	drug1	drug2	time	cured	_st	_d	_t	_t0
1.	36	0	50	20.6	1	1	1	20.6	0
2.	14	0	50	6.8	1	1	1	6.8000002	0
3.	43	0	125	8.6	1	1	1	8.6000004	0
4.	25	100	0	10	1	1	1	10	0
5.	50	100	0	30	0	1	0	30	0
6.	26	0	100	13.6	1	1	1	13.6	0
7.	21	150	0	5.4	1	1	1	5.4000001	0
8.	25	0	100	15.4	1	1	1	15.4	0
9.	32	125	0	8.6	1	1	1	8.6000004	0
10.	28	150	0	8.5	1	1	1	8.5	0
11.	34	0	100	30	0	1	0	30	0
12.	40	0	50	30	0	1	0	30	0

将数据声明为生存时间数据。

.stset time, failure(cured)

```
Survival-time data settings

         Failure event: cured!=0 & cured<.
Observed time interval: (0, time]
     Exit on or before: failure

------------------------------------------------------------------
         45  total observations
          0  exclusions
------------------------------------------------------------------
         45  observations remaining, representing
         36  failures in single-record/single-failure data
      677.9  total analysis time at risk and under observation
                                                At risk from t =         0
                                     Earliest observed entry t =         0
                                          Last observed exit t =        30
```

拟合 Cox 比例风险模型。

.stcox age drug1 drug2

```
Cox regression with Breslow method for ties

No. of subjects =     45                                Number of obs =     45
No. of failures =     36
Time at risk    =  677.9
                                                        LR chi2(3)    =  29.24
Log likelihood = -101.92504                             Prob > chi2   = 0.0000

------------------------------------------------------------------------------
          _t | Haz. ratio   Std. err.      z    P>|z|     [95% conf. interval]
-------------+----------------------------------------------------------------
         age |   .8759449   .0253259    -4.58   0.000     .8276873    .9270162
       drug1 |   1.008482   .0043249     1.97   0.049     1.000041    1.016994
       drug2 |    1.00189   .0047971     0.39   0.693     .9925323    1.011337
------------------------------------------------------------------------------
```

重新调整模型，考虑到药物在体内的实际残留量随时间呈指数递减。

.stcox age, tvc(drug1 drug2) texp(exp(-0.35*_t))

```
Cox regression with Breslow method for ties

No. of subjects =     45                                Number of obs =     45
No. of failures =     36
```

```
Time at risk     = 677.9
                                                   LR chi2(3)    =  36.98
Log likelihood = -98.052763                        Prob > chi2   = 0.0000

------------------------------------------------------------------------------
          _t | Haz. ratio  Std. err.      z    P>|z|     [95% conf. interval]
-------------+----------------------------------------------------------------
main         |
         age |   .8614636   .028558    -4.50   0.000     .8072706    .9192948
-------------+----------------------------------------------------------------
tvc          |
       drug1 |   1.304744   .1135967    3.06   0.002     1.100059    1.547514
       drug2 |   1.200613   .1113218    1.97   0.049     1.001103    1.439882
------------------------------------------------------------------------------
Note: Variables in tvc equation interacted with exp(-0.35*_t).
```

（5）具有多重失效数据的 Cox 回归示例。

清理内存，下载数据集。

.clear

.webuse mfail

方差稳健估计的拟合模型。

.stcox x1 x2, vce(robust)

```
Cox regression with Breslow method for ties

No. of subjects =      926                          Number of obs =  1,734
No. of failures =      808
Time at risk     = 435,855
                                                    Wald chi2(2)   = 152.13
Log pseudolikelihood = -4978.1914                   Prob > chi2    = 0.0000

                               (Std. err. adjusted for 926 clusters in id)
------------------------------------------------------------------------------
             |               Robust
          _t | Haz. ratio  std. err.      z    P>|z|     [95% conf. interval]
-------------+----------------------------------------------------------------
          x1 |   2.273456   .1868211    9.99   0.000     1.935259    2.670755
          x2 |    .329011   .0523425   -6.99   0.000     .2408754    .4493951
------------------------------------------------------------------------------
```

（6）分层估计示例。

清理内存，下载数据集。

.clear

.webuse stan3

修改数据以反映 1970 年和 1973 年处理的变化。

.generate pgroup = year

.recode pgroup min/69=1 70/72=2 73/max=3

拟合 Cox 比例风险模型。

.stcox age posttran surg year, strata(pgroup)

```
Stratified Cox regression with Breslow method for ties
Strata variable: pgroup

No. of subjects =       103                          Number of obs =     172
No. of failures =        75
Time at risk     = 31,938.1
```

```
                                                   LR chi2(4)    =   20.67
Log likelihood = -213.35033                        Prob > chi2   = 0.0004

------------------------------------------------------------------------------
          _t | Haz. ratio   Std. err.      z    P>|z|     [95% conf. interval]
-------------+----------------------------------------------------------------
         age |   1.027406   .0150188     1.85   0.064     .9983874    1.057268
    posttran |   1.075476   .3354669     0.23   0.816      .583567    1.982034
     surgery |   .2222415   .1218386    -2.74   0.006     .0758882    .6508429
        year |   .5523966   .1132688    -2.89   0.004     .3695832     .825638
------------------------------------------------------------------------------
```

（7）具有共享脆弱性的 Cox 回归示例。

清理内存，下载数据集。

.clear

.webuse catheter, clear

列出一些数据。

.list in 1/10

	patient	time	infect	age	female	_st	_d	_t	_t0
1.	1	16	1	28	0	1	1	16	0
2.	1	8	1	28	0	1	1	8	0
3.	2	13	0	48	1	1	0	13	0
4.	2	23	1	48	1	1	1	23	0
5.	3	22	1	32	0	1	1	22	0
6.	3	28	1	32	0	1	1	28	0
7.	4	318	1	31.5	1	1	1	318	0
8.	4	447	1	31.5	1	1	1	447	0
9.	5	30	1	10	0	1	1	30	0
10.	5	12	1	10	0	1	1	12	0

将数据声明为生存时间数据。

.stset time, fail(infect)

```
Survival-time data settings

         Failure event: infect!=0 & infect<.
Observed time interval: (0, time]
     Exit on or before: failure

--------------------------------------------------------------------------
         76  total observations
          0  exclusions
--------------------------------------------------------------------------
         76  observations remaining, representing
         58  failures in single-record/single-failure data
      7,424  total analysis time at risk and under observation
                                                At risk from t =         0
                                     Earliest observed entry t =         0
                                          Last observed exit t =       562
```

拟合 Cox 比例风险模型。

.stcox age female, shared(patient)

```
Cox regression with Breslow method for ties
Gamma shared frailty                            Number of obs     =        76
Group variable: patient                         Number of groups  =        38
```

```
                                                  Obs per group:
No. of subjects =      76                                    min =          2
No. of failures =      58                                    avg =          2
Time at risk     = 7,424                                     max =          2
                                                  Wald chi2(2)       =  11.66
Log likelihood = -181.97453                       Prob > chi2        = 0.0029

------------------------------------------------------------------------------
          _t | Haz. ratio   Std. err.      z    P>|z|     [95% conf. interval]
-------------+----------------------------------------------------------------
         age |   1.006202   .0120965     0.51   0.607     .9827701    1.030192
      female |   .2068678    .095708    -3.41   0.001     .0835376    .5122756
-------------+----------------------------------------------------------------
       theta |   .4754497   .2673108
------------------------------------------------------------------------------
LR test of theta=0: chibar2(01) = 6.27                 Prob >= chibar2 = 0.006

Note: Standard errors of hazard ratios are conditional on theta.
```

（8）使用调查数据的 Cox 回归示例。

清理内存，下载数据集。

.clear

.wcbuse nhefs

为数据声明测量设计。

.svyset psu2 [pw=swgt2], strata(strata2)

将数据声明为生存时间数据。

.stset age_lung_cancer if age_lung_cancer < . [pw=swgt2], fail(lung_cancer)

```
Survival-time data settings

         Failure event: lung_cancer!=0 & lung_cancer<.
Observed time interval: (0, age_lung_cancer]
     Exit on or before: failure
                Weight: [pweight=swgt2]
     Keep observations
                if exp: age_lung_cancer < .

--------------------------------------------------------------------------
     14,407  total observations
      5,126  ignored at outset because of if exp
--------------------------------------------------------------------------
      9,281  observations remaining, representing
         83  failures in single-record/single-failure data
    599,691  total analysis time at risk and under observation
                                                At risk from t =         0
                                     Earliest observed entry t =         0
                                          Last observed exit t =        97
```

考虑到数据为调查数据，拟合 Cox 比例风险模型。

.svy: stcox former_smoker smoker male urban1 rural

```
Survey: Cox regression

Number of strata =  35                          Number of obs     =       9,149
Number of PSUs   = 105                          Population size   = 151,327,827
                                                Design df         =          70
                                                F(5, 66)          =       14.07
                                                Prob > F          =      0.0000
```

_t	Haz. ratio	Linearized std. err.	t	P>|t|	[95% conf. interval]	
former_smoker	2.788113	.6205102	4.61	0.000	1.788705	4.345923
smoker	7.849483	2.593249	6.24	0.000	4.061457	15.17051
male	1.187611	.3445315	0.59	0.555	.6658757	2.118142
urban1	.8035074	.3285144	-0.54	0.594	.3555123	1.816039
rural	1.581674	.5281859	1.37	0.174	.8125799	3.078702

5.4 检验 Cox 比例风险模型的假设

Cox 比例风险模型最主要的假设就是风险函数可以分解为基准风险函数和比例风险函数的乘积。如果这个假设不成立，Cox 比例风险模型就不成立，因此需要对 Cox 比例风险模型的假设进行检验。Cox 比例风险模型的假设检验方法主要包括分析对数 - 对数图，分析观测 - 预测图和基于残差的检验。

1. 对数 - 对数图

当 x 取不同值时，生存函数对数的对数 $-\ln[-\ln S(t)]$ 应该是相互平行的曲线，只是截距 $-\boldsymbol{x}'\boldsymbol{\beta}$ 不同，由此画出的图为对数 - 对数图。如果对数 - 对数图中的曲线相互平行，则支持比例风险假设；如果不同曲线的斜率相差较多，则意味着比例风险假设不成立。对数 - 对数图的缺点在于如何确定曲线是否平行时主观性较强。

对数 - 对数图的 Stata 命令为

stintphplot [if], interval(t_l t_u) {by(varname) | strata(varname)} [phplot_options]

菜单操作：

Statistics > Survival analysis > Regression models > Assess PH assumption for interval-censored data

2. 观测 - 预测图

对每一个解释变量 x 分别画图，假设 x 为离散解释变量。首先，根据 x 的不同取值水平，画出其 KM 生存函数图，即实际观测图。其次，估计 Cox 比例风险模型，计算基准生存函数，然后代入 x 的不同取值水平，得到相应的生存函数图，即模型预测图。最后，给定 x 的一个取值水平，比较其观测图与预测图之间的距离是否足够接近，如果很接近，表明变量 x 满足比例风险假设，反之则不成立。观测预测图的缺点，同样是它具有比较强的主观性。

Kaplan-Meier 和预测生存图的 Stata 命令为

stcoxkm [if] , by(varname) [stcoxkm_options]

菜单操作：

Statistics > Survival analysis > Regression models > Kaplan-Meier versus predicted survival

非参数和 Cox 预测生存曲线图绘制命令为

stcoxkm [if] , by(varname) [stcoxkm_options]

菜单操作：

Statistics > Survival analysis > Regression models > Nonparametric versus Cox predicted survival

3. 基于残差的检验

基于残差的检验最常用的是舍恩菲尔德残差（Schoenfeld residuals）。对于个体 j 与解释变量 x_k，可以计算出其对应的舍恩菲尔德残差为

$$r_{kj} = x_{kj} - \sum_{i \in R_j} \left(x_{ki} \frac{e^{x_i'\beta}}{\sum\limits_{i \in R_j} e^{x_i'\beta}} \right) \tag{5-15}$$

其中，R_j 阶为个体 j 失效的风险集。直观来看，舍恩菲尔德残差为失效个体的解释变量观测值 x 减去仍处于风险集中的个体解释变量的加权平均，而权重为相对风险 $e^{x_i^{*}\beta}$。如果比例风险假设成立，则舍恩菲尔德残差不应随时间出现规律性变化。对于每个解释变量 x_k，可以画出舍恩菲尔德残差与时间的关系图，并考察其斜率是否为 0。也可以对舍恩菲尔德残差和时间做回归，然后检验时间的系数是否为 0。

舍恩菲尔德残差检验的 Stata 命令为

estat phtest [, phtest_options]

菜单操作：

Statistics > Survival analysis > Regression models > Test PH assumption

5.5　间隔审查的 Cox 比例风险模型

当失效时间或感兴趣的事件时间不确定时，会发生间隔截尾。这时，不能精确观察到风险，只可观察到在某个间隔内的风险。Cox 比例风险模型规定，以协变量为条件的事件时间风险函数的形式为

$$h(t, x) = h_0(t)\exp(\beta_1 x_1 + \cdots + \beta_p x_p) \tag{5-16}$$

间隔审查的 Cox 比例风险模型估计的 Stata 命令为

stintcox [indepvars] [if] [in], interval(t_l t_u) [options]

菜单操作：

Statistics > Survival analysis > Regression models > Interval-censored Cox PH model

stintcox 将半参数 Cox 比例风险模型与区间删失生存时间数据或事件时间数据相匹配，这些数据可能包含右删失、左删失和区间删失观测值。对于区间删失数据，事件时间变量使用 stintcox 命令指定，而不是使用 stset。所有 st 设置均被 stintcox 忽略。

例 5.2　间隔审查的 Cox 比例风险模型估计

请扫码查看例 5.2 的内容

5.6　竞争风险回归

竞争风险回归为存在竞争风险时的生存数据提供了 Cox 回归（Cox，1972）的有效替代方法。它们指定了子分布危险的模型，失效类型 1 的正式定义为

$$\bar{h}_1(t) = \lim_{\delta \to 0} \left\{ \frac{P(t < T \leqslant t + \delta \text{ and event type 1}) \mid T > t \text{ or } (T \leqslant t \text{ and not event type 1})}{\delta} \right\} \tag{5-17}$$

通俗地讲，将这种危险视为产生感兴趣的失败事件的危险，同时使经历过竞争事件的受试者处于“风险”中，这样它们就可以被充分地视为没有任何失败的机会。对子分布危险或子危险进行建模的优点是，可以很容易地从中计算累积概率分布函数：

$$\mathrm{CIF}_1(t)=1-\exp\{-\bar{H}_1(t)\} \tag{5-18}$$

$$\bar{H}_1(t)=\int_0^t \bar{h}_1(t)\mathrm{d}t \tag{5-19}$$

使用 stcrreg 以这种方式执行的竞争风险回归与使用 stcox 执行的 Cox 回归非常相似。该模型为半参数模型，其中基准子风险 $\bar{h}_{1,0}(t)$（协变量设置为零）未指定，而协变量 x 的影响假定成比例：

$$\bar{h}_1(t\,|\,x)=\bar{h}_{1,0}(t)\exp(x\beta) \tag{5-20}$$

运用对数准似然函数最大化，可得参数估计值。

竞争风险回归的 Stata 命令为

stcrreg [indepvars] [if] [in], compete(crvar[==numlist]) [options]

菜单操作：

Statistics > Survival analysis > Regression models > Competing-risks regression

例 5.3　竞争风险回归

请扫码查看例 5.3 的内容

5.7　参数生存模型

针对协变量的影响调整生存函数的两个常用参数生存分析模型是加速失效时间（accelerated failure-time，AFT）模型和比例风险模型。在 AFT 模型中，生存时间的自然对数 $\log t$ 表示协变量的线性函数，从而得到线性模型：

$$\log t_j=\boldsymbol{x}_j\boldsymbol{\beta}+z_j \tag{5-21}$$

式中，z 是分布函数为 $f(\cdot)$ 的随机误差项。分布函数不同，回归模型不同。如下表所示。

序号	分布	生存函数表达式	AFT 模型
1	指数分布	$\exp(-\lambda_j t_j)$	对数指数模型
2	威布尔分布	$\exp(-\lambda_j t_j^p)$	对数威布尔模型
3	对数正态分布	$1-\Phi\left\{\dfrac{\log(t_j)-\mu_j}{\sigma}\right\}$	对数对数模型
4	正态分布	$u\sim N(0,\sigma^2)$	对数正态模型
5	对数逻辑分布	$\{1+(\lambda_j t_j)^{1/\gamma}\}^{-1}$	对数逻辑模型
6	广义伽马分布	—	伽马模型

AFT 模型估计使用 MLE 法估计，可以得到有效参数估计值。

参数生存模型估计的 Stata 命令为

streg [indepvars] [if] [in] [, options]

菜单操作：

Statistics > Survival analysis > Regression models > Parametric survival models

例 5.4 参数生存模型

下面以 Stata 自带数据集为例说明实现。

AFT 模型

（1）威布尔生存模型 1。

清空内存，下载数据集。

.clear

.webuse kva

将数据声明为生存时间数据。

.stset failtime

拟合威布尔生存模型。

.streg load bearings, distribution(weibull)

```
Weibull PH regression

No. of subjects =  12                           Number of obs =      12
No. of failures =  12
Time at risk    = 896
                                                LR chi2(2)    =   30.27
Log likelihood = 5.6934189                      Prob > chi2   =  0.0000
```

_t	Haz. ratio	Std. err.	z	P>|z|	[95% conf. interval]	
load	1.599315	.1883807	3.99	0.000	1.269616	2.014631
bearings	.1887995	.1312109	-2.40	0.016	.0483546	.7371644
_cons	2.51e-20	2.66e-19	-4.26	0.000	2.35e-29	2.68e-11
/ln_p	2.051552	.2317074	8.85	0.000	1.597414	2.505691
p	7.779969	1.802677			4.940241	12.25202
1/p	.1285352	.0297826			.0816192	.2024193

Note: _cons estimates baseline hazard.

重新输出结果，但显示系数而不是危险比。

.streg, nohr

```
Weibull PH regression

No. of subjects =  12                           Number of obs =      12
No. of failures =  12
Time at risk    = 896
                                                LR chi2(2)    =   30.27
Log likelihood = 5.6934189                      Prob > chi2   =  0.0000
```

_t	Coefficient	Std. err.	z	P>|z|	[95% conf. interval]	
load	.4695753	.1177884	3.99	0.000	.2387143	.7004363
bearings	-1.667069	.6949745	-2.40	0.016	-3.029194	-.3049443
_cons	-45.13191	10.60663	-4.26	0.000	-65.92053	-24.34329
/ln_p	2.051552	.2317074	8.85	0.000	1.597414	2.505691
p	7.779969	1.802677			4.940241	12.25202
1/p	.1285352	.0297826			.0816192	.2024193

在加速失效时间度量中拟合威布尔生存模型。

.streg load bearings, distribution(weibull) time

```
Weibull AFT regression

No. of subjects =  12                                Number of obs =     12
No. of failures =  12
Time at risk    = 896
                                                     LR chi2(2)    =  30.27
Log likelihood = 5.6934189                           Prob > chi2   = 0.0000

------------------------------------------------------------------------------
          _t | Coefficient  Std. err.      z    P>|z|     [95% conf. interval]
-------------+----------------------------------------------------------------
        load |   -.060357   .0062214    -9.70   0.000    -.0725507   -.0481632
    bearings |   .2142771   .0746451     2.87   0.004     .0679753    .3605789
       _cons |    5.80104   .1752301    33.11   0.000     5.457595    6.144485
-------------+----------------------------------------------------------------
       /ln_p |   2.051552   .2317074     8.85   0.000     1.597414    2.505691
-------------+----------------------------------------------------------------
           p |   7.779969   1.802677                      4.940241    12.25202
         1/p |   .1285352   .0297826                      .0816192    .2024193
------------------------------------------------------------------------------
```

（2）指数模型。

清空内存，下载数据集。

.clear

.webuse mfail

使用每个受试者具有多个故障的数据拟合威布尔生存模型并指定稳健的标准误差。

.streg x1 x2, distribution(weibull) vce(robust)

```
Weibull PH regression

No. of subjects =      926                           Number of obs =  1,734
No. of failures =      808
Time at risk    =  435,855
                                                     Wald chi2(2)  = 154.71
Log pseudolikelihood = -1327.2362                    Prob > chi2   = 0.0000

                               (Std. err. adjusted for 926 clusters in id)
------------------------------------------------------------------------------
             |               Robust
          _t | Haz. ratio   std. err.      z    P>|z|     [95% conf. interval]
-------------+----------------------------------------------------------------
          x1 |   2.242171   .1814916     9.98   0.000     1.913236    2.627658
          x2 |   .3204534   .0504253    -7.23   0.000      .235409    .4362211
       _cons |   .0006984   .0001796   -28.26   0.000     .0004219    .0011562
-------------+----------------------------------------------------------------
       /ln_p |   .1765809   .0309899     5.70   0.000     .1158418      .23732
-------------+----------------------------------------------------------------
           p |   1.193131    .036975                      1.122818    1.267847
         1/p |    .838131   .0259736                      .7887388    .8906161
------------------------------------------------------------------------------
Note: _cons estimates baseline hazard.
```

同上，但拟合指数模型而不是威布尔生存模型。

.streg x1 x2, distribution(exp) vce(robust)

```
Exponential PH regression

No. of subjects =      926                           Number of obs =  1,734
```

```
No. of failures =      808
Time at risk     = 435,855
                                                    Wald chi2(2)   = 167.14
Log pseudolikelihood = -1342.282                    Prob > chi2    = 0.0000

                                   (Std. err. adjusted for 926 clusters in id)
------------------------------------------------------------------------------
             |               Robust
          _t | Haz. ratio   std. err.      z    P>|z|     [95% conf. interval]
-------------+----------------------------------------------------------------
          x1 |   2.192675   .1686428    10.21   0.000     1.885848    2.549422
          x2 |   .3036144   .0462328    -7.83   0.000     .2252713    .4092032
       _cons |   .0024513   .0001534   -96.08   0.000     .0021684     .002771
------------------------------------------------------------------------------
Note: _cons estimates baseline hazard.
```

（3）广义伽马生存模型。

清空内存，下载数据集。

.clear

.webuse cancer

将药物值映射为 0（安慰剂）和 1（非安慰剂）。

.replace drug = drug == 2 | drug == 3

将数据声明为生存时间数据。

.stset studytime, failure(died)

拟合广义伽马生存模型。

.streg drug age, distribution(ggamma)

```
Generalized gamma AFT regression

No. of subjects =  48                               Number of obs =     48
No. of failures =  31
Time at risk    = 744
                                                    LR chi2(2)     =  36.07
Log likelihood = -42.452006                         Prob > chi2    = 0.0000

------------------------------------------------------------------------------
          _t | Coefficient  Std. err.      z    P>|z|     [95% conf. interval]
-------------+----------------------------------------------------------------
        drug |   1.394658   .2557198     5.45   0.000      .893456    1.895859
         age |  -.0780416   .0227978    -3.42   0.001    -.1227245   -.0333587
       _cons |   6.456091   1.238457     5.21   0.000      4.02876    8.883421
-------------+----------------------------------------------------------------
    /lnsigma |  -.3793632    .183707    -2.07   0.039    -.7394222   -.0193041
      /kappa |   .4669252   .5419478     0.86   0.389     -.595273    1.529123
-------------+----------------------------------------------------------------
       sigma |    .684297   .1257101                      .4773897     .980881
------------------------------------------------------------------------------
```

威布尔模型适用性检验。

.test [/kappa] = 1

```
( 1)  [/]kappa = 1

           chi2(  1) =     0.97
         Prob > chi2 =    0.3253
```

（4）威布尔生存模型 2。

清空内存，下载数据集。

.clear

.webuse hip3, clear

拟合威布尔生存模型，使用 male 对辅助参数进行建模。

.streg protect age, dist(weibull) ancillary(male)

```
Weibull PH regression

No. of subjects =    148                               Number of obs =    206
No. of failures =     37
Time at risk    = 1,703
                                                       LR chi2(2)    =  39.80
Log likelihood = -69.323532                            Prob > chi2   = 0.0000

------------------------------------------------------------------------------
          _t | Coefficient  Std. err.      z    P>|z|     [95% conf. interval]
-------------+----------------------------------------------------------------
_t           |
     protect |  -2.130058   .3567005    -5.97   0.000    -2.829178   -1.430938
         age |   .0939131   .0341107     2.75   0.006     .0270573    .1607689
       _cons |  -10.17575   2.551821    -3.99   0.000    -15.17722   -5.174269
-------------+----------------------------------------------------------------
ln_p         |
        male |  -.4887189    .185608    -2.63   0.008    -.8525039   -.1249339
       _cons |   .4540139   .1157915     3.92   0.000     .2270667    .6809611
------------------------------------------------------------------------------
```

（5）分层威布尔生存模型。

清空内存，下载数据集。

.clear

.webuse cancer

将数据声明为生存时间数据。

.stset studytime died

拟合分层威布尔生存模型。

.streg age, dist(weibull) strata(drug)

```
Weibull PH regression
Strata variable: drug

No. of subjects =  48                                  Number of obs =     48
No. of failures =  31
Time at risk    = 744
                                                       LR chi2(3)    =  16.58
Log likelihood = -41.113074                            Prob > chi2   = 0.0009

------------------------------------------------------------------------------
          _t | Coefficient  Std. err.      z    P>|z|     [95% conf. interval]
-------------+----------------------------------------------------------------
_t           |
         age |   .1212332   .0367538     3.30   0.001      .049197    .1932694
             |
        drug |
       Other |  -4.561178   2.339448    -1.95   0.051    -9.146411    .0240556
          NA |  -3.715737   2.595986    -1.43   0.152    -8.803776    1.372302
             |
       _cons |  -10.36921   2.341022    -4.43   0.000    -14.95753   -5.780896
-------------+----------------------------------------------------------------
ln_p         |
        drug |
       Other |   .4872195    .332019     1.47   0.142    -.1635257    1.137965
          NA |   .2194213   .4079989     0.54   0.591    -.5802418    1.019084
             |
       _cons |   .4541282   .1715663     2.65   0.008     .1178645    .7903919
------------------------------------------------------------------------------
```

生成一个比上述分层程度更低的分层威布尔生存模型。

.streg age, dist(weibull) ancillary(i.drug)

```
Weibull PH regression

No. of subjects =  48                                Number of obs =     48
No. of failures =  31
Time at risk    = 744
                                                     LR chi2(1)    =   9.61
Log likelihood = -44.596379                          Prob > chi2   = 0.0019

------------------------------------------------------------------------------
          _t | Coefficient  Std. err.      z    P>|z|     [95% conf. interval]
-------------+----------------------------------------------------------------
_t           |
         age |   .1126419   .0362786     3.10   0.002     .0415373    .1837466
       _cons |  -10.95772   2.308489    -4.75   0.000    -15.48227   -6.433162
-------------+----------------------------------------------------------------
ln_p         |
        drug |
      Other  |  -.3279568     .11238    -2.92   0.004    -.5482176    -.107696
         NA  |  -.4775351   .1091141    -4.38   0.000    -.6913948   -.2636755
             |
       _cons |   .6684086   .1327284     5.04   0.000     .4082657    .9285514
------------------------------------------------------------------------------
```

（6）伽马分布脆弱性的威布尔生存模型。

清空内存，下载数据集。

.clear

.webuse bc

列示部分数据。

.list in 1/12

	age	smoking	dietfat	t	dead
1.	30	1	4.919	14.2	0
2.	50	0	4.437	8.21	1
3.	47	0	5.85	5.64	1
4.	49	1	5.149	4.42	1
5.	52	1	4.363	2.81	1
6.	29	0	6.153	35	0
7.	49	1	3.82	4.57	1
8.	27	1	5.294	35	0
9.	47	0	6.102	3.74	1
10.	59	0	4.446	2.29	1
11.	35	0	6.203	15.3	0
12.	26	0	4.515	35	0

声明数据为生存时间数据。

.stset t, fail(dead)

伽马分布脆弱性的威布尔生存模型拟合。

.streg age smoking, dist(weibull) frailty(gamma)

```
Weibull PH regression
Gamma frailty
```

```
No. of subjects =         80                    Number of obs =         80
No. of failures =         58
Time at risk    =  1,257.07
                                                LR chi2(2)     =    135.75
Log likelihood = -68.135804                     Prob > chi2    =    0.0000

------------------------------------------------------------------------------
          _t | Haz. ratio   Std. err.      z    P>|z|     [95% conf. interval]
-------------+----------------------------------------------------------------
         age |   1.475948   .1379987     4.16   0.000     1.228811    1.772788
     smoking |   2.788548   1.457031     1.96   0.050      1.00143    7.764894
       _cons |   4.57e-11   2.38e-10    -4.57   0.000     1.70e-15    1.23e-06
-------------+----------------------------------------------------------------
       /ln_p |   1.087761    .222261     4.89   0.000     .6521376    1.523385
    /lntheta |   .3307466   .5250758     0.63   0.529     -.698383    1.359876
-------------+----------------------------------------------------------------
           p |   2.967622   .6595867                       1.91964    4.587727
         1/p |   .3369701   .0748953                      .2179729     .520931
       theta |   1.392007   .7309092                      .4973889    3.895711
------------------------------------------------------------------------------
Note: Estimates are transformed only in the first equation to hazard ratios.
Note: _cons estimates baseline hazard.
LR test of theta=0: chibar2(01) = 22.57                Prob >= chibar2 = 0.000
```

具有逆高斯分布脆弱性的威布尔生存模型拟合。

.streg age smoking, dist(weibull) frailty(invgauss)

```
Weibull PH regression
Inverse-Gaussian frailty

No. of subjects =         80                    Number of obs =         80
No. of failures =         58
Time at risk    =  1,257.07
                                                LR chi2(2)     =    125.44
Log likelihood = -73.838578                     Prob > chi2    =    0.0000

------------------------------------------------------------------------------
          _t | Haz. ratio   Std. err.      z    P>|z|     [95% conf. interval]
-------------+----------------------------------------------------------------
         age |   1.284133   .0463256     6.93   0.000     1.196473    1.378217
     smoking |   2.905409   1.252785     2.47   0.013     1.247892    6.764528
       _cons |   1.11e-07   2.34e-07    -7.63   0.000     1.83e-09    6.79e-06
-------------+----------------------------------------------------------------
       /ln_p |   .7173904   .1434382     5.00   0.000     .4362567    .9985241
    /lntheta |   .2374778   .8568064     0.28   0.782    -1.441832    1.916788
-------------+----------------------------------------------------------------
           p |   2.049079   .2939162                      1.546906    2.714273
         1/p |   .4880241   .0700013                      .3684228    .6464518
       theta |   1.268047   1.086471                      .2364941    6.799082
------------------------------------------------------------------------------
Note: Estimates are transformed only in the first equation to hazard ratios.
Note: _cons estimates baseline hazard.
LR test of theta=0: chibar2(01) = 11.16                Prob >= chibar2 = 0.000
```

（7）逆高斯分布共享脆弱性的威布尔生存模型。

清空内存，下载数据集。

.clear

.webuse catheter

列示部分数据。

.list in 1/10

	patient	time	infect	age	female	_st	_d	_t	_t0
1.	1	16	1	28	0	1	1	16	0
2.	1	8	1	28	0	1	1	8	0
3.	2	13	0	48	1	1	0	13	0
4.	2	23	1	48	1	1	1	23	0
5.	3	22	1	32	0	1	1	22	0
6.	3	28	1	32	0	1	1	28	0
7.	4	318	1	31.5	1	1	1	318	0
8.	4	447	1	31.5	1	1	1	447	0
9.	5	30	1	10	0	1	1	30	0
10.	5	12	1	10	0	1	1	12	0

将数据声明为生存时间数据。

.stset time, fail(infect)

具有逆高斯分布共享脆弱性的威布尔生存模型拟合。

.streg age female, dist(weibull) frailty(invgauss) shared(patient)

```
Weibull PH regression
Inverse-Gaussian shared frailty                 Number of obs      =      76
Group variable: patient                         Number of groups   =      38
                                                Obs per group:
No. of subjects =      76                                     min =        2
No. of failures =      58                                     avg =        2
Time at risk    = 7,424                                       max =        2
                                                LR chi2(2)         =    9.84
Log likelihood = -99.093527                     Prob > chi2        =  0.0073

------------------------------------------------------------------------------
          _t | Haz. ratio   Std. err.      z    P>|z|     [95% conf. interval]
-------------+----------------------------------------------------------------
         age |   1.006918    .013574     0.51   0.609     .9806623    1.033878
      female |   .2331376   .1046382    -3.24   0.001     .0967322    .5618928
       _cons |   .0110089   .0099266    -5.00   0.000     .0018803    .0644557
-------------+----------------------------------------------------------------
       /ln_p |   .1900625   .1315342     1.44   0.148    -.0677398    .4478649
    /lntheta |   .0357272   .7745362     0.05   0.963    -1.482336     1.55379
-------------+----------------------------------------------------------------
           p |   1.209325   .1590676                      .9345036    1.564967
         1/p |   .8269074   .1087666                       .638991    1.070087
       theta |   1.036373   .8027085                      .2271066    4.729362
------------------------------------------------------------------------------
Note: Estimates are transformed only in the first equation to hazard ratios.
Note: _cons estimates baseline hazard.
LR test of theta=0: chibar2(01) = 8.70                 Prob >= chibar2 = 0.002
```

同上，但拟合对数正态模型而不是威布尔模型。

.streg age female, dist(lnormal) frailty(invgauss) shared(patient)

```
Lognormal AFT regression
Inverse-Gaussian shared frailty                 Number of obs      =      76
Group variable: patient                         Number of groups   =      38
                                                Obs per group:
No. of subjects =      76                                     min =        2
No. of failures =      58                                     avg =        2
Time at risk    = 7,424                                       max =        2
                                                LR chi2(2)         =   16.34
Log likelihood = -97.614583                     Prob > chi2        =  0.0003
```

_t	Coefficient	Std. err.	z	P>|z|	[95% conf.	interval]
age	-.0066762	.0099457	-0.67	0.502	-.0261694	.0128171
female	1.401719	.3334931	4.20	0.000	.7480844	2.055354
_cons	3.336709	.4972641	6.71	0.000	2.362089	4.311329
/lnsigma	.0625872	.1256185	0.50	0.618	-.1836205	.3087949
/lntheta	-1.606248	1.190775	-1.35	0.177	-3.940125	.7276282
sigma	1.064587	.1337318			.8322516	1.361783
theta	.2006389	.2389159			.0194458	2.070165

LR test of theta=0: chibar2(01) = 1.53 Prob >= chibar2 = 0.108

（8）调查数据的拟合指数生存模型。

清空内存，下载数据集。

.clear

.webuse nhefs

把数据定义为调研设计。

.svyset psu2 [pw=swgt2], strata(strata2)

将数据声明为生存时间数据。

.stset age_lung_cancer if age_lung_cancer < . [pw=swgt2], fail(lung_cancer)

考虑调查数据的拟合指数生存模型。

.svy: streg former_smoker smoker male urban1 rural, dist(exp)

Survey: Exponential PH regression

Number of strata = 35 　　Number of obs = 9,149
Number of PSUs = 105 　　Population size = 151,327,827
Design df = 70
F(5, 66) = 17.16
Prob > F = 0.0000

_t	Haz. ratio	Linearized std. err.	t	P>|t|	[95% conf.	interval]
former_smoker	5.268446	1.14837	7.62	0.000	3.410999	8.137358
smoker	7.308936	2.424618	6.00	0.000	3.771513	14.16422
male	1.080689	.2941155	0.29	0.776	.6280102	1.859664
urban1	.836571	.3305602	-0.45	0.653	.3804045	1.839755
rural	1.634632	.531271	1.51	0.135	.8548805	3.125608
_cons	.0000246	9.22e-06	-28.37	0.000	.0000117	.000052

Note: _cons estimates baseline hazard.

5.8 面板数据随机效应参数生存回归模型

针对协变量的影响调整幸存者函数的两个常用模型是加速失效时间模型和比例风险模型。在加速失效时间模型中，生存时间的自然对数 $\log t$ 表示为协变量的线性函数；当我们加入随机效应时，这就产生了以下模型：

$$\log t_{ij} = \boldsymbol{x}_{ij}\boldsymbol{\beta} + \nu_i + \varepsilon_{ij} \qquad (5\text{-}22)$$

式中，ν_i 为随机效应；ε_{ij} 是具有密度 $\varphi(\cdot)$ 的观测级误差。误差的分布形式决定回归模型。使用加速失效时间模型参数化：指数、伽马、对数逻辑、对数正态和威布尔，可以用 xtstreg 实现这五个回归模型。

在 xtstreg 拟合的比例风险模型中，协变量对风险函数具有乘法效应：

$$h(t_{ij}) = h_0(t_{ij})\exp(\boldsymbol{x}_{ij}\beta + v_i) \tag{5-23}$$

面板数据随机效应参数生存回归模型利用最大似然估计法估计参数值。其参数估计的 Stata 命令为

xtstreg [indepvars] [if] [in] [weight], distribution(distname) [options]

菜单操作：

Statistics > Longitudinal/panel data > Survival models > Parametric survival models (RE)

例 5.5 面板数据随机效应参数生存回归模型

下面以 Stata 自带数据集为例说明实现。

（1）清理内存，下载数据集。

.clear

.webuse catheter

（2）定义数据为生存数据。

.xtset patient

（3）随机效应威布尔生存模型。

.xtstreg age female, distribution(weibull)

```
Random-effects Weibull PH regression            Number of obs     =         76
Group variable: patient                         Number of groups  =         38

                                                Obs per group:
                                                              min =          2
                                                              avg =        2.0
                                                              max =          2

Integration method: mvaghermite                 Integration pts.  =         12

                                                Wald chi2(2)      =      10.17
Log likelihood = -329.87938                     Prob > chi2       =     0.0062

------------------------------------------------------------------------------
          _t | Haz. ratio   Std. err.      z    P>|z|     [95% conf. interval]
-------------+----------------------------------------------------------------
         age |   1.007329   .0137828     0.53   0.594     .9806742    1.034708
      female |   .1910581   .0999004    -3.17   0.002     .0685629    .5324042
       _cons |   .0073346   .0072307    -4.99   0.000     .0010623    .0506427
-------------+----------------------------------------------------------------
       /ln_p |    .222825   .1386296                     -.0488841     .494534
-------------+----------------------------------------------------------------
   /sigma2_u |   .8234583   .4812598                      .2619194    2.588902
------------------------------------------------------------------------------
Note: Estimates are transformed only in the first equation to hazard ratios.
Note: _cons estimates baseline hazard (conditional on zero random effects).
LR test vs. Weibull model: chibar2(01) = 9.40         Prob >= chibar2 = 0.0011
```

（4）重新输出结果，但显示系数而不是危险比。

.xtstreg, nohr

```
Random-effects Weibull PH regression            Number of obs     =         76
Group variable: patient                         Number of groups  =         38

                                                Obs per group:
```

```
                                                   min =          2
                                                   avg =        2.0
                                                   max =          2

Integration method: mvaghermite             Integration pts.  =         12

                                            Wald chi2(2)      =      10.17
Log likelihood = -329.87938                 Prob > chi2       =     0.0062

          _t   Coefficient  Std. err.      z    P>|z|     [95% conf. interval]

         age      .0073022   .0136825    0.53   0.594     -.019515    .0341194
      female     -1.655178   .5228797   -3.17   0.002    -2.680003   -.6303523
       _cons     -4.915148   .9858286   -4.99   0.000    -6.847337    -2.98296

       /ln_p       .222825   .1386296                     -.0488841     .494534

   /sigma2_u      .8234583   .4812598                      .2619194    2.588902

LR test vs. Weibull model: chibar2(01) = 9.40         Prob >= chibar2 = 0.0011
```

5.9 多层混合效应参数生存回归模型

混合效应生存模型包含固定效应和随机效应。在纵向数据和面板数据中，随机效应有助于模拟簇内相关性；也就是说，同一簇中的观测值是相关的，因为它们具有共同的簇级随机效应。

mestreg 允许多级别（层次）的随机效应。然而，为了简单起见，我们现在考虑两级模型，在这里我们有一系列与 M 个无关的簇和一组与这些簇相对应的随机效应 $\boldsymbol{u}_j$。针对协变量的影响调整生存函数的两个常用模型是加速失效时间模型和比例风险模型。

在加速失效时间模型中，生存时间的自然对数 $\log t$ 表示为线性函数协变量的分布；当我们加入随机效应时，这就产生了以下模型：

$$\log t_{ji} = \boldsymbol{x}_{ji}\boldsymbol{\beta} + \boldsymbol{z}_{ji}\boldsymbol{u}_j + v_{ji} \tag{5-24}$$

对于 $j = 1, 2, \cdots, M$ 簇，簇 j 由 $i = 1, \cdots, n_j$ 个观察值组成。$1 \times p$ 向量 x_{ji} 包含固定效应的协变量，具有回归系数 β（固定效应）。

$1 \times q$ 向量 z_{ji} 包含对应于随机效应的协变量，可用于表示随机截距和随机系数。例如，在随机截距模型中，$\boldsymbol{z}_{ji}$ 只是标量 1。随机效应 $\boldsymbol{u}_j$ 是均值为 0 且 $q \times q$ 方差矩阵 $\boldsymbol{\Sigma}$ 的多元正态分布的 M 个实现。作为模型参数，随机效应不是直接估计的，而是根据 $\boldsymbol{\Sigma}$ 的独特元素进行总结，称为方差分量。

最后，v_{ji} 是具有密度 $\varphi(\cdot)$ 的观测级误差项。误差项的分布形式决定了回归模型。使用加速失效时间模型参数化：指数、伽马、对数逻辑、对数正态和威布尔，可以用 mestreg 实现这五个回归模型。例如，正态分布回归模型是通过将 $\varphi(\cdot)$ 设置为正态密度得到的。类似地，将 $\varphi(\cdot)$ 设置为 logistic 密度，得到对数回归模型；将 $\varphi(\cdot)$ 设置为极值密度得出指数和威布尔回归模型。

在 mestreg 拟合的比例风险模型中，协变量对风险函数具有乘法效应：

$$h(t_{ji}) = h_0(t_{ji})\exp(\boldsymbol{x}_{ji}\boldsymbol{\beta} + \boldsymbol{z}_{ji}\boldsymbol{u}_j) \tag{5-25}$$

对于某些基准风险函数 $h_0(t)$，对于 mestreg 命令，假设 $h_0(t)$ 是参数化的。在 mestreg 中实现指数和威布尔回归模型，可以用于比例风险模型参数化。使用加速失效时间模型和比例风险模型参数化可以实现这两个模型。

多层混合效应参数生存回归模型（multilevel mixed-effect parametric survival model）利用 MLE 法估计参数。

多层混合效应参数生存回归模型估计的 Stata 命令为

mestreg fe_equation [|| re_equation] [|| re_equation ...], distribution(distname) [options]

其中，fe_equation 的语法格式为

[indepvars] [if] [in] [weight] [, fe_options]

re_equation 的语法格式如下所示。

（1）随机参数和截距。

levelvar: [varlist] [, re_options]

（2）交叉效应模型中因子变量值之间的随机效应。

levelvar: R.varname

levelvar 是一个变量，用于识别该级别随机效应的组结构，或者表示包含所有观察值的一个组。

菜单操作：

Statistics > Multilevel mixed-effects models > Parametric survival regression

例 5.6 多层混合效应参数生存回归模型

请扫码查看例 5.6 的内容

第6章
CHAPTER 6

内生协变量

6.1 含内生协变量的线性回归

含内生协变量的线性回归模型为：

$$\boldsymbol{y}=\boldsymbol{Y\beta}_1+\boldsymbol{X}_1\boldsymbol{\beta}_2+\boldsymbol{u}=\boldsymbol{X\beta}+\boldsymbol{u} \tag{6-1}$$

$$\boldsymbol{Y}=\boldsymbol{X}_1\boldsymbol{\Pi}_1+\boldsymbol{X}_2\boldsymbol{\Pi}_2+\boldsymbol{v}=\boldsymbol{Z\Pi}+\boldsymbol{V} \tag{6-2}$$

其中，$\boldsymbol{y}$ 是左侧变量的 $N\times 1$ 向量，N 为样本量；$\boldsymbol{Y}$ 是 p 维内生回归变量的 $N\times p$ 矩阵；$\boldsymbol{X}_1$ 是包含 k_1 维的外生回归系数的 $N\times k_1$ 矩阵；$\boldsymbol{X}_2$ 是由被排除内生变量的 k_2 维外生变量组成的 $N\times k_2$ 矩阵；$\boldsymbol{X}=[\boldsymbol{Y},\boldsymbol{X}_1]$，$\boldsymbol{Z}=[\boldsymbol{X}_1,\boldsymbol{X}_2]$；$\boldsymbol{u}$ 是一个 $N\times 1$ 维的误差向量；$\boldsymbol{V}$ 是 $N\times p$ 维的误差矩阵；$\boldsymbol{\beta}=[\boldsymbol{\beta}_1,\boldsymbol{\beta}_2]$ 是 $k=(p+k_1)\times 1$ 维参数向量；$\boldsymbol{\Pi}$ 是 $(k_1+k_2)\times p$ 维的参数向量。如果常数项包含在模型中，那么 $\boldsymbol{X}_1$ 的一列全部为 1。

设 $\boldsymbol{v}$ 为用户指定的权重列向量。如果未指定权重，则 $\boldsymbol{v}=1$。设 $\boldsymbol{w}$ 为归一化的权重列向量。如果未指定权重，或者用户指定 fweights 或 iweights，则 $\boldsymbol{w}=\boldsymbol{v}$；否则，$\boldsymbol{w}=\{\boldsymbol{v}/(1'\boldsymbol{v})\}(1'1)$。设 $\boldsymbol{D}$ 表示主对角线为 $\boldsymbol{w}$、其他地方为零的 $N\times N$ 矩阵。如果未指定权重，则 $\boldsymbol{D}$ 为标识矩阵。

第 n 观测值的加权数定义为 $1'\boldsymbol{w}$。对于 iweights，它被截断为整数。权重之和为 $1'\boldsymbol{v}$。如果回归中有常数且为零，则定义 $c=1$；否则 $c=0$。

识别的顺序条件要求 $k_2\geqslant p$：被排除的外生变量的数量必须至少与内生回归变量的数量相同。在下面公式中，如果指定了权重，$\boldsymbol{X}_1'\boldsymbol{X}_1, \boldsymbol{X}'\boldsymbol{X}, \boldsymbol{X}'\boldsymbol{y}, \boldsymbol{y}'\boldsymbol{y}, \boldsymbol{Z}'\boldsymbol{Z}, \boldsymbol{Z}'\boldsymbol{X}, \boldsymbol{Z}'\boldsymbol{y}$ 分别替换为 $\boldsymbol{X}_1'\boldsymbol{D}\boldsymbol{X}_1, \boldsymbol{X}'\boldsymbol{D}\boldsymbol{X}, \boldsymbol{X}'\boldsymbol{D}\boldsymbol{y}, \boldsymbol{y}'\boldsymbol{D}\boldsymbol{y}, \boldsymbol{Z}'\boldsymbol{D}\boldsymbol{Z}, \boldsymbol{Z}'\boldsymbol{D}\boldsymbol{X}, \boldsymbol{Z}'\boldsymbol{D}\boldsymbol{y}$。为了简化起见，下面都省略 $\boldsymbol{D}$。

1. 两阶段最小二乘法与广义矩量法的参数估计值

将 $\boldsymbol{\beta}$ 的 k 类估计量定义为

$$\boldsymbol{b}=\{\boldsymbol{X}'(\boldsymbol{I}-\kappa\boldsymbol{M}_z)\boldsymbol{X}\}^{-1}\boldsymbol{X}'\left(\boldsymbol{I}-\kappa\boldsymbol{M}_z\right)\boldsymbol{y} \tag{6-3}$$

这里，$\boldsymbol{M}_z=\boldsymbol{I}-\boldsymbol{Z}(\boldsymbol{Z}'\boldsymbol{Z})^{-1}\boldsymbol{Z}'$。两阶段最小二乘法的参数估计值由设置 $k=1$ 得出。

通过选择 k 作为 $(\boldsymbol{Y}'\boldsymbol{M}_z\boldsymbol{Y})^{-1/2}\boldsymbol{Y}'\boldsymbol{M}_{x_1}\boldsymbol{Y}(\boldsymbol{Y}'\boldsymbol{M}_z\boldsymbol{Y})^{-1/2}$ 的最小特征值，可以得出有限信息最大似然估计法的参数估计值，其中，$\boldsymbol{M}_{x_1}=\boldsymbol{I}-\boldsymbol{X}_1(\boldsymbol{X}_1'\boldsymbol{X}_1)^{-1}\boldsymbol{X}_1'$。

2. 广义矩量法的参数估计值

通过使用两阶段最小二乘估计，得到了初始一致的参数估计值。利用参数的这个估计，可以计算加权矩阵 $\boldsymbol{W}$ 和参数的广义矩量法估计量：

$$\boldsymbol{b}_{\text{GMM}} = \{\boldsymbol{X'ZWZ'X}\}^{-1}\boldsymbol{X'ZWZ'y} \tag{6-4}$$

参数广义矩量法估计量的方差为

$$\text{Var}(\boldsymbol{b}_{\text{GMM}}) = n\{\boldsymbol{X'ZWZ'X}\}^{-1}\boldsymbol{X}'\boldsymbol{ZW\hat{S}WZ'X}\{\boldsymbol{X'ZWZ'X}\}^{-1} \tag{6-5}$$

单方程工具变量回归估计的 Stata 命令为：

ivregress estimator depvar [varlist1] (varlist2 = varlist_iv) [if] [in] [weight] [, options]

其中，varlist1 是外部变量列表；varlist2 是内生变量列表；varlist_iv 是与 varlist1 一起用作 varlist2 工具的外生变量列表。

菜单操作：

Statistics > Endogenous covariates > Linear regression with endogenous covariates

ivregress 拟合线性模型，其中一个或多个回归系数是内生确定的。ivregress 支持通过两阶段最小二乘法和广义矩量法进行估计。

例 6.1　含内生协变量的线性回归

下面用 Stata 自带数据集 hsng2.dta 为例说明实现。我们有 1980 年美国人口普查的州数据，包括自住房屋的美元价值中值（hsngval）和月租金中值（租金）。我们希望把租金模型化为 hsngval 和城市地区人口百分比（pcturban）的函数：

$$\text{rent}_i = \beta_0 + \beta_1 \text{ hsngval}_i + \beta_2 \text{ pcturban}_i + u_i$$

其中，i 代表州，u_i 是一个误差项。

清理内存，下载数据集。

.webuse hsng2

两阶段最小二乘法。

.ivregress 2sls rent pcturban (hsngval = faminc i.region), small

Instrumental variables 2SLS regression

Source	SS	df	MS
Model	36677.4033	2	18338.7017
Residual	24565.7167	47	522.674823
Total	61243.12	49	1249.85959

Number of obs	=	50
F(2, 47)	=	42.66
Prob > F	=	0.0000
R-squared	=	0.5989
Adj R-squared	=	0.5818
Root MSE	=	22.862

rent	Coefficient	Std. err.	t	P>|t|	[95% conf. interval]	
hsngval	.0022398	.0003388	6.61	0.000	.0015583	.0029213
pcturban	.081516	.3081528	0.26	0.793	-.5384074	.7014394
_cons	120.7065	15.70688	7.68	0.000	89.10834	152.3047

Instrumented: hsngval
Instruments: pcturban faminc 2.region 3.region 4.region

有限信息最大似然法。

.ivregress liml rent pcturban (hsngval = faminc i.region)

```
Instrumental variables LIML regression          Number of obs     =         50
                                                Wald chi2(2)      =      75.71
                                                Prob > chi2       =     0.0000
                                                R-squared         =     0.4901
                                                Root MSE          =     24.992

------------------------------------------------------------------------------
        rent | Coefficient  Std. err.      z    P>|z|     [95% conf. interval]
-------------+----------------------------------------------------------------
     hsngval |   .0026686   .0004173     6.39   0.000     .0018507    .0034865
    pcturban |  -.1827391   .3571132    -0.51   0.609    -.8826681    .5171899
       _cons |   117.6087   17.22625     6.83   0.000     83.84587    151.3715
------------------------------------------------------------------------------
Instrumented: hsngval
 Instruments: pcturban faminc 2.region 3.region 4.region
```

使用默认的异方差稳健权重矩阵，通过广义矩量法拟合回归。

.ivregress gmm rent pcturban (hsngval = faminc i.region)

```
Instrumental variables GMM regression           Number of obs     =         50
                                                Wald chi2(2)      =     112.09
                                                Prob > chi2       =     0.0000
                                                R-squared         =     0.6616
GMM weight matrix: Robust                       Root MSE          =     20.358

------------------------------------------------------------------------------
             |               Robust
        rent | Coefficient  std. err.      z    P>|z|     [95% conf. interval]
-------------+----------------------------------------------------------------
     hsngval |   .0014643   .0004473     3.27   0.001     .0005877     .002341
    pcturban |   .7615482   .2895105     2.63   0.009     .1941181    1.328978
       _cons |   112.1227   10.80234    10.38   0.000     90.95052    133.2949
------------------------------------------------------------------------------
Instrumented: hsngval
 Instruments: pcturban faminc 2.region 3.region 4.region
```

使用异方差稳健权重矩阵通过广义矩量法拟合回归，要求非稳健标准误差。

.ivregress gmm rent pcturban (hsngval = faminc i.region), vce(unadjusted)

```
Instrumental variables GMM regression           Number of obs     =         50
                                                Wald chi2(2)      =      64.47
                                                Prob > chi2       =     0.0000
                                                R-squared         =     0.6616
GMM weight matrix: Robust                       Root MSE          =     20.358

------------------------------------------------------------------------------
        rent | Coefficient  Std. err.      z    P>|z|     [95% conf. interval]
-------------+----------------------------------------------------------------
     hsngval |   .0014643   .0004766     3.07   0.002     .0005302    .0023984
    pcturban |   .7615482   .2989475     2.55   0.011     .1756218    1.347474
       _cons |   112.1227   13.86695     8.09   0.000     84.94399    139.3014
------------------------------------------------------------------------------
Instrumented: hsngval
 Instruments: pcturban faminc 2.region 3.region 4.region
```

通过两阶段最小二乘法拟合具有内生因子交互作用的回归。

.ivregress 2sls rent pcturban (c.popgrow##c.popgrow = c.faminc##c.faminc i.region)

```
Instrumental variables 2SLS regression          Number of obs     =         50
                                                Wald chi2(3)      =      29.35
                                                Prob > chi2       =     0.0000
                                                R-squared         =     0.3313
                                                Root MSE          =     28.619
```

rent	Coefficient	Std. err.	z	P>|z|	[95% conf.	interval]
popgrow	2.052514	2.136701	0.96	0.337	-2.135344	6.240371
c.popgrow#c.popgrow	-.0364216	.0515496	-0.71	0.480	-.1374569	.0646138
pcturban	1.707642	.5499254	3.11	0.002	.6298081	2.785476
_cons	104.0526	45.83757	2.27	0.023	14.21265	193.8926

Instrumented: popgrow c.popgrow#c.popgrow
Instruments: pcturban faminc c.faminc#c.faminc 2.region 3.region 4.region

6.2　含内生协变量的扩展线性回归分析

协变量 $\boldsymbol{x}_i$ 的结果 y_i 的线性回归为

$$y_i = \boldsymbol{x}_i\boldsymbol{\beta} + \varepsilon_i \tag{6-6}$$

其中，误差 $\varepsilon_i \sim N(0, \sigma_\varepsilon^2)$。对数似然函数为

$$\ln L = \sum_{i=1}^{N} w_i \ln \phi(y_i - \boldsymbol{x}_i\boldsymbol{\beta}, \sigma^2) \tag{6-7}$$

y_i 的条件预期值为

$$E(y_i \mid \boldsymbol{x}_i) = \boldsymbol{x}_i\boldsymbol{\beta} \tag{6-8}$$

6.2.1　含连续内生协变量的面板数据的扩展线性回归分析

y_i 关于外生协变量 $\boldsymbol{x}_i$ 和 C 个连续内生协变量 $\boldsymbol{w}_{ci}$ 的线性回归为：

$$\begin{aligned} y_i &= \boldsymbol{x}_i\boldsymbol{\beta} + \boldsymbol{w}_{ci}\boldsymbol{\beta}_c + \varepsilon_i \\ \boldsymbol{w}_{ci} &= \boldsymbol{z}_{ci}\boldsymbol{A}_c + \varepsilon_{ci} \end{aligned} \tag{6-9}$$

式中，向量 $\boldsymbol{z}_{ci}$ 包含来自外生协变量 $\boldsymbol{x}_i$ 的变量和其他影响 $\boldsymbol{w}_{ci}$ 的协变量。对于所识别的模型，每个在 $\boldsymbol{w}_{ci}$ 中的内源性回归因子，$\boldsymbol{z}_{ci}$ 必须包含一个不在外生协变量 $\boldsymbol{x}_i$ 中的额外的外源协变量。未观测到的误差 ε_i 和 ε_{ci} 为多元正态，其均值为 0，协方差为

$$\boldsymbol{\Sigma} = \begin{bmatrix} \sigma^2 & \sigma_{1c}' \\ \sigma_{1c} & \Sigma_c \end{bmatrix} \tag{6-10}$$

对数似然函数为

$$\ln L = \sum_{i=1}^{N} w_i \ln \phi_{C+1}(\boldsymbol{r}_i, \boldsymbol{\Sigma}) \tag{6-11}$$

这里，$\boldsymbol{r}_i = [y_i - \boldsymbol{x}_i \quad \boldsymbol{w}_{ci} - \boldsymbol{z}_{ci}\boldsymbol{A}_c]$。

式（6-9）y_i 的条件预期值为

$$E(y_i \mid \boldsymbol{x}_i, \boldsymbol{w}_{ci}, \boldsymbol{z}_{ci}) = \boldsymbol{x}_i\boldsymbol{\beta} + \boldsymbol{w}_{ci}\boldsymbol{\beta}_c + \boldsymbol{\sigma}_{1c}'\boldsymbol{\Sigma}_c^{-1}(\boldsymbol{w}_{ci} - \boldsymbol{z}_{ci}\boldsymbol{A}_c)' \tag{6-12}$$

6.2.2　二元和有序内生协变量

使用每个二元和有序内生协变量水平的指标（虚拟）变量，构建外生协变量 $\boldsymbol{x}_i$ 和 B 个二

元和有序内生协变量 $\boldsymbol{w}_{bi} = [w_{b1i}, \cdots, w_{bBi}]$ 的线性回归模型。对于 $j = 1, \cdots, B$，$w_{bji} = 1(\boldsymbol{z}_{bji}\boldsymbol{\alpha}_{bj} + \varepsilon_{bji} > 0)$。$I(\cdot)$ 为标示变量函数。对于有序内生协变量 w_{bji}，取值为 $v_{bj1}, \cdots, v_{bjB_i}$ 和协变量 $\boldsymbol{z}_{bji}$，我们得到了有序 probit 模型，如果 $\kappa_{bj(h-1)} < \boldsymbol{z}_{bji}\boldsymbol{\alpha}_{bj} + \varepsilon_{bji} \leqslant \kappa_{bjh}$，则

$$w_{bji} = v_{bjh} \tag{6-13}$$

值 $v_{bj1}, \cdots, v_{bjB_i}$ 是实数，对 $h < m$，$v_{bjh} < v_{bjm}$。随机误差项 $\varepsilon_{b1i}, \cdots, \varepsilon_{bBi}$ 是多变量正态分布，均值为 0，协方差为

$$\boldsymbol{\Sigma}_b = \begin{pmatrix} 1 & \rho_{b12} & \cdots & \rho_{b1B} \\ \rho_{b12} & 1 & \cdots & \rho_{b2B} \\ \vdots & \vdots & \ddots & \vdots \\ \rho_{b1B} & \rho_{b2B} & \cdots & 1 \end{pmatrix}$$

由于协变量 w_{bji} 是二元或有序的，结果方程中每个类别的影响都是由一个指标变量决定的。

$$\mathbf{wind}_{bji} = \begin{pmatrix} 1(w_{bji} = v_{bj1}) \\ \vdots \\ 1(w_{bji} = v_{bjB_j}) \end{pmatrix}' \tag{6-14}$$

如果方差和相关参数不是特定于水平的，那么：

$$y_i = \boldsymbol{x}_i\boldsymbol{\beta} + \mathbf{wind}_{b1i}\boldsymbol{\beta}_{b1} + \cdots + \mathbf{wind}_{bBi}\boldsymbol{\beta}_{bB} + \varepsilon_i \tag{6-15}$$

这个二元和有序内生错误 $\varepsilon_{bii}, \cdots, \varepsilon_{bBi}$ 与结果误差 ε_i 为多变量正态分布，其平均值为 0，协方差为

$$\boldsymbol{\Sigma} = \begin{bmatrix} \boldsymbol{\Sigma}_b & \sigma_{1b} \\ \boldsymbol{\sigma}'_{1b} & \sigma^2 \end{bmatrix} \tag{6-16}$$

从这里，我们讨论了有序内生协变量模型。二元函数的内生协变量结果是相似的。

定义：$r_i = y_i - (\boldsymbol{x}_i\boldsymbol{\beta} + \mathbf{wind}_{b1i}\boldsymbol{\beta}_{b1} + \cdots + \mathbf{wind}_{bBi}\boldsymbol{\beta}_{bB})$。

设 $\boldsymbol{\mu}_{b|1,i} = \dfrac{\boldsymbol{\sigma}'_{1b}}{\sigma^2} r_i = [e_{b1i} \ldots e_{bBi}], \boldsymbol{\Sigma}_{b|1} = \boldsymbol{\Sigma}_b - \dfrac{\boldsymbol{\sigma}_{1b}\boldsymbol{\sigma}'_{1b}}{\sigma^2}$。

对于 $j = 1, \cdots, B$，$h = 0, \cdots, B_j$，设 $c_{bjih} = \begin{cases} -\infty & h = 0 \\ \kappa_{bjh} - \boldsymbol{z}_{bji}\boldsymbol{\alpha}_{bj} - e_{bji} & h = 1, \cdots, B_j - 1 \\ \infty & h = B_j \end{cases}$，所以，对于 $j = 1, \cdots, B$，如果 $w_{bji} = v_{bjh}$，w_{bji} 的概率有下限 $l_{bji} = c_{bji(h-1)}$；如果 $w_{bji} = v_{bjh}$，有上限 $u_{bji} = c_{bjih}$。设 $\boldsymbol{l}_i = [l_{b1i} \ \cdots \ l_{bBi}]$，$\boldsymbol{u}_i = [u_{b1i} \ \cdots \ u_{bBi}]$，则式（6-15）的对数似然函数为

$$\ln L = \sum_{i=1}^{N} w_i \ln\{\Phi_B^*(\boldsymbol{l}_i, \boldsymbol{u}_i, \boldsymbol{\Sigma}_{b|1})\phi(r_i, \sigma^2)\} \tag{6-17}$$

连续结果的条件预期值为

$$E(y_{ji} \mid \boldsymbol{w}_{ji}) = \boldsymbol{w}_{ji}\boldsymbol{\beta}_j + E(v_{ji} \mid \boldsymbol{w}_{ji}) \tag{6-18}$$

6.2.3 Probit 内生样本选择

结果 y_i 的线性回归与 s_i 上的选择形式为

$$y_i = \boldsymbol{x}_i\boldsymbol{\beta} + \varepsilon_i > 0$$
$$s_i = 1(\boldsymbol{z}_{si}\boldsymbol{\alpha}_s + \varepsilon_{si} > 0) \tag{6-19}$$

其中，$\boldsymbol{x}_i$ 是影响结果的协变量，$\boldsymbol{z}_{si}$ 是影响选择的协变量。如果 $s_i = 1$，则观察结果 y_i；如果 $s_i = 0$，则没有观察结果 y_i。未观测到的误差 ε_i 和 ε_{si} 为正态分布，均值为 0，协方差为

$$\boldsymbol{\Sigma} = \begin{bmatrix} \sigma^2 & \sigma\rho_{1s} \\ \sigma\rho_{1s} & 1 \end{bmatrix} \tag{6-20}$$

对于选择标示变量，其下限和上限分别为

$$l_{si} = \begin{cases} -\infty & s_i = 0 \\ -\boldsymbol{z}_{si}\boldsymbol{\alpha}_s - \dfrac{\rho_{1s}}{\sigma}(y_i - \boldsymbol{x}_i\boldsymbol{\beta}) & s_i = 1 \end{cases}$$

$$u_{si} = \begin{cases} -\boldsymbol{z}_{si}\boldsymbol{\alpha}_s & s_i = 0 \\ \infty & s_i = 1 \end{cases}$$

模型（6-19）的对数似然函数为

$$\ln L = \sum_{i=1}^{N} w_i \ln \Phi_1^*(l_{si}, u_{si}, 1 - s_i\rho_{1s}^2) + \sum_{i\in S} w_i \ln \phi(y_i - \boldsymbol{x}_i\boldsymbol{\beta}, \sigma^2) \tag{6-21}$$

观察结果 y_i 的条件均值为

$$E(y_i \mid \boldsymbol{x}_i) = \boldsymbol{x}_i\boldsymbol{\beta} \tag{6-22}$$

6.2.4　Tobit 内生样本选择

Tobit 内生样本选择使用截尾连续样本选择指标，而不是将选择指标约束为二进制。我们允许选择指标进行左删失或右删失。结果 y_i 的线性回归模型与 s_i 上的 Tobit 选择模型为

$$y_i = \boldsymbol{x}_i\boldsymbol{\beta} + \varepsilon_i > 0 \tag{6-23}$$

我们观察选择指标 s_i，它指示潜在选择指标 s_i^* 的审查状态：

$$s_i^* = \boldsymbol{z}_{si}\boldsymbol{\alpha}_s + \varepsilon_{si}$$
$$s_i = \begin{cases} l_i & s_i^* \leqslant l_i \\ s_i^* & l_i < s_i < u_i \\ u_i & s_i^* \geqslant u_i \end{cases} \tag{6-24}$$

其中，$\boldsymbol{z}_{si}$ 是影响选择的协变量，l_i 和 u_i 是固定的下限和上限。

当 s_i^* 未被审查时，观察到 y_i。当 s_i^* 被左删失或右删失，我们无法观察到 y_i。未观测到的误差 ε_i、ε_{si} 为正态分布，均值为 0，协方差为 $\begin{pmatrix} \sigma^2 & \sigma_{1s} \\ \sigma_{1s} & \sigma_s^2 \end{pmatrix}$。

对数似然函数为

$$\begin{aligned} \ln L = & \sum_{i\in S} w_i \ln \phi_2(y_i - \boldsymbol{x}_i\boldsymbol{\beta}, s_i - \boldsymbol{z}_{si}\boldsymbol{\alpha}_s, \boldsymbol{\Sigma}) + \\ & \sum_{i\in L} w_i \ln \Phi_1^*(l_{li}, u_{li}, 1) + \\ & \sum_{i\in U} w_i \ln \Phi_1^*(l_{ui}, u_{ui}, 1) \end{aligned} \tag{6-25}$$

当 s_i 不是 $\boldsymbol{x}_i$ 中的一个协变量时，我们使用标准条件平均公式估算 y_i，$E(y_i \mid \boldsymbol{x}_i) = \boldsymbol{x}_i\boldsymbol{\beta}$；否则，估算公式为

$$E(y_i \mid \boldsymbol{x}_i, s_i, z_{si}) = \boldsymbol{x}_i\boldsymbol{\beta} + \frac{\sigma_{1s}}{\sigma_s^2}(s_i - z_{si}\boldsymbol{\alpha}_s) \tag{6-26}$$

Stata 估计命令为：

（1）具有内生协变量的基本线性回归。

eregress depvar [indepvars], endogenous(depvars_en = varlist_en) [options]

（2）带样本选择的基本线性回归。

eregress depvar [indepvars], select(depvar_s = varlist_s) [options]

（3）带 Tobit 样本选择的基本线性回归。

eregress depvar [indepvars], tobitselect(depvar_s = varlist_s) [options]

（4）结合内生协变量、处理效应和样本选择的线性回归。

eregress depvar [indepvars] [if] [in] [weight] [, extensions options]

模型拓展选项（options）有：

- endogenous（enspec）：内生协变量的模型，可能会重复。
- entreat（entrspec）：内生处理效应分配的模型。
- extreat（extrspec）：外生处理效应分配的模型。
- select（selspec）：用 probit 模型选择。
- tobitselect（tselspec）：用 tobit 模型选择。

模型设定选项（options）有：

- noconstant：无常数项。
- offset(varname_o)：将 varname_o 包含在系数约束为 1 的模型中。
- constraints(numlist)：应用指定的线性约束。

其他更多选项查阅 eregress 帮助文件。

菜单操作：

Statistics > Endogenous covariates > Models adding selection and treatment > Linear regression

eregress 拟合一个线性回归模型，该模型考虑了内生协变量、非随机处理分配和内生样本选择的任何组合。允许使用连续、二元和有序的内生协变量。处理分配可以是内生的，也可以是外生的。Probit 模型或 Tobit 模型可用于解释内生样本选择。

例 6.2 含内生协变量的扩展线性回归分析

一所虚构的美国州立大学正在研究它录取的学生的高中 GPA（绩点）与他们的最终大学 GPA 之间的关系。这所大学认为未观察到的能力会影响高中和大学的平均成绩。因此，高中 GPA 是一个内生协变量。

州立大学的研究人员利用 2010 年毕业的 2 500 名学生的数据，将大学 GPA 作为高中 GPA 的函数。在这两种情况下，GPA 均以 0.01 为增量进行测量，我们忽略了由于边界点引起的复杂情况。也忽略了该州学生的辍学率很高，这些学生的大学平均绩点数据是缺失的，研究人员只剩下大约 1 500 名学生的样本。

州立大学的研究人员预计，一旦控制了高中 GPA，高中学校的竞争力对大学 GPA 的影响可以忽略不计。所以，他们将高中学校的排名（hscomp）作为高中 GPA 的工具性协变量。研究人员还包括了家长收入（以 10 万美元为单位），他们认为这也可能影响学生的表现。

（1）清理内存，下载数据集。

.clear

.webuse class10

（2）具有连续内生协变量 hsgpa 的线性回归。

.eregress gpa income, endogenous(hsgpa = income i.hscomp)

```
Extended linear regression                       Number of obs =      1,528
                                                 Wald chi2(2)  =    1167.79
Log likelihood = -638.58194                      Prob > chi2   =     0.0000

------------------------------------------------------------------------------
                    | Coefficient  Std. err.      z    P>|z|    [95% conf. interval]
--------------------+----------------------------------------------------------
gpa                 |
             income |   .0575145   .0055174    10.42   0.000    .0467007    .0683284
              hsgpa |   1.235868    .133686     9.24   0.000    .9738484    1.497888
              _cons |  -1.217141   .3828614    -3.18   0.001   -1.967535   -.4667464
--------------------+----------------------------------------------------------
hsgpa               |
             income |   .0356403   .0019553    18.23   0.000    .0318079    .0394726
                    |
             hscomp |
           moderate |  -.1310549   .0136503    -9.60   0.000   -.1578091   -.1043008
               high |  -.2331173   .0232712   -10.02   0.000    -.278728   -.1875067
                    |
              _cons |   2.951233   .0164548   179.35   0.000    2.918982    2.983483
--------------------+----------------------------------------------------------
         var(e.gpa) |   .1436991   .0083339                      .1282592    .1609977
       var(e.hsgpa) |   .0591597   .0021403                        .05511     .063507
--------------------+----------------------------------------------------------
corr(e.hsgpa,e.gpa) |   .2642138   .0832669     3.17   0.002    .0948986    .4186724
------------------------------------------------------------------------------
```

主方程和辅助方程误差之间的相关性估计为 0.26。z 统计量可用于无内生性的原假设的 Wald 检验。研究人员拒绝了这一假设。由于这一估计结果是正面的，他们得出结论，增加高中 GPA 的不可观察因素往往也会增加大学 GPA。

（3）清理内存，下载数据集。

.clear

.webuse wageed

（4）二元内生协变量线性回归。

.eregress wage c.age##c.age tenure, endogenous(college = i.peduc, probit)

```
Extended linear regression                       Number of obs =      6,000
                                                 Wald chi2(4)  =    8345.36
Log likelihood = -18060.164                      Prob > chi2   =     0.0000

------------------------------------------------------------------------------
                    | Coefficient  Std. err.      z    P>|z|    [95% conf. interval]
--------------------+----------------------------------------------------------
wage                |
                age |   .4200372   .0154368    27.21   0.000    .3897816    .4502927
                    |
        c.age#c.age |  -.0033523   .0001665   -20.13   0.000   -.0036786   -.0030259
                    |
             tenure |   .4921838   .0188467    26.12   0.000     .455245    .5291226
                    |
            college |
                yes |   5.238087   .1809847    28.94   0.000    4.883364    5.592811
              _cons |   5.524288   .3205411    17.23   0.000    4.896039    6.152537
--------------------+----------------------------------------------------------
college             |
              peduc |
            college |   .8605996   .0367032    23.45   0.000    .7886625    .9325366
           graduate |   1.361257   .0493408    27.59   0.000    1.264551    1.457964
------------------------------------------------------------------------------
```

doctorate	1.583818	.1185649	13.36	0.000	1.351435	1.816201
_cons	-.9731264	.0296832	-32.78	0.000	-1.031304	-.9149484
var(e.wage)	8.99487	.2567658			8.505438	9.512467
corr(e.college,e.wage)	.5464027	.0311442	17.54	0.000	.4824831	.6045335

（5）具有外生处理的线性回归。

.eregress wage c.age##c.age tenure, extreat(college)

```
Extended linear regression                      Number of obs =      6,000
                                                Wald chi2(8)  = 434999.41
Log likelihood = -13989.586                     Prob > chi2   =     0.0000
```

wage	Coefficient	Std. err.	z	P>|z|	[95% conf.	interval]
college#c.age						
no	.2454534	.0178742	13.73	0.000	.2104206	.2804862
yes	.7042756	.0227767	30.92	0.000	.6596341	.7489171
college#c.age#c.age						
no	-.0018998	.0001922	-9.88	0.000	-.0022766	-.001523
yes	-.0054223	.0002456	-22.08	0.000	-.0059035	-.004941
college#c.tenure						
no	.3206065	.0208211	15.40	0.000	.2797979	.3614152
yes	.4935213	.0265654	18.58	0.000	.4414541	.5455885
college						
no	9.851871	.3680232	26.77	0.000	9.130559	10.57318
yes	4.384709	.4613826	9.50	0.000	3.480416	5.289002
var(e.wage)	6.20477	.1132831			5.986664	6.430821

（6）具有稳健的标准误差估计。

.eregress wage c.age##c.age tenure, extreat(college) vce(robust)

```
Extended linear regression                      Number of obs =      6,000
                                                Wald chi2(8)  = 439363.91
Log pseudolikelihood = -13989.586               Prob > chi2   =     0.0000
```

wage	Coefficient	Robust std. err.	z	P>|z|	[95% conf.	interval]
college#c.age						
no	.2454534	.0180052	13.63	0.000	.2101638	.280743
yes	.7042756	.0225386	31.25	0.000	.6601007	.7484505
college#c.age#c.age						
no	-.0018998	.0001935	-9.82	0.000	-.002279	-.0015206
yes	-.0054223	.000243	-22.31	0.000	-.0058986	-.0049459
college#c.tenure						
no	.3206065	.0207164	15.48	0.000	.2800031	.36121
yes	.4935213	.0257599	19.16	0.000	.4430329	.5440097
college						
no	9.851871	.3701276	26.62	0.000	9.126435	10.57731
yes	4.384709	.4654545	9.42	0.000	3.472435	5.296983
var(e.wage)	6.20477	.1152627			5.982922	6.434843

6.3　三阶段最小二乘法

reg3 估计结构方程组，其中一些方程包含解释变量中的内生变量。一般来说，这些内生变量是系统中其他方程的因变量，但并不总是如此。这种误差项与内生变量有关，这违反普通最小二乘法的经典假设。此外，因为一些解释变量是系统中其他方程的因变量，方程之间的误差项是相互关联的。reg3 使用工具变量方法来产生一致的估计，用广义最小二乘法解释整个系统中扰动的相关结构方程。

三阶段最小二乘法可以被认为是通过三个阶段产生估计：

第一阶段，为所有内生变量发展工具变量值。这些工具变量值可以只需将其视为各内生变量关于系统中所有外生变量回归后的预测值。此阶段与 2SLS 中的第一步相同，这一点对参数估计的一致性至关重要。

第二阶段，获得方程误差项协方差矩阵的一致估计。这些估计基于每个结构方程的两阶段最小二乘法估计的残差。

第三阶段，使用第二阶段中估计的协方差矩阵执行广义最小二乘法估计，并用工具变量值代替右侧的内生变量。

联立方程组的三阶段最小二乘法估计的 Stata 命令 reg3 的基本语法格式：

```
reg3 (depvar1 varlist1) (depvar2 varlist2) ...(depvarN varlistN) [if] [in] [weight]
```

完整语法格式：

```
reg3 ([eqname1:]depvar1a [depvar1b ...=]varlist1 [, noconstant])
     ([eqname2:]depvar2a [depvar2b ...=]varlist2 [, noconstant])
     ...
     ([eqnameN:]depvarNa [depvarNb ...=]varlistN [, noconstant])
     [if] [in] [weight] [, options]
```

菜单操作：

Statistics > Endogenous covariates > Three-stage least squares

reg3 估计一个结构方程组，其中一些方程包含解释变量中的内生变量。通常，内生的解释变量是系统中其他方程的因变量。通过三阶段最小二乘法进行估计；reg3 支持迭代广义最小二乘法估计和线性约束。reg3 还可以通过看似无关的回归估计（SERE）、多元回归（MVREG）和普通最小二乘法或两阶段最小二乘法来估计方程组。

例 6.3　三阶段最小二乘法

请扫码查看例 6.3 的内容

6.4　广义矩估计法

普通最小二乘法、加权最小二乘法、广义最小二乘法都有一定的局限性，只有在满足一定的条件时，其参数估计才是有效和无偏的，而广义矩估计法（gneralized method of moments，GMM）则不受模型假定的限制，不要求随机误差项要非自相关，不存在异方差，并且其得到的参数估计值比其他估计方法得到的参数估计值更与实际值接近。可以认为，广义矩估计法克服了普通最小二乘法、加权最小二乘法和广义最小二乘法的局限性。

广义矩估计法的基本思路是类比原理，即我们可以通过将总体矩条件替换为其样本模拟估计来获取参数。例如，我们把 i.i.d. 总体的平均值定义为 μ，其一阶中心矩为 0，即 $E(y-\mu)=0$，其中 y 是一个抽取自总体的随机变量。类比原理告诉我们，为了得到 μ 的估计值 $\hat{\mu}$，我们将用样本期望算子代替总体期望算子：

$$E(y-\mu)=0 \rightarrow \frac{1}{N}\sum_{i=1}^{N}(y_i-\hat{\mu})=0 \rightarrow \hat{\mu}=\frac{1}{N}\sum_{i=1}^{N}y_i$$

其中，N 表示样本量，y_i 表示数据集中 y 的第 i 个观测值。估计值 $\hat{\mu}$ 被称为矩估计法的估计值，因为我们从总体矩条件开始，然后应用类比原理得到一个依赖于观测值数据的估计值。

对于模型：

$$Y_i = h(\boldsymbol{X}_i, \boldsymbol{\beta}) + u_i, \quad i=1,2,\cdots,n \tag{6-27}$$

设 q 表示矩条件的数量。对于观察 i，$i=1,\cdots,N$，写第 j 个矩方程为 $\boldsymbol{z}_{ij}u_{ij}(\beta_j)$，$j=1,\cdots,q$，$\boldsymbol{z}_{ij}$ 是一个 $1\times m_j$ 向量，其中 m_j 是为方程 j 设定的工具变量个数。设 $m=m_1+\cdots m_q$。

通过定义 $\boldsymbol{z}_{ij}=1$ 和 $u_{ij}(\boldsymbol{\beta}_j)=h_{ij}(\boldsymbol{w}_{ij},\beta_j)$，用符号可以将形式为 $h_{ij}(w_{ij},\beta_j)$ 的矩条件与工具变量 w_{ij} 结合起来。设 $\boldsymbol{\beta}$ 表示由 $\beta_1,\cdots,\beta_q$ 的所有唯一参数组成的 $k\times 1$ 维参数向量。然后，我们可以叠加矩条件，并将它们更紧凑地写为 $\boldsymbol{Z}_i'\boldsymbol{u}_i(\boldsymbol{\beta})$，其中，

$$\boldsymbol{Z}_i=\begin{pmatrix} \boldsymbol{z}_{i1} & \boldsymbol{0} & \cdots & \boldsymbol{0} \\ \boldsymbol{0} & \boldsymbol{z}_{i2} & \cdots & \boldsymbol{0} \\ \vdots & \vdots & \ddots & \vdots \\ \boldsymbol{0} & \boldsymbol{0} & \cdots & \boldsymbol{z}_{iq} \end{pmatrix},\ \boldsymbol{u}_i(\boldsymbol{\beta})=\begin{pmatrix} u_{i1}(\boldsymbol{\beta}_1) \\ u_{i2}(\boldsymbol{\beta}_2) \\ \vdots \\ u_{iq}(\boldsymbol{\beta}_q) \end{pmatrix}$$

广义矩估计法是矩估计法的一般化。广义矩估计法的原理是，设定参数满足的理论关系，然后选择参数估计尽可能接近理论关系，即把理论关系用样本近似值代替，求解使理论值和实际值之间的加权距离最小化的参数估计量，即可得到有效参数估计值。参数 $\boldsymbol{\beta}$ 的广义矩估计法的估计值 $\hat{\boldsymbol{\beta}}$ 的最小化加权平均矩的距离函数为

$$Q(\boldsymbol{\beta})=\left\{N^{-1}\sum_{i=1}^{N}\boldsymbol{Z}_i'\boldsymbol{u}_i(\boldsymbol{\beta})\right\}'\boldsymbol{W}\left\{N^{-1}\sum_{i=1}^{N}\boldsymbol{Z}_i'\boldsymbol{u}_i(\boldsymbol{\beta})\right\} \tag{6-28}$$

其中，$\boldsymbol{W}=(w_{ij})_{q\times q}$ 为权重矩阵。由任何对称正定矩阵 $\boldsymbol{W}$ 都能得到 $\boldsymbol{\beta}$ 的一致估计。然而，可以推出要得到 $\boldsymbol{\beta}$ 的（渐近）有效估计的一个必要条件是令 $\boldsymbol{W}$ 等于样本矩 $\bar{m}$ 的协方差矩阵的逆。用高斯 – 牛顿法最小化加权平均矩的距离函数，即可得到参数 $\boldsymbol{\beta}$ 的 GMM 估计值 $\hat{\boldsymbol{\beta}}$。

下面考虑多元线性回归模型的广义矩估计法的参数估计，假设回归方程为

$$y_t=\boldsymbol{x}_t'\boldsymbol{\beta}+u_t, \quad t=1,2,\cdots,T \tag{6-29}$$

其中，解释变量向量 $\boldsymbol{x}_t=(x_{1t},x_{2t},\cdots,x_{kt})'$，参数向量 $\boldsymbol{\beta}=(\beta_1,\beta_2,\cdots,\beta_k)'$，$T$ 是样本个数。对于 k 维单方程参数向量 $\boldsymbol{\beta}$ 的广义矩估计，由于解释变量向量 $\boldsymbol{x}_t$ 与随机扰动项 u_t 可能相关，因此可以假设存在含有 $L(L\geqslant k)$ 个分量的工具变量向量 $\boldsymbol{z}_t$ 与随机扰动项不相关（如果假设 $\boldsymbol{x}_t$ 与随机扰动项不相关，$\boldsymbol{z}_t$ 就是 $\boldsymbol{x}_t$），t 时刻含有 L 个变量的向量 $\boldsymbol{z}_t$ 与 u_t 满足 L 个正交的矩条件，$E(\boldsymbol{z}_tu_t)=0$，其中，$\boldsymbol{z}_t=(z_{1t},z_{2t},\cdots,z_{Lt})'$ 是 L 维向量。

相应的 L 个样本矩为 $\bar{\boldsymbol{m}}=\frac{1}{T}\boldsymbol{Z}'\hat{\boldsymbol{u}}(\boldsymbol{b})$。其中，$\boldsymbol{Z}$ 是工具变量数据矩阵，$\hat{\boldsymbol{u}}(\boldsymbol{b})$ 是回归方程的残差序列。选择参数估计量 $\boldsymbol{b}$，使加权平均矩的距离最小。

$$Q=\frac{1}{T^{2}}[\hat{\boldsymbol{u}}'(\boldsymbol{b})\boldsymbol{Z}]\boldsymbol{W}[\boldsymbol{Z}'\hat{\boldsymbol{u}}(\boldsymbol{b})] \tag{6-30}$$

样本矩的协方差矩阵为

$$\boldsymbol{\Omega}=\frac{1}{T^{2}}\boldsymbol{Z}'\operatorname{cov}(\hat{\boldsymbol{u}},\hat{\boldsymbol{u}}')\boldsymbol{Z} \tag{6-31}$$

可以使用 White 异方差一致协方差或 Newey-West HAC 一致协方差估计 $\boldsymbol{\Omega}$ 矩阵，则 $\boldsymbol{W}=\boldsymbol{\Omega}^{-1}$。

广义矩估计是一种大样本估计。在大样本的情况下，广义矩估计是渐近有效的，在小样本情况下是无效的。所以，只有对大样本数据建模分析时，才能使用广义矩估计法。

广义矩估计法的 Stata 命令如下所示。

交互式版本：

gmm ([reqname1:]rexp_1) ([reqname2:]rexp_2) ... [if] [in] [weight] [, options]

矩计算程序版本：

gmm moment_prog [if] [in] [weight], {equations(namelist)|nequations(#)} {parameters(namelist)|nparameters(#)} [options] [program_options]

其中，reqname_j 是第 j 个残差方程名称，rexp_j 是第 j 个残差方程的可替代表达式，并且 moment_prog 是一个 moment evaluator 程序。

菜单操作：

Statistics > Endogenous covariates > Generalized method of moments estimation

gmm 执行广义矩估计法。在命令的交互式版本中，可以直接在对话框中或在命令行中使用"替换"命令输入每个矩条件的残差公式。即时评估程序版本为你提供了更大的灵活性，以换取更高的复杂性；在这个版本中，你可以在 ado 文件中编写一个程序，根据传递给它的参数向量计算矩。

广义矩估计法可以拟合单方程模型和多方程模型。它允许形式为 E{z_i u_i(b)} = 0 的矩条件，其中 z_i 是工具变量的向量，u_i(b) 是误差项，以及形式为 E{h_i(z_i; b)} = 0 的更一般的矩条件。gmm 可以使用横截面、时间序列和纵向（面板）数据。

例 6.4 广义矩估计法

请扫码查看例 6.4 的内容

6.5 含连续内生协变量的 probit 模型

含连续内生协变量的 probit 模型为

$$y_{1i}^{*}=\boldsymbol{y}_{2i}\boldsymbol{\beta}+\boldsymbol{x}_{1i}\boldsymbol{\gamma}+u_{i} \tag{6-32}$$

$$\boldsymbol{y}_{2i}=\boldsymbol{x}_{1i}\boldsymbol{\Pi}_{1}+\boldsymbol{x}_{2i}\boldsymbol{\Pi}_{2}+\boldsymbol{v}_{i} \tag{6-33}$$

式中，$i=1,2,\cdots,N$，$\boldsymbol{y}_{2i}$ 是内生变量的 $1\times p$ 维向量，$\boldsymbol{x}_{1i}$ 是外生变量的 $1\times k_1$ 维向量，$\boldsymbol{x}_{2i}$ 是附加工具的 $1\times k_2$ 维向量，$\boldsymbol{y}_{2i}$ 的方程以简化形式编写。根据假设，$(u_i,\boldsymbol{v}_i)\sim N(\boldsymbol{0},\boldsymbol{\Sigma})$，其中 $\boldsymbol{\gamma}$ 是结构参数的向量，$\boldsymbol{\Pi}_1$ 和 $\boldsymbol{\Pi}_2$ 是简化形式参数的矩阵。这是一个递归模型：$\boldsymbol{y}_{2i}$ 出现在 y_{1i}^{*} 的方程中，但 y_{1i}^{*} 没有出现在 $\boldsymbol{y}_{2i}$ 的方程中。我们观察不到 y_{1i}^{*}；相反，我们可以观察到

$$y_{1i}=\begin{cases}0 & y_{1i}^{*}<0\\ 1 & y_{1i}^{*}\geqslant 0\end{cases} \tag{6-34}$$

结构参数识别的顺序条件要求 $k_2 \geqslant p$。这里 $\boldsymbol{\Sigma}$ 不是 u_i 和 $\boldsymbol{v}_i$ 之间的块对角；否则，$\boldsymbol{y}_{2i}$ 将不会是内生的，即

$$\mathrm{Var}(u_i, \boldsymbol{v}_i) = \boldsymbol{\Sigma} = \begin{pmatrix} 1 & \boldsymbol{\Sigma}'_{21} \\ \boldsymbol{\Sigma}_{21} & \boldsymbol{\Sigma}_{22} \end{pmatrix} \tag{6-35}$$

含连续内生协变量的 probit 模型的估计方法主要有以下两种。

（1）最大似然估计法。

由式（6-32）～式（6-35）组织的模型，在给定 $\boldsymbol{x}_i$ 和 z_i 的情况下，(y_{1i}, y_{2i}) 的条件概率分布已完全确定。将联合概率密度 $f(y_{1i}, y_{2i} \mid \boldsymbol{x}_i, z_i)$ 分解为 $f(y_{1i} \mid y_{2i}, \boldsymbol{x}_i, z_i)$ 和 $f(y_{2i} \mid \boldsymbol{x}_i, z_i)$，可以写出样本数据 (y_{1i}, y_{2i}) 的似然函数，然后进行最有效的最大似然估计。这就是内生性 probit 模型的最大似然估计法，也叫作工具变量 probit 模型估计法。

（2）两步估计法。

最大似然估计最有效，但在数值计算时，可能不收敛，特别是在拥有多个内生解释变量的情况下。此时就需要用两步估计法。其思路为，如果 y 的内生性是由于遗漏了变量 v，则把 v 作为控制变量，加入式（6-32）中做估计，即可得到一致估计。扰动项不可观测，可以用普通最小二乘估计法的残差作为 v 的一致估计。

含连续内生协变量的 probit 模型估计的命令语法格式如下所示。

（1）最大似然估计法。

ivprobit depvar [varlist1] (varlist2 = varlist_iv) [if] [in] [weight] [, mle_options]

（2）两步估计法。

ivprobit depvar [varlist1] (varlist2 = varlist_iv) [if] [in] [weight] , twostep [tse_options]

其中，varlist1 是外生变量列表。

varlist2 是内生变量列表。

varlist_iv 是与 varlist1 一起使用的外生变量列表，并作为 varlist2 的工具。

菜单操作路径：

Statistics > Endogenous covariates > Probit model with endogenous covariates

ivprobit 适用于二元因变量模型，其中一个或多个协变量是内生的，误差服从正态分布。默认情况下，ivprobit 使用最大似然估计法，但也可以使用 Newey（1987）的两步估计法。两种估计法都假设内生协变量是连续的，因此不适合与离散的内生协变量一起使用。

例 6.5　含连续内生协变量的 probit 模型

我们有 500 个双亲家庭的假设数据，我们希望对女性是否就业进行建模。我们有一个变量 fem_work，如果她有工作，变量等于 1，否则等于 0。她决定是否工作取决于家里孩子的数量，以及受教育的年限（fem_educ)，家庭其他收入以千美元计（other_inc)。我们怀疑，影响女性工作决定的不可观察的冲击也会影响家庭的其他收入。因此，我们将 other_inc 视为内生的。作为一种工具，我们使用男子完成学业的年数（male_educ)。

下载数据集。

```
.webuse laborsup
```

使用最大似然估计法。

```
.ivprobit fem_work fem_educ kids (other_inc = male_educ)
```

Probit model with endogenous regressors　　Number of obs = 500
　　Wald chi2(3) = 163.88
Log likelihood = -2368.2062　　Prob > chi2 = 0.0000

	Coefficient	Std. err.	z	P>|z|	[95% conf.	interval]
other_inc	-.0542756	.0060854	-8.92	0.000	-.0662028	-.0423485
fem_educ	.211111	.0268648	7.86	0.000	.1584569	.2637651
kids	-.1820929	.0478267	-3.81	0.000	-.2758315	-.0883542
_cons	.3672086	.4480724	0.82	0.412	-.5109971	1.245414
corr(e.other_inc,e.fem_work)	.3720375	.1300518			.0946562	.5958136
sd(e.other_inc)	16.66621	.5270318			15.66461	17.73186

Wald test of exogeneity (corr = 0): chi2(1) = 6.70　　Prob > chi2 = 0.0096
Instrumented: other_inc
Instruments: fem_educ kids male_educ

使用两步估计法。

.ivprobit fem_work fem_educ kids (other_inc = male_educ), twostep

Two-step probit with endogenous regressors　　Number of obs = 500
　　Wald chi2(3) = 93.97
　　Prob > chi2 = 0.0000

	Coefficient	Std. err.	z	P>|z|	[95% conf.	interval]
other_inc	-.058473	.0093364	-6.26	0.000	-.0767719	-.040174
fem_educ	.227437	.0281628	8.08	0.000	.1722389	.282635
kids	-.1961748	.0496323	-3.95	0.000	-.2934522	-.0988973
_cons	.3956061	.4982649	0.79	0.427	-.5809752	1.372187

Wald test of exogeneity: chi2(1) = 6.50　　Prob > chi2 = 0.0108
Instrumented: other_inc
Instruments: fem_educ kids male_educ

6.6 含内生协变量的扩展 probit 回归

协变量 x_i 的结果 y_i 的 probit 回归可以写成：

$$y_i = 1(\boldsymbol{x}_i \beta + \varepsilon_i > 0) \tag{6-36}$$

式中，ε_i 为标准正态分布的随机项。其对数似然函数为

$$\ln L = \sum_{i=1}^{N} w_i \{ y_i \ln \Phi(\boldsymbol{x}_i \boldsymbol{\beta}) + (1-y_i) \ln \Phi(-\boldsymbol{x}_i \boldsymbol{\beta}) \} \tag{6-37}$$

其中，w_i 为权重。事件成功的条件概率为

$$E(y_i \mid \boldsymbol{x}_i) = \Pr(y_i = 1 \mid \boldsymbol{x}_i) = \Phi(\boldsymbol{x}_i \boldsymbol{\beta}) \tag{6-38}$$

这些表达式中使用的标准正态累积分布函数 $\Phi(\cdot)$ 是随机变量低于某一点的单侧概率。未观测 ε_i 的下限 l_{1i} 与上限 u_{1i} 是基于 y_i 和 $\boldsymbol{x}_i$ 的观测值，定义为

$$l_{1i} = \begin{cases} -\infty & y_i = 0 \\ -\boldsymbol{x}_i \boldsymbol{\beta} & y_i = 1 \end{cases} \quad u_{1i} = \begin{cases} -\boldsymbol{x}_i \boldsymbol{\beta} & y_i = 0 \\ \infty & y_i = 1 \end{cases} \tag{6-39}$$

则对数似然函数（6-37）可以化简为

$$\ln L = \sum_{i=1}^{N} w_i \ln \Phi_1^*(l_{1i}, u_{1i}, 1) \tag{6-40}$$

其中，$\Phi_d^*(1,\boldsymbol{u},\boldsymbol{\Sigma})=\int_{l_1}^{u_1}\cdots\int_{l_d}^{u_d}\phi_d(\varepsilon,\boldsymbol{\Sigma})d\varepsilon_1\ldots d\varepsilon_d$。

成功的条件概率可以用类似的符号表示为

$$\Pr(y_i=1\mid\boldsymbol{x}_i)=\Phi_1^*(-\boldsymbol{x}_i\boldsymbol{\beta},\infty,1) \tag{6-41}$$

6.6.1 连续内生协变量

y_i 对外生协变量 $\boldsymbol{x}_i$ 和 C 个连续的内生协变量 w_{ci} 的 probit 回归为

$$y_i=1(\boldsymbol{x}_i\boldsymbol{\beta}+\boldsymbol{w}_{ci}\boldsymbol{\beta}_c+\varepsilon_i>0) \tag{6-42}$$

$$\boldsymbol{w}_{ci}=\boldsymbol{z}_{ci}\boldsymbol{A}_c+\varepsilon_{ci} \tag{6-43}$$

向量 $\boldsymbol{z}_{ci}$ 包含来自 $\boldsymbol{x}_i$ 的变量和影响 $\boldsymbol{w}_{ci}$ 的其他协变量。未观测到的误差 ε_i 和 ε_{ci} 为多变量正态随机项，平均值为 0，协方差为

$$\boldsymbol{\Sigma}_\varepsilon=\begin{pmatrix}1 & \sigma_{1c}' \\ \sigma_{1c} & \Sigma_c\end{pmatrix}$$

我们可以将因变量的联合密度写为乘积形式：

$$f(y_i,\boldsymbol{w}_{ci}\mid\boldsymbol{x}_i,\boldsymbol{z}_{ci})=f(y_i\mid\boldsymbol{w}_{ci},\boldsymbol{x}_i,\boldsymbol{z}_{ci})f(\boldsymbol{w}_{ci}\quad\boldsymbol{x}_i,\boldsymbol{z}_{ci})$$

$\boldsymbol{w}_{ci}$ 的条件密度：

$$f(\boldsymbol{w}_{ci}\mid\boldsymbol{x}_i,\boldsymbol{z}_{ci})=\phi_C(\boldsymbol{w}_{ci}-\boldsymbol{Z}_{ci}\boldsymbol{A}_c,\boldsymbol{\Sigma}_c)$$

而 $\Pr(y_i=1\mid\boldsymbol{w}_{ci},\boldsymbol{x}_i,\boldsymbol{z}_{ci})=\Pr(\boldsymbol{x}_i\boldsymbol{\beta}+\boldsymbol{w}_{ci}\boldsymbol{\beta}_c+\varepsilon_i>0\mid\boldsymbol{w}_{ci},\boldsymbol{x}_i,\boldsymbol{z}_{ci})$，因此有

$$E(\varepsilon_i\mid\boldsymbol{w}_{ci},\boldsymbol{x}_i,\boldsymbol{z}_{ci})=\sigma_{1c}'\boldsymbol{\Sigma}_c^{-1}(\boldsymbol{w}_{ci}-\boldsymbol{z}_{ci}\boldsymbol{A}_c)'$$

$$\operatorname{Var}(\varepsilon_i\mid\boldsymbol{w}_{ci},\boldsymbol{x}_i,\boldsymbol{z}_{ci})=1-\sigma_{1c}'\Sigma_c^{-1}\sigma_{1c}$$

条件平均值用于 y_i 概率的下限和上限，即

$$l_{1i}=\begin{cases}-\infty & y_i=0\\ -\boldsymbol{x}_i\boldsymbol{\beta}-\sigma_{1c}'\boldsymbol{\Sigma}_c^{-1}(\boldsymbol{w}_{ci}-\boldsymbol{z}_{ci}\boldsymbol{A}_c)' & y_i=1\end{cases}$$

$$u_{1i}=\begin{cases}-\boldsymbol{x}_i\boldsymbol{\beta}-\sigma_{1c}'\boldsymbol{\Sigma}_c^{-1}(\boldsymbol{w}_{ci}-\boldsymbol{z}_{ci}\boldsymbol{A}_c)' & y_i=0\\ \infty & y_i=1\end{cases}$$

利用这些极限、条件方差和 $\boldsymbol{w}_{ci}$ 的条件密度，我们得到了对数似然：

$$\ln L=\sum_{i=1}^N w_i\{\ln\Phi_1^*(l_{1i},u_{1i},1-\sigma_{1c}'\boldsymbol{\Sigma}_c^{-1}\sigma_{1c})+\ln\phi_C(\boldsymbol{w}_{ci}-\boldsymbol{z}_{ci}\boldsymbol{A}_c,\boldsymbol{\Sigma}_c)\} \tag{6-44}$$

因为 $y_i=1$ 时，$l_{1i1}=-\boldsymbol{x}_i\boldsymbol{\beta}-\sigma'_{1c}\boldsymbol{\Sigma}_c^{-1}(\boldsymbol{w}_{ci}-\boldsymbol{z}_{ci}\boldsymbol{A}_c)',u_{1i1}=\infty$，所以，成功的条件概率为

$$\Pr(y_i=1\mid\boldsymbol{w}_{ci},\boldsymbol{x}_i,\boldsymbol{z}_{ci})=\Phi_1^*(l_{1i1},u_{1i1},1-\sigma_{1c}'\boldsymbol{\Sigma}_c^{-1}\sigma_{1c}) \tag{6-45}$$

6.6.2 二元和有序内生协变量

设 $j=1,\cdots,B$，我们对二元内生协变量使用 probit 模型：$w_{bji}=1(\boldsymbol{z}_{bji}\boldsymbol{\alpha}_{bj}+\varepsilon_{bji}>0)$。

对于有序内生协变量 w_{bji}，取值 $v_{bj1},\cdots,v_{bjB_J}$ 和协变量 $\boldsymbol{z}_{bji}$，我们得到有序 probit 模型：

$$w_{bji} = v_{bjh} \quad \text{如果} \quad \kappa_{bj(h-1)} < \boldsymbol{z}_{bji}\boldsymbol{\alpha}_{bj} + \varepsilon_{bji} \leqslant \kappa_{bjh} \tag{6-46}$$

误差项 $\varepsilon_{bj1},\cdots,\varepsilon_{bjB_j}$ 为多变量正态分布随机项，平均值为 0，协方差为

$$\boldsymbol{\Sigma}_b = \begin{pmatrix} 1 & \rho_{b12} & \cdots & \rho_{b1B} \\ \rho_{b12} & 1 & \cdots & \rho_{b2B} \\ \vdots & \vdots & \ddots & \vdots \\ \rho_{b1B} & \rho_{b2B} & \cdots & 1 \end{pmatrix}$$

由于协变量 w_{bji} 是二元和有序的，因此结果方程中每个类别的影响都是由一个指标变量决定的，即

$$\mathbf{wind}_{bji} = \begin{pmatrix} 1(w_{bji} = v_{bj1}) \\ \vdots \\ 1(w_{bji} = v_{bjB_j}) \end{pmatrix}'$$

对于 $\boldsymbol{w}_{bi}$ 的每个水平，结果的模型可以制定为有或没有不同的相关参数。特定级别的参数是通过在 endogenous() 选项中指定 pocorrelation 获得的。

如果相关参数不是特定级别的，则 $y_i = 1(\boldsymbol{x}_i\boldsymbol{\beta} + \mathbf{wind}_{b1i}\boldsymbol{\beta}_{b1} + \cdots + \mathbf{wind}_{bBi}\boldsymbol{\beta}_{bB} + \varepsilon_i > 0)$。

下面我们讨论具有有序内生协变量的模型。具有二元和有序内生协变量的模型的结果与其相似。对于 $j = 1, \cdots, B$ 和 $h = 0, \cdots, B_j$，设

$$c_{bjih} = \begin{cases} -\infty & h = 0 \\ \kappa_{bjh} - \boldsymbol{z}_{bji}\boldsymbol{\alpha}_{bj} & h = 1, \cdots, B_j - 1 \\ \infty & h = B_j \end{cases}$$

则有 $c_{bi} = -\boldsymbol{x}_i\boldsymbol{\beta} - \mathbf{wind}_{b1i}\boldsymbol{\beta}_{b1} - \cdots - \text{wind}_{bBi}\boldsymbol{\beta}_{bB}$，$y_i$ 概率的下限和上限为

$$l_{1i} = \begin{cases} -\infty & y_i = 0 \\ c_{bi} & y_i = 1 \end{cases}, \quad u_{1i} = \begin{cases} c_{bi} & y_i = 0 \\ \infty & y_i = 1 \end{cases}$$

设 $\boldsymbol{l}_i = [l_{1i} \quad l_{b1i} \quad \cdots \quad l_{bBi}]$，$\boldsymbol{u}_i = [u_{1i} \quad u_{b1i} \quad \cdots \quad u_{bBi}]$，则有模型的对数似然为

$$\ln L = \sum_{i=1}^{N} w_i \ln \Phi_{B+1}^{*}(\boldsymbol{l}_i, \boldsymbol{u}_i, \boldsymbol{\Sigma}) \tag{6-47}$$

定义 $\boldsymbol{l}_{bi} = [l_{b1i} \quad \cdots \quad l_{bBi}], \boldsymbol{u}_{bi} = [u_{b1i} \quad \cdots \quad u_{bBi}], \boldsymbol{l}_{i1} = [-\infty \quad \boldsymbol{l}_{bi}], \boldsymbol{u}_{i1} = [c_{bi} \quad \boldsymbol{u}_{bi}]$，则成功的条件概率为

$$\Pr(y_i = 1 \mid \boldsymbol{x}_i, \boldsymbol{z}_{b1i}, \cdots, \boldsymbol{z}_{bBi}, \boldsymbol{w}_{bi}) = \frac{\Phi_{B+1}^{*}(\boldsymbol{l}_{i1}, \boldsymbol{u}_{i1}, \boldsymbol{\Sigma})}{\Phi_{B}^{*}(\boldsymbol{l}_{bi}, \boldsymbol{u}_{bi}, \boldsymbol{\Sigma}_b)} \tag{6-48}$$

我们用 M 表示内生处理变量 $\boldsymbol{w}_{bj}$ 的不同组合值的数量，用 $\boldsymbol{v}_j (j \in \{1, 2, \cdots, M\})$ 表示每个组合值的向量。设 k_{wp} 为隐含着 $M = k_{w1} \times k_{w2} \times \cdots \times k_{wB}$ 的内生有序处理变量 $p \in \{1, 2, \cdots, B\}$ 的水平数。则有

$$\begin{aligned} y_{1i} &= 1(\boldsymbol{x}_i\boldsymbol{\beta} + \mathbf{wind}_{b1i}\boldsymbol{\beta}_{b1} + \cdots + \mathbf{wind}_{bBi}\boldsymbol{\beta}_{bB} + \varepsilon_{1i} > 0) \\ &\vdots \\ y_{Mi} &= 1(\boldsymbol{x}_i\boldsymbol{\beta} + \mathbf{wind}_{b1i}\boldsymbol{\beta}_{b1} + \cdots + \mathbf{wind}_{bBi}\boldsymbol{\beta}_{bB} + \varepsilon_{Mi} > 0) \\ y_i &= \sum_{j=1}^{M} 1(\boldsymbol{w}_{bi} = \boldsymbol{v}_j) y_{ji} \end{aligned} \tag{6-49}$$

对于 $j = 1, 2, \cdots, M$ 结果误差 ε_{ji} 和内生误差 $\varepsilon_{b1i}, \cdots, \varepsilon_{bBi}$ 是多变量正态分布随机项，平均值为 0，协方差为 $\boldsymbol{\Sigma}_j = \begin{pmatrix} 1 & \boldsymbol{\rho}'_{j1b} \\ \boldsymbol{\rho}_{j1b} & \boldsymbol{\Sigma}_b \end{pmatrix}$。设 $\boldsymbol{\Sigma}_{i,b} = \sum_{j=1}^{M} 1(\boldsymbol{w}_{bi} = \boldsymbol{v}_j)\boldsymbol{\Sigma}_j$，则模型的对数似然为

$$\ln L = \sum_{i=1}^{N} w_i \ln \Phi^*_{B+1}(\boldsymbol{l}_i, \boldsymbol{u}_i, \boldsymbol{\Sigma}_{i,b}) \tag{6-50}$$

成功的条件概率为

$$\Pr(y_i = 1 \mid \boldsymbol{x}_i, z_{b1i}, \cdots, z_{bBi}, \boldsymbol{w}_{bi}) = \frac{\Phi^*_{B+1}(\boldsymbol{l}_{i1}, \boldsymbol{u}_{i1}, \boldsymbol{\Sigma}_{i,b})}{\Phi^*_B(\boldsymbol{l}_{bi}, \boldsymbol{u}_{bi}, \boldsymbol{\Sigma}_b)} \tag{6-51}$$

基本 probit 回归的命令语法格式如下所示。

（1）具有内生协变量的基本 probit 回归。

eprobit depvar [indepvars], endogenous(depvars_en = varlist_en) [options]

（2）带样本选择的基本 probit 回归。

eprobit depvar [indepvars], select(depvar_s = varlist_s) [options]

（3）带 tobit 样本选择的基本 probit 回归。

eprobit depvar [indepvars], tobitselect(depvar_s = varlist_s) [options]

模型选项如下。

endogenous(enspec)：内生协变量的模型，可以重复。

select(selspec)：用 probit 模型选择。

tobitselect（tselspec）：用 tobit 模型选择。

其他更多选项查看 eprobit 帮助文件。

菜单操作路径：

Statistics > Endogenous covariates > Models adding selection and treatment > Probit regression

eprobit 拟合 probit 回归模型，该模型可容纳内生协变量、非随机处理分配和内生样本选择的任意组合。允许使用连续、二元和有序的内生协变量。处理分配可以是内生的，也可以是外生的。probit 模型或 tobit 模型可用于解释内生样本选择。

6.7 含内生协变量的扩展有序 probit 回归

协变量 $\boldsymbol{x}_i$ 的结果 y_i 的有序 probit 回归可以写成：

$$y_i = v_h \quad \text{if} \quad \kappa_{h-1} < \boldsymbol{x}_i\beta + \varepsilon_i \leqslant \kappa_h \tag{6-52}$$

该模型的对数似然为

$$\ln L = \sum_{i=1}^{N} w_i \ln \begin{bmatrix} 1(y_i = v_1)\Phi(-\boldsymbol{x}_i\boldsymbol{\beta}) \\ +\sum_{h=2}^{H-1} 1(y_i = v_h)\{\Phi(\kappa_h - \boldsymbol{x}_i\boldsymbol{\beta}) - \Phi(\kappa_{h-1} - \boldsymbol{x}_i\boldsymbol{\beta})\} \\ +1(y_i = v_H)\Phi(\boldsymbol{x}_i\boldsymbol{\beta}) \end{bmatrix} \tag{6-53}$$

式中，w_i 为权重。

对于 $h = 0, 1, \cdots, H$，定义

$$c_{ih}=\begin{cases}-\infty & h=0\\ \kappa_h-\boldsymbol{x}_i\boldsymbol{\beta} & h=1,\cdots,H-1\\ \infty & h=H\end{cases}$$

对应的上下限为

$$l_{1i}=c_{i(h-1)}\quad 如果\quad y_i=v_h$$

$$u_{1i}=c_{ih}\quad 如果\quad y_i=v_h$$

这些是基于 y_i 和 $\boldsymbol{x}_i$ 的观察值对未观察到的 ε_i 的限制。对数似然可简化为

$$\ln L=\sum_{i=1}^{N}w_i\ln\Phi_1^*(l_{1i},u_{1i},1) \tag{6-54}$$

对于 $h=0, 1, \cdots, H$，成功的条件概率可以用类似的符号表示为

$$\Pr(y_i=v_h\mid\boldsymbol{x}_i)=\Phi_1^*(c_{i(h-1)},c_{ih},1) \tag{6-55}$$

6.7.1 连续内生协变量

y_i 对外生协变量 $\boldsymbol{x}_i$ 和 c 个连续内生协变量 $\boldsymbol{w}_{ci}$ 的有序 probit 回归形式为

$$y_i=v_h\quad 如果\quad \kappa_{h-1}<\boldsymbol{x}_i\boldsymbol{\beta}+\boldsymbol{w}_{ci}\boldsymbol{\beta}_c+\varepsilon_i\leqslant\kappa_h \tag{6-56}$$

$$\boldsymbol{w}_{ci}=\boldsymbol{Z}_{ci}\boldsymbol{A}_c+\varepsilon_{ci} \tag{6-57}$$

向量 $\boldsymbol{z}_{ci}$ 包含来自 $\boldsymbol{x}_i$ 的变量和影响 $\boldsymbol{w}_{ci}$ 的其他协变量。未观测到的误差 ε_i 和 ε_{ci} 为多变量正态随机项，平均值为 0，协方差为

$$\boldsymbol{\Sigma}_\varepsilon=\begin{pmatrix}1 & \sigma_{1c}'\\ \sigma_{1c} & \boldsymbol{\Sigma}_c\end{pmatrix}$$

对于 $h=0, 1, \cdots, H$，定义

$$c_{ih}=\begin{cases}-\infty & h=0\\ \kappa_h-\boldsymbol{x}_i\boldsymbol{\beta}-\sigma_{1c}'\boldsymbol{\Sigma}_c^{-1}(\boldsymbol{w}_{ci}-\boldsymbol{z}_{ci}\boldsymbol{A}_c)' & h=1,\cdots,H-1\\ \infty & h=H\end{cases}$$

这些表达式使用了 ε_i 的条件平均值。y_i 概率的下限和上限为

$$l_{1i}=c_{i(h-1)}\quad 如果\quad y_i=v_h$$

$$u_{1i}=c_{ih}\quad 如果\quad y_i=v_h$$

利用这些上下限、条件方差和 $\boldsymbol{w}_{ci}$ 的条件密度，我们得到了对数似然

$$\ln L=\sum_{i=1}^{N}w_i\{\ln\Phi_1^*(l_{1i},u_{1i},1-\sigma_{1c}'\boldsymbol{\Sigma}_c^{-1}\sigma_{1c})+\ln\phi_C(\boldsymbol{w}_{ci}-\boldsymbol{z}_{ci}\boldsymbol{A}_c,\boldsymbol{\Sigma}_c)\} \tag{6-58}$$

对于 $h=0, 1, \cdots, H$，成功的条件概率可以用类似的符号表示为：

$$\Pr(y_i=v_h\mid\boldsymbol{x}_i)=\Phi_1^*(c_{i(h-1)},c_{ih},1-\sigma_{1c}'\Sigma_c^{-1}\sigma_{1c}) \tag{6-59}$$

6.7.2 二元和有序内生协变量

如果相关参数不是特定级别的，则

$$y_i = v_h \quad 如果 \quad \kappa_{h-1} < \boldsymbol{x}_i\boldsymbol{\beta} + \mathbf{wind}_{b1i}\boldsymbol{\beta}_{b1} + \cdots + \mathbf{wind}_{bBi}\boldsymbol{\beta}_{bB} + \varepsilon_i \leqslant \kappa_h \tag{6-60}$$

其中，结果误差 ε_i 及二元和有序内生误差 $\varepsilon_{b1i}, \cdots, \varepsilon_{bBI}$ 是多变量正态分布随机项，平均值为 0，协方差为

$$\boldsymbol{\Sigma} = \begin{pmatrix} 1 & \rho_{1b}' \\ \rho_{1b} & \boldsymbol{\Sigma}_b \end{pmatrix}$$

对于 $h = 0, 1, \cdots, H$，定义

$$c_{ih} = \begin{cases} -\infty & h=0 \\ \kappa_h - \boldsymbol{x}_i\boldsymbol{\beta} - \mathbf{wind}_{b1i}\boldsymbol{\beta}_{b1} - \cdots - \mathbf{wind}_{bBi}\boldsymbol{\beta}_{bB} & h=1,\cdots,H-1 \\ \infty & h=H \end{cases}$$

y_i 概率的下限和上限为

$$l_{1i} = c_{i(h-1)} \quad 如果 \quad y_i = v_h$$

$$u_{1i} = c_{ih} \quad 如果 \quad y_i = v_h$$

设 $\boldsymbol{l}_i = [l_{1i} \quad l_{b1i} \quad \cdots \quad l_{bBi}], \boldsymbol{u}_i = [u_{1i} \quad u_{b1i} \quad \cdots \quad u_{bBi}]$，则有模型的对数似然为

$$\ln L = \sum_{i=1}^{N} w_i \ln \Phi_{B+1}^{*}(\boldsymbol{l}_i, \boldsymbol{u}_i, \boldsymbol{\Sigma}) \tag{6-61}$$

令 $\boldsymbol{l}_{bi} = [l_{b1i} \quad \cdots \quad l_{bBi}], \boldsymbol{u}_{bi} = [u_{b1i} \quad \cdots \quad u_{bBi}], \boldsymbol{l}_{ih1} = [c_{i(h-1)} \quad \boldsymbol{l}_{bi}], \boldsymbol{u}_{ih1} = [c_{ih} \quad \boldsymbol{u}_{bi}]$，则条件概率为

$$\Pr(y_i = v_h \mid \boldsymbol{x}_i, \boldsymbol{z}_{b1i}, \cdots, \boldsymbol{z}_{bBi}, \boldsymbol{w}_{bi}) = \frac{\Phi_{B+1}^{*}(\boldsymbol{l}_{ih1}, \boldsymbol{u}_{ih1}, \boldsymbol{\Sigma})}{\Phi_{B}^{*}(\boldsymbol{l}_{bi}, \boldsymbol{u}_{bi}, \boldsymbol{\Sigma}_b)} \tag{6-62}$$

基本有序 probit 回归的命令语法格式如下所示。

（1）具有内生协变量的基本有序 probit 回归。

eoprobit depvar [indepvars], endogenous(depvars_en = varlist_en) [options]

（2）样本选择的基本有序 probit 回归。

eoprobit depvar [indepvars], select(depvar_s = varlist_s) [options]

（3）基于 tobit 样本选择的基本有序 probit 回归。

eoprobit depvar [indepvars], tobitselect(depvar_s = varlist_s) [options]

菜单操作路径：

Statistics > Endogenous covariates > Models adding selection and treatment > Ordered probit regression

eoprobit 符合有序 probit 回归模型，该模型可容纳内生协变量、非随机处理分配和内生样本选择的任意组合。允许使用连续、二元和有序内生协变量。处理分配可以是内生的，也可以是外生的。probit 模型或 tobit 模型可用于解释内生样本选择。

6.8　含内生协变量的 Tobit 回归

含内生协变量的 Tobit 回归模型为

$$y_{1i}^{*} = \boldsymbol{z}_i\boldsymbol{\delta} + u_i \tag{6-63}$$

$$\boldsymbol{y}_{2i} = \boldsymbol{x}_i\boldsymbol{\Pi} + \boldsymbol{v}_i \tag{6-64}$$

式中，$z_i=(y_{2i},x_{1i}), x_i=(x_{1i},x_{2i}), \delta=(\beta',\gamma')'$，$\Pi=(\Pi_1',\Pi_2')'$。我们无法观测到$y_{1i}^*$，只能观测到

$$y_{1i}=\begin{cases} a & y_{1i}^*<a \\ y_{1i}^* & a\leqslant y_{1i}^*\leqslant b \\ b & y_{1i}^*>b \end{cases}$$

(u_i,v_i)是多元正态分布随机项，均值为零，协方差矩阵为

$$\Sigma=\begin{pmatrix} \sigma_u^2 & \Sigma_{21}' \\ \Sigma_{21} & \Sigma_{22} \end{pmatrix}$$

利用多元正态分布的性质，我们可知$u_i=v_i'\alpha+\varepsilon_i$，式中，$\alpha=\Sigma_{22}^{-1}\Sigma_{21};\varepsilon_i\sim N(0;\sigma_{u|v}^2)$，其中，$\sigma_{u|v}^2=\sigma_u^2-\Sigma_{21}'\Sigma_{22}^{-1}\Sigma_{21}$。$\varepsilon_i$与$v_i,z_i,x_i$相互独立，则有两个条件密度函数：

$$\ln f(y_{2i}\mid x_i)=-\frac{1}{2}(p\ln 2\pi+\ln|\Sigma_{22}|+v_i'\Sigma_{22}^{-1}v_i) \tag{6-65}$$

$$\ln f(y_{1i}\mid y_{2i},x_i)=\begin{cases} \ln\left\{1-\Phi\left(\dfrac{m_i-a}{\sigma_{u|v}}\right)\right\} & y_{1i}=a \\ -\dfrac{1}{2}\left\{\ln 2\pi+\ln\sigma_{u|v}^2+\dfrac{(y_{1i}-m_i)^2}{\sigma_{u|v}^2}\right\} & a<y_{1i}<b \\ \ln\Phi\left(\dfrac{m_i-b}{\sigma_{u|v}}\right) & y_{1i}=b \end{cases} \tag{6-66}$$

式中，$m_i=z_i\delta+(y_{2i}-x_i\Pi)\Sigma_{22}^{-1}\Sigma_{21}$，$\Phi(\cdot)$为正态分布函数。

利用这两个条件密度函数可知第 i 个观测值的似然函数为

$$\ln L_i=w_i\{\ln f(y_{1i}\mid y_{2i},x_i)+\ln f(y_{2i}\mid x_i)\} \tag{6-67}$$

具有连续内生协变量的 Tobit 模型估计的命令语法格式如下所示。

（1）最大似然估计法。

ivtobit depvar [varlist1] (varlist2 = varlist_iv) [if] [in] [weight], ll[(#)] ul[(#)] [mle_options]

（2）两步估计法。

ivtobit depvar [varlist1] (varlist2 = varlist_iv) [if] [in] [weight], twostep ll[(#)] ul[(#)] [tse_options]

其中选项为：

varlist1 是外生变量列表；

varlist2 是内生变量列表；

varlist_iv 是与 varlist1 一起使用的外部变量列表，作为 varlist2 的工具。

*ll[(#)] 是左删失限制；

*ul[(#)] 是右删失限制；

mle 表示使用条件最大似然估计，为默认值；

constraints(constraints) 表示应用指定的线性约束；

* twostep 表示使用 Newey 的两步估计法。

菜单操作路径：

Statistics > Endogenous covariates > Tobit model with endogenous covariates

ivtobit 适合 tobit 模型，其中一个或多个协变量是内生确定的。默认情况下，ivtobit 使

用最大似然估计法，但也可以使用Newey（1987）的两步估计法。两种估计法都假设内生协变量是连续的，因此不适合与离散的内生协变量一起使用。

请扫码查看例 6.6 的内容

例 6.6　含内生协变量的 Tobit 回归（1）

例 6.7　含内生协变量的 Tobit 回归（2）

清理内存，下载数据集。

.clear

.webuse laborsup

进行完整的最大似然估计。

.ivtobit fem_inc fem_educ kids (other_inc = male_educ), ll

```
Tobit model with endogenous regressors          Number of obs     =      500
                                                       Uncensored =      228
Limits: Lower =   10                                Left-censored =      272
        Upper = +inf                               Right-censored =        0

                                                Wald chi2(3)      =   117.42
Log likelihood = -3226.0845                     Prob > chi2       =   0.0000

------------------------------------------------------------------------------------------
                          | Coefficient  Std. err.      z    P>|z|     [95% conf. interval]
--------------------------+---------------------------------------------------------------
                other_inc |  -.9045397   .1329761    -6.80   0.000    -1.165168   -.6439113
                 fem_educ |    3.27239   .3968708     8.25   0.000     2.494538    4.050243
                     kids |  -3.312356   .7218627    -4.59   0.000    -4.727181   -1.897532
                    _cons |   19.24735   7.372389     2.61   0.009     4.797732    33.69697
--------------------------+---------------------------------------------------------------
 corr(e.other_inc,e.fem_inc)|   .2639504   .1165265                       .0248536    .4744837
              sd(e.fem_inc)|   18.35934   1.094702                        16.3344    20.63532
            sd(e.other_inc)|   16.66621   .5270318                       15.66461    17.73186
------------------------------------------------------------------------------------------
Instrumented: other_inc
 Instruments: fem_educ kids male_educ
Wald test of exogeneity (corr = 0): chi2(1) = 4.66          Prob > chi2 = 0.0309
```

.ivtobit fem_inc fem_educ kids (other_inc = male_educ), ll(12)

```
Tobit model with endogenous regressors          Number of obs     =      500
                                                       Uncensored =      211
Limits: Lower =   12                                Left-censored =      289
        Upper = +inf                               Right-censored =        0

                                                Wald chi2(3)      =   107.25
Log likelihood = -3158.0654                     Prob > chi2       =   0.0000

------------------------------------------------------------------------------------------
                          | Coefficient  Std. err.      z    P>|z|     [95% conf. interval]
--------------------------+---------------------------------------------------------------
                other_inc |  -.8545905   .1344029    -6.36   0.000    -1.118015   -.5911657
                 fem_educ |   3.107363   .4020312     7.73   0.000     2.319396     3.89533
                     kids |  -3.582259   .7409972    -4.83   0.000    -5.034587   -2.129932
                    _cons |   19.44405   7.469449     2.60   0.009       4.8042     34.0839
--------------------------+---------------------------------------------------------------
 corr(e.other_inc,e.fem_inc)|   .2299063   .1206019                      -.0154749    .4491678
              sd(e.fem_inc)|    18.2895    1.09355                         16.267    20.56346
            sd(e.other_inc)|   16.66621   .5270318                       15.66461    17.73186
------------------------------------------------------------------------------------------
Instrumented: other_inc
 Instruments: fem_educ kids male_educ
Wald test of exogeneity (corr = 0): chi2(1) = 3.38          Prob > chi2 = 0.0660
```

进行两步估计。

.ivtobit fem_inc fem_educ kids (other_inc = male_educ), ll twostep

```
Two-step tobit with endogenous regressors           Number of obs     =        500
                                                     Uncensored        =        228
Limits: Lower = 10                                   Left-censored     =        272
        Upper = +inf                                 Right-censored    =          0

                                                    Wald chi2(3)      =     117.38
                                                    Prob > chi2       =     0.0000

------------------------------------------------------------------------------
             | Coefficient  Std. err.      z    P>|z|     [95% conf. interval]
-------------+----------------------------------------------------------------
   other_inc |  -.9045397   .1330015    -6.80   0.000    -1.165218   -.6438616
    fem_educ |    3.27239   .3969399     8.24   0.000     2.494402    4.050378
        kids |  -3.312356   .7220066    -4.59   0.000    -4.727463   -1.897249
       _cons |   19.24735    7.37392     2.61   0.009     4.794728    33.69997
------------------------------------------------------------------------------
Instrumented: other_inc
 Instruments: fem_educ kids male_educ
Wald test of exogeneity: chi2(1) = 4.64                    Prob > chi2 = 0.0312
```

.ivtobit fem_inc fem_educ kids (other_inc = male_educ), ll(12) twostep

```
Two-step tobit with endogenous regressors           Number of obs     =        500
                                                     Uncensored        =        211
Limits: Lower = 12                                   Left-censored     =        289
        Upper = +inf                                 Right-censored    =          0

                                                    Wald chi2(3)      =     107.23
                                                    Prob > chi2       =     0.0000

------------------------------------------------------------------------------
             | Coefficient  Std. err.      z    P>|z|     [95% conf. interval]
-------------+----------------------------------------------------------------
   other_inc |  -.8545905   .1344217    -6.36   0.000    -1.118052   -.5911287
    fem_educ |   3.107363   .4020826     7.73   0.000     2.319296     3.89543
        kids |   -3.58226   .7411027    -4.83   0.000    -5.034794   -2.129725
       _cons |   19.44405   7.470587     2.60   0.009      4.80197    34.08613
------------------------------------------------------------------------------
Instrumented: other_inc
 Instruments: fem_educ kids male_educ
Wald test of exogeneity: chi2(1) = 3.37                    Prob > chi2 = 0.0665
```

6.9 含内生协变量的区间回归

6.9.1 区间回归

协变量 $\boldsymbol{x}_i$ 的结果 y_i 回归模型为

$$y_i = \boldsymbol{x}_i\boldsymbol{\beta} + \varepsilon_i \tag{6-68}$$

其中，ε_i 为正态随机项，平均值为 0，方差为 σ^2。我们观察端点 y_{li} 和 y_{ui}，而不是观察 y_i。如果 y_i 被左删失，则下端点 $y_{li} = -\infty$，$y_i \leqslant y_{ui}$。如果 y_i 被右删失，那么上端点 $y_{lu} = +\infty$，$y_i \geqslant y_{li}$。如果没有审查，$y_{li} = y_{ui} = y_i$。当 y_{li} 和 y_{ui} 是实值且不相等时，我们知道 $y_{li} \leqslant y_i \leqslant y_{ui}$。

对数似然为

$$\ln L = \sum_{i \in U} w_i \ln \phi(y_i - \boldsymbol{x}_i\boldsymbol{\beta}, \sigma^2) \tag{6-69}$$

$$
\begin{aligned}
&+\sum_{i\in L} w_i \ln \Phi\left(\frac{y_{ui}-\boldsymbol{x}_i\boldsymbol{\beta}}{\sigma}\right)\\
&+\sum_{i\in R} w_i \ln \Phi\left(\frac{-y_{li}+\boldsymbol{x}_i\boldsymbol{\beta}}{\sigma}\right)\\
&+\sum_{i\in I} w_i \ln\left\{\Phi\left(\frac{y_{ui}-\boldsymbol{x}_i\boldsymbol{\beta}}{\sigma}\right)-\Phi\left(\frac{y_{li}-\boldsymbol{x}_i\boldsymbol{\beta}}{\sigma}\right)\right\}
\end{aligned}
$$

其中，U 是 y_i 未被删失的观测集，L 是 y_i 被左删失的观测集，R 是 y_i 被右删失的观测集，I 是 y_i 被区间删失的观测集，w_i 是权重。y_i 的条件平均值为 $E(y_i \mid \boldsymbol{x}_i)=\boldsymbol{x}_i\boldsymbol{\beta}$。

6.9.2 连续内生协变量

区间回归模型为

$$
\begin{aligned}
y_i &= \boldsymbol{x}_i\boldsymbol{\beta}+\boldsymbol{w}_{ci}\boldsymbol{\beta}_c+\varepsilon_i\\
\boldsymbol{w}_{ci} &= \boldsymbol{z}_{ci}\boldsymbol{A}_c+\boldsymbol{\varepsilon}_{ci}
\end{aligned}
\tag{6-70}
$$

零均值的正态随机项的协方差矩阵为

$$
\boldsymbol{\Sigma}=\begin{pmatrix}\sigma^2 & \boldsymbol{\sigma}_{1c}' \\ \boldsymbol{\sigma}_{1c} & \boldsymbol{\Sigma}_c\end{pmatrix}
$$

以内生和外生协变量为条件，ε_i 有均值和方差：

$$
\begin{aligned}
\mu_{1|c,i} &= E(\varepsilon_i \mid \boldsymbol{w}_{ci},\boldsymbol{x}_i,\boldsymbol{z}_{ci})=\boldsymbol{\sigma}_{1c}'\boldsymbol{\Sigma}_c^{-1}(\boldsymbol{w}_{ci}-\boldsymbol{z}_{ci}\boldsymbol{A}_c)'\\
\sigma_{1|c}^2 &= \mathrm{Var}(\varepsilon_i \mid \boldsymbol{w}_{ci},\boldsymbol{x}_i,\boldsymbol{z}_{ci})=\sigma^2-\boldsymbol{\sigma}_{1c}'\boldsymbol{\Sigma}_c^{-1}\boldsymbol{\sigma}_{1c}
\end{aligned}
$$

设 $r_{li}=y_{li}-\boldsymbol{x}_i\boldsymbol{\beta}-\boldsymbol{w}_{ci}\boldsymbol{\beta}_c-\mu_{1|c,i},\ r_{ui}=y_{ui}-\boldsymbol{x}_i\boldsymbol{\beta}-\boldsymbol{w}_{ci}\boldsymbol{\beta}_c-\mu_{1|c,i}$，则模型的对数似然为

$$
\begin{aligned}
\ln L=&\sum_{i\in U} w_i \ln\phi(r_{li},\sigma_{1|c}^2)\\
&+\sum_{i\in L} w_i \ln\Phi_1^*(-\infty,r_{ui},\sigma_{1|c}^2)\\
&+\sum_{i\in R} w_i \ln\Phi_1^*(r_{li},\infty,\sigma_{1|c}^2)\\
&+\sum_{i\in I} w_i \ln\Phi_1^*(r_{li},r_{ui},\sigma_{1|c}^2)\\
&+\sum_{i=1}^{N} w_i \ln\phi_C(\boldsymbol{w}_{ci}-\boldsymbol{z}_{ci}\boldsymbol{A}_c,\boldsymbol{\Sigma}_c)
\end{aligned}
\tag{6-71}
$$

其中，U 是 y_i 未被删失的观测集，L 是 y_i 被左删失的观测集，R 是 y_i 被右删失的观测集，I 是 y_i 被区间删失的观测集。

y_i 的条件平均值为

$$
E(y_i \mid \boldsymbol{x}_i,\boldsymbol{w}_{ci},\boldsymbol{z}_{ci})=\boldsymbol{x}_i\boldsymbol{\beta}+\boldsymbol{w}_{ci}\boldsymbol{\beta}_c+\boldsymbol{\sigma}_{1c}'\boldsymbol{\Sigma}_c^{-1}(\boldsymbol{w}_{ci}-\boldsymbol{z}_{ci}\boldsymbol{A}_c)'
$$

6.9.3 二元和有序内生协变量的回归模型估计

如果方差和相关参数不是特定于水平的，那么

$$y_i = \boldsymbol{x}_i\boldsymbol{\beta} + \mathbf{wind}_{b1i}\boldsymbol{\beta}_{b1} + \cdots + \mathbf{wind}_{bBi}\boldsymbol{\beta}_{bB} + \varepsilon_i \tag{6-72}$$

式中，$\mathbf{wind}_{b1i}$ 向量为二元和有序内生协变量内定义的向量；没有观测到 y_i，而是观测到了区间上、下限 y_{li} 和 y_{ui}；二元和有序内生误差 $\varepsilon_{b1i},\cdots,\varepsilon_{bBi}$ 和结果误差 ε_i 是多变量正态分布随机项，平均值为 0，协方差为 $\boldsymbol{\Sigma} = \begin{pmatrix} \boldsymbol{\Sigma}_b & \sigma_{1b} \\ \sigma'_{1b} & \sigma^2 \end{pmatrix}$。

下面讨论有序内生协变量的模型。二元内生协变量的结果相似。

对于 $i \in U$，未经审查的观测值，定义

$$r_i = y_i - (\boldsymbol{x}_i\boldsymbol{\beta} + \mathbf{wind}_{b1i}\boldsymbol{\beta}_{b1} + \cdots + \mathbf{wind}_{bBi}\boldsymbol{\beta}_{bB})$$

对于经审查的观测值，定义

$$r_{li} = y_{li} - (\boldsymbol{x}_i\boldsymbol{\beta} + \mathbf{wind}_{b1i}\boldsymbol{\beta}_{b1} + \cdots + \mathbf{wind}_{bBi}\boldsymbol{\beta}_{bB})$$
$$r_{ui} = y_{ui} - (\boldsymbol{x}_i\boldsymbol{\beta} + \mathbf{wind}_{b1i}\boldsymbol{\beta}_{b1} + \cdots + \mathbf{wind}_{bBi}\boldsymbol{\beta}_{bB})$$

令 $\Sigma_{b|1} = \Sigma - \dfrac{\sigma_{1b}\sigma'_{1b}}{\sigma^2}$，则二元和有序内生协变量的回归模型的对数似然值为

$$\begin{aligned}\ln L = &\sum_{i\in U} w_i \ln\{\Phi_B^*(\boldsymbol{l}_i, \boldsymbol{u}_i, \boldsymbol{\Sigma}_{b|1})\phi(r_i, \sigma^2)\} \\ &+ \sum_{i\in L} w_i \ln \Phi_{B+1}^*([\boldsymbol{l}_{bi} \quad -\infty], [\boldsymbol{u}_{bi} \quad r_{ui}], \boldsymbol{\Sigma}) \\ &+ \sum_{i\in R} w_i \ln \Phi_{B+1}^*([\boldsymbol{l}_{bi} \quad r_{li}], [\boldsymbol{u}_{bi} \quad \infty], \boldsymbol{\Sigma}) \\ &+ \sum_{i\in I} w_i \ln \Phi_{B+1}^*([\boldsymbol{l}_{bi} \quad r_{li}], [\boldsymbol{u}_{bi} \quad r_{ui}], \boldsymbol{\Sigma})\end{aligned} \tag{6-73}$$

基本区间回归的命令语法格式如下所示

（1）具有内生协变量的基本区间回归。

eintreg depvar_1 depvar_2 [indepvars], endogenous(depvars_en = varlist_en) [options]

（2）带样本选择的基本区间回归。

eintreg depvar_1 depvar_2 [indepvars], select(depvar_s = varlist_s) [options]

（3）Tobit 样本选择的基本区间回归。

eintreg depvar_1 depvar_2 [indepvars], tobitselect(depvar_s = varlist_s) [options]

其中，数据区间定义如下。

数据类型	区间	depvar1	depvar2
point data	a = [a, a]	a	a
interval data	[a, b]	a	b
left-censored data	(-inf, b]	-inf	b
right-censored data	[a,+inf)	a	+inf
missing	—	—	—

extensions 选项有：

endogenous(enspec)：内生协变量的模型，可以重复；

select(selspec)：用 probit 模型选择；

tobitselect（tselspec）：用 tobit 模型选择。

其余更多选项查阅 eintreg 命令帮助文件。

菜单操作路径：

Statistics > Endogenous covariates > Models adding selection and treatment > Interval regression

eintreg 拟合了一个区间回归模型，该模型可容纳内生协变量、非随机处理分配和内生样本选择的任意组合。允许使用连续、二元和有序的内生协变量。处理分配可以是内生的，也可以是外生的。probit 模型或 tobit 模型可用于解释内生样本选择。

例 6.8　具有连续内生协变量的区间回归

请扫码查看例 6.8 的内容

6.10　含内生协变量的泊松模型估计

ivpoisson 中的估计量是广义矩估计法的估计量，可以用误差函数和用于形成矩条件的工具来表示。当在结果变量方程中使用偏移量 o_j^{β} 时，下面公式中的 $\boldsymbol{x}_j'\boldsymbol{\beta}_1$ 更改为 $\boldsymbol{x}_j'\boldsymbol{\beta}_1+\varepsilon_j^{\beta}$。

文中给出了广义矩估计法的估计量的误差函数。这里，我们提供了有关控制函数估计法所使用的误差函数形式的一些详细信息。

泊松模型的加法形式为

$$y_i=\exp(\boldsymbol{x}_i'\boldsymbol{\beta}_1+\boldsymbol{y}_{2,i}'\boldsymbol{\beta}_2)+\varepsilon_i \tag{6-74}$$

加法泊松模型的误差函数为

$$u(y_i,\boldsymbol{x}_i,\boldsymbol{y}_{2,i},\boldsymbol{\beta}_1,\boldsymbol{\beta}_2)=y_i-\exp(\boldsymbol{x}_i'\boldsymbol{\beta}_1+\boldsymbol{y}_{2,i}'\boldsymbol{\beta}_2) \tag{6-75}$$

广义矩估计法的总体矩条件是 $E\{\tilde{\boldsymbol{z}}_i u(y_i,\boldsymbol{x}_i,\boldsymbol{y}_{2,i},\boldsymbol{\beta}_1,\boldsymbol{\beta}_2)\}=0$，其中向量 $\tilde{\boldsymbol{z}}_i$ 被划分为 $(\boldsymbol{x}_i',\boldsymbol{z}_i')$。样本矩条件通过用相应样本平均值替换期望值。广义矩估计法求解最小化，使样本矩条件尽可能接近 0。

泊松模型的乘法形式为

$$y_i=\exp(\boldsymbol{x}_i'\boldsymbol{\beta}_1+\boldsymbol{y}_{2,i}'\boldsymbol{\beta}_2)\varepsilon_i \tag{6-76}$$

我们将内生变量参数化为

$$\boldsymbol{y}_{2,i}=\boldsymbol{B}\tilde{\boldsymbol{z}}_i'+\boldsymbol{v}_i \tag{6-77}$$

ε_i 可以分解为 $\varepsilon_i=\exp(\boldsymbol{v}_i'\boldsymbol{\rho}+c_i)$，可以获得条件均值为

$$E(y\mid \boldsymbol{x}_i,\boldsymbol{z}_i,\boldsymbol{y}_{2,i},\boldsymbol{v}_i)=\exp(\boldsymbol{x}_i'\boldsymbol{\beta}_1+\boldsymbol{y}_{2,i}'\boldsymbol{\beta}_2+\boldsymbol{v}_i'\boldsymbol{\rho}) \tag{6-78}$$

我们估计 $\boldsymbol{v}_i$ 为 $\boldsymbol{y}_{2,i}$ 对 $\tilde{\boldsymbol{z}}_i$ 线性回归的残差；$\boldsymbol{v}_i$ 的估计值用作 y 的指数条件平均模型中的附加协变量，以估计 β_1,β_2 和 ρ。本质上，$\boldsymbol{v}_i$ 的估计值控制着内生性。

内生协变量的误差函数定义为

$$\boldsymbol{u}_{en,i}(\boldsymbol{y}_{2,i},\tilde{\boldsymbol{z}}_i,\boldsymbol{B})=\boldsymbol{y}_{2,i}-\boldsymbol{B}\tilde{\boldsymbol{z}}_i' \tag{6-79}$$

现在，我们将因变量的比率形式的误差函数定义为

$$u_y(y_i,\boldsymbol{x}_i,\boldsymbol{y}_{2,i},\boldsymbol{u}_{en,i},\boldsymbol{\beta}_1,\boldsymbol{\beta}_2,\boldsymbol{\rho})=y_i/\exp(\boldsymbol{x}_i'\boldsymbol{\beta}_1+\boldsymbol{y}_{2,i}'\boldsymbol{\beta}_2+\boldsymbol{u}_{en,i}'\boldsymbol{\rho})-1 \tag{6-80}$$

在广义矩估计法下，求解广义矩估计法的估计量 $\hat{\beta}_1,\hat{\beta}_2$ 的最小化目标函数为

$$Q(\boldsymbol{\beta}_1,\boldsymbol{\beta}_2)=\left\{\frac{1}{N}\sum_i \tilde{\boldsymbol{z}}_i u_i(y_i,\boldsymbol{x}_i,\boldsymbol{y}_{2,i},\boldsymbol{\beta}_1,\boldsymbol{\beta}_2)\right\}'\boldsymbol{W}_N\left\{\frac{1}{N}\sum_i \tilde{\boldsymbol{z}}_i u_i(y_i,\boldsymbol{x}_i,\boldsymbol{y}_{2,i},\boldsymbol{\beta}_1,\boldsymbol{\beta}_2)\right\} \tag{6-81}$$

式中，$\boldsymbol{W}_N$ 为 $q\times q$ 维的权重矩阵，q 是 $\tilde{z}_i$ 的维数。

在控制函数估计法中，我们有上面定义的多个误差函数。我们可以堆叠力矩条件，并将它们更紧凑地写为 $\boldsymbol{Z}_i'\boldsymbol{u}_i(\boldsymbol{B},\boldsymbol{\beta}_1,\boldsymbol{\beta}_2,\boldsymbol{\rho})$，其中

$$\boldsymbol{Z}_i=\begin{pmatrix} \boldsymbol{x}_i' & 0 & 0 & \cdots & 0 \\ 0 & \boldsymbol{y}_{2,i}' & 0 & \cdots & 0 \\ 0 & 0 & \tilde{z}_i & \cdots & 0 \\ \vdots & \vdots & \vdots & \ddots & \vdots \\ 0 & 0 & 0 & \cdots & \tilde{z}_i \end{pmatrix}$$

$$\boldsymbol{u}_i(\boldsymbol{B},\boldsymbol{\beta}_1,\boldsymbol{\beta}_2,\boldsymbol{\rho})=\begin{pmatrix} u_y(y_i,\boldsymbol{x}_i,\boldsymbol{y}_{2,i},\boldsymbol{u}_{en,i},\boldsymbol{\beta}_1,\boldsymbol{\beta}_2,\boldsymbol{\rho}) \\ \boldsymbol{u}_{en}(\boldsymbol{y}_{2,i},\tilde{z}_i,\boldsymbol{B}) \end{pmatrix}$$

矩阵 $\boldsymbol{Z}_i$ 有 $g+1$ 行和 $k+gz$ 列，其中 k 是 y_i 的协变量数，z 是 $\tilde{z}_i$ 中的外生协变量数。

广义矩估计法的估计量 $\hat{\boldsymbol{B}},\hat{\boldsymbol{\beta}}_1,\hat{\boldsymbol{\beta}}_2$ 和 $\hat{\rho}$ 求解的最小化目标函数为

$$Q(\boldsymbol{B},\boldsymbol{\beta}_1,\boldsymbol{\beta}_2,\boldsymbol{\rho})=\left\{N^{-1}\sum_{i=1}^{N}\boldsymbol{Z}_i'\boldsymbol{u}_i(\boldsymbol{B},\boldsymbol{\beta}_1,\boldsymbol{\beta}_2,\boldsymbol{\rho})\right\}'\boldsymbol{W}_N\left\{N^{-1}\sum_{i=1}^{N}\boldsymbol{Z}_i'\boldsymbol{u}_i(\boldsymbol{B},\boldsymbol{\beta}_1,\boldsymbol{\beta}_2,\boldsymbol{\rho})\right\} \quad (6\text{-}82)$$

式中，$\boldsymbol{W}_N$ 为 $(k+gz)\times(k+gz)$ 维的权重矩阵。

w_i 的单位变化的机会比率（incidence-rate ratio，IRR）为

$$\text{IRR}=\frac{E(y\mid\boldsymbol{w},w_j+1,\varepsilon)}{E(y\mid\boldsymbol{w},w_j,\varepsilon)}=\frac{E(y\mid w_1,\cdots,w_j+1,\cdots,w_k,\varepsilon)}{E(y\mid w_1,\cdots,w_j,\cdots,w_k,\varepsilon)}=\mathrm{e}^{\beta_j} \quad (6\text{-}83)$$

变化 Δw_i 的机会比率为 $\mathrm{e}^{\beta_j\Delta w_j}$。

含内生协变量的泊松模型估计的命令语法格式如下所示。

（1）广义矩估计法。

ivpoisson gmm depvar [varlist1] [(varlist2 = varlist_iv)] [if] [in] [weight] [, options]

（2）控制函数估计法。

ivpoisson cfunction depvar [varlist1] (varlist2 = varlist_iv) [if] [in] [weight] [, options]

对于广义矩估计法中的 options：

additive：条件平均项加总回归误差，默认值。

multiplicative：条件平均项乘回归误差。

对于控制函数估计法中的 options：

noconstant：抑制常数项。

exposure(varname_e)：包括系数约束为 1 的模型中的 ln（varname\u e）。

offset(varname_o)：在系数约束为 1 的模型中包括 varname\u o。

* twostep：使用两步广义矩估计法，默认值为 ivpoisson gmm。

* onestep：使用一步广义矩估计法，默认值为 ivpoisson C 函数。

*igmm：使用迭代广义矩估计法。

菜单操作路径：

Statistics > Endogenous covariates > Poisson model with endogenous covariates

ivpoisson 估计泊松回归模型的参数，其中一些协变量是内生的。该模型也称为指数条件平均模型，其中一些协变量是内生的。可以使用加法或乘法误差项指定模型。该模型经常用于对结果计数进行建模，也用于对非负性结果变量进行建模。

例 6.9 含内生协变量的泊松模型估计（1）

例 6.10 含内生协变量的泊松模型估计（2）

请扫码查看例 6.9 的内容

在本例中，我们观察了 5 000 户家庭的模拟随机样本。我们使用带乘性误差的指数条件平均模型，对访谈时间前 24 小时内家庭成员的出行次数进行建模。外部协变量包括从家到中央商务区的距离（cbd）、从家到公共交通节点的距离（ptn）、家中是否有全职员工（worker）、访谈时间是否在周末（weekend）。我们怀疑内生回归系数，即前一周的家庭交通成本（tcost），与影响出行次数的未观察因素相关。该交通成本包括汽油和公共汽车票、火车票等。我们还观察了抽样地区公共交通日票成本与全国平均日票成本（pt）的比率。这被用作交通成本的工具。

在下面的输出中，我们使用 ivpoisson gmm 估计回归参数。为了考虑误差的异方差性，我们使用稳健的标准误差，这是默认值。

清理内存，下载数据集。

.clear all

.webuse trip

广义矩估计法：乘性误差。

.ivpoisson gmm trips cbd ptn worker weekend (tcost=pt), multiplicative

```
Exponential mean model with endogenous regressors

Number of parameters =   6                          Number of obs   =      5,000
Number of moments    =   6
Initial weight matrix: Unadjusted
GMM weight matrix:     Robust

------------------------------------------------------------------------------
             |               Robust
       trips | Coefficient  std. err.      z    P>|z|     [95% conf. interval]
-------------+----------------------------------------------------------------
       tcost |   .0352185   .0098182     3.59   0.000     .0159752    .0544617
         cbd |   -.008398   .0020172    -4.16   0.000    -.0123517   -.0044444
         ptn |  -.0113146   .0021819    -5.19   0.000     -.015591   -.0070383
      worker |   .6623018   .0519909    12.74   0.000     .5604015     .764202
     weekend |   .3009323   .0362682     8.30   0.000     .2298479    .3720167
       _cons |   .2654423   .1550127     1.71   0.087    -.0383769    .5692616
------------------------------------------------------------------------------
Instrumented: tcost
 Instruments: cbd ptn worker weekend pt
```

显示机会比率。

.ivpoisson, irr

```
Exponential mean model with endogenous regressors

Number of parameters =   6                          Number of obs   =      5,000
Number of moments    =   6
Initial weight matrix: Unadjusted
GMM weight matrix:     Robust

------------------------------------------------------------------------------
             |               Robust
       trips |        IRR  std. err.      z    P>|z|     [95% conf. interval]
-------------+----------------------------------------------------------------
       tcost |   1.035846   .0101701     3.59   0.000     1.016103    1.055972
         cbd |   .9916371   .0020003    -4.16   0.000     .9877243    .9955655
         ptn |   .9887491   .0021573    -5.19   0.000     .9845299    .9929864
```

```
     worker    1.939251   .1008234    12.74   0.000     1.751376     2.14728
    weekend    1.351118   .0490026     8.30   0.000     1.258409    1.450657
      _cons    1.304008   .2021377     1.71   0.087     .9623501    1.766962

Note: _cons estimates baseline incidence rate.
Instrumented: tcost
 Instruments: cbd ptn worker weekend pt
```

在保持其他协变量和误差常数的情况下，有全职员工的家庭预计出行次数几乎是没有全职员工的家庭的两倍。同样，周末的预计出行次数比其他日子的预计出行次数高出近 35%。每周交通费用每增加 1 美元，预计家庭出行次数将增加约 3.6%。

控制函数估计法。

.ivpoisson cfunction trips cbd ptn worker weekend (tcost=pt)

```
Exponential mean model with endogenous regressors

Number of parameters =  13                     Number of obs   =      5,000
Number of moments    =  13
Initial weight matrix: Unadjusted
GMM weight matrix:     Robust

                            Robust
      trips   Coefficient  std. err.      z    P>|z|     [95% conf. interval]

trips
        cbd   -.0082567   .0020005    -4.13   0.000    -.0121777   -.0043357
        ptn   -.0113719   .0021625    -5.26   0.000    -.0156102   -.0071335
     worker    .6903044   .0521642    13.23   0.000     .5880645    .7925444
    weekend    .2978149   .0356474     8.35   0.000     .2279472    .3676825
      tcost    .0320718   .0092738     3.46   0.001     .0138955    .0502481
      _cons    .2145986   .1359327     1.58   0.114    -.0518246    .4810218

tcost
        cbd    .0165466   .0043693     3.79   0.000     .0079829    .0251102
        ptn    -.040652   .0045946    -8.85   0.000    -.0496573   -.0316467
     worker    1.550985   .0996496    15.56   0.000     1.355675    1.746294
    weekend    .0423009   .0779101     0.54   0.587    -.1104002    .1950019
         pt    .7739176   .0150072    51.57   0.000     .7445041    .8033312
      _cons    12.13934   .1123471   108.05   0.000     11.91915    12.35954

    /c_tcost   .1599984   .0111752    14.32   0.000     .1380954    .1819014

Instrumented: tcost
 Instruments: cbd ptn worker weekend pt
```

输出表显示了三个方程中每个方程的估计系数的结果。首先，在 trips 方程中，我们看到因变量 trips 方程中估计系数的结果。其次，在 tcost 方程中，我们可以看到工具变量和外生变量的 tcost 回归中的估计系数。最后，/c_tcost 辅助参数对应于 ρ 的估计值，即控制 tcost 内生性的剩余变量上的系数。我们发现，指数条件平均方程 trips 中的所有系数都是显著的。trips 方程中的系数估计值与广义矩估计法获得的估计值相似。tcost 控制变量的估计系数与 0 显著不同，表明 tcost 是内生的。

6.11　含内生协变量的面板数据分析

考虑面板数据模型：

$$y_{it} = \boldsymbol{Y}_{it}\boldsymbol{\gamma} + \boldsymbol{X}_{1it}\boldsymbol{\beta} + \mu_i + \nu_{it} = \boldsymbol{Z}_{it}\boldsymbol{\delta} + \mu_i + \nu_{it} \tag{6-84}$$

式中，y_{it} 是因变量；$\boldsymbol{Y}_{it}$ 是 g2 个内生变量观测值组成的 $1\times$ g2 维向量，包括协变量、允许与 v_{it} 相关的这些变量；$\boldsymbol{X}_{1it}$ 是一个包含协变量的外生变量观测值的 $1\times$ k1 维向量；$\boldsymbol{Z}_{it}=[\boldsymbol{Y}_{it}\ \ \boldsymbol{X}_{it}]$；$\boldsymbol{\gamma}$ 是系数的 g2 $\times 1$ 向量；$\boldsymbol{\beta}$ 是系数的 k1 $\times 1$ 维向量；$\boldsymbol{\delta}$ 是系数的 $K\times 1$ 维向量，其中 K = g2+k1。

6.11.1 面板数据模型的一阶差分工具变量回归估计

具体来说，首先对数据进行差分得到：

$$y_{it}-y_{it-1}=(\boldsymbol{Z}_{it}-\boldsymbol{Z}_{i,t-1})\delta+v_{it}-v_{i,t-1} \tag{6-85}$$

通过差分去除 μ_i，我们可以从 Δy_{it} 关于含工具变量 $\Delta\boldsymbol{X}_{it}$ 的解释变量 $\Delta\boldsymbol{Z}_{it}$ 的两阶段最小二乘回归中，获得估计系数及其方差 – 协方差矩阵。

6.11.2 固定效应的面板数据模型的工具变量回归估计

该模型的核心是内部转换。变量 w 的内部变换是 $\tilde{w}_{it}=w_{it}-\bar{w}_{i.}+\bar{w}$，$\bar{w}_{i.}=\dfrac{1}{n}\sum_{t=1}^{T_i}w_{it}$，$\bar{w}=\dfrac{1}{N}\sum_{i=1}^{n}\sum_{t=1}^{T_i}w_{it}$，式中，$n$ 是组数，N 是变量的观察总数。

面板数据模型的内部变换是

$$\tilde{y}_{it}=\tilde{\boldsymbol{Z}}_{it}+\tilde{v}_{it} \tag{6-86}$$

内部变换去除了 μ_i，随着 μ_i 的消失，可以通过 $\tilde{y}_{it}$ 关于含工具变量 $\tilde{\boldsymbol{X}}_{it}$ 的解释变量 $\tilde{\boldsymbol{Z}}_{it}$ 做两阶段最小二乘回归，获得两阶段最小二乘估计量。

6.11.3 效应间面板数据模型的工具变量回归估计

通过面板数据模型的中间变换后，得到：

$$\bar{y}_i=\alpha+\bar{\boldsymbol{Z}}_i\delta+\mu_i+\bar{v}_i \tag{6-87}$$

其中，$\bar{w}_i=\dfrac{1}{T_i}\sum_{t=1}^{T_i}w_{it}\quad w\in\{y,\boldsymbol{Z},v\}$。

类似地，通过矩阵变换后，将 $\bar{\boldsymbol{X}}_i$ 定义为 X_{it} 的矩阵。利用 $\bar{y}_{it}$ 关于含工具变量 $\bar{\boldsymbol{X}}_i$ 的解释变量 $\bar{\boldsymbol{Z}}_i$ 做两阶段最小二乘回归，其中每个平均值出现 T_i 次，效应间两阶段最小二乘估计法就可以得到系数估计值及其方差 – 协方差矩阵。

6.11.4 GLS 随机效应模型的估计

设 $u=\mu_i+v_{it}$，是组合误差的 $N\times 1$ 维向量。然后在随机效应模型的假设下，

$$E(uu')=\sigma_v^2\,\mathrm{diag}\left(I_{T_i}-\frac{1}{T_i}\iota_{T_i}\iota_{T_i}'\right)+\mathrm{diag}\left(w_i\frac{1}{T_i}\iota_{T_i}\iota_{T_i}'\right)$$

因为方差分量未知，所以需要一致的估计来实现可行的广义最小二乘法。xtivreg 提供了两种选择。默认设置是对不平衡面板的 Swamy–Arora 方法的简单扩展。

如果指定了 nosa 选项，则使用 Baltagi 和 Chang（2000）中描述的一致估计值，即

$$\hat{\sigma}_v = \frac{\sum_{i=1}^{n}\sum_{t=1}^{T_i} u_{it}^2}{N-n}, \hat{\sigma}_\mu^2 = \frac{\sum_{i=1}^{n}\sum_{t=1}^{T_i} \bar{u}_{it}^2 - n\hat{\sigma}_v^2}{N}$$

默认的 Swamy–Arora 方法包含自由度校正，以提高其在小样本中的性能。

给出方差分量的估计 $\hat{\sigma}_v^2$ 和 $\hat{\sigma}_\mu^2$，变量 w 的可行广义最小二乘变换是

$$w^* = w_{it} - \hat{\theta}_{it}\bar{w}_i \tag{6-88}$$

式中，$\bar{w}_i = \frac{1}{T_i}\sum_{t=1}^{T_i} w_{it}$；$\hat{\theta}_{it} = 1 - \left(\frac{\hat{\sigma}_v^2}{\hat{\omega}_i}\right)^{-\frac{1}{2}}$

使用方差分量的任一估计量，xtivreg 包含随机效应模型的两个广义最小二乘估计量：G2SLS 和 EC2SLS。这两种估计法的不同之处在于它们如何从外生变量和包含在 $\boldsymbol{X}_{it} = [\boldsymbol{X}_{1it}\ \boldsymbol{X}_{2it}]$ 内的工具变量构建广义最小二乘工具变量。默认的广义两阶段最小二乘法是使用经过可行的广义最小二乘变换后的外生变量。从数学上讲，广义两阶段最小二乘法使用 $\boldsymbol{X}^*$ 表示广义最小二乘工具变量，其中，$\boldsymbol{X}^*$ 是由通过转换 X 中的每个变量来构造的。广义两阶段最小二乘估计法由 y_{it}^* 关于包含工具变量 $\boldsymbol{X}^*$ 在内的 $\boldsymbol{Z}_{it}^*$ 工具变量回归中获得其系数估计和方差 – 协方差矩阵。

如果指定了 ec2sls 选项，xtivreg 将执行 Baltagi 的误差修正的两阶段最小二乘法。在误差修正的两阶段最小二乘法中，工具变量是 $\tilde{\boldsymbol{X}}_{it}$ 和 $\bar{\boldsymbol{X}}_{it}$，其中 $\tilde{\boldsymbol{X}}_{it}$ 由式（6-84）的广义最小二乘变换 X_{it} 中的每个变量构成，$\bar{\boldsymbol{X}}_{it}$ 由 X_{it} 中每个变量的组均值构成。误差修正的两阶段最小二乘法估计法由 y_{it}^* 关于包含工具变量 $\tilde{\boldsymbol{X}}_{it}$ 和 $\bar{\boldsymbol{X}}_{it}$ 在内的 $\boldsymbol{Z}_{it}^*$ 工具变量回归中获得其系数估计和方差 – 协方差矩阵。

含内生协变量的面板数据分析的相关 Stata 命令如下所示。

（1）随机效应模型。

xtivreg depvar [varlist_1] (varlist_2 = varlist_iv) [if] [in] [, re RE_options]

（2）效应间模型。

xtivreg depvar [varlist_1] (varlist_2 = varlist_iv) [if] [in] , be [BE_options]

（3）固定效应模型。

xtivreg depvar [varlist_1] (varlist_2 = varlist_iv) [if] [in] , fe [FE_options]

（4）第一差分估计量。

xtivreg depvar [varlist_1] (varlist_2 = varlist_iv) [if] [in] , fd [FD_options]

模型设定选项如下所示。

re：重复使用随机效应估计法（默认值）；

ec2sls：使用 Baltagi 的误差修正的两阶段最小二乘法；

nosa：使用方差分量的 Baltagi-Chang 估计量；

regress：将协变量视为外生变量，忽略工具变量。

菜单操作路径：

Statistics > Longitudinal/panel data > Endogenous covariates > Instrumental-variables regression (FE, RE, BE, FD)

xtivreg 提供了 5 种不同的估计方法来拟合面板数据模型，其中一些右侧协变量是内生的。这些估计量是外生变量的简单面板数据估计量的两阶段最小二乘法估计量。带有 be 选项的 xtivreg 使用两阶段最小二乘法。带有 fe 选项的 xtivreg 在估计法中使用两阶段最小二乘法。带有 re 选项的 xtivreg 使用两阶段最小二乘随机效应估计法。有两种实现：广义两阶段最小二乘法和误差修正的两阶段最小二乘法。广义两阶段最小二乘法是默认的，因为它在计算上比较简单。可以通过指定 ec2sls 选项来获得误差修正的两阶段最小二乘法。带有 fd 选项的 xtivreg 要求使用两阶段最小二乘第一差分估计法。

例 6.11　含内生协变量的面板数据分析（1）

下面这个例子的数据来自 Stata 美国青年妇女纵向调查数据集。限定时变协变量，我们认为，实际工资的对数是个人年龄、个人年龄的平方、在观察到的工作地点的任期、是否属于工会、是否居住在都市区，以及是否住在美国南方地区的函数，这些变量分别是 age,c.age#c.age, tenure, union, not smsa, and south。如果我们把所有变量都视为外生变量，我们可以使用 xtreg 的单阶段估值法：

（1）清理内存，下载数据集。

.clear

.use https://www.stata-press.com/data/r17/nlswork

（2）xtreg 的单阶段估值法。

.xtreg ln_w age c.age#c.age tenure not_smsa union south, fe

```
Fixed-effects (within) regression               Number of obs     =     19,007
Group variable: idcode                          Number of groups  =      4,134

R-squared:                                      Obs per group:
     Within  = 0.1333                                         min =          1
     Between = 0.2375                                         avg =        4.6
     Overall = 0.2031                                         max =         12

                                                F(6,14867)        =     381.19
corr(u_i, Xb) = 0.2074                          Prob > F          =     0.0000

------------------------------------------------------------------------------
     ln_wage | Coefficient  Std. err.      t    P>|t|     [95% conf. interval]
-------------+----------------------------------------------------------------
         age |   .0311984   .0033902     9.20   0.000     .0245533    .0378436
             |
 c.age#c.age |  -.0003457   .0000543    -6.37   0.000    -.0004522   -.0002393
             |
      tenure |   .0176205   .0008099    21.76   0.000     .0160331    .0192079
    not_smsa |  -.0972535   .0125377    -7.76   0.000    -.1218289    -.072678
       union |   .0975672   .0069844    13.97   0.000     .0838769    .1112576
       south |  -.0620932    .013327    -4.66   0.000    -.0882158   -.0359706
       _cons |   1.091612   .0523126    20.87   0.000     .9890729    1.194151
-------------+----------------------------------------------------------------
     sigma_u |   .3910683
     sigma_e |  .25545969
         rho |  .70091004   (fraction of variance due to u_i)
------------------------------------------------------------------------------
F test that all u_i=0: F(4133, 14867) = 8.31                 Prob > F = 0.0000
```

现在假设我们希望将 tenure 作为 union 和 south 的函数来建模，并且我们相信这两个方程中的误差是相关的。因为我们仍然对估算范围内的数据感兴趣，我们现在需要一个两阶段最小二乘估计。以上输出显示了相关命令和拟合此模型的结果。

（3）两阶段最小二乘估计。

.xtivreg ln_w age c.age#c.age not_smsa (tenure = union south), fe

```
Fixed-effects (within) IV regression            Number of obs     =     19,007
Group variable: idcode                          Number of groups  =      4,134

R-squared:                                      Obs per group:
     Within  =      .                                         min =          1
     Between = 0.1304                                         avg =        4.6
     Overall = 0.0897                                         max =         12

                                                Wald chi2(4)      =  147926.58
corr(u_i, Xb) = -0.6843                         Prob > chi2       =     0.0000

------------------------------------------------------------------------------
     ln_wage | Coefficient  Std. err.      z    P>|z|     [95% conf. interval]
-------------+----------------------------------------------------------------
      tenure |   .2403531   .0373419     6.44   0.000     .1671643    .3135419
         age |   .0118437   .0090032     1.32   0.188    -.0058023    .0294897
             |
 c.age#c.age |  -.0012145   .0001968    -6.17   0.000    -.0016003   -.0008286
             |
    not_smsa |  -.0167178   .0339236    -0.49   0.622    -.0832069    .0497713
       _cons |   1.678287   .1626657    10.32   0.000     1.359468    1.997106
-------------+----------------------------------------------------------------
     sigma_u |  .70661941
     sigma_e |  .63029359
         rho |  .55690561   (fraction of variance due to u_i)
------------------------------------------------------------------------------
 F test that all u_i=0: F(4133,14869) =     1.44          Prob > F    = 0.0000
------------------------------------------------------------------------------
Instrumented: tenure
 Instruments: age c.age#c.age not_smsa union south
```

（4）广义最小二乘随机效应模型。

.xtivreg ln_w age c.age#c.age not_smsa 2.race (tenure = union birth south), re

```
G2SLS random-effects IV regression              Number of obs     =     19,007
Group variable: idcode                          Number of groups  =      4,134
R-squared:                                      Obs per group:
     Within  = 0.0664                                         min =          1
     Between = 0.2098                                         avg =        4.6
     Overall = 0.1463                                         max =         12

                                                Wald chi2(5)      =    1446.37
corr(u_i, X) = 0 (assumed)                      Prob > chi2       =     0.0000

------------------------------------------------------------------------------
     ln_wage | Coefficient  Std. err.      z    P>|z|     [95% conf. interval]
-------------+----------------------------------------------------------------
      tenure |   .1391798   .0078756    17.67   0.000      .123744    .1546157
         age |   .0279649   .0054182     5.16   0.000     .0173454    .0385843
             |
 c.age#c.age |  -.0008357   .0000871    -9.60   0.000    -.0010063    -.000665
             |
    not_smsa |  -.2235103   .0111371   -20.07   0.000    -.2453386   -.2016821
             |
        race |
       Black |  -.2078613   .0125803   -16.52   0.000    -.2325183   -.1832044
       _cons |   1.337684   .0844988    15.83   0.000     1.172069    1.503299
-------------+----------------------------------------------------------------
     sigma_u |  .36582493
     sigma_e |  .63031479
         rho |  .25197078   (fraction of variance due to u_i)
```

```
Instrumented: tenure
 Instruments: age c.age#c.age not_smsa 2.race union birth_yr south
```

（5）EC2SLS。

.xtivreg ln_w age c.age#c.age not_smsa 2.race (tenure = union birth south), re ec2sls

```
EC2SLS random-effects IV regression             Number of obs     =     19,007
Group variable: idcode                          Number of groups  =      4,134

R-squared:                                      Obs per group:
     Within  = 0.0898                                         min =          1
     Between = 0.2608                                         avg =        4.6
     Overall = 0.1926                                         max =         12

                                                Wald chi2(5)      =    2721.92
corr(u_i, X) = 0 (assumed)                      Prob > chi2       =     0.0000

------------------------------------------------------------------------------
     ln_wage | Coefficient  Std. err.      z    P>|z|     [95% conf. interval]
-------------+----------------------------------------------------------------
      tenure |    .064822   .0025647    25.27   0.000     .0597953    .0698486
         age |   .0380048   .0039549     9.61   0.000     .0302534    .0457562
             |
 c.age#c.age |  -.0006676   .0000632   -10.56   0.000    -.0007915   -.0005438
             |
    not_smsa |  -.2298961   .0082993   -27.70   0.000    -.2461625   -.2136297
             |
        race |
       Black |  -.1823627   .0092005   -19.82   0.000    -.2003954     -.16433
       _cons |   1.110564   .0606538    18.31   0.000     .9916849    1.229443
-------------+----------------------------------------------------------------
     sigma_u |  .36582493
     sigma_e |  .63031479
         rho |  .25197078   (fraction of variance due to u_i)
------------------------------------------------------------------------------
Instrumented: tenure
 Instruments: age c.age#c.age not_smsa 2.race union birth_yr south
```

（6）广义两阶段最小二乘法。

.xtivreg ln_w age c.age#c.age not_smsa 2.race (tenure = union birth south), re nosa

```
G2SLS random-effects IV regression              Number of obs     =     19,007
Group variable: idcode                          Number of groups  =      4,134

R-squared:                                      Obs per group:
    Within  = 0.0664                                          min =          1
    Between = 0.2098                                          avg =        4.6
    Overall = 0.1463                                          max =         12

                                                Wald chi2(5)      =    1446.93
corr(u_i, X) = 0 (assumed)                      Prob > chi2       =     0.0000

------------------------------------------------------------------------------
     ln_wage | Coefficient  Std. err.      z    P>|z|     [95% conf. interval]
-------------+----------------------------------------------------------------
      tenure |   .1391859    .007873    17.68   0.000     .1237552    .1546166
         age |   .0279697    .005419     5.16   0.000     .0173486    .0385909
             |
 c.age#c.age |  -.0008357   .0000871    -9.60   0.000    -.0010064    -.000665
             |
    not_smsa |  -.2235738   .0111344   -20.08   0.000    -.2453967   -.2017508
```

```
        race
       Black    -.2078733   .0125751   -16.53   0.000    -.2325201   -.1832265
       _cons     1.337522   .0845083    15.83   0.000     1.171889    1.503155
-------------------------------------------------------------------------------
     sigma_u    .36535633
     sigma_e    .63020883
         rho     .2515512   (fraction of variance due to u_i)
-------------------------------------------------------------------------------
Instrumented: tenure
 Instruments: age c.age#c.age not_smsa 2.race union birth_yr south
```

例 6.12 含内生协变量的面板数据分析（2）

请扫码查看例 6.12 的内容

6.11.5 含内生协变量的面板数据模型的广义矩估计

Stata 命令 xtivreg 不使用选择项“ vce（robust)”得到聚类稳健标准误差，但可以使用选择项“ vce（bootstrap)”得到稳健自助标准误差。当工具变量个数多于内生解释变量个数时，对面板数据进行广义矩估计会更有效率，这需要下载非官方命令 xtivreg2，该命令只能处理固定效应模型，即先对模型进行固定效应或第一差分变换后，再对变换后的模型使用广义矩估计。

命令语法格式如下所示。

xtivreg2 y [varlist] (varlist2=varlist_iv,fe gmm（FE 变换），

xtivreg2 y [varlist] (varlist2=varlist_iv,fd gmm（FD 变换），

或者，xtivreg2 [, first ffirst rf level(#) noheader nofooter eform(string) depname(varname) plus]}

例 6.13 含内生协变量的面板数据模型的广义矩估计

请扫码查看例 6.13 的内容

6.12 含内生协变量的随机效应回归

含随机效应的面板线性回归模型为

$$y_{ij} = \boldsymbol{x}_{ij}\boldsymbol{\beta} + \varepsilon_{ij} + u_i \tag{6-89}$$

设 $l_{ij}(u) = \phi(y_{ij} - \boldsymbol{x}_{ij}\boldsymbol{\beta} - u, \sigma^2)$，则第 i 组的似然函数为

$$L_i = \int_{-\infty}^{\infty} \phi\left(\frac{u_i}{\sigma_u}\right) \prod_{j=1}^{N_i} l_{ij}(u_i)\mathrm{d}u_i \tag{6-90}$$

然后使用高斯 – 埃尔米特求积近似 $\int_{-\infty}^{\infty} f(x)\exp(-x^2)\mathrm{d}x \approx \sum_{k=1}^{q} w_{ki} f(a_{ki})$，求和可得总对数似然函数为

$$\ln L = \sum_{i=1}^{N} \ln\left\{\sum_{k=1}^{q} w_{ki} \prod_{j=1}^{N_i} l_{ij}(\sigma_u a_{ki})\right\} \tag{6-91}$$

被解释变量的条件预期值为

$$E(y_{ij} \mid \boldsymbol{x}_{ij}) = \boldsymbol{x}_{ij}\boldsymbol{\beta} \tag{6-92}$$

含内生协变量的随机效应回归的命令语法格式如下所示。

（1）随机效应的基本线性回归。

xteregress depvar [indepvars] [, options]

（2）结合随机效应、内生协变量、处理效应和样本选择的线性回归。

xteregress depvar [indepvars] [if] [in] [, extensions options]

模型设定选项如下所示。

endogenous(enspec)：内生协变量的模型（可能会重复）。

entreat（entrspec)：内生处理效应分配的模型。

extreat(extrspec)：外生处理效应分配的模型。

select(selspec)：用 probit 模型进行选择。

tobitselect(tselspec)：用 tobit 模型进行选择。

模型设定扩展选项如下所示。

noconstant：无常数项。

offset(varname_o)：将 varname_o 包含在系数约束为 1 的模型中。

constraints(numlist)：应用指定的线性约束。

菜单操作路径：

Statistics > Longitudinal/panel data > Endogenous covariates > Models adding selection and treatment > Linear regression (RE)

xteregress 拟合随机效应线性回归模型，该模型以与 eregress 相同的方式容纳内生协变量、处理效应和样本选择，还考虑了小组或组内观察值的相关性。

例 6.14　含内生协变量的随机效应回归

我们将使用 nlswork.dta，这些数据是 1968 年 14～24 岁年轻女性的美国青年纵向调查数据的一个子样本（美国人力资源研究中心，1989）。这些数据是面板数据，从 1968 年到 1988 年，对每个年轻女性进行了多年的调查。

假设我们想研究工资的自然对数（ln_wage）与工作年限（tenure）之间的关系。我们还利用个人年龄（age 和 c.age#c.age）、是否居住在大都市地区（i.not_smsa）及个人是否为非洲裔美国人的二次效应（2.race）对 ln_wage 进行建模。我们怀疑影响个人的工作年限和影响其工资的未观察到的因素相关，所以我们将工作年限视为内生协变量。我们使用个人的工会地位（union）和她是否居住在美国南部（south）作为工作年限的工具协变量。当然，这些不是我们在实际研究中会选择的工具，但它们对于演示如何使用下面的命令很有用。

我们还想解释数据中的面板内相关性，因此我们使用 xteregress 拟合了一个随机效应模型。在适应模型之前，必须使用 xtset 指定面板标识符变量，在本例中为 idcode。我们的数据已经被设置为 xtset，所以我们输入 xtset 来显示设置。

清理内存，下载数据集。

```
.clear all
.use https://www.stata-press.com/data/r17/nlswork
(National Longitudinal Survey of Young Women, 14-24 years old in 1968)
.xtset
Panel variable: idcode (unbalanced)
```

Time variable: year, 68 to 88, but with gaps

Delta: 1 unit

随机效应回归。

.xteregress ln_wage age c.age#c.age i.not_smsa 2.race, endogenous(tenure = age c.age#c.age i.union 2.race i.south) vce(robust)

```
Extended linear regression                      Number of obs     = 19,007
Group variable: idcode                          Number of groups =  4,134

                                                Obs per group:
                                                              min =       1
                                                              avg =     4.6
                                                              max =      12

Integration method: mvaghermite                 Integration pts. =        7

                                                Wald chi2(5)      = 384.25
Log pseudolikelihood = -53601.41                Prob > chi2       = 0.0000

                                 (Std. err. adjusted for 4,134 clusters in idcode)
------------------------------------------------------------------------------------
                            |               Robust
                            | Coefficient  std. err.      z    P>|z|     [95% conf. interval]
----------------------------+-------------------------------------------------------
ln_wage                     |
                        age |   .0161086   .0134428     1.20   0.231    -.0102388     .042456
                            |
                c.age#c.age |  -.0011178   .0002402    -4.65   0.000    -.0015887    -.000647
                            |
                 1.not_smsa |   -.172498   .0122743   -14.05   0.000    -.1965552   -.1484408
                            |
                       race |
                      Black |  -.2374388   .0254533    -9.33   0.000    -.2873263   -.1875513
                     tenure |   .2300781   .0277646     8.29   0.000     .1756605    .2844957
                      _cons |   1.690136   .2077606     8.14   0.000     1.282933    2.097339
----------------------------+-------------------------------------------------------
tenure                      |
                        age |   .0892847   .0599348     1.49   0.136    -.0281852    .2067547
                            |
                c.age#c.age |   .0033688   .0009943     3.39   0.001     .0014199    .0053176
                            |
                    1.union |   .5584566   .0740956     7.54   0.000     .4132318    .7036814
                            |
                       race |
                      Black |   .4691202   .1101411     4.26   0.000     .2532476    .6849929
                    1.south |  -.4024058   .0628545    -6.40   0.000    -.5255983   -.2792132
                      _cons |  -2.929734   .8800349    -3.33   0.001     -4.65457   -1.204897
----------------------------+-------------------------------------------------------
            var(e.ln_wage)  |   .3654205   .0786259                      .2396866    .5571114
             var(e.tenure)  |   6.656475   .1285168                      6.409292    6.913189
----------------------------+-------------------------------------------------------
    corr(e.tenure,e.ln_wage)|  -.9055589   .0213219   -42.47   0.000    -.9395846   -.8538145
----------------------------+-------------------------------------------------------
       var(ln_wage[idcode]) |   .3314414   .0736048                      .2144748    .5121973
        var(tenure[idcode]) |   7.593483   .3027546                      7.022688    8.210672
----------------------------+-------------------------------------------------------
corr(tenure[idcode],ln_wage[idcode])| -.8299334 .0421356 -19.70 0.000  -.8963409   -.7271053
------------------------------------------------------------------------------------
```

输出的前两部分提供了 ln_wage 和 tenure 方程中的估计系数。因为这是一个线性回归，我们可以用通常的方式解释系数。例如，我们预计在工作年限延长一年后，对数工资将增加 0.23。

接下来，我们将看到观测水平误差方差的估计及其与因变量的相关性。随后是对随机效应方差的估计，以及它们与因变量的相关性的估计。如果这些相关性中至少有一个与 0 显著不同，那么我们可以得出结论，工作年限是内生的。在我们的例子中，观测水平误差之间的相关性为 −0.91，随机效应之间的相关性为 −0.83。由于两者均为负值且与 0 显著不同，我们得出结论，工作年限是内生的，未观察到的个人层面的因素会增加工作年限，降低对数工资。此外，增加工作年限的未观察到的观察水平（时变）因素往往也会降低对数工资。

我们可能还想问一些关于人口中特定群体的问题。下面，我们考虑不同年龄组的对数工资差异。我们将研究 18～40 岁的人。这样做的原因是，工资取决于内生性水平。我们输入：

.margins, over(age) subpop(if (age>=18)*(age<=40)) vce(unconditional)

```
Predictive margins                                   Number of obs   = 19,007
                                                     Subpop. no. obs = 17,671

Expression: Average structural function mean, predict()
Over:       age

                          (Std. err. adjusted for 4,134 clusters in idcode)
```

age	Margin	Unconditional std. err.	z	P>|z|	[95% conf.	interval]
18	1.516851	.0179228	84.63	0.000	1.481723	1.551979
19	1.535829	.0139965	109.73	0.000	1.508396	1.563262
20	1.571154	.0119875	131.07	0.000	1.547658	1.594649
21	1.59647	.0108364	147.33	0.000	1.575231	1.617709
22	1.62334	.0099739	162.76	0.000	1.603791	1.642888
23	1.639846	.0089894	182.42	0.000	1.622227	1.657465
24	1.64337	.0083946	195.76	0.000	1.626916	1.659823
25	1.662207	.0082878	200.56	0.000	1.645963	1.678451
26	1.6822	.0082419	204.10	0.000	1.666046	1.698354
27	1.691441	.0083899	201.60	0.000	1.674998	1.707885
28	1.710259	.0086624	197.44	0.000	1.693281	1.727237
29	1.71988	.008732	196.96	0.000	1.702766	1.736995
30	1.726324	.0088259	195.60	0.000	1.709026	1.743622
31	1.753275	.0088489	198.14	0.000	1.735932	1.770619
32	1.764133	.009087	194.14	0.000	1.746323	1.781943
33	1.775159	.0090635	195.86	0.000	1.757395	1.792923
34	1.783184	.0093783	190.14	0.000	1.764803	1.801565
35	1.811341	.0094048	192.60	0.000	1.792908	1.829774
36	1.811408	.0099822	181.46	0.000	1.791843	1.830973
37	1.817025	.0103204	176.06	0.000	1.796798	1.837253
38	1.827491	.0115532	158.18	0.000	1.804847	1.850135
39	1.828101	.0122005	149.84	0.000	1.804189	1.852014
40	1.838419	.0140549	130.80	0.000	1.810872	1.865966

画边际效应图。

.marginsplot

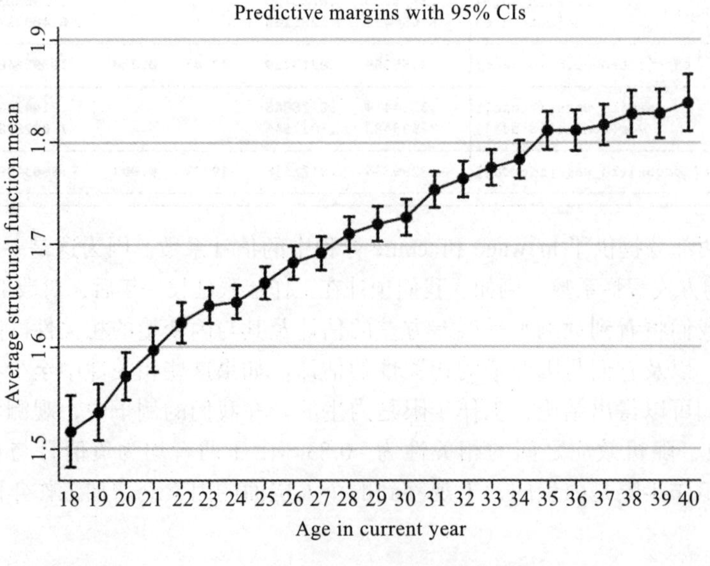

如果我们没有考虑到内生性水平呢？如果我们对整个人口进行平均，不可观测的影响变为 0，那么这就无关紧要了。然而，当我们研究对亚群体的影响时，这很重要。下面，我们通过添加选项预测（xb），使用线性预测 xit，使用边距计算效果。线性预测不受内生性的制约。

.margins, over(age) predict(xb) subpop(if (age>=18)*(age<=40)) vce(unconditional)

Predictive margins　　Number of obs = 19,007
　　Subpop. no. obs = 17,671

Expression: Linear prediction, predict(xb)
Over: age

(Std. err. adjusted for 4,134 clusters in idcode)

	Margin	Unconditional std. err.	z	P>|z|	[95% conf.	interval]
age						
18	1.721038	.051672	33.31	0.000	1.619762	1.822313
19	1.737966	.0397662	43.70	0.000	1.660026	1.815907
20	1.809107	.0418202	43.26	0.000	1.727141	1.891073
21	1.835724	.040993	44.78	0.000	1.755379	1.916069
22	1.850882	.0382729	48.36	0.000	1.775868	1.925895
23	1.845593	.0346081	53.33	0.000	1.777762	1.913423
24	1.818941	.0290959	62.52	0.000	1.761914	1.875968
25	1.838782	.0302313	60.82	0.000	1.77953	1.898035
26	1.852949	.0297357	62.31	0.000	1.794668	1.91123
27	1.847569	.0298234	61.95	0.000	1.789116	1.906022
28	1.866824	.0301777	61.86	0.000	1.807676	1.925971
29	1.857607	.0292127	63.59	0.000	1.800351	1.914862
30	1.853431	.0289926	63.93	0.000	1.796606	1.910255
31	1.859502	.0272766	68.17	0.000	1.806041	1.912964
32	1.873057	.0292337	64.07	0.000	1.81576	1.930354
33	1.873432	.0269937	69.40	0.000	1.820526	1.926339
34	1.866928	.0281125	66.41	0.000	1.811828	1.922027
35	1.952642	.0333307	58.58	0.000	1.887315	2.017969
36	1.877958	.0310334	60.51	0.000	1.817134	1.938782
37	1.857324	.0331083	56.10	0.000	1.792433	1.922215
38	1.882163	.0369262	50.97	0.000	1.809789	1.954537
39	1.831377	.0395842	46.27	0.000	1.753793	1.90896
40	1.801105	.0478764	37.62	0.000	1.707269	1.894941

画边际效应图。

.marginsplot

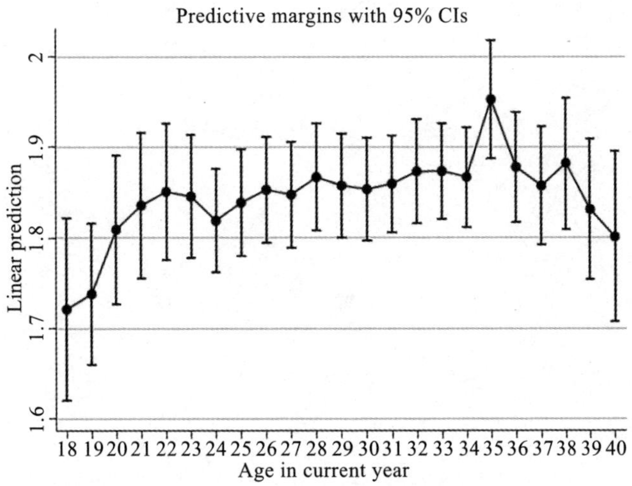

例 6.15 具有约束和内生协变量的随机效应回归

例 6.16 内生协变量和内生样本选择的随机效应回归

请扫码查看例 6.15 的内容　　　请扫码查看例 6.16 的内容

第 7 章
CHAPTER 7

因果推断

7.1 处理效应分析基础

7.1.1 处理效应及其分步估计法

很多问题可归结于检验某项政策或干预（D）能否达到预期效果（Y）。Y 对 D 的回归只能检验其相关性，回归参数反映了平均预测效应（average predictive effect，APE）。但相关并不意味着因果，相关关系是“预测”的基础，因果关系是“决策”的基础。因此就需要探索出 D 对 Y 的因果效应或处理效应（treatmenteffect，TE），这样才可以把握通过改变 D 来改变 Y，这是决策而非预测。这就需要使用观察数据来估计接受一种处理（treatment）而不是另一种处理的效果（即处理效应）。在观察数据（observational data）中，处理分配不受数据收集者的控制，因此，一些常见变量会影响处理分配和特定处理结果。观察数据有时被称为回顾性数据或非实验性数据，但为了避免混淆，我们将始终使用术语“观察数据”。项目参与者的总体就是“实验组”或“处理组”，没有参与项目的样本为“控制组”或“对照组”。

处理效应分析的核心变量就是处理变量。处理变量就是反映个体 i 是否得到处理的虚拟变量 $D_i = \{0, 1\}$，即 0 为没有参与，1 为参与。记决策变量为 y_i，我们要实证的问题就是 D_i 是否对 y_i 有因果作用。对于个体 i，y_i 可能有两种状态，取决于是否参与的项目处理，即

$$y_i = \begin{cases} y_{1i} & 若\ D_i = 1 \\ y_{0i} & 若\ D_i = 0 \end{cases} \tag{7-1}$$

式中，y_{0i} 为个体 i 未参加项目的变量取值，y_{1i} 为个体 i 参加项目的变量取值，则 $y_{1i} - y_{0i}$ 就是个体 i 参加该项目的处理效应。可以写为

$$y_i = (1 - D_i) y_{0i} + D_i y_{1i} = y_{0i} + \underbrace{(y_{1i} - y_{0i})}_{处理效应} D_i \tag{7-2}$$

个体处理效应稳定假设（stable unit treatment value assumption，SUTVA）认为，个体处理效应不存在溢出关联，即个体 i 是否参加项目，不影响其他个体。

平均处理效应（average treatment effect，ATE）是从总体中随机抽取某个体的期望处理效应，无论该个体是否参与项目。ATE 计算式为

$$\text{ATE} \equiv E(y_{1i} - y_{0i}) \tag{7-3}$$

参与者平均处理效应（average treatment effect on the treated，ATET）是项目实际参与者的平均处理效应，即

$$\text{ATET} \equiv E(y_{1i} - y_{0i} \mid D_i = 1) \tag{7-4}$$

政策评价一般更关注 ATET。ATE 与 ATET 的差异为

$$\text{ATE} = \text{ATET} + \text{选择偏差} \tag{7-5}$$

式中，选择偏差一般为负。由此带来“选择难题”。

非参与者平均处理效应（average treatment effect on the untreated，ATU）为

$$\text{ATU} \equiv E(y_{1i} - y_{0i} \mid D_i = 0) \tag{7-6}$$

选择难题的解决方法之一就是随机分组。如果个体的选择完全取决于可以观测到的个体特征等变量 $\boldsymbol{x}_i$，即“依可观测变量选择”，满足可忽略性和均值可忽略性，就可以使用基于反事实框架的匹配估计量，减少遗漏变量偏差。因此需要把可观测变量 $\boldsymbol{x}_i$ 作为直接控制变量，引入回归方程，即得到处理效应模型：

$$y_i = \boldsymbol{x}_i'\boldsymbol{\beta} + \gamma D_i + \varepsilon_i \tag{7-7}$$

解决依不可测变量选择问题的方法之一就是遵循样本选择模型的思路，直接对处理变量 D_i 进行结构建模。假设处理方程为

$$D_i = \boldsymbol{I}(\boldsymbol{z}_i'\boldsymbol{\delta} + u_i) \tag{7-8}$$

其中，$\boldsymbol{I}(\cdot)$ 为标示函数；$\boldsymbol{z}_i$ 为可以与 $\boldsymbol{x}_i$ 有重叠的变量，但 $\boldsymbol{z}_i$ 至少有一个变量不在 $\boldsymbol{x}_i$，不妨设为 z_{1i}，$\text{cov}(z_{1i}, \varepsilon_i) = 0$，即 z_{1i} 变量虽然影响个体 i 是否参与项目，但并不直接影响结果变量 y_i，只通过 D_i 间接影响 y_i，所以可以将 z_{1i} 视为 D_i 的工具变量。假设扰动项 (ε_i, u_i) 服从二维正态分布：

$$\begin{pmatrix} \varepsilon_i \\ u_i \end{pmatrix} \sim N\left[\begin{pmatrix} 0 \\ 0 \end{pmatrix}, \begin{pmatrix} \sigma_\varepsilon^2 & \rho\sigma_\varepsilon \\ \rho\sigma_\varepsilon & 1 \end{pmatrix}\right] \tag{7-9}$$

式中，ρ 为 (ε_i, u_i) 的相关系数。只有当 $\rho = 0$ 时，OLS 是式（7-7）的一致估计。

对于参与者，y_i 的条件期望值为

$$E(y_i \mid D_i = 1, \boldsymbol{x}_i, \boldsymbol{z}_i) = \boldsymbol{x}_i'\boldsymbol{\beta} + \gamma + \rho\sigma_\varepsilon\lambda(-\boldsymbol{z}_i'\boldsymbol{\delta}) \tag{7-10}$$

式中，$\lambda(c) \equiv \dfrac{\phi(c)}{1-\Phi(c)}$。对于未参与者，$y_i$ 的条件期望值为

$$E(y_i \mid D_i = 0, \boldsymbol{x}_i, \boldsymbol{z}_i) = \boldsymbol{x}_i'\boldsymbol{\beta} - \rho\sigma_\varepsilon\lambda(\boldsymbol{z}_i'\boldsymbol{\delta}) \tag{7-11}$$

由式（7-10）和式（7-11）可知，二者之差为

$$E(y_i \mid D_i = 1, \boldsymbol{x}_i, \boldsymbol{z}_i) - E(y_i \mid D_i = 0, \boldsymbol{x}_i, \boldsymbol{z}_i) = \gamma + \rho\sigma_\varepsilon[\lambda(-\boldsymbol{z}_i'\boldsymbol{\delta}) + \lambda(\boldsymbol{z}_i'\boldsymbol{\delta})] \tag{7-12}$$

如果直接比较处理组和控制组的平均收益，会导致不一致估计。于是引入个体 i 的风险：

$$\lambda_i = \begin{cases} \lambda(-\boldsymbol{z}_i'\boldsymbol{\delta}) & \text{if} \quad D_i = 1 \\ -\lambda(\boldsymbol{z}_i'\boldsymbol{\delta}) & \text{if} \quad D_i = 0 \end{cases} \tag{7-13}$$

建立合并方程：

$$E(y_i|\ \boldsymbol{x}_i, \boldsymbol{z}_i) = \boldsymbol{x}_i'\boldsymbol{\beta} + \gamma D_i + \rho\sigma_\varepsilon\lambda_i \tag{7-14}$$

该方程可以利用样本选择模型估计的两步法估计。

第一步，先用处理条件概率的模型，比如 probit 模型 $P(D_i = 1|\ \boldsymbol{z}_i) = \Phi(\boldsymbol{z}_i'\boldsymbol{\delta})$，得到估计值 $\hat{\boldsymbol{\delta}}$，再计算 $\hat{\lambda}_i$；

第二步，用 OLS 回归估计结果变量条件平均值的模型，$y_i \xrightarrow{\text{OLS}} \boldsymbol{x}_i, D_i, \hat{\lambda}_i$，再得到 $\hat{\boldsymbol{\beta}}, \hat{\gamma}, \rho\sigma_\varepsilon$。

7.1.2　样本估计方程及其估计方法

样本估计方程估计法通过求解样本估计方程来计算估计值。样本估计方程是总体期望方程的样本等价物。

每个样本估计方程估计法指定了一组相关效应参数的估计方程，以及一组结果模型或处理模型中辅助参数的估计方程。下面会详细介绍定义回归调整、逆概率加权、增广逆概率加权和逆概率加权回归调整估计法的估计方程。

样本估计方程估计法通过求解方程组来计算估计。标准的稳健估计与估计值方差是一致的。所有细节都涉及结果模型或处理模型的参数估计法和函数形式的选择所指定的方程。

结果模型是结果变量条件平均值的模型。令 $\mu(\boldsymbol{x}, t, \boldsymbol{\beta}_t)$ 表示结果 y 的条件平均模型，条件是协变量 $\boldsymbol{x}$ 和处理水平 t。数学上，$E(y|\boldsymbol{x}, t) = \mu(\boldsymbol{x}, t, \boldsymbol{\beta}_t)$，其中 $\boldsymbol{\beta}_t$ 是给定处理水平 t 的条件平均模型的参数。处理模型是处理条件概率的模型。令 $p(\boldsymbol{z}, t, \boldsymbol{\gamma})$ 表示在变量 $\boldsymbol{z}$ 条件下接受处理 t 的个体概率的条件概率模型。下表提供了有关可用的函数形式的详细信息。

Stata 中的函数形式	结果模型	处理模型
linear	$\boldsymbol{x\beta}_t$	—
logit,（flogit）	$\exp(\boldsymbol{x\beta}_t)/\{1 + \exp(\boldsymbol{x\beta}_t)\}$	$\exp(\boldsymbol{z\gamma})/\{1 + \exp(\boldsymbol{z\gamma})\}$
probit,（fprobit）	$\Phi(\boldsymbol{x\beta}_t)$	$\Phi(\boldsymbol{z\gamma})$
poisson	$\exp(\boldsymbol{x\beta}_t)$	—
hetprobit,（fhetprobit）	$\Phi\{\dot{\boldsymbol{x}}\dot{\boldsymbol{\beta}}_t / \exp(\ddot{\boldsymbol{x}}\ddot{\boldsymbol{\beta}}_t)\}$	$\Phi\{\dot{\boldsymbol{z}}\dot{\boldsymbol{\gamma}}_t / \exp(\ddot{\boldsymbol{z}}\ddot{\boldsymbol{\gamma}}_t)\}$

注：第 1 列中括号内的函数，没有处理模型。

$\dot{\boldsymbol{x}}$，$\dot{\boldsymbol{\beta}}_t$ 为索引函数中的变量和参数；$\ddot{\boldsymbol{x}}$，$\ddot{\boldsymbol{\beta}}_t$ 为方差方程中的变量和参数。$\dot{\boldsymbol{z}}$，$\dot{\boldsymbol{\gamma}}_t$ 为索引函数中的变量和参数；$\ddot{\boldsymbol{z}}$，$\ddot{\boldsymbol{\gamma}}_t$ 为方差方程中的变量和参数。

样本估计方程估计法由一组方程定义：$E\{\boldsymbol{s}(\boldsymbol{x}, z, \boldsymbol{\theta})\} = \boldsymbol{0}$，式中，$\boldsymbol{s}(\boldsymbol{x}, z, \boldsymbol{\theta})$ 是估计函数的向量。估计方程等于估计函数向量的期望值为 0。因为每个估计函数都有零均值，所以我们可以通过解一个方程组来构造估计量，从而找到参数估计值 $\hat{\boldsymbol{\theta}}$：

$$1/N\sum_{i}^{N}\boldsymbol{s}_i(\boldsymbol{x}_i, z_i, \hat{\boldsymbol{\theta}}) = \boldsymbol{0} \tag{7-15}$$

其中，$\boldsymbol{s}_i(\boldsymbol{x}_i, z_i, \hat{\boldsymbol{\theta}})$ 是估计函数的样本实现值。

$$\boldsymbol{s}_i(\boldsymbol{x}_i, \boldsymbol{z}_i, \hat{\boldsymbol{\theta}})' = (\boldsymbol{s}_{e,i}(\boldsymbol{x}_i, \boldsymbol{z}_i, \hat{\boldsymbol{\theta}})', \quad \boldsymbol{s}_{\mathrm{om},i}(\boldsymbol{x}_i, w_i(t), \hat{\boldsymbol{\beta}})', \boldsymbol{s}_{\mathrm{tm},i}(\boldsymbol{z}_i, \hat{\gamma})') \tag{7-16}$$

即每一组参数都有自己的一组样本估计方程。

$1/N\sum_i \boldsymbol{s}_{e,i}(\boldsymbol{x}_i, \boldsymbol{z}_i, \hat{\boldsymbol{\theta}}) = 0$ 是效应参数的样本估计方程。这些方程决定了作为数据和其他估计参数的函数的效应参数估计 $\hat{\boldsymbol{\theta}}$。

$1/N\sum_i \boldsymbol{s}_{\mathrm{om},i}(\boldsymbol{x}_i, w_i(t), \hat{\boldsymbol{\beta}}) = 0$ 是使用权重 w_i 的结果模型参数的样本估计方程，权重 w_i 是处理模型参数的函数。

$1/N\sum_i \boldsymbol{s}_{\mathrm{tm},i}(\boldsymbol{z}_i, \hat{\gamma}) = 0$ 是处理模型参数的样本估计方程。

7.1.3 处理模型和结果模型的估计函数

用于估计处理模型参数的样本估计函数是来自准最大似然估计量的样本分数方程。logit 和 probit 模型的样本估计函数为

$$\boldsymbol{s}_{\mathrm{tm},i}(\boldsymbol{z}_i, \hat{\gamma}) = \left[\frac{g(\boldsymbol{z}_i\hat{\gamma}')\{t_i - G(\boldsymbol{z}_i\hat{\gamma}')\}}{G(\boldsymbol{z}_i\hat{\gamma}')(1-G(\boldsymbol{z}_i\hat{\gamma}'))}\right]\boldsymbol{z}_i \tag{7-17}$$

对于 logit 模型，$G(\boldsymbol{z})$ 是 logistic 累积分布函数，对于 probit，$G(\boldsymbol{z})$ 是正态累积分布函数，$g(\cdot) = \{\partial G(\boldsymbol{z})\}/(\partial \boldsymbol{z})$ 是相应的密度函数。

hetprobit 模型有两个样本分数方程：

$$\boldsymbol{s}_{\mathrm{tm},1,i}(\boldsymbol{z}_i, \hat{\gamma}) = \left(\frac{\phi\{q(\boldsymbol{z}_i, \hat{\gamma})\}[t_i - \Phi\{q(\boldsymbol{z}_i, \hat{\gamma})\}]}{\Phi\{q(\boldsymbol{z}_i, \hat{\gamma})\}[1-\Phi\{q(\boldsymbol{z}_i, \hat{\gamma})\}]\exp(\ddot{\boldsymbol{z}}_i\hat{\ddot{\gamma}}')}\right)'\dot{\boldsymbol{z}}_i \tag{7-18}$$

$$\boldsymbol{s}_{\mathrm{tm},2,i}(\boldsymbol{z}_i, \hat{\gamma}) = \left(\frac{\phi(q(\boldsymbol{z}_i, \hat{\gamma}))\boldsymbol{z}_i\hat{\dot{\gamma}}'[\Phi(q(\boldsymbol{z}_i, \hat{\gamma})) - t_i]}{\Phi\{q(\boldsymbol{z}_i, \hat{\gamma})\}[1-\Phi(q(\boldsymbol{z}_i, \hat{\gamma}))]\exp(\ddot{\boldsymbol{z}}_i\hat{\ddot{\gamma}}')}\right)'\ddot{\boldsymbol{z}}_i \tag{7-19}$$

式中，$\phi(\cdot)$ 为标准正态密度函数，$q(\boldsymbol{z}_i, \hat{\gamma}^{\gamma}) = (\dot{\boldsymbol{z}}_i\hat{\dot{\gamma}}'/\exp(\ddot{\boldsymbol{z}}_i\hat{\ddot{\gamma}}'))$。

对于 mlogit 模型，$p(\boldsymbol{z}, t, \gamma) = \exp(\boldsymbol{z}\gamma_t)/\left\{1+\sum_{k=1}^{q}\exp(\boldsymbol{z}\gamma_k)\right\}$，其样本估计函数为

$$\boldsymbol{s}_{\mathrm{tm},k,i}(\boldsymbol{z}_i, \hat{\gamma}) = \begin{cases}\{1-p(\boldsymbol{z}_i, k, \hat{\gamma})\}\boldsymbol{z}_i' & t_i = k \\ -p(\boldsymbol{z}_i, k, \hat{\gamma})\boldsymbol{z}_i' & \text{otherwise}\end{cases} \tag{7-20}$$

结果模型的参数 $u(\boldsymbol{x}, t, \boldsymbol{\beta}_t)$ 可以通过加权准最大似然或加权非线性最小二乘法来估计。用于估计结果模型参数的估计函数是加权准最大似然估计法的分数方程或加权非线性最小二乘估计的矩条件。因此，对于线性、logit、flogit、probit、fprobit、hetprobit、fhetprobit 及 poisson 等模型，具有 $w_i(t)$ 的结果模型参数有两套样本估计函数：加权准最大似然估计法的样本估计函数 $\boldsymbol{s}_{\mathrm{ml,om},i}(\boldsymbol{x}_i, w_i(t), \hat{\boldsymbol{\beta}}_t)$ 和加权非线性最小二乘估计法的样本估计函数 $\boldsymbol{s}_{\mathrm{nls,om},i}(\boldsymbol{x}_i, w_i(t), \hat{\boldsymbol{\beta}}_t)$。具体介绍可查阅 teffects aipw 帮助文件。

如果给予处理水平 $t \in (0,1,\cdots,q)$，个体将获得的潜在结果是 y_t。每个 y_t 都是一个随机变量，其实现值是 y_{it}。关注的三个处理效应如下：

（1）POM，$\alpha_t = E(y_t)$，或者 $\boldsymbol{\alpha}' = (\alpha_0, \alpha_1, \ldots, \alpha_q)$。

（2）ATE，$\tau_t = E(y_t - y_0)$，或者 $\tau' = (\tau_1, \tau_2, \ldots, \tau_q)$。

（3）ATET，$\delta_t = E(y_t - y_0 | \ t = \tilde{t})$，或者 $\delta' = (\delta_1, \delta_2, \ldots, \delta_q)$。

teffects 使用以下 3 个假设，以证明用于估计和推断相关影响参数的方程式。

（1）条件平均独立性（conditional mean independence，CMI)，允许我们根据样本中观察到的结果来估计潜在的结果平均数。

（2）重叠（overlap)，确保我们拥有每种处理水平中每种类型个体的数据。

（3）独立观察，确保一个结果及相关处理对任何其他结果及相关处理没有影响。

teffects ra 实现了回归调整估计法；teffects ipw 实现了逆概率加权估计法；teffects ipwra 实现了逆概率加权回归调整估计法；teffects aipw 实现了增广逆概率加权估计法。这些估计法都是作为样本估计方程估计法实现的。在条件平均独立性、重叠和独立观察假设下，估计量是一致且渐近正态分布的。

teffects 命令语法格式如下所示。

teffects subcommand ... [, options]

子命令（subcommand）选项为：

aipw：增广逆概率加权；

ipw：逆概率加权；

ipwra：逆概率加权回归调整；

nnmatch：最近邻匹配；

psmatch：倾向评分匹配；

ra：回归调整。

teffects 使用观察数据评估 POM、ATE 和 ATET。teffects 也提供回归调整、逆概率加权和匹配估计，以及结合回归调整和逆概率加权的双稳健方法。

结果可以是连续、二进制、计数、分数或非负的。处理模型可以是二进制的，也可以是多项式的，允许进行多值处理。

7.2　回归调整估计法

回归调整估计法使用特定处理预测结果平均值的对比来估计处理效应。回归调整估计法采用两步法来估计处理效应：

（1）在每个处理水平的一组协变量上拟合结果的独立回归模型。

（2）计算每个受试者和处理水平的预测结果的平均值。这些平均值反映了 POM。这些平均值的对比提供了 ATE 的估计值。通过将平均值的计算限制在处理对象的子集，我们获得了 ATET。

只要处理独立于协变量调节后的潜在结果，回归调整估计值是一致的。事实上，teffects ra 使用了一种同时执行这两个步骤的估计技术，这样我们就不需要在第二步中修正标准误差来反映围绕预测结果的不确定性。

处理效应的回归调整估计量。回归调整估计法使用结果的条件平均值的观察水平预测来估计影响参数。处理的条件概率没有模型。回归调整估计法使用未加权准最大似然估计法来估计条件平均模型的参数。换句话说，回归调整估计法使用样本估计函数：

$$\boldsymbol{s}_{\mathrm{ra},i}(\boldsymbol{x}_i,\hat{\boldsymbol{\theta}})'=\boldsymbol{s}_{\mathrm{ra},e,i}(\boldsymbol{x}_i,\hat{\boldsymbol{\theta}},\hat{\boldsymbol{\beta}})',\boldsymbol{s}_{\mathrm{ml,om},i}(\boldsymbol{x}_i,1,\hat{\boldsymbol{\beta}})' \tag{7-21}$$

POM 参数的 $\boldsymbol{s}_{\mathrm{ra},e,i}(\boldsymbol{x}_i,\hat{\boldsymbol{\alpha}},\hat{\boldsymbol{\beta}})$ 成分为

$$\alpha=\mu(\boldsymbol{x}_i,t,\hat{\boldsymbol{\beta}}_t)-\hat{\alpha}_t \tag{7-22}$$

ATE 参数的 $\boldsymbol{s}_{\mathrm{ra},e,i}(\boldsymbol{x}_i,\hat{\boldsymbol{\tau}},\hat{\boldsymbol{\beta}})$ 成分为

$$\tau=\mu(\boldsymbol{x}_i,t,\hat{\boldsymbol{\beta}}_t)-\mu(\boldsymbol{x}_i,0,\hat{\boldsymbol{\beta}}_t)-\hat{\tau}_t \tag{7-23}$$

ATET 参数的 $\boldsymbol{s}_{\mathrm{ra},e,i}(\boldsymbol{x}_i,\hat{\boldsymbol{\delta}},\hat{\boldsymbol{\beta}})$ 成分为

$$\delta=N_{ti}(\tilde{t})/N_{\tilde{t}}\{\mu(\boldsymbol{x}_i,t,\hat{\boldsymbol{\beta}}_t)-\mu(\boldsymbol{x}_i,0,\hat{\boldsymbol{\beta}}_t)-\hat{\delta}_t\} \tag{7-24}$$

回归调整估计法的命令语法格式如下所示。

teffects ra (ovar omvarlist [, omodel noconstant]) (tvar) [if] [in] [weight] [, stat options]

其中，ovar 是一个二进制、计数、连续、分数或非负的结果；tvar 必须包含代表处理水平的整数值；omvarlist 指定在处理模型中预测处理分配的变量。

omodel 为结果变量指定模型。其选项有：

linear：线性结果模型（默认值）;

logit：逻辑结果模型；

probit：概率结果模型；

hetprobit（varlist）：异方差概率结果模型；

poisson：指数结果模型；

flogit：分数逻辑结果模型；

fprobit：分数概率结果模型；

fhetprobit（varlist）：分数异方差概率结果模型。

菜单操作路径：

Statistics > Treatment effects > Continuous outcomes > Regression adjustment

Statistics > Treatment effects > Binary outcomes > Regression adjustment

Statistics > Treatment effects > Count outcomes > Regression adjustment

Statistics > Treatment effects > Fractional outcomes > Regression adjustment

Statistics > Treatment effects > Nonnegative outcomes > Regression adjustment

teffects ra 通过回归调整从观察数据中估计 ATE、ATET 和 POM。回归调整估计法使用特定处理预测结果平均值的对比来估计处理效应。teffects ra 接受连续、二进制、计数、分数或非阴性结果，并允许多值处理。

例 7.1 回归调整

请扫码查看例 7.1 的内容

7.3 逆概率加权估计法

逆概率加权（inverse-probability weighting，IPW）估计法使用估计的概率权重来纠正由于每个受试者仅在一个潜在结果中观察到而产生的缺失数据问题。IPW 法是一种常用的处理选择偏差的方法，用于从观察数据中估计处理效应。它的基本原理是通过赋予接受不同处理的个体不同的权重，校正其在样本中的分布不平衡。

IPW 估计法使用两步法来估计处理效应：

（1）估计处理模型的参数，并计算估计个体教授处理的概率，即倾向性分数的概率；用概率的倒数作为权重，即逆概率权重。这意味着，被倾向于接受某个处理的个体将具有较低的权重，而被倾向于不接受处理的个体将具有较高的权重。

（2）使用估计的逆概率权重来计算每个处理水平结果的加权平均值，以使接受不同处理的个体在分析中具有更平衡的比例。这些加权平均值的对比提供了 ATE 的估计值。使用此加权方案可以纠正缺失的潜在结果。

这些步骤产生了对效应参数的一致估计，因为假设处理独立于协变量调节后的潜在结果。重叠假设确保预测的逆概率权重不会太大。

处理效应的 IPW 估计量：IPW 估计法使用处理的逆概率加权的观察结果来估计效应参数，没有结果模型。IPW 估计法使用准最大似然估计来估计条件概率模型的参数。估计函数的向量是效应参数的估计函数与条件概率参数的估计函数的串联。IPW 估计法使用的样本估计函数如下：

$$\boldsymbol{s}_{\mathrm{ipw},i}(\boldsymbol{x}_i,\hat{\boldsymbol{\theta}})' = \boldsymbol{s}_{\mathrm{ipw},e,i}(\boldsymbol{x}_i,\hat{\boldsymbol{\theta}},\hat{\gamma})', \boldsymbol{s}_{\mathrm{tm},i}(\boldsymbol{z}_i,1,\hat{\gamma})' \tag{7-25}$$

所有 IPW 估计法都使用归一化逆概率权重。这些权重与结果模型方程中使用的权重 $w_i(t)$ 无关。归一化逆概率权重的函数形式随效应参数 POM、ATE 和 ATET 变化而变化。

POM 和 ATE 估计法使用归一化逆概率权重。个体 i 和处理水平 t 的非标准化权重为

$$d_i(t) = \frac{t_i(t)}{p(\boldsymbol{z}_i,t,\hat{\gamma})} \tag{7-26}$$

标准化权重为

$$\bar{d}_i(t) = \frac{N_t d_i(t)}{\sum_i^N d_i(t)} \tag{7-27}$$

ATET 估计法使用归一化处理调整的逆概率权重。处理调整的逆概率权重调整获得条件处理概率的逆概率权重。非规范化权重为

$$f_i = \frac{p(\boldsymbol{z}_i,\tilde{t},\hat{\gamma})}{p(\boldsymbol{z}_i,t_i,\hat{\gamma})} \tag{7-28}$$

式中，$\tilde{t}$ 为条件处理效应。

归一化权重为

$$\bar{f}_i = \frac{Nf_i}{\sum_i^N f_i} \tag{7-29}$$

POM 的 IPW 样本估计函数为：

$$\hat{\alpha} = \boldsymbol{s}_{\text{ipw},e,i,t}(\boldsymbol{z}_i, \hat{\boldsymbol{\alpha}}, \hat{\gamma})' = \bar{d}_i(t)(y_i - \boldsymbol{a}_i\hat{\boldsymbol{\alpha}})\boldsymbol{a}_i' \tag{7-30}$$

ATE 的 IPW 样本估计函数为

$$\hat{\tau} = \boldsymbol{s}_{\text{ipw},e,i,t}(\boldsymbol{z}_i, \hat{\boldsymbol{\tau}}, \hat{\gamma})' = \bar{d}_i(t)(y_i - \tilde{\boldsymbol{a}}_i\hat{\boldsymbol{\tau}})\,\tilde{\boldsymbol{a}}_i' \tag{7-31}$$

ATET 的 IPW 样本估计函数为

$$\hat{\delta} = \boldsymbol{s}_{\text{ipw},e,i,t}(\boldsymbol{z}_i, \hat{\boldsymbol{\delta}}, \hat{\gamma})' = \bar{f}_i(t)(y_i - \tilde{\boldsymbol{a}}_i\hat{\boldsymbol{\delta}})\,\tilde{\boldsymbol{a}}_i' \tag{7-32}$$

IPW 估计的命令语法格式如下所示。

teffects ipw (ovar) (tvar tmvarlist [, tmodel noconstant]) [if] [in] [weight] [, stat options]

其中，tmodel 指定处理变量的模型。对于多值处理，只有 logit 可用，使用多项式 logit。

tmodel 选项可以是：

logit：logistic 处理效应模型（默认值）；

probit：probit 处理效应模型；

hetprobit（varlist）：异方差 probit 处理效应模型。

stat 选项可以是：

ate：估计人群中的 ATE（默认值）；

atet：评估 ATET；

Pomens：估计 POM。

菜单操作路径：

Statistics > Treatment effects > Continuous outcomes > Inverse-probability weighting (IPW)

Statistics > Treatment effects > Binary outcomes > Inverse-probability weighting (IPW)

Statistics > Treatment effects > Count outcomes > Inverse-probability weighting (IPW)

Statistics > Treatment effects > Fractional outcomes > Inverse-probability weighting (IPW)

Statistics > Treatment effects > Nonnegative outcomes > Inverse-probability weighting (IPW)

teffects ipw 通过逆概率加权从观察数据中估计 ATE、ATET 和 POM。IPW 估计法使用估计的概率权重纠正关于潜在结果的缺失数据。teffects ipw 接受连续、二进制、计数、分数或非负的结果，并允许多值处理。

例 7.2　逆概率加权估计法

请扫码查看例 7.2 的内容

7.4　增广逆概率加权估计法

增广逆概率加权（augmented inverse-probability weighting，AIPW）估计法使用逆概率权重来纠正由于每个受试者仅在一个潜在结果中观察到数据而产生的缺失数据问题；AIPW 估计法还使用结果模型中的增广项来修正估计法，以防止处理模型指定错误。AIPW 估计法计算每个处理水平的增广逆概率加权结果的平均值。这些平均值的对比提供了对处理效应的估计。AIPW 估计法使用一个模型来预测处理状态，他们使用另一个模型来预测结果。如果正确指定了处理模型，那么在大样本中，增广项将变为零。AIPW 估计法计算每个处理水平的增广逆概率加权结果的平均值。这些平均值的对比提供了对处理效应的估计。AIPW 估计法使用一个模型来预测处理状态，使用另一个模型来预测结果。由于双重鲁棒性，只有正确指定这两个模型中的一个，AIPW 估计量才能保持一致。

AIPW 估计法采用三步法估计处理效应。

（1）估计处理模型的参数并计算逆概率权重。

（2）估计每个处理水平的结果的独立回归模型，并获得每个受试者的处理特异性预测结果。

（3）计算特定处理预测结果的加权平均值，其中权重是第一步中计算的逆概率权重。这些加权平均值的对比提供了 ATE 的估计值。

这些步骤产生了对效应参数的一致估计，因为假设处理独立于协变量调节后的潜在结果。重叠假设确保预测的逆概率权重不会太大。

处理效应的 AIPW 估计量：处理参数的 AIPW 估计函数包括条件概率模型和条件均值模型中的项。AIPW 估计法的样本估计方程向量有三部分：

$$\boldsymbol{S}_{\text{aipw},i}(\boldsymbol{x}_i, \boldsymbol{z}_i, \hat{\boldsymbol{\theta}})' = [\boldsymbol{s}_{\text{aipw},e,i}(\boldsymbol{x}_i, \boldsymbol{z}_i, \hat{\boldsymbol{\theta}})', \boldsymbol{s}_{\text{aipw, tm},i}(\boldsymbol{z}_i, \hat{\gamma})', \boldsymbol{s}_{\text{aipw, om},i}\{\boldsymbol{x}_i, w_i(t), \hat{\boldsymbol{\beta}}\}']$$

设 $\theta' = (\alpha', \gamma', \boldsymbol{\beta}')$，POM 的 AIPW 样本估计函数 $\boldsymbol{S}_{\text{aipw},e,i}(\boldsymbol{x}_i, \boldsymbol{z}_i, \hat{\boldsymbol{\theta}})$ 的元素为

$$\frac{t_i(t)}{p(z_i, t, \hat{\gamma})} y_i - \mu(\boldsymbol{x}_i, \hat{\boldsymbol{\beta}}_t)\left\{\frac{t_i(t)}{p(z_i, t, \hat{\gamma})} - 1\right\} - \alpha_t \tag{7-33}$$

此时，$\theta' = (\tau', \gamma', \boldsymbol{\beta}')$，ATE 的 AIPW 样本估计函数 $\boldsymbol{S}_{\text{aipw},e,i}(\boldsymbol{X}_i, \boldsymbol{Z}_i, \hat{\boldsymbol{\theta}})$ 的元素为

$$\begin{cases} \dfrac{t_i(t)}{p(z_i, t, \hat{\gamma})} y_i - \mu(\boldsymbol{x}_i, \hat{\boldsymbol{\beta}}_t)\left\{\dfrac{t_i(t)}{p(z_i, t, \hat{\gamma})} - 1\right\} - \tau_0 & \text{if } t = 0 \\ \dfrac{t_i(t)}{p(z_i, t, \hat{\gamma})} y_i - \mu(\boldsymbol{x}_i, \hat{\boldsymbol{\beta}}_t)\left\{\dfrac{t_i(t)}{p(z_i, t, \hat{\gamma})} - 1\right\} - \tau_t - \tau_0 & \text{if } t > 0 \end{cases} \tag{7-34}$$

$\boldsymbol{\theta}' = (\tau', \gamma', \boldsymbol{\beta}')$，ATET 的 AIPW 样本估计函数 $\boldsymbol{S}_{\text{aipw},e,i}(\boldsymbol{x}_i, \boldsymbol{Z}_i, \hat{\boldsymbol{\theta}})$ 的元素为

$$\begin{cases} \dfrac{t_i(t)}{p(z_i, t, \hat{\gamma})} y_i - \mu(\boldsymbol{x}_i, \hat{\boldsymbol{\beta}}_t)\left\{\dfrac{t_i(t)}{p(z_i, t, \hat{\gamma})} - 1\right\} - \tau_0 & \text{if } t = 0 \\ \dfrac{t_i(t)}{p(z_i, t, \hat{\gamma})} y_i - \mu(\boldsymbol{x}_i, \hat{\boldsymbol{\beta}}_t)\left\{\dfrac{t_i(t)}{p(z_i, t, \hat{\gamma})} - 1\right\} - \tau_t - \tau_0 & \text{if } t > 0 \end{cases} \tag{7-35}$$

AIPW 估计的命令语法格式如下所示。

teffects aipw (ovar omvarlist [, omodel noconstant]) (tvar tmvarlist [, tmodel noconstant]) [if] [in] [weight] [, stat options]

选项说明同 IPW 估计。

菜单操作路径：

Statistics > Treatment effects > Continuous outcomes> Augmented inverse-probability weighting

Statistics > Treatment effects > Binary outcomes> Augmented inverse-probability weighting

Statistics > Treatment effects > Count outcomes> Augmented inverse-probability weighting

Statistics > Treatment effects > Fractional outcomes> Augmented inverse-probability weighting

Statistics > Treatment effects > Nonnegative outcomes> Augmented inverse-probability weighting

teffects aipw 通过增广逆概率加权从观察数据中估计 ATE 和 POM。AIPW 估计法结合了回归调整和逆概率加权方法。AIPW 估计具有双重鲁棒性。teffects aipw 接受连续、二进制、

计数、分数或非负的结果，并允许多值处理。

例 7.3　增广逆概率加权估计法

例 7.4　增广逆概率加权估计法的加权最小二乘拟合

请扫码查看例 7.3 的内容　　请扫码查看例 7.4 的内容

7.5　逆概率加权回归调整估计法

逆概率加权回归调整（inverse-probability weighted regression adjustment，IPWRA）估计法使用概率权重获得结果回归参数，这些参数解释了每名受试者仅在一个潜在结果中观察到一个缺失数据问题。调整后的结果回归参数用于计算处理水平预测结果。这些平均值的对比提供了对处理效应的估计。

IPWRA 估计法使用一个模型来预测处理状态，并使用另一个模型来预测结果。由于 IPWRA 估计量具有双重鲁棒性，只有正确指定两个模型中的任意一个，IPWRA 估计量才能保持一致。IPWRA 是一种使用 IPW 方法进行估计调整的技术，通过回归模型来提高估计的准确性和可靠性，从而更好地处理缺失数据或选择性偏差问题。

IPWRA 估计法使用三步法来估计处理效应。

（1）估计处理模型的参数并计算逆概率权重。

（2）使用估计的逆概率权重，拟合每个处理水平的结果加权回归模型，并获得每名受试者的特定处理预测结果。

（3）计算特定处理预测结果的平均值。这些平均值的对比提供了 ATE 的估计值。通过将平均值的计算限制在处理对象的子集，我们可以获得 ATET。

这些步骤产生了对效应参数的一致估计，因为假设处理独立于协变量调节后的潜在结果。重叠假设确保预测的逆概率权重不会太大。

处理效应的 IPWRA 估计量。IPWRA 估计法将逆概率加权（IPW）与回归调整（RA）方法相结合。IPWRA 的样本估计函数包括 RA 和 IPW 的样本估计函数。样本估计函数的向量为

$$\boldsymbol{s}_{\mathrm{ipwra},\,i}(\boldsymbol{x}_i,\hat{\boldsymbol{\theta}})'=\boldsymbol{s}_{\mathrm{ra},\,e,\,i}(\boldsymbol{x}_i,\hat{\boldsymbol{\theta}},\hat{\boldsymbol{\beta}})',\boldsymbol{s}_{\mathrm{ml,\,om},\,i}\{\boldsymbol{x}_i,w_i(j),\hat{\boldsymbol{\beta}}\}',\boldsymbol{s}_{\mathrm{tm},\,i}(\boldsymbol{z}_i,\hat{\gamma})' \tag{7-36}$$

对于 POM，$\hat{\theta}=\hat{\boldsymbol{\alpha}}$；对于 ATE，$\hat{\theta}=\hat{\boldsymbol{\tau}}_t$；对于 ATET，$\hat{\theta}=\hat{\delta}_t$。

POM 和 ATE 的结果模型样本估计函数 $\boldsymbol{S}_{\mathrm{ml,\,om},\,i}(\cdot)$，可以用 $d_i(j)$ 代替回归调整中的单位权重 $w_i(t)=1$ 得到。ATET 的结果模型样本估计函数 $\boldsymbol{S}_{\mathrm{ml,\,om},\,i}(\cdot)$，可以用归一化逆概率权重 $\overline{f}_i$ 代替回归调整中的单位权重 $w_i(t)=1$ 得到。结果模型样本估计函数的具体形式在上面的结果模型估计函数中给出。处理模型样本估计函数在上面的处理模型估计函数中给出。

IPWRA 估计法的命令语法格式如下所示。

teffects ipwra (ovar omvarlist [, omodel noconstant]) (tvar tmvarlist [, tmodel noconstant]) [if] [in] [weight] [, stat options]

其中，ovar 是一个二进制、计数、连续、分数或非负的感兴趣的结果；omvarlist 指定结果模型中的协变量；tvar 必须包含代表处理水平的整数值；tmvarlist 指定处理分配模型中的协变量。

omodel 为结果变量指定模型。其选项有：

linear：线性结果模型（默认值）；

logit：逻辑结果模型；

probit：概率结果模型；

hetprobit（varlist）：异方差概率结果模型；

poisson：指数结果模型；

flogit：分数逻辑结果模型；

fprobit：分数概率结果模型；

fhetprobit（varlist）：分数异方差概率结果模型；

tmodel 指定处理变量的模型。其选项有：

logit：逻辑结果模型；

probit：概率结果模型；

hetprobit（varlist）：异方差概率结果模型。

菜单操作路径：

Statistics > Treatment effects > Continuous outcomes > Regression adjustment with IPW

Statistics > Treatment effects > Binary outcomes > Regression adjustment with IPW

Statistics > Treatment effects > Count outcomes > Regression adjustment with IPW

Statistics > Treatment effects > Fractional outcomes > Regression adjustment with IPW

Statistics > Treatment effects > Nonnegative outcomes > Regression adjustment with IPW

teffects ipwra 通过逆概率加权回归调整从观察数据中估计 ATE、ATET 和 POM。IPWRA 估计法使用加权回归系数计算处理水平预测结果的平均值，其中权重是处理的估计逆概率。这些平均值的对比估计了处理效应。IPWRA 估计具有双重鲁棒性。teffects ipwra 接受连续、二进制、计数、分数或非负结果，并允许多值处理。

例 7.5　逆概率加权回归调整估计

例 7.6　逆概率加权回归调整估计，显示 POM 和方程

请扫码查看例 7.5 的内容　　请扫码查看例 7.6 的内容

7.6 最近邻匹配估计

假设 i 属于处理组，匹配估计量的基本思路是找到属于控制组的某个体 j，使得个体 j 与个体 i 的可观测变量取值尽可能相似（匹配），即 $x_i = x_j$。基于可忽略性假设，个体 i 与个体 j 进入处理组的概率相近，具有可比性；于是可以把 y_i 作为 $\hat{y}_{0i}$ 的估值量，即 $y_i = \hat{y}_{0i}$。因此可以把 $y_i - \hat{y}_{0i} = y_i - y_j$ 作为个体 i 处理效应的度量。对处理组的每位个体都如此进行匹配，类似地，对控制组每位个体也进行匹配，然后对每位个体的处理效应进行平均，即可得到匹配估计量。

处理效应评估的最近邻匹配估计法（nearest-neighbor matching，NNM）通过使用接受其他处理水平的类似受试者的平均结果来估算每个个体缺失的潜在结果。受试者之间的相似性基于每次观察的协变量的加权函数。ATE 是通过计算每名受试者的观察结果和潜在结果之间的差异的平均值来计算的。

teffects nnmatch 通过使用每个观察的协变量的加权函数来确定“最近”。默认情况下，使用马氏距离，其中权重基于协变量方差 – 协方差矩阵的倒数。teffects nnmatch 还允许使用分类协变量的精确匹配。

NNM 是非参数的，因为无论是结果模型还是处理模型都没有明确的函数形式。这种灵活性是有代价的；与采用函数形式的估计法相比，NNM 估计法需要更多的数据才能得到真值。更正式地说，当匹配多个连续协变量时，NNM 估计量以低于参数率（即样本量的平方根）的速度收敛到真值。teffects nnmatch 使用偏差校正来解决此问题。teffects psmatch 实现了偏差校正的替代方案；该方法匹配单个连续协变量，即估计的处理概率。

设协变量向量 $\boldsymbol{x}_i = \{x_{i,1}, x_{i,2}, \cdots, x_{i,p}\}$，频率权重为 w_i，则 $\boldsymbol{x}_i, \boldsymbol{x}_j$ 之间的距离为

$$\| \boldsymbol{x}_i - \boldsymbol{x}_j \|_{\boldsymbol{S}} = \{(\boldsymbol{x}_i - \boldsymbol{x}_j)' \boldsymbol{S}^{-1} (\boldsymbol{x}_i - \boldsymbol{x}_j)\}^{1/2} \tag{7-37}$$

式中，$\boldsymbol{S}$ 为给定的对称正定矩阵，可以是 mahalanobis 矩阵、inverse variance 矩阵或 euclidean 矩阵。

利用这个距离定义，我们发现观测 i 的最近邻指数集是

$$\Omega_m^x(i) = \{j_1, j_2, \ldots, j_{m_i} | t_{j_k} = 1 - t_i, \| \boldsymbol{x}_i - \boldsymbol{x}_{j_k} \|_{\boldsymbol{S}} < \| \boldsymbol{x}_i - \boldsymbol{x}_l \|_{\boldsymbol{S}}, t_l = 1 - t_i, l \neq j_k\} \tag{7-38}$$

NNM 方法预测第 i 次观察的潜在结果作为观察到的 y_i 的函数是：

$$\hat{y}_{ti} = \begin{cases} y_i & \text{if } t_i = t, t \in \{0, 1\} \\ \dfrac{\sum\limits_{j \in \Omega(i)} w_j y_j}{\sum\limits_{j \in \Omega(i)} w_j} & \text{otherwise} \end{cases} \tag{7-39}$$

由此得到 ATE 和 ATET：

$$\hat{\tau}_1 = \frac{\sum\limits_{i=1}^{n} w_i (\hat{y}_{1i} - \hat{y}_{0i})}{\sum\limits_{i=1}^{n} w_i} = \frac{\sum\limits_{i=1}^{n} w_i (2t_i - 1)\{1 + K_m(i)\} y_i}{\sum\limits_{i=1}^{n} w_i} \tag{7-40}$$

$$\hat{\delta}_1 = \frac{\sum\limits_{i=1}^{n} t_i w_i (\hat{y}_{1i} - \hat{y}_{0i})}{\sum\limits_{i=1}^{n} t_i w_i} = \frac{\sum\limits_{i=1}^{n} \{t_i - (1 - t_i) K_m(i)\} y_i}{\sum\limits_{i=1}^{n} t_i w_i} \tag{7-41}$$

最近邻匹配估计的命令语法格式如下所示。

teffects nnmatch (ovar omvarlist) (tvar) [if] [in] [weight] [, stat options]

其中，ovar 是一个二进制、计数、连续、分数或非负的感兴趣的结果；omvarlist 指定结果模型中的协变量；tvar 必须包含代表处理水平的整数值。只允许两种处理水平。

菜单操作路径：

Statistics > Treatment effects > Continuous outcomes > Nearest-neighbor matching

Statistics > Treatment effects > Binary outcomes > Nearest-neighbor matching

Statistics > Treatment effects > Count outcomes > Nearest-neighbor matching

Statistics > Treatment effects > Fractional outcomes > Nearest-neighbor matching

Statistics > Treatment effects > Nonnegative outcomes > Nearest-neighbor matching

teffects nnmatch 通过最近邻匹配从观察数据中估计 ATE 和 ATET。最近邻匹配估计法通过使用接受其他处理水平的相似受试者的平均结果来估算每个受试者缺失的潜在结果。受试者之间的相似性基于每次观察的协变量的加权函数。teffects nnmatch 通过计算每个受试者的观察和估算潜在结果之间的差异平均值来计算处理效应。teffects nnmatch 接受连续、二进制、计数、分数或非负结果。

例 7.7　最近邻匹配估计

请扫码查看例 7.7 的内容

7.7　倾向性得分匹配

倾向性得分匹配（propensity-score matching，PSM）使用相似受试者的平均结果处理水平，以估算每个受试者缺失的潜在结果。ATE 的计算公式为每个受试者的观察结果和潜在结果之间的差异平均值。teffects psmatch 通过使用估计的处理来确定受试者之间的距离概率，被称为倾向分数。这种匹配分数类型称为倾向性得分匹配。

PSM 不需要偏差校正，因为 PSM 在单个连续协变量上匹配。相比之下，在 teffects nnmatch 中实现的最近邻匹配估计法使用了一个双向匹配多个连续协变量的项。实际上，这个项就是 PSM 估计法参数化处理概率模型中的偏差校正项。

PSM 估计法使用处理模型，$p(z_i, t, \gamma)$，在给定协变量 z_i 的情况下，对观察 i 接受处理 t 的条件概率进行建模。$p(z_i, t, \gamma)$ 就是倾向性得分，PSM 与估计的倾向性得分相匹配。

当根据估计的倾向性得分进行匹配时，观察 $i, i = 1, \cdots, n$ 最近邻指数集为：

$$\Omega_m^p(i)=\{j_1, j_2, \ldots, j_{m_i} \mid t_{j_k}=1-t_i, |\hat{p}_i(t)-\hat{p}_{j_k}(t)|<|\hat{p}_i(t)-\hat{p}_l(t)|, t_l=1-t_i, l \neq j_k\} \tag{7-42}$$

式中，$\hat{p}_i(t)=p(z_i, t, \hat{\gamma})$，与 NNM 估计的情况一样，$m_i$ 是最小数，是每个集合中的元素数，$m_i=|\Omega_m^p(i)|=\sum_{j\in\Omega_m^p(i)} w_j$。

一旦为每个观察计算了一个匹配集，POM、ATE 和 ATET 的计算方法与 NNM 的计算方法相同。

PSM 估计的命令语法格式如下所示。

teffects psmatch (ovar) (tvar tmvarlist [, tmodel]) [if] [in] [weight] [, stat options]

菜单操作路径：

Statistics > Treatment effects > Continuous outcomes > Propensity-score matching

Statistics > Treatment effects > Binary outcomes > Propensity-score matching

Statistics > Treatment effects > Count outcomes > Propensity-score matching

Statistics > Treatment effects > Fractional outcomes > Propensity-score matching

Statistics > Treatment effects > Nonnegative outcomes > Propensity-score matching

teffects psmatch 通过倾向性得分匹配，根据观察数据估计 ATE 和 ATET。倾向性得分匹配估计法通过使用接受其他处理水平的类似受试者的平均结果。受试者之间的相似性基于估计的处理概率，即倾向性得分。处理效应通过每个受试者的观察结果和潜在结果之间的平均差异计算。teffects psmatch 接受连续、二进制、计数、分数或非负的结果。

例 7.8　倾向性得分匹配

我们首先使用 teffects psmatch 来估计 bweight 的 mbsmoke 的 ATE。我们使用 logistic 模型（默认）预测每个受试者的倾向性得分，使用协变量 mage、medu、mmarried 和 fbaby。因为 PSM 的性能取决于倾向性得分，我们将使用因子变量表示法，包括 mage 的线性项和二次项，mage 是我们模型中唯一的连续变量。

清理内存，下载数据集。

. clear all

. webuse cattaneo2

估计 mbsmoke 对体重的 ATE，使用 logistic 模型（默认）预测每个受试者的倾向性得分。

. teffects psmatch (bweight) (mbsmoke mmarried c.mage##c.mage fbaby medu)

```
Treatment-effects estimation                   Number of obs      =      4,642
Estimator      : propensity-score matching     Matches: requested =          1
Outcome model  : matching                                     min =          1
Treatment model: logit                                        max =         74

------------------------------------------------------------------------------
                     |              AI robust
             bweight | Coefficient  std. err.      z    P>|z|     [95% conf. interval]
---------------------+--------------------------------------------------------
ATE                  |
             mbsmoke |
(Smoker vs Nonsmoker) |  -210.9683     32.021    -6.59   0.000    -273.7284   -148.2083
------------------------------------------------------------------------------
```

如果所有母亲都吸烟，婴儿平均出生体重将比所有母亲都不吸烟的平均出生体重少 211 克。

重新调整之前的模型，但仅当倾向性得分的绝对差异小于 0.1 时，才将一对观察值视为匹配。

. teffects psmatch (bweight) (mbsmoke mmarried c.mage##c.mage fbaby medu), caliper(0.1)

```
Treatment-effects estimation                   Number of obs      =      4,642
Estimator      : propensity-score matching     Matches: requested =          1
Outcome model  : matching                                     min =          1
Treatment model: logit                                        max =         74
```

bweight	Coefficient	AI robust std. err.	z	P>|z|	[95% conf. interval]	
ATE						
mbsmoke (Smoker vs Nonsmoker)	**-210.9683**	**32.021**	**-6.59**	**0.000**	**-273.7284**	**-148.2083**

7.8 双重差分模型与三重差分模型

双重差分（difference in difference，DID）法的重要假设是控制组和实验组的时间趋势一样，而当选择的控制组和实验组的时间趋势不同时，则无法得到一致的实验估计量，需要进一步改进双重差分估计量。平行趋势检验可以用平行趋势检验法及其图示进行判断。当选择的控制组和实验组的时间趋势不同时，可以采用合成控制法（synthetic control method），即对多个控制组加权构造成一个虚拟的控制组和三重差分（difference in difference in difference，DDD）法，相比较合成控制法，DDD 操作更加简单，本期主要对三重差分法进行介绍。

重复横截面数据的 DID 模型为

$$y_{ist}=\gamma_s+\gamma_t+\boldsymbol{z}_{ist}\boldsymbol{\beta}+D_{st}\delta+\varepsilon_{ist} \tag{7-43}$$

式中，i 是观察水平指数，s 是组水平指数，t 是时间水平指数。例如，我们可能有生活在不同省份的个人年度重复横截面数据；在这种情况下，i 表示个人，s 表示省份，t 表示年份。在式（7-43）中，γ_s 是组固定效应，γ_t 是时间固定效应，z_{ist} 是协变量，ε_{ist} 是误差项。D_{st} 是在组和时间水平上变化的处理，D_{st} 可以是二进制或连续的。

DDD 模型为

$$y_{isgt}=\gamma_s+\gamma_g+\gamma_t+\gamma_s\gamma_t+\gamma_g\gamma_t+\gamma_s\gamma_g+\boldsymbol{z}_{ist}\boldsymbol{\beta}+D_{sgt}\delta+\varepsilon_{isgt} \tag{7-44}$$

式中，i 是观察水平指数，s 和 g 是组水平指数，t 是时间水平指数。例如，我们可能有居住在不同省份的老年人和年轻人的年度重复横截面数据；在这种情况下，i 表示个人，s 表示省份，g 表示年龄组，t 表示年份。在式（7-44）中，γ_s 为 s 组固定效应，γ_g 为 g 组固定效应，γ_t 为时间固定效应。z_{ist} 是协变量，ε_{isgt} 是误差项。D_{sgt} 表示在 s 组、g 组和时间水平上变化的处理。D_{sgt} 可以是二进制或连续的。

xtdidregress 命令拟合纵向数据的 DID 模型为

$$y_{ist}=\alpha_i+\gamma_t+\boldsymbol{z}_{ist}\boldsymbol{\beta}+D_{st}\delta+\varepsilon_{ist} \tag{7-45}$$

xtdidregress 命令拟合纵向数据的 DDD 模型为

$$y_{isgt}=\alpha_i+\gamma_t+\gamma_t\gamma_s+\gamma_t\gamma_g+\boldsymbol{z}_{ist}\boldsymbol{\beta}+D_{st}\delta+\varepsilon_{isgt} \tag{7-46}$$

汇总估计（aggregation estimate）法，把协变量向量 z_{ist} 重写为由组和时不变分量 z_{1st} 与时、组和个体变化分量 z_{2ist} 组成，则 DID 模型可以表示为

$$y_{ist}=\gamma_s+\gamma_t+\boldsymbol{z}_{1st}\boldsymbol{\beta}_1+\boldsymbol{z}_{2ist}\boldsymbol{\beta}_2+D_{st}\delta+\varepsilon_{ist} \tag{7-47}$$

$$y_{ist}=\boldsymbol{z}_{2ist}\boldsymbol{\beta}_2+C_{st}+\varepsilon_{ist} \tag{7-48}$$

$$C_{st}=\gamma_s+\gamma_t+\boldsymbol{z}_{1st}\boldsymbol{\beta}_1+D_{st}\delta+v_{st} \tag{7-49}$$

standard 和 dlang、constant 方法的汇总估计法先用式（7-48）做 y_{ist} 关于 $\boldsymbol{z}_{2ist}$ 的回归，由 $y_{ist}-\boldsymbol{z}_{2ist}\hat{\boldsymbol{\beta}}_2-\varepsilon_{ist}$ 得到了对组时间效应的估计值 C_{st} 的估计值 $\hat{C}_{st}$。然后，我们在 s 和 t 级别汇总数据。利用汇总数据，我们使用式（7-49）中的组和时间固定效应，在 $\boldsymbol{z}_{1st}$ 和 D_{st} 上进行 $\hat{C}_{st}$ 回归。dlang 方法计算第二阶段的普通最小二乘标准误差。默认情况下标准方法使用组级别群集的稳健标准误差。而 dlang 和 variable 方法对由 s 和 t 定义的每组进行回归，并获得 C_{st} 的估计值，作为每个回归的常数集。在第一种情况下，$\boldsymbol{\beta}_2$ 是样本中的相同向量，在这种情况下，我们将得到每组斜率系数的不同估计。第二步与 dlang 和 constant 方法相同。

偏差校正聚类标准误差法，设有 s 个群，$s=1, 2, \cdots, S$，每个群都有 N_s 个观测值，N 是数据中的观测值数。设 $\boldsymbol{X}_s$ 为群 s 的协变量矩阵，设 $\boldsymbol{X}$ 为 $N\times L$ 维的所有观测值的协变量矩阵。此外，将 $\boldsymbol{I}_{N_s}$ 定义为 N_s 维的单位矩阵，并定义 $\boldsymbol{P}_{ss}=\boldsymbol{X}_s(\boldsymbol{X}'\boldsymbol{X})^{-1}\boldsymbol{X}_s'$ 作为群 s 的投影矩阵。最后，设 $\hat{\varepsilon}_s$ 是与群 s 相对应的残差，则偏差校正的聚类方差 – 协方差矩阵为

$$\boldsymbol{V}=\left(\sum_{s=1}^{S}\boldsymbol{X}_s'\boldsymbol{X}_s\right)^{-1}\sum_{s=1}^{S}\boldsymbol{X}_s'(\boldsymbol{I}_{N_s}-\boldsymbol{P}_{ss})^{-1/2}\hat{\varepsilon}_s\hat{\varepsilon}_s'\{(\boldsymbol{I}_{N_s}-\boldsymbol{P}_{ss})^{-1/2}\}'\boldsymbol{X}_s\left(\sum_{s=1}^{S}\boldsymbol{X}_s'\boldsymbol{X}_s\right)^{-1} \tag{7-50}$$

didregress 命令根据观察数据，通过 DID 或 DDD 来估计 ATET。通过拟合具有时间和组固定效应的线性模型，估计二元或连续处理效应对连续结果的 ATET。通过 didregress 命令所做的 DID 和 DDD 估计可应用于包含重复横截面的数据，其中每次观察到不同的个体组。

xtdidregress 命令通过 DID 或 DDD 从面板数据的观测数据中估计 ATET。通过拟合具有时间和面板固定效应的线性模型，估计二元或连续处理效应对连续结果的 ATET。

DID 实现的命令语法格式如下所示。

（1）重复横截面数据的 DID。

didregress (ovar omvarlist) (tvar[, continuous]) [if] [in] [weight], group(groupvars) [time(timevar) options]

（2）纵向数据的 DID。

xtdidregress (ovar omvarlist) (tvar[, continuous]) [if] [in] [weight], group(groupvars) [time(timevar) options]

相关的选项说明如下所示。

ovar 是研究问题的效果。

omvarlist 指定结果模型中的协变量，可能包含因子变量。

tvar 必须是一个二进制变量，表示接受处理的观察结果，或是一个测量处理强度的连续变量。

groupvars 是分类变量，表示处理发生的组水平。必须至少指定一个组变量。如果指定了 timevar，则最多可以指定两个组变量。如果未指定 timevar，则最多可以指定三个组变量。

timevar 是一个时间变量。如果 groupvars 只有一个变量，则必须指定它。

nointeract 可以排除组（ ）和时间（ ）交互。

nogteffects 不包括模型中的组和时间效应。

aggregate(aggmethod) 聚合到交互 groupvars 和 timevar 定义的级别。

wildbootstrap[(wildopts)] 使用 wildbootstrap 计算置信区间和 p 值。

菜单操作路径：

（1）didregress。

Statistics > Treatment effects > Continuous outcomes > Difference in differences

（2）xtdidregress。

Statistics > Treatment effects > Continuous outcomes > Difference in differences (FE)

Statistics > Longitudinal/panel data > Difference in differences

didregress 根据观察数据，通过 DID 或 DDD 来估计 ATET。二元或连续处理效应的 ATET 可以通过拟合具有时间和组固定效应的线性模型来估计。通过 DID 回归进行的 DID 和 DDD 估计可应用于包含重复横截面的数据，在这些横截面中可以观察到不同个体组的每个时间段。

xtdidregress 回归通过 DID 或 DDD 从面板数据中的观测数据估计 ATET。通过拟合具有时间和面板固定效应的线性模型，估计二元或连续处理效应的 ATET。

例 7.9　双重差分模型与三重差分模型

一家医疗集团有兴趣研究新的住院程序对患者满意度的影响。医疗集团有从 1 月到 7 月的患者数据。新的入院程序于 4 月由部分医院实施。在参与研究的 46 家医院中，有 18 家实施了新的入院程序。

医疗集团将使用 DID 模型回归分析新的入院程序对旗下医院的影响。感兴趣的结果是患者满意度，satis 是对患者提出的一组四个问题的平均回答。satis 的值可能在 0 到 10 之间，其中 10 是最高的满意度水平，0 是最低的满意度水平。程序变量标记处理后的观察结果；如果接受调查的患者在 4 月通过新的入院程序入院，则取值为 1，否则为 0。为获取结果变量 satis 的 ATET，我们输入以下代码。

清理内存，下载数据集。

. clear all

. webuse hospdd

评估新入院程序对接受该程序的患者的满意度的 ATE。

. didregress (satis)(procedure), group(hospital) time(month)

```
Number of groups and treatment time

Time variable: month
Control:       procedure = 0
Treatment:     procedure = 1

-----------------------------------
             |   Control  Treatment
-------------+---------------------
Group        |
    hospital |        28         18
-------------+---------------------
Time         |
     Minimum |         1          4
     Maximum |         1          4
-----------------------------------

Difference-in-differences regression                  Number of obs = 7,368
Data type: Repeated cross-sectional
```

```
                              (Std. err. adjusted for 46 clusters in hospital)
------------------------------------------------------------------------------
             |               Robust
       satis | Coefficient  std. err.      t    P>|t|     [95% conf. interval]
-------------+----------------------------------------------------------------
ATET         |
   procedure |
 (New vs Old)|   .8479879   .0321121    26.41   0.000     .7833108     .912665
------------------------------------------------------------------------------
Note: ATET estimate adjusted for group effects and time effects.
```

上面的输出结果提供了有关实验组和控制组及处理时间的信息。28 家医院使用旧的入院程序，18 家医院使用新的入院程序。在本例中，所有采用新的入院程序的医院都是在 4 月份采用，即时间段为 4 时采用新的入院程序。

ATET 约为 0.85，与在 4 月计划继续实施旧入院程序的医院最终实施新程序的情况相比，满意度几乎提高了 1 个百分点。换言之，如果在 4 月实施新入院程序的医院没有实施新入院程序，它们的满意度平均会下降近一个百分点。

执行这两项诊断检查。

estat trendplots

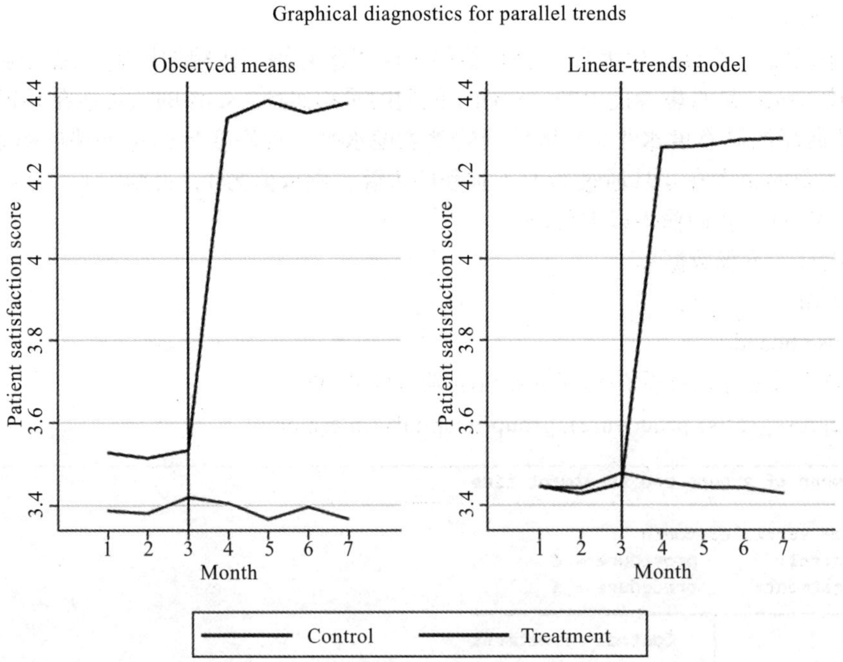

平行趋势检验。

estat ptrends

```
Parallel-trends test (pretreatment time period)
H0: Linear trends are parallel
F(1, 45) =    0.55
Prob > F = 0.4615
```

使用带 Bell 和 McCaffrey 自由度调整的偏差校正聚类稳健标准误差估计先前模型估计

的标准误差。

.didregress (satis)(procedure), group(hospital) time(month) vce(hc2)

```
Difference-in-differences regression                 Number of obs    = 7,368
                                                     No. of clusters =     46
Data type: Repeated cross-sectional

------------------------------------------------------------------------------
             |              Robust HC2
       satis | Coefficient  std. err.      t    P>|t|     [95% conf. interval]
-------------+----------------------------------------------------------------
ATET         |
   procedure |
 (New vs Old)|   .8479879   .0325552    26.05   0.000     .7819941    .9139816
------------------------------------------------------------------------------
Note: ATET estimate adjusted for group effects and time effects.
```

使用 wildbootstrap() 选项获取置信区间和 p 值。

.didregress (satis)(procedure), group(hospital) time(month) wildbootstrap(rseed(111))

```
DID with wild-cluster bootstrap inference            Number of obs    = 7,368
                                                     No. of clusters =     46
                                                     Replications     = 1,000
Data type:     Repeated cross-sectional
Error weight: rademacher

--------------------------------------------------------------
       satis | Coefficient      t    P>|t|    [95% conf. interval]
-------------+------------------------------------------------
ATET         |
   procedure |
 (New vs Old)|   .8479879   26.41   0.000     .7806237    .9157614
--------------------------------------------------------------
Note: ATET estimate adjusted for group effects and time effects.
```

如果例 7-9 中的结果可能是其他未观察到的变量的结果，而不是新的入院程序的结果，则可能会产生疑问。医疗集团管理人员认为，患者可能具有未观察到的特征，这些特征会影响他们就诊的频率及他们对入院程序的感受。换言之，可能有一些未观察到的特征混淆了新入院程序的影响，管理人员决定使用 DDD 模型获取 ATET。他们希望评估高频率或极高频率就诊患者的 ATE。为此，我们将首先创建一个新变量 hightrt 作为新的处理标识符。如果个人就诊频率高或非常高（频率 =3 或 4），并且医院在 4 月实施了新的入院程序，则观察结果现在标记为已处理（hightrt=1）。

DDD 模型拟合。

```
. generate hightrt = procedure==1 & (frequency==3 | frequency==4)
. label define trt 0 "Untreated" 1 "Treated"
. label values hightrt trt
. didregress (satis) (hightrt), group(hospital frequency) time(month)
```

```
Triple-differences regression                        Number of obs = 7,368
Data type: Repeated cross-sectional

                            (Std. err. adjusted for 46 clusters in hospital)
```

satis	Coefficient	Robust std. err.	t	P>|t|	[95% conf. interval]	
ATET						
hightrt (Treated vs Untreated)	.764154	.0402603	18.98	0.000	.6830655	.8452425

Note: ATET estimate adjusted for group effects, time effects, and group- and time-effects interactions.

例 7.10 面板 DID 模型与面板 DDD 模型

清理内存，下载数据集。

. clear all

. webuse hospdd

声明为面板数据。

. xtset hospital

评估新入院程序对接受新程序的患者满意度的 ATE。

. xtdidregress (satis)(procedure), group(hospital) time(month)

```
Difference-in-differences regression                    Number of obs = 7,368
Data type: Longitudinal

                                   (Std. err. adjusted for 46 clusters in hospital)
```

satis	Coefficient	Robust std. err.	t	P>|t|	[95% conf. interval]	
ATET						
procedure (New vs Old)	.8479879	.0320138	26.49	0.000	.7835088	.9124669

Note: ATET estimate adjusted for panel effects and time effects.

使用带 Bell 和 McCaffrey 自由度调整的偏差校正聚类稳健标准误差估计先前模型估计的标准误差。

. xtdidregress (satis)(procedure), group(hospital) time(month) vce(hc2)

```
Difference-in-differences regression                    Number of obs   = 7,368
                                                        No. of clusters =    46
Data type: Longitudinal
```

satis	Coefficient	Robust HC2 std. err.	t	P>|t|	[95% conf. interval]	
ATET						
procedure (New vs Old)	.8479879	.0325552	26.05	0.000	.7819941	.9139816

Note: ATET estimate adjusted for panel effects and time effects.

平行趋势检验。

. estat ptrends

```
Parallel-trends test (pretreatment time period)
H0: Linear trends are parallel

F(1, 7313) =    0.54
  Prob > F = 0.4612
```

格兰杰因果关系检验。

. estat granger

```
Granger causality test
H0: No effect in anticipation of treatment

F(2, 7313) =    0.32
  Prob > F = 0.7260
```

使用 wildbootstrap() 选项获取置信区间和 p 值。

.xtdidregress (satis)(procedure), group(hospital) time(month) wildbootstrap(rseed(111))

```
DID with wild-cluster bootstrap inference          Number of obs   = 7,368
                                                   No. of clusters =    46
                                                   Replications    = 1,000
Data type:    Longitudinal
Error weight: rademacher

----------------------------------------------------------------------
       satis | Coefficient      t     P>|t|     [95% conf. interval]
-------------+--------------------------------------------------------
ATET         |
   procedure |
(New vs Old) |   .8479879   26.49   0.000      .7806259    .9157114
----------------------------------------------------------------------
Note: ATET estimate adjusted for panel effects and time effects.
```

画趋势图。

. estat trendplots

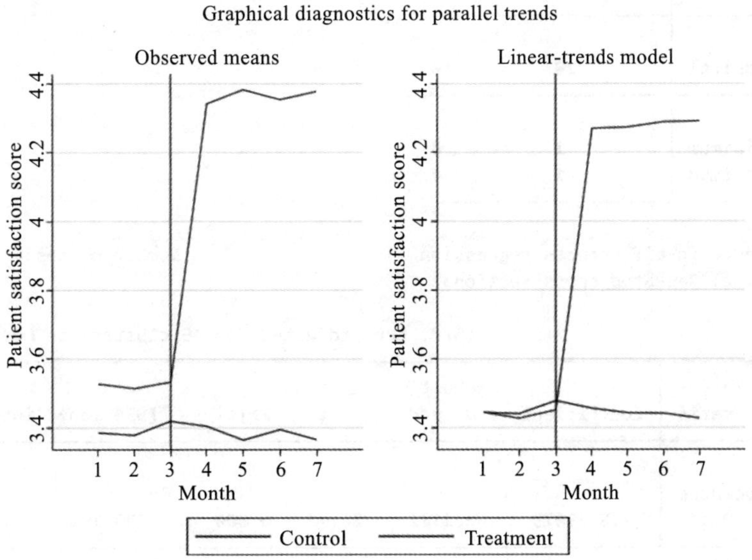

例 7.11　面板数据的 DID 或 DDD

一家医疗集团有兴趣研究新的入院程序对患者满意度的影响。医疗集团有从 1 月到 7 月的患者数据。新的入院程序于 4 月由新管理的医院实施。在参与研究的 46 家医院中，有 18 家实施了新程序。

医疗集团将使用 DID 模型回归分析新入院程序对参与该研究的医院的效果。感兴趣的结果是患者满意度，satis 是对患者提出的一组四个问题的平均回答。satis 的值可能介于 0 和 10 之间，其中 10 是最高的满意度水平，0 是最低的满意度水平。程序变量标记处理后的观察结果；如果接受调查的个人在 4 月使用新程序入院，则取值为 1，否则为 0。为获取结果变量 satis 的 ATET，我们键入：

didregress (satis) (procedure), group(hospital) time(month)

第一组括号用于指定感兴趣的结果，和模型中的协变量。在例 7.11 这种情况下，没有协变量，只有结果，satis。第二组括号用于指定二进制变量，该变量表示经过处理的观察结果、过程。group() 和 time() 选项用于在模型中构造包含的组和时间固定效应。group() 中指定的变量也很重要，因为它定义了默认集群的集群水平——稳健的标准误差；在这种情况下，我们聚焦在医院层面。此命令及结果如下所示。

（1）DID 估计。

清理内存，下载数据集。

.clear

.use https://www.stata-press.com/data/r17/hospdd

拟合 DID。

.didregress (satis) (procedure), group(hospital) time(month)

Number of groups and treatment time

Time variable: month
Control: procedure = 0
Treatment: procedure = 1

	Control	Treatment
Group		
hospital	28	18
Time		
Minimum	1	4
Maximum	1	4

Difference-in-differences regression　　　　Number of obs = 7,368
Data type: Repeated cross-sectional

(Std. err. adjusted for 46 clusters in hospital)

satis	Coefficient	Robust std. err.	t	P>|t|	[95% conf. interval]	
ATET						
procedure (New vs Old)	.8479879	.0321121	26.41	0.000	.7833108	.912665

Note: ATET estimate adjusted for group effects and time effects.

执行两项诊断检查。

.estat trendplots

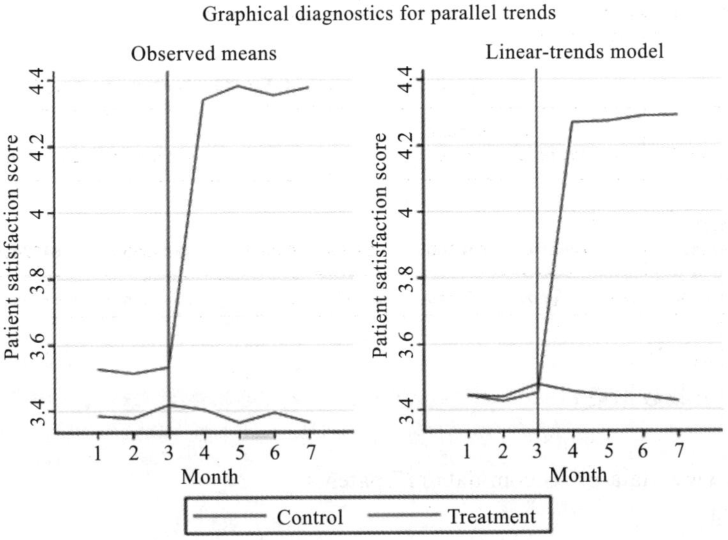

平行趋势假设检验。

.estat ptrends

```
Parallel-trends test (pretreatment time period)
H0: Linear trends are parallel

F(1, 45) =    0.55
Prob > F = 0.4615
```

（2）拟合 DDD。

创建一个新变量 hightrt 作为我们的新处理标识符。如果一个人的医院就诊频率很高或非常高（频率 =3 或 4），并且医院在 4 月实施了新的入院程序，则观察结果被标记为已处理（hightrt=1）。

.generate hightrt = procedure==1 & (frequency==3 | frequency==4)

.label define trt 0 "Untreated" 1 "Treated"

.label values hightrt trt

.didregress (satis) (hightrt), group(hospital frequency) time(month)

```
Number of groups and treatment time

Time variable: month
Control:       hightrt = 0
Treatment:     hightrt = 1
-----------------------------------
             |   Control  Treatment
-------------+---------------------
Group        |
    hospital |        28         18
   frequency |         2          2
-------------+---------------------
Time         |
```

```
     Minimum │          1          4
     Maximum │          1          4
─────────────┴──────────────────────

Triple-differences regression                   Number of obs = 7,368
Data type: Repeated cross-sectional

                            (Std. err. adjusted for 46 clusters in hospital)
─────────────────────────────────────────────────────────────────────────────
                         │              Robust
                   satis │ Coefficient  std. err.      t    P>|t|     [95% conf. interval]
─────────────────────────┼───────────────────────────────────────────────────
ATET                     │
                 hightrt │
 (Treated vs Untreated)  │    .764154   .0402603    18.98   0.000     .6830655    .8452425
─────────────────────────────────────────────────────────────────────────────
Note: ATET estimate adjusted for group effects, time effects, and group- and time-effects interactions.
```

（3）面板数据 DID。

清理内存，下载数据集。

.clear

.use https://www.stata-press.com/data/r17/patents

.xtset classid

面板 DID 估计。

.xtdidregress (uspatents fpatents) (gotpatent), group(classid) time(year)

```
Number of groups and treatment time

Time variable: year
Control:       gotpatent = 0
Treatment:     gotpatent = 1
─────────────────────────────────────
             │   Control  Treatment
─────────────┼───────────────────────
Group        │
     classid │      6912        336
─────────────┼───────────────────────
Time         │
     Minimum │      1875       1919
     Maximum │      1875       1919
─────────────────────────────────────

Difference-in-differences regression            Number of obs = 471,120
Data type: Longitudinal

                            (Std. err. adjusted for 7,248 clusters in classid)
─────────────────────────────────────────────────────────────────────────────
                   │              Robust
         uspatents │ Coefficient  std. err.      t    P>|t|     [95% conf. interval]
───────────────────┼─────────────────────────────────────────────────────────
ATET               │
         gotpatent │
  (Patent vs None) │    .150516   .0356081     4.23   0.000     .0807137    .2203183
─────────────────────────────────────────────────────────────────────────────
Note: ATET estimate adjusted for covariates, panel effects, and time effects.
```

（4）绘制 DID 诊断图表和检验。

清理内存，下载数据集。

.clear

.use https://www.stata-press.com/data/r17/parallelt

.xtset id1

面板 DID 估计。

.xtdidregress (y1 c.x1##c.x2) (treated1), group(id1) time(t1)

```
Number of groups and treatment time

Time variable: t1
Control:       treated1 = 0
Treatment:     treated1 = 1
-----------------------------------
             |   Control  Treatment
-------------+---------------------
Group        |
         id1 |       102         98
-------------+---------------------
Time         |
     Minimum |         1          6
     Maximum |         1          6
-----------------------------------

Difference-in-differences regression                 Number of obs = 2,000
Data type: Longitudinal

                                     (Std. err. adjusted for 200 clusters in id1)
---------------------------------------------------------------------------------
                         |               Robust
                      y1 | Coefficient  std. err.      t    P>|t|     [95% conf. interval]
-------------------------+-------------------------------------------------------
ATET                     |
                treated1 |
   (Treated vs Untreated)|    .5069426   .0220218    23.02   0.000     .4635166    .5503686
---------------------------------------------------------------------------------
Note: ATET estimate adjusted for covariates, panel effects, and time effects.
```

以图形方式探索平行趋势的假设。

.estat trendplots

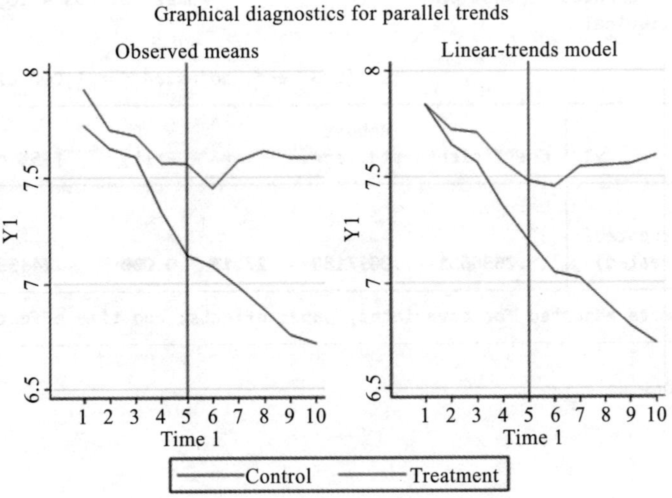

平行趋势检验。

.estat ptrends

```
Parallel-trends test (pretreatment time period)
H0: Linear trends are parallel

F(1, 199) =  39.97
 Prob > F = 0.0000
```

格兰杰因果关系模型估计检验。

.estat granger

```
Granger causality test
H0: No effect in anticipation of treatment

F(4, 199) =  18.17
 Prob > F = 0.0000
```

（5）诊断和测试是否存在非线性平均结果差异。

.xtset id2

.xtdidregress (y2 c.z1##c.z2) (treated2), group(id2) time(t2)

```
Number of groups and treatment time

Time variable: t2
Control:       treated2 = 0
Treatment:     treated2 = 1
-----------------------------------
             |   Control  Treatment
-------------+---------------------
Group        |
         id2 |       480        520
-------------+---------------------
Time         |
     Minimum |         1          6
     Maximum |         1          6
-----------------------------------

Difference-in-differences regression                Number of obs = 10,000
Data type: Longitudinal

                                 (Std. err. adjusted for 1,000 clusters in id2)
-------------------------------------------------------------------------------
                        |               Robust
                     y2 | Coefficient  std. err.      t    P>|t|     [95% conf. interval]
------------------------+------------------------------------------------------
ATET                    |
               treated2 |
(Treated vs Untreated)  |   .2636651   .0097188    27.13   0.000     .2445936    .2827367
-------------------------------------------------------------------------------
Note: ATET estimate adjusted for covariates, panel effects, and time effects.
```

.estat trendplots

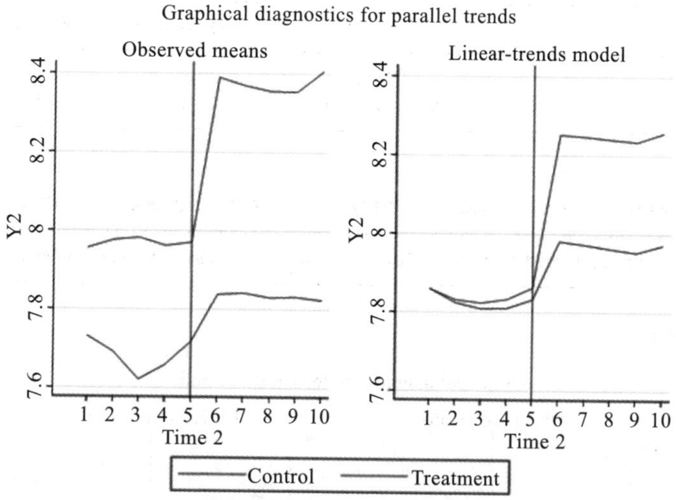

.estat ptrends

```
Parallel-trends test (pretreatment time period)
H0: Linear trends are parallel

F(1, 999) =    2.13
 Prob > F = 0.1446
```

.estat granger

```
Granger causality test
H0: No effect in anticipation of treatment

F(4, 999) =    9.86
 Prob > F = 0.0000
```

（6）满足平行趋势假设时的诊断和测试。

.xtset id3

.xtdidregress (y3 c.w1##c.w2) (treated3), group(id3) time(t3)

```
Number of groups and treatment time

Time variable: t3
Control:       treated3 = 0
Treatment:     treated3 = 1
-----------------------------------
             |   Control  Treatment
-------------+---------------------
Group        |
         id3 |       502        498
-------------+---------------------
Time         |
     Minimum |         1          6
     Maximum |         1          6
-----------------------------------

Difference-in-differences regression                Number of obs = 10,000
Data type: Longitudinal
```

```
                                (Std. err. adjusted for 1,000 clusters in id3)
------------------------------------------------------------------------------
                         |               Robust
                      y3 | Coefficient  std. err.      t    P>|t|     [95% conf. interval]
-------------------------+----------------------------------------------------
ATET                     |
                treated3 |
  (Treated vs Untreated) |   .4996049   .0102458    48.76   0.000     .4794991    .5197107
------------------------------------------------------------------------------
Note: ATET estimate adjusted for covariates, panel effects, and time effects.
```

.estat trendplots

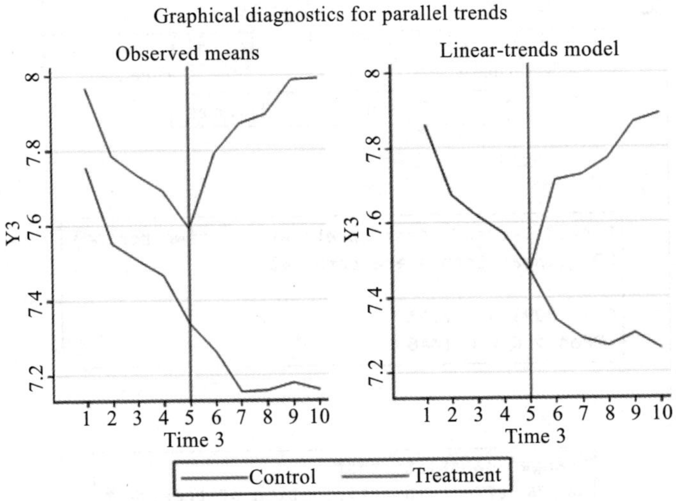

.estat ptrends

```
Parallel-trends test (pretreatment time period)
H0: Linear trends are parallel

F(1, 999) =    0.00
 Prob > F = 0.9688
```

.estat granger

```
Granger causality test
H0: No effect in anticipation of treatment

F(4, 999) =    0.52
 Prob > F = 0.7220
```

（7）特定时间的处理效应。

清理内存，下载数据集。

.clear

.use https://www.stata-press.com/data/r17/hospdd

.didregress (satis) (procedure), group(hospital) time(month)

```
Number of groups and treatment time

Time variable: month
Control:       procedure = 0
Treatment:     procedure = 1

-----------------------------------
             |   Control  Treatment
-------------+---------------------
Group        |
    hospital |        28         18
-------------+---------------------
Time         |
     Minimum |         1          4
     Maximum |         1          4
-----------------------------------

Difference-in-differences regression                 Number of obs = 7,368
Data type: Repeated cross-sectional

                              (Std. err. adjusted for 46 clusters in hospital)
------------------------------------------------------------------------------
             |               Robust
       satis | Coefficient  std. err.      t    P>|t|     [95% conf. interval]
-------------+----------------------------------------------------------------
ATET         |
   procedure |
(New vs Old) |   .8479879   .0321121    26.41   0.000     .7833108     .912665
------------------------------------------------------------------------------
Note: ATET estimate adjusted for group effects and time effects.
```

.estat grangerplot

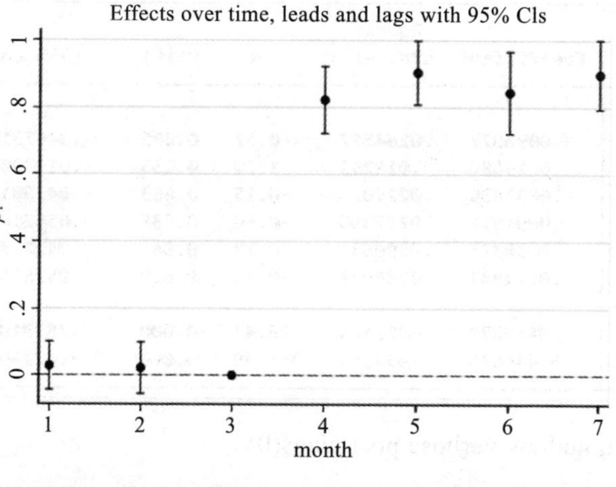

.estat grangerplot, nodraw verbose

```
Linear regression, absorbing indicators            Number of obs     =  7,368
Absorbed variable: hospital                        No. of categories =     46
                                                   F(12, 45)         =  94.68
                                                   Prob > F          = 0.0000
                                                   R-squared         = 0.5334
                                                   Adj R-squared     = 0.5298
                                                   Root MSE          = 0.7240

                              (Std. err. adjusted for 46 clusters in hospital)
```

satis	Coefficient	Robust std. err.	t	P>|t|	[95% conf.	interval]
month						
February	-.007044	.0263953	-0.27	0.791	-.0602068	.0461188
March	.0335696	.0255925	1.31	0.196	-.0179764	.0851156
April	.0187852	.0250623	0.75	0.457	-.0316927	.0692632
May	-.0211152	.0269569	-0.78	0.438	-.0754092	.0331788
June	.0091208	.0179016	0.51	0.613	-.026935	.0451766
July	-.0203444	.0306266	-0.66	0.510	-.0820296	.0413407
_lead3	.027897	.035569	0.78	0.437	-.0437426	.0995367
_lead2	.0217322	.0380076	0.57	0.570	-.054819	.0982833
_lag0	.8228153	.0494933	16.62	0.000	.7231307	.9224999
_lag1	.9040498	.0469682	19.25	0.000	.8094511	.9986486
_lag2	.844724	.0608006	13.89	0.000	.7222654	.9671826
_lag3	.8978885	.0511588	17.55	0.000	.7948494	1.000928
_cons	3.433074	.0198449	173.00	0.000	3.393104	3.473044

.estat grangerplot, nodraw verbose nleads(1) nlags(0)

```
Linear regression, absorbing indicators          Number of obs      =  7,368
Absorbed variable: hospital                      No. of categories  =     46
                                                 F(7, 45)           = 138.73
                                                 Prob > F           = 0.0000
                                                 R-squared          = 0.5333
                                                 Adj R-squared      = 0.5299
                                                 Root MSE           = 0.7238

                            (Std. err. adjusted for 46 clusters in hospital)
```

satis	Coefficient	Robust std. err.	t	P>|t|	[95% conf.	interval]
month						
February	-.0096077	.0184317	-0.52	0.605	-.0467311	.0275158
March	.0219686	.018251	1.20	0.235	-.0147907	.0587279
April	-.0032839	.0221028	-0.15	0.883	-.0478013	.0412335
May	-.0094027	.0232399	-0.40	0.688	-.0562103	.0374048
June	-.0038375	.0190634	-0.20	0.841	-.0422332	.0345581
July	-.0111941	.0230029	-0.49	0.629	-.0575244	.0351361
_lag0	.8479879	.0321121	26.41	0.000	.7833108	.912665
_cons	3.444675	.011354	303.39	0.000	3.421807	3.467543

.estat grangerplot, nodraw verbose post nlags(0)

```
Linear regression, absorbing indicators          Number of obs      =  7,368
Absorbed variable: hospital                      No. of categories  =     46
                                                 F(9, 45)           = 113.78
                                                 Prob > F           = 0.0000
                                                 R-squared          = 0.5333
                                                 Adj R-squared      = 0.5298
                                                 Root MSE           = 0.7239

                            (Std. err. adjusted for 46 clusters in hospital)
```

satis	Coefficient	Robust std. err.	t	P>|t|	[95% conf.	interval]

```
       month
    February     -.007044   .0263899    -0.27   0.791    -.0601959    .0461079
       March     .0335696   .0255873     1.31   0.196    -.0179658     .085105
       April     .0002573   .0243547     0.01   0.992    -.0487955    .0493101
         May    -.0058616   .0249982    -0.23   0.816    -.0562105    .0444874
        June    -.0002964   .0199414    -0.01   0.988    -.0404605    .0398678
        July     -.007653   .0251828    -0.30   0.763    -.0583738    .0430679

      _lead3      .027897   .0355617     0.78   0.437     -.043728     .099522
      _lead2     .0217322   .0379998     0.57   0.570    -.0548033    .0982676
       _lag0     .8673694   .0424929    20.41   0.000     .7817844    .9529544
       _cons     3.433074   .0198408   173.03   0.000     3.393113    3.473035
```

.test _lead3 _lead2

```
( 1)  _lead3 = 0
( 2)  _lead2 = 0

      F(  2,    45) =    0.33
           Prob > F =    0.7239
```

.quietly didregress (satis) (procedure), group(hospital) time(month)

.estat granger

```
Granger causality test
H0: No effect in anticipation of treatment

F(2, 45) =    0.33
Prob > F = 0.7239
```

（8）设定 2×2 的 DID。

清理内存，下载数据集。

.clear

.use https://www.stata-press.com/data/r17/hospdd

.didregress (satis) (procedure), group(hospital) time(month)

创建处理组指标。

.bysort hospital: egen treated = max(procedure)

创建处理后指标。

.generate post = month>3

拟合 DID 估计。

.didregress (satis i.treated i.post) (procedure), nogteffects group(hospital) time(month)

```
Number of groups and treatment time

Time variable: month
Control:       procedure = 0
Treatment:     procedure = 1

              Control  Treatment

Group
    hospital       28         18
```

```
Time
    Minimum        1        4
    Maximum        1        4

Difference-in-differences regression              Number of obs = 7,368
Data type: Repeated cross-sectional

                          (Std. err. adjusted for 46 clusters in hospital)
------------------------------------------------------------------------------
                            Robust
        satis  Coefficient  std. err.      t    P>|t|     [95% conf. interval]
------------------------------------------------------------------------------
ATET
    procedure
(New vs Old)     .8479879   .0320051    26.50   0.000     .7835263    .9124494
------------------------------------------------------------------------------
Note: ATET estimate adjusted for covariates.
```

（9）标准误差和数据整合。

清理内存，下载数据集。

```
.clear
.use https://www.stata-press.com/data/r17/smallg
.tab county
```

County	Freq.	Percent	Cum.
1	715	7.15	7.15
2	2,570	25.70	32.85
3	3,410	34.10	66.95
4	2,285	22.85	89.80
5	920	9.20	99.00
6	100	1.00	100.00
Total	10,000	100.00	

拟合 DID 估计。

```
.didregress (outcome x i.b) (treated), group(county) time(year)
```

```
Number of groups and treatment time

Time variable: year
Control:       treated = 0
Treatment:     treated = 1
-----------------------------------
                 Control  Treatment
-----------------------------------
Group
     county            4          2
-----------------------------------
Time
    Minimum         2011       2013
    Maximum         2011       2013
-----------------------------------

Difference-in-differences regression              Number of obs = 10,000
Data type: Repeated cross-sectional
```

```
                                  (Std. err. adjusted for 6 clusters in county)
-------------------------------------------------------------------------------
                        |               Robust
                outcome | Coefficient  std. err.      t    P>|t|     [95% conf. interval]
------------------------+------------------------------------------------------
ATET                    |
                treated |
(Treated vs Untreated)  |  -.9394987   .0884134   -10.63   0.000    -1.166773   -.7122247
-------------------------------------------------------------------------------
Note: ATET estimate adjusted for covariates, group effects, and time effects.
```

使用 wild cluster bootstrap 构造 p 值和置信区间，强制使用空值，假设 ATET 为 0。

.didregress (outcome x i.b) (treated), group(county) time(year) wildbootstrap(rseed(123) errorweight(webb))

```
Confidence interval lower bound
...........................
Confidence interval upper bound
......

Number of groups and treatment time

Time variable: year
Control:       treated = 0
Treatment:     treated = 1
-----------------------------------
             |   Control  Treatment
-------------+---------------------
Group        |
      county |         4          2
-------------+---------------------
Time         |
     Minimum |      2011       2013
     Maximum |      2011       2013
-----------------------------------

DID with wild-cluster bootstrap inference         Number of obs   = 10,000
                                                  No. of clusters =      6
                                                  Replications    =  1,000
Data type:    Repeated cross-sectional
Error weight: webb

--------------------------------------------------------------------------
               outcome | Coefficient      t    P>|t|  [95.10% conf. interval]
-----------------------+--------------------------------------------------
ATET                   |
       treated         |
(Treated vs Untreated) |  -.9394987  -10.63   0.020   -1.248532   -.5621484
--------------------------------------------------------------------------
Note: 95.10% confidence interval is wider than requested.
Note: ATET estimate adjusted for covariates, group effects, and time effects.
```

如上所述汇总数据，并使用自由度调整估计偏差校正的标准误差。

.didregress (outcome x i.b) (treated), group(county) time(year) aggregate(standard) vce(hc2)

```
Number of groups and treatment time

Time variable: year
```

```
Control:        treated = 0
Treatment:      treated = 1
```

	Control	Treatment
Group		
county	4	2
Time		
Minimum	2011	2013
Maximum	2011	2013

```
Difference-in-differences regression                Number of obs    = 30
                                                     No. of clusters =  6
Data type:     Repeated cross-sectional
Aggregation:   Standard
```

outcome	Coefficient	Robust HC2 std. err.	t	P>|t|	[95% conf. interval]	
ATET						
treated (Treated vs Untreated)	-.9958521	.1373277	-7.25	0.017	-1.566242	-.4254624

Note: ATET estimate adjusted for covariates, group effects, and time effects.

汇总数据，并使用自由度计算 t 统计量。

.didregress (outcome x i.b) (treated), group(county) time(year) aggregate(dlang)

```
Number of groups and treatment time

Time variable: year
Control:        treated = 0
Treatment:      treated = 1
```

	Control	Treatment
Group		
county	4	2
Time		
Minimum	2011	2013
Maximum	2011	2013

```
Difference-in-differences regression                Number of obs = 30
Data type:    Repeated cross-sectional
Aggregation: Donald-Lang
```

outcome	Coefficient	Std. err.	t	P>|t|	[95% conf. interval]	
ATET						
treated (Treated vs Untreated)	-.9958521	.1224496	-8.13	0.000	-1.248576	-.7431287

Note: ATET estimate adjusted for covariates, group effects, and time effects.

（10）默认聚类稳健标准误差的 didregress 和 xtdidregress。

清理内存，下载数据集。

```
.clear
.use https://www.stata-press.com/data/r17/hospdd
.xtset hospital
.xtdidregress (satis) (procedure), group(hospital) time(month)
```

```
Number of groups and treatment time

Time variable: month
Control:       procedure = 0
Treatment:     procedure = 1

-----------------------------------
             |   Control  Treatment
-------------+---------------------
Group        |
    hospital |        28         18
-------------+---------------------
Time         |
     Minimum |         1          4
     Maximum |         1          4
-----------------------------------

Difference-in-differences regression               Number of obs = 7,368
Data type: Longitudinal

                           (Std. err. adjusted for 46 clusters in hospital)
---------------------------------------------------------------------------
             |               Robust
       satis | Coefficient  std. err.      t    P>|t|    [95% conf. interval]
-------------+-------------------------------------------------------------
ATET         |
    procedure|
 (New vs Old)|   .8479879   .0320138    26.49   0.000     .7835088    .9124669
---------------------------------------------------------------------------
Note: ATET estimate adjusted for panel effects and time effects.
```

7.9 合成控制法

目前国内外普遍采用的因果推断方法主要有 DID、PSM，或者二者相结合的 PSM-DID 方法，但是这些方法都带有很强的假设条件，如 DID 要求处理组和控制组需要满足共同趋势假设，而 PSM 则要求满足条件独立假设。因为这一系列条件均不容易满足，所以就需要利用合成控制法。

合成控制法（synthetic control method）通过控制一些特定的预测变量，为每个控制组赋予一定的权重，构建了一个与处理组非常相似的合成控制组，并且将合成控制组在政策干预后的结果近似作为处理组的“反事实”结果，从而二者之间的差值便是政策干预效果。由于这一方法是通过数据驱动确定相关权重的，减少了主观选择误差，避免了政策内生性问题；而且权重的选择要求为正数且和为 1，从而避免了过分外推；另外，这种方法还允许存在随时间变化的未观测混杂因素，从而放松了 DID 的识别条件。当然，与以往的政策评估方法相比，合成控制法同样有隐含的假设，一方面要求处理组和控制组无交互影响；另一方面，两组个体特征变量必须是不受政策干预影响的变量。

下面以中国自由贸易区建设的质量效应为主题，说明合成控制法原理。假设总样本为 J+1 个省级行政区在 $t\in[1,T]$ 期的相关数据，且只有第一个地区（$i=1$）在 $t=T_0$ 时期实行自贸区政策，令该省级行政区为处理组，其结果变量记为 y_{1t}。将其余 J 个未设立自贸区的省级行政区归为控制组，其结果变量记为 $y_{jt}(j=2, 3, \cdots, J+1)$。将整个时间段分为两段，即政策实施前 $t\in[1,T_0]$ 和政策实施后 $t\in[T_0+1,T]$。令 y_{1t}^N 为处理组未设立自贸区时的观测值，令 y_{1t}^F 为处理组在受到自贸区政策影响下的实际观测值，则 $\text{Gap}_{1t}=y_{1t}^F-y_{1t}^N$ 可以表示自贸区设立对处理组的影响，即自贸区建设的政策效应。其中，y_{1t}^F 就是实际观测值，而 y_{1t}^N 作为反事实的结果变量为非观测值。采用因子模型后，可估计 y_{1t}^N 为

$$y_{1t}^N=\delta_t+\theta_t Z_i+\varphi_t\mu_i+\varepsilon_{it} \tag{7-51}$$

其中，δ_t 是时间固定效应；Z_i 是一组可观测的控制变量；$\varphi_t u_i$ 是不可观测的互动固定效应，即时间效应 φ_t 与个体效应 u_i 的乘积；ε_{it} 是随机扰动项。为构造 y_{1t}^N，可设置合成控制法的权重向量 $\boldsymbol{w}=(w_2, \cdots, w_{j+1})$，其中，$w_j$ 表示第 j 个地区在合成控制中所占的比重，且 $\sum_{j=1}^{J+1}w_j=1$。将控制组内的每个地区的加权平均结果表示为 W，由此组成一个可行的合成控制组，记为

$$\sum_{j=2}^{J+1}w_j y_{jt}^N=\delta_t+\theta_t\sum_{j=2}^{j+1}w_j Z_j+\varphi_t\sum_{j=2}^{J+1}w_j\mu_j+\sum_{j=2}^{J+1}w_j\varepsilon_{jt} \tag{7-52}$$

假设存在权重向量 $\boldsymbol{w}^*=(w_2^*,\cdots,w_{J+1}^*)$，满足 $\sum_{j=1}^{J+1}w_j^*Z_j=Z_1$，且对于任意的 $t\in[1,T_0]$，均满足 $\sum_{j=1}^{J+1}w_j^*y_j=y_1$，那么可由此估计在 t_2 时期的政策效果：

$$\text{Gap}_{1t}^*=y_{1t}^F-y_{1t}^N=y_{1t}^F-\sum_{j=2}^{J+1}w_j^*y_{jt},\qquad t\in[T_0+1,T] \tag{7-53}$$

令 $t\in[1,T_0]$ 的时期变量数为 n，即 $n=T_0$。再定义 $\boldsymbol{A}_1=(Z_1,y_1^1,\cdots,y_1^n)$ 是 t_1 时期处理组（$n\times1$）的特征向量，$\boldsymbol{A}_0$ 是控制组在 t_1 时期的（$J\times n$）维对应矩阵，包括 Z_j 和 y_{jt} 指标。度量 $\boldsymbol{A}_1$ 和 $\boldsymbol{A}_0\boldsymbol{W}$ 之间的距离为

$$\|\boldsymbol{A}_1-\boldsymbol{A}_0\boldsymbol{W}\|_V=\sqrt{(\boldsymbol{A}_1-\boldsymbol{A}_0\boldsymbol{W})'\boldsymbol{V}(\boldsymbol{A}_1-\boldsymbol{A}_0\boldsymbol{W})} \tag{7-54}$$

其中，$\boldsymbol{V}$ 是一个（$n\times n$）的半正定对称矩阵。通过事前均方根误差最小化，确定最优可变变量 $\boldsymbol{V}$，$\boldsymbol{V}$ 确定之后便可根据式（7-54）求出最优权重矩阵 $\boldsymbol{W}^*$。

在 t_1 期间，若 Gap_{1t}^* 趋近于 0，即 y_{1t}^F 与 y_{1t}^N 非常接近，表明两者拟合效果较好。在 t_2 期间，Gap_{1t}^* 的走向及其数值即为政策效果。因 t_2 时期的 Gap_{1t}^* 会存在波动，可以计算其平均效应：

$$A\text{Gap}_{1t}^*=\frac{1}{T-T_0}\sum_{t=T_0+1}^{T}\text{Gap}_{1t}^* \tag{7-55}$$

进一步构造均方根误差（RMSE）统计量：

$$\text{RMSE}=\left[\frac{1}{T_0-1+1}\sum_{t=1}^{T_0}(Y_{1t}^F-Y_{1t}^N)^2\right]^{\frac{1}{2}}=\left(\frac{1}{n}\sum_{t=1}^{T_0}\text{Gap}_{1t}^{*2}\right)^{\frac{1}{2}} \tag{7-56}$$

评价 t_1 时期的真实值 y_{1t}^F 与合成值 y_{1t}^N 之间的偏离程度，若 RMSE 越趋近于 0，则表明真实值 y_{1t}^F 与合成值 y_{1t}^N 之间的差值越接近于 0，合成值 y_{1t}^N 越可靠。

合成控制法实现的命令语法格式如下所示。

synth depvar predictorvars , trunit(#) trperiod(#) [counit(numlist) xperiod(numlist) mspeperiod() resultsperiod() nested allopt unitnames(varname) figure keep(filename) replace]

其中，各选项含义为：depvar 表示结果变量；predictorvars 为预测变量；trunit(#) 用于指定处理地区；trperiod(#) 用于指定政策干预开始的时期；counit(numlist) 用于指定潜在的控制地区（即 donor pool，其中 counit 表示控制组），默认为数据集中的除处理地区以外的所有地区；xperiod(numlist) 用于指定将预测变量（predictors）进行平均的期间，默认为政策干预开始之前的所有时期；mspeperiod() 用于指定最小化均方预测误差（MSPE）的时期，默认为政策干预开始之前的所有时期。figure 表示将处理地区与合成控制的结果变量画时间趋势图。选择项 resultsperiod() 用于指定此趋势图的时间范围（默认为整个样本期间）。nested 表示使用嵌套的数值方法寻找最优的合成控制（推荐使用此选项），这比默认方法更费时间，但可能更精确。在使用 nested 时，如果再加上 allopt（即 nested allopt），则比单独使用 nested 还要费时间，但精确度可能更高。keep(filename) 将估计结果（比如，合成控制的权重、结果变量）保存为另一个 Stata 数据集（filename.dta），以便进行后续计算。replace 表示将 keep(filename) 中的数据进行替换。

synth 在比较案例研究中实现了因果推理的合成控制法。synth 通过将处理组的总结果 depvar 的演变与合成控制组的相同总结果的演变进行比较，来评估干预效果。synth 通过搜索控制组的加权组合来构建这一合成控制组，这些控制组被选择用于在结果预测方面近似处理组。所产生的合成控制组结果的演变是对在没有干预的情况下处理组所观察到的情况的反事实估计。synth 还可用于进行各种安慰剂和置换检验，无论可用的控制组数量和可用的时间段数量是多少，都能产生信息性推断。

例 7.12 合成控制法

下载并安装 synth。

```
. ssc install synth
checking synth consistency and verifying not already installed...
installing into c:\ado\plus\...
installation complete.
```

清理内存，下载数据集：该面板数据集包含 1970 年—2000 年美国 39 个州的信息（详情请参见：Abadie，Diamond，Hainmueller，2010）。

```
. clear all
. sysuse synth_smoking
```

在本例中，处理组是 1989 年的 3 号组（加利福尼亚州）。控制组［因为没有指定 conuit()］默认为控制组 1、2、4、5、…、39（即数据集中的其他 38 个州）。由于未提供 xperiod()，因此未指定变量特定时间段（retprice、lnincome 和年龄 15 ～ 24）的预测变量在整个干预前期间直至干预年份的平均值（1970，1981，…，1988）。变量 beer 具有指定的时间段［1984(1)—1988］，这意味着它是 1984 年，1985 年，…，1988 年。变量 cigsale 分别使用 1988 年、1980 年和 1975 年的值作为预测值。由于未提供 mspeperiod()，因此在整个预处理期间，MSPE 会最小化。默认情况下，将显示 1970 年至 2000 年的数据（数据集中于最早和最晚的一年中）。

构建合成控制组。

.synth cigsale beer(1984(1)1988) lnincome retprice age15to24 cigsale(1988) cigsale(1980) cigsale(1975), trunit(3) trperiod(1989)

Predictor Balance:

	Treated	Synthetic
beer(1984(1)1988)	24.28	23.22596
lnincome	10.03176	9.867266
retprice	66.63684	65.40743
age15to24	.1786624	.1825559
cigsale(1988)	90.1	92.6063
cigsale(1980)	120.2	120.3907
cigsale(1975)	127.1	126.7094

现在我们分析第二种情况。变量 beer 在整个预处理期间进行平均，而 lnincome 仅在 1980 年至 1985 年取平均值。由于 1984 年之前没有 beer 的数据可用，synth 将通知用户该变量缺少数据，并且在平均值中忽略缺少的值。还可以使用 fig 选项画结果图。

构建第二种情况的合成控制组。

. synth cigsale beer lnincome(1980&1985) retprice cigsale(1988) cigsale(1980) cigsale(1975), trunit(3) trperiod(1989) fig

Predictor Balance:

	Treated	Synthetic
beer	24.28	23.22086
lnincome(1980&1985)	10.06877	9.89557
retprice	66.63684	65.37821
cigsale(1988)	90.1	92.5857
cigsale(1980)	120.2	120.4157
cigsale(1975)	127.1	126.6126

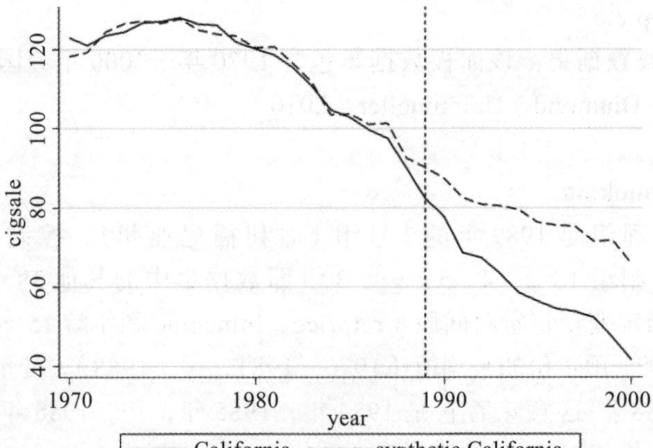

7.10　断点回归模型

依可测变量选择的一种特殊情况是，处理变量 D_i 完全由某个连续变量（分组变量）x_i 是否超过某个断点所决定。记为 $D(x_i)$，即

$$D_i = \begin{cases} 1 & 若 x_i \geqslant c \\ 0 & 若 x_i < c \end{cases} \tag{7-57}$$

为了估计断点处的跳跃（即处理效应），引入虚拟变量，建立虚拟变量回归模型：

$$y_i = \alpha + \beta(x_i - c) + \delta D_i + \gamma(x_i - c)D_i + \varepsilon_i \quad (i = 1, \cdots, n) \tag{7-58}$$

对模型（7-58）做 OLS 回归，所得 δ 就是在 $x = c$ 处的局部平均处理效应（LATE）的估计量。该模型回归就是断点回归（regression discontinuity，RD）。

断点回归可以分为两种类型：

（1）精确断点回归（sharp regression discontinuity，SRD），其特征是断点 $x = c$ 处，个体得到处理的概率从 0 跳跃到 1。

（2）模糊断点回归（fuzzy regression discontinuity，FRD），其特征是断点 $x = c$ 处，个体得到处理的概率从 a 跳跃到 b，其中 $0<a<b<1$。

7.10.1　精确断点回归

在模型（7-58）中，引入高次项（比如二次项），并限定 x 的取值范围为 $(c-h, c+h)$，可得精确断点回归模型：

$$\begin{aligned} y_i = {} & \alpha + \beta_1(x_i - c) + \delta D_i + \gamma_1(x_i - c)D_i \\ & + \beta_2(x_i - c)^2 + \gamma_2(x_i - c)^2 D_i + \varepsilon_i \qquad (c - h < x < c + h) \end{aligned} \tag{7-59}$$

所得 δ 就是在 $x = c$ 处的局部平均处理效应（LATE）的估计量。可使用稳健标准误差控制异方差问题。因为带宽 h 取值未确定，该模型属于非参数回归，需要使用局部线性回归目标函数最小化估计法：

$$\min_{\{\alpha,\beta,\delta,\gamma\}} \sum_{i=1}^{n} \{K[(x_i - c)/h][y_i - \alpha - \beta(x_i - c) - \delta D_i - \gamma(x_i - c)D_i]^2\} \tag{7-60}$$

式中，$K(\cdot)$ 为核函数。

7.10.2　模糊断点回归

在模糊断点回归的情况下处理变量 D 并不完全由处理变量 x 决定。一般来说，影响处理变量 x 的其他因素也会影响结果变量 y。处理变量 x 与扰动项相关，所以 OLS 估计量不一致。

模糊断点回归需要判断条件独立假设，即给定 x，则 $(y_1 - y_0)$ 独立于 D。在条件独立假设成立时，模糊断点回归的 LATE 等于精确断点回归的 LATE 除以处理概率（即倾向性得分）在断点 c 处的跳跃（$b - a$），即

$$\text{LATE} \equiv E[(y_1 - y_0) \mid x = c] = \frac{\lim_{x \downarrow c} E(y \mid x) - \lim_{x \uparrow c} E(y \mid x)}{\lim_{x \downarrow c} E(D \mid x) - \lim_{x \uparrow c} E(D \mid x)} \tag{7-61}$$

因此，可以使用精确断点回归来估计 LATE 的分子，然后将结果变量 y 替换为处理变量即可。

模糊断点回归的另一种方法为工具变量法。定义 $Z_i = \boldsymbol{I}(x_i \geqslant c)$，即处理变量是否大于等于断点 c，如果大于等于断点 c，那么 Z_i 与处理变量相关，满足相关性。$Z_i = \boldsymbol{I}(x_i \geqslant c)$ 在断点 c 附近相当于局部随机实验，只通过 D_i 影响结果变量 y，与扰动项无关，满足外生性，因此，Z_i 为 D_i 的有效工具变量，可以使用两阶段最小二乘法进行估计。

断点回归实现的命令语法格式如下所示。

rd [varlist] [if] [in] [weight] [, options]

rd 命令后应指定两个或三个变量；如果指定了两个，则假设采用精确断点回归估计，其中处理变量在截止点从 0 跳到 1。如果在 rd 命令后未指定变量，则显示估计表。

rd outcomevar [treatmentvar] assignmentvar [if] [in] [weight] [, options]

在最简单的情况下，处理变量的分配取决于变量 Z 高于截止点 Z_0。通常，Z 的定义使 Z_0=0。在这种情况下，$Z \geqslant 0$ 时的处理为 1，Z<0 时的处理为 0，我们估计截止点两侧的局部线性回归，以获得 Z=0 时的结果估计。两个估计值之间的差异（对于 $Z \geqslant 0$ 和 Z<0 的样本）是处理变量的估计效果。

例 7.13　断点回归

为了考察美国国会选区如有一名民主党众议员对该选区联邦支出的影响，我们使用 votex.dta。在美国国会中有一位民主党代表可能被视为适用于国会选区的一种待遇，而变量 Z 是民主党候选人获得的选票份额。当 Z=50% 时，处理概率 =1，从 0 跳到 1。我们使用 rd 命令进行截止点两侧的局部线性回归，相关代码如下所示。

下载安装程序 rd。

```
. ssc inst rd, replace
.net get rd
. use votex
. rd lne d, gr mbw(100)
```

```
Two variables specified; treatment is
assumed to jump from zero to one at Z=0.

 Assignment variable Z is d
 Treatment variable X_T unspecified
 Outcome variable y is lne

Command used for graph: lpoly; Kernel used: triangle (default)
Bandwidth: .29287776; loc Wald Estimate: -.07739553
Estimating for bandwidth .2928777592534901
```

lne	Coefficient	Std. err.	z	P>|z|	[95% conf. interval]	
lwald	-.0773955	.1056062	-0.73	0.464	-.28438	.1295889

```
. rd lne d, gr mbw(100) line(`"xla(-.2 "Repub" 0 .3 "Democ", noticks)"')
```

```
Two variables specified; treatment is
assumed to jump from zero to one at Z=0.
```

```
 Assignment variable Z is d
 Treatment variable X_T unspecified
 Outcome variable y is lne

Command used for graph: lpoly; Kernel used: triangle (default)
Bandwidth: .29287776; loc Wald Estimate: -.07739553
Estimating for bandwidth .2928777592534901
```

lne	Coefficient	Std. err.	z	P>|z|	[95% conf. interval]	
lwald	-.0773955	.1056062	-0.73	0.464	-.28438	.1295889

. rd lne d, gr ddens

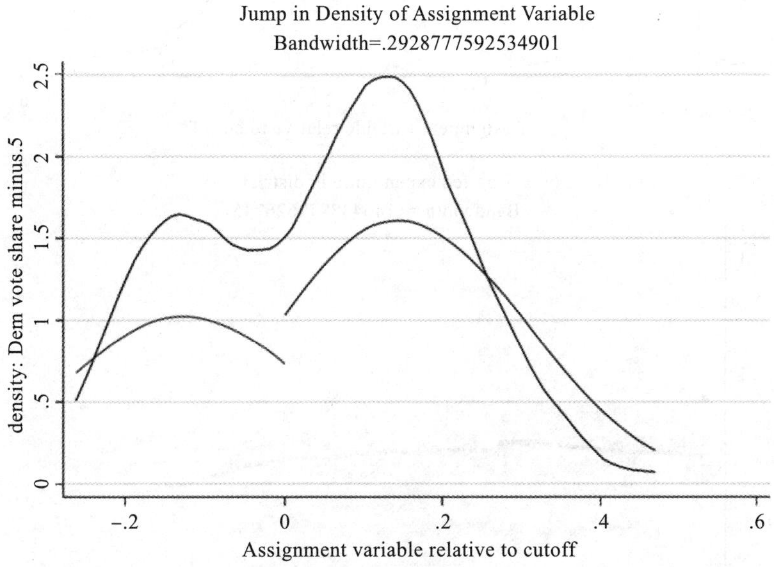

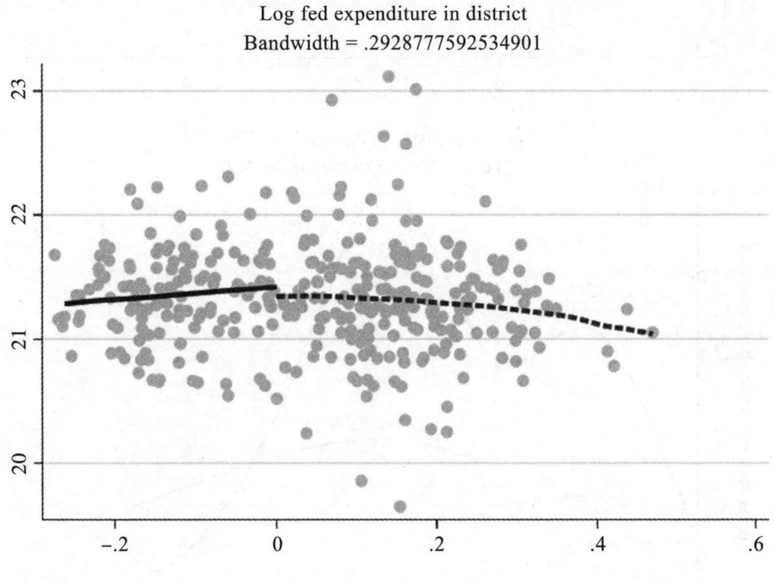

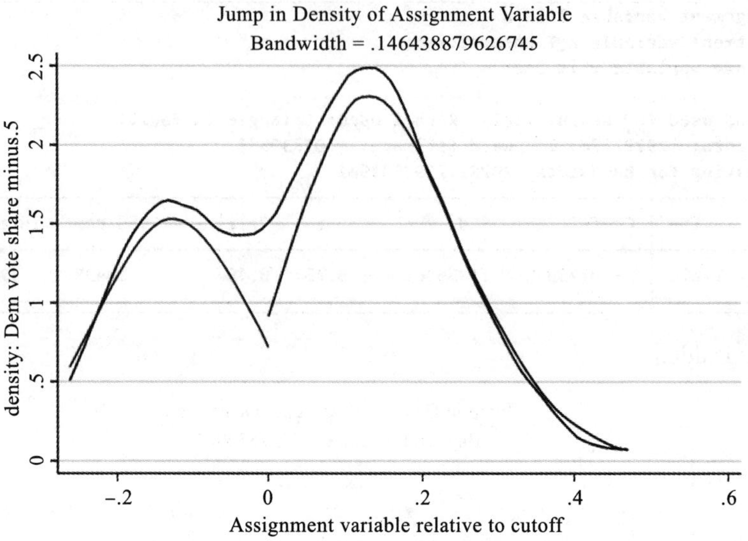
Jump in Density of Assignment Variable
Bandwidth = .146438879626745
density: Dem vote share minus.5
0
.5
1
1.5
2
2.5
-.2
0
.2
.4
.6
Assignment variable relative to cutoff

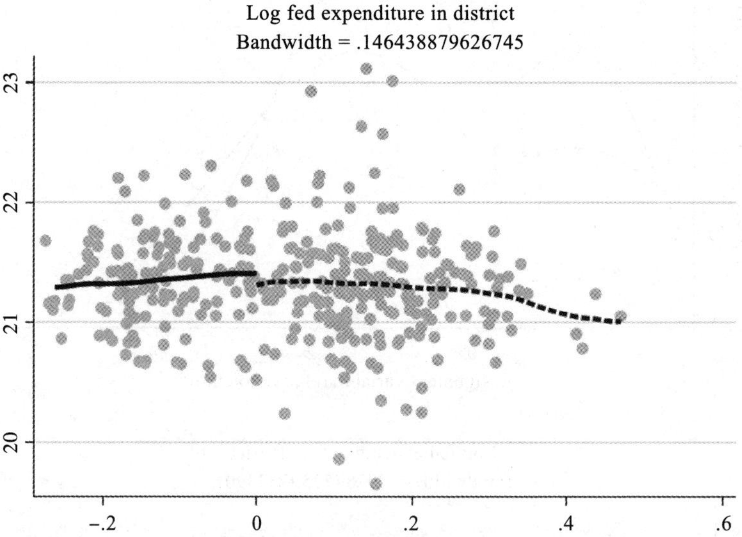
Log fed expenditure in district
Bandwidth = .146438879626745
20
21
22
23
-.2
0
.2
.4
.6

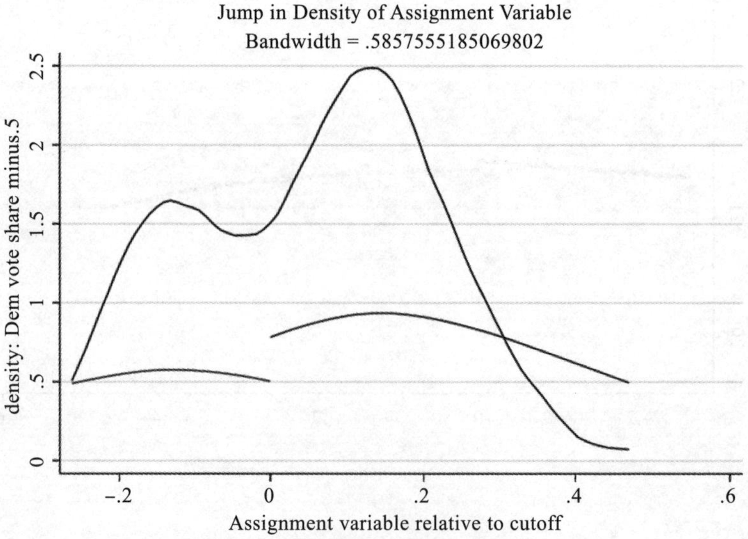
Jump in Density of Assignment Variable
Bandwidth = .5857555185069802
density: Dem vote share minus.5
0
.5
1
1.5
2
2.5
-.2
0
.2
.4
.6
Assignment variable relative to cutoff

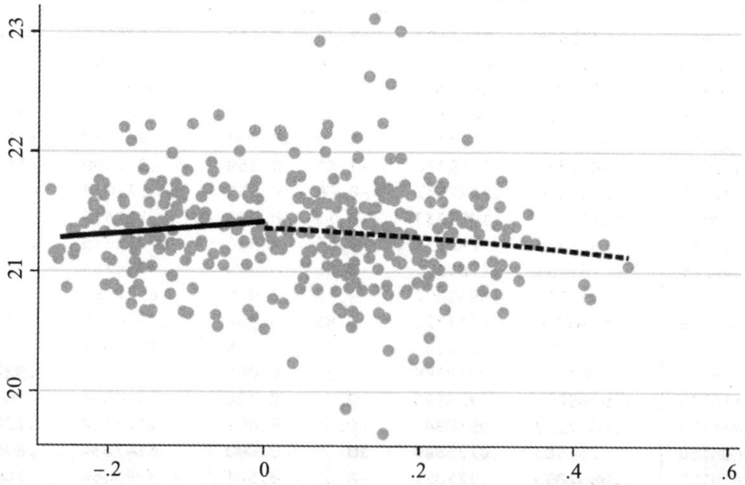

在模糊断点回归估计中，处理的条件平均值在截止点处跳跃，该跳跃形成局部 Wald 估计的分母。分子是结果的跳跃，两者都随其比率一起变化。精确断点回归估计是模糊断点回归估计的一个特例，因为精确断点回归估计中的分母只有一个。

精确断点回归估计是模糊断点回归估计的一个特例。

```
. g byte ranwin=cond(uniform()<.1,1-win,win)
. rd lne ranwin d, mbw(100)
```

```
Three variables specified; jump in treatment
at Z=0 will be estimated. Local Wald Estimate
is the ratio of jump in outcome to jump in treatment.

 Assignment variable Z is d
 Treatment variable X_T is ranwin
 Outcome variable y is lne

Estimating for bandwidth .2928777592534901
```

lne	Coefficient	Std. err.	z	P>|z|	[95% conf.	interval]
numer	-.0773955	.1051192	-0.74	0.462	-.2834254	.1286343
denom	.7731747	.0778144	9.94	0.000	.6206612	.9256881
lwald	-.100101	.1373071	-0.73	0.466	-.3692179	.169016

```
. rd lne ranwin d, mbw(25(25)300) bdep ox
```

```
Estimating for bandwidth .2928777592534901
Estimating for bandwidth .0732194398133725
Estimating for bandwidth .146438879626745
Estimating for bandwidth .2196583194401175
Estimating for bandwidth .3660971990668626
Estimating for bandwidth .4393166388802351
Estimating for bandwidth .5125360786936076
Estimating for bandwidth .5857555185069802
Estimating for bandwidth .6589749583203527
Estimating for bandwidth .7321943981337252
Estimating for bandwidth .8054138379470978
Estimating for bandwidth .8786332777604702
```

lne	Coefficient	Std. err.	z	P>|z|	[95% conf.	interval]
numer	-.0773955	.1051192	-0.74	0.462	-.2834254	.1286343
denom	.7731747	.0778144	9.94	0.000	.6206612	.9256881
lwald	-.100101	.1373071	-0.73	0.466	-.3692179	.169016
numer25	-.3011002	.2040807	-1.48	0.140	-.701091	.0988905
denom25	.8326797	.1462022	5.70	0.000	.5461287	1.119231
lwald25	-.3616039	.2569828	-1.41	0.159	-.8652809	.1420731
numer50	-.0949149	.1442537	-0.66	0.511	-.377647	.1878171
denom50	.819056	.1004733	8.15	0.000	.6221319	1.01598
lwald50	-.1158833	.1783114	-0.65	0.516	-.4653673	.2336006
numer75	-.102351	.1189151	-0.86	0.389	-.3354203	.1307184
denom75	.7812536	.0849697	9.19	0.000	.6147162	.9477911
lwald75	-.1310086	.1543272	-0.85	0.396	-.4334844	.1714671
numer125	-.0690783	.097005	-0.71	0.476	-.2592046	.121048
denom125	.762559	.0739288	10.31	0.000	.6176612	.9074568
lwald125	-.0905875	.1283193	-0.71	0.480	-.3420888	.1609138
numer150	-.0637113	.0938849	-0.68	0.497	-.2477224	.1202997
denom150	.756583	.0723889	10.45	0.000	.6147034	.8984626
lwald150	-.0842093	.125052	-0.67	0.501	-.3293066	.1608881
numer175	-.0579354	.091898	-0.63	0.528	-.2380522	.1221814
denom175	.7517437	.0713587	10.53	0.000	.6118831	.8916042
lwald175	-.0770681	.1230694	-0.63	0.531	-.3182796	.1641435
numer200	-.0543086	.0907849	-0.60	0.550	-.2322437	.1236265
denom200	.7486814	.0707401	10.58	0.000	.6100334	.8873295
lwald200	-.072539	.1219973	-0.59	0.552	-.3116493	.1665713
numer225	-.0519212	.0901094	-0.58	0.564	-.2285325	.1246901
denom225	.7466425	.0703415	10.61	0.000	.6087757	.8845094
lwald225	-.0695395	.1213682	-0.57	0.567	-.3074169	.1683378
numer250	-.0502168	.0896568	-0.56	0.575	-.2259408	.1255073
denom250	.7451752	.070062	10.64	0.000	.6078563	.8824942
lwald250	-.0673892	.1209592	-0.56	0.577	-.3044648	.1696865
numer275	-.0489334	.0893329	-0.55	0.584	-.2240227	.126156
denom275	.7440638	.0698547	10.65	0.000	.6071512	.8809764
lwald275	-.065765	.1206745	-0.54	0.586	-.3022826	.1707526
numer300	-.0479296	.0890903	-0.54	0.591	-.2225433	.1266842
denom300	.7431905	.0696947	10.66	0.000	.6065915	.8797896
lwald300	-.0644916	.1204664	-0.54	0.592	-.3006014	.1716181

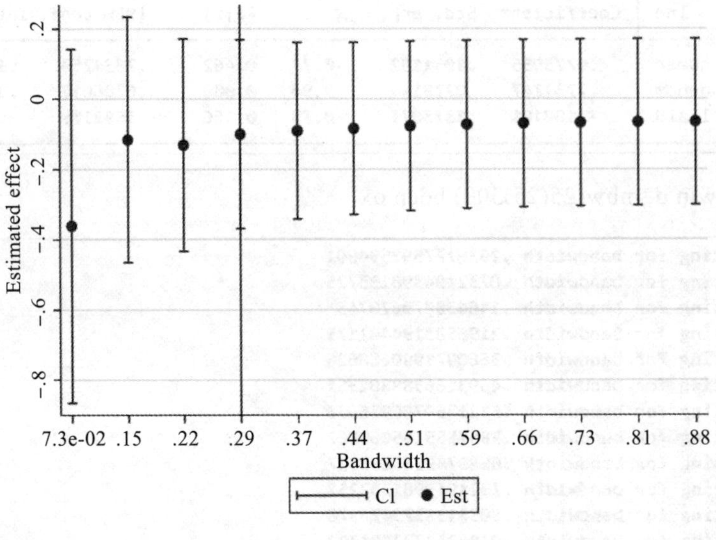

第8章
CHAPTER 8

因果推断拓展

8.1 处理效应的控制函数估计法

当处理分配与潜在结果相关时，eteffects 命令根据观察数据估计 ATE、ATET 和 POM。它允许连续、二元、计数、分数和非负的结果，并且需要二元处理。为了控制处理分配的内生性，我们将处理模型的残差包含在潜在结果的模型中，这种方法称为控制函数估计法。

处理效应估计的 eteffects 命令中考虑的处理效应模型如下所示：

$$y_{i0} = E(y_{i0}| \boldsymbol{x}_i) + \varepsilon_{i0} \tag{8-1}$$

$$y_{i1} = E(y_{i1}| \boldsymbol{x}_i) + \varepsilon_{i1} \tag{8-2}$$

$$t_i = E(t_i| z_i) + v_i \tag{8-3}$$

$$y_i = t_i y_{i1} + (1-t_i) y_{i0} \tag{8-4}$$

$$E(\varepsilon_{ij} | \boldsymbol{x}_i, \boldsymbol{z}_i) = E(\varepsilon_{ij} | \boldsymbol{z}_i) = E(\varepsilon_{ij} | \boldsymbol{x}_i) = 0,\ j \in \{0,1\} \tag{8-5}$$

$$E(\varepsilon_{ij}| t) \neq 0, \quad j \in \{0,1\} \tag{8-6}$$

其中，下标 i 表示个体水平的观察结果，y_{i1} 是接受处理的潜在结果，y_{i0} 是未接受处理的潜在结果，t_i 是观察到的二元处理，y_i 是观察到的结果。对于 $j \in \{0,1\}$，确定每个潜在结果的期望值取决于一组回归变量 $\boldsymbol{x}_i$ 和一个未观测到的随机分量 ε_{ij}。类似地，该处理由其期望条件给出，条件是一组回归变量 $\boldsymbol{z}_i$（无须与 $\boldsymbol{x}_i$ 不同）和一个未观察到的分量 v_i。

式（8-1）～式（8-5）描述了参数处理效应模型。式（8-6）将内生性添加到分析框架中。它指出，潜在结果方程中的不可观察项与处理状态相关。式（8-3）、式（8-5）和式（8-6）是由 eteffects 实现的控制函数估计法的基础。式（8-5）表明潜在结果中未观察到的成分与 $\boldsymbol{z}_i$ 无关。因此，t_i 和未观察到的成分之间的相关性必须等于 ε_{ij} 和 v_i 之间的相关性。

我们使用 probit 估计来拟合式（8-3）。然后，我们获得 $\hat{v}_i$ 作为处理变量和 $E(t_i|z_i)$ 估计值之间的差值，并对于 $j \in \{0,1\}$ 使用式（8-3）计算得到估计值 $E(y_{ij}|\boldsymbol{x}_i, v_i, t_i)$。例如，如果结果是线性的，

$$E(y_{ij} \mid \boldsymbol{x}_i, v_i, t_i = j) = \boldsymbol{x}_i'\boldsymbol{\beta}_{1j} + v_i\boldsymbol{\beta}_{2j}, \qquad j \in \{0,1\} \tag{8-7}$$

对于 probit 和指数平均情况，则有

$$E(y_{ij} \mid \boldsymbol{x}_i, v_i, t_i = j) = \Phi(\boldsymbol{x}_i'\boldsymbol{\beta}_{1j} + v_i\boldsymbol{\beta}_{2j}) \tag{8-8}$$

$$E(y_{ij} \mid \boldsymbol{x}_i, v_i, t_i = j) = \exp(\boldsymbol{x}_i'\boldsymbol{\beta}_{1j} + v_i\boldsymbol{\beta}_{2j}) \tag{8-9}$$

式（8-3）和式（8-7）～式（8-9）的参数，以及 ATE、ATET 和 POM 使用广义矩估计法，广义矩估计法中使用的矩方程类似于 $E\{\boldsymbol{w}_i\varepsilon_i(\theta)\} = 0$，其中 $\boldsymbol{w}_i$ 为工具，$\varepsilon_i(\theta)$ 为残差，θ 为模型参数。广义矩估计法中的矩条件如下所示：

$$\frac{1}{n}\sum_{i=1}^{n}\boldsymbol{x}_i'(y_i - \boldsymbol{x}_i'\hat{\boldsymbol{\beta}}_{1j} + \hat{v}_i\hat{\boldsymbol{\beta}}_{2j})t_i = 0 \tag{8-10}$$

$$\frac{1}{n}\sum_{i=1}^{n}\boldsymbol{x}_i'(y_i - \boldsymbol{x}_i'\hat{\boldsymbol{\beta}}_{1j} + \hat{v}_i\hat{\boldsymbol{\beta}}_{2j})(1-t_i) = 0 \tag{8-11}$$

$$\frac{1}{n}\sum_{i=1}^{n}\boldsymbol{z}_i'\left\{t_i\frac{\phi(\boldsymbol{z}_i'\hat{\pi})}{\Phi(\boldsymbol{z}_i'\hat{\pi})} - (1-t_i)\frac{\phi(\boldsymbol{z}_i'\hat{\pi})}{1-\Phi(\boldsymbol{z}_i'\hat{\pi})}\right\} = 0 \tag{8-12}$$

$$\frac{1}{n}\sum_{i=1}^{n}\{(x_i'\hat{\boldsymbol{\beta}}_{10} + \hat{v}_i\hat{\beta}_{20}) - \text{POM}\} = 0 \tag{8-13}$$

$$\frac{1}{n}\sum_{i=1}^{n}\{(x_i'\hat{\boldsymbol{\beta}}_{11} + \hat{v}_i\hat{\boldsymbol{\beta}}_{21}) - \text{POM} - \text{ATE}\} = 0 \tag{8-14}$$

式中，$\hat{v}_i = t_i - \Phi(z_i'\hat{\pi})$，$\hat{\boldsymbol{\beta}}_{11}, \hat{\boldsymbol{\beta}}_{10}, \hat{\boldsymbol{\beta}}_{21}, \hat{\boldsymbol{\beta}}_{20}, \hat{\pi}$, ATE, 和 POM 是参数估计值。如果要估计 ATET，用式（8-15）替代式（8-14）：

$$\frac{1}{n}\sum_{i=1}^{n}\left\{(\boldsymbol{x}_i'\hat{\boldsymbol{\beta}}_{11} + \hat{v}_i\hat{\boldsymbol{\beta}}_{21})\frac{n}{n_t} - \text{POM}\frac{n}{n_t} - \text{ATET}\right\} = 0 \tag{8-15}$$

如果我们想估计 POM，我们用式（8-16）替代式（8-14）：

$$\frac{1}{n}\sum_{i=1}^{n}\{(\boldsymbol{x}_i'\hat{\boldsymbol{\beta}}_{11} + \hat{v}_i\hat{\boldsymbol{\beta}}_{21}) - \text{POM}\} = 0 \tag{8-16}$$

ATET 和 POM 是模型参数，n_t 是处理单位的数量。

处理效应的控制函数估计法的命令语法格式如下所示。

eteffects (ovar omvarlist [, omodel noconstant]) (tvar tmvarlist [, noconstant]) [if] [in] [weight] [, stat options]

其中，ovar 是结果模型的 depvar；omvarlist 是结果模型中的外生索引列表；tvar 是二进制处理变量；tmvarlist 是预测处理分配的协变量列表。

omodel 的选项有以下几个。linear：线性结果模型（默认值）；fractional：分数概率结果模型；probit：probit 结果模型；exponential：指数平均结果模型。

stat 的选项有以下几个。ate：估计 ATE；atet：估计 ATET；pomens：估计 POM。

菜单操作路径：

Statistics > Treatment effects > Endogenous treatment > Control function estimator > Continuous outcomes

Statistics > Treatment effects > Endogenous treatment > Control function estimator >

Binary outcomes

Statistics > Treatment effects > Endogenous treatment > Control function estimator > Count outcomes

Statistics > Treatment effects > Endogenous treatment > Control function estimator > Fractional outcomes

Statistics > Treatment effects > Endogenous treatment > Control function estimator > Nonnegative outcomes

当处理分配与潜在结果相关时，eteffects 命令根据观察数据估计 ATE、ATET 和 POM。软件实现技术允许连续、二元、计数、分数和非负结果，并且可以做二元处理。为了控制处理分配的内生性，估计法把处理模型的残差包含在潜在结果中，这种估计法称为控制函数估计法（control function approach）。

例 8.1　处理效应的控制函数估计法（1）

假设我们想知道母亲怀孕期间吸烟对婴儿出生体重的影响。我们使用了 Cattaneo（2010）的一个摘录，其中 bweight 记录了婴儿的出生体重，mbsmoke 是一个变量（0 或 1），表示母亲在怀孕期间是否吸烟。

我们可能认为，出生体重（潜在结果）受母亲是否在怀孕前三个月进行过产前检查、母亲是否已婚、母亲年龄、是否为第一胎及父亲的教育水平的影响。我们也可以相信吸烟的决定（处理）受母亲是否已婚、母亲的教育水平、母亲年龄、是否在怀孕前三个月进行过产前检查及是否为第一胎的影响。

如果我们认为存在影响处理分配和潜在结果的不可观察因素，我们必须选择另一个估计法。例如，我们没有观察到母亲的健康素养，这会通过其他因素影响吸烟的决定和每个婴儿潜在的出生体重、产前维生素摄入等行为。在这些假设下，eteffects 中的估计量一致地估计了 ATE，但 eteffects 中的估计量会产生对 ATE 不一致的估计。

清理内存，下载数据集。

. clear all

. webuse cattaneo2

吸烟状况对婴儿出生体重的影响。

. eteffects (bweight i.prenatal1 i.mmarried mage i.fbaby) (mbsmoke i.mmarried mage i.fbaby medu fedu)

```
Endogenous treatment-effects estimation          Number of obs = 4,642
Outcome model: linear
Treatment model: probit
```

bweight	Coefficient	Robust std. err.	z	P>|z|	[95% conf.	interval]
ATE						
mbsmoke (Smoker vs Nonsmoker)	-455.9119	212.4393	-2.15	0.032	-872.2853	-39.53852
POmean						
mbsmoke Nonsmoker	3437.964	31.21145	110.15	0.000	3376.791	3499.138

同上，但估计 ATET。

. eteffects (bweight i.prenatal1 i.mmarried mage i.fbaby) (mbsmoke i.mmarried mage i.fbaby medu fedu), atet

```
Endogenous treatment-effects estimation                Number of obs = 4,642
Outcome model: linear
Treatment model: probit
------------------------------------------------------------------------------
                     |               Robust
             bweight | Coefficient  std. err.      z    P>|z|     [95% conf. interval]
---------------------+--------------------------------------------------------
ATET                 |
             mbsmoke |
(Smoker vs Nonsmoker)|  -409.8527   161.4816    -2.54   0.011    -726.3507   -93.35466
---------------------+--------------------------------------------------------
POmean               |
             mbsmoke |
           Nonsmoker |   3547.512   160.0595    22.16   0.000     3233.801    3861.223
------------------------------------------------------------------------------
```

显示用于计算 ATET 的辅助参数。

. eteffects, aeq

```
Endogenous treatment-effects estimation                Number of obs = 4,642
Outcome model: linear
Treatment model: probit
------------------------------------------------------------------------------
                     |               Robust
             bweight | Coefficient  std. err.      z    P>|z|     [95% conf. interval]
---------------------+--------------------------------------------------------
ATET                 |
             mbsmoke |
(Smoker vs Nonsmoker)|  -409.8527   161.4816    -2.54   0.011    -726.3507   -93.35466
---------------------+--------------------------------------------------------
POmean               |
             mbsmoke |
           Nonsmoker |   3547.512   160.0595    22.16   0.000     3233.801    3861.223
---------------------+--------------------------------------------------------
TME1                 |
            mmarried |
             Married |  -.5211566   .0560264    -9.30   0.000    -.6309664   -.4113469
                mage |  -.0020219   .0048353    -0.42   0.676     -.011499    .0074551
                     |
               fbaby |
                 Yes |  -.2608885   .0493896    -5.28   0.000    -.3576904   -.1640866
                medu |  -.0602344   .0106259    -5.67   0.000    -.0810609    -.039408
                fedu |  -.0283411   .0067685    -4.19   0.000    -.0416071   -.0150752
               _cons |   .6784543   .1390898     4.88   0.000     .4058432    .9510653
---------------------+--------------------------------------------------------
OME0                 |
           prenatal1 |
                 Yes |   59.96176   27.71337     2.16   0.030     5.644544     114.279
                     |
            mmarried |
             Married |   126.6929   40.58736     3.12   0.002     47.14312    206.2427
                mage |   1.933108    2.15227     0.90   0.369    -2.285264    6.151481
```

fbaby						
Yes	-84.98608	23.00841	-3.69	0.000	-130.0817	-39.89043
_cons	3287.132	90.02095	36.52	0.000	3110.694	3463.569
OME1						
prenatal1						
Yes	20.11907	41.37773	0.49	0.627	-60.97979	101.2179
mmarried						
Married	90.27276	63.14367	1.43	0.153	-33.48657	214.0321
mage	-7.890455	4.295616	-1.84	0.066	-16.30971	.5287978
fbaby						
Yes	21.75307	46.3502	0.47	0.639	-69.09165	112.5978
_cons	3102.231	174.0321	17.83	0.000	2761.134	3443.327
TEOM0						
_cons	189.7148	161.9989	1.17	0.242	-127.7972	507.2268
TEOM1						
_cons	226.2528	260.811	0.87	0.386	-284.9273	737.433

例 8.2　处理效应的控制函数估计法（2）

请扫码查看例 8.2 的内容

8.2　处理效应的最大似然估计

8.2.1　约束模型及其估计

处理效应的主要回归方程为

$$y_j = \boldsymbol{x}_j\boldsymbol{\beta} + \delta t_j + \varepsilon_j \tag{8-17}$$

其中，t_j 是一个二元处理变量，假设其来自一个不可观察的潜在变量：

$$t_j^* = \boldsymbol{w}_j\gamma + u_j \tag{8-18}$$

获得处理变量的决定是根据规则做出的，即

$$t_j = \begin{cases} 1, & 若\ t_j^* > 0 \\ 0, & 其他 \end{cases} \tag{8-19}$$

则观测 j 的对数似然为

$$\ln L_j = \begin{cases} \ln\Phi\left\{\dfrac{\boldsymbol{w}_j\gamma + (y_j - \boldsymbol{x}_j\boldsymbol{\beta} - \delta)\rho/\sigma}{\sqrt{1-\rho^2}}\right\} - \dfrac{1}{2}\left(\dfrac{y_j - \boldsymbol{x}_j\boldsymbol{\beta} - \delta}{\sigma}\right)^2 - \ln(\sqrt{2\pi}\sigma) & t_j = 1 \\ \ln\Phi\left\{\dfrac{-\boldsymbol{w}_j\gamma - (y_j - \boldsymbol{x}_j\boldsymbol{\beta})\rho/\sigma}{\sqrt{1-\rho^2}}\right\} - \dfrac{1}{2}\left(\dfrac{y_j - \boldsymbol{x}_j\boldsymbol{\beta}}{\sigma}\right)^2 - \ln(\sqrt{2\pi}\sigma) & t_j = 0 \end{cases} \tag{8-20}$$

式中，$\Phi(\cdot)$ 为标准正态分布的累积分布函数。

8.2.2 一般潜在效果模型

式（8-17）可以推广到具有独立方差和相关参数的一般潜在结果模型，用于控制组和处理组，模型为

$$y_{0j} = \boldsymbol{x}_j\beta_0 + \varepsilon_{0j}$$
$$y_{1j} = \boldsymbol{x}_j\beta_1 + \varepsilon_{1j} \tag{8-21}$$
$$t_j = \begin{cases} 1, & 若\ \boldsymbol{w}_j\gamma + u_j > 0 \\ 0, & 其他 \end{cases}$$

其中，y_{0j} 是人员 j 选择处理变量 0 时获得的结果，y_{1j} 是人员 j 选择处理变量 1 时获得的结果。我们从不同时观察 y_{0j} 和 y_{1j}，只观察其中一个。我们观察到：

$$y_j = t_j y_{1j} + (1-t_j) y_{0j} \tag{8-22}$$

在该无约束模型中，误差项向量 $(\boldsymbol{\varepsilon}_{0j}, \boldsymbol{\varepsilon}_{1j}, \boldsymbol{u}_j)'$ 来自具有如下协方差矩阵的零均值的三元正态分布：

$$\boldsymbol{\Sigma} = \begin{pmatrix} \sigma_0^2 & \sigma_{01} & \sigma_0\rho_0 \\ \sigma_{01} & \sigma_1^2 & \sigma_1\rho_1 \\ \sigma_0\rho_0 & \sigma_1\rho_1 & 1 \end{pmatrix}$$

该模型估计的对数似然函数为

$$\ln L = \sum_{j=1}^{n} w_j \ln f_j \tag{8-23}$$

$$\ln f_j = \begin{cases} \ln\Phi\left\{\dfrac{\boldsymbol{w}_j\gamma + (y_j - \boldsymbol{x}_j\boldsymbol{\beta}_1)\rho_1/\sigma_1}{\sqrt{1-\rho_1^2}}\right\} - \dfrac{1}{2}\left(\dfrac{y_j - \boldsymbol{x}_j\boldsymbol{\beta}_1}{\sigma_1}\right)^2 - \ln(\sqrt{2\pi}\sigma_1), & t_j = 1 \\ \ln\Phi\left\{\dfrac{-\boldsymbol{w}_j\gamma - (y_j - \boldsymbol{x}_j\boldsymbol{\beta}_0)\rho_0/\sigma_0}{\sqrt{1-\rho_0^2}}\right\} - \dfrac{1}{2}\left(\dfrac{y_j - \boldsymbol{x}_j\boldsymbol{\beta}_0}{\sigma_0}\right)^2 - \ln(\sqrt{2\pi}\sigma_0), & t_j = 0 \end{cases} \tag{8-24}$$

式中，$\Phi(\cdot)$ 为标准正态分布的累积分布函数，w_j 是可选权重。

8.2.3 平均处理效应

ATE 是处理潜在结果和控制潜在结果的平均差异。根据迭代期望定律，ATE 是

$$\begin{aligned} E(y_{1j} - y_{0j}) &= E\{E(y_{1j} - y_{0j} \mid \boldsymbol{x}_j, \varepsilon_{0j}, \varepsilon_{1j})\} \\ &= E(\boldsymbol{x}_j\boldsymbol{\beta}_1 + \varepsilon_1 - \boldsymbol{x}_j\boldsymbol{\beta}_0 - \varepsilon_0) \\ &= E\{\boldsymbol{x}_j(\boldsymbol{\beta}_1 - \boldsymbol{\beta}_0)\} \end{aligned} \tag{8-25}$$

8.2.4 处理组的平均处理效应

ATE 是处理组的处理潜在结果和对照潜在结果的平均差异。在处理变量 $t_j = 1$ 时，外生协变量 x_j 和处理协变量 w_j 的潜在结果 $y_{tj}, t \in (0,1)$ 的条件平均值为

$$E(y_{tj}|\ \boldsymbol{x}_j, \boldsymbol{w}_j, t_j = 1) = \boldsymbol{x}_j\boldsymbol{\beta}_t + \rho_t\sigma_t\phi(\boldsymbol{w}_j\gamma) / \Phi(\boldsymbol{w}_j\gamma) \tag{8-26}$$

根据迭代期望定律，ATET 是

$$\begin{aligned} E(y_{1j} - y_{0j}|\ t_j = 1) &= E\{E(y_{1j} - y_{0j}|\ \boldsymbol{x}_j, \boldsymbol{w}_j, t_j = 1)\} \\ &= E\{\boldsymbol{x}_j(\boldsymbol{\beta}_1 - \boldsymbol{\beta}_0) + (\rho_1\sigma_1 - \rho_0\sigma_0)\phi(\boldsymbol{w}_j\gamma) / \Phi(\boldsymbol{w}_j\gamma)|\ t_j = 1\} \end{aligned} \tag{8-27}$$

8.2.5 实现

处理效应的最大似然估计的命令语法格式如下所示。

（1）基本语法。

etregress depvar [indepvars], treat(depvar_t = indepvars_t) [twostep|cfunction]

（2）仅用于最大似然估计的完整语法。

etregress depvar [indepvars] [if] [in] [weight], treat(depvar_t = indepvars_t [, noconstant]) [etregress_ml_options]

（3）仅用于两阶段一致估计的完整语法。

etregress depvar [indepvars] [if] [in], treat(depvar_t = indepvars_t [, noconstant]) twostep [etregress_ts_options]

（4）仅用于控制函数估计的完整语法。

etregress depvar [indepvars] [if] [in], treat(depvar_t = indepvars_t [, noconstant]) cfunction [etregress_cf_options]

菜单操作路径：

Statistics > Treatment effects > Endogenous treatment > Maximum likelihood estimator > Continuous outcomes

etregress 命令估计 ATE 和使用内生二元处理变量进行增强的线性回归模型的其他参数，其估计方法采用极大似然估计、两阶段一致估计或控制函数估计。除 ATE 外，当结果可能不是有条件独立于处理变量时，etregress 还可用于估计处理变量的 ATET。

例 8.3　处理效应的最大似然估计（1）

例 8.4　处理效应的最大似然估计（2）

请扫码查看例 8.3 的内容　　请扫码查看例 8.4 的内容

8.3 处理效应的含内生变量和样本选择的扩展线性回归分析

在潜在结果框架中，处理变量 t_i 是一个取 T 值的离散变量，对应结果 $y_i : y_{1i}, \cdots, y_{Ti}$ 的 T 个潜在结果。当观察值为 $v_1, \cdots, v_T$ 时，我们有

$$y_i = \sum_{j=1}^{T} 1(t_i = v_j) y_{ji} \tag{8-28}$$

在此基础上，我们假设采用内生处理变量 t_i。我们使用 probit 或排序 probit 模型对处理分配过程进行建模，我们称之为处理分配误差 ε_{ti}。y_i 关于外生协变量 $\boldsymbol{x}_i$ 和取值为 v_1, …, v_T 的内生处理变量 t_i 的线性回归为

$$\begin{gathered} y_{1i} = \boldsymbol{x}_i \beta_1 + \varepsilon_{ji} \\ \vdots \\ y_{Ti} = \boldsymbol{x}_i \beta_T + \varepsilon_{ti} \\ y_i = \sum_{j=1}^{T} 1(t_i = v_j) y_{ji} \end{gathered} \tag{8-29}$$

如果方差和相关参数不是潜在结果特异性的，对于 $j = 1, \cdots, T$，ε_{ji} 和 ε_{ti} 是双变量正态分布随机项，平均值为 0，协方差为

$$\boldsymbol{\Sigma} = \begin{pmatrix} \sigma^2 & \sigma\rho_{1t} \\ \sigma\rho_{1t} & 1 \end{pmatrix} \tag{8-30}$$

定义 $r_i = y_i - \boldsymbol{x}_i \boldsymbol{\beta}_j, (t_i = v_j)$，则式（8-29）的对数似然为

$$\ln L = \sum_{i=1}^{N} w_i \ln\left\{ \Phi_1^* \left(l_{ti} - \frac{\rho_{1t}}{\sigma} r_i, u_{ti} - \frac{\rho_{1t}}{\sigma} r_i, 1 - \rho_{1t}^2 \right) \phi(r_i, \sigma^2) \right\} \tag{8-31}$$

因此有

$$\mathrm{ATE}_j(\boldsymbol{x}_i) = E(y_{ji} - y_{1i} | \boldsymbol{x}_i) = \mathrm{POM}_j(\boldsymbol{x}_i) - \mathrm{POM}_1(\boldsymbol{x}_i) \tag{8-32}$$

$$\mathrm{ATET}_j(\boldsymbol{x}_i, t_i = v_h) = \boldsymbol{x}_i \boldsymbol{\beta}_j - \boldsymbol{x}_i \boldsymbol{\beta}_1 = E(y_{ji} - y_{1i}) = E\{\mathrm{ATE}_j(\boldsymbol{x}_i)\} \tag{8-33}$$

$$\mathrm{POM}_j = E(y_{ji}) = E\{\mathrm{POM}_j(\boldsymbol{x}_i)\} \tag{8-34}$$

$$\mathrm{ATET}_{jh} = E(y_{ji} - y_{1i} | t_i = v_h) = E\{\mathrm{ATET}_j(\boldsymbol{x}_i, t_i = v_h) | t_i = v_h\} \tag{8-35}$$

处理水平 v_j 的 y_i 条件平均值为

$$E(y_i | \boldsymbol{x}_i, \boldsymbol{z}_{ti}, t_i = v_j) = \boldsymbol{x}_i \boldsymbol{\beta}_j + E(\varepsilon_i | \boldsymbol{x}_i, \boldsymbol{z}_{ti}, t_i = v_j) \tag{8-36}$$

如果方差和相关参数是潜在结果特异性的，$j = 1, \cdots, T$，ε_{ji} 和 ε_{ti} 是双变量正态分布随机项，平均值为 0，协方差为 $\boldsymbol{\Sigma}_j = \begin{pmatrix} \sigma_j^2 & \sigma_j \rho_{jt} \\ \sigma_j \rho_{jt} & 1 \end{pmatrix}$。定义：

$$\rho_i = \sum_{j=1}^{T} 1(t_i = v_j) \rho_{jt}$$

$$\sigma_i = \sum_{j=1}^{T} 1(t_i = v_j) \sigma_j$$

则模型的对数似然值为

$$\ln L = \sum_{i=1}^{N} w_i \ln\left\{ \Phi_1^* \left(l_{ti} - \frac{\rho_i}{\sigma_i} r_i, u_{ti} - \frac{\rho_i}{\sigma_i} r_i, 1 - \rho_i^2 \right) \phi(r_i, \sigma_i^2) \right\} \tag{8-37}$$

ATET 为

$$\begin{aligned}\text{ATET}_j(\boldsymbol{x}_i, t_i = v_h) &= E(y_{ji} - y_{1i} \mid \boldsymbol{x}_i, t_i = v_h) \\ &= \boldsymbol{x}_i\boldsymbol{\beta}_j - \boldsymbol{x}_i\boldsymbol{\beta}_1 + (\sigma_j\rho_j - \sigma_1\rho_1)E(\varepsilon_{ti} \mid \boldsymbol{x}_i, t_i = v_h)\end{aligned} \tag{8-38}$$

含内生变量和样本选择的处理效应线性回归模型是线性回归模型的拓展，相关命令的语法格式如下所示。

（1）具有内生处理分配的基本线性回归。

eregress depvar [indepvars], entreat(depvar_tr [= varlist_tr]) [options]

（2）具有外生处理分配的基本线性回归。

eregress depvar [indepvars], extreat(tvar) [options]

（3）结合内生协变量、处理效应和样本选择的线性回归。

eregress depvar [indepvars] [if] [in] [weight] [, extensions options]

其中模型拓展选项（extensions options）如下所示。

entreat(entrspec)：内生处理分配的模型。

extreat(extrspec)：外生处理分配的模型。

entrspec 等于 depvar\u tr[=varlist\u tr][，entropts]。其中，depvar\u tr 是一个表示处理分配的变量。varlist\u tr 是预测处理分配的协变量列表。

extrspec 等于 tvar[，extropts]。其中，tvar 是表示处理分配的变量。

其他更多选项可查询 eregress 命令帮助文件。

菜单操作路径：

Statistics > Endogenous covariates > Models adding selection and treatment > Linear regression

eregress 拟合了一个线性回归模型，该模型可容纳内生协变量、非随机处理分配和内生样本选择的任意组合。允许使用连续、二元和有序的内生协变量。处理分配可以是内生的，也可以是外生的。probit 模型或 tobit 模型可用于解释内生样本选择。

例 8.5　处理效应的二元内生协变量线性回归分析

在这个例子中，我们展示了如何估计与解释具有连续结果和内生二元协变量的扩展回归模型。假设我们想研究本科学历对工资的影响。解决这个问题的一种方法是查看变量（个人是否拥有本科学历）的系数。这让我们了解到，拥有本科学历的个人与没有本科学历的个人的平均工资的不同程度。然而，我们怀疑诸如能力等未观察到的因素也会影响工资水平。因此，我们需要考虑本科学历对应变量的潜在内生性。

在我们虚构的研究中，我们收集了 6 000 名成年人的小时工资（wage）和教育程度（college）数据。我们认为，工作年限（tenure）和年龄（age）的差异也可能影响工资。我们可以通过在主方程中指定这些协变量来控制这些协变量。我们在 endogenous() 选项中指定 college，但这次我们还包括 probit 子选项，以指示变量是二进制的。我们将毕业（graduate）设为父母教育水平（peduc）的函数，我们假设这对工资水平没有直接影响。

清理内存，下载数据集。

```
. clear all
. webuse wageed
```

二元内生协变量 college 的线性回归。

```
. eregress wage c.age##c.age tenure, endogenous(college = i.peduc, probit)
```

```
Extended linear regression                    Number of obs =    6,000
                                              Wald chi2(4)  =  8345.36
Log likelihood = -18060.164                   Prob > chi2   =   0.0000
```

	Coefficient	Std. err.	z	P>|z|	[95% conf.	interval]
wage						
age	.4200372	.0154368	27.21	0.000	.3897816	.4502927
c.age#c.age	-.0033523	.0001665	-20.13	0.000	-.0036786	-.0030259
tenure	.4921838	.0188467	26.12	0.000	.455245	.5291226
college						
yes	5.238087	.1809847	28.94	0.000	4.883364	5.592811
_cons	5.524288	.3205411	17.23	0.000	4.896039	6.152537
college						
peduc						
college	.8605996	.0367032	23.45	0.000	.7886625	.9325366
graduate	1.361257	.0493408	27.59	0.000	1.264551	1.457964
doctorate	1.583818	.1185649	13.36	0.000	1.351435	1.816201
_cons	-.9731264	.0296832	-32.78	0.000	-1.031304	-.9149484
var(e.wage)	8.99487	.2567658			8.505438	9.512467
corr(e.college,e.wage)	.5464027	.0311442	17.54	0.000	.4824831	.6045335

主方程和辅助方程误差之间的估计相关性为 0.55，与 0 显著不同。我们得出结论，拥有本科学历是内生的，能力等不可观察因素往往也会增加工资水平。我们发现，考虑到一个人的年龄和工作年限，大学毕业会使预期工资（按小时计算）增加 5.24 美元。这一估计与比较大学毕业生和非大学毕业生的平均工资不同。

Indicator for college degree	Summary of Hourly wage Mean	Std. dev.	Freq.
no	17.768516	3.0674174	3,766
yes	25.520703	5.045888	2,234
Total	20.654913	5.4248886	6,000

含外生处理变量 college 的线性回归。

```
. eregress wage c.age##c.age tenure, extreat(college)
```

```
Extended linear regression                    Number of obs =      6,000
                                              Wald chi2(8)  = 434999.41
Log likelihood = -13989.586                   Prob > chi2   =     0.0000
```

wage	Coefficient	Std. err.	z	P>|z|	[95% conf.	interval]
college#c.age						
no	.2454534	.0178742	13.73	0.000	.2104206	.2804862
yes	.7042756	.0227767	30.92	0.000	.6596341	.7489171
college#c.age#c.age						

no	-.0018998	.0001922	-9.88	0.000	-.0022766	-.001523
yes	-.0054223	.0002456	-22.08	0.000	-.0059035	-.004941
college#c.tenure						
no	.3206065	.0208211	15.40	0.000	.2797979	.3614152
yes	.4935213	.0265654	18.58	0.000	.4414541	.5455885
college						
no	9.851871	.3680232	26.77	0.000	9.130559	10.57318
yes	4.384709	.4613826	9.50	0.000	3.480416	5.289002
var(e.wage)	6.20477	.1132831			5.986664	6.430821

.estat teffects, atet

```
Predictive margins                                 Number of obs    = 6,000
                                                   Subpop. no. obs  = 2,234
```

	Margin	Unconditional std. err.	z	P>|z|	[95% conf.	interval]
ATET college (yes vs no)	7.62719	.0863465	88.33	0.000	7.457954	7.796426

用稳健标准误差。

. eregress wage c.age##c.age tenure, extreat(college) vce(robust)

```
Extended linear regression                        Number of obs =       6,000
                                                  Wald chi2(8)  =   439363.91
Log pseudolikelihood = -13989.586                 Prob > chi2   =      0.0000
```

wage	Coefficient	Robust std. err.	z	P>|z|	[95% conf.	interval]
college#c.age						
no	.2454534	.0180052	13.63	0.000	.2101638	.280743
yes	.7042756	.0225386	31.25	0.000	.6601007	.7484505
college#c.age#c.age						
no	-.0018998	.0001935	-9.82	0.000	-.002279	-.0015206
yes	-.0054223	.000243	-22.31	0.000	-.0058986	-.0049459
college#c.tenure						
no	.3206065	.0207164	15.48	0.000	.2800031	.36121
yes	.4935213	.0257599	19.16	0.000	.4430329	.5440097
college						
no	9.851871	.3701276	26.62	0.000	9.126435	10.57731
yes	4.384709	.4654545	9.42	0.000	3.472435	5.296983
var(e.wage)	6.20477	.1152627			5.982922	6.434843

内生处理效应的线性回归。

. eregress wage c.age##c.age tenure, entreat(college = i.peduc) vce(robust)

```
Extended linear regression                          Number of obs  =      6,000
                                                    Wald chi2(8)   =  348743.60
Log pseudolikelihood = -17381.92                    Prob > chi2    =     0.0000

------------------------------------------------------------------------------------------
                         |               Robust
                         | Coefficient  std. err.      z    P>|z|     [95% conf. interval]
-------------------------+----------------------------------------------------------------
wage                     |
           college#c.age |
                      no |   .2338084   .0176633    13.24   0.000      .199189    .2684279
                     yes |   .6777385   .0219827    30.83   0.000     .6346531    .7208239
                         |
     college#c.age#c.age |
                      no |  -.0018611     .00019    -9.79   0.000    -.0022335   -.0014887
                     yes |  -.0052533   .0002372   -22.14   0.000    -.0057183   -.0047883
                         |
        college#c.tenure |
                      no |   .3948863   .0207452    19.04   0.000     .3542263    .4355462
                     yes |   .5883544   .0257213    22.87   0.000     .5379415    .6387673
                         |
                 college |
                      no |   10.86301   .3675208    29.56   0.000     10.14268    11.58333
                     yes |   3.184255   .4612019     6.90   0.000     2.280316    4.088194
-------------------------+----------------------------------------------------------------
college                  |
                   peduc |
                 college |    .849575   .0356419    23.84   0.000     .7797181    .9194318
                graduate |   1.347272   .0491996    27.38   0.000     1.250843    1.443701
               doctorate |   1.541025   .1174797    13.12   0.000     1.310769    1.771281
                         |
                   _cons |   -.973061   .0292791   -33.23   0.000    -1.030447   -.9156749
-------------------------+----------------------------------------------------------------
             var(e.wage) |   7.629807   .2245651                      7.202122    8.082889
-------------------------+----------------------------------------------------------------
 corr(e.college,e.wage)  |    .623109   .0267317    23.31   0.000     .5679046    .6727326
------------------------------------------------------------------------------------------
```

调整平行假设，通过在选项 entreat() 中，指定子选项 povariance，为两种潜在结果建立不同的方差模型。

.eregress wage c.age##c.age tenure,entreat(college = i.peduc, povariance pocorrelation) vce(robust)

```
Extended linear regression                          Number of obs  =      6,000
                                                    Wald chi2(8)   =  104887.19
Log pseudolikelihood = -17381.319                   Prob > chi2    =     0.0000

------------------------------------------------------------------------------------------
                         |               Robust
                         | Coefficient  std. err.      z    P>|z|     [95% conf. interval]
-------------------------+----------------------------------------------------------------
wage                     |
           college#c.age |
                      no |    .234277   .0176793    13.25   0.000     .1996261    .2689278
                     yes |   .6759938   .0220455    30.66   0.000     .6327854    .7192021
                         |
     college#c.age#c.age |
                      no |  -.0018627     .00019    -9.80   0.000    -.0022351   -.0014902
                     yes |  -.0052427   .0002376   -22.07   0.000    -.0057084   -.0047771
                         |
        college#c.tenure |
```

no	.3917974	.0211184	18.55	0.000	.350406	.4331887
yes	.5951107	.0264841	22.47	0.000	.5432027	.6470187
college						
no	10.82487	.3712505	29.16	0.000	10.09723	11.55251
yes	3.097338	.4678998	6.62	0.000	2.180271	4.014405
college						
peduc						
college	.8482632	.0356294	23.81	0.000	.7784309	.9180955
graduate	1.343223	.0493492	27.22	0.000	1.2465	1.439945
doctorate	1.538188	.1162237	13.23	0.000	1.310393	1.765982
_cons	-.9715507	.0292856	-33.18	0.000	-1.028949	-.9141521
var(e.wage)						
college						
no	7.46846	.2657898			6.965275	8.007997
yes	7.98125	.3990003			7.236315	8.802871
corr(e.college,e.wage)						
college						
no	.6057846	.0374579	16.17	0.000	.5271994	.6740954
yes	.6518029	.0359868	18.11	0.000	.5755573	.7168138

估计本科学历对工资的平均影响。

. estat teffects, atet

```
Predictive margins                              Number of obs    = 6,000
                                                Subpop. no. obs  = 2,234
```

	Margin	Unconditional std. err.	z	P>|z|	[95% conf.	interval]
ATET						
college						
(yes vs no)	5.238589	.2047014	25.59	0.000	4.837382	5.639797

. label drop tengrp

. label define tengrp 0 "0-3 years tenure" 4 "3-7 years tenure" 8 "Over 7 years tenure"

. label values tenuregrp tengrp

. margins college, over(agegrp tenuregrp) subpop(if college==1 & peduc==1) vce(unconditional)

```
Predictive margins                              Number of obs    = 6,000
                                                Subpop. no. obs  =   404

Expression: Average structural function mean, predict()
Over:       agegrp tenuregrp
```

	Margin	Unconditional std. err.	z	P>|z|	[95% conf.	interval]
agegrp#tenuregrp#college						
20-29#0-3 years tenure#no	18.30443	.2728096	67.10	0.000	17.76974	18.83913
20-29#0-3 years tenure#yes	19.75825	.21122	93.54	0.000	19.34427	20.17223
20-29#3-7 years tenure#no	20.01276	.3029557	66.06	0.000	19.41898	20.60655

20-29#3-7 years tenure#yes	22.75438	.2798828	81.30	0.000	22.20582	23.30294
30-39#0-3 years tenure#no	19.80182	.2637854	75.07	0.000	19.28481	20.31883
30-39#0-3 years tenure#yes	23.85699	.1859353	128.31	0.000	23.49257	24.22142
30-39#3-7 years tenure#no	20.98125	.2776933	75.56	0.000	20.43698	21.52552
30-39#3-7 years tenure#yes	25.66358	.2041228	125.73	0.000	25.2635	26.06365
30-39#Over 7 years tenure#no	22.75019	.2928486	77.69	0.000	22.17621	23.32416
30-39#Over 7 years tenure#yes	29.0143	.1561761	185.78	0.000	28.7082	29.3204
40-49#0-3 years tenure#no	20.76074	.2659571	78.06	0.000	20.23947	21.28201
40-49#0-3 years tenure#yes	26.58776	.200803	132.41	0.000	26.19419	26.98132
40-49#3-7 years tenure#no	21.93198	.2706935	81.02	0.000	21.40143	22.46253
40-49#3-7 years tenure#yes	28.34968	.1683015	168.45	0.000	28.01982	28.67955
40-49#Over 7 years tenure#no	23.40933	.3092907	75.69	0.000	22.80313	24.01553
40-49#Over 7 years tenure#yes	30.90071	.3129668	98.73	0.000	30.28731	31.51412
50-59#0-3 years tenure#no	21.49668	.2676979	80.30	0.000	20.972	22.02136
50-59#0-3 years tenure#yes	28.52613	.196156	145.43	0.000	28.14167	28.91059
50-59#3-7 years tenure#no	22.56726	.2662936	84.75	0.000	22.04533	23.08919
50-59#3-7 years tenure#yes	30.17811	.1509279	199.95	0.000	29.8823	30.47393
50-59#Over 7 years tenure#no	24.04879	.3130246	76.83	0.000	23.43527	24.6623
50-59#Over 7 years tenure#yes	32.41053	.266898	121.43	0.000	31.88742	32.93364
60 up#0-3 years tenure#no	21.77511	.2625397	82.94	0.000	21.26054	22.28968
60 up#0-3 years tenure#yes	29.29451	.1637074	178.94	0.000	28.97365	29.61537
60 up#3-7 years tenure#no	22.78417	.2759683	82.56	0.000	22.24328	23.32505
60 up#3-7 years tenure#yes	30.81198	.1899553	162.21	0.000	30.43967	31.18428
60 up#Over 7 years tenure#no	24.01783	.304465	78.89	0.000	23.42108	24.61457
60 up#Over 7 years tenure#yes	32.68986	.2306326	141.74	0.000	32.23783	33.14189

. marginsplot, by(college)

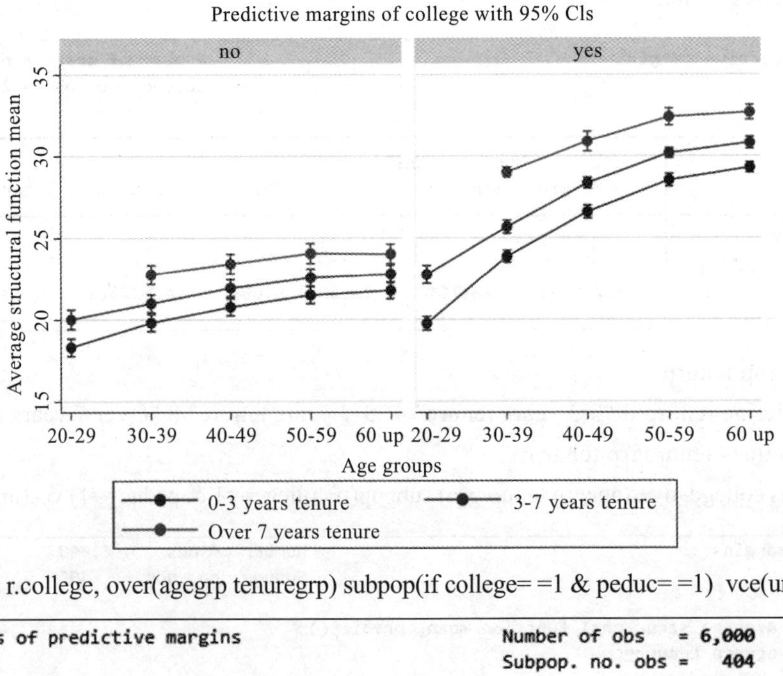

. margins r.college, over(agegrp tenuregrp) subpop(if college= =1 & peduc= =1) vce(unconditional)

```
Contrasts of predictive margins                 Number of obs    = 6,000
                                                Subpop. no. obs =    404

Expression: Average structural function mean, predict()
Over:       agegrp tenuregrp

                                     df        chi2     P>chi2

           college@agegrp#tenuregrp
```

(yes vs no) 20-29#0-3 years tenure	1	22.68	0.0000	
(yes vs no) 20-29#3-7 years tenure	1	65.57	0.0000	
(yes vs no) 20-29#Over 7 years tenure	(omitted)			
(yes vs no) 30-39#0-3 years tenure	1	201.84	0.0000	
(yes vs no) 30-39#3-7 years tenure	1	236.45	0.0000	
(yes vs no) 30-39#Over 7 years tenure	1	356.19	0.0000	
(yes vs no) 40-49#0-3 years tenure	1	399.96	0.0000	
(yes vs no) 40-49#3-7 years tenure	1	483.15	0.0000	
(yes vs no) 40-49#Over 7 years tenure	1	430.92	0.0000	
(yes vs no) 50-59#0-3 years tenure	1	587.98	0.0000	
(yes vs no) 50-59#3-7 years tenure	1	725.12	0.0000	
(yes vs no) 50-59#Over 7 years tenure	1	608.98	0.0000	
(yes vs no) 60 up#0-3 years tenure	1	614.39	0.0000	
(yes vs no) 60 up#3-7 years tenure	1	662.21	0.0000	
(yes vs no) 60 up#Over 7 years tenure	1	660.55	0.0000	
Joint	14	1597.17	0.0000	

	Contrast	Unconditional std. err.	[95% conf. interval]	
college@agegrp#tenuregrp				
(yes vs no) 20-29#0-3 years tenure	1.453817	.3053043	.8554316	2.052202
(yes vs no) 20-29#3-7 years tenure	2.741611	.3385825	2.078002	3.405221
(yes vs no) 20-29#Over 7 years tenure	0	(omitted)		
(yes vs no) 30-39#0-3 years tenure	4.055176	.285434	3.495736	4.614616
(yes vs no) 30-39#3-7 years tenure	4.682331	.3045021	4.085518	5.279144
(yes vs no) 30-39#Over 7 years tenure	6.264117	.3319085	5.613589	6.914646
(yes vs no) 40-49#0-3 years tenure	5.827016	.2913657	5.25595	6.398082
(yes vs no) 40-49#3-7 years tenure	6.417699	.2919688	5.845451	6.989948
(yes vs no) 40-49#Over 7 years tenure	7.491385	.360879	6.784075	8.198695
(yes vs no) 50-59#0-3 years tenure	7.029449	.2898958	6.461264	7.597635
(yes vs no) 50-59#3-7 years tenure	7.610852	.2826369	7.056894	8.16481
(yes vs no) 50-59#Over 7 years tenure	8.361743	.3388414	7.697626	9.02586
(yes vs no) 60 up#0-3 years tenure	7.5194	.3033611	6.924823	8.113977
(yes vs no) 60 up#3-7 years tenure	8.027809	.3119596	7.416379	8.639239
(yes vs no) 60 up#Over 7 years tenure	8.672031	.3374166	8.010707	9.333356

. marginsplot

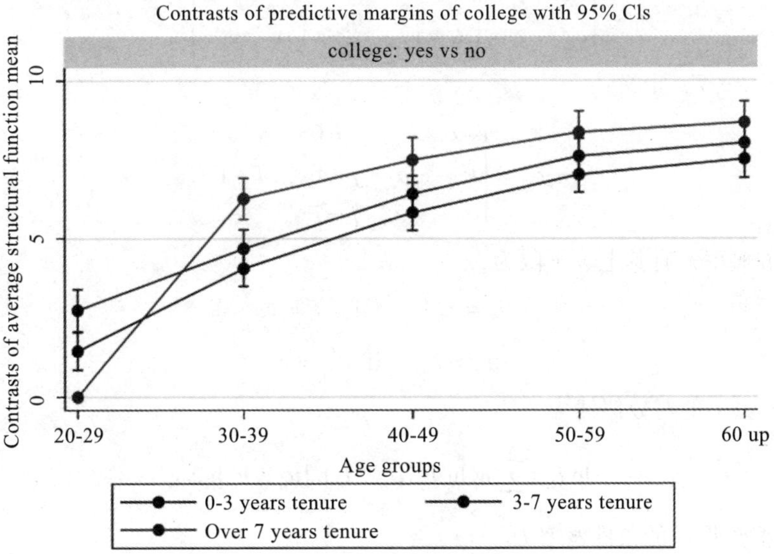

8.4 处理效应的扩展 probit 回归分析

在潜在结果框架中，处理变量 t_i 是一个取 T 个值的离散变量，索引结果 y_i 的 T 个潜在结果 $y_i : y_{1i}, \cdots, y_{Ti}$。当我们观察处理 t_i 取值为 $v_1, v_2, \cdots, v_T$ 时，我们有

$$y_i = \sum_{j=1}^{T} 1(t_i = v_j) y_{ji}$$

我们假设采用处理变量 t_i，对于具有协变量 z_{ti} 的有序处理变量 t_i，有序 probit 模型为

$$t_i = v_h \quad \text{if} \quad \kappa_{h-1} < \boldsymbol{Z}_{ti}\boldsymbol{\alpha}_t + \varepsilon_{ti} \leqslant \kappa_h \tag{8-39}$$

处理值 $v_1, v_2, \cdots, v_T$ 是实数，因此 $h<m$，则 $v_h<v_m$。κ_0 取 $-\infty$ 和 κ_T 取 $+\infty$。处理误差 ε_{ti} 为标准正态。我们使用 probit 模型拟合在 {0, 1} 取值的二元处理变量：

$$t_i = 1(\boldsymbol{z}_{ti}\boldsymbol{\alpha}_t + \varepsilon_{ti} > 0) \tag{8-40}$$

y_i 对外生协变量 x_i 和取值为 $v_1, v_2, \cdots, v_T$ 的内生处理变量 t_i 的 probit 回归模型为

$$\begin{aligned} y_{1i} &= 1(\boldsymbol{x}_i\boldsymbol{\beta}_1 + \varepsilon_{1i} > 0) \\ &\vdots \\ y_{Ti} &= 1(\boldsymbol{x}_i\boldsymbol{\beta}_T + \varepsilon_{Ti} > 0) \\ y_i &= \sum_{j=1}^{T} 1(t_i = v_j) y_{ji} \end{aligned} \tag{8-41}$$

如果相关参数不是潜在结果特异性的，对于 $j = 1, \cdots T$，ε_{ji} 和 ε_{ti} 是双变量正态分布随机项，平均值为 0，协方差为

$$\boldsymbol{\Sigma} = \begin{pmatrix} 1 & \rho_{1t} \\ \rho_{1t} & 1 \end{pmatrix}$$

下面我们讨论一个具有有序内生处理效应的模型。二元处理模型的结果相似。由于未观测到的误差是二元正态的，我们可以用 Φ_2^* 函数表示对数似然。对于 $j = 1, \cdots T$，设 $c_{1ij} = -\boldsymbol{x}_i\beta_j$，$y_i$ 概率的上、下限分别为

$$l_{1i} = \begin{cases} -\infty & y_i = 0 \\ c_{1ij} & y_i = 1, t_i = v_j \end{cases}, \quad u_{1i} = \begin{cases} c_{1ij} & y_i = 0, t_i = v_j \\ \infty & y_i = 1 \end{cases}$$

对于 $j = 1, \cdots T$，定义：

$$c_{tij} = \begin{cases} -\infty & j = 0 \\ \kappa_j - z_{ti}\alpha_t & j = 1, \ldots, T-1 \\ \infty & j = T \end{cases}$$

所以对 t_i 概率，有其上、下限为

$$l_{ti} = c_{ti(j-1)} \quad \text{if} \quad t_i = v_j \tag{8-42}$$

$$u_{ti} = c_{tij} \quad \text{if} \quad t_i = v_j \tag{8-43}$$

则式（8-41）的对数似然为

$$\ln L = \sum_{i=1}^{N} w_i \ln \Phi_2^*([l_{1i} \quad l_{ti}], [u_{1i} \quad u_{ti}], \boldsymbol{\Sigma}) \tag{8-44}$$

获得处理水平 v_h 的条件概率为

$$\Pr(t_i = v_h | z_{ti}) = \Phi_1^*(c_{ti(h-1)}, c_{tih}, 1) \tag{8-45}$$

处理水平的条件成功概率 v_j 为

$$\Pr(y_i = 1| \boldsymbol{x}_i, \boldsymbol{z}_{ti}, t_i = v_j) = \frac{\Phi_2^*([c_{1ij} \quad c_{ti(j-1)}], [\infty \quad c_{tij}], \boldsymbol{\Sigma})}{\Phi_1^*(c_{ti(j-1)}, c_{tij}, 1)} \tag{8-46}$$

处理组 j 的条件 POM 为

$$\text{POM}_j(\boldsymbol{x}_i) = E(y_{ji} | \boldsymbol{x}_i) = \Phi_1^*(c_{1ij}, \infty, 1) \tag{8-47}$$

以协变量 $\boldsymbol{x}_i$ 和 $\boldsymbol{z}_{ti}$ 及 $t_i = v_h$ 为条件，处理组 j 的 POM 为

$$\begin{aligned}\text{POM}_j(\boldsymbol{x}_i, \boldsymbol{z}_{ti}, t_i = v_h) &= E(y_{ji}| \boldsymbol{x}_i, \boldsymbol{z}_{ti}, t_i = v_h) \\ &= \frac{\Phi_2^*([c_{1ij} \quad c_{ti(h-1)}], [\infty \quad c_{tih}], \boldsymbol{\Sigma})}{\Phi_1^*(c_{ti(h-1)}, c_{tih}, 1)}\end{aligned} \tag{8-48}$$

处理效应 $y_{ji} - y_{1i}$ 是个体 i 接受处理 $t_i = v_j$ 而非控制 $t_i = v_1$ 时的结果差异，以及个体接受控制处理时的差异。对于处理组 j，以 $\boldsymbol{x}_i$ 为条件的处理效应为

$$\text{TE}_j(\boldsymbol{x}_i) = E(y_{ji} - y_{1i}| \boldsymbol{x}_i) = \text{POM}_j(\boldsymbol{x}_i) - \text{POM}_1(\boldsymbol{x}_i) \tag{8-49}$$

对于处理组 j，以 $\boldsymbol{x}_i$ 和 z_{ti} 为条件的处理组 h 的处理效应为

$$\begin{aligned}\text{TET}_j(\boldsymbol{x}_i, \boldsymbol{z}_{ti}, t_i = v_h) &= E(y_{ji} - y_{1i}| \boldsymbol{x}_i, \boldsymbol{z}_{ti}, t_i = v_h) \\ &= \text{POM}_j(\boldsymbol{x}_i, \boldsymbol{z}_{ti}, t_i = v_h) - \text{POM}_1(\boldsymbol{x}_i, \boldsymbol{z}_{ti}, t_i = v_h)\end{aligned} \tag{8-50}$$

我们可以利用这些条件预测对协变量的期望来获得总体平均参数。一旦模型用 eprobit 拟合后，estat、tefects 和 margins 命令用于将期望值估计作为预测边际。处理组 j 的 POM 为

$$\text{POM}_j = E(y_{ji}) = E\{\text{POM}_j(\boldsymbol{x}_i)\} \tag{8-51}$$

处理组 j 的 ATE 为

$$\text{ATE}_j = E(y_{ji} - y_{1i}) = E\{\text{TE}_j(\boldsymbol{x}_i)\} \tag{8-52}$$

对于处理组 j，处理组 h 的 ATET 为

$$\begin{aligned}\text{ATET}_{jh} &= E(y_{ji} - y_{1i}| t_i = v_h) \\ &= E\{\text{TET}_j(\boldsymbol{x}_i, \boldsymbol{z}_{ti}, t_i = v_h)| t_i = v_h\}\end{aligned} \tag{8-53}$$

如果相关参数是潜在结果特异性的，对于 $j = 1, \cdots, T$，ε_{ji} 和 ε_{ti} 是双变量正态分布，平均值为 0，协方差为 $\boldsymbol{\Sigma}_j = \begin{pmatrix} 1 & \rho_{j1t} \\ \rho_{j1t} & 1 \end{pmatrix}$，定义 $\boldsymbol{\Sigma}_i = \sum_{j=1}^{T} 1(t_i = v_j)\boldsymbol{\Sigma}_j$，则潜在结果设定相关模型的对数似然为

$$\ln L = \sum_{i=1}^{N} w_i \ln \Phi_2^*([l_{1i} \quad l_{ti}], [u_{1i} \quad u_{ti}], \boldsymbol{\Sigma}_i) \tag{8-54}$$

处理水平的条件成功概率 v_j 为

$$\Pr(y_i = 1| \boldsymbol{x}_i, \boldsymbol{z}_{ti}, t_i = v_j) = \frac{\Phi_2^*([c_{1ij} \quad c_{ti(j-1)}], [\infty \quad c_{tij}], \boldsymbol{\Sigma}_j)}{\Phi_1^*(c_{ti(j-1)}, c_{tij}, 1)} \tag{8-55}$$

外生性协变量 $\boldsymbol{x}_i$ 和处理组 j 的条件 POM 的定义与单一相关案例中的定义相同。然而，当我们在处理水平 $t_i = v_h$ 和 z_{ti} 的情况下，处理组 j 的 POM 为

$$\mathrm{POM}_j(\boldsymbol{x}_i, z_{ti}, t_i = v_h) = E(y_{ji} | \boldsymbol{x}_i, z_{ti}, t_i = v_h)$$
$$= \frac{\Phi_2^*([c_{1ij} \quad c_{ti(h-1)}], [\infty \quad c_{tih}], \boldsymbol{\Sigma}_j)}{\Phi_1^*(c_{ti(h-1)}, c_{tih}, 1)} \tag{8-56}$$

关于内生样本选择、随机效应、混合模型、置信区间和多方程模型似然等内容，可查阅 eprobit 帮助文件。

处理效应的扩展 probit 回归的命令语法格式如下所示。

（1）具有内生处理分配的基本 probit 回归。

eprobit depvar [indepvars], entreat(depvar_tr [= varlist_tr]) [options]

（2）具有外生处理分配的基本 probit 回归。

eprobit depvar [indepvars], extreat(tvar) [options]

（3）结合内生协变量、处理效应和样本选择的 probit 回归。

eprobit depvar [indepvars] [if] [in] [weight] [, extensions options]

扩展模型选项有如下几个。

entreat(entrspec)：内生处理分配的模型。

extreat(extrespec)：外生处理分配的模型。

其他更多选项可查看 eprobit 帮助文件。

菜单操作路径：

Statistics > Endogenous covariates > Models adding selection and treatment > Probit regression

eprobit 拟合 probit 回归模型，该模型可容纳内生协变量、非随机处理分配和内生样本选择的任意组合。允许使用连续、二元和有序的内生协变量。处理分配可以是内生性的，也可以是外生性的。probit 或 tobit 模型可用于解释内生样本选择。

例 8.6　处理效应的扩展 probit 回归分析

之前我们展示了一所虚构的美国州立大学的研究人员如何调查该大学录取学生的高中 GPA 与其最终大学 GPA 之间的关系。假设现在他们想知道大学毕业率与高中 GPA 的关系。他们认为，在大学毕业率模型中，高中 GPA 是内生的。

清理内存，下载数据集。

. clear all

. webuse class10

具有内生协变量 hsgpa 的 probit 回归。

. eprobit graduate income i.roommate, endogenous(hsgpa = income i.hscomp) vce(robust)

```
Extended probit regression                          Number of obs =   2,500
                                                    Wald chi2(3)  =  326.79
Log pseudolikelihood = -1418.4414                   Prob > chi2   =  0.0000

------------------------------------------------------------------------------
             |               Robust
             | Coefficient  std. err.      z    P>|z|     [95% conf. interval]
-------------+----------------------------------------------------------------
graduate     |
      income |   .1597677   .0158826    10.06   0.000     .1286384    .1908969
```

roommate						
yes	.2636312	.0563563	4.68	0.000	.1531748	.3740876
hsgpa	1.01877	.4324788	2.36	0.018	.1711273	1.866413
_cons	-3.647166	1.204728	-3.03	0.002	-6.008389	-1.285943
hsgpa						
income	.047859	.0016461	29.07	0.000	.0446327	.0510853
hscomp						
moderate	-.135734	.0114717	-11.83	0.000	-.158218	-.1132499
high	-.225314	.0195055	-11.55	0.000	-.2635441	-.1870838
_cons	2.794711	.0127943	218.43	0.000	2.769634	2.819787
var(e.hsgpa)	.0685893	.0019597			.064854	.0725398
corr(e.hsgpa,e.graduate)	.3687006	.0919048	4.01	0.000	.1765785	.5337596

我们希望通过使用默认的平均结构函数预测，将每名学生的不可观察特征保持为其当前数据所隐含的特征。

.margins, at(hsgpa=generate(hsgpa)) at(hsgpa=generate(hsgpa+1)) subpop(if hsgpa <= 3) vce(unconditional)

Predictive margins　　　　Number of obs = 2,500
　　　　　　　　　　　　　Subpop. no. obs = 1,430

Expression: Average structural function probability, predict()
1._at: hsgpa = hsgpa
2._at: hsgpa = hsgpa+1

	Margin	Unconditional std. err.	z	P>|z|	[95% conf.	interval]
_at						
1	.4315243	.0125571	34.37	0.000	.4069129	.4561357
2	.7737483	.1057771	7.31	0.000	.5664289	.9810677

添加了用于添加测试统计信息的效果，以及用于清理输出的 nowald。

. margins, at(hsgpa=generate(hsgpa)) at(hsgpa=generate(hsgpa+1)) subpop(if hsgpa <= 3) contrast(at(r) nowald effects) noatlegend vce(unconditional) over(incomegrp)

Contrasts of predictive margins　　　　Number of obs = 2,500
　　　　　　　　　　　　　　　　　　　Subpop. no. obs = 1,430

Expression: Average structural function probability, predict()
Over: incomegrp

	Contrast	Unconditional std. err.	z	P>|z|	[95% conf.	interval]
_at@incomegrp						
(2 vs 1) < 20K	.3690987	.1367297	2.70	0.007	.1011134	.6370839
(2 vs 1) 20-39K	.3698609	.1254644	2.95	0.003	.1239552	.6157667
(2 vs 1) 40-59K	.3516159	.1026905	3.42	0.001	.1503463	.5528855
(2 vs 1) 60-79K	.3094611	.0798654	3.87	0.000	.1529277	.4659944

(2 vs 1) 80-99K	.255203	.0572386	4.46	0.000	.1430174	.3673887
(2 vs 1) 100-119K	.1829494	.038826	4.71	0.000	.1068519	.2590469
(2 vs 1) 120-139K	.1238027	.0344788	3.59	0.000	.0562255	.19138
(2 vs 1) 140K up	.0485429	.0139112	3.49	0.000	.0212775	.0758083

. marginsplot

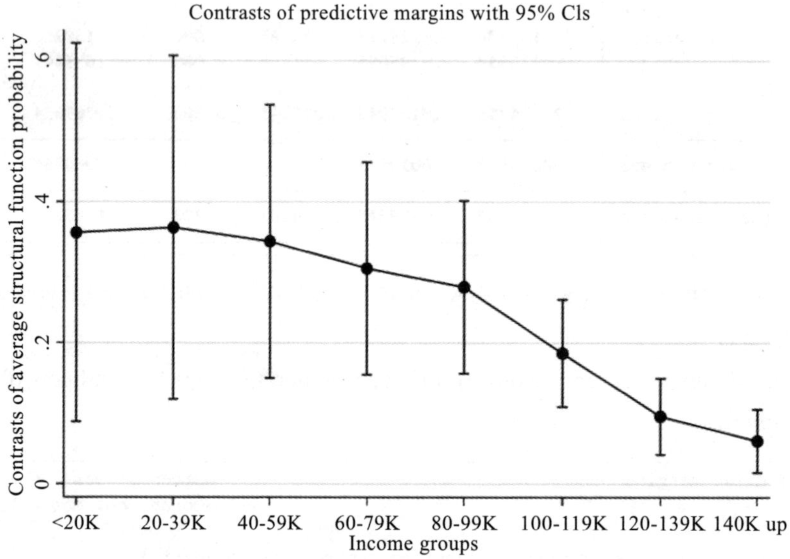

我们修改数据以简化分析。

generate smpl = roommate==1 & (income < 3 | income > 10)

generate byte hlincome = 1 if income < 3

replace hlincome = 2 if income > 10

label define hiloinc 1 "Income <$30,000" 2 "Income >$100,000"

label values hlincome hiloinc

让我们估计每个收入分组的影响。

margins, subpop(smpl) over(hsgpagrp hlincome) vce(unconditional)

```
Predictive margins                              Number of obs    = 2,500
                                                Subpop. no. obs  =   518

Expression: Average structural function probability, predict()
Over:       hsgpagrp hlincome
```

	Margin	Unconditional std. err.	z	P>|z|	[95% conf.	interval]
hsgpagrp#hlincome						
< 2.5#Income <$30,000	.104895	.0184679	5.68	0.000	.0686985	.1410914
2.5-2.9#Income <$30,000	.3794772	.0221032	17.17	0.000	.3361557	.4227986
2.5-2.9#Income >$100,000	.8238463	.0361912	22.76	0.000	.7529127	.8947798
3.0-3.4#Income <$30,000	.7437733	.0250894	29.64	0.000	.6945989	.7929476
3.0-3.4#Income >$100,000	.9740723	.0073401	132.71	0.000	.9596861	.9884586
3.5-4.0#Income <$30,000	.9389446	.0261728	35.87	0.000	.887647	.9902423
3.5-4.0#Income >$100,000	.9980474	.0010326	966.51	0.000	.9960235	1.000071

如果我们将结果绘制成图表，可以更清楚地看到变量间的关系。

. marginsplot

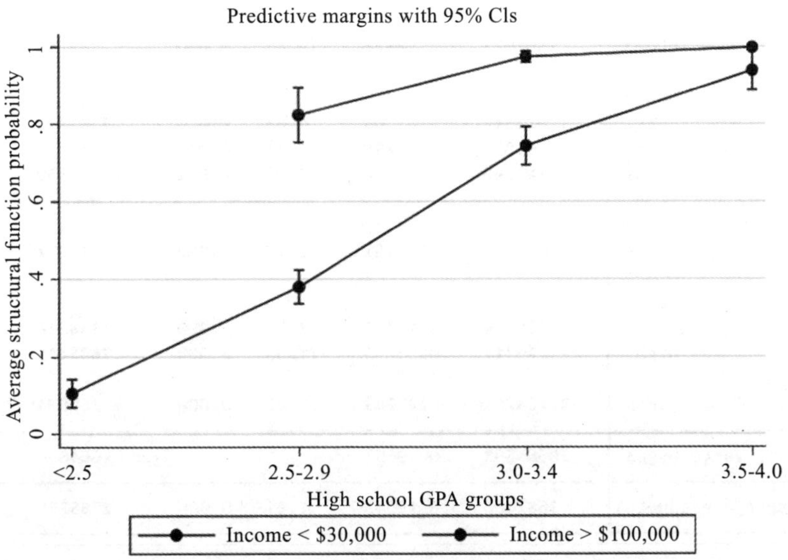

我们想知道高中 GPA 分组中高收入和低收入人群的预期毕业率。

.margins, subpop(smpl) over(hsgpagrp hlincome) at(income=10) vce(unconditional). marginsplot

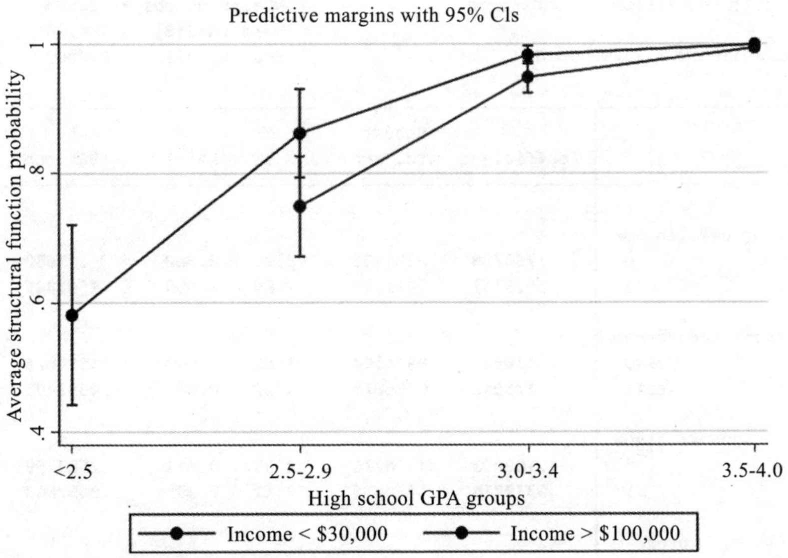

具有稳健的标准误差估计。

. eprobit graduate income i.roommate, endogenous(hsgpa = income i.hscomp) vce(robust)

```
Extended probit regression                        Number of obs  =    2,500
                                                  Wald chi2(3)   =   326.79
Log pseudolikelihood = -1418.4414                 Prob > chi2    =   0.0000
```

```
                         |               Robust
                         | Coefficient  std. err.      z    P>|z|     [95% conf. interval]
-------------------------+----------------------------------------------------------------
graduate                 |
                  income |   .1597677   .0158826    10.06   0.000     .1286384    .1908969
                         |
                roommate |
                     yes |   .2636312   .0563563     4.68   0.000     .1531748    .3740876
                   hsgpa |    1.01877   .4324788     2.36   0.018     .1711273    1.866413
                   _cons |  -3.647166   1.204728    -3.03   0.002    -6.008389   -1.285943
-------------------------+----------------------------------------------------------------
hsgpa                    |
                  income |    .047859   .0016461    29.07   0.000     .0446327    .0510853
                         |
                  hscomp |
                moderate |   -.135734   .0114717   -11.83   0.000     -.158218   -.1132499
                    high |   -.225314   .0195055   -11.55   0.000    -.2635441   -.1870838
                         |
                   _cons |   2.794711   .0127943   218.43   0.000     2.769634    2.819787
-------------------------+----------------------------------------------------------------
          var(e.hsgpa)   |   .0685893   .0019597                       .064854    .0725398
-------------------------+----------------------------------------------------------------
 corr(e.hsgpa,e.graduate)|   .3687006   .0919048     4.01   0.000     .1765785    .5337596
```

具有稳健的标准误差估计，并考虑内生处理效应。

. eprobit graduate income i.roommate, endogenous(hsgpa = income i.hscomp) entreat(program = i.campus i.scholar income) vce(robust)

```
Extended probit regression                          Number of obs =  2,500
                                                    Wald chi2(8)  = 404.26
Log pseudolikelihood = -2792.9016                   Prob > chi2   = 0.0000

-------------------------------------------------------------------------------
                 |               Robust
                 | Coefficient  std. err.      z    P>|z|     [95% conf. interval]
-----------------+-------------------------------------------------------------
graduate         |
  program#c.income |
               0 |   .1760785   .0201833     8.72   0.000       .13652    .2156371
               1 |   .1925761    .021294     9.04   0.000     .1508405    .2343116
                 |
roommate#program |
           yes#0 |   .3110885   .0814304     3.82   0.000     .1514878    .4706892
           yes#1 |   .2475942   .0756877     3.27   0.001     .0992491    .3959394
                 |
 program#c.hsgpa |
               0 |   1.160053   .4590276     2.53   0.011     .2603759    2.059731
               1 |   .9379774   .4450455     2.11   0.035     .0657043     1.81025
                 |
         program |
               0 |  -4.350156   1.312558    -3.31   0.001    -6.922721    -1.77759
               1 |  -3.393398   1.242536    -2.73   0.006    -5.828725   -.9580717
-----------------+-------------------------------------------------------------
program          |
          campus |
             yes |   .7433155   .0735249    10.11   0.000     .5992092    .8874217
                 |
         scholar |
             yes |   .8970451   .0585469    15.32   0.000     .7822952    1.011795
          income |  -.0799274   .0088987    -8.98   0.000    -.0973686   -.0624862
```

_cons	-.3810042	.0860131	-4.43	0.000	-.5495867	-.2124217
hsgpa						
income	.0478626	.0016461	29.08	0.000	.0446363	.0510889
hscomp						
moderate	-.1350116	.0115013	-11.74	0.000	-.1575538	-.1124694
high	-.2269435	.019326	-11.74	0.000	-.2648218	-.1890652
_cons	2.79442	.0128088	218.16	0.000	2.769315	2.819525
var(e.hsgpa)	.0685874	.0019597			.064852	.0725379
corr(e.program,e.graduate)	.3791651	.1035775	3.66	0.000	.1605878	.5622919
corr(e.hsgpa,e.graduate)	.4001679	.089854	4.45	0.000	.2109447	.5604834
corr(e.hsgpa,e.program)	-.0201748	.02637	-0.77	0.444	-.0717594	.0315174

例 8.7　处理效应的含样本选择的 probit 回归分析

下面以 heartsm 数据集为例说明实现。我们感兴趣的是，经常锻炼和体重指数（BMI）是否会影响随后心脏病发作的概率。在我们虚构的研究中，我们收集了 625 名年龄在 50 ～ 55 岁男性心脏病发作的数据。一些男性退出了研究，我们相信他们退出的原因与未观察到的因素有关，这些因素也会影响他们再次心脏病发作的概率。然而，我们观察了所有第二次心脏病发作致命的病例。

为了解释内生样本选择，我们指定了一个辅助模型，用于使用属于辅助模型且从主方程中排除的协变量进行选择。我们预计，在我们考虑其他协变量后，这些男性参与研究前是否进行过定期体检的直接影响可以忽略不计。

清理内存，下载数据集。

. clear all

. webuse heartsm

内生样本选择的 probit 回归。

. eprobit attack age bmi i.exercise, select(full = age bmi i.checkup)

```
Extended probit regression                     Number of obs     =       625
                                                     Selected    =       458
                                                  Nonselected    =       167

                                               Wald chi2(3)      =    144.65
Log likelihood = -408.78452                    Prob > chi2       =    0.0000
```

	Coefficient	Std. err.	z	P>|z|	[95% conf.	interval]
attack						
age	.2237091	.0329703	6.79	0.000	.1590884	.2883298
bmi	.1760896	.0318408	5.53	0.000	.1136827	.2384964
exercise						
yes	-1.438937	.1505583	-9.56	0.000	-1.734026	-1.143849
_cons	-15.78445	2.088526	-7.56	0.000	-19.87788	-11.69101
full						
age	-.1599347	.0323452	-4.94	0.000	-.2233302	-.0965393
bmi	-.1146582	.0219349	-5.23	0.000	-.1576497	-.0716666

checkup						
yes	2.306638	.1759281	13.11	0.000	1.961826	2.651451
_cons	11.66488	1.931044	6.04	0.000	7.880102	15.44965
corr(e.full,e.attack)	-.4537026	.1689051	-2.69	0.007	-.7193076	-.07237

同上，并说明动态处理的内生性。

. eprobit attack age bmi, select(full = age bmi i.checkup) entreat(exercise = bmi i.gym)

```
Extended probit regression                      Number of obs  =    625
                                                     Selected =    458
                                                  Nonselected =    167

                                                Wald chi2(6)   = 107.38
Log likelihood = -711.90507                     Prob > chi2    = 0.0000
```

	Coefficient	Std. err.	z	P>|z|	[95% conf.	interval]
attack						
exercise#c.age						
no	.2156634	.0490912	4.39	0.000	.1194465	.3118804
yes	.221641	.040963	5.41	0.000	.1413549	.3019271
exercise#c.bmi						
no	.1925833	.0449646	4.28	0.000	.1044543	.2807123
yes	.2134441	.0425455	5.02	0.000	.1300564	.2968318
exercise						
no	-16.07086	3.069751	-5.24	0.000	-22.08746	-10.05426
yes	-17.84655	2.639377	-6.76	0.000	-23.01964	-12.67347
full						
age	-.1650386	.0318064	-5.19	0.000	-.2273779	-.1026993
bmi	-.1143184	.0218791	-5.23	0.000	-.1572006	-.0714361
checkup						
yes	2.315167	.1742308	13.29	0.000	1.973681	2.656653
_cons	11.92957	1.900231	6.28	0.000	8.20519	15.65396
exercise						
bmi	-.1815549	.0224366	-8.09	0.000	-.2255298	-.13758
gym						
yes	1.517225	.1240322	12.23	0.000	1.274127	1.760324
_cons	3.941703	.6062486	6.50	0.000	2.753478	5.129929
corr(e.full,e.attack)	-.5338178	.1634822	-3.27	0.001	-.7792994	-.1462974
corr(e.exercise,e.attack)	-.435728	.152265	-2.86	0.004	-.6833213	-.0982548
corr(e.exercise,e.full)	.3212358	.0929001	3.46	0.001	.129265	.4899972

8.5 处理效应的扩展有序 probit 回归分析

在潜在结果框架中，处理变量 t_i 是一个取 T 个值的离散变量，是索引结果 y_i 的 T 个潜在结果 $y_i : y_{1i}, \cdots, y_{Ti}$。当我们观察处理变量 t_i 取值为 $v_{t1}, v_{t2}, \cdots, v_{tT}$ 时，我们有

$$y_i = \sum_{j=1}^{T} 1(t_i = v_{tj}) y_{ji}$$

其中，对于 $j = 1, 2, \cdots, T$ 和外生协变量 $\boldsymbol{x}_i$，

$$y_{ji} = v_h \quad 如果 \quad \kappa_{(h-1)j} < \boldsymbol{x}_i \boldsymbol{\beta}_j + \varepsilon_{ji} \leqslant \kappa_{hj}$$

如果相关参数不是潜在结果特异性的，对于 $j = 1, \cdots, T$，ε_{ji} 和 ε_{ti} 是双变量正态分布随机项，平均值为 0，协方差为

$$\boldsymbol{\Sigma} = \begin{pmatrix} 1 & \rho_{1t} \\ \rho_{1t} & 1 \end{pmatrix}$$

下面我们讨论一个具有有序内生处理效应的模型。二元处理模型的结果相似。由于未观测到的误差是二元正态的，我们可以用函数 Φ_2^* 表示对数似然。对于 $j = 1, \cdots, T$ 和 $h = 0, 1, \cdots, H$，设

$$c_{1ihj} = \begin{cases} -\infty & h = 0 \\ \kappa_{hj} - \boldsymbol{x}_i \boldsymbol{\beta}_j & h = 1, \cdots, H-1 \\ \infty & h = H \end{cases}$$

y_i 概率的下限和上限为

$$l_{1i} = c_{i(h-1)j} \ 如果 \ y_i = v_h, t_i = v_{tj}$$

$$u_{1i} = c_{ihj} \ 如果 \ y_i = v_h, t_i = v_{tj}$$

则模型的对数似然为

$$\ln L = \sum_{i=1}^{N} w_i \ln \Phi_2^*([l_{1i} \quad l_{ti}], [u_{1i} \quad u_{ti}], \boldsymbol{\Sigma}) \tag{8-57}$$

获得处理水平 v_{th} 的条件概率为

$$\Pr(t_i = v_{th} \mid \boldsymbol{z}_{ti}) = \Phi_1^*(c_{ti(h-1)}, c_{tih}, 1) \tag{8-58}$$

对于 $h = 1, \cdots, H$，处理水平 v_{th} 的结果水平 v_h 的条件概率为

$$\Pr(y_i = v_h \mid \boldsymbol{x}_i, \boldsymbol{z}_{ti}, t_i = v_{tj}) = \frac{\Phi_2^*([c_{1i(h-1)j} \quad c_{ti(j-1)}], [c_{1ihj} \quad c_{tij}], \boldsymbol{\Sigma})}{\Phi_1^*(c_{ti(j-1)}, c_{tij}, 1)} \tag{8-59}$$

处理组 j 和结果类别 h 的条件 POM 为

$$\mathrm{POM}_{hj}(\boldsymbol{x}_i) = E\{1(y_{ji} = v_h) \mid \boldsymbol{x}_i\} = \Phi_1^*(c_{1i(h-1)j}, c_{1i(h-1)j}, 1) \tag{8-60}$$

对于处理组 j，以 $\boldsymbol{x}_i$ 为条件的 h 类处理效应为

$$\begin{aligned} \mathrm{TE}_{hj}(\boldsymbol{x}_i) &= E\{1(y_{ji} = v_h) - 1(y_{1i} = v_h) \mid \boldsymbol{x}_i\} \\ &= \mathrm{POM}_{hj}(\boldsymbol{x}_i) - \mathrm{POM}_{h1}(\boldsymbol{x}_i) \end{aligned} \tag{8-61}$$

对于处理组 j，以 $\boldsymbol{x}_i$ 和 z_{ti} 为条件的处理组 m 对 h 类受试者的处理效应为

$$\begin{aligned} \mathrm{TET}_{hj}(\boldsymbol{x}_i, \boldsymbol{z}_{ti}, t_i = v_m) &= E\{1(y_{ji} = v_h) - 1(y_{1i} = v_h) \mid \boldsymbol{x}_i, t_i = v_{t,m}\} \\ &= \mathrm{POM}_{hj}(\boldsymbol{x}_i, \boldsymbol{z}_{ti}, t_i = v_m) - \mathrm{POM}_{h1}(\boldsymbol{x}_i, \boldsymbol{z}_{ti}, t_i = v_m) \end{aligned} \tag{8-62}$$

关于内生样本选择、特征综合和置信区间（c_i）的相关内容，可以查阅 eoprobit 帮助文件。

有序 probit 回归的命令语法格式如下所示。

（1）具有内生处理分配的基本有序 probit 回归。

eoprobit depvar [indepvars], entreat(depvar_tr [= varlist_tr]) [options]

（2）具有外生处理分配的基本有序 probit 回归。

eoprobit depvar [indepvars], extreat(tvar) [options]

（3）结合内生协变量、处理效应和样本选择的有序 probit 回归。

eoprobit depvar [indepvars] [if] [in] [weight] [, extensions options]

菜单操作路径：

Statistics > Endogenous covariates > Models adding selection and treatment > Ordered probit regression

eoprobit 符合有序 probit 回归模型，该模型可容纳内生协变量、非随机处理分配和内生样本选择的任意组合。允许使用连续、二元和有序的内生协变量。处理分配可以是内生性的，也可以是外生性的。probit 或 tobit 模型可用于解释内生样本选择。

例 8.8　处理效应的含样本选择的有序 probit 回归分析

以 womenhlth 数据集为例，我们研究健康保险对女性健康状况的影响，我们用 1 分（差）到 5 分（优）来衡量健康状况。我们想估计保险的 ATE 对 5 种状态中每种状态的概率。我们认为模型中的健康保险作为变量是一种内生处理变量。

在我们虚构的研究中，我们收集了 6 000 名年龄在 25 ～ 30 岁的女性样本数据。除了健康保险变量外，我们还将女性是否定期锻炼及她们完成的教育年限（grade）作为外生协变量。

清理内存，下载数据集。

. clear all

. webuse womenhlth

有序 probit 回归与内生处理效应。

. eoprobit health i.exercise grade, entreat(insured = grade i.workschool)

```
Extended ordered probit regression                 Number of obs =   6,000
                                                   Wald chi2(4)  =  544.06
Log likelihood = -9105.4376                        Prob > chi2   =  0.0000
```

	Coefficient	Std. err.	z	P>|z|	[95% conf.	interval]
health						
exercise#insured						
yes#no	.5296149	.0614054	8.62	0.000	.4092626	.6499672
yes#yes	.5190249	.033697	15.40	0.000	.45298	.5850697
insured#c.grade						
no	.1079014	.0254855	4.23	0.000	.0579507	.1578522
yes	.1296456	.0106352	12.19	0.000	.108801	.1504901
insured						
grade	.3060024	.0101482	30.15	0.000	.2861122	.3258925
workschool						
yes	.5387767	.0448199	12.02	0.000	.4509313	.6266221
_cons	-3.592452	.1373294	-26.16	0.000	-3.861613	-3.323292

/health						
insured#c.cut1						
no	.6282326	.2465266			.1450493	1.111416
yes	-.7255086	.239525			-1.194969	-.2560482
insured#c.cut2						
no	1.594089	.2365528			1.130454	2.057724
yes	.4404531	.1956483			.0569894	.8239168
insured#c.cut3						
no	2.526424	.2308273			2.074011	2.978837
yes	1.332514	.1822525			.9753057	1.689722
insured#c.cut4						
no	3.41748	.2373824			2.952219	3.882741
yes	2.292828	.1734913			1.952792	2.632865
corr(e.insured,e.health)	.3414241	.0920708	3.71	0.000	.1502896	.5079557

健康状况方程的误差与健康保险方程的误差之间的估计相关性为 0.34。这与 0 显著不同，因此投保的处理选择是内生的，因为这是积极的选择，我们得出结论，增加投保概率的未观察因素往往也会增加处于高健康状态的概率。

具有稳健的标准误差。

. eoprobit health i.exercise grade, entreat(insured = grade i.workschool) vce(robust)

```
Extended ordered probit regression                Number of obs =   6,000
                                                  Wald chi2(4)  = 516.93
Log pseudolikelihood = -9105.4376                 Prob > chi2   = 0.0000
```

	Coefficient	Robust std. err.	z	P>|z|	[95% conf.	interval]
health						
exercise#insured						
yes#no	.5296149	.0619049	8.56	0.000	.4082835	.6509463
yes#yes	.5190249	.033872	15.32	0.000	.4526371	.5854127
insured#c.grade						
no	.1079014	.0250326	4.31	0.000	.0588383	.1569645
yes	.1296456	.0107428	12.07	0.000	.10859	.1507012
insured						
grade	.3060024	.0100506	30.45	0.000	.2863036	.3257012
workschool						
yes	.5387767	.0446794	12.06	0.000	.4512067	.6263466
_cons	-3.592452	.1348431	-26.64	0.000	-3.85674	-3.328165
/health						
insured#c.cut1						
no	.6282326	.2393499			.1591154	1.09735
yes	-.7255086	.2470598			-1.209737	-.2412803
insured#c.cut2						
no	1.594089	.2300159			1.143266	2.044912
yes	.4404531	.1986825			.0510426	.8298636
insured#c.cut3						
no	2.526424	.2241048			2.087186	2.965661
yes	1.332514	.1845713			.9707608	1.694267
insured#c.cut4						

```
             insured#c.cut4
                         no      3.41748   .2356708                        2.955574    3.879386
                        yes     2.292828   .1760594                        1.947758    2.637899
-----------------------------------------------------------------------------------------------
 corr(e.insured,e.health)     .3414241   .0940374     3.63   0.000      .1460223    .5111858
-----------------------------------------------------------------------------------------------
```

同前，并考虑内生样本选择。

. eoprobit health i.exercise c.grade, entreat(insured = grade i.workschool) select(select = i.insured i.regcheck) vce(robust)

```
Extended ordered probit regression                    Number of obs  =   6,000
                                                           Selected  =   4,693
                                                        Nonselected  =   1,307

                                                      Wald chi2(4)   =  367.30
Log pseudolikelihood = -9806.1189                     Prob > chi2    =  0.0000

------------------------------------------------------------------------------------------------
                             |               Robust
                             | Coefficient  std. err.      z    P>|z|     [95% conf. interval]
-----------------------------+------------------------------------------------------------------
health                       |
             exercise#insured|
                       yes#no|   .4169984   .0851131     4.90   0.000     .2501798     .583817
                      yes#yes|   .5399986    .037546    14.38   0.000     .4664098    .6135874
                             |
              insured#c.grade|
                           no|   .1317866   .0342405     3.85   0.000     .0646765    .1988967
                          yes|   .1343324   .0129342    10.39   0.000     .1089818     .159683
-----------------------------+------------------------------------------------------------------
select                       |
                      insured|
                          yes|    1.01669    .092325    11.01   0.000     .8357364    1.197644
                             |
                     regcheck|
                          yes|   .5374105   .0397297    13.53   0.000     .4595417    .6152793
                        _cons|  -.1690644   .0743716    -2.27   0.023    -.3148301   -.0232987
-----------------------------+------------------------------------------------------------------
insured                      |
                        grade|   .3057852   .0100116    30.54   0.000     .2861628    .3254076
                             |
                   workschool|
                          yes|   .5314797   .0452607    11.74   0.000     .4427703    .6201891
                        _cons|  -3.584315   .1348183   -26.59   0.000    -3.848554   -3.320077
-----------------------------+------------------------------------------------------------------
/health                      |
               insured#c.cut1|
                           no|   .7262958   .3313472                      .0768673    1.375724
                          yes|  -.5450451   .3181876                     -1.168681    .0785912
               insured#c.cut2|
                           no|   1.719809   .3129056                      1.106526    2.333093
                          yes|   .5683456   .2464686                       .085276    1.051415
               insured#c.cut3|
                           no|   2.620793   .3056038                      2.021821    3.219766
                          yes|   1.442022   .2227768                      1.005387    1.878656
               insured#c.cut4|
                           no|    3.48945   .3158536                      2.870389    4.108512
                          yes|   2.391497   .2090187                      1.981828    2.801166
```

corr(e.select,e.health)	.496699	.0990366	5.02	0.000	.2795869	.665485
corr(e.insured,e.health)	.4032487	.121518	3.32	0.001	.1421331	.6118937
corr(e.insured,e.select)	.2661948	.0555596	4.79	0.000	.1543216	.3713287

估计处理效应。

. estat teffects

Predictive margins　　　　Number of obs = 6,000

ATE_Pr1: Pr(health=1=poor)
ATE_Pr2: Pr(health=2=not good)
ATE_Pr3: Pr(health=3=fair)
ATE_Pr4: Pr(health=4=good)
ATE_Pr5: Pr(health=5=excellent)

	Margin	Unconditional std. err.	z	P>|z|	[95% conf.	interval]
ATE_Pr1 insured (yes vs no)	-.0969427	.0333853	-2.90	0.004	-.1623767	-.0315086
ATE_Pr2 insured (yes vs no)	-.2003283	.0552089	-3.63	0.000	-.3085358	-.0921207
ATE_Pr3 insured (yes vs no)	-.1456893	.0322109	-4.52	0.000	-.2088216	-.082557
ATE_Pr4 insured (yes vs no)	.1093578	.0437353	2.50	0.012	.0236382	.1950774
ATE_Pr5 insured (yes vs no)	.3336024	.0637745	5.23	0.000	.2086066	.4585982

8.6 处理效应的含内生变量和样本选择的区间回归模型分析

在潜在结果框架中，处理变量 t_i 是一个取 T 个值的离散变量，索引结果 y_i 的 T 个潜在结果 $y_i: y_{1i}, \cdots, y_{Ti}$。当我们观察处理变量 t_i 取值为 $v_1, \cdots, v_T$ 时，y_i 关于外生协变量 $\boldsymbol{x}_i$ 与取值为 $v_1, \cdots, v_T$ 的内生处理变量 t_i 的区间回归模型为

$$\begin{aligned} y_{1i} &= \boldsymbol{x}_i \boldsymbol{\beta}_1 + \varepsilon_{1i} \\ &\vdots \\ y_{Ti} &= \boldsymbol{x}_i \boldsymbol{\beta}_T + \varepsilon_{ti} \\ y_i &= \sum_{j=1}^{T} 1(t_i = v_j) y_{ji} \end{aligned} \tag{8-63}$$

如果方差和相关参数不是潜在结果特异性的，对于 $j = 1, 2, \cdots, T$，ε_{ji} 和 ε_{ti} 是双变量正态

分布随机项，平均值为 0，协方差为 $\boldsymbol{\Sigma}=\begin{pmatrix}\sigma^2 & \sigma\rho_{1t}\\ \sigma\rho_{1t} & 1\end{pmatrix}$。

对于 $i\in U$，未经审查的观测值，定义

$$r_i = y_i - \boldsymbol{x}_i\boldsymbol{\beta}_j \ \text{如果}\ \ t_i = v_j$$

对于经审查的观测值，定义

$$r_{li} = y_{li} - \boldsymbol{x}_i\boldsymbol{\beta}_j \ \text{如果}\ \ t_i = v_j$$
$$r_{ui} = y_{ui} - \boldsymbol{x}_i\boldsymbol{\beta}_j \ \text{如果}\ \ t_i = v_j$$

则对数似然函数为

$$\begin{aligned}\ln L = &\sum_{i\in U} w_i \ln\left\{\Phi_1^*\left(l_{ti} - \frac{\rho_{1t}}{\sigma}r_i, u_{ti} - \frac{\rho_{1t}}{\sigma}r_i, 1-\rho_{1t}^2\right)\phi(r_i,\sigma^2)\right\}\\ &+\sum_{i\in L} w_i \ln\Phi_2^*([l_{ti}\quad -\infty],[u_{ti}\quad r_{ui}],\boldsymbol{\Sigma})\\ &+\sum_{i\in R} w_i \ln\Phi_2^*([l_{ti}\quad r_{li}],[u_{ti}\quad \infty],\boldsymbol{\Sigma})\\ &+\sum_{i\in I} w_i \ln\Phi_2^*([l_{ti}\quad r_{li}],[u_{ti}\quad r_{ui}],\boldsymbol{\Sigma})\end{aligned} \tag{8-64}$$

其中，U 是 y_i 未被删失的观测集，L 是 y_i 被左删失的观测集，R 是 y_i 被右删失的观测集，I 是 y_i 被区间删失的观测集，l_{ti} 和 u_{ti} 是给出的处理概率限值。可得以下估计模型：

$$\text{TET}_j(\boldsymbol{x}_i, t_i = v_h) = \boldsymbol{x}_i\boldsymbol{\beta}_j - \boldsymbol{x}_i\boldsymbol{\beta}_1 \tag{8-65}$$

$$\text{POM}_j = E(y_{ji}) = E\{\text{POM}_j(\boldsymbol{x}_i)\} \tag{8-66}$$

$$\text{ATE}_j = E(y_{ji} - y_{1i}) = E\{\text{TE}_j(\boldsymbol{x}_i)\} \tag{8-67}$$

$$\text{ATET}_{jh} = E(y_{ji} - y_{1i} \mid t_i = v_h) = E\{\text{TET}_j(\boldsymbol{x}_i, t_i = v_h) \mid t_i = v_h\} \tag{8-68}$$

$$E(y_i \mid \boldsymbol{x}_i, \boldsymbol{z}_{ti}, t_i = v_j) = \boldsymbol{x}_i\boldsymbol{\beta}_j + E(\varepsilon_i \mid \boldsymbol{x}_i, \boldsymbol{z}_{ti}, t_i = v_j) \tag{8-69}$$

如果方差和相关参数是特定于潜在结果的，则

$$\begin{aligned}\text{TET}_j(\boldsymbol{x}_i, t_i = v_h) &= E(y_{ji} - y_{1i} \mid \boldsymbol{x}_i, t_i = v_h)\\ &= \boldsymbol{x}_i\boldsymbol{\beta}_j - \boldsymbol{x}_i\boldsymbol{\beta}_1 + (\sigma_j\rho_j - \sigma_1\rho_1)E(\varepsilon_{ti} \mid \boldsymbol{x}_i, t_i = v_h)\end{aligned} \tag{8-70}$$

关于内生样本选择、特征综合和置信区间，可查阅 eintreg 帮助文件。

处理效应的含内生变量和样本选择的区间回归模型估计的命令语法格式如下所示。

（1）具有内生处理分配的基本区间回归。

```
eintreg depvar_1 depvar_2 [indepvars], entreat(depvar_tr [= varlist_tr]) [options]
```

（2）具有外生处理分配的基本区间回归。

```
eintreg depvar_1 depvar_2 [indepvars], extreat(tvar) [options]
```

（3）结合内生协变量、处理效应和样本选择的区间回归。

```
eintreg depvar_1 depvar_2 [indepvars] [if] [in] [weight] [, extensions options]
```

其中，数据区间定义如下表所示。

数据类型	区间	depvar1	depvar2
点数据	a = [a,a]	a	a
区间数据	[a,b]	a	b
左审查数据	(-inf,b]	—	b
右审查数据	[a,+inf)	a	—
缺失数据	—	—	—

extensions 选项有：

entreat（entrspec）：内生性处理分配的模型。

extreat（extrespec）：外生性处理分配的模型。

其余更多选项可以查阅 eintreg 命令帮助文件。

菜单操作路径：

Statistics > Endogenous covariates > Models adding selection and treatment > Interval regression

eintreg 拟合了一个区间回归模型，该模型可容纳内生协变量、非随机处理分配和内生样本选择的任意组合。允许使用连续、二元和有序的内生协变量。处理分配可以是内生的，也可以是外生的。probit 或 tobit 模型可用于解释内生样本选择。

8.7 处理效应的随机效应回归分析

对于具有随机效应的线性回归，我们观察面板数据。对于面板 $i=1,\cdots,N$，观测值 $j=1,\cdots,N_i$，协变量 $\boldsymbol{x}_{ij}$ 的结果 y_{ij} 的线性回归可以写成：

$$y_{ij}=\boldsymbol{x}_{ij}\beta+\varepsilon_{ij}+u_i \tag{8-71}$$

随机效应 u_i 为正态，平均值为 0，方差为 σ_u^2。它与观测水平误差 ε_{ij} 无关，ε_{ij} 为正态，平均值为 0，方差为 σ^2。

我们利用随机效应 u_i 上的 y_{ij} 的条件密度和 u_i 的边际密度推导似然函数。将它们相乘，通过 u_i 集成，我们可以得到联合密度。令 $l_{ij}(u)=\phi(y_{ij}-\boldsymbol{x}_{ij}\beta-u,\sigma^2)$，则有面板 i 的似然函数，再使用正交近似，得到对数似然为

$$\ln L=\sum_{i=1}^{N}\ln\left\{\sum_{k=1}^{q}w_{ki}\prod_{j=1}^{N_i}l_{ij}(\sigma_u a_{ki})\right\} \tag{8-72}$$

y_{ij} 的条件均值为

$$E(y_{ij}\mid\boldsymbol{x}_{ij})=\boldsymbol{x}_{ij}\boldsymbol{\beta} \tag{8-73}$$

处理效应的随机效应回归的命令语法格式如下所示。

（1）具有随机效应的基本线性回归。

xteregress depvar [indepvars] [, options]

（2）结合随机效应、内生协变量、处理效应和样本选择的线性回归。

xteregress depvar [indepvars] [if] [in] [, extensions options]

其选项说明同 eregress 帮助文件。

菜单操作路径：

Statistics > Longitudinal/panel data > Endogenous covariates > Models adding selection and treatment > Linear regression (RE)

xteregress 拟合了一个随机效应线性回归模型，该模型以与 eregress 相同的方式容纳了内生协变量、处理效应和样本选择，并解释了小组或组内观察值的相关性。

例 8.9 具有连续内生协变量的随机效应回归

请扫码查看例 8.9 的内容

例 8.10 具有约束和内生协变量的随机效应回归

通过接下来的数据集 class10re.dta，我们研究一所虚构的大学的数据，该大学正在研究其录取学生的高中 GPA 和最终大学 GPA 之间的关系。

清理内存，下载数据集，声明面板数据。

. clear all

. webuse class10re

. xtset collegeid

随机效应线性回归。

. xteregress gpa income

```
Extended linear regression                          Number of obs     =  1,372
Group variable: collegeid                           Number of groups  =    100

                                                    Obs per group:
                                                                  min =      3
                                                                  avg =   13.7
                                                                  max =     20

Integration method: mvaghermite                     Integration pts.  =      7

                                                    Wald chi2(1)      = 1062.86
Log likelihood = -599.34987                         Prob > chi2       = 0.0000

-------------------------------------------------------------------------------------
                 gpa | Coefficient  Std. err.      z    P>|z|     [95% conf. interval]
---------------------+---------------------------------------------------------------
              income |   .0946589   .0029035    32.60   0.000     .0889681    .1003497
               _cons |    2.25479   .0325187    69.34   0.000     2.191055    2.318525
---------------------+---------------------------------------------------------------
          var(e.gpa) |   .1210967   .0048074                      .1120316    .1308954
var(gpa[collegeid])  |   .0605453   .0101286                      .0436198    .0840383
-------------------------------------------------------------------------------------
```

内生协变量 hsgpa 的随机效应回归。

. xteregress gpa income, endogenous(hsgpa = income i.hscomp)

```
Extended linear regression                          Number of obs     =  1,372
Group variable: collegeid                           Number of groups  =    100

                                                    Obs per group:
                                                                  min =      3
                                                                  avg =   13.7
                                                                  max =     20

Integration method: mvaghermite                     Integration pts.  =      7
```

```
                                                Wald chi2(2)      =  2908.41
Log likelihood = 45.66803                       Prob > chi2       =   0.0000

------------------------------------------------------------------------------------------
                                     | Coefficient  Std. err.      z    P>|z|     [95% conf. interval]
-------------------------------------+----------------------------------------------------
gpa                                  |
                              income |   .0558646   .0037641    14.84   0.000     .0484871     .063242
                               hsgpa |   .9389094   .0783533    11.98   0.000     .7853398    1.092479
                               _cons |  -.5592289   .2354489    -2.38   0.018      -1.0207   -.0977575
-------------------------------------+----------------------------------------------------
hsgpa                                |
                              income |   .0427497    .001939    22.05   0.000     .0389494    .0465501
                                     |
                              hscomp |
                            moderate |  -.1445568   .0140903   -10.26   0.000    -.1721733   -.1169404
                                high |  -.2338986   .0235708    -9.92   0.000    -.2800965   -.1877008
                                     |
                               _cons |   3.085305   .0170549   180.90   0.000     3.051878    3.118732
-------------------------------------+----------------------------------------------------
                          var(e.gpa) |    .047076   .0024584                      .0424959    .0521497
                        var(e.hsgpa) |   .0563951   .0022393                      .0521726    .0609594
-------------------------------------+----------------------------------------------------
                  corr(e.hsgpa,e.gpa) |   .1976559   .0867051     2.28   0.023     .0234398    .3602211
-------------------------------------+----------------------------------------------------
              var(gpa[collegeid]) |   .0630605    .009546                      .0468711    .0848419
            var(hsgpa[collegeid]) |   .0008785   .0007484                      .0001655    .0046648
-------------------------------------+----------------------------------------------------
corr(hsgpa[collegeid],gpa[collegeid]) |  -.0991844   .2610895    -0.38   0.704    -.5485618    .3946523
------------------------------------------------------------------------------------------
```

通过在 endogenous() 选项中指定 nore，我们抑制了高中 GPA 方程中的随机效应。因此，没有关于影响学生高中 GPA 的大学随机效应的方差报告。影响大学 GPA 的随机效应方差估计为 0.06。为了检验内生性，我们只需要检验高中 GPA 和大学 GPA 之间的相关性。这种相关性的估计值为 0.2，相应的测试发现它与零有显著差异。我们得出结论，未被观察到的提高高中 GPA 的学生层面因素往往也会提高大学 GPA。因为这是一个线性回归模型，所以可以直接解释系数。学生的大学 GPA 差约为 0.94 分，而高中 GPA 差为 1 分。

内生样本选择的随机效应回归。

. xteregress gpa income, select(graduate=income i.program)

```
Extended linear regression                      Number of obs     =      2,000
                                                      Selected    =      1,372
                                                   Nonselected    =        628

Group variable: collegeid                       Number of groups  =        100

                                                Obs per group:
                                                              min =         20
                                                              avg =       20.0
                                                              max =         20

Integration method: mvaghermite                 Integration pts.  =          7

                                                Wald chi2(1)      =     607.61
Log likelihood = -1537.4607                     Prob > chi2       =     0.0000

------------------------------------------------------------------------------
             | Coefficient  Std. err.      z    P>|z|     [95% conf. interval]
-------------+----------------------------------------------------------------
gpa          |
      income |    .102502   .0041583    24.65   0.000     .0943518    .1106522
       _cons |   2.152012   .0505572    42.57   0.000     2.052922    2.251103
------------------------------------------------------------------------------
```

graduate						
income	.2300809	.0143522	16.03	0.000	.2019511	.2582108
1.program	.6842988	.0723443	9.46	0.000	.5425066	.8260911
_cons	-.9162671	.1163288	-7.88	0.000	-1.144267	-.6882669
var(e.gpa)	.1258746	.0062894			.1141321	.1388253
corr(e.graduate,e.gpa)	.3497617	.1259952	2.78	0.006	.08361	.5693354
var(gpa[collegeid])	.062471	.0104821			.0449629	.0867967
var(graduate[collegeid])	.5883453	.1130844			.4036685	.8575108
corr(graduate[collegeid],gpa[collegeid])	.1891588	.1243963	1.52	0.128	-.0613182	.4172225

8.8 处理效应的随机效应 probit 回归分析

对于随机效应的概率回归，我们观察了面板数据。对于面板 $i=1,\cdots,N$ 和观测值 $j=1,\cdots,N_i$，协变量 x_{ij} 的结果 y_{ij} 的 probit 回归可以写成

$$y_{ij}=1(\boldsymbol{x}_{ij}\boldsymbol{\beta}+\varepsilon_{ij}+u_i>0) \tag{8-74}$$

随机效应 u_i 为正态，平均值为 0，方差为 σ_u^2。它与标准正态的观测水平误差 ε_{ij} 无关。

我们利用随机效应 u_i 上的 y_{ij} 的条件密度和 u_i 的边际密度推导似然。将它们相乘，我们得到了联合密度，它是通过 u_i 集成的。

设 $l_{ij}(u)=y_{ij}\Phi(\boldsymbol{x}_{ij}\boldsymbol{\beta}+u)+(1-y_{ij})\Phi(-\boldsymbol{x}_{ij}\boldsymbol{\beta}-u)$，则面板 i 的似然为

$$L_i=\int_{-\infty}^{\infty}\phi\left(\frac{u_i}{\sigma_u}\right)\prod_{j=1}^{N_i}l_{ij}(u_i)\mathrm{d}u_i \tag{8-75}$$

使用正交近似后，式（8-75）的对数似然近似为

$$\ln L=\sum_{i=1}^{N}\ln\left\{\sum_{k=1}^{q}w_{ki}\prod_{j=1}^{N_i}l_{ij}(\sigma_u a_{ki})\right\} \tag{8-76}$$

设 $\xi_{ij}=\varepsilon_{ij}+u_i$，式中 ξ_{ij} 为正态，平均值为 0，方差为 $\sigma_\xi^2=1+\sigma_u^2$，则成功的条件概率为

$$\Pr(y_{ij}=1\mid\boldsymbol{x}_{ij})=\Phi_1^*(-\boldsymbol{x}_{ij}\boldsymbol{\beta},\infty,\sigma_\xi^2) \tag{8-77}$$

处理效应的随机效应 probit 回归分析的命令语法格式如下所示。

（1）随机效应的基本 probit 回归。

xteprobit depvar [indepvars] [, options]

（2）结合随机效应、内生协变量、处理效应和样本选择的概率回归。

xteprobit depvar [indepvars] [if] [in] [, extensions options]

菜单操作路径：

Statistics > Longitudinal/panel data > Endogenous covariates > Models adding selection and treatment > Probit regression (RE)

xteprobit 拟合随机效应 probit 回归模型，该模型以与 eprobit 相同的方式容纳内生协变量、处理效应和样本选择，并解释小组或组内观察值的相关性。

例 8.11　处理效应的含样本选择的随机效应 probit 回归分析

下面使用 womenhlth 数据集说明实现。

清理内存，下载数据集。

. clear all

. webuse womenhlthre

. xtset personid year

. generate goodhlth = health>3

随机效应 probit 回归。

. xteprobit goodhlth exercise grade

```
Extended probit regression                     Number of obs     =  7,200
Group variable: personid                       Number of groups  =  1,800

                                               Obs per group:
                                                             min =      4
                                                             avg =    4.0
                                                             max =      4

Integration method: mvaghermite                Integration pts.  =      7

                                               Wald chi2(2)      = 613.65
Log likelihood = -4374.7386                    Prob > chi2       = 0.0000

-------------------------------------------------------------------------------------
           goodhlth | Coefficient  Std. err.      z    P>|z|     [95% conf. interval]
--------------------+----------------------------------------------------------------
           exercise |   .3759997   .0349276    10.77   0.000     .3075429    .4444565
              grade |   .1887013   .0082025    23.01   0.000     .1726247    .2047779
              _cons |  -2.381046    .108757   -21.89   0.000    -2.594205   -2.167886
--------------------+----------------------------------------------------------------
 var(goodhlth[personid])|   .2833941   .0317106                  .2275856    .3528879
-------------------------------------------------------------------------------------
```

含内生处理效应的随机效应 probit 回归。

. xteprobit goodhlth exercise grade, entreat(insured = grade i.workschool)

```
Extended probit regression                     Number of obs     =  7,200
Group variable: personid                       Number of groups  =  1,800

                                               Obs per group:
                                                             min =      4
                                                             avg =    4.0
                                                             max =      4

Integration method: mvaghermite                Integration pts.  =      7

                                               Wald chi2(6)      = 640.67
Log likelihood = -6837.068                     Prob > chi2       = 0.0000

---------------------------------------------------------------------------------------------
                                | Coefficient  Std. err.      z    P>|z|     [95% conf. interval]
--------------------------------+------------------------------------------------------------
goodhlth                        |
            insured#c.exercise |
                            no  |    .532858   .0888483     6.00   0.000     .3587186    .7069974
                           yes  |    .472222   .0449963    10.49   0.000      .384031    .5604131
                                |
               insured#c.grade  |
                            no  |   .1115914   .0320695     3.48   0.001     .0487363    .1744465
                           yes  |   .1376405   .0176401     7.80   0.000     .1030665    .1722144
```

insured						
no	-2.321641	.250819	-9.26	0.000	-2.813237	-1.830045
yes	-1.520019	.2874864	-5.29	0.000	-2.083482	-.9565562
insured						
grade	.294692	.0101556	29.02	0.000	.2747875	.3145966
workschool						
yes	.5780426	.0649173	8.90	0.000	.4508071	.7052781
_cons	-3.496629	.1382969	-25.28	0.000	-3.767686	-3.225572
corr(e.insured,e.goodhlth)	.5014765	.1250507	4.01	0.000	.220173	.7057752
var(goodhlth[personid])	.3426608	.0415236			.2702191	.4345231
var(insured[personid])	.2422727	.0342893			.183583	.319725
corr(insured[personid],goodhlth[personid])	.2988166	.0998024	2.99	0.003	.0931608	.4800179

估计 ATE。

. estat teffects

```
Predictive margins                                   Number of obs = 7,200
Model VCE: OIM
```

	Margin	Delta-method std. err.	z	P>|z|	[95% conf.	interval]
ATE						
insured (yes vs no)	.3452956	.0933971	3.70	0.000	.1622407	.5283505

```
Note: Standard errors treat sample covariate values as fixed and
      not a draw from the population.  If your interest is in
      population rather than sample effects, refit your model
      using vce(robust).
```

内生样本选择的随机效应概率。

. xteprobit goodhlth exercise grade, select(select = grade i.regcheck)

```
Extended probit regression                   Number of obs     =  7,200
                                                  Selected     =  5,421
                                               Nonselected     =  1,779

Group variable: personid                     Number of groups  =  1,800

                                             Obs per group:
                                                       min =      4
                                                       avg =    4.0
                                                       max =      4

Integration method: mvaghermite              Integration pts.  =      7

                                             Wald chi2(2)      = 348.34
Log likelihood = -6808.1515                  Prob > chi2       = 0.0000
```

	Coefficient	Std. err.	z	P>|z|	[95% conf.	interval]
goodhlth						
exercise	.3554439	.0400762	8.87	0.000	.276896	.4339919
grade	.1743015	.0095533	18.25	0.000	.1555774	.1930256
_cons	-2.252753	.1154867	-19.51	0.000	-2.479102	-2.026403

select						
grade	.0832256	.007392	11.26	0.000	.0687376	.0977137
regcheck						
yes	.4800144	.036039	13.32	0.000	.4093793	.5506495
_cons	-.5420435	.0964841	-5.62	0.000	-.731149	-.3529381
corr(e.select,e.goodhlth)	.8060986	.0855705	9.42	0.000	.5627727	.9208657
var(goodhlth[personid])	.2640095	.0364768			.2013787	.346119
var(select[personid])	.1538155	.0271043			.1088948	.2172667
corr(select[personid],goodhlth[personid])	.6224091	.0808206	7.70	0.000	.4384837	.7562961

8.9 处理效应的面板随机效应有序 probit 回归分析

对于具有随机效应的有序 probit 回归，我们观察了面板数据。对于面板 $i = 1, \cdots, N$，观测值 $j = 1, \cdots, N_i$，具有随机效应 u_i 的协变量 $\boldsymbol{x}_{ij}$ 上 y_{ij} 的有序 probit 回归为

$$y_{ij} = v_h \quad \text{如果} \quad \kappa_{h-1} < \boldsymbol{x}_{ij}\beta + \varepsilon_{ij} + u_i \leqslant \kappa_h \tag{8-78}$$

值 $v_1, \cdots, v_H$ 是实数，因此 $h<m$ 的 $v_H<v_m$。κ_0 被视为 $-\infty$ 和 κ_H 取 $+\infty$。随机效应 u_i 为正态随机项，平均值为 0，方差为 σ_u^2。它与标准正态的观测水平误差 ε_{ij} 无关。

我们利用随机效应 u_i 上的 y_{ij} 的条件密度和 u_i 的边际密度推导似然函数。将它们相乘，我们得到了通过 u_i 集成的联合密度。设

$$l_{ij}(u) = \begin{bmatrix} 1(y_{ij} = v_1)\Phi(-\boldsymbol{x}_{ij}\boldsymbol{\beta} - u) \\ +\sum_{h=2}^{H-1} 1(y_{ij} = v_h)\{\Phi(\kappa_h - \boldsymbol{x}_{ij}\boldsymbol{\beta} - u) - \Phi(\kappa_{h-1} - \boldsymbol{x}_{ij}\boldsymbol{\beta} - u)\} \\ +1(y_{ij} = v_H)\Phi(\boldsymbol{x}_{ij}\boldsymbol{\beta} + u) \end{bmatrix}$$

使用正交近似，对数似然为

$$\ln L = \sum_{i=1}^{N} \ln\left\{\sum_{k=1}^{q} w_{ki} \prod_{j=1}^{N_i} l_{ij}(\sigma_u a_{ki})\right\} \tag{8-79}$$

令 $\xi_{ij} = \varepsilon_{ij} + u_i$，其均值为 0，方差为 $\sigma_\xi^2 = 1 + \sigma_u^2$。对于 $h = 0, 1, \cdots, H$，定义

$$c_{ijh} = \begin{cases} -\infty & h = 0 \\ (\kappa_h - \boldsymbol{x}_{ij}\beta) & h = 1, \ldots, H-1 \\ \infty & h = H \end{cases}$$

则对于 $h = 1, \cdots, H$，成功的条件概率为

$$\Pr(y_{ij} = v_h | \boldsymbol{x}_{ij}) = \Phi_1^*(c_{ij(h-1)}, c_{ijh}, \sigma_\xi^2) \tag{8-80}$$

处理效应的面板随机效应有序 probit 回归的命令语法格式如下所示。

（1）具有随机效应的基本有序 probit 回归。

xteoprobit depvar [indepvars] [, options]

（2）结合随机效应、内生协变量、处理效应和样本选择的有序 probit 回归。

xteoprobit depvar [indepvars] [if] [in] [, extensions options]

菜单操作路径：

Statistics > Longitudinal/panel data > Endogenous covariates > Models adding selection and treatment > Ordered probit regression (RE)

xteoprobit 拟合随机效应有序概率回归模型，该模型以与 eoprobit 相同的方式容纳内生协变量、处理效应和样本选择，并解释小组或组内观察值的相关性。

例 8.12 处理效应的面板随机效应有序 probit 回归

下面使用 womenhlth 数据集说明实现。

清理内存，下载数据集。

. clear all

. webuse womenhlthre

. xtset personid year

随机效应有序 probit 回归。

. xteoprobit health exercise grade

```
Extended ordered probit regression                 Number of obs     =   7,200
Group variable: personid                           Number of groups  =   1,800

                                                   Obs per group:
                                                                 min =       4
                                                                 avg =     4.0
                                                                 max =       4

Integration method: mvaghermite                    Integration pts.  =       7

                                                   Wald chi2(2)      =  826.90
Log likelihood = -10203.113                        Prob > chi2       =  0.0000
```

health	Coefficient	Std. err.	z	P>|z|	[95% conf.	interval]
exercise	.3585241	.02847	12.59	0.000	.3027239	.4143243
grade	.1819359	.0069051	26.35	0.000	.1684021	.1954697
/health						
cut1	1.039348	.0902269			.8625069	1.21619
cut2	1.679155	.0909812			1.500835	1.857475
cut3	2.28637	.0925088			2.105056	2.467684
cut4	3.031816	.0948745			2.845865	3.217767
var(health[personid])	.3141409	.0248523			.2690198	.3668298

随机效应有序 probit 回归与内生处理效应。

. xteoprobit health exercise grade, entreat(insured = grade i.workschool)

```
Extended ordered probit regression                 Number of obs     =   7,200
Group variable: personid                           Number of groups  =   1,800

                                                   Obs per group:
                                                                 min =       4
                                                                 avg =     4.0
                                                                 max =       4

Integration method: mvaghermite                    Integration pts.  =       7
```

Log likelihood = -12256.465			Wald chi2(4) = 424.30			
			Prob > chi2 = 0.0000			

	Coefficient	Std. err.	z	P>|z|	[95% conf.	interval]
health						
insured#c.exercise						
no	.356811	.053329	6.69	0.000	.252288	.4613339
yes	.4929456	.034857	14.14	0.000	.4246271	.5612641
insured#c.grade						
no	.0970783	.0207762	4.67	0.000	.0563576	.137799
yes	.130956	.01243	10.54	0.000	.1065936	.1553184
insured						
grade	.29484	.0101679	29.00	0.000	.2749114	.3147686
workschool						
yes	.5841205	.0638959	9.14	0.000	.4588869	.7093541
_cons	-3.502613	.1381121	-25.36	0.000	-3.773308	-3.231918
/health						
insured#c.cut1						
no	.4910109	.1833288			.131693	.8503288
yes	-.2650117	.2317449			-.7192234	.1892
insured#c.cut2						
no	1.388273	.1753398			1.044613	1.731932
yes	.5527565	.2139563			.1334099	.972103
insured#c.cut3						
no	2.192588	.1715028			1.856448	2.528727
yes	1.381288	.2010557			.9872265	1.77535
insured#c.cut4						
no	2.994727	.1742871			2.653131	3.336323
yes	2.297709	.1907489			1.923848	2.67157
corr(e.insured,e.health)	.3783935	.0915507	4.13	0.000	.1865515	.5424388
var(health[personid])	.379062	.0286029			.3269499	.4394802
var(insured[personid])	.2436723	.0343801			.1848029	.3212947
corr(insured[personid],health[personid])	.3251756	.0720482	4.51	0.000	.1776109	.4584388

观测水平误差之间的估计相关性为 0.38。影响健康状况的个体水平随机效应与影响保险状况的个体水平随机效应之间的估计相关性为 0.33。两者都与 0 显著不同。我们得出结论，这种投保的状态是内生的，增加投保概率的未观察到的个人特定因素也倾向于增加处于高健康状态的概率。此外，未观察到的观察水平（时变）因素会增加投保概率也会增加处于高健康状态的概率。

我们看到了两个方程的系数和临界点的估计值，一个用于投保女性（yes），另一个用于未投保女性（no）。无论是投保的女性还是未投保的女性，是否定期锻炼和教育年限都会对健康状况产生积极影响。

根据每种健康类别的概率估计保险 ATE。

```
. estat teffects
```

Predictive margins Model VCE: OIM					Number of obs = 7,200	
	Margin	Delta-method std. err.	z	P>|z|	[95% conf.	interval]

```
ATE_Pr1
    insured
(yes vs no)    -.1761541   .0323228   -5.45   0.000    -.2395057   -.1128025

ATE_Pr2
    insured
(yes vs no)    -.1731894   .0260881   -6.64   0.000    -.2243212   -.1220576

ATE_Pr3
    insured
(yes vs no)    -.0607013   .0126007   -4.82   0.000    -.0853982   -.0360043

ATE_Pr4
    insured
(yes vs no)     .1145319    .023375    4.90   0.000     .0687178     .160346

ATE_Pr5
    insured
(yes vs no)     .2955128   .0399084    7.40   0.000     .2172937    .3737319

Note: Standard errors treat sample covariate values as fixed and
      not a draw from the population.  If your interest is in
      population rather than sample effects, refit your model
      using vce(robust).
```

我们看到，处理效应对健康状况不佳的可能性是负面的。对于每一个连续的健康状况，处理效应变得更加积极。看看最后一行，我们发现 25 ～ 30 岁女性健康状况良好的平均概率为 0.30，这一数值在所有女性都有健康保险时，比没有女性有健康保险时更大。

内生样本选择的随机效应有序 probit 回归。

. xteoprobit health exercise grade, select(select = grade i.regcheck)

```
Extended ordered probit regression            Number of obs    =  7,200
                                                     Selected  =  5,421
                                                  Nonselected  =  1,779

Group variable: personid                      Number of groups =  1,800

                                              Obs per group:
                                                          min  =      4
                                                          avg  =    4.0
                                                          max  =      4

Integration method: mvaghermite               Integration pts. =      7

                                              Wald chi2(2)     = 566.16
Log likelihood = -10751.029                   Prob > chi2      = 0.0000

                  Coefficient  Std. err.      z    P>|z|     [95% conf. interval]

health
        exercise    .3650125   .0330768   11.04   0.000     .3001832    .4298419
           grade     .173112   .0076844   22.53   0.000     .1580509    .1881732

select
           grade    .0794062   .0073748   10.77   0.000     .0649518    .0938607

        regcheck
             yes    .4929486    .034919   14.12   0.000     .4245086    .5613885
           _cons    -.500689   .0969726   -5.16   0.000    -.6907518   -.3106262
```

/health						
cut1	.9946848	.118171			.763074	1.226296
cut2	1.603895	.1035353			1.400969	1.80682
cut3	2.196815	.0999374			2.000942	2.392689
cut4	2.940848	.1037328			2.737536	3.144161
corr(e.select,e.health)	.711644	.0752997	9.45	0.000	.5309649	.8304318
var(health[personid])	.2917934	.0288758			.2403482	.3542501
var(select[personid])	.1538862	.0269127			.1092284	.2168023
corr(select[personid],health[personid])	.625024	.0698107	8.95	0.000	.4689013	.7432736

8.10 处理效应的随机效应区间回归分析

对于面板 $i=1,\cdots,N$，观测值 $j=1,\cdots,N_i$，协变量 $\boldsymbol{x}_{ij}$ 的结果 y_{ij} 的线性回归可以写成：

$$y_{ij}=\boldsymbol{x}_{ij}\beta+\varepsilon_{ij}+u_i \tag{8-81}$$

随机效应 u_i 服从正态分布，平均值为 0，方差为 σ_u^2。它与观测水平误差 ε_{ij} 无关，ε_{ij} 服从正态分布，平均值为 0，方差为 σ^2。

对于具有随机效应的线性回归模型（8-81），我们观察面板数据，不观察 y_{ij}，观察区间上下端点值 y_{lij} 和 y_{uij}。我们利用随机效应 u_i 上的 y_{lij} 与 y_{uij} 的条件密度和 u_i 的边际密度推导似然函数。将它们相乘，通过 u_i 集成，我们可以得到联合密度。令

$$\begin{aligned}l_{ij}(u)=&\sum_{j\in U_i}\Phi(y_{ij}-\boldsymbol{x}_{ij}\boldsymbol{\beta}-u,\sigma^2)\\&+\sum_{j\in L_i}\Phi\left(\frac{y_{uij}-\boldsymbol{x}_{ij}\boldsymbol{\beta}-u}{\sigma}\right)\\&+\sum_{i\in R_i}\Phi\left(\frac{-y_{lij}+\boldsymbol{x}_{ij}\boldsymbol{\beta}-u}{\sigma}\right)\\&+\sum_{i\in I_i}\left\{\Phi\left(\frac{y_{uij}-\boldsymbol{x}_{ij}\boldsymbol{\beta}-u}{\sigma}\right)-\Phi\left(\frac{y_{lij}-\boldsymbol{x}_{ij}\boldsymbol{\beta}-u}{\sigma}\right)\right\}\end{aligned}$$

其中，U_i 是 y_{ij} 未被删失的观测集，L_i 是 y_{ij} 被左删失的观测集，R_i 是 y_{ij} 被右删失的观测集，I_i 是 y_{ij} 被区间删失的观测集。

有面板 i 的似然函数，再使用正交近似，得到对数似然为

$$\ln L=\sum_{i=1}^{N}\ln\left\{\sum_{k=1}^{q}w_{ki}\prod_{j=1}^{N_i}l_{ij}(\sigma_u a_{ki})\right\} \tag{8-82}$$

y_{ij} 的条件均值为

$$E(y_{ij}|\ \boldsymbol{x}_{ij})=\boldsymbol{x}_{ij}\boldsymbol{\beta} \tag{8-83}$$

处理效应的随机效应区间回归分析的命令语法格式如下所示。

（1）随机效应的基本区间回归。

xteintreg depvar_1 depvar_2 [indepvars] [, options]

（2）结合随机效应、内生协变量、处理效应和样本选择的区间回归。

xteintreg depvar_1 depvar_2 [indepvars] [if] [in] [, extensions options]

菜单操作为路径：

Statistics > Longitudinal/panel data > Endogenous covariates > Models adding selection and treatment > Interval regression (RE)

xteintreg 拟合了一个随机效应区间回归模型，该模型以与 eintreg 相同的方式容纳了内生协变量、处理效应和样本选择，并解释了小组或组内观察值的相关性。

例 8.13　内生变量的随机效应区间回归

下面使用数据集 class10re 说明实现。

清理内存，下载数据集。

```
. clear all
. webuse class10re
. xtset collegeid
. gen gpal = gpa if gpa>=2
. gen gpau = gpa
. replace gpau=2 if gpa<2
```

随机效应区间回归。

```
. xteintreg gpal gpau income
```

```
Extended interval regression                     Number of obs      =    1,372
                                                      Uncensored =    1,308
                                                   Left-censored =       64
                                                  Right-censored =        0
                                                  Interval-cens. =        0

Group variable: collegeid                        Number of groups   =      100
                                                 Obs per group:
                                                             min =        3
                                                             avg =     13.7
                                                             max =       20

Integration method: mvaghermite                  Integration pts.   =        7

                                                 Wald chi2(1)       =  1047.35
Log likelihood = -651.36486                      Prob > chi2        =   0.0000
```

gpal	Coefficient	Std. err.	z	P>|z|	[95% conf. interval]	
income	.095084	.0029381	32.36	0.000	.0893255	.1008425
_cons	2.250969	.0328105	68.61	0.000	2.186661	2.315276
var(e.gpal)	.1223356	.0050189			.1128839	.1325788
var(gpal[collegeid])	.0610189	.0102371			.0439197	.0847754

内生协变量 hsgpa 的随机效应区间回归。

```
. xteintreg gpal gpau income, endogenous(hsgpa = income i.hscomp)
```

```
Extended interval regression                     Number of obs      =    1,372
                                                      Uncensored =    1,308
                                                   Left-censored =       64
                                                  Right-censored =        0
                                                  Interval-cens. =        0
```

```
Group variable: collegeid                     Number of groups  =      100
                                              Obs per group:
                                                            min =        3
                                                            avg =     13.7
                                                            max =       20

Integration method: mvaghermite               Integration pts.  =        7

                                              Wald chi2(2)      =  2836.05
Log likelihood = -15.523187                   Prob > chi2       =   0.0000

------------------------------------------------------------------------------------------
                                      | Coefficient  Std. err.      z    P>|z|     [95% conf. interval]
--------------------------------------+---------------------------------------------------
                               income |   .0555742    .003808    14.59   0.000     .0481107    .0630378
                                hsgpa |   .9532302   .0794756    11.99   0.000     .7974609       1.109
                                _cons |  -.6046684   .2389142    -2.53   0.011    -1.072932   -.1364052
--------------------------------------+---------------------------------------------------
hsgpa                                 |
                               income |   .0427501    .001939    22.05   0.000     .0389497    .0465505
                                      |
                               hscomp |
                             moderate |  -.1446064   .0141014   -10.25   0.000    -.1722446   -.1169681
                                 high |  -.2338445   .0236023    -9.91   0.000    -.2801042   -.1875848
                                      |
                                _cons |   3.085319   .0170569   180.88   0.000     3.051888     3.11875
--------------------------------------+---------------------------------------------------
                           var(e.gpal)|   .0473392   .0024496                      .0427734    .0523922
                          var(e.hsgpa)|   .0563954   .0022393                      .0521728    .0609597
--------------------------------------+---------------------------------------------------
                    corr(e.hsgpa,e.gpal)|   .1839867   .0881659     2.09   0.037     .0072494    .3495776
--------------------------------------+---------------------------------------------------
                 var(gpal[collegeid]) |   .0634097   .0096181                      .0471024    .0853626
                var(hsgpa[collegeid]) |   .0008782   .0007483                      .0001653    .0046655
--------------------------------------+---------------------------------------------------
corr(hsgpa[collegeid],gpal[collegeid])|   -.095968   .2605236    -0.37   0.713    -.5452718    .3961711
------------------------------------------------------------------------------------------
```

内生样本选择的随机效应区间回归。

. xteintreg gpal gpau income, select(graduate=income i.program)

```
Extended interval regression                  Number of obs     =    2,000
                                                     Selected   =    1,372
                                                  Nonselected   =      628

                                                   Uncensored   =    1,308
                                                Left-censored   =       64
                                               Right-censored   =        0
                                               Interval-cens.   =        0

Group variable: collegeid                     Number of groups  =      100
                                              Obs per group:
                                                            min =       20
                                                            avg =     20.0
                                                            max =       20

Integration method: mvaghermite               Integration pts.  =        7

                                              Wald chi2(1)      =   599.73
Log likelihood = -1589.7916                   Prob > chi2       =   0.0000

------------------------------------------------------------------------------------------
                                      | Coefficient  Std. err.      z    P>|z|     [95% conf. interval]
--------------------------------------+---------------------------------------------------
                               income |   .1024224   .0041823    24.49   0.000     .0942252    .1106196
                                _cons |   2.154597   .0508631    42.36   0.000     2.054907    2.254286
------------------------------------------------------------------------------------------
```

graduate						
income	.2300377	.0143581	16.02	0.000	.2018963	.2581791
1.program	.6853292	.0724049	9.47	0.000	.5434181	.8272402
_cons	-.9164353	.1163678	-7.88	0.000	-1.144512	-.6883585
var(e.gpal)	.1263781	.0062525			.1146989	.1392466
corr(e.graduate,e.gpal)	.3296448	.1290441	2.55	0.011	.0586061	.5554204
var(gpal[collegeid])	.062591	.0105176			.0450277	.0870052
var(graduate[collegeid])	.5889966	.1132396			.404075	.8585459
corr(graduate[collegeid],gpal[collegeid])	.1799206	.1248907	1.44	0.150	-.0709503	.409384

第 9 章
CHAPTER 9

结构方程模型

9.1 结构方程模型概述

9.1.1 结构方程模型及其分析过程

结构方程模型（structural equation modeling，SEM）整合了因素分析和路径分析与计量经济分析方法，综合利用协方差矩阵或计量建模方法由显变量推断隐变量，并检验假设模型有效拟合优度的一组方程。

结构方程模型的分析过程是：第一，根据专业知识或经验，设定初始结构方程模型，先判断结构方程组是否为可识别模型。第二，对于可识别模型，通过收集显变量的数据，利用最大似然估计或广义最小二乘估计等估计方法，估计未知参数。第三，评价模型拟合程度。如果模型与数据拟合得不好，就需要对模型进行修正，重新设定模型，一个拟合较好的模型往往需要反复试验多次，直到符合研究要求的拟合优度。第四，模型预测应用及有效性评价。

结构方程模型通常借助路径图描述初始模型，对于复杂的模型尤其如此。路径图实际上提供了一个假设模型，它体现了隐变量与隐变量之间、隐变量与显变量之间（包括内生隐变量与显变量和外生隐变量与显变量之间）可能存在的关系，而且，这种关系的具体程度，可以通过路径系数来反映。

路径图中的变量可以是不同的类型，按能否被直接测量，路径图中的变量可以分为显变量和隐变量。通常前者是可以直接测量的，在图中用方框来标识；而后者虽然是客观存在的，但无法直接测量，通常用椭圆形来标识。

按照变量之间的关系，又可分为外生变量和内生变量，其中内生变量是由隐变量决定的变量，外生变量是由显变量决定的变量。变量之间的关系用线条表示，可以是直接作用也可以是间接作用，当二者之间有直接联系时，称为直接作用。如果变量之间没有直接联系则假设变量之间没有直接联系，但可以通过其他变量发生联系，称之为间接联系。线条既可以加单箭头，也可以加双箭头。单箭头表示存在单向因果关系，双箭头则表示存在双向因果关系。

9.1.2 结构方程模型的结构

结构方程模型一般由测量方程和结构方程两部分构成。测量方程描述隐变量与显变量之间的因果作用关系；显变量含有随机误差和系统误差，统称为测量误差。

（1）测量方程。

对于显变量与隐变量之间的关系，通常建立测量方程：

$$y = \boldsymbol{\Lambda}_y \eta + \varepsilon \tag{9-1}$$

$$x = \boldsymbol{\Lambda}_x \xi + \sigma \tag{9-2}$$

其中，式（9-1）将内生隐变量 η 连接到显变量 y；式（9-2）将外生隐变量 ξ 连接到显变量 x；矩阵 $\boldsymbol{\Lambda}_x$ 与 $\boldsymbol{\Lambda}_y$ 分别为 x 对 ξ 和 y 对 η 的反映其因果作用强弱程度的系数矩阵，可以理解为相关系数，也可以理解为因子分析中的因子载荷。ε 和 σ 分别是 y 和 x 的测量误差。

在结构方程模型中，测量误差满足 4 个假设：①均值为 0，方差为常数；②不存在序列相关；③与外生、内生隐变量不相关；④与结构方程误差不相关。

（2）结构方程。

隐变量之间的关系方程：

$$\eta = \boldsymbol{B}\eta + \boldsymbol{\Gamma}\boldsymbol{\xi} + \zeta \tag{9-3}$$

式（9-3）为结构方程，反映了隐变量之间的关系。内生隐变量与外生隐变量之间通过 $\boldsymbol{B}$ 和 $\boldsymbol{\Gamma}$ 系数矩阵及误差向量 $\boldsymbol{\xi}$ 联系起来，其中，$\boldsymbol{\Gamma}$ 代表外生隐变量对内生隐变量的影响，$\boldsymbol{B}$ 代表内生隐变量之间的相互影响，ζ 为结构方程的误差项。结构方程的误差项应满足：①均值为 0，方差为常数；②不存在序列相关；③与外生隐变量不相关。

依据数据特征，结构方程模型参数可以使用最大似然估计、广义最小二乘估计或偏最小二乘（Partial Least Square，PLS）估计得到。

9.2 结构方程模型的构建方法

9.2.1 探索性因子分析模型

探索性因子分析（exploratory factor analysis，EFA）模型是一个基本的模型。它定义 $p \times 1$ 维可观测变量向量 $\boldsymbol{x}$ 满足线性回归方程：

$$\boldsymbol{x} = \boldsymbol{\Lambda}\xi + \varepsilon \tag{9-4}$$

其中，$\boldsymbol{\Lambda}(p \times q)$ 是因子负荷矩阵；$\xi(q \times 1)$ 是潜在因子；$\varepsilon(p \times 1)$ 是误差项。通常假设 ξ 服从 $N[0, 1]$ 分布，ε 服从 $N[0, \boldsymbol{\psi}_\varepsilon]$ 分布，其中，$\boldsymbol{\psi}_\varepsilon$ 是对角矩阵，且 ξ 与 ε 不相关。一般地，q 远小于 p。可观测变量向量 $\boldsymbol{x}$ 服从 $N[0, \boldsymbol{\Sigma}]$ 分布，方差 - 协方差矩阵为

$$\boldsymbol{\Sigma} = \boldsymbol{\Lambda}\boldsymbol{\Lambda}^T + \boldsymbol{\psi}_\varepsilon \tag{9-5}$$

显然，$\mathrm{Cov}(x, \xi) = \boldsymbol{\Lambda}$。因子、潜在变量和可观测变量的相关系数是由因子负荷矩阵 $\boldsymbol{\Lambda}$ 的元素给出。第 k 个可观测变量向量 $\boldsymbol{x}_k$ 的方差为

$$\sigma_{kk} = \lambda_{k1}^2 + \ldots + \lambda_{kq}^2 + \boldsymbol{\psi}_{\varepsilon k} \tag{9-6}$$

其中，λ_{kq} 与 $\psi_{\varepsilon k}$ 分别是 $\boldsymbol{\Lambda}$ 的第（k, h）个元素和 $\boldsymbol{\psi}_{\varepsilon}$ 的第 k 个对角元素。$\lambda_{k1}^2+\cdots+\lambda_{kq}^2$ 为公因子方差，它代表潜在因子的方差贡献。最小化标准化残差的平方和，即

$$(\boldsymbol{x}-\boldsymbol{\Lambda}\xi)^T\boldsymbol{\Psi}_{\varepsilon}^{-1}(x-\boldsymbol{\Lambda}\xi) \tag{9-7}$$

可得

$$\xi=(\boldsymbol{\Lambda}^T\boldsymbol{\Psi}_{\varepsilon}^{-1}\boldsymbol{\Lambda})^{-1}\boldsymbol{\Lambda}^T\boldsymbol{\Psi}_{\varepsilon}^{-1}\boldsymbol{x} \tag{9-8}$$

在主成分分析中，p 个变量转换成新的一组 p 个不相关变量的线性组合，总方差保持不变。与主成分分析相反，探索性因子分析模型通过较少的公共因子解释绝大部分的变量相关结构，误差代表独特因子。探索性因子分析模型也可以看成线性回归模型，可观测变量对较小维数的潜在因子做回归。在实际应用中，探索性因子分析模型广泛应用于把可观测变量归类到与它们相关的某些特定潜在因子中，以实现数据降维。

9.2.2　验证性因子分析模型

（1）基本模型。

验证性因子分析（confirmatory factor analysis，CFA）模型是探索性因子分析模型的一个自然推广，它的定义为

$$\boldsymbol{x}=\boldsymbol{\Lambda}\xi+\varepsilon \tag{9-9}$$

其中，$\boldsymbol{x}$，ξ，ε，$\boldsymbol{\Lambda}$ 的定义，以及 ε 的分布假设都与探索性因子分析模型相同。在验证性因子分析模型中，允许公共潜在因子相关，因子 ξ 服从 $N[0, \boldsymbol{\Phi}]$ 分布，$\boldsymbol{\Phi}$ 是正定的协方差矩阵。在 ξ 和 ε 独立的假设下，$\boldsymbol{x}$ 的协方差矩阵为

$$\boldsymbol{\Sigma}=\boldsymbol{\Lambda}\boldsymbol{\Phi}\boldsymbol{\Lambda}^T+\boldsymbol{\Psi}_{\varepsilon} \tag{9-10}$$

其中，$\boldsymbol{\Lambda}$，$\boldsymbol{\Phi}$，$\boldsymbol{\Psi}_{\varepsilon}$ 的元素可以固定为预先给定的值。

（2）潜在因子得分的估计。

根据 $\boldsymbol{x}$ 和 ξ 的联合分布：

$$\begin{pmatrix}\boldsymbol{x}\\ \xi\end{pmatrix}\overset{D}{=}N\left[\begin{pmatrix}0\\0\end{pmatrix},\begin{pmatrix}\boldsymbol{\Lambda}\boldsymbol{\Phi}\boldsymbol{\Lambda}^T+\boldsymbol{\Psi}_{\varepsilon} & \boldsymbol{\Lambda}\boldsymbol{\Phi}\\ \boldsymbol{\Phi}\boldsymbol{\Lambda}^T & \boldsymbol{\Phi}\end{pmatrix}\right] \tag{9-11}$$

做 ξ 对 $\boldsymbol{x}$ 的回归，最小化标准化残差的平方和，即最小化

$$(\boldsymbol{x}-\boldsymbol{\Lambda}\xi)^T=\boldsymbol{\Psi}_{\varepsilon}^{-1}(\boldsymbol{x}-\boldsymbol{\Lambda}\xi) \tag{9-12}$$

可得

$$\xi=\boldsymbol{\Phi}\boldsymbol{\Lambda}^T(\boldsymbol{\Lambda}\boldsymbol{\Phi}\boldsymbol{\Lambda}^T+\boldsymbol{\Psi}_{\varepsilon})^{-1}\boldsymbol{x}=\boldsymbol{\Phi}\boldsymbol{\Lambda}^T\boldsymbol{\Sigma}^{-1}\boldsymbol{x}$$

或

$$\xi=(\boldsymbol{\Lambda}^T\boldsymbol{\Psi}_{\varepsilon}^{-1}\boldsymbol{\Lambda})^{-1}\boldsymbol{\Lambda}^T\boldsymbol{\Psi}_{\varepsilon}^{-1}\boldsymbol{x} \tag{9-13}$$

对应某个个体 $\boldsymbol{x}$，ξ 的估计是

$$\tilde{\xi}=\hat{\boldsymbol{\Phi}}\hat{\boldsymbol{\Lambda}}^T\hat{\boldsymbol{\Sigma}}^{-1}\boldsymbol{x} \tag{9-14}$$

式中 $\hat{\boldsymbol{\Phi}}$ 是单位矩阵，或者

$$\hat{\xi}=(\hat{\boldsymbol{\Lambda}}^T\hat{\boldsymbol{\Psi}}_\varepsilon^{-1}\hat{\boldsymbol{\Lambda}})^{-1}\hat{\boldsymbol{\Lambda}}^T\hat{\boldsymbol{\Psi}}_\varepsilon^{-1}\boldsymbol{x} \tag{9-15}$$

9.2.3 高阶因子分析模型

验证性因子分析模型属于单阶因子分析，其原理可以推广到高阶因子分析模型。二阶因子分析模型为

$$x=\boldsymbol{B}(\boldsymbol{\Lambda}\boldsymbol{\xi}+\varepsilon)+\delta=\boldsymbol{B}\boldsymbol{\Lambda}\xi+\boldsymbol{B}\varepsilon+\delta \tag{9-16}$$

其中，$\boldsymbol{B}$ 和 $\boldsymbol{\Lambda}$ 是因子负荷矩阵，ξ 是公共潜在因子和随机向量，ε 和 δ 是误差项。$\boldsymbol{\xi}$，ε 和 $\boldsymbol{\Lambda}$ 独立，分别服从 $N[0, \boldsymbol{\Phi}]$，$N[0, \boldsymbol{\Psi}_\varepsilon]$，$N[0, \boldsymbol{\Psi}_\delta]$，$\boldsymbol{\Psi}_\varepsilon$ 和 $\boldsymbol{\Psi}_\delta$ 是对角矩阵。x 的协方差矩阵为

$$\boldsymbol{\Sigma}(\theta)=\boldsymbol{B}(\boldsymbol{\Lambda}\boldsymbol{\Phi}\boldsymbol{\Lambda}^T+\varepsilon_\varepsilon)\boldsymbol{B}_T+\boldsymbol{\Psi}_\delta \tag{9-17}$$

参数向量 $\boldsymbol{\theta}$ 中的元素有以下三种：已经预先给定值的固定参数，未知但是需要等于其他参数的受约束参数和自由未知参数。

高阶因子分析模型为

$$x=\boldsymbol{\Lambda}_{(1)}\boldsymbol{\Lambda}_{(2)}\cdots\boldsymbol{\Lambda}_{(k)}\boldsymbol{\xi}_k+\cdots+\boldsymbol{\Lambda}_{(1)}\boldsymbol{\Lambda}_{(2)}\boldsymbol{\xi}_2+\boldsymbol{\Lambda}_{(1)}\boldsymbol{\xi}_1 \tag{9-18}$$

其中，$\boldsymbol{\Lambda}_{(1)}, \cdots, \boldsymbol{\Lambda}_{(k)}$ 是因子负荷矩阵，$\xi_1, \cdots, \xi_k$ 是独立随机向量，可以是潜在因子或误差项。x 的协方差矩阵为

$$\boldsymbol{\Sigma}=\boldsymbol{\Lambda}_{(1)}\cdots\boldsymbol{\Lambda}_{(k)}\boldsymbol{\Phi}_k\boldsymbol{\Lambda}_{(k)}^T\cdots\boldsymbol{\Lambda}_{(1)}^T+\cdots+\boldsymbol{\Lambda}_{(1)}\boldsymbol{\Lambda}_{(2)}\boldsymbol{\Phi}_2\boldsymbol{\Lambda}_{(2)}^T\boldsymbol{\Lambda}_{(1)}^T+\boldsymbol{\Lambda}_{(1)}\boldsymbol{\Phi}_1\boldsymbol{\Lambda}_{(1)}^T \tag{9-19}$$

其中，$\boldsymbol{\Phi}_1, \cdots, \boldsymbol{\Phi}_k$ 是 $\xi_1, \cdots, \xi_k$ 的协方差矩阵，$\boldsymbol{\Lambda}_{(1)}, \cdots, \boldsymbol{\Lambda}_{(k)}$ 和 $\boldsymbol{\Phi}_1, \cdots, \boldsymbol{\Phi}_k$ 中的参数可以固定为任意值。

9.2.4 LISREL 模型

在验证性因子分析模型中，潜在变量之间的相关性由它们的协方差矩阵评估；然而，潜在变量并没有对其他潜在变量做回归。结构方程模型发展的一个标志就是推广验证性因子分析模型，评估某些潜在变量对其他潜在变量的各种影响。一个典型代表模型就是 LISREL 模型，包含测量方程和结构方程两个主要部分。

由验证性因子分析模型定义的测量方程为

$$\boldsymbol{x}_1=\boldsymbol{\Lambda}_1\eta+\varepsilon_1 \tag{9-20}$$

$$\boldsymbol{x}_2=\boldsymbol{\Lambda}_2\xi+\varepsilon_2 \tag{9-21}$$

其中，可观测随机向量 $\boldsymbol{x}_1(r\times 1)$ 和 $\boldsymbol{x}_2(s\times 1)$ 分别是 η 和 ξ 的显变量指标，$\boldsymbol{\Lambda}_1(r\times q_1)$ 和 $\boldsymbol{\Lambda}_2(s\times q_2)$ 是因子负荷矩阵，$\varepsilon_1(r\times 1)$ 和 $\varepsilon_2(s\times 1)$ 是随机误差项。假设 ε_1、ε_2 与 η、ξ、δ 不相关，且它们的分布都是均值为 0 的正态分布，给定可观测随机向量 $\boldsymbol{x}_1$、$\boldsymbol{x}_2$，测量方程把相关的可观测变量组合在一起成为 η 和 ξ 中的潜在变量，这项任务可以通过 $\boldsymbol{\Lambda}_1$ 和 $\boldsymbol{\Lambda}_2$ 中的固定参数值和定义未知参数来完成。

隐变量作用关系的结构方程为

$$\eta=\boldsymbol{\Pi}\eta+\boldsymbol{\Gamma}\xi+\delta \tag{9-22}$$

其中，$\eta(q_1\times 1)$ 是内生潜在变量，$\xi(q_2\times 1)$ 是外生潜在变量，$\boldsymbol{\Pi}(q_1\times q_2)$ 和 $\boldsymbol{\Gamma}(q_1\times q_2)$ 是代表 η 和 ξ 之间因果关系的未知参数矩阵，$\delta(q_1\times 1)$ 是误差项；假设 $\boldsymbol{\Pi}$ 和 $\boldsymbol{\Gamma}$ 非奇异、ξ 和 δ 不相关且它们的均值都是 0。

令 $\boldsymbol{\Phi}$、$\boldsymbol{\Psi}_\delta$、$\boldsymbol{\Phi}_{\varepsilon 1}$、$\boldsymbol{\Phi}_{\varepsilon 2}$ 分别是 ξ、δ、ε_1、ε_2 的协方差矩阵，(X_1^T, X_2^T) 的协方差矩阵：

$$\Sigma=\begin{pmatrix}\boldsymbol{\Lambda}_1(1-\boldsymbol{\Pi})^{-1}(\boldsymbol{\Gamma\Phi\Gamma}^T+\boldsymbol{\Psi}_\delta)(1-\boldsymbol{\Pi})^{-T}\boldsymbol{\Lambda}_1^T+\boldsymbol{\Psi}_{\varepsilon 1} & \boldsymbol{\Lambda}_1(1-\boldsymbol{\Pi})^{-1}\boldsymbol{\Gamma\Phi\Lambda}_2^T\\ \boldsymbol{\Lambda}_2\boldsymbol{\Phi\Gamma}^T(1-\boldsymbol{\Pi})^{-T}\boldsymbol{\Lambda}_1^T & \boldsymbol{\Lambda}_2\boldsymbol{\Phi\Lambda}_2^T+\boldsymbol{\Psi}_{\varepsilon 2}\end{pmatrix} \tag{9-23}$$

$\boldsymbol{\Sigma}$ 中的元素是参数矩阵 $\boldsymbol{\Lambda}_1$, $\boldsymbol{\Lambda}_2$, $\boldsymbol{\Pi}$, $\boldsymbol{\Gamma}$, $\boldsymbol{\Phi}$, $\boldsymbol{\Psi}_\delta$, $\boldsymbol{\psi}_{\varepsilon 1}$, $\boldsymbol{\psi}_{\varepsilon 2}$ 的函数。这些参数矩阵的元素有：已经预先给定值的固定参数、未知但是需要等于其他参数的受约束参数和自由未知参数。允许任意参数等于任意值。这个灵活性使得 LISREL 模型能够容纳很多有用的模型。明显地，探索性因子分析模型和验证性因子分析模型都是它的特例。令 $\boldsymbol{\Pi}=0$，可以看出二阶因子分析模型也是它的特例，如果假设 $\boldsymbol{\Lambda}_1=1$，$\boldsymbol{\Lambda}_2=1$，$\varepsilon_1=0$，$\varepsilon_2=0$，则得出：

$$\boldsymbol{x}_1=\boldsymbol{\Gamma x}_2+\delta \tag{9-24}$$

这就是计量经济学中的联立方程模型。

9.2.5 Bentler-Weeks 模型

Bentler-Weeks 模型（Bentler，Weeks，1980）是结构方程模型和选择模型的组合，其结构方程模型为

$$\boldsymbol{\eta}=\boldsymbol{\Pi\eta}+\boldsymbol{\Gamma\xi} \tag{9-25}$$

其中，$\boldsymbol{\eta}(q_1\times 1)$ 是随机因变量向量，$\boldsymbol{\xi}(q_2\times 1)$ 是随机自变量向量，$\boldsymbol{\Pi}(q_1\times q_2)$ 和 $\boldsymbol{\Gamma}(q_1\times q_2)$ 是回归系数矩阵，且非奇异。一般地，式（9-28）包含的参数有三种类型。这与 LISREL 模型所描述的类似，此方程把所有考虑的可观测变量和潜在变量都联系在一起。如果一个变量在任意结构方程中是因变量，那么它就在 $\boldsymbol{\eta}$ 中；否则它就作为自变量包含在 ξ 中，因此一个关键的概念是系统中任一变量都是因变量或自变量，随机因变量向量 $\boldsymbol{\eta}$ 包含了所有可观测因变量及一些公共因子和误差项。随机自变量向量 $\boldsymbol{\xi}$ 包括不是其他可观测变量和潜在变量函数的可观测变量和潜在变量。$\boldsymbol{\eta}$ 和 $\boldsymbol{\xi}$ 中的可观测变量记为 $\boldsymbol{x}$ 和 $\boldsymbol{y}$，由选择模型表示：

$$\begin{aligned}\boldsymbol{x}&=\boldsymbol{G}_x\boldsymbol{\eta}\\ \boldsymbol{y}&=\boldsymbol{G}_y\boldsymbol{\xi}\end{aligned} \tag{9-26}$$

其中，$\boldsymbol{G}_x$ 和 $\boldsymbol{G}_y$ 是选择矩阵。令 $\boldsymbol{\Phi}$ 是 ξ 的协方差矩阵，$(\boldsymbol{x}^T, \boldsymbol{y}^T)^T$ 的协方差矩阵为

$$\boldsymbol{\Sigma}=\begin{pmatrix}\boldsymbol{G}_x(1-\boldsymbol{\Pi})^{-1}\boldsymbol{\Gamma\Phi\Gamma}(1-\boldsymbol{\Pi})^{-T}\boldsymbol{G}_x^T & \boldsymbol{G}_x(1-\boldsymbol{\Pi})^{-1}\boldsymbol{\Gamma\Phi G}_y^T\\ \boldsymbol{G}_y\boldsymbol{\Phi\Gamma}^T(1-\boldsymbol{\Pi})^{-T}\boldsymbol{G}_x^T & \boldsymbol{G}_y\boldsymbol{\Phi G}_y^T\end{pmatrix} \tag{9-27}$$

此协方差矩阵的简洁形式为

$$\boldsymbol{\Sigma}=\boldsymbol{G}_0(1-\boldsymbol{\Pi}_0)^{-1}\boldsymbol{\Gamma}_0\boldsymbol{\Phi\Gamma}_0^T(1-\boldsymbol{\Pi}_0)^{-T}\boldsymbol{G}_0^{-T} \tag{9-28}$$

其中，

$$\boldsymbol{G}_0=\begin{pmatrix}\boldsymbol{G}_x & 0\\ 0 & \boldsymbol{G}_y\end{pmatrix},\quad \boldsymbol{\Pi}_0=\begin{pmatrix}\boldsymbol{\Pi} & 0\\ 0 & 0\end{pmatrix},\quad \boldsymbol{\Gamma}_0=\begin{pmatrix}\boldsymbol{\Gamma}\\ 1\end{pmatrix}$$

可以看出，Bentler-Weeks 模型是 LISREL 模型的一个特例。

9.3 结构方程模型的识别和估计

9.3.1 结构方程模型的识别

模型识别就是在初始模型建立之后，考查模型中每一个未知参数是否能由观测数据得到唯一解。

根据结构方程个数与未知参数个数之间的关系，模型可分为恰好识别、识别不足和过度识别三种情况。

任意一个未知参数至少可以由显变量的协方差矩阵的一个或多个元素的代数函数来表达，这个参数就是可识别参数。参数可以由一个以上的不同函数来表达，这种参数是过度识别参数。如果模型中的所有未知参数都是可识别参数，这个模型就是可识别的。当可识别模型不存在过度识别参数时，模型是恰好识别结构模型；当可识别模型至少存在一个过度识别参数时，模型是过度识别结构模型。识别不足结构模型是指模型中至少有一个不能识别的参数。

识别不足结构模型和恰好识别结构模型都令人不满意，因为我们无法得到唯一解，即使得到唯一解也无法识别模型在统计上是否合理。只有当方程个数多于未知参数个数时，人们才可以在待估参数上附加不同的条件以便所求得的参数满足统计学要求。因此结构方程主要处理过度识别问题。

若待估计的自由参数个数有 t 个，则模型的自由度 $\mathrm{df}=\frac{1}{2}(p+q)(p+q+1)-t$。根据 df 的正负号，可进行整体模型识别判断，该方法为 t 法则（t-rule）。t 法则的数学表达式如下所示。

$$t\leqslant\frac{1}{2}(p+q)(p+q+1)$$

依据 t 法则，若 $\mathrm{df}>0$ 或 $t<\frac{1}{2}(p+q)(p+q+1)$，则表示数据点数多于估计参数个数，此时自由度为正数，此时模型是过度识别模型。

不可识别模型中，数据点数少于估计参数个数，此时自由度为负数，即 $\mathrm{df}<0$ 或 $t>\frac{1}{2}(p+q)(p+q+1)$，模型中方程个数少于自由参数个数，模型估计无法获得唯一解，因为参数估计结果有无限多个解，造成自由参数无法被正确估计。

恰好识别模型表示数据点数与模型中待估计参数个数相同，此时 $t=\frac{1}{2}(p+q)(p+q+1)$，模型的自由度等于 0。

9.3.2 结构方程模型的估计

当判断出一个模型是可识别的，下一步工作就是根据显变量的方差和协方差对参数进行估计。结构方程模型的目标是尽量缩小样本协方差矩阵与由模型估计出的协方差矩阵之间的差异。而传统的统计方法，如回归分析的着眼点在于追求尽量缩小每一个观测的真实值与拟合值之间的差异。

结构方程模型的最常见估计方法包括：加权最小二乘法（WLS）、广义最小二乘法（GLS）和最大似然估计（MLE）。

对于多数应用问题，MLE 是首选的方法。GLS 通常得出与 MLE 类似的结论。在不考虑协方差矩阵尺度时，MLE 和 GLS 都是适用的，而且需要显变量是连续的和多元正态的。这是因为变量的偏态或高峰度会导致很差的估计结果及不正确的标准误差和较高的卡方值。

WLS 适用于仅当这些变量是在可比较的尺度上被测量时得到的协方差矩阵。若预测的或观测的协方差矩阵是奇异的，则不能使用 MLE 和 GLS，这时要么去掉线性相关变量，要么用 WLS。

9.4 结构方程模型的评价和修正

9.4.1 结构方程模型的评价

结构方程模型进行模型检验的主要思路就是将实际收集到的样本值运用于假设的初始模型，通过建立结构方程组解出未知参数，并且根据未知参数求解各个显变量之间的模型相关系数矩阵；同时，通过样本可以直接计算这些显变量间的样本相关系数矩阵。理论上，上述两个相关系数矩阵应该相等，因此，我们构造统计检验量来检验其拟合程度。模型拟合好坏的相关统计检验量如下表所示。

统计检验量		适配的标准或临界值
绝对适配度指数	卡方值	p 值 <0.05（达到显著水平）
	GFI 值	GFI 值 >0.90
	AGFI 值	AGFI 值 >0.90
	RMR 值	RMR 值 <0.05
	ARMR 值	ARMR 值 <0.05
	RMSEA 值	RMSEA 值 <0.05（适配良好）；RMSEA 值 <0.08（适配合理）
	NCP 值	NCP 值越小越好，90% 的置信区间包含 0
	ECVI 值	理论模型的 ECVI 值小于独立模型的 ECVI 值，且小于饱和模型的 ECVI 值
增值适配度指数	NFI 值	NFI 值 >0.90
	RFI 值	RFI 值 >0.90
	IFI 值	IFI 值 >0.90
	TLI 值（NNFI 值）	TLI 值 >0.90
	CFI 值	CFI 值 >0.90

（续）

统计检验量		适配的标准或临界值
简约适配度指数	PGFI 值	PGFI 值 >0.50
	PNFI 值	PNFI 值 >0.50
	CN 值	CN 值 >200
	NC 值（卡方自由度比率）	1<NC<3，表示模型有简约适配程度；NC>5，表示模型需要修正
	AIC 值	理论模型的 AIC 值小于独立模型的 AIC 值，且小于饱和模型的 AIC 值
	CAIC 值	理论模型的 CAIC 值小于独立模型的 CAIC 值，且小于饱和模型的 CAIC 值

9.4.2 结构方程模型的修正

如果模型拟合优度指标中还有一个没有实现，就需要继续修正模型。

当模型评价结果中含有没有实际意义或统计学意义的参数时，可以将这些参数固定为零，即删除相应的自由参数。

当如模型的某个或某几个固定参数的修正指数（MI）比较大时，原则上每次只将那个最大或较大 MI 的参数改为自由参数。理由是：假设某一固定路径的 MI 原本很大，需要自由估计，但当修改其他路径后，这个 MI 可能已变小，对应的路径无须再改动。因此，每次只修改一个固定路径，然后重新计算所有固定路径的 MI。但 MI 受样本容量的影响，因此，不能把 MI 的数值作为修改的唯一根据。

当评价结果中有较大的标准残差时，分两种情况：一是当有较大的正标准残差时，需要在模型中添加与残差对应的一个自由参数；二是当有较大的负标准残差时，则需要在模型中删除与残差对应的一个自由参数。通过不断添加与删除自由参数，直到所有的标准残差均小于 2 为止。

如果模型的拟合优度不好，则可能是三个方面的原因：一是缺少重要的观察变量；二是样本量不够大；三是所设定的初始模型不正确。

9.5 结构方程模型与广义结构方程模型

结构方程模型包括一系列广泛的模型，从线性回归到测量方程再到联立方程，包括验证性因子分析、相关独特性模型、潜在增长模型、多指标和多原因（模仿）模型、项目反应理论（IRT）模型。

Stata 的 sem 适用于标准线性的结构方程模型；gsem 适用于广义结构方程模型。在 sem 中，响应是连续的，模型采用线性回归。在 gsem 中，响应是连续的、二进制的、序数的、计数的或多项式的；模型采用线性回归、伽马回归、logit 回归、probit 回归、序数 logit 回归、序数 probit 回归、泊松回归、负二项回归、多项式 logit 回归等[⊖]。

sem 将模型与单阶数据进行拟合。gsem 将模型适用于单阶或多阶数据。潜在变量可以包含在任何阶中。gsem 可以拟合具有混合效应的模型，包括随机效应，如患者内部未观察

⊖ SEM introl。该部分对结构方程模型做了总体介绍。

到的效应；嵌套效应，如医生内部、患者内部未观察到的效应；交叉效应，如在占领区和国家内部未观察到的影响。

在 sem 中，所有潜在变量都是连续的。在 gsem 中，潜在变量是连续的或分类的。模型可以有连续的潜在变量或分类潜在变量，但不是两者都有。gsem 具有类别潜变量，可以拟合潜类别模型和有限混合模型。

同时，sem 提供了 gsem 未提供的特征：使用缺失数据的观测值估计联合正态假设下的值；拟合优度统计、修正指数、测试间接影响等；模型使用汇总统计数据进行拟合。

sem 和 gsem 的性能之间存在明显的重叠。在这种情况下，结果应该完全相等，因为这两个命令都会生成相同的数学模型，但 sem 和 gsem 使用不同的数值分析方法。sem 分析需要较少的计算和近似，因此速度更快，精度略高。

9.6　结构方程模型估计的 Stata 命令及实现

结构方程模型估计的 Stata 命令如下所示。

sem paths [if] [in] [weight] [, options]

菜单操作路径：

Statistics > SEM (structural equation modeling) > Model building and estimation

例 9.1　sem 建模

请扫码查看例 9.1 的内容

例 9.2　线性回归[⊖]

清理内存，下载数据集。

.clear

.sysuse auto

生成新变量。

.generate weight2 = weight^2

利用 regress 命令进行线性回归。

.regress mpg weight weight2 foreign

Source	SS	df	MS			
				Number of obs	=	74
				F(3, 70)	=	52.25
Model	1689.15372	3	563.05124	Prob > F	=	0.0000
Residual	754.30574	70	10.7757963	R-squared	=	0.6913
				Adj R-squared	=	0.6781
Total	2443.45946	73	33.4720474	Root MSE	=	3.2827

mpg	Coefficient	Std. err.	t	P>|t|	[95% conf.	interval]
weight	-.0165729	.0039692	-4.18	0.000	-.0244892	-.0086567
weight2	1.59e-06	6.25e-07	2.55	0.013	3.45e-07	2.84e-06
foreign	-2.2035	1.059246	-2.08	0.041	-4.3161	-.0909002
_cons	56.53884	6.197383	9.12	0.000	44.17855	68.89913

⊖ SEM structural equation model: Example 6, Linear regression。

用 sem 复制模型。

.sem (mpg <- weight weight2 foreign)

Structural equation model　　　　　　　　　　Number of obs = 74
Estimation method: ml

Log likelihood = -1909.8206

	Coefficient	OIM std. err.	z	P>|z|	[95% conf.	interval]
Structural						
mpg						
weight	-.0165729	.0038604	-4.29	0.000	-.0241392	-.0090067
weight2	1.59e-06	6.08e-07	2.62	0.009	4.00e-07	2.78e-06
foreign	-2.2035	1.03022	-2.14	0.032	-4.222695	-.1843056
_cons	56.53884	6.027559	9.38	0.000	44.72504	68.35264
var(e.mpg)	10.19332	1.675772			7.385485	14.06865

Warning: The LR test of model vs. saturated is not reported because the fitted model is not full rank. There appears to be 1 more fitted parameter than the data can support.

例 9.3　单因子测度模型

请扫码查看例 9.3 的内容

例 9.4　双因子测度模型

清理内存，下载数据集。

.clear

.webuse sem_2fmm

具有情感和认知两个潜在变量的验证性因子分析。

.sem (Affective -> a1 a2 a3 a4 a5) (Cognitive -> c1 c2 c3 c4 c5)

Structural equation model　　　　　　　　　　Number of obs = 216
Estimation method: ml

Log likelihood = -9539.3851

(1)　[a1]Affective = 1
(2)　[c1]Cognitive = 1

	Coefficient	OIM std. err.	z	P>|z|	[95% conf.	interval]
Measurement						
a1						
Affective	1	(constrained)				
a2						
Affective	.9758098	.0460752	21.18	0.000	.885504	1.066116
a3						
Affective	.8372599	.0355086	23.58	0.000	.7676643	.9068556

a4						
Affective	.9640461	.0499203	19.31	0.000	.866204	1.061888
a5						
Affective	1.063701	.0435751	24.41	0.000	.9782951	1.149107
c1						
Cognitive	1	(constrained)				
c2						
Cognitive	1.114702	.0655687	17.00	0.000	.9861901	1.243215
c3						
Cognitive	1.329882	.0791968	16.79	0.000	1.174659	1.485105
c4						
Cognitive	1.172792	.0711692	16.48	0.000	1.033303	1.312281
c5						
Cognitive	1.126356	.0644475	17.48	0.000	1.000041	1.252671

var(e.a1)	384.1359	43.79119			307.2194	480.3095
var(e.a2)	357.3524	41.00499			285.3805	447.4755
var(e.a3)	154.9507	20.09026			120.1795	199.7822
var(e.a4)	496.4594	54.16323			400.8838	614.8214
var(e.a5)	191.6857	28.07212			143.8574	255.4154
var(e.c1)	171.6638	19.82327			136.894	215.2649
var(e.c2)	171.8055	20.53479			135.9247	217.1579
var(e.c3)	276.0144	32.33535			219.3879	347.2569
var(e.c4)	224.1994	25.93412			178.7197	281.2527
var(e.c5)	146.8655	18.5756			114.6198	188.1829
var(Affective)	1644.463	193.1032			1306.383	2070.034
var(Cognitive)	455.9349	59.11245			353.6255	587.8439
cov(Affective,Cognitive)	702.0736	85.72272	8.19	0.000	534.0601	870.087

LR test of model vs. saturated: chi2(34) = 88.88　　Prob > chi2 = 0.0000

例 9.5　非递归结构模型

清理内存，下载数据集。

.clear

.webuse sem_sm1

拟合非递归结构模型。

.sem (r_occasp <- f_occasp r_intel r_ses f_ses) (f_occasp <- r_occasp f_intel f_ses r_ses), cov(e.r_occasp*e.f_occasp)

```
Structural equation model                         Number of obs = 329
Estimation method: ml

Log likelihood = -2617.0489
```

	Coefficient	OIM std. err.	z	P>|z|	[95% conf.	interval]
Structural						
r_occasp						
f_occasp	.2773441	.1287622	2.15	0.031	.0249748	.5297134
r_intel	.2854766	.0522001	5.47	0.000	.1831662	.3877869
r_ses	.1570082	.052733	2.98	0.003	.0536534	.260363
f_ses	.0973327	.0603699	1.61	0.107	-.0209901	.2156555
f_occasp						
r_occasp	.2118102	.1563958	1.35	0.176	-.09472	.5183404
r_ses	.0794194	.0589095	1.35	0.178	-.0360411	.1948799
f_ses	.1681772	.0543854	3.09	0.002	.0615838	.2747705
f_intel	.3693682	.0557939	6.62	0.000	.2600142	.4787223
var(e.r_occasp)	.6868304	.0535981			.5894193	.8003401
var(e.f_occasp)	.6359151	.0501501			.5448425	.7422109
cov(e.r_occasp,e.f_occasp)	-.1536992	.1442554	-1.07	0.287	-.4364346	.1290362

LR test of model vs. saturated: chi2(0) = 0.00   Prob > chi2 = .

例 9.6　多指标多因子模型

清理内存，下载数据集。

.clear

.webuse sem_mimic1

拟合多指标多因子模型。

.sem (SubjSES -> s_income s_occpres s_socstat) (SubjSES <- income occpres)

```
Structural equation model                     Number of obs = 432
Estimation method: ml

Log likelihood = -3971.9236

 ( 1)  [s_income]SubjSES = 1
```

	Coefficient	OIM std. err.	z	P>|z|	[95% conf.	interval]
Structural						
SubjSES						
income	.082732	.0138498	5.97	0.000	.0555869	.1098772
occpres	.0046275	.0012464	3.71	0.000	.0021847	.0070704
Measurement						
s_income						
SubjSES	1	(constrained)				
_cons	.9612091	.0794151	12.10	0.000	.8055583	1.11686
s_occpres						
SubjSES	.7301352	.0832915	8.77	0.000	.5668869	.8933835
_cons	1.114563	.0656195	16.99	0.000	.9859512	1.243175

s_socstat						
SubjSES	.9405161	.0934855	10.06	0.000	.7572878	1.123744
_cons	1.002113	.0706576	14.18	0.000	.863627	1.1406
var(e.s_income)	.2087546	.0254098			.1644474	.2649996
var(e.s_occpres)	.2811852	.0228914			.2397153	.3298291
var(e.s_socstat)	.1807129	.0218405			.1425987	.2290146
var(e.SubjSES)	.1860097	.0270476			.1398822	.2473481

```
LR test of model vs. saturated: chi2(4) = 26.65          Prob > chi2 = 0.0000
```

例 9.7　潜在增长模型

清理内存，下载数据集。

.clear

.webuse sem_lcm

拟合潜在增长模型。

.sem (lncrime0 <- Intercept@1 Slope@0) (lncrime1 <- Intercept@1 Slope@1) (lncrime2 <- Intercept@1 Slope@2) (lncrime3 <- Intercept@1 Slope@3), means(Intercept Slope) noconstant

```
Structural equation model                          Number of obs = 359
Estimation method: ml

Log likelihood = -1031.3061

 ( 1)  [lncrime0]Intercept = 1
 ( 2)  [lncrime1]Intercept = 1
 ( 3)  [lncrime1]Slope = 1
 ( 4)  [lncrime2]Intercept = 1
 ( 5)  [lncrime2]Slope = 2
 ( 6)  [lncrime3]Intercept = 1
 ( 7)  [lncrime3]Slope = 3
 ( 8)  [lncrime0]_cons = 0
 ( 9)  [lncrime1]_cons = 0
 (10)  [lncrime2]_cons = 0
 (11)  [lncrime3]_cons = 0
```

	Coefficient	OIM std. err.	z	P>|z|	[95% conf. interval]	
Measurement						
lncrime0						
Intercept	1	(constrained)				
_cons	0	(constrained)				
lncrime1						
Intercept	1	(constrained)				
Slope	1	(constrained)				
_cons	0	(constrained)				
lncrime2						
Intercept	1	(constrained)				
Slope	2	(constrained)				
_cons	0	(constrained)				

lncrime3						
Intercept	1	(constrained)				
Slope	3	(constrained)				
_cons	0	(constrained)				
mean(Intercept)	5.332935	.0408794	130.46	0.000	5.252813	5.413057
mean(Slope)	.1444134	.0104294	13.85	0.000	.1239721	.1648546
var(e.lncrime0)	.0761231	.0151941			.0514775	.1125683
var(e.lncrime1)	.1118785	.0111312			.0920572	.1359676
var(e.lncrime2)	.0883066	.0096639			.0712592	.1094323
var(e.lncrime3)	.1113854	.0162217			.0837265	.1481813
var(Intercept)	.5385184	.0457714			.4558821	.6361339
var(Slope)	.020211	.003545			.0143313	.028503
cov(Intercept,Slope)	-.0377157	.0096477	-3.91	0.000	-.0566247	-.0188066

LR test of model vs. saturated: chi2(5) = 11.05　　Prob > chi2 = 0.0504

9.7 广义结构方程模型估计的 Stata 命令及实现

广义结构方程模型估计的 Stata 命令如下所示。

gsem paths [if] [in] [weight] [, options]

菜单操作路径：

Statistics > SEM (structural equation modeling) > Model building and estimation

例 9.8　线性回归

请扫码查看例 9.8 的内容

例 9.9　逻辑回归

清理内存，下载数据集。

.clear

.webuse gsem_lbw

利用 logit 命令进行 logit 回归。

.logit low age lwt i.race smoke ptl ht ui

Logistic regression　　Number of obs = 189
　　LR chi2(8) = 33.22
　　Prob > chi2 = 0.0001
Log likelihood = -100.724　　Pseudo R2 = 0.1416

low	Coefficient	Std. err.	z	P>|z|	[95% conf.	interval]
age	-.0271003	.0364504	-0.74	0.457	-.0985418	.0443412
lwt	-.0151508	.0069259	-2.19	0.029	-.0287253	-.0015763
race						
Black	1.262647	.5264101	2.40	0.016	.2309024	2.294392
Other	.8620792	.4391532	1.96	0.050	.0013548	1.722804
smoke	.9233448	.4008266	2.30	0.021	.137739	1.708951

ptl	.5418366	.346249	1.56	0.118	-.136799	1.220472
ht	1.832518	.6916292	2.65	0.008	.4769494	3.188086
ui	.7585135	.4593768	1.65	0.099	-.1418484	1.658875
_cons	.4612239	1.20459	0.38	0.702	-1.899729	2.822176

用 gsem 复制模型。

.gsem (low <- age lwt i.race smoke ptl ht ui), logit

Generalized structural equation model　　Number of obs = 189
Response: low
Family: Bernoulli
Link: Logit
Log likelihood = -100.724

	Coefficient	Std. err.	z	P>|z|	[95% conf.	interval]
low						
age	-.0271003	.0364504	-0.74	0.457	-.0985418	.0443412
lwt	-.0151508	.0069259	-2.19	0.029	-.0287253	-.0015763
race						
Black	1.262647	.5264101	2.40	0.016	.2309024	2.294392
Other	.8620792	.4391532	1.96	0.050	.0013548	1.722804
smoke	.9233448	.4008266	2.30	0.021	.137739	1.708951
ptl	.5418366	.346249	1.56	0.118	-.136799	1.220472
ht	1.832518	.6916292	2.65	0.008	.4769494	3.188086
ui	.7585135	.4593768	1.65	0.099	-.1418484	1.658875
_cons	.4612239	1.20459	0.38	0.702	-1.899729	2.822176

例 9.10 泊松回归

例 9.11 具有二元结果的单因子测量模型

请扫码查看例 9.10 的内容　　请扫码查看例 9.11 的内容

例 9.12 具有二元和序数测度的全结构方程模型

清理内存，下载数据集。

.clear

.webuse gsem_cfa

具有潜在变量 MathAb 的结构方程模型由潜在变量 MathAtt 预测。

.gsem (MathAb -> q1-q8, logit) (MathAtt -> att1-att5, ologit) (MathAtt -> MathAb)

Generalized structural equation model　　Number of obs = 500

Response: q1

```
Family:   Bernoulli
Link:     Logit

Response: q2
Family:   Bernoulli
Link:     Logit

Response: q3
Family:   Bernoulli
Link:     Logit

Response: q4
Family:   Bernoulli
Link:     Logit

Response: q5
Family:   Bernoulli
Link:     Logit

Response: q6
Family:   Bernoulli
Link:     Logit

Response: q7
Family:   Bernoulli
Link:     Logit

Response: q8
Family:   Bernoulli
Link:     Logit

Response: att1
Family:   Ordinal
Link:     Logit

Response: att2
Family:   Ordinal
Link:     Logit

Response: att3
Family:   Ordinal
Link:     Logit

Response: att4
Family:   Ordinal
Link:     Logit
```

```
Response: att5
Family:   Ordinal
Link:     Logit

Log likelihood = -6394.3923

 ( 1)  [q1]MathAb = 1
 ( 2)  [att1]MathAtt = 1
```

	Coefficient	Std. err.	z	P>|z|	[95% conf. interval]	
q1						
MathAb	1	(constrained)				
_cons	.044612	.1272967	0.35	0.726	-.204885	.294109
q2						
MathAb	.3446066	.1050261	3.28	0.001	.1387593	.550454
_cons	-.4572215	.0979965	-4.67	0.000	-.6492911	-.2651519
q3						
MathAb	.5445222	.1386992	3.93	0.000	.2726767	.8163677
_cons	.1591406	.1033116	1.54	0.123	-.0433465	.3616276
q4						
MathAb	.2858862	.0948549	3.01	0.003	.099974	.4717984
_cons	-.3196648	.0947684	-3.37	0.001	-.5054075	-.1339222
q5						
MathAb	.8174769	.1867022	4.38	0.000	.4515473	1.183406
_cons	-.04543	.116575	-0.39	0.697	-.2739129	.1830528
q6						
MathAb	.6030423	.1471949	4.10	0.000	.3145457	.8915389
_cons	-.3099919	.1070853	-2.89	0.004	-.5198754	-.1001085
q7						
MathAb	.7208369	.171309	4.21	0.000	.3850774	1.056597
_cons	.1047264	.1116494	0.94	0.348	-.1141024	.3235553
q8						
MathAb	.5814736	.1426725	4.08	0.000	.3018406	.8611067
_cons	-.0250443	.1045135	-0.24	0.811	-.2298869	.1797984

att1						
MathAtt	1	(constrained)				
att2						
MathAtt	.3788715	.0971234	3.90	0.000	.1885131	.5692299
att3						
MathAtt	-1.592717	.3614956	-4.41	0.000	-2.301236	-.8841989
att4						
MathAtt	-.8100108	.1530675	-5.29	0.000	-1.110017	-.510004
att5						
MathAtt	.5225425	.1170166	4.47	0.000	.2931942	.7518907
MathAb						
MathAtt	.581103	.14776	3.93	0.000	.2914987	.8707072
/att1						
cut1	-1.10254	.131228			-1.359742	-.8453377
cut2	-.2495339	.1160385			-.4769652	-.0221025
cut3	.2983261	.1164415			.070105	.5265472
cut4	1.333052	.1391919			1.060241	1.605864

/att2				
cut1	-1.055791	.1062977	-1.264131	-.8474513
cut2	-.1941211	.0941435	-.378639	-.0096032
cut3	.3598488	.0952038	.1732528	.5464448
cut4	1.132624	.1082204	.9205156	1.344732
/att3				
cut1	-1.053519	.1734001	-1.393377	-.7136612
cut2	-.0491074	.1442846	-.3319	.2336853
cut3	.5570672	.1538702	.2554871	.8586472
cut4	1.666859	.2135557	1.248297	2.08542
/att4				
cut1	-1.07378	.1214071	-1.311734	-.8358264
cut2	-.2112462	.1076501	-.4222365	-.0002559
cut3	.406347	.1094847	.191761	.620933
cut4	1.398185	.1313327	1.140778	1.655593
/att5				
cut1	-1.244051	.1148443	-1.469142	-1.018961
cut2	-.336135	.0986678	-.5295203	-.1427498
cut3	.2137776	.0978943	.0219084	.4056468
cut4	.9286849	.107172	.7186316	1.138738
var(e.MathAb)	1.787117	.5974753	.9280606	3.441357
var(MathAtt)	1.520854	.4077885	.8991947	2.572298

例 9.13 项目反应理论模型

请扫码查看例 9.13 的内容

例 9.14 具有二元结果的两层测量模型

清理内存，下载数据集。

.clear

.webuse gsem_cfa

在学校层面上具有隐变量 Sch[school]，隐变量 MathAb 和嵌套在学校层面上的学生的模型。

.gsem (MathAb M1[school] -> q1-q8), logit

```
Generalized structural equation model                Number of obs = 500

Response: q1
Family:   Bernoulli
Link:     Logit

Response: q2
Family:   Bernoulli
Link:     Logit

Response: q3
Family:   Bernoulli
Link:     Logit

Response: q4
Family:   Bernoulli
Link:     Logit
```

```
Response: q5
Family:   Bernoulli
Link:     Logit

Response: q6
Family:   Bernoulli
Link:     Logit

Response: q7
Family:   Bernoulli
Link:     Logit

Response: q8
Family:   Bernoulli
Link:     Logit

Log likelihood = -2630.2063

 ( 1)  [q1]M1[school] = 1
 ( 2)  [q2]MathAb = 1
```

	Coefficient	Std. err.	z	P>|z|	[95% conf.	interval]
q1						
M1[school]	1	(constrained)				
MathAb	2.807515	.9468682	2.97	0.003	.9516878	4.663343
_cons	.0388021	.1608489	0.24	0.809	-.276456	.3540602
q2						
M1[school]	.6673925	.3058328	2.18	0.029	.0679712	1.266814
MathAb	1	(constrained)				
_cons	-.4631159	.1201227	-3.86	0.000	-.698552	-.2276798
q3						
M1[school]	.3555867	.3043548	1.17	0.243	-.2409377	.9521111
MathAb	1.455529	.5187786	2.81	0.005	.4387416	2.472316
_cons	.1537831	.1070288	1.44	0.151	-.0559894	.3635556
q4						
M1[school]	.7073241	.3419273	2.07	0.039	.037159	1.377489
MathAb	.8420897	.3528195	2.39	0.017	.1505762	1.533603
_cons	-.3252735	.1202088	-2.71	0.007	-.5608784	-.0896686
q5						
M1[school]	.7295553	.3330652	2.19	0.028	.0767595	1.382351
MathAb	2.399529	.8110973	2.96	0.003	.8098079	3.989251
_cons	-.0488674	.1378015	-0.35	0.723	-.3189533	.2212185
q6						
M1[school]	.484903	.2844447	1.70	0.088	-.0725983	1.042404
MathAb	1.840627	.5934017	3.10	0.002	.6775813	3.003673
_cons	-.3139302	.1186624	-2.65	0.008	-.5465042	-.0813563
q7						
M1[school]	.3677241	.2735779	1.34	0.179	-.1684787	.903927

	Coefficient	Std. err.	z	P>|z|	[95% conf.	interval]
MathAb	2.444023	.8016872	3.05	0.002	.8727449	4.015301
_cons	.1062164	.1220796	0.87	0.384	-.1330552	.3454881
q8						
M1[school]	.5851299	.3449508	1.70	0.090	-.0909612	1.261221
MathAb	1.606287	.5367614	2.99	0.003	.5542541	2.65832
_cons	-.0261962	.1189835	-0.22	0.826	-.2593995	.2070071
var(M1[school])	.2121216	.1510032			.052558	.8561121
var(MathAb)	.2461246	.1372513			.0825055	.7342217

例 9.15　三层负二项模型

例 9.16　Heckman 选择模型

请扫码查看例 9.15 的内容

清理内存，下载数据集。

.clear

.webuse gsem_womenwk

.generate selected = wage < .

工资选择模型。

.gsem (wage <- educ age L) (selected <- married children educ age L@1, probit), var(L@1)

```
Generalized structural equation model                Number of obs = 2,000

Response: wage                                       Number of obs = 1,343
Family:   Gaussian
Link:     Identity

Response: selected                                   Number of obs = 2,000
Family:   Bernoulli
Link:     Probit

Log likelihood = -5178.3046

 ( 1)  [selected]L = 1
 ( 2)  [/]var(L) = 1
```

	Coefficient	Std. err.	z	P>|z|	[95% conf.	interval]
wage						
educ	.9899541	.0532565	18.59	0.000	.8855733	1.094335
age	.21313	.0206031	10.34	0.000	.1727486	.2535113
L	5.974205	.5645889	10.58	0.000	4.867631	7.080779
_cons	.4857517	1.077039	0.45	0.652	-1.625205	2.596709
selected						
married	.629573	.0953115	6.61	0.000	.442766	.8163801
children	.620429	.0392907	15.79	0.000	.5434206	.6974374
educ	.0788174	.0151815	5.19	0.000	.0490622	.1085726
age	.051633	.0058737	8.79	0.000	.0401208	.0631453
L	1	(constrained)				
_cons	-3.522863	.2677655	-13.16	0.000	-4.047674	-2.998052
var(L)	1	(constrained)				
var(e.wage)	.3664683	5.183351			3.35e-13	4.01e+11

例 9.17 潜在分类模型

清理内存，下载数据集。

.clear

.webuse gsem_lca1, clear

使用 logistic 回归对事故、游戏、保险和股票进行建模。

.gsem (accident play insurance stock <-), logit lclass(C 2)

```
Generalized structural equation model                    Number of obs = 216
Log likelihood = -504.46767
```

	Coefficient	Std. err.	z	P>|z|	[95% conf.	interval]
1.C	(base outcome)					
2.C						
_cons	-.9482041	.2886333	-3.29	0.001	-1.513915	-.3824933

```
Class:    1

Response: accident
Family:   Bernoulli
Link:     Logit

Response: play
Family:   Bernoulli
Link:     Logit

Response: insurance
Family:   Bernoulli
Link:     Logit

Response: stock
Family:   Bernoulli
Link:     Logit
```

	Coefficient	Std. err.	z	P>|z|	[95% conf.	interval]
accident						
_cons	.9128742	.1974695	4.62	0.000	.5258411	1.299907
play						
_cons	-.7099072	.2249096	-3.16	0.002	-1.150722	-.2690926
insurance						
_cons	-.6014307	.2123096	-2.83	0.005	-1.01755	-.1853115
stock						
_cons	-1.880142	.3337665	-5.63	0.000	-2.534312	-1.225972

```
Class:    2

Response: accident
Family:   Bernoulli
Link:     Logit
```

```
Response: play
Family:   Bernoulli
Link:     Logit

Response: insurance
Family:   Bernoulli
Link:     Logit

Response: stock
Family:   Bernoulli
Link:     Logit
```

	Coefficient	Std. err.	z	P>|z|	[95% conf. interval]	
accident						
_cons	4.983017	3.745987	1.33	0.183	-2.358982	12.32502
play						
_cons	2.747366	1.165853	2.36	0.018	.4623372	5.032395
insurance						
_cons	2.534582	.9644841	2.63	0.009	.6442279	4.424936
stock						
_cons	1.203416	.5361735	2.24	0.025	.1525356	2.254297

第10章
CHAPTER 10

联立方程模型

10.1 联立方程模型概述

变量与随机项之间相互联系的多个计量经济方程联立，并同时做计量经济分析的方程组，就是联立方程模型。

M 个方程组成的联立方程模型的结构表达式为

$$\begin{cases}\gamma_{11}y_{t1}+\gamma_{21}y_{t2}+\cdots+\gamma_{M1}y_{tM}+\beta_{11}x_{t1}+\cdots+\beta_{K1}x_{tK}=\varepsilon_{t1}\\ \gamma_{12}y_{t1}+\gamma_{22}y_{t2}+\cdots+\gamma_{M2}y_{tM}+\beta_{12}x_{t1}+\cdots+\beta_{K2}x_{tK}=\varepsilon_{t2}\\ \vdots\\ \gamma_{1M}y_{t1}+\gamma_{2M}y_{t2}+\cdots+\gamma_{MM}y_{tM}+\beta_{1M}x_{t1}+\cdots+\beta_{KM}x_{tK}=\varepsilon_{tM}\end{cases} \tag{10-1}$$

式中，$\{y_{ti}\}$ 为内生变量；$\{x_{tj}\}$ 为外生变量；其第一个下标为第 t 个观测值（$t=1, 2, \cdots, T$），第二个下标为第 i 个内生变量（$i=1, 2, \cdots, M$）或第 j 个外生变量（$j=1, 2, \cdots, K$）。$\{\gamma_{ik}\}$ 为内生变量的系数；$\{\beta_{jk}\}$ 为外生变量的系数。$\{\varepsilon_{tk}\}$ 为结构方程的扰动项。完整的方差系统中内生变量个数等于方程个数 M。

联立方程模型的矩阵表达式为

$$(y_{t1}\quad y_{12}\quad\cdots\quad y_{tM})\begin{pmatrix}\gamma_{11}&\gamma_{12}&\cdots&\gamma_{1M}\\ \gamma_{21}&\gamma_{22}&\cdots&\gamma_{2M}\\ \vdots&\vdots&\ddots&\vdots\\ \gamma_{M1}&\gamma_{M2}&\cdots&\gamma_{MM}\end{pmatrix}+(x_{t1}\quad x_{t2}\quad\cdots\quad x_{tK})\begin{pmatrix}\beta_{11}&\beta_{12}&\cdots&\beta_{1M}\\ \beta_{21}&\beta_{22}&\cdots&\beta_{2M}\\ \vdots&\vdots&\ddots&\vdots\\ \beta_{K1}&\beta_{K2}&\cdots&\beta_{KM}\end{pmatrix} \tag{10-2}$$

$$=(\varepsilon_{t1}\quad\varepsilon_{t2}\quad\cdots\quad\varepsilon_{tM})$$

用矩阵表示为

$$\boldsymbol{y}_t'\boldsymbol{\Gamma}+\boldsymbol{x}_t'\boldsymbol{B}=\boldsymbol{\varepsilon}_t' \tag{10-3}$$

其中，系数矩阵 $\boldsymbol{\Gamma}_{M\times M}$ 与 $\boldsymbol{B}_{K\times M}$ 的每一列对应于一个方程，如第一个方程为：

$$(y_{t1} \quad y_{t2} \quad \cdots \quad y_{tM})\begin{pmatrix}\gamma_{11}\\ \gamma_{21}\\ \vdots\\ \gamma_{M1}\end{pmatrix}+(x_{t1} \quad x_{t2} \quad \cdots \quad x_{tK})\begin{pmatrix}\beta_{11}\\ \beta_{21}\\ \vdots\\ \beta_{K1}\end{pmatrix}=\varepsilon_{t1} \tag{10-4}$$

扰动项 $\boldsymbol{\varepsilon}_t$ 由第 t 期各方程的扰动项组成，假设扰动项满足经典假设。记其协方差矩阵为

$$\boldsymbol{\Sigma} \equiv E(\boldsymbol{\varepsilon}_t\boldsymbol{\varepsilon}_t' \mid \boldsymbol{x}_t) \tag{10-5}$$

为求解联立方程模型（10-3），把联立方程模型整理为

$$\boldsymbol{y}_t'\boldsymbol{\Gamma} = -\boldsymbol{x}_t'\boldsymbol{B} + \boldsymbol{\varepsilon}_t' \tag{10-6}$$

假设 $\boldsymbol{\Gamma}$ 非退化，在上式两边同时乘 $\boldsymbol{\Gamma}^{-1}$，则

$$\boldsymbol{y}_t' = -\boldsymbol{x}_t'\boldsymbol{B}\boldsymbol{\Gamma}^{-1} + \boldsymbol{\varepsilon}_t'\boldsymbol{\Gamma}^{-1} \tag{10-7}$$

$$\boldsymbol{y}_t' = \boldsymbol{x}_t'\boldsymbol{\Pi} + \boldsymbol{v}_t' \tag{10-8}$$

方程（10-8）称为联立方程模型的简化式，其系数矩阵为 $\underbrace{\boldsymbol{\Pi}}_{K\times M} \equiv -\underbrace{\boldsymbol{B}}_{K\times M}\underbrace{\boldsymbol{\Gamma}^{-1}}_{M\times M}$，其扰动项为 $\boldsymbol{v}_t' \equiv \boldsymbol{\varepsilon}_t'\boldsymbol{\Gamma}^{-1}$，故 $\boldsymbol{v}_t \equiv \boldsymbol{\Gamma}^{-1'}\boldsymbol{\varepsilon}_t$。简化式扰动项 $\boldsymbol{v}_t$ 与外生变量 $\boldsymbol{x}_t$ 不相关，因为

$$E(\boldsymbol{v}_t \mid \boldsymbol{x}_t) = E(\boldsymbol{\Gamma}^{-1'}\boldsymbol{\varepsilon}_t \mid \boldsymbol{x}_t) = \boldsymbol{\Gamma}^{-1'}E(\boldsymbol{\varepsilon}_t \mid \boldsymbol{x}_t) = \boldsymbol{0} \tag{10-9}$$

简化式扰动项 $\boldsymbol{v}_t$ 的协方差矩阵为

$$\boldsymbol{\Omega} \equiv E(\boldsymbol{v}_t\boldsymbol{v}_t' \mid \boldsymbol{x}_t) = E(\boldsymbol{\Gamma}^{-1'}\boldsymbol{\varepsilon}_t\boldsymbol{\varepsilon}_t'\boldsymbol{\Gamma}^{-1} \mid \boldsymbol{x}_t) = \boldsymbol{\Gamma}^{-1'}E(\boldsymbol{\varepsilon}_t\boldsymbol{\varepsilon}_t' \mid \boldsymbol{x}_t)\boldsymbol{\Gamma}^{-1} = \boldsymbol{\Gamma}^{-1'}\boldsymbol{\Sigma}\boldsymbol{\Gamma}^{-1} \tag{10-10}$$

10.2 联立方程模型的识别

判别联立方程模型是否可以估计，就是联立方程模型的识别，即从已知的简化式确定结构方程的系数问题。

如果从联立方程系统的简化式能够估计出所有的结构方程参数，则称该联立方程模型是可以识别的。如果无法从简化式得到结构方程参数的估计值，这个联立方程模型就是不可识别的。方程中每个需要估计的参数的随机方程都存在识别问题，如果一个模型中所有的随机方程是可以识别的，则认为联立方程系统是可以识别的；反之，只要存在一个不可识别的随机方程，则联立方程系统是不可识别的。

当某一个随机方程在给定有关变量的样本观测值时，其参数具有确定的估计值。一种情况是只有唯一一组参数估计值，此时称为恰好识别；另外一种情况是具有多种参数估计值，此时称为过度识别。

1. 结构方程识别条件

假设联立方程模型的结构方程为 $\boldsymbol{BY} + \boldsymbol{\Gamma Z} = \boldsymbol{u}$。第 i 个方程包含 k_i 个内生变量（含被解释变量）和 g_i 个先决变量（含常数项），系统中的内生变量和先决变量的数目为 k 和 g。矩阵（$\boldsymbol{B}_0, \boldsymbol{\Gamma}_0$）表示第 i 个方程中未包含的变量（包括内生变量和先决变量）在其他 $k-1$ 个方程中对应的系数所组成的矩阵，则判断第 i 个结构方程识别状态的结构方程识别条件为：

如果 $\text{rank}(\boldsymbol{B}_0, \boldsymbol{\Gamma}_0) < k-1$，则第 i 个结构方程不可识别；

如果 $\text{rank}(\boldsymbol{B}_0, \boldsymbol{\Gamma}_0) = k-1$，则第 i 个结构方程可以识别，并且

如果 $g-g_i = k_i-1$，则第 i 个结构方程恰好识别，即秩条件；
如果 $g-g_i > k_i-1$，则第 i 个结构方程过度识别，即阶条件。

2. 简化式识别条件

对于简化式模型 $\boldsymbol{Y}=\boldsymbol{\Pi Z}+\boldsymbol{E}$，识别条件为：
如果 $\text{rank}(\boldsymbol{\Pi}_2) < k_i-1$，则第 i 个结构方程不可识别；
如果 $\text{rank}(\boldsymbol{\Pi}_2) = k_i-1$，则第 i 个结构方程可以识别，并且
如果 $g-g_i = k_i-1$，则第 i 个结构方程恰好识别，即秩条件；
如果 $g-g_i > k_i-1$，则第 i 个结构方程过度识别，即阶条件。

10.3　多元回归

联立方程模型的估计方法可以分为两类：一类是单一方程估计法，也称有限信息估计法，该方法对联立方程模型中的每一个方程分别进行估计；另一类是系统估计法，也称全信息估计法，该方法把联立方程模型中的多个方程作为一个系统进行联合估计。

对于 q 个方程和 p 个外生变量（包括常数项）的联立方程模型，参数估计值用 $p\times q$ 矩阵表示为：

$$\boldsymbol{B}=(\boldsymbol{X'WX})^{-1}\boldsymbol{X'WY} \tag{10-11}$$

式中，$\boldsymbol{Y}$ 为内生变量的 $n\times q$ 维矩阵；$\boldsymbol{X}$ 为外生变量的 $n\times q$ 维矩阵；$\boldsymbol{W}$ 为权重矩阵，可以设定 $\boldsymbol{W}=\boldsymbol{I}$ 或 $\boldsymbol{W}=\text{diag}(\boldsymbol{v})$ 或 $\boldsymbol{W}=\text{diag}\{\boldsymbol{v}/(1'\boldsymbol{v})(1'1)\}$。

残差 – 协方差矩阵为：

$$\boldsymbol{R}=\{\boldsymbol{Y'WY}-\boldsymbol{B}'(\boldsymbol{X'WX})\boldsymbol{B}\}/(n-p) \tag{10-12}$$

估计值的协方差估计值为 $\boldsymbol{R}\otimes(\boldsymbol{X'WX})^{-1}$。

拉格朗日乘数检验统计量，即卡方检验统计量及其分布为：

$$\lambda=n\sum_{i=1}^{q}\sum_{j=1}^{i-1}r_{ij}^2 \sim \chi^2(q(q-1)/2) \tag{10-13}$$

式中，r_{ij} 是方程残差之间的相关系数估计值；n 是观察值。

单一方程估计法包括以下几种。

（1）普通最小二乘法。

由于存在内生解释变量，一般来说，普通最小二乘法的估计是不一致的，但是对于特殊的递归模型，$\boldsymbol{\Gamma}$ 为下三角矩阵，而协方差矩阵 $\boldsymbol{\Sigma}$ 为对角矩阵，即在不同方程之间的扰动项不相关的情形下，普通最小二乘法的估计依然是一致的。

（2）间接最小二乘法。

在恰好识别的情况下，可以先用普通最小二乘法来一致地估计简化式参数，然后通过结构式参数与简化式参数的恒等关系，求解结构式参数，这种方法就是间接最小二乘法，其估计结果是一致的，但不是最有效的。

（3）两阶段最小二乘法。

在结构方程可识别的情况下，其排斥的外生解释变量个数大于或等于包含的内生解释变量个数，而所有排斥的外生解释变量都是有效工具变量，所以可以用工具变量法估计。如果结构方程的扰动项满足同方差、无自相关的经典假设，则两阶段最小二乘法是最有效率的工

具变量法。也是最常用的单一方程估计法。

（4）广义矩估计法。

在过度识别的情况下，如果结构方程的扰动项存在异方差或自相关，则广义矩估计法比两阶段最小二乘法更有效。在恰好识别的情况下，二者等价。

（5）有限信息最大似然估计法。

如果假定结构方程的扰动项服从正态分布，就可以使用有限信息最大似然估计法对单一方程进行估计。在大样本情况下，有限信息最大似然估计法与两阶段最小二乘法是渐近等价的，但是在小样本情况下有限信息最大似然估计法的性质不如两阶段最小二乘法。然而，如果存在弱工具变量，则有限信息最大似然估计法比两阶段最小二乘法更稳健。

多元回归估计的实现函数及语法规则如下所示。

mvreg depvars = indepvars [if] [in] [weight] [, options]

mvreg 适用于具有相同自变量的多个因变量的多元回归模型。

菜单操作路径：

Statistics > Multivariate analysis > MANOVA, multivariate regression, and related > Multivariate regression

例 10.1　多元回归

请扫码查看例 10.1 的内容

10.4 似不相关回归

各方程的变量之间没有内在联系，但各方程的扰动项之间存在相关性，这就是似不相关回归（SUR）。假设 n 个方程，n 个被解释变量，每个方程有 T（$T > n$）个观测值，在第 i 个方程中，共有 k_i 个解释变量，则似不相关回归模型设定为：

$$\underbrace{\boldsymbol{y}_i}_{T\times 1} = \underbrace{\boldsymbol{X}_i}_{T\times k_i}\underbrace{\boldsymbol{\beta}_i}_{k_i\times 1} + \underbrace{\boldsymbol{\varepsilon}_i}_{T\times 1} \quad (i=1,2,\cdots,n) \tag{10-14}$$

把所有方程联立可得：

$$\boldsymbol{y} = \underbrace{\begin{pmatrix} \boldsymbol{y}_1 \\ \boldsymbol{y}_2 \\ \vdots \\ \boldsymbol{y}_n \end{pmatrix}}_{nT\times 1} = \underbrace{\begin{pmatrix} \boldsymbol{X}_1 & 0 & \cdots & 0 \\ 0 & \boldsymbol{X}_2 & \cdots & 0 \\ \vdots & \vdots & \ddots & \vdots \\ 0 & 0 & \cdots & \boldsymbol{X}_n \end{pmatrix}}_{nT\times\sum_{i=1}^{n}K_i} \underbrace{\begin{pmatrix} \boldsymbol{\beta}_1 \\ \boldsymbol{\beta}_2 \\ \vdots \\ \boldsymbol{\beta}_n \end{pmatrix}}_{\sum_{i=1}^{n}K_i\times 1} + \underbrace{\begin{pmatrix} \boldsymbol{\varepsilon}_1 \\ \boldsymbol{\varepsilon}_2 \\ \vdots \\ \boldsymbol{\varepsilon}_n \end{pmatrix}}_{nT\times 1} \equiv \boldsymbol{X\beta}+\boldsymbol{\varepsilon} \tag{10-15}$$

扰动项 $\boldsymbol{\varepsilon}$ 的协方差矩阵为：

$$\boldsymbol{\Omega} \equiv \mathrm{Var}\begin{pmatrix} \varepsilon_1 \\ \varepsilon_2 \\ \vdots \\ \varepsilon_n \end{pmatrix} = E\begin{pmatrix} \boldsymbol{\varepsilon}_1 \\ \boldsymbol{\varepsilon}_2 \\ \vdots \\ \boldsymbol{\varepsilon}_n \end{pmatrix}(\boldsymbol{\varepsilon}_1'\boldsymbol{\varepsilon}_2'\cdots\boldsymbol{\varepsilon}_n') = E\begin{pmatrix} \boldsymbol{\varepsilon}_1\boldsymbol{\varepsilon}_1' & \boldsymbol{\varepsilon}_1\boldsymbol{\varepsilon}_2' & \cdots & \boldsymbol{\varepsilon}_1\boldsymbol{\varepsilon}_n' \\ \boldsymbol{\varepsilon}_2\boldsymbol{\varepsilon}_1' & \boldsymbol{\varepsilon}_2\boldsymbol{\varepsilon}_2' & \cdots & \boldsymbol{\varepsilon}_2\boldsymbol{\varepsilon}_n' \\ \vdots & \vdots & & \vdots \\ \boldsymbol{\varepsilon}_n\boldsymbol{\varepsilon}_1' & \boldsymbol{\varepsilon}_n\boldsymbol{\varepsilon}_2' & \cdots & \boldsymbol{\varepsilon}_n\boldsymbol{\varepsilon}_n' \end{pmatrix}_{nT\times nT} \tag{10-16}$$

假设同一方程不同期的扰动项不存在自相关且方差也相同，记第 i 个方程的方差为 σ_{ii}，则协方差矩阵 $\boldsymbol{\Omega}$ 中的主对角线上的第 (i, i) 个矩阵为：

$$E(\boldsymbol{\varepsilon}_i\boldsymbol{\varepsilon}_i') = \boldsymbol{\sigma}_{ii}\boldsymbol{I}_T \tag{10-17}$$

假设不同方程的扰动项之间存在同期相关，即

$$E(\varepsilon_{it}\varepsilon_{js})=\begin{cases}\sigma_{ij}, t=s\\ 0,\ \ t\neq s\end{cases} \tag{10-18}$$

则协方差矩阵 $\boldsymbol{\Omega}$ 中的第 (i,j) 个矩阵（$i\neq j$）为：

$$E(\boldsymbol{\varepsilon}_i\boldsymbol{\varepsilon}_j')=\sigma_{ij}\boldsymbol{I}_T \tag{10-19}$$

协方差矩阵 $\boldsymbol{\Omega}$ 为：

$$\boldsymbol{\Omega}=\begin{pmatrix}\sigma_{11}\boldsymbol{I}_T & \sigma_{12}\boldsymbol{I}_T & \cdots & \sigma_{1n}\boldsymbol{I}_T\\ \sigma_{21}\boldsymbol{I}_T & \sigma_{22}\boldsymbol{I}_T & \cdots & \sigma_{2n}\boldsymbol{I}_T\\ \vdots & \vdots & & \vdots\\ \sigma_{n1}\boldsymbol{I}_T & \sigma_{n2}\boldsymbol{I}_T & \cdots & \sigma_{nn}\boldsymbol{I}_T\end{pmatrix} \tag{10-20}$$

对于任意两个矩阵 $\boldsymbol{A}_{m\times n}=\begin{pmatrix}a_{11} & \cdots & a_{1n}\\ \vdots & & \vdots\\ a_{m1} & \cdots & a_{mn}\end{pmatrix}$ 与 $\boldsymbol{B}$，克罗内克尔乘积为 $\boldsymbol{A}\otimes\boldsymbol{B}\equiv\begin{pmatrix}a_{11}\boldsymbol{B} & \cdots & a_{1n}\boldsymbol{B}\\ \vdots & & \vdots\\ a_{m1}\boldsymbol{B} & \cdots & a_{mn}\boldsymbol{B}\end{pmatrix}_{mp\times nq}$。使用克罗内克尔乘积，协方差矩阵 $\boldsymbol{\Omega}$ 可以简化为：

$$\boldsymbol{\Omega}=\begin{pmatrix}\sigma_{11} & \sigma_{12} & \cdots & \sigma_{1n}\\ \sigma_{21} & \sigma_{22} & \cdots & \sigma_{2n}\\ \vdots & \vdots & & \vdots\\ \sigma_{n1} & \sigma_{n2} & \cdots & \sigma_{nn}\end{pmatrix}\otimes\boldsymbol{I}_T\equiv\boldsymbol{\Sigma}\otimes\boldsymbol{I}_T \tag{10-21}$$

其中，$\boldsymbol{\Sigma}\equiv\begin{pmatrix}\sigma_{11} & \sigma_{12} & \cdots & \sigma_{1n}\\ \sigma_{21} & \sigma_{22} & \cdots & \sigma_{2n}\\ \vdots & \vdots & & \vdots\\ \sigma_{n1} & \sigma_{n2} & \cdots & \sigma_{nn}\end{pmatrix}$ 为同期协方差矩阵。根据克罗内克尔乘积的性质，协方差矩阵 $\boldsymbol{\Omega}$ 的逆矩阵为：

$$\boldsymbol{\Omega}^{-1}=\boldsymbol{\Sigma}^{-1}\otimes\boldsymbol{I}_T \tag{10-22}$$

假设协方差矩阵 $\boldsymbol{\Omega}$ 已知，则广义最小二乘估计是最有效的估计方法：

$$\hat{\boldsymbol{\beta}}_{\text{GLS}}=(\boldsymbol{X}'\boldsymbol{\Omega}\boldsymbol{\Omega}^{-1}\boldsymbol{X})^{-1}\boldsymbol{X}'\boldsymbol{\Omega}^{-1}\boldsymbol{y}=[\boldsymbol{X}'(\boldsymbol{\Sigma}^{-1}\otimes\boldsymbol{I}_T)\boldsymbol{X}]^{-1}\boldsymbol{X}'(\boldsymbol{\Sigma}^{-1}\otimes\boldsymbol{I}_T)\boldsymbol{y} \tag{10-23}$$

协方差矩阵 $\boldsymbol{\Omega}$ 未知时，首先要估计 $\hat{\boldsymbol{\Omega}}$，然后进行可行的广义最小二乘估计。假设每个方程的普通最小二乘估计的残差向量为 $\boldsymbol{e}_i$，则用单一方程的普通最小二乘残差一致估计的第 (i,j) 个残差之间的协方差为：

$$\hat{\sigma}_{ij}=\frac{1}{T}\boldsymbol{e}_i'\boldsymbol{e}_j=\frac{1}{T}\sum_{t=1}^{T}e_{it}e_{jt} \tag{10-24}$$

因此有 $\hat{\boldsymbol{\Omega}}=\begin{pmatrix}\hat{\sigma}_{11} & \hat{\sigma}_{12} & \cdots & \hat{\sigma}_{1n}\\ \hat{\sigma}_{21} & \hat{\sigma}_{22} & \cdots & \hat{\sigma}_{2n}\\ \vdots & \vdots & & \vdots\\ \hat{\sigma}_{n1} & \hat{\sigma}_{n2} & \cdots & \hat{\sigma}_{nn}\end{pmatrix}\otimes\boldsymbol{I}_T$，把 $\hat{\boldsymbol{\Omega}}$ 代入方程（10-23）可得似不相关估计量：

$$\hat{\boldsymbol{\beta}}_{\mathrm{SUR}}=(\boldsymbol{X}'\hat{\boldsymbol{\Omega}}^{-1}\boldsymbol{X})^{-1}\boldsymbol{X}'\hat{\boldsymbol{\Omega}}^{-1}\boldsymbol{y} \tag{10-25}$$

使用可行的广义最小二乘估计后得到新的残差，可以再一次计算$\hat{\boldsymbol{\Omega}}$，不断迭代直至系数估计值$\hat{\boldsymbol{\beta}}_{\mathrm{SUR}}$收敛为止。

SUR 模型假设各方程扰动项之间存在同期相关。因此，使用 SUR 模型之前先验证该假设是否成立。该检验的原假设 H_0 是：$\boldsymbol{\Sigma}$ 为对角矩阵。LM 检验统计量为：

$$\lambda_{\mathrm{LM}}=T\sum_{i=2}^{n}\sum_{j=1}^{i-1}r_{ij}^2\xrightarrow{d}\chi^2(n(n-1)/2) \tag{10-26}$$

其中，根据残差计算的扰动项之间的同期相关系数 $r_{ij}=\dfrac{\hat{\sigma}_{ij}}{\sqrt{\hat{\sigma}_{ii}\hat{\sigma}_{ij}}}$，则 $\sum_{i=2}^{n}\sum_{j=1}^{i-1}r_{ij}^2$ 为同期相关系数矩阵 $\begin{pmatrix} r_{11} & r_{12} & \cdots & r_{1n} \\ r_{21} & r_{22} & \cdots & r_{2n} \\ \vdots & \vdots & & \vdots \\ r_{n1} & r_{n2} & \cdots & r_{nn} \end{pmatrix}$ 主对角线以下各项的平方和。

sureg 命令拟合了似不相关的回归模型（Zellner，1962；Zellner，Huang 1962；Zellner，1963）。其语法如下所示。

（1）基本语法。

sureg (depvar1 varlist1) (depvar2 varlist2) ... (depvarN varlistN) [if] [in] [weight]

（2）完整语法。

```
sureg ([eqname1:] depvar1a [depvar1b ... =] varlist1 [, noconstant])
                        ([eqname2:] depvar2a [depvar2b ... =] varlist2 [, noconstant])
                        ...
        ([eqnameN:] depvarNa [depvarNb ... =] varlistN [, noconstant]) [if] [in] [weight] [, options]
```

模型设定选项（options）如下所示。

isure：迭代直到估计值收敛；

constraints(constraints)：应用指定的线性约束。

df adj. 的选项如下所示。

small：小报告小样本统计；

dfk：使用小样本调整；

dfk2：使用交替调整。

菜单操作路径：

Statistics > Linear models and related > Multiple-equation models > Seemingly unrelated regression

例 10.2 似不相关回归

当我们用同一组右侧变量拟合模型时，似不相关的回归结果（就系数和标准误差而言）与单独拟合模型（比如使用回归）相同。嵌套模型时也是如此。即使在这种情况下，当我们想要执行联合测试时，sureg 也是有用的。例如，假设

$$\text{price} = \beta_0 + \beta_1 \text{ foreign } + \beta_2 \text{ length } + u_1$$
$$\text{weight} = \gamma_0 + \gamma_1 \text{ foreign } + \gamma_2 \text{ length } + u_2$$

由于模型具有相同的解释变量集，我们可以分别估计这两个方程。然而，我们仍然可以选择使用 sureg 对其进行评估，因为我们希望执行联合测试 $\beta_1 = \gamma_1 = 0$。

清理内存，下载数据集。

. clear all

. ysuse auto

拟合似不相关的回归模型。

. sureg (price foreign weight length) (mpg foreign weight) (displ foreign weight)

Seemingly unrelated regression

Equation	Obs	Params	RMSE	"R-squared"	chi2	P>chi2
price	74	3	1967.769	0.5488	89.74	0.0000
mpg	74	2	3.337283	0.6627	145.39	0.0000
displacement	74	2	39.60002	0.8115	318.62	0.0000

	Coefficient	Std. err.	z	P>|z|	[95% conf.	interval]
price						
foreign	3575.26	621.7961	5.75	0.000	2356.562	4793.958
weight	5.691462	.9205043	6.18	0.000	3.887307	7.495618
length	-88.27114	31.4167	-2.81	0.005	-149.8467	-26.69554
_cons	4506.212	3588.044	1.26	0.209	-2526.225	11538.65
mpg						
foreign	-1.650029	1.053958	-1.57	0.117	-3.715748	.4156902
weight	-.0065879	.0006241	-10.56	0.000	-.007811	-.0053647
_cons	41.6797	2.121197	19.65	0.000	37.52223	45.83717
displacement						
foreign	-25.6127	12.50621	-2.05	0.041	-50.12441	-1.100984
weight	.0967549	.0074051	13.07	0.000	.0822411	.1112686
_cons	-87.23548	25.17001	-3.47	0.001	-136.5678	-37.90317

使用速记语法。

. sureg (price foreign weight length) (mpg displ = foreign weight)

（结果略）

使用全局宏定义和操作。

. globe price (price foreign weight length)

. globe mpg (mpg foreign weight)

. globe displ (displ foreign weight)

. sureg $price $mpg $displ

（结果略）

有限制的似不相关回归。

. constraint 1 [price]foreign = [mpg]foreign

. constraint 2 [price]foreign = [displacement]foreign

. sureg (price foreign length) (mpg displacement = foreign weight), const(1 2)

```
Seemingly unrelated regression
------------------------------------------------------------------------------
Equation             Obs   Params         RMSE  "R-squared"      chi2   P>chi2
------------------------------------------------------------------------------
price                 74        2     2602.417      0.2108      26.67   0.0000
mpg                   74        2     108.5047   -355.5523       9.93   0.0070
displacement          74        2     123.4501     -0.8317      16.15   0.0003
------------------------------------------------------------------------------

 ( 1)  [price]foreign - [mpg]foreign = 0
 ( 2)  [price]foreign - [displacement]foreign = 0
------------------------------------------------------------------------------
             | Coefficient  Std. err.      z    P>|z|     [95% conf. interval]
-------------+----------------------------------------------------------------
price        |
     foreign |   285.0214   91.60865     3.11   0.002     105.4718    464.5711
      length |   57.48257   13.14401     4.37   0.000     31.72078    83.24436
       _cons |  -4722.319   2489.981    -1.90   0.058    -9602.592    157.9542
-------------+----------------------------------------------------------------
mpg          |
     foreign |   285.0214   91.60865     3.11   0.002     105.4718    464.5711
      weight |   .1264911   .0613618     2.06   0.039     .0062241    .2467581
       _cons |  -445.3735   205.0157    -2.17   0.030     -847.197   -43.55006
-------------+----------------------------------------------------------------
displacement |
     foreign |   285.0214   91.60865     3.11   0.002     105.4718    464.5711
      weight |     .23747   .0628088     3.78   0.000     .1143671    .3605729
       _cons |  -604.4699    209.224    -2.89   0.004    -1014.542   -194.3984
------------------------------------------------------------------------------
```

10.5 三阶段最小二乘法

当方程的自变量与误差项相关并且存在异方差，同时与残差项相关时，三阶段最小二乘法是有效方法。因为两阶段最小二乘法是单方程估计方法，没有考虑到残差之间的协方差，所以一般说来，它不是很有效。

三阶段最小二乘法的基本思路是：先用两阶段最小二乘法估计每个方程，然后再对整个联立方程组利用广义最小二乘法估计。在第一阶段，先估计联立方程系统的简化形式。然后，用全部内生变量的拟合值得到联立方程系统中所有方程的两阶段最小二乘估计。一旦计算出两阶段最小二乘估计的参数，每个方程的残差值就可以用来估计方程之间的方差和协方差，类似于 SUR 的估计过程。第三阶段也就是最后阶段，将得到广义最小二乘法的参数估计量。很显然，三阶段最小二乘法能得到比两阶段最小二乘法更有效的参数估计量，因为它考虑了方程之间的相关关系。

联立方程模型的第 j 个方程为：

$$\underbrace{\boldsymbol{y}_j}_{T\times1} = \underbrace{\boldsymbol{Y}_j}_{T\times M_j}\underbrace{\boldsymbol{\gamma}_j}_{M_j\times1} + \underbrace{\boldsymbol{X}_j}_{T\times K_j}\underbrace{\boldsymbol{\beta}_j}_{K_j\times1} + \underbrace{\boldsymbol{\varepsilon}_j}_{T\times1} \equiv \underbrace{\boldsymbol{Z}_j}_{T\times(M_j+K_j)}\underbrace{\boldsymbol{\delta}_j}_{(M_j+K_j)\times1} + \underbrace{\boldsymbol{\varepsilon}_j}_{T\times1}\ (j=1,\cdots,M) \tag{10-27}$$

其中，$\boldsymbol{Z}_j \equiv (\boldsymbol{Y}_j\boldsymbol{X}_j)$，$\boldsymbol{\delta}_j \equiv \begin{pmatrix}\boldsymbol{\gamma}_j\\ \boldsymbol{\beta}_j\end{pmatrix}$。把所有方程联立叠加可得联立方程模型：

$$\boldsymbol{y} \equiv \underbrace{\begin{pmatrix} \boldsymbol{y}_1 \\ \boldsymbol{y}_2 \\ \vdots \\ \boldsymbol{y}_M \end{pmatrix}}_{MT\times 1} = \begin{pmatrix} \boldsymbol{Z}_1 & \boldsymbol{0} & \cdots & \boldsymbol{0} \\ \boldsymbol{0} & \boldsymbol{Z}_2 & \cdots & \boldsymbol{0} \\ \vdots & \vdots & & \vdots \\ \boldsymbol{0} & \boldsymbol{0} & \cdots & \boldsymbol{Z}_M \end{pmatrix} \begin{pmatrix} \boldsymbol{\delta}_1 \\ \boldsymbol{\delta}_2 \\ \vdots \\ \boldsymbol{\delta}_M \end{pmatrix} + \underbrace{\begin{pmatrix} \boldsymbol{\varepsilon}_1 \\ \boldsymbol{\varepsilon}_2 \\ \vdots \\ \boldsymbol{\varepsilon}_M \end{pmatrix}}_{MT\times 1} \equiv \boldsymbol{Z\delta} + \boldsymbol{\varepsilon} \tag{10-28}$$

假设 $E(\boldsymbol{\varepsilon}|\ \boldsymbol{X}) = 0, E(\boldsymbol{\varepsilon\varepsilon}'|\ \boldsymbol{X}) = \boldsymbol{\Sigma} \otimes \boldsymbol{I}$，记 $\hat{\boldsymbol{Z}}_j \equiv \boldsymbol{X}(\boldsymbol{X'X})^{-1}\boldsymbol{X'Z}_j$ 为第 j 个方程的解释变量 $\boldsymbol{Z}_j$ 对所有外生变量（工具变量）$\boldsymbol{X}$ 回归的拟合值，则第 j 个方程的两阶段最小二乘法估计值为：

$$\hat{\boldsymbol{\delta}}_{j,\text{2SLS}} \equiv (\boldsymbol{Z}_j'\hat{\boldsymbol{Z}}_j)^{-1}\hat{\boldsymbol{Z}}_j'\boldsymbol{y}_j \tag{10-29}$$

定义 $\hat{\boldsymbol{Z}} \equiv \begin{pmatrix} \hat{\boldsymbol{Z}}_1 & \boldsymbol{0} & \cdots & \boldsymbol{0} \\ \boldsymbol{0} & \hat{\boldsymbol{Z}}_2 & \cdots & \boldsymbol{0} \\ \vdots & \vdots & & \vdots \\ \boldsymbol{0} & \boldsymbol{0} & \cdots & \hat{\boldsymbol{Z}}_M \end{pmatrix}$，则所有方程的单一方程两阶段最小二乘法估计值为：

$$\hat{\boldsymbol{\delta}}_{\text{2SLS}} \equiv \begin{pmatrix} \hat{\boldsymbol{\delta}}_{1,\text{2SlS}} \\ \hat{\boldsymbol{\delta}}_{2,\text{2SLS}} \\ \vdots \\ \hat{\boldsymbol{\delta}}_{M,\text{2SLS}} \end{pmatrix} = (\hat{\boldsymbol{Z}}'\hat{\boldsymbol{Z}})^{-1}\hat{\boldsymbol{Z}}'\boldsymbol{y} \tag{10-30}$$

利用单一方程两阶段最小二乘法估计得到的协方差矩阵估计值 $\hat{\boldsymbol{\Sigma}}$ 的元素 $\hat{\sigma}_{ij}$ 为：

$$\hat{\boldsymbol{\sigma}}_{ij} = \frac{1}{T}(y_i - Z_i\hat{\boldsymbol{\delta}}_{i,\text{2SLS}})'(y_j - Z_j\hat{\boldsymbol{\delta}}_{j,\text{2LLS}}) \tag{10-31}$$

定义三阶段最小二乘法估计值为：

$$\hat{\boldsymbol{\delta}}_{\text{3SLS}} = [\hat{\boldsymbol{Z}}'(\hat{\boldsymbol{\Sigma}}^{-1} \otimes \boldsymbol{I})\hat{\boldsymbol{Z}}]^{-1}\hat{\boldsymbol{Z}}'(\hat{\boldsymbol{\Sigma}}^{-1} \otimes \boldsymbol{I})\boldsymbol{y} \tag{10-32}$$

对于三阶段最小二乘法，也可以进行迭代优化，即用三阶段最小二乘法残差重新估计协方差矩阵 $\hat{\boldsymbol{\Sigma}}$，再使用广义最小二乘估计法，如此反复，直至收敛。

三阶段最小二乘法实现的 reg3 命令的语法如下所示。

（1）基本语法：

reg3 (depvar1 varlist1) (depvar2 varlist2) ...(depvarN varlistN) [if] [in] [weight]

（2）完整语法：

```
reg3 ([eqname1:]depvar1a [depvar1b ...=]varlist1 [, noconstant])
     ([eqname2:]depvar2a [depvar2b ...=]varlist2 [, noconstant])
     ...
     ([eqnameN:]depvarNa [depvarNb ...=]varlistN [, noconstant])
     [if] [in] [weight] [, options]
```

模型设定选项（options）如下所示。

ireg3：迭代直到估计值收敛；

constraints(constraints)：应用指定的线性约束；

exog(varlist)：系统方程中未指定的外生变量；

endog(varlist)：额外的右侧内生变量；
inst(varlist)：外部变量的完整列表；
allexog：所有右边的变量都是外生的；
noconstant：从变量列表中压缩常数。
估计方法选项（options）如下所示。
3sls：三阶段最小二乘法（默认值）；
2sls：两阶段最小二乘法；
ols：普通最小二乘法；
sure：确定看似无关的回归估计；
mvreg：带普通最小二乘估计法自由度调整的 sure；
corr(correlation)：非结构化或独立的相关性结构，默认值是非结构化的相关性结构。
菜单操作路径：
Statistics > Endogenous covariates > Three-stage least squares

reg3 估计一个结构方程组，其中一些方程包含解释变量中的内生变量。通过三阶段最小二乘法进行估计；通常，内生的解释变量是系统中其他方程的因变量。reg3 支持迭代广义最小二乘估计和线性约束。reg3 还可以通过似不相关的回归估计、多元回归和普通最小二乘法或两阶段最小二乘法来估计方程组。

例 10.3 三阶段最小二乘法

一个简单的宏观经济模型将消费（consump）与私人部门工资和政府部门工资（wagepriv 和 wagegovt）联系起来。同时，私人部门工资取决于消费、政府总支出（govt）和经济中滞后的资本存量（Capital 1）。虽然这不是一个合理的模型，但它确实符合简单的标准。这个模型可以写成

$$\text{consump} = \beta_0 + \beta_1 \text{wagepriv} + \beta_2 \text{wagegovt} + \varepsilon_1$$
$$\text{wagepriv} = \beta_3 + \beta_4 \text{consump} + \beta_5 \text{govt} + \beta_6 \text{capitall} + \varepsilon_2$$

如果我们假设这是一个完整的系统，那么 consump 和 wagepriv 将是内生变量，而 wagegovt、govt 和 capitall 是外生变量。关于这些变量的美国经济数据取自克莱因（1950）的相关研究。这个模型用三阶段最小二乘法拟合。其 stata 实现的相关代码如下所示。

清理内存，下载数据集。

```
. clear all
. webuse klein
```

三阶段最小二乘法拟合。

```
. reg3 (consump wagepriv wagegovt) (wagepriv consump govt capital1)
```

Three-stage least-squares regression

Equation	Obs	Params	RMSE	"R-squared"	chi2	P>chi2
consump	22	2	1.776297	0.9388	208.02	0.0000
wagepriv	22	3	2.372443	0.8542	80.04	0.0000

	Coefficient	Std. err.	z	P>|z|	[95% conf. interval]	
consump						
wagepriv	.8012754	.1279329	6.26	0.000	.5505314	1.052019
wagegovt	1.029531	.3048424	3.38	0.001	.432051	1.627011
_cons	19.3559	3.583772	5.40	0.000	12.33184	26.37996
wagepriv						
consump	.4026076	.2567312	1.57	0.117	-.1005764	.9057916
govt	1.177792	.5421253	2.17	0.030	.1152461	2.240338
capital1	-.0281145	.0572111	-0.49	0.623	-.1402462	.0840173
_cons	14.63026	10.26693	1.42	0.154	-5.492552	34.75306

Endogenous variables: consump wagepriv
Exogenous variables: wagegovt govt capital1

单方程普通最小二乘法估计。

. reg3 (consump wagepriv wagegovt) (wagepriv consump govt capital1),ols

. estimates store OLS

单方程两阶段最小二乘法估计。

. reg3 (consump wagepriv wagegovt) (wagepriv consump govt capital1),2sls

. estimates store TWO_SLS

显示三阶段最小二乘法的第一阶段结果。

. reg3 (consump wagepriv wagegovt) (wagepriv consump govt capital1),first

. estimates store Three_SLS

迭代三阶段最小二乘法估计。

. reg3 (consump wagepriv wagegovt) (wagepriv consump govt capital1),ireg3

. estimates store Three_SLS_iter

为便于比较，列表显示 4 个结果。

. esttab OLS TWO_SLS Three_SLS Three_SLS_iter, r2 mtitles

	(1) OLS	(2) TWO_SLS	(3) Three_SLS	(4) Three_SLS_~r
consump				
wagepriv	0.992***	0.801***	0.801***	0.801***
	(14.63)	(5.82)	(6.26)	(6.26)
wagegovt	0.678**	1.030**	1.030***	1.030***
	(3.16)	(3.14)	(3.38)	(3.38)
_cons	14.25***	19.36***	19.36***	19.36***
	(6.97)	(5.02)	(5.40)	(5.40)
wagepriv				
consump	0.774***	0.375	0.403	0.402
	(11.83)	(1.32)	(1.57)	(1.63)
govt	0.405*	1.155	1.178*	1.178*
	(2.06)	(1.93)	(2.17)	(2.25)
capital1	-0.0444	0.0107	-0.0281	-0.0277
	(-1.24)	(0.15)	(-0.49)	(-0.51)

_cons	1.668	8.444	14.63	14.56
	(0.25)	(0.67)	(1.42)	(1.48)
N	22	22	22	22
R-sq	0.957	0.939	0.939	0.939

t statistics in parentheses
* p<0.05, ** p<0.01, *** p<0.001

10.6 系统广义矩估计

广义矩估计是基于方程组中的扰动项和一组工具变量不相关的假设。广义矩估计是将准则函数定义为工具变量与扰动项的相关函数，使其最小化得到的参数为估计值。如果在准则函数中选取适当的权数矩阵，广义矩估计法可用于解决方程间存在的异方差和未知分布的残差相关。

广义矩估计的基本思想是待估计的参数 $\boldsymbol{\Delta}$ 需要满足一系列的理论矩条件，广义矩估计量是通过最小化下面的准则函数来定义的

$$Q(\boldsymbol{\Delta})=\sum_{t=1}^{T} m(\boldsymbol{y}_t,\boldsymbol{\Delta})\boldsymbol{A}(\boldsymbol{y}_t,\boldsymbol{\Delta})m(\boldsymbol{y}_t,\boldsymbol{\Delta}) \tag{10-33}$$

10.7 完全信息最大似然估计法

完全信息最大似然估计法（full information maximum likelihood，FIML）是最大似然估计法的直接推广，是基于整个系统的系统估计法，它能够同时处理所有的方程和所有的参数。如果似然函数能准确的设定，FIML 会根据已经得到的样本观测值，使整个联立方程系统的似然函数达到最大，以得到所有结构参数的估计量。当同期误差项具有一个联合正态分布时，利用此方法求得的估计量是所有的估计量中最有效的。

对于联立方程系统，假设 u 服从零均值，方差矩阵为 $\boldsymbol{V}=\boldsymbol{\Sigma}\otimes\boldsymbol{I}_T$ 的多元正态分布，则可以写出 Y 的对数似然函数：

$$\ln L=-\frac{kT}{2}\ln(2\pi)-\frac{T}{2}\ln|\boldsymbol{\Sigma}|+T\ln(\boldsymbol{B})-\frac{1}{2}(\boldsymbol{Y}-\boldsymbol{X\Delta})'(\boldsymbol{\Sigma}^{-1}\otimes\boldsymbol{I})(\boldsymbol{Y}-\boldsymbol{X\Delta}) \tag{10-34}$$

其中，$\boldsymbol{B}$ 是内生变量的 $k\times k$ 阶结构参数矩阵。

对上面的最大似然函数进行求解，就可以得到结构参数的 FIML 估计量。但是这个非线性方程系统求解非常复杂，需要采用牛顿迭代法或阻尼迭代法等。

10.8 非线性似不相关回归

nlsur 通过非线性似不相关回归（FGNLS）拟合非线性方程组。对于 $i=1,\cdots,N$ 个观测值和 $m=1,\cdots,M$ 个方程，非线性联立方程模型为：

$$\begin{aligned} y_{i1}&=f_1(\boldsymbol{x}_i,\boldsymbol{\beta})+u_{i1}\\ y_{i2}&=f_2(\boldsymbol{x}_i,\boldsymbol{\beta})+u_{i2}\\ &\vdots\\ y_{iM}&=f_M(\boldsymbol{x}_i,\boldsymbol{\beta})+u_{iM} \end{aligned} \tag{10-35}$$

式中，$u_{i1}, u_{i2}, \cdots, u_{iM}$ 为第 i 个观测值的误差项，观测值可以与误差项相关。其第 i 个观测值的联立方程系统为：

$$\boldsymbol{y}_i = \boldsymbol{f}(\boldsymbol{x}_i, \boldsymbol{\beta}) + \boldsymbol{u}_i \tag{10-36}$$

其广义非线性最小二乘系统估计值为：

$$\hat{\boldsymbol{\beta}} \equiv \operatorname{argmin} \boldsymbol{\beta} \sum_{i=1}^{N} \{\boldsymbol{y}_i - \boldsymbol{f}(\boldsymbol{x}_i, \boldsymbol{\beta})\} \boldsymbol{\Sigma}^{-1} \{\boldsymbol{y}_i - \boldsymbol{f}(\boldsymbol{x}_i, \boldsymbol{\beta})\}' \tag{10-37}$$

式中，$\boldsymbol{\Sigma} = E(\boldsymbol{u}_i'\boldsymbol{u}_i)$ 是 $M \times M$ 维的正定权重矩阵。

如果假设误差项独立且服从多元正态分布 $N(0, \hat{\boldsymbol{\Sigma}})$，则非线性联立方程模型的对数似然函数为：

$$\ln L = -\frac{MN}{2}\{1 + \ln(2\pi)\} - \frac{N}{2}\ln|\hat{\boldsymbol{\Sigma}}| \tag{10-38}$$

式中，$\hat{\boldsymbol{\Sigma}} = \frac{1}{N}\sum_{i=1}^{N}\hat{\boldsymbol{u}}_i'\hat{\boldsymbol{u}}_i$，$\hat{\boldsymbol{u}}_i = \boldsymbol{y}_i - \boldsymbol{f}(\boldsymbol{x}_i, \hat{\boldsymbol{\beta}}_{\text{NLS}})$。

非线性方程组的估计命令及语法如下所示。

（1）交互式版本语法。

nlsur (depvar_1=<sexp_1>) (depvar_2=<sexp_2>) ... [if] [in] [weight] [, options]

（2）可编程替代表达式版本语法。

nlsur sexp_prog : depvar_1 depvar_2 ... [varlist] [if] [in] [weight] [, options]

（3）函数计算器程序版本语法。

nlsur func_prog @ depvar_1 depvar_2 ... [varlist] [if] [in] [weight] , nequations(#) {parameters(namelist)|nparameters(#)} [options]

其中，depvar_j 是方程 j 的因变量；<sexp> j 是方程 j 的可替代表达式；sexp_prog 是一个可替代的表达程序；func_prog 是一个函数计算器程序。

模型设定选项（options）如下所示。

fgnls：使用两步 FGNLS 估计法（默认值）。

ifgnls：使用迭代 FGNLS 估计法。

nls：使用非线性估计法。

variables(varlist)：模型中的变量。

initial(initial_values)：参数的初始值。

*nequations(#)：模型中方程的数量（仅限函数计算器程序版本）。

* parameters(namelist)：模型中的参数（仅限 function evaluator 程序版本）。

*nparameters(#)：模型中的参数数量（仅限 function evaluator 程序版本）。

sexp_options：可替换表达式程序的选项。

func_options：函数计算器程序的函数选项。

菜单操作路径：

Statistics > Linear models and related > Multiple-equation models > Nonlinear seemingly unrelated regression

nlsur 通过 FGNLS 拟合非线性方程组。使用交互式版本的命令，可以直接在命令行上或在对话框中使用可替代的表达。如果有一个经常使用的系统，可以编写一个可替换的表达式程序并使用第二种语法，以避免每次都必须重新进入系统。function evaluator 程序版本以最大的灵活性换取更高的复杂性；在这个版本中，并且能够得到一个参数向量和一个变量列表，并且能够计算方程组。

编写可替换表达式程序或函数计算器程序时，名称的前五个字母必须是 nlsur。sexp_prog 和 func_prog 是指没有前 5 个字母的程序名。例如，如果你写一个名为 nlsurregss 的函数计算器程序，你可以输入 nlsur regss@…估计参数。

例 10.4 使用两步 FGNLS 估计法的交互式版本

请扫码查看例 10.4 的内容

例 10.5 使用迭代 FGNLS 估计法的超越对数生产函数

Greene（1997）讨论了超越对数生产函数，并为美国经济提供了资本、劳动力、能源、材料的成本和价格数据。将 translog 生产函数拟合到这些数据中的一种方法是拟合方程组

$$s_k = \beta_k + \delta_{kk}\ln\left(\frac{p_k}{p_m}\right) + \delta_{kl}\ln\left(\frac{p_l}{p_m}\right) + \delta_{ke}\ln\left(\frac{p_e}{p_m}\right) + u_1$$

$$s_l = \beta_l + \delta_{kl}\ln\left(\frac{p_k}{p_m}\right) + \delta_{ll}\ln\left(\frac{p_l}{p_m}\right) + \delta_{le}\ln\left(\frac{p_e}{p_m}\right) + u_2$$

$$s_e = \beta_e + \delta_{ke}\ln\left(\frac{p_k}{p_m}\right) + \delta_{le}\ln\left(\frac{p_l}{p_m}\right) + \delta_{ee}\ln\left(\frac{p_e}{p_m}\right) + u_3$$

式中，s_k 为资本成本；s_l 为劳动力成本；s_e 为能源成本；p_k、p_l、p_e、p_m 分别为资本、劳动力、能源和原材料的价格；u 为回归误差项；β、δ 为待估计参数。用迭代 FGNLS 估计法拟合这个模型，程序代码及结果如下所示。

清理内存，下载数据集。

```
. clear all
. use https://www.stata-press.com/data/r17/mfgcost
. nlsur (s_k = {bk} + {dkk}*ln(pk/pm) + {dkl}*ln(pl/pm) + {dke}*ln(pe/pm)) (s_l = {bl} + {dkl}*ln(pk/pm) + {dll}*ln(pl/pm) + {dle}*ln(pe/pm)) (s_e = {be} + {dke}*ln(pk/pm) + {dle}*ln(pl/pm) + {dee}*ln(pe/pm)),ifgnls
```

FGNLS regression

	Equation	Obs	Parms	RMSE	R-sq	Constant
1	s_k	25	4	.0031722	0.4776	bk
2	s_l	25	4	.0053963	0.8171	bl
3	s_e	25	4	.00177	0.6615	be

	Coefficient	Std. err.	z	P>|z|	[95% conf.	interval]
/bk	.0568925	.0013454	42.29	0.000	.0542556	.0595294
/dkk	.0294833	.0057956	5.09	0.000	.0181241	.0408425
/dkl	-.0000471	.0038478	-0.01	0.990	-.0075887	.0074945
/dke	-.0106749	.0033882	-3.15	0.002	-.0173157	-.0040341
/bl	.253438	.0020945	121.00	0.000	.2493329	.2575432
/dll	.0754327	.0067572	11.16	0.000	.0621889	.0886766
/dle	-.004756	.002344	-2.03	0.042	-.0093501	-.0001619
/be	.0444099	.0008533	52.04	0.000	.0427374	.0460823
/dee	.0183415	.0049858	3.68	0.000	.0085694	.0281135

第 11 章
CHAPTER 11

基本空间计量经济分析

11.1 空间计量经济学绪论

区域经济之间有着广泛的联系，而且区域距离越近，联系越紧密。所有事物都与其他事物相关联，较近的事物之间比较远的事物之间联系更紧密，这就是地理学第一定律。横截面数据加上时间维度得到面板数据；面板数据再加上研究对象的位置信息，就得到空间数据。研究如何处理空间数据的计量经济学就是空间计量经济学。

空间计量经济学最大的特色在于充分考虑横截面单位之间的空间依赖性、空间相关性、空间异质性，也就是空间效应。具有空间效应的经济现象，就需要利用空间计量经济学来分析。也就是说，空间效应是使用空间计量经济模型或方法的前提。

20 世纪 70 年代以来，空间计量经济学得到了快速发展。一个因素是由于地理信息系统的发展，空间数据，包括地理信息数据日益增多；另一个因素是在经济理论方面，人们越来越关注经济行为人之间的相互作用。例如，考察同伴效应、相邻效应、溢出效应、反馈效应或网络效应等，都需要明确地考虑空间效应。由此形成了“新”新经济地理学与空间经济学。

Stata 软件的 Sp 命令用于管理数据并拟合回归，以解释空间关系。Sp 适合空间自相关（spatial autoregressive，SAR）模型，该模型包含因变量和自变量空间滞后相关的格栅数据和面积数据的空间自相关误差，包括非地理数据，如社交网络节点。

Stata 软件的 Sp 命令主要包括 spregrous、spivregrous 和 spxtregress 三个估计命令，用于拟合 SAR 模型。空间计量模型拟合前需要构建空间权重矩阵。

11.2 空间权重矩阵

11.2.1 空间权重矩阵的含义与设定

空间权重矩阵用于描述变量之间的空间相关性。对于空间变量数据 $\{x_i\}_{i=1}^{n}$，i 为区域或变量的序号，定义区域或变量 i, j 之间的距离或相关性为 w_{ij}，则该空间变量数据的空间权重矩阵定义为：

$$\boldsymbol{W}=(w_{ij})_{n\times n}=\begin{pmatrix} w_{11} & w_{12} & \cdots & w_{1n} \\ w_{21} & w_{22} & \cdots & w_{2n} \\ \vdots & \vdots & & \vdots \\ w_{n1} & w_{n2} & \cdots & w_{nn} \end{pmatrix} \tag{11-1}$$

其中，主对角线上元素 $w_{11}=w_{22}=\cdots w_{nn}=0$。空间权重矩阵为对称矩阵。

从理论上讲，不存在最优的空间矩阵，即无法找到一个完全描述空间相关结构的空间矩阵。空间矩阵的构造必须满足“空间相关性随着‘距离’的增加而减少”的原则。

需要注意的是，在空间计量中，“距离”（counterfacutal）的定义可以是广义的，包含但不限于地理上的相邻或欧氏距离，也可以是经济学意义上合作关系的远近，甚至可以是社会学意义上的人际关系的亲疏。

按研究需要，空间权重矩阵可以有不同的设定方式。最简单的空间权重矩阵是所谓的“二进制空间权重矩阵”，使用 0 和 1 来标记个体之间的空间相邻情况，这属于定性界定。

经典的空间权重矩阵为邻接矩阵，其元素取值为“是否相邻或相关”的标示函数取值，即如果区域或变量 i, j 之间相邻或相关，则 $w_{ij}=1$；如果区域或变量 i, j 之间不相邻或不相关，则 $w_{ij}=0$。具体的区域（一阶）相邻有区域的边相邻、点相邻、点或边相邻。简单的二进制邻接矩阵的第 i 行第 j 列元素为：

$$w_{ij}=\begin{cases}1 & i, j \text{ 相邻} \\ 0 & i, j \text{ 不相邻}\end{cases} \tag{11-2}$$

广义相邻概念的二进制空间权重矩阵，可以定义成二者是否有相同方言，是否同属于一个城市群等。

$$w_{ij}=\begin{cases}1 & i, j \text{ 属于同一概念范围} \\ 0 & i, j \text{ 不属于同一概念范围}\end{cases} \tag{11-3}$$

在研究中，通常是定义一个研究对象或设定一个最小距离 d，在此对象或距离之下，则为点；在此对象或距离之上，则为边，即

$$w_{ij}=\begin{cases}1 & d_{ij}<d \\ 0 & d_{ij}\geqslant d\end{cases} \tag{11-4}$$

从地理相邻关系看，空间相邻有一阶相邻、二阶相邻与高阶相邻。二阶相邻就是邻居的邻居。空间权重矩阵一般用的是一阶相邻。

一般要对空间权重矩阵做“行标准化”，即对空间权重矩阵的行中的非零元素 $\tilde{w}_{ij}$ 原始值，按照非零元素的和规范为 1，即

$$w_{ij}\equiv\frac{\tilde{w}_{ij}}{\sum_{j}\tilde{w}_{ij}} \tag{11-5}$$

行标准化后的空间权重矩阵一般不再是对冲矩阵，其好处在于，行标准化后的空间权重矩阵乘以变量矩阵，可以得到每个区域邻居的平均值。

空间权重矩阵元素，也可以用地理距离的倒数作为空间权重：

$$w_{ij} = \frac{1}{d_{ij}} \tag{11-6}$$

式中，d_{ij} 为地理距离、经济距离、技术距离、产业（高级或专业化）距离、社交网络中的关联距离等。

11.2.2 Stata 命令

要构建自己“定制的”空间权重矩阵，首先需要获得所研究空间单元的地理位置信息文件，以便于 Stata 判断相对或绝对地理位置。这些信息通常来自研究单元对象的 ESRI shapefile 文件（也就是 Stata 绘制地图时需要的所谓的“底图”文件）。中国的 shapefile 文件包括省级、市级和县级等各个层面的数据，可以在国家基础地理信息中心申请下载，或者从一些公开的网络资源中获取。

目前，Stata 中还没有能对 shapefile 文件进行编辑的命令。这一步骤一般采用 ArcGIS 或 arcview 等软件来进行。

若采用空间面板数据模型进行建模，还需要找出这些省份的经纬度等地理信息。前面已经说明了如何下载 shapefile 文件，该文件中包含了各个国家的地理信息。我们可以将研究单元数据和 shapefile 进行合并。下面介绍一些常用的 stata 命令。

1. spmatrix 命令

spmatrix 命令可创建、导入、操作和导出 ***W*** 空间权重矩阵。下面列出了描述 spmatrix 命令的部分子命令。

实现	子命令	功能说明
创建标准权重矩阵	create	创建标准矩阵
	spdistance	位置间距离计算器
创建自定义权重矩阵	userdefined	使用用户定义的函数自定义创建矩阵
	fromdata	基于数据集中变量的自定义创建矩阵
	spfrommata	从 Mata 中获取权重矩阵
	matafromsp	将加权矩阵复制到 Mata 中
	normalize	标准化矩阵

2. spmat 命令

空间权重矩阵用于建模数据集中空间单元之间的交互。spmat 是一组用于创建、导入、操作和保存的空间权重矩阵命令。其语法格式如下所示。

spmat subcommand ... [, ...]

下面列出了描述 spmat 命令的部分子命令。

子命令	功能说明
contiguity	创建包含邻接矩阵 ***W*** 的 spmat 对象
idistance	创建包含反向距离矩阵 ***W*** 的 spmat 对象
summarize	总结一个 spmat 对象

（续）

子命令	功能说明
note	注释创建或操作附着到 spmat 对象的注释
graph	绘制 $\boldsymbol{W}$ 的强度图
lag	创建一个空间滞后变量
eigenvalues	将 $\boldsymbol{W}$ 的特征值添加到 spmat 对象中
drop	从内存中删除 spmat 对象
save	以 Stata 的本机格式将 spmat 对象保存到磁盘中
export	导出并将 spmat 对象作为文本文件保存到磁盘中
getmatrix	将矩阵从 spmat 对象复制到 Mata 矩阵
use	使用 spmat save 创建的文件创建 spmat 对象
import	从文本文件中创建 spmat 对象
dta	从 Stata 数据集中创建 spmat 对象
putmatrix	将 Mata 矩阵放入 spmat 对象中
permute	排列 $\boldsymbol{W}$ 的行和列
tobanded	将 $n\times n$ 维矩阵 $\boldsymbol{W}$ 变换为带状 $b\times n$ 矩阵 $\boldsymbol{W}$

3. spatwmat 命令

spatwmat 可以导入或生成 spatgsa、spatlsa、spatdiag 和 spatreg 所需的空间权重矩阵。作为一种选择，spatwmat 还可以生成 spatreg 所需的特征值矩阵。其语法格式如下所示。

spatwmat [using filename], name(weights_matrix) [drop(numlist) xcoord(varname) ycoord(varname) band(numlist) friction(#) binary standardize eigenval (eigen_matrix)]

4. spm 命令

spm 命令能够解决两种空间权重对被解释变量的影响。spm 命令主要适用平衡面板双权重的空间自回归模型（SAR）、空间误差模型（SEM）和空间杜宾模型（SDM）。

SDM 模型可以计算变量的直接效应、间接效应和总效应，因而被广泛使用。其中，直接效应表示区域的变量对区域的被解释变量产生的影响；总效应表示所有区域的变量变动对区域的被解释变量产生的影响；间接效应表示其他区域变量变动对本区域的被解释变量产生的影响，也为空间溢出效应。

以 SDM 模型为例，单权重模型为：

$$\boldsymbol{y}=\lambda\boldsymbol{W}\boldsymbol{y}+\boldsymbol{X}\boldsymbol{\beta}_1+\boldsymbol{W}\boldsymbol{X}\boldsymbol{\beta}_2+\boldsymbol{\varepsilon} \tag{11-7}$$

双权重模型为（Manski，1993；Atell，et al.，2014）：

$$\begin{aligned} y_{it}=&\alpha+\rho_1\sum_{j=1}^{n}W_{ij}^{1}y_{jt}+\rho_2\sum_{j=1}^{n}W_{ij}^{2}y_{jt}+x_{it}\beta+\sum_{j=1}^{n}W_{ij}^{1}z_{jt}\theta_1\\ &+\sum_{j=1}^{n}W_{ij}^{2}z_{jt}\theta_2+d_t\mu_i+v_{it} \end{aligned} \tag{11-8}$$

$$v_{it}=\lambda_w\sum_{j=1}^{n}W_{ij}^{1}v_{it}+\lambda_b\sum_{j=1}^{n}W_{ij}^{2}v_{it}+\varepsilon_{it},\quad i=1,\cdots,n,\quad t=1,\cdots,T$$

其中，W_{ij}^{1} 和 W_{ij}^{2} 表示两种不同的空间权重，对其他参数的解释与一般情形下的 SDM 一致。

需要注意的是，spm 命令允许使用双权重矩阵估计平衡空间面板数据模型（Atella，et al.，2014），当方差 - 协方差矩阵不是正定时，使用 Rebonato 和 Jackel（1999）中的修正正定矩阵计算直接效应、间接效应和总效应的标准误差。

命令语法如下所示。

（1）SAR 模型。

spm depvar [indepvars] [if] [in] [weight] [, SAR_options]

（2）SEM 模型。

spm depvar [indepvars] [if] [in] [weight], model(sem) [SEM_options]

（3）SDM 模型。

spm depvar [indepvars] [if] [in] [weight], model(durbin) [DURBIN_options]

spm 命令仅适用 SAR、SEM、SDM 模型，选项如下所示。

depvar：被解释变量。

indepvars：解释变量。

SAR_options：包括 sarwmat(name)、sarw2mat(name)、固定效应选项、稳健性估计选择和置信区间选项。其中，sarwmat(name) 代表第一个 Stata 空间权重，sarw2mat(name) 代表第二个 Stata 空间权重，固定效应选项可设定控制个体效应和时间效应。

SEM_options：与 SAR_options 类似，包括 sarwmat(name)、sarw2mat(name)、固定效应选项、稳健性估计选择和置信区间选项。

DURBIN_options：与 SAR_options 和 SEM_options 的具体内容差别不大。但需要注意，durbin(varlist [, SDM_options]) 中，SDM_options 包含 indirect 和 nsim(#)，分别用于展示不同变量的空间溢出效应，设置 Lesage 和 Pace (2009) 过程的模拟次数以计算直接和间接效应的标准误差。

5. spwmatrix 命令

生成距离空间权重矩阵的 spwmatrix 命令语法如下所示。

（1）从 ArcGIS（SWM 文件）和 GeoDa（GAL 文件）导入一阶邻接空间权重，或从 .dta 或文本文件导入一阶邻接空间权重。

spwmatrix import using filename, wname(wght_name) [dta text swm(idvar_name) Other_options]

（2）使用纬度和经度生成基于地理和经济距离的空间权重。

spwmatrix gecon varlist [if] [in], wname(wght_name) [wtype(bin|inv|econ|invecon) cart r(#) dband(numlist) ///

alpha(#) knn(#) econvar(varname1) beta(#) Other_options]

（3）生成社会网络和社会经济空间权重。

spwmatrix socio varname2 [if] [in], wname(wght_name) wtype(socnet|socecon) [idvar(varname3) dthres(#) gamma(#) ///

snn(#) dmins(newvar1) Other_options]

主要选项的含义如下所示。

wname(wght_name)：表示要生成的空间权重矩阵的名称。

wtype(bin | inv | econ | invecon | socnet | socecon)：分别代表二进制、距离衰减、经济距离、逆经济距离、社会网络、社会经济空间权重。

dta：从 .dta 文件导入空间权重。

text：从逗号或制表符分隔的文本文件导入空间权重。

swm(idvar_name)：导入 ArcGIS 中生成的空间权重。

knn(#)：请求最近邻空间权重。

econvar(varname1)：可用此选项构建经济或逆经济距离空间权重。

beta(#)：指定指数函数的系数 β。

cart：表示纬度和经度采用笛卡尔坐标，这是默认选项（一般我们使用的也是这个），如果采用球面坐标则只能选择 r(#)，此时不能同时选择 cart，并且需要指定地球半径距离（英里[㊀]），一般默认填写 r(3958.761)。

dband(numlist)：表示最大的权重矩阵边界，其中的 numlist 表示确定边界的变量，一般是各省份代码的最大值。

alpha(#)：表示参数限制范围，默认为 alpha(1)。

6. 反距离空间权重矩阵的生成

例 11.1 生成反（倒数）距离空间权重矩阵

7. 经济距离空间权重矩阵的生成

例 11.2 经济距离空间权重矩阵的生成

请扫码查看例 11.1 的内容

请扫码查看例 11.2 的内容

8. 地理相邻空间权重矩阵的生成

构建地理相邻空间权重矩阵时，之前计算的含有地理坐标的 spatialdata_province.dta 文件将不再适用，需要将我们编辑好的 .shp 文件导入 Geoda 软件，导出 .gal 文件，再使用 spwmatrix 命令进行编译即可使用。

例 11.3 地理相邻空间权重矩阵的生成

请扫码查看例 11.3 的内容

9. 广义的“相邻”空间权重矩阵的生成

空间权重矩阵中的“相邻”可以有不同的定义。一般来说从最基本的空间概念出发，有 Rook 相邻、Queen 相邻等。Rook 相邻是指有一段共同的边即认为两个单位相邻，Queen 相邻认为只要存在顶点相接，就认为两地区为“邻居”关系。此外还可以进行自定义，得到的矩阵为广义的“相邻”空间权重矩阵。例如，两个空间单元是否有相同方言、是否同属于一个城市群等，若“是”则矩阵元素定义为 1，表示二者“相邻”，若“不是”则矩阵元素定义为 0，表示二者“不相邻”。

㊀ 1 英里 =1.609 3 千米。

例 11.4 广义的“相邻”空间权重矩阵的生成

请扫码查看例 11.4 的内容

11.3 空间数据可视化

11.3.1 空间数据可视化的 Stata 命令

空间数据可视化的 Stata 命令的语法格式如下所示。

```
spmap [attribute] [if] [in] using basemap [,
                basemap_options
                polygon(polygon_suboptions)
                line(line_suboptions)
                point(point_suboptions)
                diagram(diagram_suboptions)
                arrow(arrow_suboptions)
                label(label_suboptions)
                scalebar(scalebar_suboptions)
                graph_options]
```

spmap 旨在可视化多种空间数据，特别适合绘制专题地图和显示空间数据分析结果。

spmap 的运行基于以下 3 项基本原则。

第一，绘制由 N 个多边形组成的表示给定研究区域 R 的底图。

第二，根据用户的选择，可以将一种或多种类型的附加空间对象叠加到底图上。在当前版本的 spmap 中，有 6 种不同类型的空间对象可以叠加到底图上：多边形［通过选项 polygon()］、多段线［通过选项 line()］、点［通过选项 point()］、图表［通过选项 graph()］、箭头［通过选项 arrow()］和标签［通过选项 tag()］。

第三，根据用户的选择，可以添加一个或多个附加地图元素，例如比例尺［通过选项 scalebar()］、标题、副标题、注释和标题［通过选项 title()］。

spmap 选项和子选项的正确规范，以及正确格式化的空间数据的可用性，允许用户绘制多种地图。

虽然为大多数选项和子选项提供了合理的默认设置，但 spmap 让用户完全控制几乎每个地图元素的格式，从而允许生成高度定制的地图。

11.3.2 空间可视化的 Stata 实现示例

例 11.5 简单分布图

请扫码查看例 11.5 的内容

例 11.6 绘制比例符号图

请扫码查看例 11.6 的内容

例 11.7 绘制饼状比例图

请扫码查看例 11.7 的内容

例 11.8 等间距分级图

请扫码查看例 11.8 的内容

例 11.9 等分位数图

请扫码查看例 11.9 的内容

例 11.10 K-means 分级图

请扫码查看例 11.10 的内容

例 11.11 箱式分级图

请扫码查看例 11.11 的内容

例 11.12　偏差图

请扫码查看例 11.12 的内容

11.4　空间自相关分析

11.4.1　空间自相关分析原理

空间数据包括横截面维度、时间维度与空间维度。横截面维度加上空间维度，或者时间维度加上空间维度，或者三个维度同时构成的数据序列，就形成了空间数据序列。由于空间相关性的空间效应作用，空间数据序列一般存在空间自相关性。空间自相关性可以理解为位置相近的区域或相关性较强的变量具有相似的变量取值。如果高值和高值聚集在一起，或者低值和低值聚集在一起，称为正空间自相关；如果高值和低值相邻，则为负空间自相关；如果高值和低值完全随机分布，那么不存在空间自相关。

空间自相关分析一般采用空间自相关指标进行统计分析与检验，识别空间相关模式。

（1）莫兰指数。莫兰指数分为全局莫兰指数和局部莫兰指数。对于空间变量数据 $\{x_i\}_{i=1}^{n}$，全局莫兰指数为：

$$I=\frac{\sum_{i=1}^{n}\sum_{j=1}^{n}w_{ij}(x_i-\bar{x})(x_j-\bar{x})}{S^2\sum_{i=1}^{n}\sum_{j=1}^{n}w_{ij}} \tag{11-9}$$

式中，$S^2=\frac{\sum_{i=1}^{n}(x_i-\bar{x})^2}{n}$ 为样本方差。如果空间权重矩阵已经实现标准化，则有 $\sum_{i=1}^{n}\sum_{j=1}^{n}w_{ij}=n$。此时莫兰指数的计算公式为：

$$I=\frac{\sum_{i=1}^{n}\sum_{j=1}^{n}w_{ij}(x_i-\bar{x})(x_j-\bar{x})}{\sum_{i=1}^{n}(x_i-\bar{x})^2} \tag{11-10}$$

全局莫兰指数在 -1 ～ 1 之间。大于 0 表示正空间自相关，即高值和高值相邻，低值和低值相邻；小于 0 表示负空间自相关，即高值和低值相邻。一般来说，正空间自相关比负空间自相关更为常见。如果全局莫兰指数接近于 0，则表示空间分布是随机的，不存在空间自相关。全局莫兰指数可以看作是观测值与其空间滞后项的相关系数，如果将观测值与其空间滞后项画成散点图，就得到全局莫兰指数散点图，全局莫兰指数就是该散点图回归线的斜率。

全局莫兰指数显著性检验。考虑模型：

$$\boldsymbol{y}=\boldsymbol{X\beta}+\boldsymbol{u} \tag{11-11}$$

原假设 $H_0: Cov(x_i, x_j) = 0, \forall i \neq j$。标准化的全局莫兰指数服从标准正态分布：

$$I^* \equiv \frac{I - E(I)}{\sqrt{Var(I)}} \xrightarrow{d} N(0,1) \tag{11-12}$$

可以引入协变量，通过回归方法去除趋势，用残差项不相关的原假设 $H_0: E(\boldsymbol{uu}') = \sigma^2 \boldsymbol{I}$ 进行莫兰指数显著性检验。检验统计量为：

$$I = \frac{\hat{\boldsymbol{u}}' \boldsymbol{W}_1 \hat{\boldsymbol{u}}}{\hat{\sigma}^2 [\mathrm{tr}\{(\boldsymbol{W}_1' + \boldsymbol{W}_1)\boldsymbol{W}_1\}]^{1/2}} \tag{11-13}$$

如果需要知道区域 i 附近的空间集聚情况，就需要使用局部莫兰指数：

$$I_i = \frac{(x_i - \bar{x})}{S^2} \sum_{j=1}^{n} w_{ij}(x_j - \bar{x}) \tag{11-14}$$

其含义与全局莫兰指数相同。

（2）吉尔里指数。其计算公式为：

$$C = \frac{(n-1)\sum_{i=1}^{n}\sum_{j=1}^{n} w_{ij}(x_i - x_j)^2}{2\left(\sum_{i=1}^{n}\sum_{j=1}^{n} w_{ij}\right)\left[\sum_{i=1}^{n}(x_i - \bar{x})^2\right]} \tag{11-15}$$

吉尔里指数 C 的取值，一般在 0 ～ 2 之间。大于 1 表示负相关，等于 1 表示不相关，而小于 1 表示正相关，因此吉尔里指数与莫兰指数负相关，一般认为前者比后者对于局部空间自相关，更为敏感。在不存在空间自相关的假设下，吉尔里指数为 1。标准化的吉尔里指数，渐近服从标准正态分布：

$$C^* \equiv \frac{C - 1}{\sqrt{Var(C)}} \xrightarrow{d} N(0,1) \tag{11-16}$$

因此，可以使用标准化的吉尔里指数检验空间自相关。

（3）G 指数。G 指数可以区别高值聚集（热点）区域和低值聚集（冷点）区域，其计算公式为：

$$G = \frac{\sum_{i=1}^{n}\sum_{j=1}^{n} w_{ij} x_i x_j}{\sum_{i=1}^{n}\sum_{j \neq i}^{n} x_i x_j} \tag{11-17}$$

如果高值聚集在一起，则 G 较大；反之，则较小。在不存在空间自相关的假设下，$E(G) = \frac{\sum_{i=1}^{n}\sum_{j \neq i}^{n} w_{ij}}{n(n-1)}$，$G$ 指数大于此期望值，则存在热点区域；反之，存在冷点区域。

标准化的 G 指数服从渐近标准正态分布：

$$G^* \equiv \frac{G - E(G)}{\sqrt{Var(G)}} \xrightarrow{d} N(0,1) \tag{11-18}$$

如果标准化的 G 指数大于 1.96，则在 5% 的水平上拒绝不存在空间自相关的原假设，认为存在空间自相关且存在热点区域；反之，如果标准化的 G 指数小于 –1.96，则在 5% 的水平上拒绝不存在空间自相关的原假设，认为存在空间自相关且存在冷点区域。如果要考察区域 i 是否为热点或冷点，就要用局部 G 指数：

$$G_i = \frac{\sum_{j \neq i} w_{ij} x_j}{\sum_{j \neq i} x_j} \tag{11-19}$$

11.4.2　莫兰检验的 Stata 命令与示例

莫兰检验的 Stata 命令为：

estat moran, errorlag(spmatname) [errorlag(spmataname) ...]

菜单操作路径：

Statistics > Postestimation

estat moran 是一种后估计测试，可以在使用空间数据回归拟合模型后运行。它对残差之间的空间相关性进行莫兰检验。

例 11.13　莫兰检验

下面用 Stata 自带数据集说明莫兰检验的实现。

清理内存，下载数据集。

.clear

.copy https://www.stata-press.com/data/r17/homicide1990.dta .

.copy https://www.stata-press.com/data/r17/homicide1990_shp.dta .

.use homicide1990

.spset

```
      Sp dataset: homicide1990.dta
Linked shapefile: homicide1990_shp.dta
            Data: Cross sectional
 Spatial-unit ID: _ID
     Coordinates: _CX, _CY (planar)
```

画图。

.grmap hrate

使用默认光谱归一化创建邻接权重矩阵。

.spmatrix create contiguity W

拟合线性回归模型。

.regress hrate

```
      Source |       SS           df       MS      Number of obs   =     1,412
-------------+----------------------------------   F(0, 1411)      =      0.00
       Model |           0         0           .   Prob > F        =         .
    Residual |    69908.59     1,411  49.5454217   R-squared       =    0.0000
-------------+----------------------------------   Adj R-squared   =    0.0000
       Total |    69908.59     1,411  49.5454217   Root MSE        =    7.0389

------------------------------------------------------------------------------
       hrate | Coefficient  Std. err.      t    P>|t|     [95% conf. interval]
-------------+----------------------------------------------------------------
       _cons |   9.549293   .1873201    50.98   0.000     9.181837    9.916749
------------------------------------------------------------------------------
```

进行莫兰检验。

.estat moran, errorlag(W)

```
Moran test for spatial dependence
        H0: Error terms are i.i.d.
        Errorlags:  W

        chi2(1)       =    265.84
        Prob > chi2   =    0.0000
```

创建反向距离权重矩阵。

.spmatrix create idistance M

对其中一个加权矩阵是否指定了空间相关性进行联合检验。

.estat moran, errorlag(W) errorlag(M)

```
Moran test for spatial dependence
        H0: Error terms are i.i.d.
        Errorlags:  W M

        chi2(2)       =    898.62
        Prob > chi2   =    0.0000
```

11.4.3 空间自相关检验命令汇总

使用 spatwmat 命令，生成 spatgsa、spatlsa、spatcorr 等命令所需要的 $N \times N$ 空间权重矩阵。

（1）spatgsa 命令。

spatgsa 计算三种全局空间自相关统计数据：莫兰指数，吉尔里指数，and G 指数 Ord's G。spatgsa 计算并以表格形式显示统计本身的期望值、全局空间的原假设下的独立原假设，标准差的统计，z 值和相应的单侧或者双侧检验。

全局自相关检验用到的命令为 spatgsa，语法格式为：

spatgsa varlist, weights(matrix) [moran geary go twotail]

其中，weights(matrix) 总是需要权重矩阵。它指定用于计算请求的全局空间自相关统计信息的空间权重矩阵的名称。这个矩阵一定是由 spatwmat 生成的。

moran 请求计算并显示莫兰指数。

geary 请求计算并显示吉尔里指数。

go 请求计算 G 指数。此选项要求由选项 weights(matrix) 指定的空间权值矩阵为非标准化的对称二进制权重矩阵。

twotail 请求计算和显示双侧 p 值，而不是默认的单侧 p 值。

要运行 spatgsa，必须至少指定 moran、geary 和 go 三个选项之一。

例 11.14　全局空间自相关统计

（2）spatlsa 命令。

spatlsa 计算三种局部空间自相关统计数据：莫兰指数，吉尔里指数，G 指数。对于每个请求的统计量和每个分析的位置对象，spatlsa 以表格的形式计算并显示统计量本身、统计量在局部空间独立的原假设下的期望值、统计量的标准差、z 值，以及相应的单侧或

请扫码查看例 11.14 的内容

双侧的 p 值。作为一个选项，spatlsa 还显示一个莫兰散点图、一个莫兰散点图相关数值的映射、一个 G 指数相关数值的映射。

局部自相关检验用到的命令为 spatlsa，语法格式为：

spatlsa varname, weights(matrix) [moran geary go1 go2 id(varname) twotail sort graph(moran|go1|go1) symbol(id|n) map(filename) xcoord(varname) ycoord(varname) savegraph(filename [, replace])]

例 11.15　局部空间自相关统计

请扫码查看例 11.15 的内容

（3）spatcorr 命令。

spatcorr 根据两个或多个连续的或累积的距离计算并选择性地绘制莫兰指数空间相关图或者吉尔里指数空间相关图。spatcorr 以表格的形式计算并显示所要求的统计量、在全局空间依赖的原假设下统计量的期望值、统计量的标准差、z 值，以及相应的单侧或双侧 p 值。语法格式为：

spatcorr varname, bands(numlist) xcoord(varname) ycoord(varname) [geary cumulative twotail graph needle savegraph(filename [, replace])]

例 11.16　spatcorr 空间相关分析

清理内存，下载数据集。

.clear all

.use columbusdata.dta,clear

默认莫兰指数统计量。距离范围：0–5。距高带宽：1。

.spatcorr crime,bands(0(1)5) xcoord(x) ycoord(y)

Moran's I spatial correlogram

Residential burglaries & vehicle thefts per 1,000 households

Distance bands	I	E(I)	sd(I)	z	p-value*
(0-1]	0.416	-0.021	0.062	7.105	0.000
(1-2]	-0.211	-0.021	0.041	-4.691	0.000
(2-3]	-0.410	-0.021	0.050	-7.756	0.000
(3-4]	0.157	-0.021	0.100	1.779	0.038
(4-5]	0.812	-0.021	0.203	4.095	0.000

*1-tail test

设置为吉尔里指数统计量。

.spatcorr crime,bands(0(1)5) xcoord(x) ycoord(y) geary

Geary's c spatial correlogram

Residential burglaries & vehicle thefts per 1,000 households

Distance bands	c	E(c)	sd(c)	z	p-value*
(0-1]	0.608	1.000	0.063	-6.211	0.000
(1-2]	1.164	1.000	0.053	3.087	0.001
(2-3]	1.366	1.000	0.070	5.202	0.000
(3-4]	0.732	1.000	0.191	-1.404	0.080
(4-5]	0.215	1.000	0.392	-2.004	0.023

*1-tail test

设置为双侧检验。

.spatcorr crime,bands(0(1)5)xcoord(x) ycoord(y) twotail

Moran's I spatial correlogram

Residential burglaries & vehicle thefts per 1,000 households

Distance bands	I	E(I)	sd(I)	z	p-value*
(0-1]	0.416	-0.021	0.062	7.105	0.000
(1-2]	-0.211	-0.021	0.041	-4.691	0.000
(2-3]	-0.410	-0.021	0.050	-7.756	0.000
(3-4]	0.157	-0.021	0.100	1.779	0.075
(4-5]	0.812	-0.021	0.203	4.095	0.000

*2-tail test

设置为累计分段。

.spatcorr crime,bands(0(1)5) xcoord(x) ycoord(y) cumulative

Moran's I spatial correlogram

Residential burglaries & vehicle thefts per 1,000 households

Distance bands	I	E(I)	sd(I)	z	p-value*
(0-1]	0.416	-0.021	0.062	7.105	0.000
(0-2]	0.036	-0.021	0.026	2.169	0.015
(0-3]	-0.093	-0.021	0.010	-6.955	0.000
(0-4]	-0.037	-0.021	0.004	-4.073	0.000
(0-5]	-0.021	-0.021	0.000	0.030	0.488

*1-tail test

绘制空间相关图。

.spatcorr crime, bands(0(1)5) xcoord(x) ycoord(y) graph

Moran's I spatial correlogram

Residential burglaries & vehicle thefts per 1,000 households

Distance bands	I	E(I)	sd(I)	z	p-value*
(0-1]	0.416	-0.021	0.062	7.105	0.000
(1-2]	-0.211	-0.021	0.041	-4.691	0.000
(2-3]	-0.410	-0.021	0.050	-7.756	0.000
(3-4]	0.157	-0.021	0.100	1.779	0.038
(4-5]	0.812	-0.021	0.203	4.095	0.000

*1-tail test

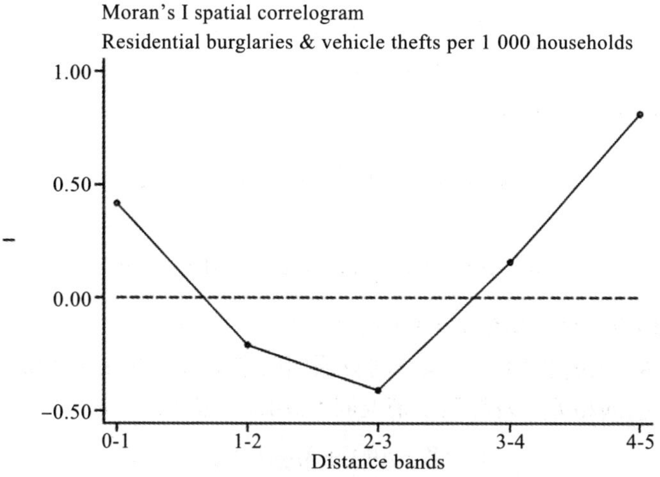

莫兰指数空间相关图

11.5　空间相关模式识别与空间计量模型设定

11.5.1　LM 检验识别法的原理与实现

Burridge（1980）提出 LM-Error 检验，Bera 和 Yoon（1992）对 LM-Error 检验进行改进，提出了稳健的 LM-Error 检验。Anselin（1988）提出了 LM-Lag 检验（Robust LM-Error），Bera 和 Yoon（1992）进一步改进 LM-Lag 检验，提出了稳健的 LM-Lag 检验（Robust LM-LAG）。

这 4 个 LM 检验分别对应着空间计量经济学模型设定的四种情况。

（1）LM-Error 检验。不存在空间自回归时空间残差相关的 LM 检验。原假设是模型残差不存在空间相关。备择假设表示残差存在空间效应，残差的空间效应又包括空间残差自相关和空间残差移动平均两种情况，即

$$\begin{aligned} &H_0: Y = X\beta + \varepsilon, \quad \varepsilon \sim N(0, \sigma^2 I) \\ &H_1: \varepsilon = \lambda W\varepsilon + \mu \quad (\varepsilon = \lambda W\mu + \mu) \end{aligned} \tag{11-20}$$

LM-Error 检验的检验统计量及其分布为：

$$\text{LM}-\text{Error} = \frac{(e'We/s^2)^2}{T} \sim \chi^2(1) \tag{11-21}$$

其中，

$$s^2 = \frac{e'e}{N} \tag{11-22}$$

$$T = \text{tr}(W^2 + W'W) \tag{11-23}$$

式中，$\text{tr}(\cdot)$ 表示括号中矩阵的迹，即对角线元素之和。

（2）LM-Lag 检验。不存在空间残差相关时空间自回归效应的 LM 检验，原假设是模型残差不存在空间相关，即

$$\begin{aligned}&H_0: Y = X\beta + \varepsilon, \varepsilon \sim N(0, \sigma^2 I)\\&H_1: Y = \rho WY + X\beta + \varepsilon\end{aligned} \tag{11-24}$$

LM-Lag 检验的检验统计量为：

$$\text{LM-Lag} = \frac{(e'Wy/(e'e/N))^2}{R} \sim \chi^2(1) \tag{11-25}$$

$$R = (WX\hat{\beta})'M(WX\hat{\beta})(e'e/N) + \text{tr}(W^2 + W'W) \tag{11-26}$$

其中，$\hat{\beta}$ 为原假设中模型参数的 OLS 估计。

（3）Robust LM-Error 检验。存在空间自回归时空间残差相关的 LM 检验。原假设仍然是模型残差不存在空间相关。备择假设情况同 LM-Error 检验。

$$\begin{aligned}&H_0: Y = \rho WY + X\beta + \varepsilon\\&H_1: \varepsilon = \lambda W\varepsilon + \mu(\varepsilon = \lambda W\mu + \mu)\end{aligned} \tag{11-27}$$

Robust LM-Error 检验的检验统计量为：

$$\text{Robust LM-Error} = \frac{(e'Wy/s^2 - TR^{-1}e'We/s^2)^2}{T - T^2R^{-1}} \sim \chi^2(1) \tag{11-28}$$

（4）Robust LM-Lag 检验。存在空间残差相关时空间自回归效应的 LM 检验，即

$$\begin{aligned}&H_0: Y = X\beta + \lambda W\varepsilon + \mu, \mu \sim N(0, \sigma^2 I)\\&H_1: Y = \rho WY + X\beta + \lambda W\varepsilon + \mu\end{aligned} \tag{11-29}$$

Robust LM-Lag 检验的检验统计量为：

$$\text{Robust LM-Lag} = \frac{(e'Wy/s^2 - e'We/s^2)^2}{R - T} \sim \chi^2(1) \tag{11-30}$$

根据 LM 的 4 个统计量构建识别过程及准则：先进行 OLS 回归，得到回归模型的残差，再基于残差进行 LM 诊断。模型选择的逻辑标准如下图所示。

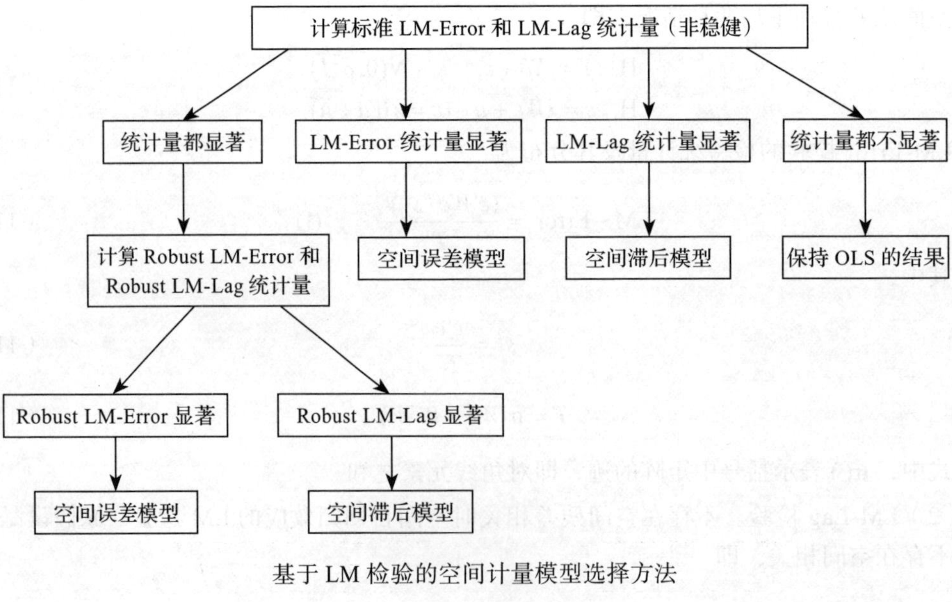

基于 LM 检验的空间计量模型选择方法

OLS 回归中空间相关性的诊断检验的 Stata 命令为：

spatdiag, weights(matrix)

spatdiag 对 OLS 回归中的空间相关性进行了几项诊断测试。对于每项测试，spatdiag 计算并以表格形式显示相关统计数据、测试自由度和相应的 p 值。只有在回归后才能使用 spatdiag。

例 11.17　空间相关性的诊断检验

空间模型诊断 spatdiag。

OLS 回归。

.regress crime hoval income

```
      Source |       SS           df       MS      Number of obs   =        49
-------------+----------------------------------   F(2, 46)        =     28.39
       Model |  7423.32674         2  3711.66337   Prob > F        =    0.0000
    Residual |  6014.89281        46  130.758539   R-squared       =    0.5524
-------------+----------------------------------   Adj R-squared   =    0.5329
       Total |  13438.2195        48  279.962907   Root MSE        =    11.435

------------------------------------------------------------------------------
       crime | Coefficient  Std. err.      t    P>|t|     [95% conf. interval]
-------------+----------------------------------------------------------------
       hoval |  -.2739315   .1031987    -2.65   0.011    -.4816597   -.0662033
      income |  -1.597311   .3341308    -4.78   0.000    -2.269881   -.9247405
       _cons |   68.61896   4.735486    14.49   0.000     59.08692     78.151
------------------------------------------------------------------------------
```

生成空间权重矩阵。

.spatwmat using columbusswm.dta, name(W1) standardize

```
The following matrix has been created:

1. Imported binary weights matrix W1 (row-standardized)
   Dimension: 49x49
```

空间诊断检验。

.spatdiag, weights(W1)

```
Diagnostic tests for spatial dependence in OLS regression


Fitted model
------------------------------------------------------------
crime = hoval + income
------------------------------------------------------------

Weights matrix                 .
------------------------------------------------------------
Name: W1
Type: Imported (binary)
Row-standardized: Yes
------------------------------------------------------------

Diagnostics
------------------------------------------------------------
Test                              |  Statistic    df    p-value
```

```
Spatial error:
  Moran's I                          2.955      1    0.003
  Lagrange multiplier                5.723      1    0.017
  Robust Lagrange multiplier         0.079      1    0.778

Spatial lag:
  Lagrange multiplier                9.364      1    0.002
  Robust Lagrange multiplier         3.720      1    0.054
```

11.5.2 信息准则识别法的原理与实现

当得到最大似然值之后，我们通常认为似然值较大的模型较优，但是在实际使用中，模型的似然值并没有显著差异，因而失去可比性，于是我们在似然值的基础上增加惩罚机制，这就产生了模型选择的信息准则识别法，在空间计量模型中的信息准则计算公式和一般模型相同，只是对数似然值按空间计量模型的计算方法得到。各准则的计算公式与判断标准如下表所示。

基于最大似然值构建信息准则

准则	AIC	BIC	HQ	QAIC
公式	$AIC=-2\ln(L)+2k$	$BIC=-2\ln(L)+k\ln(n)$	$HQ=-2\ln(L)+\ln(\ln(n))k$	$QAIC=2k-\frac{2}{VIF}\ln(L)$
判断标准	越小越好	越小越好	越小越好	越小越好

信息准则在模型选择时具有很好的优势，如它对嵌套模型和非嵌套模型均有效，且可以比较具有不同误差分布的模型，但是，在空间计量模型的模拟分析过程中，它们检验的效度并不高。需要进一步使用更为复杂的方法——贝叶斯模型选择方法。

Stata 软件的 estat ic 命令能够显示 Akaike 和 Schwarz 的贝叶斯信息标准值。

11.5.3 估计后的 wald 检验的原理与实现

Stata 软件的 test 和 testparm 命令执行 wald 检验。假设估计的系数向量为 $\boldsymbol{b}$，估计的方差 - 协方差矩阵为 $\boldsymbol{V}$。假设 $\boldsymbol{Rb}=\boldsymbol{r}$ 表示要联合检验的 q 线性假设集。wald 检验的假设为：

$$H_0: \boldsymbol{R}\beta-\boldsymbol{r}=0$$

$$H_1: \boldsymbol{R}\beta-\boldsymbol{r}\neq 0$$

如果估算命令使用 Z 统计量报告其显著性水平，则 wald 检验统计量

$$W=(\boldsymbol{Rb}-\boldsymbol{r})'(\boldsymbol{RVR}')^{-1}(\boldsymbol{Rb}-\boldsymbol{r})\sim\chi^2(q) \tag{11-31}$$

其分布为带有 q 自由度的卡方分布，并计算假设检验的显著性水平。

如果估算命令使用具有 d 自由度的 t 统计量报告其显著性水平，则其检验统计量为 F 统计量：

$$F=\frac{1}{q}W\sim F(q,d) \tag{11-32}$$

其分布为带有 q 分子自由度和 d 分母自由度的 F 分布，并计算假设检验的显著性水平。

test 命令的基本语法为：

（1）检验参数等于 0

test coeflist

（2）检验等式等于 0

test [eqno] [: coeflist]

11.5.4 估计后的似然比检验的原理与实现

设似然函数 $L(\boldsymbol{\theta}) = f(y|\boldsymbol{X}, \boldsymbol{\theta})$。似然比检验的原理是，如果 h 个原假设 $H_0 : g(\boldsymbol{\theta}) = 0$ 是有效的，则所利用的参数估计中的约束条件对似然函数的最大值几乎没有任何影响。

设 L_0 和 L_1 分别为与完整模型和约束模型相关联的对数似然值。似然比检验的检验统计量为：

$$\text{LR} = -2(L_1 - L_0) \sim \chi^2(d_0 - d_1) \tag{11-33}$$

如果受约束模型为真，则 LR 大约服从自由度为 $d_0 - d_1$ 的卡方分布，其中 d_0 和 d_1 是与完整模型和约束模型相关的模型自由度。

Stata 软件的 lrtest 命令对原假设执行似然比检验，原假设的参数向量为统计模型满足一定的光滑约束。为了进行测试，无限制模型和受限制模型必须使用最大似然法（或某些等效方法）拟合。

lrtest 还支持复合模型。在复合模型中，我们假设整个模型的对数似然和维数（自由参数的数量）为成分模型的对数似然值和维度的和，即

$$\log L(\hat{\theta}) = \sum_{j=1}^{k} \log L_j(\hat{\theta}_j) \tag{11-34}$$

lrtest 命令的语法格式为：

lrtest modelspec1 [modelspec2] [, options]

11.5.5 估计后的拉格朗日乘数检验的原理与实现

拉格朗日乘数（LM）检验的思想是：在约束条件下，可以用拉格朗日方法构造目标似然函数。如果约束有效，则最大化拉格朗日函数所得参数估计量应位于最大化无约束模型似然函数所得的参数估计值附近。

设得分函数 $s(\boldsymbol{\theta}) = \dfrac{\partial \ln L(\boldsymbol{\theta})}{\partial \boldsymbol{\theta}}$，在原假设 $H_0 : g(\boldsymbol{\theta}) = 0$ 成立的条件下，LM 检验的检验统计量为：

$$\text{LM} = s(\tilde{\theta}_r)'\{V[s(\tilde{\theta}_r)]\}^{-1} s(\tilde{\theta}_r) \xrightarrow{d} \chi^2(h) \tag{11-35}$$

LM 检验是针对特定估计量和特定模型的，所以没有固定的 LM 检验命令，经常与估计后的 estat 命令一起检验模型的误设。

对于似然比检验，既需要估计有约束的模型，也需要估计无约束的模型；对于 wald 检验，只需要估计无约束模型；对于 LM 检验，只需要估计有约束的模型。一般情况下，由于

估计有约束的模型相对更复杂，所有 wald 检验最为常用。对于小样本而言，似然比检验的渐近性最好，LM 检验的渐近性也较好，wald 检验有时会拒绝原假设，其渐近性不尽如人意。

例 11.18　空间回归分析与估计后检验的 Stata 实现示例

清理内存，下载数据集。

.clear all

.use columbusdata.dta, clear

.spatwmat using columbusswm.dta, name(W) eigenval(E) standardize

```
The following matrices have been created:

1. Imported binary weights matrix W (row-standardized)
   Dimension: 49x49

2. Eigenvalues matrix E
   Dimension: 49x1
```

空间误差模型。

.spatreg crime hoval income, weights(W) eigenval(E) model(error)

```
Spatial error model                              Number of obs    =        49
                                                 Variance ratio   =     0.321
                                                 Squared corr.    =     0.536
Log likelihood = -183.38047                      Sigma            =      9.78

------------------------------------------------------------------------------
       crime | Coefficient  Std. err.      z    P>|z|     [95% conf. interval]
-------------+----------------------------------------------------------------
crime        |
       hoval |  -.3022502   .0905532    -3.34   0.001    -.4797312   -.1247692
      income |   -.941312   .3702766    -2.54   0.011    -1.667041   -.2155832
       _cons |   59.89322   5.883702    10.18   0.000     48.36137    71.42506
-------------+----------------------------------------------------------------
      lambda |   .5617903   .1524222     3.69   0.000     .2630482    .8605323
------------------------------------------------------------------------------
Wald test of lambda=0:                  chi2(1) =  13.585 (0.000)
Likelihood ratio test of lambda=0:      chi2(1) =   7.994 (0.005)
Lagrange multiplier test of lambda=0:   chi2(1) =   5.723 (0.017)

Acceptable range for lambda: -1.536 < lambda < 1.000
```

空间滞后模型。

.spatreg crime hoval income, weights(W) eigenval(E) model(lag)

```
Spatial lag model                                Number of obs    =        49
                                                 Variance ratio   =     0.615
                                                 Squared corr.    =     0.652
Log likelihood = -182.39043                      Sigma            =      9.77

------------------------------------------------------------------------------
       crime | Coefficient  Std. err.      z    P>|z|     [95% conf. interval]
-------------+----------------------------------------------------------------
crime        |
       hoval |  -.2659263   .0882217    -3.01   0.003    -.4388376   -.0930149
      income |  -1.031616   .3284158    -3.14   0.002    -1.675299   -.3879326
       _cons |   45.07925   7.871214     5.73   0.000     29.65195    60.50654
```

```
         rho |   .4310232   .1236179     3.49   0.000     .1887366    .6733099
-------------------------------------------------------------------------------
Wald test of rho=0:                 chi2(1) =  12.157 (0.000)
Likelihood ratio test of rho=0:     chi2(1) =   9.974 (0.002)
Lagrange multiplier test of rho=0:  chi2(1) =   9.364 (0.002)

Acceptable range for rho: -1.536 < rho < 1.000
```

11.6　具有空间自相关误差项的截面空间自相关模型

11.6.1　具有空间自相关误差项的截面空间自相关模型表达式

具有空间自相关误差项的截面空间自相关（cross-sectional spatial autoregressive model with autoregressive disturbances，SARAR）模型是具有自回归扰动项的空间自回归模型。SARAR 模型存在被解释变量的高阶空间相依，以及外生自变量和空间误差项。

$$\begin{aligned}\boldsymbol{y}&=\sum_{k=1}^{K}\beta_k\boldsymbol{x}_k+\sum_{p=1}^{P}\gamma_p\boldsymbol{W}_p\boldsymbol{x}_p+\sum_{r=1}^{R}\lambda_r\boldsymbol{W}_r\boldsymbol{y}+\boldsymbol{u}\\ \boldsymbol{u}&=\sum_{s=1}^{S}\rho_s\boldsymbol{M}_s\boldsymbol{u}+\varepsilon\end{aligned}\tag{11-36}$$

其中，$\boldsymbol{y}$ 是 $n\times 1$ 维的被解释变量的观测值向量；β_k 是对应的标量参数；$\boldsymbol{x}_k$ 是 $n\times 1$ 维的外生变量的观测值向量；$\boldsymbol{W}_p$、$\boldsymbol{W}_r$ 和 $\boldsymbol{M}_s$ 是 $n\times n$ 维的空间权重矩阵，其中，主对角元素为 0；$\boldsymbol{W}_p\boldsymbol{x}_p$，$\boldsymbol{W}_r\boldsymbol{y}$ 和 $\boldsymbol{M}_s\boldsymbol{u}$ 是 $n\times 1$ 维的外生变量、被解释变量、误差项的空间滞后变量；γ_p，λ_r 和 ρ_s 为标量参数；ε 是 $n\times 1$ 维扰动项向量（独立同分布的扰动项）。

式（11-36）经常被看作是具有空间自回归扰动项的高阶空间自回归模型，即 SARAR 模型。

11.6.2　SARAR 模型的 GS2SLS 估计量

为了说明 SARAR 模型的 GS2SLS 估计方法，将式（11-36）写成

$$\begin{aligned}\boldsymbol{y}&=\boldsymbol{X}\beta+\overline{\boldsymbol{X}}\gamma+\overline{\boldsymbol{Y}}\lambda+\boldsymbol{u}=\boldsymbol{Z}\delta+\boldsymbol{u}\\ \boldsymbol{u}&=\overline{\boldsymbol{U}}\rho+\varepsilon\end{aligned}\tag{11-37}$$

其中，$\boldsymbol{X}=[\boldsymbol{x}_k]_{k=1,\cdots,K}$ 是一个 $n\times K$ 维的外生协变量矩阵；$\overline{\boldsymbol{X}}=[\boldsymbol{W}_p\boldsymbol{x}_p]_{p=1,\cdots,P}$ 是一个 $n\times P$ 维的外生协变量的空间滞后变量矩阵；$\overline{\boldsymbol{Y}}=[\boldsymbol{W}_r\boldsymbol{y}]_{r=1,\cdots,R}$ 是一个 $n\times R$ 维的被解释变量的空间滞后变量矩阵；$\overline{\boldsymbol{U}}=[\boldsymbol{M}_s\boldsymbol{u}]_{s=1,\cdots,S}$ 是一个 $n\times S$ 维的误差项的空间滞后变量矩阵；$\boldsymbol{Z}=[\boldsymbol{X},\bar{\boldsymbol{X}},\bar{\boldsymbol{Y}}]$ 是一个 $n\times(K+P+R)$ 维的矩阵；β、γ、λ 和 ρ 分别对应 $\boldsymbol{X}$、$\overline{\boldsymbol{X}}$、$\overline{\boldsymbol{Y}}$ 和 $\overline{\boldsymbol{U}}$ 的 $K\times 1$、$P\times 1$、$R\times 1$、$S\times 1$ 维的系数向量；$\delta=(\beta',\gamma',\lambda')'$ 是 $\boldsymbol{Z}$ 的 $(K+P+R)\times 1$ 系数。

接下来，简要介绍广义空间两阶段最小二乘法（GS2SLS）和广义矩估计法（具体参见 Badinger，Egger，2011）。

使用工具变量矩阵 $\boldsymbol{H}_1$，运用 2SLS 估计式（11-37）的 δ，得到估计量 $\tilde{\delta}$

$$\tilde{\delta}=(\tilde{\boldsymbol{Z}}'\boldsymbol{Z})^{-1}\tilde{\boldsymbol{Z}}'\boldsymbol{y}$$

其中，$\tilde{\boldsymbol{Z}}=\boldsymbol{P}_{\boldsymbol{H}_1}\boldsymbol{Z}$，$\boldsymbol{P}_{\boldsymbol{H}_1}=\boldsymbol{H}_1(\boldsymbol{H}_1'\boldsymbol{H}_1)^{-1}\boldsymbol{H}_1'$。2SLS 估计量 $\tilde{\delta}$ 取决于工具变量矩阵 $\boldsymbol{H}_1$。设 $\boldsymbol{X}_f$ 表示所有外生变量。在本例中，$\boldsymbol{X}_f=[\boldsymbol{X},\bar{\boldsymbol{X}}]$，工具变量矩阵 $\boldsymbol{H}_1$ 可以包括外生变量的各阶空间滞后。

$$\boldsymbol{H}_1=[\boldsymbol{X}_f,\boldsymbol{W}^1\boldsymbol{X}_f,\cdots,\boldsymbol{W}^q\boldsymbol{X}_f]$$

其中，$\boldsymbol{W}^1\equiv\{W_r\}_{r=1,\cdots,R}$ 表示应用到被解释变量中的所有空间权重矩阵，$\boldsymbol{W}^q\equiv\{\boldsymbol{W}_{j_1}\boldsymbol{W}_{j_2}\cdots\boldsymbol{W}_{j_q}\}_{j_1,j_2,\cdots,j_q=1,\cdots,R}$ 表示来自 $\boldsymbol{W}^1$ 的任意 q 个矩阵相乘。

impower(#) 选项设定 q，$\boldsymbol{W}^q$ 的幂的阶数。默认为 impower(2)。提高 q 将改进 δ 的估计精度。

现在举例说明 $\boldsymbol{H}_1$ 的构建。假设我们使用两个空间权重矩阵 $\boldsymbol{W}_1$ 和 $\boldsymbol{W}_2$ 来生成被解释变量的空间滞后项。因而，$\boldsymbol{W}^1\equiv\{\boldsymbol{W}_1,\boldsymbol{W}_2\}$。如果 $q=2$，则有 $\boldsymbol{W}^2=(\boldsymbol{W}_1\boldsymbol{W}_1,\boldsymbol{W}_1\boldsymbol{W}_2,\boldsymbol{W}_2\boldsymbol{W}_1,\boldsymbol{W}_2\boldsymbol{W}_2)$。将 $\boldsymbol{W}^1$ 和 $\boldsymbol{W}^2$ 代入 $\boldsymbol{H}_1$，则可以得到 $\boldsymbol{H}_1$ 的如下形式：

$$\boldsymbol{H}_1=[\boldsymbol{X}_f,\boldsymbol{W}_1\boldsymbol{X}_f,\boldsymbol{W}_2\boldsymbol{X}_f,\boldsymbol{W}_1\boldsymbol{W}_1\boldsymbol{X}_f,\boldsymbol{W}_1\boldsymbol{W}_2\boldsymbol{X}_f,\boldsymbol{W}_2\boldsymbol{W}_1\boldsymbol{X}_f,\boldsymbol{W}_2\boldsymbol{W}_2\boldsymbol{X}_f]$$

（1）基于 2SLS 残差的 ρ 的广义矩估计量，是求解样本等价的总体矩条件，得到：

$$\begin{aligned}&(1/N)E(\varepsilon'\boldsymbol{A}_s\varepsilon)=0\\&(1/N)E(\varepsilon'\boldsymbol{B}_s\varepsilon)=0\quad s\in\{1,\cdots,S\}\end{aligned}\qquad(11\text{-}38)$$

其中，$\boldsymbol{A}_s=\boldsymbol{M}_s$，$\boldsymbol{B}_s=\boldsymbol{M}_s'\boldsymbol{M}_s-\mathrm{diag}(\boldsymbol{M}_s'\boldsymbol{M}_s)$。估计量的具体估计，见 Badinger，Egger（2011）。

（2）δ 的 GS2SLS 估计。

δ 的 GS2SLS 估计量，建立在空间 Cochrane-Orcutt 转换模型的基础上。

$$\boldsymbol{y}_{nt}=\boldsymbol{Z}_*(\rho)\delta+\varepsilon\qquad(11\text{-}39)$$

其中，$\boldsymbol{y}_{nt}=\left(\boldsymbol{I}_n-\sum_{s=1}^{S}\rho_s\boldsymbol{M}_s\right)\boldsymbol{y},\boldsymbol{Z}_*(\rho)=\left(\boldsymbol{I}_n-\sum_{s=1}^{S}\rho_s\boldsymbol{M}_s\right)\boldsymbol{Z}$，且 $\boldsymbol{I}_n$ 是 $n\times n$ 的单位矩阵。

现在，利用工具变量矩阵 $\boldsymbol{H}_2$ 对式（11-39）运用 2SLS 估计量，并将 ρ 用 $\tilde{\rho}$ 代替。得到 δ 的 GS2SLS 估计量 $\hat{\delta}$。

$$\hat{\delta}=\{\hat{\boldsymbol{Z}}_*(\tilde{\rho})'\boldsymbol{Z}_*(\tilde{\rho})\}^{-1}\hat{\boldsymbol{Z}}_*(\tilde{\rho})'\boldsymbol{y}_*(\tilde{\rho})$$

其中，$\boldsymbol{y}_*(\tilde{\rho})=(\boldsymbol{I}_n-\tilde{\rho}_s\boldsymbol{M}_s)\boldsymbol{y}$，$\boldsymbol{Z}_*(\tilde{\rho})=(\boldsymbol{I}_n-\tilde{\rho}_s\boldsymbol{M}_s)\boldsymbol{Z}$，$\hat{\boldsymbol{Z}}_*(\tilde{\rho})=\boldsymbol{P}_{\boldsymbol{H}_2}\boldsymbol{Z}_*(\tilde{\rho}_s)$，$\boldsymbol{P}_{\boldsymbol{H}_2}=\boldsymbol{H}_2(\boldsymbol{H}_2'\boldsymbol{H}_2)^{-1}\boldsymbol{H}_2'$。

工具变量矩阵 $\boldsymbol{H}_2=[\boldsymbol{H}_1,\boldsymbol{M}_1\boldsymbol{H}_1,\cdots,\boldsymbol{M}_S\boldsymbol{H}_1]$。

（3）基于 2SLS 残差的 ρ 的有效广义矩估计量。

有效广义矩估计的权重矩阵的具体形式可见 Badinger，Egger（2011），Prucha，Drukker，Egger（2015）。矩阵默认的形式为同方差形式，另一种情况是异方差形式。当指定异方差选项时，矩阵的形式导致空间自回归误差相关性和标准误差的估计不同。

11.6.3 ML 估计量

一阶 SARAR 模型的准最大似然估计，可以将 SARAR（1, 1）[具体见式（11-36）] 写成

$$\begin{aligned}&\boldsymbol{y}=\boldsymbol{X}\beta+\overline{\boldsymbol{X}}\gamma+\lambda\boldsymbol{W}\boldsymbol{y}+\boldsymbol{u}=\boldsymbol{X}_{\mathrm{f}}\zeta+\lambda\boldsymbol{W}\boldsymbol{y}+\boldsymbol{u}\\&\boldsymbol{u}=\rho\boldsymbol{M}\boldsymbol{u}+\varepsilon\end{aligned} \quad (11\text{-}40)$$

式（11-40）的简化形式为

$$\boldsymbol{y}=(\boldsymbol{I}_n-\lambda\boldsymbol{W})^{-1}\boldsymbol{X}_{\mathrm{f}}\zeta+(\boldsymbol{I}_n-\lambda\boldsymbol{W})^{-1}(\boldsymbol{I}_n-\rho\boldsymbol{M})^{-1}\varepsilon \quad (11\text{-}41)$$

非集中似然函数为

$$\begin{aligned}\ln L(\boldsymbol{y}|\ \zeta,\lambda,\rho,\sigma^2)=&-\frac{n}{2}\ln(2\pi)-\frac{n}{2}\ln(\sigma^2)+\ln\|\boldsymbol{I}_n-\lambda\boldsymbol{W}\|+\ln\|\boldsymbol{I}_n-\rho\boldsymbol{M}\|\\&+\frac{1}{2\sigma^2}\{(\boldsymbol{I}_n-\lambda\boldsymbol{W})\boldsymbol{y}-\boldsymbol{X}_{\mathrm{f}}\zeta\}'(\boldsymbol{I}_n-\rho\boldsymbol{M})'(\boldsymbol{I}_n-\rho\boldsymbol{M})\{(\boldsymbol{I}_n-\lambda\boldsymbol{W})\boldsymbol{y}-\boldsymbol{X}_{\mathrm{f}}\zeta\}\end{aligned} \quad (11\text{-}42)$$

可以通过对式（11-41）关于 ζ 和 σ^2 一阶求导，并令其为 0，得到集中似然函数，表达式如下：

$$\begin{aligned}\hat{\zeta}(\lambda,\rho)=&\{\boldsymbol{X}_{\mathrm{f}}'(\boldsymbol{I}_n-\rho\boldsymbol{M})'(\boldsymbol{I}_n-\rho\boldsymbol{M})\boldsymbol{X}_{\mathrm{f}}\}^{-1}\boldsymbol{X}_{\mathrm{f}}'(\boldsymbol{I}_n-\rho\boldsymbol{M})'(\boldsymbol{I}_n-\rho\boldsymbol{M})(\boldsymbol{I}_n-\lambda\boldsymbol{W})\boldsymbol{y}\\\hat{\sigma}^2(\lambda,\rho)=&\frac{1}{n}\{(\boldsymbol{I}_n-\lambda\boldsymbol{W})\boldsymbol{y}-\boldsymbol{X}_{\mathrm{f}}\hat{\zeta}(\lambda,\rho)\}'(\boldsymbol{I}_n-\rho\boldsymbol{M})'(\boldsymbol{I}_n-\rho\boldsymbol{M})\times\\&\{(\boldsymbol{I}_n-\lambda\boldsymbol{W})\boldsymbol{y}-\boldsymbol{X}_{\mathrm{f}}\hat{\zeta}(\lambda,\rho)\}\end{aligned}$$

将 $\hat{\zeta}(\lambda,\rho)$ 和 $\hat{\sigma}^2(\lambda,\rho)$ 代入对数似然函数（11-41），得到集中对数似然函数

$$\ln L_c(\boldsymbol{y}|\ \lambda,\rho)=-\frac{n}{2}\{\ln(2\pi)+1\}-\frac{n}{2}\ln\{\sigma^2(\lambda,\rho)\}+\ln\|\boldsymbol{I}_n-\lambda\boldsymbol{W}\|+\ln\|\boldsymbol{I}_n-\rho\boldsymbol{M}\|$$

通过最大化集中似然函数，可以得到 $\hat{\lambda}$ 和 $\hat{\rho}$ 的 QML 估计。进一步，可以计算 ζ 和 σ^2 的 QML 估计 $\hat{\zeta}(\hat{\lambda},\hat{\rho})$ 和 $\hat{\sigma}^2(\hat{\lambda},\hat{\rho})$。

11.6.4 SARAR 模型的 Stata 估计

SARAR 模型的 GS2SLS 估计的 Stata 命令为

spregress depvar [indepvars] [if] [in] , gs2sls [gs2sls_options]

SARAR 模型的最大似然估计的 Stata 命令为

spregress depvar [indepvars] [if] [in] , ml [ml_options]

命令 spregress gs2sls 和命令 spregress ml 在多数情况下，可以对各类空间计量模型进行估计。但这两种命令存在以下三个方面的区别，需要注意：

（1）spregress gs2sls 是广义矩估计法，可以有多个因变量的空间滞后项（即不同的空间权重矩阵），多个空间自回归误差项和同一解释变量的多个空间滞后项；spregress ml 是最大似然估计法，只能有一个因变量的空间滞后项，一个空间自回归误差项，但可以有同一变量的多个解释变量的空间滞后项。

（2）spregress gs2sls 假设误差项服从 i.i.d. 的假设，但并不要求服从正态分布；spregress ml 估计假设误差项既服从 i.i.d.，也服从正态分布。

（3）spregress gs2sls 估计快于 spregress ml 估计，但是在误差项既服从 i.i.d.，也服从正态分布的条件下，spregress ml 估计更为有效（即标准误差更小）。

例 11.19 SARAR 模型

homicide1990.dta 是包含美国南部州的县域凶杀率数据。hrate 为每 10 万人的年凶杀率；ln_population 为县的人口对数；ln_pdensity 是人口密度对数；gini 是县的基尼系数，用来测度收入的不平等程度，值越大代表收入越不平等。

修改为用户的文件存储路径，或者把数据文件复制、粘贴到用户的 Stata 默认路径下的文件夹中。下面以作者计算机存储路径为例说明实现。

.cd "D:\D 盘 \ 研究生计量 \data\chapter21"

.use homicide1990, clear

.spset

.spmatrix create contiguity W

// 创建邻接权重矩阵 W

接下来进行回归并使用命令 estat moran，估计残差的莫兰指数。

.regress hrate

```
      Source |       SS           df       MS      Number of obs   =     1,412
-------------+----------------------------------   F(0, 1411)      =      0.00
       Model |           0         0           .   Prob > F        =         .
    Residual |    69908.59     1,411  49.5454217   R-squared       =    0.0000
-------------+----------------------------------   Adj R-squared   =    0.0000
       Total |    69908.59     1,411  49.5454217   Root MSE        =    7.0389

------------------------------------------------------------------------------
       hrate | Coefficient  Std. err.      t    P>|t|     [95% conf. interval]
-------------+----------------------------------------------------------------
       _cons |      9.549      0.187    50.98   0.000        9.182       9.917
------------------------------------------------------------------------------
```

.estat moran, errorlag(W)

```
Moran test for spatial dependence
         H0: Error terms are i.i.d.
         Errorlags:  W

         chi2(1) = 265.84
         Prob > chi2 = 0.0000
```

检验拒绝残差项为独立同分布，说明需要考虑数据间的空间关系。接下来，对 hrate 进行建模，使用 GS2SLS 估计量，根据 dvarlag(W)，确定被解释变量的空间滞后变量。

.spregress hrate ln_population ln_pdensity gini, gs2sls dvarlag(W) //sar

```
Spatial autoregressive model                      Number of obs  =  1,412
GS2SLS estimates                                  Wald chi2(4)   = 328.40
                                                  Prob > chi2    = 0.0000
                                                  Pseudo R2      = 0.1754

------------------------------------------------------------------------------
         hrate | Coefficient  Std. err.      z    P>|z|     [95% conf. interval]
---------------+--------------------------------------------------------------
hrate          |
 ln_population |      0.196      0.265     0.74   0.461       -0.325      0.716
```

ln_pdensity	1.061	0.230	4.60	0.000	0.609	1.512
gini	77.103	5.330	14.46	0.000	66.655	87.550
_cons	-28.799	2.946	-9.78	0.000	-34.573	-23.025
W						
hrate	0.227	0.061	3.74	0.000	0.108	0.346
Wald test of spatial terms:			chi2(1) = 13.98		Prob > chi2 = 0.0002	

hrate 空间滞后项的估计系数为 0.227，说明一个县的凶杀率和另外一个县的凶杀率之间存在正相关的关系。

进一步，进行 SARAR 模型的估计。

.spregress hrate ln_population ln_pdensity gini, gs2sls dvarlag(W) errorlag(W)

```
Spatial autoregressive model                    Number of obs  =   1,412
GS2SLS estimates                                Wald chi2(4)   =  276.72
                                                Prob > chi2    =  0.0000
                                                Pseudo R2      =  0.1736
```

hrate	Coefficient	Std. err.	z	P>|z|	[95% conf. interval]	
hrate						
ln_population	0.103	0.281	0.37	0.713	-0.447	0.654
ln_pdensity	1.081	0.252	4.29	0.000	0.587	1.575
gini	82.069	5.658	14.50	0.000	70.978	93.159
_cons	-29.630	3.070	-9.65	0.000	-35.648	-23.613
W						
hrate	0.194	0.065	2.96	0.003	0.065	0.322
e.hrate	0.356	0.079	4.52	0.000	0.201	0.510
Wald test of spatial terms:			chi2(2) = 226.21		Prob > chi2 = 0.0000	

估计结果包含了空间误差项的 e.hrate 估计，估计方法为迭代 GMM 方法。

保留误差项的空间滞后项并使用 ivarlag(W：…)，增加解释变量的空间滞后项。

.spregress hrate ln_population ln_pdensity gini, gs2sls dvarlag(W) errorlag(W)> ivarlag(W: ln_population ln_pdensity gini)

hrate	Coefficient	Std. err.	z	P>|z|	[95% conf. interval]	
hrate						
ln_population	-0.349	0.305	-1.14	0.253	-0.947	0.249
ln_pdensity	1.210	0.302	4.01	0.000	0.619	1.802
gini	89.178	6.455	13.82	0.000	76.526	101.829
_cons	-28.802	3.179	-9.06	0.000	-35.032	-22.572
W						
ln_population	1.918	0.460	4.17	0.000	1.017	2.820
ln_pdensity	-1.261	0.533	-2.37	0.018	-2.305	-0.217
gini	-43.461	8.607	-5.05	0.000	-60.331	-26.590
hrate	0.507	0.114	4.45	0.000	0.284	0.731
e.hrate	-0.314	0.140	-2.25	0.025	-0.587	-0.040
Wald test of spatial terms:			chi2(5) = 61.81		Prob > chi2 = 0.0000	

滞后变量和滞后自回归误差项的系数都是显著的。

进一步，在 SARAR 模型中，考察两个或两个以上空间权重矩阵的情况。除了邻接空间权重矩阵外，逆距离空间权重矩阵也是常用的权重矩阵之一。

.spmatrix create idistance M // 生成逆距离空间权重矩阵

.spmatrix dir

Weighting matrix name	N x N	Type	Normalization
M	1412 x 1412	idistance	spectral
W	1412 x 1412	contiguity	spectral

.spregress hrate ln_population ln_pdensity gini, gs2sls dvarlag(W) errorlag(W)>ivarlag(W: ln_population ln_pdensity gini) dvarlag(M)

```
Spatial autoregressive model                    Number of obs =    1,412
GS2SLS estimates                                Wald chi2(8)  =  1323.43
                                                Prob > chi2   =   0.0000
                                                Pseudo R2     =   0.1121
```

hrate	Coefficient	Std. err.	z	P>|z|	[95% conf.	interval]
hrate						
ln_population	-0.625	0.283	-2.21	0.027	-1.179	-0.070
ln_pdensity	1.267	0.283	4.47	0.000	0.712	1.821
gini	69.303	5.645	12.28	0.000	58.239	80.367
_cons	-19.772	2.753	-7.18	0.000	-25.168	-14.375
W						
ln_population	2.591	0.381	6.81	0.000	1.845	3.337
ln_pdensity	-2.632	0.426	-6.18	0.000	-3.467	-1.797
gini	-59.760	6.439	-9.28	0.000	-72.380	-47.140
hrate	0.927	0.049	18.81	0.000	0.830	1.024
e.hrate	-0.853	0.091	-9.33	0.000	-1.032	-0.674
M						
hrate	0.229	0.076	3.03	0.002	0.081	0.377

```
Wald test of spatial terms:          chi2(6) = 676.93     Prob > chi2 = 0.0000
```

从估计结果中可以看出，除了由空间权重矩阵 ***W*** 确定的 hrate 的空间滞后项显著外，由空间权重矩阵 ***M*** 确定的 hrate 的空间滞后项也是显著的。因此，我们可以在最终模型中，包含这两个空间滞后项。

.spregress hrate ln_population ln_pdensity gini, gs2sls dvarlag(W) errorlag(M) ivarlag(W: ln_population ln_pdensity gini)

```
Spatial autoregressive model                    Number of obs =    1,412
GS2SLS estimates                                Wald chi2(7)  =   357.06
                                                Prob > chi2   =   0.0000
                                                Pseudo R2     =   0.1241
```

hrate	Coefficient	Std. err.	z	P>|z|	[95% conf.	interval]
hrate						
ln_population	-0.048	0.330	-0.14	0.885	-0.693	0.598
ln_pdensity	0.899	0.321	2.80	0.005	0.270	1.528
gini	89.920	6.409	14.03	0.000	77.358	102.482
_cons	-32.216	3.590	-8.97	0.000	-39.252	-25.180

W						
ln_population	2.680	0.522	5.14	0.000	1.657	3.703
ln_pdensity	-2.469	0.621	-3.98	0.000	-3.686	-1.252
gini	-57.383	9.418	-6.09	0.000	-75.842	-38.924
hrate	0.682	0.114	5.97	0.000	0.458	0.906
M						
e.hrate	0.953	0.132	7.20	0.000	0.694	1.213
Wald test of spatial terms:			chi2(5) = 169.23		Prob > chi2 = 0.0000	

需要注意的是，当模型中存在被解释变量的空间滞后项或解释变量的空间滞后项时，根据协变量的系数来解释协变量效应变得非常困难。在本例中，hrate 的空间滞后改变了协变量效应。一个县的基尼系数的变化改变了该县 hrate 条件均值，而 hrate 的变化改变了其所有邻接县 hrate 条件均值的变化。这些县 hrate 条件均值的变化也影响了与这些县相邻县的 hrate 条件均值变化，依此类推，直到所有相邻的县都受到影响。

由于 hrate 空间滞后改变了协变量效应，协变量的效应在各个县之间是不同的。Lesage 和 Pace（2009）定义了协变量的空间单位水平的平均效应。基尼系数对于其他县 hrate 的条件均值效应称为间接效应或溢出效应。

由于基尼系数的空间滞后项也包括在模型中，因而，存在第二个间接效应。基尼系数对自身的影响，称为直接效应。直接效应与间接效应之和称为总效应。利用 estat impact 估计这些效应的大小。

```
progress   : 33%  67% 100%

Average impacts                              Number of obs     =      1,412
```

	dy/dx	Delta-Method std. err.	z	P>|z|	[95% conf.	interval]
direct						
ln_population	0.315	0.355	0.89	0.374	-0.380	1.010
ln_pdensity	0.645	0.343	1.88	0.060	-0.027	1.316
gini	90.458	6.381	14.18	0.000	77.952	102.964
indirect						
ln_population	5.856	2.257	2.60	0.009	1.433	10.279
ln_pdensity	-4.105	1.883	-2.18	0.029	-7.797	-0.414
gini	8.692	19.583	0.44	0.657	-29.690	47.073
total						
ln_population	6.171	2.412	2.56	0.011	1.444	10.898
ln_pdensity	-3.461	2.029	-1.71	0.088	-7.438	0.516
gini	99.149	21.034	4.71	0.000	57.924	140.375

基尼系数的直接效应是正的，因为基尼系数为正。来自 hrate 空间滞后的基尼系数的间接效应为正，因为被解释变量的空间滞后项和基尼系数均为正。然而，来自基尼系数自身空间滞后的间接效应为负，因为它的空间滞后项系数是负的。estat impact 给出了基尼系数的这两个间接效应之和，是一个正的间接效应，尽管统计上并不显著。

11.6.5 含有内生性解释变量的空间截面计量模型的 Stata 估计

spivregress 命令可以估计含有内生性解释变量的空间截面计量模型，其主要语法为

spivregress depvar [varlist1] (varlist2 = varlistiv) [if] [in] [,options]

其中，varlist1 是所包含的外生变量；varlist2 是所包含的内生变量；varlistiv 是除了外生变量 varlist1 之外，用于 varlist2 的工具变量。

例 11.20 含有内生性解释变量的空间截面计量模型的 Stata 估计

dui_southern.dta 是一个数据集，主要想研究在一个县禁止酒精销售是否会降低因为饮酒而导致的被逮捕率（DUI），主要包括美国南部各县的数据。

加载数据并键入 spset 以查看 Sp 设置。

```
copy https://www.stata-press.com/data/r17/dui_southern.dta .
copy https://www.stata-press.com/data/r17/dui_southern_shp.dta .
.use dui_southern.dta , clear
.spset
.describe
```

```
Contains data from dui_southern.dta
 Observations:         1,422
    Variables:            13                  24 Apr 2017 13:25
--------------------------------------------------------------------------------
Variable      Storage   Display    Value
    name         type    format    label      Variable label
--------------------------------------------------------------------------------
_ID             int     %12.0g                Spatial-unit ID
_CX             double  %10.0g                x-coordinate of area centroid
_CY             double  %10.0g                y-coordinate of area centroid
stfips          byte    %10.0g                State FIPS code
cfips           str5    %9s                   County FIPS code
cname           str20   %20s                  County name
sname           str20   %20s                  State name
nondui          float   %9.0g                 Nonalcohol-related arrest rate per 100,000 DVMT
vehicles        float   %9.0g                 Number of registered vehicles per 1,000 residents
dry             byte    %9.0g      dry_lb     County prohibits sale of alcohol
election        byte    %9.0g                 County government has upcoming election
dui             double  %10.0g                Alcohol-related arrest rate per 100,000 DVMT
police          double  %10.0g                Number of sworn officers per 100,000 DVMT
--------------------------------------------------------------------------------
Sorted by: _ID
```

被解释变量为 dui，表示每 10 万英里旅行里程（DVMT）与酒精相关的逮捕率。解释变量 police 表示每日 10 万 DVMT 的警察数量，nondui 表示每日 10 万 DVMT 的非饮酒被逮捕率，vehicles 表示每 1 000 个家庭注册车辆数，dry 表示一个地区是否在其境内禁止售酒。因为 police 可能是 dui 和 nondui 的函数，将 police 视为内生解释变量。假定 election（该地区是否面临选择）是一个有效的工具变量，如果该地区面临选举则为 1，否则为 0。

建立如下形式的 SARAR 模型，并进行估计：

$$\begin{aligned}\text{dui} &= \beta_0 + \beta_1 \times \text{nondui} + \beta_2 \times \text{dry} + \beta_3 \times \text{vehicles} \\ &\quad + \pi_1 \times \text{police} + \lambda_1 \boldsymbol{W} \times \text{dui} + \lambda_2 \boldsymbol{W} \times \text{dry} + \lambda_3 \boldsymbol{W} \times \text{vehicles} + \boldsymbol{u} \\ \boldsymbol{u} &= \rho \boldsymbol{W} \boldsymbol{u} + \varepsilon\end{aligned} \tag{11-43}$$

模型估计的实现程序及结果如下。

.use dui_southern.dta , clear

.spset

.describe

.spmatrix create contiguity W

.spivregress dui nondui vehicles i.dry (police = elect), >dvarlag(W) errorlag(W) ivarlag(W:i.dry vehicles)

```
Spatial autoregressive model                        Number of obs =     1,422
GS2SLS estimates                                    Wald chi2(7)  =   4267.18
                                                    Prob > chi2   =    0.0000
                                                    Pseudo R2     =    0.7433

------------------------------------------------------------------------------
         dui | Coefficient  Std. err.      z    P>|z|     [95% conf. interval]
-------------+----------------------------------------------------------------
dui          |
      police |     -1.308      0.116   -11.29   0.000       -1.535     -1.081
      nondui |     -0.002      0.003    -0.68   0.498       -0.007      0.003
    vehicles |      0.092      0.005    19.98   0.000        0.083      0.101
             |
         dry |
         Yes |      0.476      0.079     6.07   0.000        0.323      0.630
       _cons |      8.845      1.076     8.22   0.000        6.737     10.954
-------------+----------------------------------------------------------------
W            |
         dry |      0.312      0.224     1.39   0.163       -0.127      0.751
    vehicles |      0.007      0.003     1.97   0.049        0.000      0.014
         dui |      0.228      0.083     2.74   0.006        0.065      0.392
       e.dui |      0.246      0.052     4.75   0.000        0.144      0.347
------------------------------------------------------------------------------
Wald test of spatial terms: chi2(4) = 442.04              Prob > chi2 = 0.0000
   Instrumented: police (W*dui)
Raw instruments: nondui vehicles 1.dry election (W*dry) (W*vehicles) dui:_cons
```

β_1、β_2 和 β_3 的估计结果分别是 –0.002、0.476 和 0.092，π_1 的估计结果为 –1.308，空间滞后项的待估参数 λ_1、λ_2 和 λ_3 的估计结果是 0.312、0.228 和 0.007，ρ 的估计结果是 0.246。

使用命令 estat impact 对解释变量的直接效应和间接效应进行分解。

.estat impact

```
progress   : 17%  33%  50%  67%  83% 100%

Average impacts                               Number of obs     =       1,422

------------------------------------------------------------------------------
             |            Delta-Method
             |      dy/dx   std. err.      z    P>|z|     [95% conf. interval]
-------------+----------------------------------------------------------------
direct       |
      police |     -1.318      0.119   -11.12   0.000       -1.550     -1.086
      nondui |     -0.002      0.003    -0.68   0.498       -0.007      0.003
    vehicles |      0.093      0.005    19.43   0.000        0.083      0.102
             |
         dry |
         Yes |      0.480      0.079     6.05   0.000        0.325      0.636
             |
         dry |      0.010      0.008     1.23   0.218       -0.006      0.027
```

indirect						
police	-0.323	0.154	-2.09	0.037	-0.625	-0.020
nondui	-0.000	0.001	-0.64	0.522	-0.002	0.001
vehicles	0.030	0.008	3.89	0.000	0.015	0.045
dry						
Yes	0.117	0.058	2.04	0.041	0.005	0.230
dry	0.337	0.243	1.39	0.165	-0.138	0.812
total						
police	-1.641	0.231	-7.09	0.000	-2.094	-1.187
nondui	-0.002	0.003	-0.67	0.500	-0.009	0.004
vehicles	0.123	0.011	11.18	0.000	0.101	0.144
dry						
Yes	0.598	0.116	5.16	0.000	0.370	0.825
dry	0.347	0.250	1.39	0.165	-0.143	0.838

从中可以看出，police 的直接效应与间接效应均为负，分别为 –1.318 和 –0.323。dry 的直接效应与间接效应均为正，分别为 0.480 和 0.117。

spivregress 命令可以估计存在内生解释变量时多个空间权重矩阵的情况。

```
.spmatrix create idistance M
.spivregress dui nondui vehicles i.dry (police = elect), dvarlag(W)
>ivarlag(W: i.dry vehicles) dvarlag(M)  ivarlag(M: i.dry vehicles)
```

```
Spatial autoregressive model                    Number of obs =     1,422
GS2SLS estimates                                Wald chi2(10) =   5337.06
                                                Prob > chi2   =    0.0000
                                                Pseudo R2     =    0.7797
```

dui	Coefficient	Std. err.	z	P>|z|	[95% conf.	interval]
dui						
police	-1.127	0.097	-11.63	0.000	-1.317	-0.937
nondui	-0.001	0.002	-0.61	0.544	-0.006	0.003
vehicles	0.084	0.004	21.99	0.000	0.077	0.092
dry						
Yes	0.448	0.070	6.37	0.000	0.310	0.586
_cons	7.484	0.919	8.15	0.000	5.684	9.285
W						
dry						
Yes	0.140	0.248	0.56	0.572	-0.345	0.625
vehicles	0.004	0.003	1.12	0.265	-0.003	0.010
dui	0.277	0.074	3.75	0.000	0.132	0.422
M						
dry						
Yes	1.660	3.125	0.53	0.595	-4.465	7.785
vehicles	0.016	0.015	1.07	0.285	-0.013	0.045
dui	-0.382	0.354	-1.08	0.280	-1.076	0.312

```
Wald test of spatial terms: chi2(6) = 475.49              Prob > chi2 = 0.0000
   Instrumented: police (W*dui) (M*dui)
Raw instruments: nondui vehicles 1.dry election (W*0b.dry) (W*1.dry) (W*vehicles)
```

11.7　空间自回归模型

如果 SARAR 模型中 γ_p 和 ρ_s 为 0，则 SARAR 模型转化为空间自回归模型（即 SAR 模型）。SAR 模型是利用类似县、区等，包含空间单位的观测值数据，进行拟合。SAR 模型可以表示为

$$\boldsymbol{y} = \rho \boldsymbol{W}\boldsymbol{y} + \boldsymbol{X}\boldsymbol{\beta} + \varepsilon \tag{11-44}$$

其中，$\boldsymbol{y} = (y_1, y_2, \cdots, y_n)'$ 是被解释变量向量（n 为截面个体的个数），$\boldsymbol{X} = (X_1, X_2, \cdots, X_k)$ 为解释变量向量（k 为包含常数在内的解释变量个数），ρ 为空间自回归系数，$\boldsymbol{\beta} = (\beta_1, \beta_2, \cdots, \beta_k)'$ 为参数向量。

空间自回归模型的底层逻辑来自地理学第一定律（Tobler’s first law），即任何事物都与其他事物相关，只不过相近的事物关联更紧密。例如，一个地区的房价不仅会受到本地区住房需求、资金、政策等因素的影响，也会受到相邻区域房价的影响，因而，在模型中考虑适当的空间结构所造成的影响，便可以较好地控制这一空间效应造成的影响。

例 11.21　空间自回归

下面以得克萨斯州的失业率实例来说明 SAR 模型的应用。一些学者试图分析该州的大学毕业率对失业率的影响。他们假设一个县的失业率会影响其他县的失业率。首先，建立一个模型，其中一个县的失业率可以影响其他县的失业率，进而估算出一个县大学毕业率的变化如何影响其他县的失业率。

第一步，将 shp 文件转换为 dta 文件，然后查看部分观测值。

```
.spshape2dta tl_2016_us_county,replace
.use tl_2016_us_county, clear
.describe
.list in 1/2
```

第二步，生成一个标准的 id 变量。

```
.generate long fips = real(STATEFP + COUNTYFP)
.bysort fips: assert _N==1
.assert fips != .
```

第三步，设定失业率的 id 变量。

```
.spset fips, modify replace
```

第四步，设定坐标单位。

```
.spset, modify coordsys(latlong, miles)
.save, replace
```

第五步，将失业率数据与 shp 文件进行合并。Texas_ue.dta 文件包含了得克萨斯州各县的失业率和大学毕业率数据，将其与 shp 文件进行合并，并保存。

```
.use texas_ue, clear
.merge 1:1 fips using tl_2016_us_county
.keep if _merge==3
.drop _merge
.rename NAME countyname
```

.drop STATEFP COUNTYFP COUNTYNS GEOID
.drop NAMELSAD LSAD CLASSFP MTFCC CSAFP
.drop CBSAFP METDIVFP FUNCSTAT
.drop ALAND AWATER INTPTLAT INTPTLON
.save, replace
.use texas_ue, clear
.des

```
Contains data from texas_ue.dta
 Observations:           254
    Variables:             8                  12 Feb 2022 22:57
                                              (_dta has notes)
-------------------------------------------------------------------------------
Variable      Storage   Display    Value
    name         type    format    label      Variable label
-------------------------------------------------------------------------------
fips            double  %9.0g                 FIPS
college         float   %9.0g               * Percent college degree
income          long    %12.0g                Median household income
unemployment    float   %9.0g                 Unemployment rate
_ID             long    %12.0g                Spatial-unit ID
_CX             double  %10.0g                x-coordinate of area centroid
_CY             double  %10.0g                y-coordinate of area centroid
countyname      str21   %21s                  NAME
                                            * indicated variables have notes
-------------------------------------------------------------------------------
Sorted by:
```

.reg unemployment college
.spmatrix create contiguity W

```
      Source |       SS           df       MS      Number of obs   =       254
-------------+----------------------------------   F(1, 252)       =     57.92
       Model |  139.314746         1  139.314746   Prob > F        =    0.0000
    Residual |  606.129539       252  2.40527595   R-squared       =    0.1869
-------------+----------------------------------   Adj R-squared   =    0.1837
       Total |  745.444285       253   2.9464201   Root MSE        =    1.5509

------------------------------------------------------------------------------
unemployment | Coefficient  Std. err.      t    P>|t|     [95% conf. interval]
-------------+----------------------------------------------------------------
     college |     -0.101      0.013    -7.61   0.000       -0.127      -0.075
       _cons |      6.543      0.257    25.44   0.000        6.036       7.049
------------------------------------------------------------------------------
```

接下来，使用命令 estat moran 检验残差项，以及是否具有空间相关性，以确定是采用空间计量模型还是非空间计量模型。

. estat moran, errorlag(W)

```
Moran test for spatial dependence
         H0: Error terms are i.i.d.
         Errorlags:  W

         chi2(1)      =     94.06
         Prob > chi2  =    0.0000
```

检验显示拒绝残差项是 i.i.d. 的原假设。因而，建立如下形式的空间计量模型：

$$y_{ue} = \beta_0 + \beta_1 x_{cr} + \beta_2 W y_{ue} + \varepsilon$$

y_{ue} 是失业率，x_{cr} 是大学毕业率。模型中 $\beta_2 W y_{ue}$，表示来自附近县的失业率溢出。这表示，高失业率县的人将会到周边县寻找工作。

.spregress unemployment college, gs2sls dvarlag(W)

```
Spatial autoregressive model                       Number of obs =      254
GS2SLS estimates                                   Wald chi2(2)  =    67.66
                                                   Prob > chi2   =   0.0000
                                                   Pseudo R2     =   0.1453

unemployment | Coefficient  Std. err.      z    P>|z|     [95% conf. interval]
unemployment |
     college |     -0.094      0.013   -7.17   0.000      -0.120      -0.068
       _cons |      5.607      0.503   11.14   0.000       4.621       6.594
W            |
unemployment |      0.201      0.094    2.13   0.033       0.016       0.385
Wald test of spatial terms:           chi2(1) = 4.54      Prob > chi2 = 0.0331
```

spregress 估计的 β_0 和 β_1 的值与 regress 的估计结果比较接近，但在本例中，存在巧合的可能性比较大。通常情况下，当溢出效应显著时，其他参数会发生变化。同时，β_2 的系数是显著的。

SAR 模型系数估计结果的解释与 SARAR 模型类似，不能直接将 β_1 看成是教育的直接效应，不能把 β_2 看成是溢出效应。而它们是这些效应递归计算的组成部分。如果 x_{cr} 上升，通过 β_1 降低了 y_{ue}，并且通过溢出效应进一步降低了 $\beta_2 W$ 的 y_{ue}，这种下降的溢出效应会产生 y_{ue} 的另一种下降，依此类推。estat impact 报告了这种递归过程的平均效应。

.estat impact

```
progress    :100%

Average impacts                                 Number of obs     =      254

             |              Delta-Method
             |      dy/dx   std. err.      z    P>|z|     [95% conf. interval]
direct       |
     college |     -0.095      0.013   -7.24   0.000      -0.120      -0.069
indirect     |
     college |     -0.020      0.011   -1.83   0.068      -0.041       0.001
total        |
     college |     -0.114      0.017   -6.63   0.000      -0.148      -0.080
```

上面的输出结果报告了大学毕业率上升 1 个百分点带来的平均变化。直接效应是本县自身的变化，具体数值是失业率降低 9.5%。间接效应是溢出效应，大学毕业率上升 1 个百分点降低的失业率，这一降低溢出会进一步降低失业率，在数值上为 2%。总效应为直接效应和间接效应之和，为 –11.4%㊀。

㊀ 因为四舍五入，所以结果为 –11.4% 而不是 –11.5%。

11.8 空间误差模型

如果 SARAR 模型中，γ_p 和 λ_r 系数约束为 0，则 SARAR 模型可以转化为空间误差模型（即 SEM 模型）。SEM 模型主要是在空间误差项中体现空间依赖关系。通常来说，不可观测的变量总是普遍存在的，如地区间的方言、生活习俗等，这些不可观测的变量同时具有空间上的相关性，如果将这些不可观测的具有空间相关性的变量纳入模型，就会产生一个空间误差模型。

空间误差模型的模式设定如下：

$$\begin{aligned} \boldsymbol{y} &= \rho \boldsymbol{W y} + \boldsymbol{X\beta} + \varepsilon \\ \varepsilon &= \lambda \boldsymbol{W} + \boldsymbol{u} \end{aligned} \tag{11-45}$$

需要注意的是，由于 SEM 模型的空间关系体现在误差项中，而这些误差项是无法观测的，因而无法对 SEM 模型进行直接效应和间接效应的分解。

例 11.22　空间误差模型

继续以得克萨斯州大学毕业率对失业率的影响为例，来说明 SEM 模型的估计。

.spregress unemployment college, gs2sls errorlag(W)

```
Spatial autoregressive model                    Number of obs   =       254
GS2SLS estimates                                Wald chi2(1)    =     37.76
                                                Prob > chi2     =    0.0000
                                                Pseudo R2       =    0.1869
```

unemployment	Coefficient	Std. err.	z	P>|z|	[95% conf.	interval]
unemployment						
college	-0.076	0.012	-6.15	0.000	-0.100	-0.052
_cons	6.293	0.297	21.20	0.000	5.711	6.875
W						
e.unemployment	0.770	0.069	11.15	0.000	0.634	0.905

```
Wald test of spatial terms:          chi2(1) = 124.27     Prob > chi2 = 0.0000
```

误差项的空间自回归系数为 0.77，wald 检验 $\hat{\lambda} = 0.77$，检验结果是显著的。λ 是自相关系数，而不是相关系数。理论上处于 [−1,1]，$\lambda = 0$ 意味着自相关为 0。

空间误差模型无法通过命令 estat impact 分解直接效应、间接效应和总效应。

.estat impact

```
progress   :100%

Average impacts                              Number of obs     =       254
```

	dy/dx	Delta-Method std. err.	z	P>|z|	[95% conf.	interval]
direct						
college	-0.076	0.012	-6.15	0.000	-0.100	-0.052
indirect						
college	0.000	(omitted)				

total						
college	-0.076	0.012	-6.15	0.000	-0.100	-0.052

11.9　空间杜宾模型

空间杜宾模型（即 SDM 模型）是空间自回归模型和空间误差模型的组合扩展形式，可通过对空间滞后模型和空间误差模型增加相应的约束条件设立。该模型的特点是，既考虑了因变量的空间相关性，又考虑了自变量的空间相关性，其模型形式如下：

$$\boldsymbol{y}=\lambda \boldsymbol{W}_1\boldsymbol{y}+\beta_1\boldsymbol{x}+\boldsymbol{W}_2\boldsymbol{x}\beta+\boldsymbol{u} \tag{11-46}$$

模型中包含两个空间权重矩阵，其中，$\boldsymbol{W}_1$ 表示因变量的空间相关关系，$\boldsymbol{W}_2$ 表示自变量 $\boldsymbol{x}$ 的空间相关关系，两者可以设置为相同或不同的矩阵；β_2 是外生变量的空间自相关系数；$\boldsymbol{u}$ 是满足正态分布和 i.i.d. 的随机误差项。模型特点在于，同时考虑了被解释变量与解释变量的空间滞后相关性。

SDM 模型中包含了被解释变量的空间相关项和解释变量的空间相关项，也包含了解释变量的非空间相关项，解释变量空间相关项矩阵 $\boldsymbol{W}_x$ 和非空间相关项的系数都没有反映解释变量的全部作用效应。为综合分析解释变量的作用路径，可以通过微偏分的方法把解释变量对被解释变量的综合影响按照来源分为直接效应和间接效应。其中，直接效应为某个区域自变量的变化导致自身因变量的改变，即第 k 个解释变量在第 i 个区域的一个单位变化对第 i 个区域的被解释变量 $\boldsymbol{y}_i$ 的平均影响。它可以分为两种影响路径，一种是某自变量对本区域因变量的直接影响，另一种是该自变量影响相邻区域因变量后产生的反馈效应，该反馈效应可以通过计算自变量的直接效应和自变量系数的差值得到。间接效应就是解释变量的空间溢出效应，即在第 i 个区域周围的每个区域中第 k 个解释变量同时发生一个单位变化，通过溢出效应对第 i 个区域的被解释变量 $\boldsymbol{y}_i$ 的平均影响。它也可以分为两种影响路径，一种是邻近区域自变量对于本区域因变量的影响，另一种是邻近区域自变量变化使得其自身因变量发生变化，进而对区域因变量产生影响。在不考虑诱发效应时，第 k 个解释变量的总效应等于直接效应与间接效应之和。

例 11.23　空间杜宾模型

以 homicide1990.dta 数据集为例，说明空间杜宾模型的估计。

.use homicide1990.dta, clear

.spregress hrate ln_population ln_pdensity gini, gs2sls dvarlag(W)

>ivarlag(W: ln_population ln_pdensity gini)

```
Spatial autoregressive model                    Number of obs  =  1,412
GS2SLS estimates                                Wald chi2(7)   = 379.44
                                                Prob > chi2    = 0.0000
                                                Pseudo R2      = 0.1873
```

hrate	Coefficient	Std. err.	z	P>|z|	[95% conf.	interval]
hrate						
ln_population	-0.315	0.307	-1.03	0.305	-0.918	0.287

ln_pdensity	1.192	0.303	3.94	0.000	0.599	1.786
gini	90.228	6.520	13.84	0.000	77.449	103.007
_cons	-29.486	3.242	-9.10	0.000	-35.840	-23.133
W						
ln_population	1.869	0.470	3.98	0.000	0.949	2.789
ln_pdensity	-1.179	0.548	-2.15	0.031	-2.252	-0.106
gini	-41.948	8.907	-4.71	0.000	-59.406	-24.490
hrate	0.465	0.124	3.77	0.000	0.223	0.707

Wald test of spatial terms: chi2(4) = 44.58 Prob > chi2 = 0.0000

从回归结果来看，3 个解释变量的空间滞后项系数分别是 1.869、−1.179 和 −41.948，均在 5% 显著水平下显著，被解释变量空间滞后项的系数为 0.465，也在 5% 显著水平下显著。

使用命令 estat impact 分解各变量的直接效应和间接效应。

.estat impact

```
progress   : 33%  67% 100%

Average impacts                              Number of obs     =      1,412
```

	dy/dx	Delta-Method std. err.	z	P>|z|	[95% conf.	interval]
direct						
ln_population	-0.184	0.295	-0.62	0.533	-0.762	0.394
ln_pdensity	1.145	0.291	3.93	0.000	0.574	1.715
gini	90.230	6.317	14.28	0.000	77.848	102.612
indirect						
ln_population	2.478	0.839	2.95	0.003	0.833	4.123
ln_pdensity	-0.898	0.672	-1.34	0.181	-2.215	0.418
gini	0.032	11.270	0.00	0.998	-22.058	22.121
total						
ln_population	2.294	0.861	2.66	0.008	0.607	3.981
ln_pdensity	0.246	0.663	0.37	0.710	-1.053	1.545
gini	90.262	11.159	8.09	0.000	68.390	112.133

11.10　空间面板模型

固定效应和随机效应的空间面板数据模型，均可以写成

$$\begin{aligned} \boldsymbol{y}_{nt} &= \lambda \boldsymbol{W} \boldsymbol{y}_{nt} + \boldsymbol{X}_{nt}\beta + \boldsymbol{c}_n + \boldsymbol{u}_{nt} \\ \boldsymbol{u}_{nt} &= \rho \boldsymbol{M} \boldsymbol{u}_{nt} + \boldsymbol{v}_{nt} \qquad t = 1, 2, \cdots, T \end{aligned} \tag{11-47}$$

其中，$\boldsymbol{y}_{nt} = (y_{1t}, y_{2t}, \cdots, y_{nt})'$ 是一个 $n \times 1$ 维、t 时期，面板维数为 n 的被解释变量向量；$\boldsymbol{X}_{nt}$ 是时变回归变量向量；$\boldsymbol{c}_n$ 是面板水平的效应；$\boldsymbol{u}_{nt}$ 是空间滞后误差项；$\boldsymbol{v}_{nt}$ 是误差项向量，在所有截面和时间均是 i.i.d. 的，方差为 σ^2；$\boldsymbol{W}$ 和 $\boldsymbol{M}$ 为空间权重矩阵。

11.10.1　固定效应模型

固定效应模型，执行 Lee 和 Yu（2010）的准最大似然模型。对于任意 $n \times T$ 维的矩阵

$[\tilde{z}_{n1}, \tilde{z}_{n2}, \cdots, \tilde{z}_{n,T-1}]$，通过 $n\times(T-1)$ 维的转换矩阵 $[\tilde{\boldsymbol{z}}_{n1}, \tilde{\boldsymbol{z}}_{n2}, \ldots, \tilde{\boldsymbol{z}}_{n,T-1}] = [\boldsymbol{z}_{n1}, \boldsymbol{z}_{n2}, \ldots, \boldsymbol{z}_{nT}]\boldsymbol{F}_{T,T-1}$ 可以消除模型中的固定效应，得到

$$\begin{aligned} \tilde{\boldsymbol{y}}_{nt} &= \lambda \boldsymbol{W} \tilde{\boldsymbol{y}}_{nt} + \tilde{\boldsymbol{X}}_{nt}\beta + \tilde{\boldsymbol{u}}_{nt} \\ \tilde{\boldsymbol{u}}_{nt} &= \rho \boldsymbol{M} \tilde{\boldsymbol{u}}_{nt} + \tilde{\boldsymbol{v}}_{nt} \qquad t = 1, 2, \cdots, T-1 \end{aligned} \tag{11-48}$$

不随时间变化而变化的变量，在转换后被消除了，因而，使用准最大似然方法进行估计只能得到随时间变化而变化的项。

模型（11-48）的对数似然函数为：

$$\ln L_{n,T}(\theta) = -\frac{n(T-1)}{2}\ln(2\pi\sigma^2) + (T-1)[\ln|\boldsymbol{S}_n(\lambda)| + \ln|\boldsymbol{R}_n(\rho)|] - \frac{1}{2\sigma^2}\sum_{t=1}^{T-1} \tilde{\boldsymbol{v}}'_{nt}(\theta)\tilde{\boldsymbol{v}}_{nt}(\theta) \tag{11-49}$$

式中，$\boldsymbol{S}_n(\lambda) = \boldsymbol{I}_n - \lambda\boldsymbol{W}, \boldsymbol{R}_n(\rho) = \boldsymbol{I}_n - \rho\boldsymbol{M}, \theta = (\beta', \lambda, \rho, \sigma^2)'$。

11.10.2　随机效应模型

随机效应模型可以拟合两种不同的随机效应 SAR 模型。在默认的随机效应模型中，随机效应以线性方式输入 $\boldsymbol{y}_{nt}$ 的方程。即

$$\begin{aligned} \boldsymbol{y}_{nt} &= \lambda \boldsymbol{W} \boldsymbol{y}_{nt} + \boldsymbol{Z}_{nt}\beta + \boldsymbol{c}_n + \boldsymbol{u}_{nt} \\ \boldsymbol{u}_{nt} &= \rho \boldsymbol{M} \boldsymbol{u}_{nt} + \boldsymbol{v}_{nt} \qquad t = 1, 2, \cdots, T \end{aligned} \tag{11-50}$$

随机效应模型假设模型（11-47）中的 $\boldsymbol{c}_n$ 的均值为 0，方差为 σ_c^2 且服从 i.i.d. 和正态分布。随机效应模型给出了 σ_c 的估计，用 /sigma_u 表示，σ 用 /sigma_e 表示。

11.10.3　具有自回归效应的随机效应模型

对于随机效应模型，指定 sarpanel 选项时，能够拟合一个模型，其中 $\boldsymbol{c}_n$ 与误差服从相同的空间自回归过程。

$$\begin{aligned} \boldsymbol{y}_{nt} &= \lambda \boldsymbol{W} \boldsymbol{y}_{nt} + \boldsymbol{Z}_{nt}\beta + \boldsymbol{u}_{nt} \\ \boldsymbol{u}_{nt} &= \rho \boldsymbol{M} \boldsymbol{u}_{nt} + \boldsymbol{c}_n + \boldsymbol{v}_{nt} \qquad t = 1, 2, \cdots, T \end{aligned} \tag{11-51}$$

这个模型来自 Kapoor，Kelejian，Prucha（2007），面板水平效应项 $\boldsymbol{c}_n$ 出现在误差方程中。因为 $\boldsymbol{c}_n$ 是作为 $\boldsymbol{v}_{nt}$ 的一个附加项进入方程的，因而面板水平效应项 $\boldsymbol{c}_n$ 与时间水平误差项 $\boldsymbol{v}_{nt}$ 具有相同的自回归形式。

我们可以将所有时间段叠加，并将方程写成 $nT\times 1$ 维向量形式：

$$\boldsymbol{y}_{nT} = \lambda(\boldsymbol{I}_T \otimes \boldsymbol{W})_{\boldsymbol{y}_{nT}} + \boldsymbol{Z}_{nT}\beta + \xi_{nT} \tag{11-52}$$

式中，$\boldsymbol{y}_{nT} = (\boldsymbol{y}'_{n1}, \boldsymbol{y}'_{n2}, \cdots, \boldsymbol{y}'_{nt})'$ 是样本 $i = 1, \cdots, n$ 和时间 $t = 1, \cdots, T$ 的 $nT\times 1$ 维的被解释变量向量；$\boldsymbol{Z}_{nT} = \{\boldsymbol{Z}'_{n1}, \boldsymbol{Z}'_{n2}, \cdots, \boldsymbol{Z}_{*}(\rho)'\}'$ 是样本 $i = 1, \cdots, n$ 和时间 $t = 1, \cdots, T$ 的 $nT\times 1$ 维的解释变量向量；ξ_{nt} 是 $nT\times 1$ 维的总误差项向量。

对于模型（11-47），总误差项向量为：

$$\xi_{nT} = \boldsymbol{l}_T \otimes \boldsymbol{c}_n + \{\boldsymbol{I}_T \otimes \boldsymbol{R}_n(\rho)^{-1}\}\boldsymbol{v}_{nT}$$

式中，$\boldsymbol{R}_n(\rho)=\boldsymbol{I}_n-\rho\boldsymbol{M}$，其协方差矩阵为：

$$\Omega_{nT}(\theta)=\sigma_{\mathrm{c}}^2(\boldsymbol{l}_T\boldsymbol{l}_T'\otimes\boldsymbol{I}_T)+\sigma^2\{\boldsymbol{I}_T\otimes\boldsymbol{R}_n(\rho)^{-1}\boldsymbol{R}_n'(\rho)^{-1}\}$$

对模型（11-51），总误差项向量为：

$$\xi_{nT}=\boldsymbol{l}_T\otimes\boldsymbol{R}_n(\rho)^{-1}\boldsymbol{c}_n+\{\boldsymbol{I}_T\otimes\boldsymbol{R}_n(\rho)^{-1}\}\boldsymbol{v}_{nT}$$

其协方差矩阵为：

$$\Omega_{nT}(\theta)=\sigma_{\mathrm{c}}^2\{\boldsymbol{l}_T\boldsymbol{l}_T'\otimes\boldsymbol{R}_n(\rho)^{-1}\boldsymbol{R}_n'(\rho)^{-1}\}+\sigma^2\{\boldsymbol{I}_T\otimes\boldsymbol{R}_n(\rho)^{-1}\boldsymbol{R}_n'(\rho)^{-1}\}$$

则模型（11-52）的对数似然函数为：

$$\ln L_{nT}(\theta)=-\frac{nT}{2}\ln(2\pi)-\frac{1}{2}\ln|\Omega_{nT}(\theta)|+T\ln|\boldsymbol{S}_n(\lambda)|-\frac{1}{2}\xi_{nT}'(\theta)\Omega_{nT}(\theta)^{-1}\xi_{nT}(\theta) \quad (11\text{-}53)$$

11.10.4 模型间的区别

固定效应模型、随机效应模型、具有自回归效应的随机效应模型的区别在于：

（1）固定效应模型在估计中去掉了面板水平效应项，没有对它们做出误差假设。

（2）随机效应模型将面板水平效应作为 i.i.d. 建模；

（3）具有自回归效应的随机效应模型假设面板水平效应服从正态分布，但时间水平误差项具有相同自回归形式。固定效应模型允许面板水平效应与协变量之间相关，而随机效应模型要求面板水平效应独立于协变量。

例 11.24 空间面板数据模型

homicide_1960_1990.dta 包含美国南部县的 1960 年、1970 年、1980 年和 1990 年的凶杀率数据。hrate 为每 10 万人的年凶杀率，ln_population 为县的人口对数，ln_pdensity 为县的人口密度对数，gini 为县的基尼系数，用来测度收入的不平等程度，值越大代表收入越不平等。

```
.use homicide_1960_1990, clear
.spset
.list _ID year in 1/8, sepby(_ID)
```

	_ID	year
1.	876	1960
2.	876	1970
3.	876	1980
4.	876	1990
5.	921	1960
6.	921	1970
7.	921	1980
8.	921	1990

```
.xtset _ID year
.spset
```

使用 xtreg，re 进行非空间随机效应模型估计，使用 i.year 因子变量添加年份虚拟变量。

```
Random-effects GLS regression                   Number of obs     =      5,648
Group variable: _ID                             Number of groups  =      1,412

R-squared:                                      Obs per group:
     Within  = 0.0478                                         min =          4
     Between = 0.1666                                         avg =        4.0
     Overall = 0.0905                                         max =          4

                                                Wald chi2(6)      =     414.32
corr(u_i, X) = 0 (assumed)                      Prob > chi2       =     0.0000

------------------------------------------------------------------------------
       hrate | Coefficient  Std. err.      z    P>|z|     [95% conf. interval]
-------------+----------------------------------------------------------------
ln_populat~n |      0.439      0.183     2.40   0.016        0.081       0.798
  ln_pdensity|      0.322      0.159     2.02   0.043        0.010       0.634
        gini |     34.438      2.905    11.85   0.000       28.744      40.132
             |
        year |
        1970 |      1.411      0.258     5.47   0.000        0.906       1.917
        1980 |      1.348      0.250     5.39   0.000        0.858       1.838
        1990 |      0.367      0.265     1.39   0.166       -0.152       0.886
             |
       _cons |    -10.073      1.801    -5.59   0.000      -13.602      -6.543
-------------+----------------------------------------------------------------
     sigma_u |  3.5995346
     sigma_e |   5.646151
         rho |  .28898083   (fraction of variance due to u_i)
------------------------------------------------------------------------------
```

可以看出，在忽略数据的空间方面后，可以使用任意 Stata 估计命令，即使数据是空间的。对空间数据进行非空间模型估计，往往为空间计量模型提供了一个比较的基准。

接下来，进行空间面板数据随机效应模型的估计，为了进行估计，先生成一个邻接空间权重矩阵。

.spmatrix create contiguity W if year == 1990

.spxtregress hrate ln_population ln_pdensity gini i.year, re dvarlag(W)> errorlag(W)

```
Random-effects spatial regression               Number of obs     =      5,648
Group variable: _ID                             Number of groups  =      1,412
                                                Obs per group     =          4

                                                Wald chi2(7)      =    1421.81
                                                Prob > chi2       =     0.0000
Log likelihood = -1.835e+04                     Pseudo R2         =     0.0911

------------------------------------------------------------------------------
       hrate | Coefficient  Std. err.      z    P>|z|     [95% conf. interval]
-------------+----------------------------------------------------------------
hrate        |
ln_population|     -0.299      0.162    -1.84   0.065       -0.617       0.019
  ln_pdensity|      0.789      0.138     5.72   0.000        0.519       1.060
        gini |     22.770      2.605     8.74   0.000       17.665      27.875
             |
        year |
        1970 |      0.398      0.191     2.09   0.037        0.024       0.771
        1980 |      0.403      0.183     2.21   0.027        0.046       0.761
        1990 |     -0.128      0.195    -0.66   0.509       -0.510       0.253
             |
       _cons |     -4.182      1.608    -2.60   0.009       -7.333      -1.031
-------------+----------------------------------------------------------------
W            |
       hrate |      0.574      0.025    22.98   0.000        0.525       0.623
```

e.hrate	-0.463	0.051	-9.09	0.000	-0.562	-0.363
/sigma_u	3.088	0.105			2.889	3.300
/sigma_e	5.408	0.066			5.280	5.540

Wald test of spatial terms: chi2(2) = 713.89   Prob > chi2 = 0.0000

spxtregress，re 首先拟合 spxtregress，fe 模型得到初始值。其次，先后优化集中对数似然函数和非集中对数似然函数。最后的集中对数似然函数总是等于优化的非集中对数似然函数。

与截面空间数据模型类似，当被解释变量的滞后项包括在模型中时，不能直接使用协变量的系数来说明变量作用的大小，需要使用直接效应、间接效应和总效应来进行说明。

.estat impact

progress   :100%

Average impacts   Number of obs   =   5,648

	dy/dx	Delta-Method std. err.	z	P>|z|	[95% conf.	interval]
direct						
gini	24.114	2.716	8.88	0.000	18.791	29.437
indirect						
gini	22.737	2.788	8.16	0.000	17.274	28.201
total						
gini	46.852	5.126	9.14	0.000	36.805	56.899

gini 变量对 hrate 具有显著的平均直接效应和平均间接效应，并且都为正。收入不平等程度的加剧与凶杀率的上升有关。

.spmatrix create idistance M if year == 1990

为了解基尼系数的效应随着时间的变化而变化，我们可以在模型中包括 gini 和 year 的交互项。

Random-effects spatial regression   Number of obs   =   5,648
Group variable: _ID   Number of groups =   1,412
                                         Obs per group   =   4

                                         Wald chi2(10)   = 710.10
                                         Prob > chi2   = 0.0000
Log likelihood = -1.827e+04   Pseudo R2   = 0.1150

hrate	Coefficient	Std. err.	z	P>|z|	[95% conf.	interval]
hrate						
ln_population	0.791	0.176	4.48	0.000	0.445	1.137
ln_pdensity	-0.122	0.167	-0.73	0.462	-0.449	0.204
gini	17.820	4.279	4.16	0.000	9.434	26.207
year						
1970	-2.457	2.303	-1.07	0.286	-6.971	2.057
1980	-9.471	2.502	-3.79	0.000	-14.374	-4.568

1990	-22.818	2.529	-9.02	0.000	-27.774	-17.862
year#c.gini						
1970	6.664	6.130	1.09	0.277	-5.351	18.680
1980	24.861	6.715	3.70	0.000	11.700	38.022
1990	57.409	6.691	8.58	0.000	44.295	70.524
_cons	-11.178	2.061	-5.42	0.000	-15.218	-7.138
M						
hrate	0.694	0.050	14.00	0.000	0.597	0.792
e.hrate	1.950	0.051	37.97	0.000	1.849	2.051
/sigma_u	2.696	0.115			2.480	2.931
/sigma_e	5.646	0.062			5.526	5.768

Wald test of spatial terms:　　chi2(2) = 1711.10　　Prob > chi2 = 0.0000

使用 contrast 命令，检验 gini 和 year 交互项的显著性。

.contrasts c.gini#year

Contrasts of marginal linear predictions

Margins: asbalanced

	df	chi2	P>chi2
hrate			
year#c.gini	3	81.59	0.0000

从交互项的检验可以看出，交互项是显著的。

为了研究基尼系数的逐年效应，可以使用 estat impact 和 if 条件语句。

.estat impact gini if year == 1960

progress　:100%

Average impacts　　Number of obs = 1,412

	dy/dx	Delta-Method std. err.	z	P>|z|	[95% conf.	interval]
direct						
gini	17.854	4.286	4.17	0.000	9.454	26.254
indirect						
gini	37.064	11.606	3.19	0.001	14.316	59.813
total						
gini	54.918	14.858	3.70	0.000	25.797	84.039

.estat impact gini if year == 1970

progress　:100%

Average impacts　　Number of obs = 1,412

	dy/dx	Delta-Method std. err.	z	P>|z|	[95% conf.	interval]
direct						
gini	24.531	5.034	4.87	0.000	14.665	34.396
indirect						
gini	50.925	15.212	3.35	0.001	21.110	80.741
total						
gini	75.456	18.818	4.01	0.000	38.574	112.338

.estat impact gini if year == 1980

```
progress   :100%

Average impacts                              Number of obs     =     1,412
```

	dy/dx	Delta-Method std. err.	z	P>|z|	[95% conf.	interval]
direct						
gini	42.762	5.684	7.52	0.000	31.622	53.901
indirect						
gini	88.773	23.095	3.84	0.000	43.507	134.038
total						
gini	131.534	26.209	5.02	0.000	80.165	182.904

.estat impact gini if year == 1990

```
progress   :100%

Average impacts                              Number of obs     =     1,412
```

	dy/dx	Delta-Method std. err.	z	P>|z|	[95% conf.	interval]
direct						
gini	75.371	5.629	13.39	0.000	64.339	86.403
indirect						
gini	156.469	37.241	4.20	0.000	83.479	229.460
total						
gini	231.840	39.019	5.94	0.000	155.365	308.315

可以看出，直接效应、间接效应和总效应都是随时间上升的。

下面使用 spxtregress，re 的 sarpanel 选项，来使用估计量的另一种形式，其中截面水平效应具有与时间水平误差项相同的自回归形式。

.spxtregress hrate ln_population ln_pdensity c.gini##i.year, re sarpanel> dvarlag(M) errorlag(M)

```
Random-effects spatial regression                Number of obs     =     5,648
Group variable: _ID                              Number of groups  =     1,412
```

```
                                                Obs per group     =          4

                                                Wald chi2(10)     =    1136.45
                                                Prob > chi2       =     0.0000
Log likelihood = -1.824e+04                     Pseudo R2         =     0.1177
```

hrate	Coefficient	Std. err.	z	P>|z|	[95% conf.	interval]
hrate						
ln_population	0.437	0.175	2.49	0.013	0.093	0.780
ln_pdensity	0.190	0.164	1.16	0.248	-0.132	0.511
gini	18.923	4.426	4.28	0.000	10.248	27.599
year						
1970	-0.959	2.362	-0.41	0.685	-5.589	3.670
1980	-8.198	2.555	-3.21	0.001	-13.205	-3.191
1990	-22.419	2.610	-8.59	0.000	-27.535	-17.303
year#c.gini						
1970	5.866	6.255	0.94	0.348	-6.394	18.126
1980	24.203	6.834	3.54	0.000	10.808	37.598
1990	58.383	6.882	8.48	0.000	44.894	71.871
_cons	-6.536	2.258	-2.89	0.004	-10.961	-2.111
M						
hrate	0.332	0.097	3.43	0.001	0.142	0.521
e.hrate	2.861	0.056	51.23	0.000	2.751	2.970
/sigma_u	2.686	0.112			2.475	2.916
/sigma_e	5.610	0.061			5.491	5.731

```
Wald test of spatial terms:          chi2(2) = 2685.24     Prob > chi2 = 0.0000
```

re 和 re sarpanel 估计量给出了显著不同的 hrate 空间滞后项和自回归误差项的估计。其他项的估计基本相似。这种情况的出现，是因为在 sarpanel 模型中，某些 hrate 空间滞后项，被面板效应的自回归形式解释了。

随机效应模型假设面板水平效应项与协变量之间无关，现在放松这个假设，估计固定效应模型。

.spxtregress hrate ln_population ln_pdensity gini, fe dvarlag(M)

```
Fixed-effects spatial regression                Number of obs     =      5,648
Group variable: _ID                             Number of groups  =      1,412
                                                Obs per group     =          4

                                                Wald chi2(4)      =     548.39
                                                Prob > chi2       =     0.0000
Log likelihood = -1.332e+04                     Pseudo R2         =     0.0146
```

hrate	Coefficient	Std. err.	z	P>|z|	[95% conf.	interval]
hrate						
ln_population	-1.853	1.662	-1.11	0.265	-5.111	1.405

ln_pdensity	-0.035	1.622	-0.02	0.983	-3.214	3.143
gini	11.581	3.001	3.86	0.000	5.698	17.463
M						
hrate	0.898	0.046	19.61	0.000	0.808	0.988
/sigma_e	5.608	0.061			5.490	5.729

Wald test of spatial terms: chi2(1) = 384.69 Prob > chi2 = 0.0000

spxtregress，fe 没有给出 /sigma_u 估计量，因为空间固定效应估计量既没有对面板固定效应水平给出一致的估计，也没有给出它们的标准误差。

第12章
CHAPTER 12

贝叶斯估计

12.1 贝叶斯估计原理

贝叶斯估计就是利用贝叶斯定理，把先验分布与样本数据（新信息）综合为后验分布，再利用后验分布，估计模型参数，利用模型预测。

12.1.1 贝叶斯定理

对于随机向量 $\boldsymbol{\theta}$（参数）与随机向量 $\boldsymbol{y}$（样本数据），根据贝叶斯定理可知：

$$f(\boldsymbol{\theta} \mid \boldsymbol{y})=\frac{f(\boldsymbol{\theta}, \boldsymbol{y})}{f(\boldsymbol{y})}=\frac{f(\boldsymbol{y} \mid \boldsymbol{\theta}) \pi(\boldsymbol{\theta})}{f(\boldsymbol{y})} \tag{12-1}$$

其中，$f(\boldsymbol{\theta} \mid \boldsymbol{y})$ 为考虑样本数据 $\boldsymbol{y}$ 之后 $\boldsymbol{\theta}$ 的条件分布密度（即后验分布）；$\pi(\boldsymbol{\theta})$ 为参数 $\boldsymbol{\theta}$ 的先验分布密度；$f(\boldsymbol{\theta}, \boldsymbol{y})$ 为随机向量 $\boldsymbol{\theta}$（参数）与随机向量 $\boldsymbol{y}$（样本数据）的联合分布；$f(\boldsymbol{y}|\boldsymbol{\theta})$ 为给定 $\boldsymbol{\theta}$ 时 $\boldsymbol{y}$ 的密度函数；$f(\boldsymbol{y})$ 为 $\boldsymbol{y}$ 的边缘分布密度。在联合分布 $f(\boldsymbol{\theta}, \boldsymbol{y})$ 中将随机参数 $\boldsymbol{\theta}$ 积分，就可以得到随机向量 $\boldsymbol{y}$ 的边缘分布密度：

$$f(\boldsymbol{y})=\int f(\boldsymbol{\theta}, \boldsymbol{y}) \mathrm{d} \boldsymbol{\theta}=\int f(\boldsymbol{y} \mid \boldsymbol{\theta}) \pi(\boldsymbol{\theta}) \mathrm{d} \boldsymbol{\theta} \tag{12-2}$$

在贝叶斯分析中，一般把后验分布 $f(\boldsymbol{\theta} \mid \boldsymbol{y})$ 记为 $p(\boldsymbol{\theta} \mid \boldsymbol{y})$，而把 $\boldsymbol{y}$ 的密度函数 $f(\boldsymbol{y} \mid \boldsymbol{\theta})$ 记为 $L(\boldsymbol{\theta} \mid \boldsymbol{y})$。在贝叶斯公式（12-2）中分母为边缘分布 $f(\boldsymbol{y})$，不包含 $\boldsymbol{\theta}$，可以将其视为常数，因此后验分布 $p(\boldsymbol{y} \mid \boldsymbol{\theta})$ 与该公式的分子成正比：

$$p(\boldsymbol{\theta} \mid \boldsymbol{y}) \propto L(\boldsymbol{\theta}; \boldsymbol{y}) \pi(\boldsymbol{\theta}) \tag{12-3}$$

其中，“$\propto$”表示成正比；省去常数的密度函数称为密度核，因此，$L(\theta; \boldsymbol{y})\pi(\theta)$ 是后验分布 $p(\boldsymbol{\theta} \mid \boldsymbol{y})$ 的密度核。

12.1.2 蒙特卡洛积分的贝叶斯计算

给定后验分布的样本，我们可以使用蒙特卡洛积分来近似积分。设 $\boldsymbol{\theta}_1$、$\boldsymbol{\theta}_2$、…、$\boldsymbol{\theta}_T$ 为后验分布 $p(\boldsymbol{\theta}|\boldsymbol{y})$ 的独立样本。

$E\{g(\boldsymbol{\theta})\}$ 原始积分可近似为 $\hat{g}=\dfrac{1}{T}\sum_{t=1}^{T}g(\boldsymbol{\theta}_t)$。此外，如果 g 是一个标量函数，在一些温和的条件下，中心极限定理成立：

$$\hat{g}\approx N\lfloor E\{g(\boldsymbol{\theta})\},\sigma^2/T]$$

式中，$\sigma^2=\mathrm{Cov}\{g(\boldsymbol{\theta}_i)\}$ 可通过样本方差 $\sum_{t=1}^{T}\{g(\boldsymbol{\theta}_t)-\hat{g}\}^2/T$ 进行近似。如果样本不是独立的，那么 $\hat{g}$ 仍然近似于 $E\{g(\boldsymbol{\theta})\}$，但方差 σ^2 由下式给出：

$$\sigma^2=\mathrm{Var}\{g(\boldsymbol{\theta}_t)\}+2\sum_{k=1}^{\infty}\mathrm{Cov}\{g(\boldsymbol{\theta}_t),g(\boldsymbol{\theta}_{t+k})\}$$

12.1.3 马尔可夫链蒙特卡洛方法

每个马尔可夫链蒙特卡洛（MCMC）方法都设计为从转换内核生成值，以便从该内核收敛到预先指定的目标分布。它使用目标分布为链的平稳或平衡分布。根据定义，马尔可夫链是目标分布域中的任何值或状态序列，每个价值只取决于它的直接前身。MCMC 方法在模拟方面有显著的不同效率和计算复杂性。对于设计良好的 MCMC，链越长，性能越好，样本更接近于平稳分布。

12.1.4 Metropolis–Hastings 算法

Metropolis–Hastings 算法（简称“ MH 算法”）用于在一般公式内的后验分布抽样。它需要指定提议的概率分布 $q(\cdot)$ 和在后部的区域内的起始状态 $\boldsymbol{\theta}_0$，即 $p(\boldsymbol{\theta}_0|\boldsymbol{y})>0$。该算法生成一个马尔可夫链 $\{\boldsymbol{\theta}_t\}_{t=0}^{T-1}$。这样，在每个步骤 t: ①根据当前状态生成提议状态；②根据适当定义的接受概率接受或拒绝生成提议状态 $\boldsymbol{\theta}_*$。

对于 $t=1,\cdots,T-1$：

（1）生成建议状态 $\boldsymbol{\theta}_*\sim q(\bullet|\boldsymbol{\theta}_{t-1})$。

（2）计算接受率 $\alpha(\boldsymbol{\theta}_*|\boldsymbol{\theta}_{t-1})=\min\{r(\boldsymbol{\theta}_*|\boldsymbol{\theta}_{t-1}),1\}$，其中，

$$r(\boldsymbol{\theta}_*|\boldsymbol{\theta}_{t-1})=\frac{p(\boldsymbol{\theta}_*|\boldsymbol{y})q(\boldsymbol{\theta}_{t-1}|\boldsymbol{\theta}_*)}{p(\boldsymbol{\theta}_{t-1}|\boldsymbol{y})q(\boldsymbol{\theta}_*|\boldsymbol{\theta}_{t-1})}。$$

（3）绘制区间（0,1）上的均匀分布随机变量 u。

（4）设 $\boldsymbol{\theta}_t=\boldsymbol{\theta}_*$，如果 $u<\alpha(\boldsymbol{\theta}_*|\boldsymbol{\theta}_{t-1})$，则 $\boldsymbol{\theta}_t=\boldsymbol{\theta}_{t-1}$。

我们将迭代步骤（1）～（4）称为 MH 更新。通过设计，使用这种 MH 算法的任何马尔可夫链都可以保证 $p(\boldsymbol{\theta}_0|\boldsymbol{y})>0$ 作为其平稳分布。

衡量 MCMC 效率的两个重要标准是链条的接受率和生成的样本中的自相关程度。

12.1.5 后验预测

预测是统计分析的另一个重要部分。在贝叶斯统计中，使用后验预测分布进行预测是非常重要的。给定观测数据 $\boldsymbol{y}$ 时观察未来数据 $\boldsymbol{y}^*$ 的概率可以通过边缘化得到：

$$p(\boldsymbol{y}^* \mid \boldsymbol{y}) = \int p(\boldsymbol{y}^* \mid \boldsymbol{y}, \boldsymbol{\theta}) p(\boldsymbol{\theta} \mid \boldsymbol{y}) \mathrm{d}\boldsymbol{\theta} \tag{12-4}$$

假设给定观测数据 $\boldsymbol{y}$ 独立于未来数据 $\boldsymbol{y}^*$ 时，可以简化为：

$$p(\boldsymbol{y}^* \mid \boldsymbol{y}) = \int p(\boldsymbol{y}^* \mid \boldsymbol{\theta}) p(\boldsymbol{\theta} \mid \boldsymbol{y}) \mathrm{d}\boldsymbol{\theta} \tag{12-5}$$

式（12-5）称为后验预测分布，用于贝叶斯预测。

12.2 贝叶斯估计命令

Stata 中的贝叶斯估计与标准估计类似，只是在估计命令前面加上前缀“bayes:”。Stata 中的贝叶斯估计命令主要包括贝叶斯估计的线性回归模型、二元响应回归模型、排序响应回归模型、分类响应回归模型、计数响应回归模型、分数响应回归模型、广义线性模型、样本选择模型、面板数据模型、多层次回归模型、多元时间序列模型和 DSGE 模型等。

12.3 贝叶斯线性回归

贝叶斯线性回归估计的 Stata 命令为

bayes [, bayesopts]: regress depvar [indepvars] [if] [in] [weight] [, options]

菜单操作路径：

Statistics > Linear models and related > Bayesian regression > Linear regression

例 12.1　贝叶斯线性回归

考虑使用数据集 auto.dta 做线性回归模型。选取响应变量 price 回归到协变量 length 和因变量 foreign。

（1）贝叶斯线性回归

下载数据集。

.use https://www.stata-press.com/data/r17/auto, clear

OLS 回归。

.regress price length i.foreign

```
      Source |       SS           df       MS      Number of obs   =        74
-------------+----------------------------------   F(2, 71)        =     16.35
       Model |  200288930         2  100144465     Prob > F        =    0.0000
    Residual |  434776467        71  6123612.21    R-squared       =    0.3154
-------------+----------------------------------   Adj R-squared   =    0.2961
       Total |  635065396        73  8699525.97    Root MSE        =    2474.6

------------------------------------------------------------------------------
       price | Coefficient  Std. err.      t    P>|t|     [95% conf. interval]
-------------+----------------------------------------------------------------
      length |   90.21239   15.83368     5.70   0.000     58.64092    121.7839
```

```
     foreign
     Foreign    2801.143    766.117     3.66   0.000     1273.549    4328.737
       _cons   -11621.35   3124.436    -3.72   0.000     -17851.3   -5391.401
```

贝叶斯线性回归。

.set seed 15

.bayes, burnin(5000): regress price length i.foreign

```
Model summary
------------------------------------------------------------------------------
Likelihood:
  price ~ regress(xb_price,{sigma2})

Priors:
  {price:length 1.foreign _cons} ~ normal(0,10000)                         (1)
                        {sigma2} ~ igamma(.01,.01)
------------------------------------------------------------------------------
(1) Parameters are elements of the linear form xb_price.

Bayesian linear regression                       MCMC iterations  =     15,000
Random-walk Metropolis-Hastings sampling         Burn-in          =      5,000
                                                 MCMC sample size =     10,000
                                                 Number of obs    =         74
                                                 Acceptance rate  =      .3272
                                                 Efficiency:  min =     .05887
                                                              avg =      .1093
Log marginal-likelihood = -699.23257                          max =      .1958

------------------------------------------------------------------------------
             |                                                Equal-tailed
             |      Mean   Std. dev.     MCSE     Median  [95% cred. interval]
-------------+----------------------------------------------------------------
price        |
      length |  33.03301    1.80186   .060848   33.07952   29.36325   36.41022
             |
     foreign |
     Foreign |  32.77011   98.97104   4.07922    34.3237  -164.1978   222.0855
       _cons | -8.063175   102.9479   3.34161  -9.110308  -205.9497   196.9341
-------------+----------------------------------------------------------------
      sigma2 |   7538628    1297955   29334.9    7414320    5379756   1.04e+07
------------------------------------------------------------------------------
Note: Default priors are used for model parameters.
```

（2）具有完美预测因子的 logit 回归

下载数据集。

.use https://www.stata-press.com/data/r17/heartswitz, clear

logit 回归。

.logit disease restecg isfbs age male

```
Logistic regression                                     Number of obs =     26
                                                        LR chi2(1)    =   0.01
                                                        Prob > chi2   = 0.9403
Log likelihood = -4.2358076                             Pseudo R2     = 0.0007

------------------------------------------------------------------------------
     disease | Coefficient  Std. err.      z    P>|z|     [95% conf. interval]
-------------+----------------------------------------------------------------
     restecg |          0  (omitted)
       isfbs |          0  (omitted)
         age |  -.0097846   .1313502    -0.07   0.941    -.2672263    .2476572
```

```
        male |          0  (omitted)
       _cons |   3.763893   7.423076     0.51   0.612    -10.78507    18.31285
------------------------------------------------------------------------------
```

贝叶斯 logit 回归。

.set seed 15

.bayes, noisily: logit disease restecg isfbs age male

```
Model summary
------------------------------------------------------------------------------
Likelihood:
  disease ~ logit(xb_disease)

Prior:
  {disease:age _cons} ~ normal(0,10000)                                    (1)
------------------------------------------------------------------------------
(1) Parameters are elements of the linear form xb_disease.

Bayesian logistic regression                     MCMC iterations  =     12,500
Random-walk Metropolis-Hastings sampling         Burn-in          =      2,500
                                                 MCMC sample size =     10,000
                                                 Number of obs    =         26
                                                 Acceptance rate  =      .2337
                                                 Efficiency:  min =      .1076
                                                              avg =      .1113
Log marginal-likelihood = -14.795726                          max =       .115

------------------------------------------------------------------------------
             |                                                Equal-tailed
     disease |      Mean   Std. dev.     MCSE     Median  [95% cred. interval]
-------------+----------------------------------------------------------------
     restecg |  (omitted)
       isfbs |  (omitted)
         age | -.0405907   .1650514   .004868  -.0328198  -.4005246   .2592641
        male |  (omitted)
       _cons |  6.616447   9.516872   .290075   5.491008  -8.852858   28.99392
------------------------------------------------------------------------------
Note: Default priors are used for model parameters.
```

12.4 MH 算法的贝叶斯模型

MH 算法的贝叶斯模型估计的 Stata 命令为：

（1）含公共回归的多元正态线性回归。

bayesmh depvars = [indepvarspec] [if] [in] [weight], likelihood(mvnormal(...)) prior (priorspec) [options]

（2）具有结果特异性回归因子的多元正态回归。

bayesmh ([eqname1:]depvar1 [indepvarspec1])
　　([eqname2:]depvar2 [indepvarspec2]) [...] [if] [in] [weight],
　　likelihood(mvnormal(...)) prior(priorspec) [options]

（3）多变量正态的非线性模型。

bayesmh (nleqspec1))
　　(nleqspec2)) [...] [if] [in] [weight],
　　likelihood(mvnormal(...)) prior(priorspec) [options]

（4）多层次方程模型。

bayesmh (eqspec) [(eqspec)] [...] [if] [in] [weight],
prior(priorspec) [options]

菜单操作路径：

Statistics > Bayesian analysis > General estimation and regression

bayesmh 命令使用自适应 MH 算法拟合各种贝叶斯模型。它提供了各种似然模型和先验分布。似然模型包括一元正态线性和非线性回归、多元正态线性和非线性回归、广义线性模型（如 logit 和泊松回归）、多方程线性和非线性模型、多水平模型等。先验分布包括连续分布，如均匀分布、Jeffreys 分布、正态分布、伽马分布、多元正态分布和 Wishart 分布，以及离散分布，如伯努利分布和泊松分布。也可以编写自己的贝叶斯模型。

例 12.2　MH 算法的贝叶斯模型

下面以 Stata 自带数据集为例说明实现。

（1）清理内存，下载数据集。

.clear

.webuse oxygen

（2）具有非信息先验的贝叶斯正态线性回归。

.set seed 14

.bayesmh change age group, likelihood(normal({var})) prior({change:}, flat) prior({var}, jeffreys)

```
Model summary
------------------------------------------------------------------------------
Likelihood:
  change ~ normal(xb_change,{var})

Priors:
  {change:age group _cons} ~ 1 (flat)                                      (1)
                     {var} ~ jeffreys
------------------------------------------------------------------------------
(1) Parameters are elements of the linear form xb_change.

Bayesian normal regression                       MCMC iterations  =     12,500
Random-walk Metropolis-Hastings sampling         Burn-in          =      2,500
                                                 MCMC sample size =     10,000
                                                 Number of obs    =         12
                                                 Acceptance rate  =      .2156
                                                 Efficiency:  min =      .0113
                                                              avg =     .04762
Log marginal-likelihood = -24.540662                          max =     .06244

------------------------------------------------------------------------------
             |                                                Equal-tailed
             |      Mean   Std. dev.     MCSE     Median  [95% cred. interval]
-------------+----------------------------------------------------------------
change       |
         age |  1.881017   .3306315   .013424   1.888029   1.245778    2.54989
       group |  5.346138   2.030949   .081278   5.417795   1.314138   9.277244
       _cons | -46.29572   7.747332   .327212  -46.41819  -61.87536  -31.06347
-------------+----------------------------------------------------------------
         var |  10.20521   5.996979   .564173   8.785206   3.521987   24.67556
------------------------------------------------------------------------------
```

（3）正态逆伽马分布先验的贝叶斯正态线性回归。

.set seed 14

.bayesmh change age group, likelihood(normal({var})) prior({change:}, normal(0, {var})) prior({var}, igamma(2.5, 2.5))

```
Model summary
------------------------------------------------------------------------------
Likelihood:
  change ~ normal(xb_change,{var})

Priors:
  {change:age group _cons} ~ normal(0,{var})                               (1)
                     {var} ~ igamma(2.5,2.5)
------------------------------------------------------------------------------
(1) Parameters are elements of the linear form xb_change.

Bayesian normal regression                       MCMC iterations  =     12,500
Random-walk Metropolis-Hastings sampling         Burn-in          =      2,500
                                                 MCMC sample size =     10,000
                                                 Number of obs    =         12
                                                 Acceptance rate  =      .1479
                                                 Efficiency:  min =     .03009
                                                              avg =     .03519
Log marginal-likelihood = -49.714357                          max =     .04498

------------------------------------------------------------------------------
             |                                                Equal-tailed
             |      Mean   Std. dev.     MCSE     Median  [95% cred. interval]
-------------+----------------------------------------------------------------
change       |
         age |  .2864484   .2239049   .010558   .2920752  -.1804154   .7160283
       group |  6.175546   2.793857   .157351   6.169215   .8172602   11.70341
       _cons | -7.013108   4.882405   .264083  -7.077007  -16.74212   2.990244
-------------+----------------------------------------------------------------
         var |  28.86382   11.01971   .635257   26.47226    14.0201   55.82882
------------------------------------------------------------------------------
Note: Adaptation tolerance is not met.
```

（4）多元 Zellner’s g 先验的贝叶斯正态线性回归。

.set seed 14

.bayesmh change age group, likelihood(normal({var})) prior({change:}, zellnersg0(3,12,{var})) prior({var}, igamma(0.5, 4))

```
Model summary
------------------------------------------------------------------------------
Likelihood:
  change ~ normal(xb_change,{var})

Priors:
  {change:age group _cons} ~ zellnersg(3,12,0,{var})                       (1)
                     {var} ~ igamma(0.5,4)
------------------------------------------------------------------------------
(1) Parameters are elements of the linear form xb_change.

Bayesian normal regression                       MCMC iterations  =     12,500
Random-walk Metropolis-Hastings sampling         Burn-in          =      2,500
                                                 MCMC sample size =     10,000
                                                 Number of obs    =         12
                                                 Acceptance rate  =      .3097
                                                 Efficiency:  min =     .02853
```

```
                                                   avg =      .04841
Log marginal-likelihood = -35.713532               max =      .06192

------------------------------------------------------------------------------
             |                                                Equal-tailed
             |      Mean   Std. dev.     MCSE     Median  [95% cred. interval]
-------------+----------------------------------------------------------------
change       |
         age |   1.73949   .3482241   .013994   1.749363   1.037726   2.413595
       group |  4.864895   2.081962   .102278   4.906194   .6375627   8.848885
       _cons | -42.74989   8.179294   .329167  -42.77745  -58.68925   -25.7746
-------------+----------------------------------------------------------------
         var |  11.90012   4.955823   .293381   10.79073   5.674272   24.66376
------------------------------------------------------------------------------
```

（5）与其他模型系数分开更新参数 {var}。

.set seed 14

.bayesmh change age group, likelihood(normal({var})) prior({change:}, zellnersg0(3,12,{var})) prior({var}, igamma(0.5, 4)) block({var})

```
Model summary
------------------------------------------------------------------------------
Likelihood:
  change ~ normal(xb_change,{var})

Priors:
  {change:age group _cons} ~ zellnersg(3,12,0,{var})                       (1)
                     {var} ~ igamma(0.5,4)
------------------------------------------------------------------------------
(1) Parameters are elements of the linear form xb_change.

Bayesian normal regression                       MCMC iterations  =     12,500
Random-walk Metropolis-Hastings sampling         Burn-in          =      2,500
                                                 MCMC sample size =     10,000
                                                 Number of obs    =         12
                                                 Acceptance rate  =      .2862
                                                 Efficiency:  min =     .01986
                                                              avg =     .06117
Log marginal-likelihood = -35.054935                          max =     .09543

------------------------------------------------------------------------------
             |                                                Equal-tailed
             |      Mean   Std. dev.     MCSE     Median  [95% cred. interval]
-------------+----------------------------------------------------------------
change       |
         age |  1.739697   .3659342   .014282   1.736447   1.046733    2.45113
       group |  5.063142    2.19869   .071174   5.083286   .7586753   9.400426
       _cons | -42.93075   8.518933   .337406  -42.65275  -59.74898  -26.78801
-------------+----------------------------------------------------------------
         var |  12.47177    7.85315   .557254   10.78141    5.38607   29.03752
------------------------------------------------------------------------------
```

（6）对参数 {var} 使用 Gibbs 采样，并显示有关区域的摘要。

.set seed 14

.bayesmh change age group, likelihood(normal({var})) prior({change:}, normal(0, 100)) prior({var}, igamma(0.5, 4)) block({var}, gibbs) blocksummary

```
Model summary
------------------------------------------------------------------------------
Likelihood:
```

```
  change ~ normal(xb_change,{var})

Priors:
  {change:age group _cons} ~ normal(0,100)                                (1)
                     {var} ~ igamma(0.5,4)
------------------------------------------------------------------------------
(1) Parameters are elements of the linear form xb_change.

Block summary
------------------------------------------------------------------------------
   1:  {var}                                                          (Gibbs)
   2:  {change:age group _cons}
------------------------------------------------------------------------------

Bayesian normal regression                       MCMC iterations  =     12,500
Metropolis-Hastings and Gibbs sampling           Burn-in          =      2,500
                                                 MCMC sample size =     10,000
                                                 Number of obs    =         12
                                                 Acceptance rate  =      .6247
                                                 Efficiency:  min =     .05298
                                                              avg =     .05911
Log marginal-likelihood = -42.148832                          max =     .07172

------------------------------------------------------------------------------
             |                                                Equal-tailed
             |      Mean   Std. dev.     MCSE     Median  [95% cred. interval]
-------------+----------------------------------------------------------------
change       |
         age |   .926936   .4065062   .016902   .9524098   .0475483   1.601251
       group |  6.838482      2.604   .112151   6.830066   1.650619   12.16343
       _cons | -23.29482   9.709059   .421825  -23.96507  -39.64785  -2.123843
-------------+----------------------------------------------------------------
         var |  19.90767   14.88695   .555894   15.68777   5.451305   58.77039
------------------------------------------------------------------------------
```

（7）具有非信息先验的贝叶斯逻辑回归模型。

清理内存，下载数据集。

.clear

.webuse hearthungary

.set seed 14

.bayesmh disease restecg isfbs age male, likelihood(logit) prior({disease:}, normal(0,1000))

```
Model summary
------------------------------------------------------------------------------
Likelihood:
  disease ~ logit(xb_disease)

Prior:
  {disease:restecg isfbs age male _cons} ~ normal(0,1000)                 (1)
------------------------------------------------------------------------------
(1) Parameters are elements of the linear form xb_disease.

Bayesian logistic regression                     MCMC iterations  =     12,500
Random-walk Metropolis-Hastings sampling         Burn-in          =      2,500
                                                 MCMC sample size =     10,000
                                                 Number of obs    =        285
                                                 Acceptance rate  =      .2341
                                                 Efficiency:  min =     .03088
                                                              avg =     .04524
Log marginal-likelihood =  -195.7454                          max =     .06362
```

disease	Mean	Std. dev.	MCSE	Median	Equal-tailed [95% cred. interval]	
restecg	-.1076298	.2931371	.013664	-.1036111	-.6753464	.4471483
isfbs	1.182073	.541182	.030797	1.169921	.2267485	2.268314
age	.042955	.0170492	.000676	.0432923	.0103757	.0763747
male	1.488844	.3612114	.018399	1.484816	.7847398	2.244648
_cons	-3.866674	.8904101	.041022	-3.869567	-5.658726	-2.112237

（8）含超参数 {lambda} 的贝叶斯有序概率模型。

清理内存，下载数据集。

.clear

.webuse fullauto

.replace length = length/10

.set seed 14

.bayesmh rep77 foreign length mpg, likelihood(oprobit) prior({rep77: foreign length mpg}, normal(0,1)) prior({rep77:_cut1 _cut2 _cut3 _cut4}, exponential({lambda=30})) prior({lambda}, uniform(10,40)) block(lambda)

```
Model summary
------------------------------------------------------------------------------
Likelihood:
  rep77 ~ oprobit(xb_rep77,{rep77:_cut1 ... _cut4})

Priors:
  {rep77:foreign length mpg} ~ normal(0,1)                                 (1)
     {rep77:_cut1 ... _cut4} ~ exponential({lambda})

Hyperprior:
  {lambda} ~ uniform(10,40)
------------------------------------------------------------------------------
(1) Parameters are elements of the linear form xb_rep77.

Bayesian ordered probit regression              MCMC iterations  =     12,500
Random-walk Metropolis-Hastings sampling        Burn-in          =      2,500
                                                MCMC sample size =     10,000
                                                Number of obs    =         66
                                                Acceptance rate  =      .3422
                                                Efficiency:  min =     .02171
                                                             avg =      .0355
Log marginal-likelihood = -102.82883                         max =      .1136
```

	Mean	Std. dev.	MCSE	Median	Equal-tailed [95% cred. interval]	
rep77						
foreign	1.338071	.3750768	.022296	1.343838	.6331308	2.086062
length	.3479392	.1193329	.00787	.3447806	.1277292	.5844067
mpg	.1048089	.0356498	.002114	.1022382	.0373581	.1761636
_cut1	7.204502	2.910222	.197522	7.223413	1.90771	13.07034
_cut2	8.290923	2.926149	.197229	8.258871	2.983281	14.16535
_cut3	9.584845	2.956191	.197144	9.497836	4.23589	15.52108
_cut4	10.97314	3.003014	.192244	10.89227	5.544563	17.06189
lambda	18.52477	7.252342	.215137	16.40147	10.21155	36.44309

（9）贝叶斯多元正态模型。

清理内存，下载数据集。

.clear

.sysuse auto, clear

.replace weight = weight/1000

.replace length = length/100

.replace mpg = mpg/10

（10）包含协方差矩阵参数 {Sigma} 的贝叶斯多元正态模型。

.set seed 14

.bayesmh (mpg) (weight) (length), likelihood(mvnormal({Sigma,m})) prior({mpg:_cons} {weight:_cons} {length:_cons}, normal(0,100)) prior({Sigma,m}, iwishart(3,100,I(3))) block({mpg:_cons} {weight:_cons} {length:_cons}) block({Sigma,m}) dots

```
Model summary
------------------------------------------------------------------------------
Likelihood:
  mpg weight length ~ mvnormal(3,{mpg:},{weight:},{length:},{Sigma,m})
Priors:
     {mpg:_cons} ~ normal(0,100)
  {weight:_cons} ~ normal(0,100)
  {length:_cons} ~ normal(0,100)
       {Sigma,m} ~ iwishart(3,100,I(3))
------------------------------------------------------------------------------

Bayesian multivariate normal regression          MCMC iterations  =     12,500
Random-walk Metropolis-Hastings sampling         Burn-in          =      2,500
                                                 MCMC sample size =     10,000
                                                 Number of obs    =         74
                                                 Acceptance rate  =      .3255
                                                 Efficiency:  min =    .001396
                                                              avg =     .04166
Log marginal-likelihood = -254.88899                          max =      .1111

------------------------------------------------------------------------------
             |                                                Equal-tailed
             |      Mean   Std. dev.     MCSE     Median  [95% cred. interval]
-------------+----------------------------------------------------------------
mpg          |
       _cons |   2.13089   .0455363   .001763   2.129007    2.04435   2.223358
-------------+----------------------------------------------------------------
weight       |
       _cons |  3.018691   .0671399    .00212   3.020777   2.880051   3.149828
-------------+----------------------------------------------------------------
length       |
       _cons |  1.879233   .0210167    .00063   1.879951   1.837007   1.920619
-------------+----------------------------------------------------------------
   Sigma_1_1 |  .1571554   .0038157   .000183   .1570586   .1499028   .1648159
   Sigma_2_1 | -.1864936   .0024051   .000343  -.1864259  -.1912537    -.18194
   Sigma_3_1 | -.0533863   .0033667   .000199   -.053342  -.0601722  -.0468986
   Sigma_2_2 |  .3293518   .0044948   .001203    .329703   .3193904   .3366703
   Sigma_3_2 |  .0894404   .0040487   .000471   .0894156   .0816045   .0976702
   Sigma_3_3 |  .0329253    .002521    .00024   .0328027   .0285211   .0383005
------------------------------------------------------------------------------
Note: There is a high autocorrelation after 500 lags.
```

第 13 章
CHAPTER 13

lasso 回归

LASSO 最初是"最小绝对收缩和选择算子"（least absolute shrinkage and selection operator）的首字母缩写。今天 lasso（套索）被认为是一个词，而不是首字母缩写。lasso 是一种选择和拟合模型中出现的协变量的方法。lasso 命令可以拟合线性、logit、probit 和泊松模型。lasso 可以用于预测、模型选择，并作为估计法的一个组成部分来执行推论。

lasso、弹性网络和平方根 lasso 可以用于模型选择和预测。Stata 软件的 lasso、elasticnet 和 sqrtlasso 命令分别实现了这些方法。lasso 和 elasticnet 拟合连续、二进制和计数结果，而 sqrtlasso 拟合连续结果。

13.1 lasso 回归预测及模型选择

13.1.1 lasso 回归估计

lasso 和弹性网络通过寻找惩罚目标函数的最小值来估计参数。lasso 的惩罚目标函数为：

$$Q_L = \frac{1}{N}\sum_{i=1}^{N} w_i f(y_i, \beta_0 + \boldsymbol{x}_i\boldsymbol{\beta}') + \lambda\sum_{j=1}^{p}\kappa_j |\beta_j| \tag{13-1}$$

其中，N 是观察次数；w_i 是观察水平权重；β_0 是截距，$\boldsymbol{x}_i$ 是 $1\times p$ 维的协变量向量；$\boldsymbol{\beta}'$ 是 $1\times p$ 维的系数向量；λ 是大于等于 0 的 lasso 惩罚参数；κ_j 是系数权重。对于线性回归、logit 回归、probit 回归或泊松模型，$f(\cdot)$ 是似然贡献；当模型为线性回归时，

$$f(\beta_0 + \boldsymbol{x}_i\boldsymbol{\beta}) = \frac{1}{2}(y_i - \beta_0 - \boldsymbol{x}_i\boldsymbol{\beta}')^2 \tag{13-2}$$

当模型为 logit 回归时，

$$f(\beta_0 + \boldsymbol{x}_i\boldsymbol{\beta}) = -y_i(\beta_0 + \boldsymbol{x}_i\boldsymbol{\beta}') + \ln\{1 + \exp(\beta_0 + \boldsymbol{x}_i\boldsymbol{\beta}')\} \tag{13-3}$$

当模型为 probit 回归时，

$$f(\beta_0+\boldsymbol{x}_i\boldsymbol{\beta})=-y_i\ln\{\Phi(\beta_0+\boldsymbol{x}_i\boldsymbol{\beta}')\}-(1-y_i)\ln\{1-\Phi(\beta_0+\boldsymbol{x}_i\boldsymbol{\beta}')\} \tag{13-4}$$

当模型为泊松回归时，

$$f(\beta_0+\boldsymbol{x}_i\boldsymbol{\beta})=-y_i(\beta_0+\boldsymbol{x}_i\boldsymbol{\beta}')+\exp(\beta_0+\boldsymbol{x}_i\boldsymbol{\beta}') \tag{13-5}$$

如果指定了 cluster(·) 选项，则对数似然度计算为集群级别的对数似然度之和。带簇 lasso 的惩罚目标函数为

$$Q_L=\frac{1}{N_{\text{clust}}}\sum_{i=1}^{N_{\text{clust}}}\left\{\frac{1}{T_i}\sum_{t=1}^{T_i}w_{it}f(y_{it},\beta_0+\boldsymbol{x}_{it}\boldsymbol{\beta}')\right\}+\lambda\sum_{j=1}^{p}\kappa_j\,|\,\beta_j\,| \tag{13-6}$$

式中，N_{clust} 是集群总数；T_i 是集群 i 中的观测数量。对于集群 i 中的第 t 个观测，w_{it} 是其观测水平权重，y_{it} 是因变量，$\boldsymbol{x}_{it}$ 是协变量。

13.1.2　λ 最优值的确定

要使用 lasso，我们需要决定 λ 的哪个值最好。我们将选定的 λ 最优值表示为 λ^*。为 lasso 选择 λ^* 的四种方法是交叉验证法（cross-validation，CV）、自适应法、插件估计法和 BIC 法。lasso 命令有不同的选项方法：selection(cv)、selection(adaptive)、selection(plugin)、selection(bic)、selection(none)。

（1）selection(cv) 有两种变体：一种是默认值，它最小化 CV 函数选择 λ^* 作为 λ 最优值；另一种是 selection（cv，serule），它在较大 λ 方向上的最小值选择一个 λ^* 作为一个标准误差。

对应每个 λ 估计系数后，计算 CV 函数的值。默认情况下，CV 将数据随机分成 10 个折叠（这是随机使用数字）。选择一个折叠，然后对于既定的 λ，使用模型变量对其他 9 个折叠进行线性回归拟合。利用这些新的系数估计和所选折叠的数据，计算出预测的均方误差（MSE）。这个过程重复了另外 9 个折叠。然后对 10 个折叠的 MSE 进行平均，就得出 CV 函数的值。在输出端，CV 函数被标记为 CV 平均预测误差。

（2）selection(adaptive) 适合多个 lasso，通常只有两个，每个 lasso 使用 CV。这个选择 λ^* 是最后一个 lasso 选择的 λ。

（3）selection(plugin) 根据迭代公式选择 λ^*。它有两种变体：默认 selection（plugin，heteroskedastic）和 selection（plugin，homoskedastic）。它被用作实现推理模型的工具。它并不用于预测。

默认 selection（plugin，heteroskedastic）：

误差必须是齐次的，但无须假定具体的分布。λ^* 的公式是

$$\lambda_{\text{homoskedastic}}=\frac{c\hat{\sigma}}{\sqrt{N}}\Phi^{-1}\left(1-\frac{\gamma}{2p}\right) \tag{13-7}$$

$\hat{\sigma}$ 是误差项方差的估计量。在线性齐次情形下，不需要估计惩罚载荷 k_j，它们隐含在 $\hat{\sigma}$ 中。

selection（plugin，homoskedastic）：

误差可能是异方差的，并且没有假定具体的分布。λ^* 的公式是

$$\lambda_{\text{heteroskedastic}}=\frac{c}{\sqrt{N}}\Phi^{-1}\left(1-\frac{\gamma}{2p}\right) \tag{13-8}$$

在线性异方差情况下，惩罚载荷估算式为

$$\kappa_j = \sqrt{\frac{1}{N}\sum_{i=1}^{N}(x_{ij}\varepsilon_i)^2} \quad (13\text{-}9)$$

（4）selection(bic) 选择使 BIC 最小化的 λ^*。通过最小化 BIC 选择的 λ 将选择一组接近真实集的协变量。

$$\mathrm{BIC} = -2\log L(y, \beta_0 + x\boldsymbol{\beta}') + \mathrm{df}\log(N) \quad (13\text{-}10)$$

（5）sclcction(none) 是先不选择 λ^*。之后，可以使用命令 lassos-elect 选择 λ。

13.1.3 惩罚和后选择系数

为了在 lasso 后得到预测，我们使用预测，就像我们使用回归后预测一样。但是 lasso 之后我们有两个选择。lasso 之后，我们可以使用惩罚系数来计算预测，或者我们可以使用后选择系数。实际上，lasso 之后有三种类型的系数：标准化、惩罚、事后选择。

lasso 就是找到一个系数估计向量 $\boldsymbol{\beta}$，以使给定 λ 取值时，函数

$$\frac{1}{2N}(\boldsymbol{y}-\boldsymbol{X\beta}')'(\boldsymbol{y}-\boldsymbol{X\beta}') + \lambda\sum_{j=1}^{p}|\beta_j| \quad (13\text{-}11)$$

最小化。

在我们最小化目标函数之前，我们对 $\boldsymbol{X}$ 的列（即模型中的潜在变量）进行标准化，以便每个列的平均值为 0，标准误差为 1。标准化参数估计值是指精确地由目标函数的最小化得到标准化变量的系数估计值。

参数惩罚估计值是指标准化解除后目标函数最小化的系数估计值。严格来说，标准化给出了标准化变量的惩罚系数。惩罚给出了非标准化变量的惩罚系数。

第三种类型是后选择的参数估计值。计算方法是取所选变量，用它们估计线性回归，并使用这些系数。

13.1.4 lasso 回归预测及模型选择的命令与实例

lasso 回归预测及模型选择的命令为：

lasso model depvar [(alwaysvars)] othervars [if] [in] [weight] [, options]

其中，model 可以是线性、logit、probit 或泊松模型之一；alwaysvars 是始终包含在模型中的变量；othervars 是 lasso 将选择包含在模型中或从模型中排除的变量。

菜单操作路径：

Statistics > Lasso > Lasso

lasso 选择协变量并拟合线性模型、逻辑模型、概率模型和泊松模型。lasso 的结果可用于预测和模型选择。lasso 保存但不显示估计系数。lasso postestimation 中列出的 postestimation 命令可用于生成预测、报告系数和显示拟合度量。lasso 后估计命令如表 13-1 所示。

表 13-1 lasso 后估计命令

序号	命令	描述
lasso、sqrtlasso 和 elasticnet 后的后估计命令	bicplot	绘制贝叶斯信息准则函数
	coefpath	系数路径的绘图
	cvplot	绘图交叉验证函数
	lassocoef	显示选定的系数
	lassogof	预测 lasso 后的拟合优度
	lassoinfo	关于 lasso 估计结果的信息
	lassoknots	系数选择和配合措施的节点表
	lassoselect	选择替代 lambda*（对于 elasticnet，选择 alpha*）
标准后估计命令	estat summarize	估算样本的汇总统计信息
	estimates	分类估算结果
	etable	估计结果列表
	predict	线性预测

例 13.1 lasso 回归

下面以 Stata 自带的 auto 数据集为例说明实现。

lasso 回归。

下载数据集。

.sysuse auto

.set seed 1234

.lasso linear mpg i.foreign i.rep78 headroom weight turn gear_ratio price trunk length displacement

```
Lasso linear model                          No. of obs        =      69
                                            No. of covariates =      15
Selection: Cross-validation                 No. of CV folds   =      10

--------------------------------------------------------------------------
         |                                 No. of     Out-of-      CV mean
         |                                nonzero      sample   prediction
      ID |     Description      lambda      coef.   R-squared        error
---------+----------------------------------------------------------------
       1 |    first lambda    4.69114          0     -0.0018     33.97832
      41 |   lambda before   .1135316          8      0.6062      13.3577
    * 42 | selected lambda   .1034458          8      0.6066      13.3422
      43 |    lambda after   .0942559          9      0.6060     13.36279
      45 |     last lambda   .0782529         11      0.6034     13.45168
--------------------------------------------------------------------------
* lambda selected by cross-validation.
```

.lassoknots, alllambdas

结果略。

.lassoknots

```
-------------------------------------------------------------------------------------
      |                 No. of   CV mean |
      |                nonzero     pred. |            Variables (A)dded, (R)emoved,
   ID |     lambda       coef.     error |                   or left (U)nchanged
-------------------------------------------------------------------------------------
```

2	4.274392	2	31.62288	A weight length
15	1.275328	3	15.48129	A 5.rep78
19	.8790341	4	15.3171	A turn
20	.8009431	5	15.32254	A gear_ratio
21	.7297895	6	15.31234	A price
30	.3159085	7	14.77343	A 0.foreign
31	.287844	8	14.67034	A 3.rep78
* 42	.1034458	8	13.3422	U
43	.0942559	9	13.36279	A 1.rep78
44	.0858825	10	13.39785	A headroom
45	.0782529	11	13.45168	A displacement

* lambda selected by cross-validation.

绘制 CV 函数图。

.cvplot

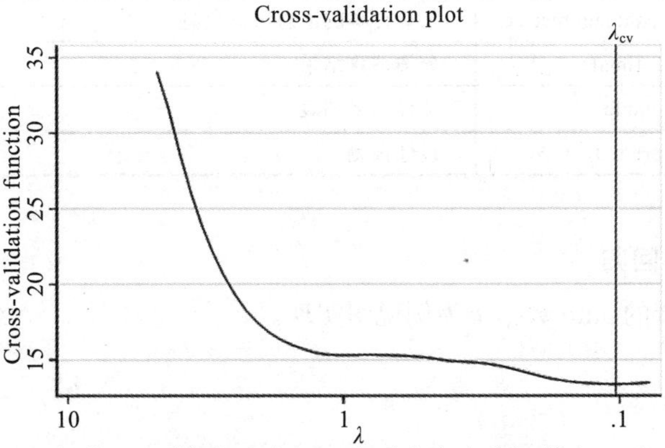

λ_{cv} Cross-validation minimum lambda λ=.1, #Coefficients=8.

要查看 CV 函数的更多值，我们可以使用 selection(cv, alllambdas)。

.set seed 1234

.lasso linear mpg i.foreign i.rep78 headroom weight turn gear_ratio price trunk length displacement, selection(cv, alllambdas)

```
Lasso linear model                          No. of obs        =        69
                                            No. of covariates =        15
Selection: Cross-validation                 No. of CV folds   =        10
```

ID	Description	lambda	No. of nonzero coef.	Out-of-sample R-squared	CV mean prediction error
1	first lambda	4.69114	0	-0.0018	33.97832
41	lambda before	.1135316	8	0.6062	13.3577
* 42	selected lambda	.1034458	8	0.6066	13.3422
43	lambda after	.0942559	9	0.6060	13.36279
77	last lambda	.0039863	13	0.5765	14.36306

* lambda selected by cross-validation.

绘制 CV 函数图。

.cvplot

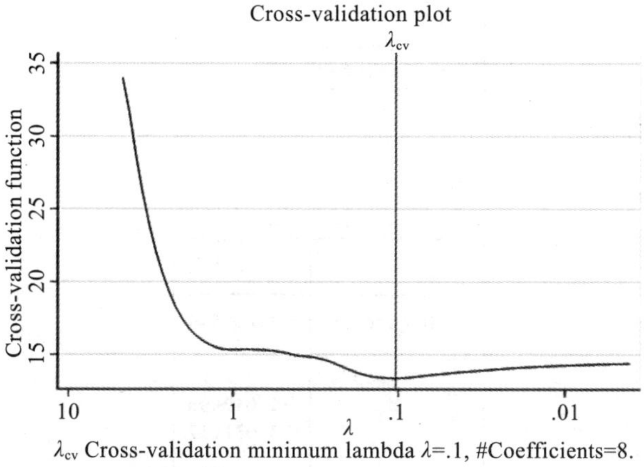

让我们列出标准化变量的系数。

.lassocoef, display(coef, standardized)

	active
0.foreign	1.49568
rep78	
3	-.3292316
5	1.293645
weight	-.2804677
turn	-.7378134
gear_ratio	1.378287
price	-.2809065
length	-2.942432
_cons	0

Legend:
b - base level
e - empty cell
o - omitted

惩罚参数估计值。

.lassocoef, display(coef, penalized)

	active
0.foreign	3.250554
rep78	
3	-.6641369
5	3.533896
weight	-.0003563
turn	-.167352
gear_ratio	3.000733
price	-.0000972
length	-.1303001
_cons	42.62583

Legend:

```
b - base level
e - empty cell
o - omitted
```

后选择的参数估计值。

.lassocoef, display(coef, postselection)

	active
0.foreign	4.769344
rep78	
3	-1.010493
5	4.037817
weight	-.000157
turn	-.2159788
gear_ratio	3.973684
price	-.0000582
length	-.1355416
_cons	40.79938

```
Legend:
  b - base level
  e - empty cell
  o - omitted
```

进行线性回归。

.regress mpg 0bn.foreign 3bn.rep78 5bn.rep78 weight turn gear_ratio price length

Source	SS	df	MS			
				Number of obs	=	69
				F(8, 60)	=	22.14
Model	1748.04019	8	218.505024	Prob > F	=	0.0000
Residual	592.162704	60	9.86937839	R-squared	=	0.7470
				Adj R-squared	=	0.7132
Total	2340.2029	68	34.4147485	Root MSE	=	3.1416

mpg	Coefficient	Std. err.	t	P>|t|	[95% conf.	interval]
foreign						
Domestic	4.769344	1.596469	2.99	0.004	1.575931	7.962757
rep78						
3	-1.010493	.8775783	-1.15	0.254	-2.765911	.7449251
5	4.037817	1.262631	3.20	0.002	1.512178	6.563455
weight	-.000157	.0021651	-0.07	0.942	-.0044878	.0041739
turn	-.2159788	.1886946	-1.14	0.257	-.5934242	.1614665
gear_ratio	3.973684	1.603916	2.48	0.016	.7653732	7.181994
price	-.0000582	.0001996	-0.29	0.772	-.0004574	.0003411
length	-.1355416	.0595304	-2.28	0.026	-.2546201	-.0164632
_cons	40.79938	9.206714	4.43	0.000	22.38321	59.21555

利用参数惩罚估计值做预测。

.predict yhat

结果略。

例 13.2 不同模型的 lambda 最优值确定

清理内存，下载数据集。

.clear

. webuse cattaneo2

lasso 线性回归。

.lasso linear bweight c.mage##c.mage c.fage##c.fage c.mage#c.fage c.fedu##c.medu i.(mmarried mhisp fhisp foreign alcohol msmoke fbaby prenatal1)

```
Lasso linear model                          No. of obs        =      4,642
                                            No. of covariates =         26
Selection: Cross-validation                 No. of CV folds   =         10

--------------------------------------------------------------------------
         |                                No. of      Out-of-      CV mean
         |                               nonzero       sample   prediction
      ID |     Description      lambda     coef.    R-squared        error
---------+----------------------------------------------------------------
       1 |    first lambda    107.1305         0      -0.0003       335068
      38 |   lambda before     3.42739        11       0.0558     316281.1
    * 39 | selected lambda     3.12291        11       0.0558     316280.8
      40 |    lambda after    2.845479        12       0.0558       316282
      64 |     last lambda    .3051114        19       0.0547     316639.1
--------------------------------------------------------------------------
* lambda selected by cross-validation.
```

lasso 线性回归，使用插件估计法来获得 λ。

.lasso linear bweight c.mage##c.mage c.fage##c.fage c.mage#c.fage c.fedu##c.medu i.(mmarried mhisp fhisp foreign alcohol msmoke fbaby prenatal1), selection(plugin)

```
Lasso linear model                          No. of obs        =      4,642
                                            No. of covariates =         26
Selection: Plugin heteroskedastic

--------------------------------------------------------------------------
         |                                No. of
         |                               nonzero    In-sample
      ID |     Description      lambda     coef.    R-squared          BIC
---------+----------------------------------------------------------------
     * 1 | selected lambda    .0565985         3       0.0498      72024.5
--------------------------------------------------------------------------
* lambda selected by plugin formula assuming heteroskedastic errors.
```

lasso logit 回归。

lasso logit lbweight c.mage##c.mage c.fage##c.fage c.mage#c.fage c.fedu##c.medu i.(mmarried mhisp fhisp foreign alcohol msmoke fbaby prenatal1)

```
Lasso logit model                           No. of obs        =      4,642
                                            No. of covariates =         26
Selection: Cross-validation                 No. of CV folds   =         10

--------------------------------------------------------------------------
         |                                No. of      Out-of-
         |                               nonzero       sample      CV mean
      ID |     Description      lambda     coef.   dev. ratio     deviance
---------+----------------------------------------------------------------
       1 |    first lambda    .0262781         0      -0.0010     .4561575
```

29	lambda before	.0019421	11	0.0323	.4409757
* 30	selected lambda	.0017696	11	0.0323	.4409486
31	lambda after	.0016124	11	0.0323	.4409496
46	last lambda	.0003994	15	0.0311	.4415325

* lambda selected by cross-validation.

lasso logit 回归，使用自适应法来获得 λ。

.lasso logit lbweight c.mage##c.mage c.fage##c.fage c.mage#c.fage c.fedu##c.medu i.(mmarried mhisp fhisp foreign alcohol msmoke fbaby prenatal1), selection(adaptive)

```
Lasso logit model                          No. of obs         =      4,642
                                           No. of covariates  =         26
Selection: Adaptive                        No. of lasso steps =          2

Final adaptive step results
```

ID	Description	lambda	No. of nonzero coef.	Out-of-sample dev. ratio	CV mean deviance
41	first lambda	.1452663	0	-0.0001	.4557401
82	lambda before	.0032033	7	0.0391	.4378642
* 83	selected lambda	.0029187	7	0.0392	.4378411
84	lambda after	.0026594	7	0.0392	.4378452
125	last lambda	.0000586	11	0.0384	.4381907

* lambda selected by cross-validation in final adaptive step.

lasso 泊松回归。

.lasso poisson nprenatal c.mage##c.mage c.fage##c.fage c.mage#c.fage c.fedu##c.medu i.(mmarried mhisp fhisp foreign alcohol msmoke fbaby prenatal1)

```
Lasso Poisson model                        No. of obs         =      4,642
                                           No. of covariates  =         26
Selection: Cross-validation                No. of CV folds    =         10
```

ID	Description	lambda	No. of nonzero coef.	Out-of-sample dev. ratio	CV mean deviance
1	first lambda	1.73055	0	0.0012	1.508643
46	lambda before	.0263028	12	0.2186	1.180206
* 47	selected lambda	.0239661	13	0.2186	1.180199
48	lambda after	.0218371	13	0.2186	1.180216
58	last lambda	.008613	16	0.2175	1.181831

* lambda selected by cross-validation.

lasso 泊松回归，将 λ 降低为更小的值。

lasso poisson nprenatal c.mage##c.mage c.fage##c.fage c.mage#c.fage c.fedu##c.medu i.(mmarried mhisp fhisp foreign alcohol msmoke fbaby prenatal1), grid(100, ratio(1e-5))

```
Lasso Poisson model                        No. of obs         =      4,642
                                           No. of covariates  =         26
Selection: Cross-validation                No. of CV folds    =         10
```

ID	Description	lambda	No. of nonzero coef.	Out-of-sample dev. ratio	CV mean deviance
1	first lambda	1.73055	0	0.0014	1.508353
34	lambda before	.0372836	10	0.2172	1.182286
* 35	selected lambda	.0331904	11	0.2173	1.18225
36	lambda after	.0295466	11	0.2172	1.182276
48	last lambda	.0073189	16	0.2162	1.183807

* lambda selected by cross-validation.

13.2 平方根 lasso 回归

平方根 lasso（square-root lasso，sqrtlasso）是 lasso 的另一个版本。lasso 最小化的目标函数为：

$$\frac{1}{2N}(\boldsymbol{y}-\boldsymbol{X\beta}')'(\boldsymbol{y}-\boldsymbol{X\beta}')+\lambda\sum_{j=1}^{p}|\beta_j| \tag{13-12}$$

而平方根 lasso 最小化的目标函数为：

$$\sqrt{\frac{1}{N}(\boldsymbol{y}-\boldsymbol{X\beta}')'(\boldsymbol{y}-\boldsymbol{X\beta}')}+\frac{\lambda}{N}\sum_{j=1}^{p}|\beta_j| \tag{13-13}$$

也就是说，平方根 lasso 通过寻找惩罚目标函数的最小值来估计参数。惩罚目标函数为：

$$Q=\sqrt{\frac{1}{N}\sum_{i=1}^{N}w_i(y_i-\beta_0-\boldsymbol{x}_i\boldsymbol{\beta}')^2}+\frac{\lambda}{N}\sum_{j=1}^{p}\kappa_j|\beta_j| \tag{13-14}$$

式中，默认 $\kappa_j=1$。其他符号含义同前文。

如果指定了选项 cluster()，则带有簇的惩罚目标函数为：

$$Q=\sqrt{\frac{1}{N_{\text{clust}}}\sum_{i=1}^{N_{\text{clust}}}\left\{\frac{1}{T_i}\sum_{t=1}^{T_i}w_{it}(y_{it}-\beta_0-\boldsymbol{x}_{it}\boldsymbol{\beta}')^2\right\}}+\frac{\lambda}{N_{\text{clust}}}\sum_{j=1}^{p}\kappa_j|\beta_j| \tag{13-15}$$

式中，N_{clust} 是簇的总数，T_i 是簇 i 中的观测数。对于第一类中的第 t 个观察值，w_{it} 是其观察水平权重，y_{it} 是因变量，而 $\boldsymbol{x}_{it}$ 则是协变量。

平方根 lasso 也可以单独用于预测或模型选择。为了与 lasso 保持一致，λ^* 的默认选择方法是交叉验证法。如果要使用插件估计法，要指定选项 selection(plugin)。插件估计法的 λ^* 计算式为：

$$\lambda_{\text{sqrt}}=2c\sqrt{N}\Phi^{-1}\left(1-\frac{\gamma}{2p}\right) \tag{13-16}$$

式中，一般情况下 $c=1.1$；N 是样本量，γ 是当变量 x_j 的系数为 0 时，不移除变量 x_j 的概率，设 $\gamma=0.1/\ln[\max\{p,N\}]$；$p$ 是模型中的候选协变量的数量。

平方根 lasso 的 Stata 命令为：

sqrtlasso depvar [(alwaysvars)] othervars [if] [in] [weight] [, options]

其中，alwaysvars 是始终包含在模型中的变量；othervars 是 sqrtlasso 将选择包含在模型中或从模型中排除的变量。

菜单操作路径：

Statistics > Lasso > Square-root lasso

sqrtlasso 选择协变量并使用平方根 lasso 拟合线性模型。sqrtlasso 的结果可用于预测和模型选择。sqrtlasso 的结果通常与 lasso 的结果相似。sqrtlasso 保存但不显示估计系数。[LASSO]LASSO postestimation 可用于生成预测、报告系数和显示拟合度量。

例 13.3 平方根回归

下面以 Stata 自带数据集为例说明实现。

（1）清理内存，下载数据集。

.clear

.webuse cattaneo2

.keep if fbaby==1

（2）平方根 lasso 线性回归。

.sqrtlasso bweight c.mage##c.mage c.fage##c.fage c.mage#c.fage c.fedu##c.medu i.(mmarried mhisp fhisp foreign alcohol msmoke fbaby prenatal1)

```
Square-root lasso linear model              No. of obs        =      2,033
                                            No. of covariates =         24
Selection: Cross-validation                 No. of CV folds   =         10

------------------------------------------------------------------------------
         |                                No. of      Out-of-      CV mean
         |                               nonzero       sample   prediction
      ID |     Description      lambda     coef.    R-squared        error
---------+--------------------------------------------------------------------
       1 |    first lambda    323.4747         0      -0.0005       317219
      23 |   lambda before    41.77837         6       0.0341     306246.4
    * 24 | selected lambda    38.06689         6       0.0341     306240.8
      25 |    lambda after    34.68514         7       0.0340     306255.9
      38 |     last lambda    10.34882        12       0.0329     306632.6
------------------------------------------------------------------------------
* lambda selected by cross-validation.
```

（3）平方根 lasso 线性回归，使用插件估计法来获得 λ。

.sqrtlasso bweight c.mage##c.mage c.fage##c.fage c.mage#c.fage c.fedu##c.medu i.(mmarried mhisp fhisp foreign alcohol msmoke fbaby prenatal1), selection(plugin)

```
Square-root lasso linear model              No. of obs        =      2,033
                                            No. of covariates =         24
Selection: Plugin heteroskedastic

------------------------------------------------------------------------------
         |                                No. of
         |                               nonzero    In-sample
      ID |     Description      lambda     coef.    R-squared          BIC
---------+--------------------------------------------------------------------
     * 1 | selected lambda    171.4402         4       0.0245     31508.68
------------------------------------------------------------------------------
* lambda selected by plugin formula assuming heteroskedastic errors.
```

13.3 弹性网络回归

弹性网络回归的惩罚目标函数为：

$$Q_{\text{en}} = \frac{1}{N}\sum_{i=1}^{N} w_i f(y_i, \beta_0 + \boldsymbol{x}_i\boldsymbol{\beta}') + \lambda\sum_{j=1}^{p}\kappa_j\left\{\frac{1-\alpha}{2}\beta_j^2 + \alpha|\beta_j|\right\} \quad (13\text{-}17)$$

式中，α 是弹性净惩罚参数，只能在 [0, 1] 中取值，默认取值为 0.5、0.75 和 1。

具有簇的弹性网络的惩罚目标函数为：

$$Q_{\text{en}} = \frac{1}{N_{\text{clust}}}\sum_{i=1}^{N_{\text{clust}}}\left\{\frac{1}{T_i}\sum_{t=1}^{T_i} w_{it} f(y_{it}, \beta_0 + \boldsymbol{x}_{it}\boldsymbol{\beta}')\right\} + \lambda\sum_{j=1}^{p}\kappa_j\left\{\frac{1-\alpha}{2}\beta_j^2 + \alpha|\beta_j|\right\} \quad (13\text{-}18)$$

这里我们提供了岭（ridge）回归的方法和公式，这是弹性网络的一种特殊情况。与 lasso 和弹性网络不同，岭回归有一个可微分的目标函数，并且目标函数最小化问题有一个封闭形式的解。非线性模型岭回归的解是通过迭代加权最小二乘法得到的。

通过最小化下面的目标函数，得到广义线性模型岭回归模型的参数估计值：

$$\ell_r(\boldsymbol{\beta}) = \frac{1}{N}\sum_{i=1}^{N} w_i f(y_i, \beta_0 + \boldsymbol{x}_i\boldsymbol{\beta}') + \frac{\lambda}{2}\sum_{j=1}^{p}\kappa_j\beta_j^2 \quad (13\text{-}19)$$

弹性网络回归的 Stata 命令为：

elasticnet model depvar [(alwaysvars)] othervars [if] [in] [weight] [, options]

其中，model 是线性、logit、probit 或泊松模型之一；alwaysvars 是始终包含在模型中的变量；othervars 是弹性网络将选择包含在模型中或从模型中排除的变量。

菜单操作路径：

Statistics > Lasso > Elastic net

elasticnet 能够选择协变量，并拟合线性、逻辑、概率和泊松模型。elasticnet 的结果可用于预测和模型选择。elasticnet 保存但不显示估计系数。[LASSO]LASSO postestimation 中列出的 postestimation 命令可用于生成预测、报告系数和显示拟合度量。

例 13.4 弹性网络回归

下面以 Stata 自带数据集为例说明实现。

（1）清理内存，下载数据集。

.clear

.webuse cattaneo2

.keep if foreign==1

（2）弹性网络线性回归。

.elasticnet linear bweight c.mage##c.mage c.fage##c.fage c.mage#c.fage c.fedu##c.medu i.(mmarried mhisp fhisp foreign alcohol msmoke fbaby prenatal1), rseed(123)

```
Elastic net linear model                 No. of obs        =        248
                                         No. of covariates =         24
Selection: Cross-validation              No. of CV folds   =         10

--------------------------------------------------------------------------
                |                               No. of   Out-of-     CV mean
                |                              nonzero    sample  prediction
alpha        ID |     Description      lambda    coef. R-squared       error
```

1.000						
	1	first lambda	134.2604	0	-0.0128	330919.8
	2	lambda before	122.3331	0	-0.0128	330919.8
	* 3	selected lambda	111.4654	0	-0.0128	330919.8
	4	lambda after	101.5631	0	-0.0141	331346.7
	6	last lambda	89.50694	0	-0.0164	332101.8
0.750						
	7	first lambda	134.2604	0	-0.0128	330933.1
	17	last lambda	61.16655	7	-0.0140	331336.3
0.500						
	18	first lambda	134.2604	0	-0.0130	330991.1
	42	last lambda	16.62867	21	-0.0147	331566.5

* alpha and lambda selected by cross-validation.

（3）指定 alpha 网格的弹性网络线性回归。

.elasticnet linear bweight c.mage##c.mage c.fage##c.fage c.mage#c.fage c.fedu##c.medu i.(mmarried mhisp fhisp foreign alcohol msmoke fbaby prenatal1), alphas(.8(.05)1)

Elastic net linear model   No. of obs = 248
                                        No. of covariates = 24
Selection: Cross-validation   No. of CV folds = 10

alpha	ID	Description	lambda	No. of nonzero coef.	Out-of-sample R-squared	CV mean prediction error
1.000						
	1	first lambda	83.91276	0	-0.0175	332481.4
	4	last lambda	70.66338	0	-0.0212	333675.2
0.950						
	5	first lambda	83.91276	0	-0.0139	331309.9
	10	last lambda	61.16655	4	-0.0167	332225
0.900						
	11	first lambda	83.91276	0	-0.0137	331218.1
	17	last lambda	55.73268	7	-0.0157	331886.5
0.850						
	18	first lambda	83.91276	0	-0.0136	331189.4
	25	last lambda	50.78154	7	-0.0150	331642.3
0.800						
	* 26	selected lambda	83.91276	0	-0.0135	331178.5
	27	lambda after	78.97672	2	-0.0137	331245.1
	41	last lambda	24.12535	11	-0.0153	331738.5

* alpha and lambda selected by cross-validation.

（4）弹性网络 logistic 回归。

.elasticnet logit lbweight c.mage##c.mage c.fage##c.fage c.mage#c.fage c.fedu##c.medu i.(mmarried mhisp fhisp alcohol msmoke fbaby prenatal1)

Elastic net logit model   No. of obs = 248
                                        No. of covariates = 24

```
Selection: Cross-validation                      No. of CV folds    =         10

----------------------------------------------------------------------------------
                |                                  No. of     Out-of-
                |                                 nonzero      sample    CV mean
alpha        ID |       Description      lambda     coef.  dev. ratio   deviance
----------------+-----------------------------------------------------------------
1.000           |
              1 |      first lambda     .055775         0     -0.0196   .5514535
              4 |     lambda before    .0421918         0     -0.0196   .5514535
            * 5 |   selected lambda    .0384436         0     -0.0196   .5514535
              6 |      lambda after    .0371834         0     -0.0200   .5516404
              9 |       last lambda    .0281278         0     -0.0310   .5575904
----------------+-----------------------------------------------------------------
0.750           |
             10 |      first lambda     .055775         0     -0.0196   .5514535
             14 |       last lambda    .0384436         0     -0.0287   .5563524
----------------+-----------------------------------------------------------------
0.500           |
             15 |      first lambda     .055775         0     -0.0284   .5562019
             18 |       last lambda    .0421918         2     -0.0374   .5610674
----------------------------------------------------------------------------------
* alpha and lambda selected by cross-validation.
```

（5）指定 lambda 网格的弹性网络 logistic 回归。

.elasticnet logit lbweight c.mage##c.mage c.fage##c.fage c.mage#c.fage c.fedu##c.medu i.(mmarried mhisp fhisp foreign alcohol msmoke fbaby prenatal1), alphas(.9(.05)1)

```
Elastic net logit model                          No. of obs         =        248
                                                 No. of covariates  =         24
Selection: Cross-validation                      No. of CV folds    =         10

----------------------------------------------------------------------------------
                |                                  No. of     Out-of-
                |                                 nonzero      sample    CV mean
alpha        ID |       Description      lambda     coef.  dev. ratio   deviance
----------------+-----------------------------------------------------------------
1.000           |
            * 1 |   selected lambda    .0309861         0     -0.0260   .5548965
              2 |      lambda after    .0293553         0     -0.0287   .5563657
              4 |       last lambda    .0254101         1     -0.0354   .5599778
----------------+-----------------------------------------------------------------
0.950           |
              5 |      first lambda    .0309861         0     -0.0284   .5561965
              8 |       last lambda    .0254101         2     -0.0376    .561176
----------------+-----------------------------------------------------------------
0.900           |
              9 |      first lambda    .0309861         0     -0.0309   .5575692
             12 |       last lambda    .0254101         2     -0.0391   .5620035
----------------------------------------------------------------------------------
* alpha and lambda selected by cross-validation.
```

（6）弹性网络泊松回归。

.elasticnet poisson nprenatal c.mage##c.mage c.fage##c.fage c.mage#c.fage c.fedu##c.medu i.(mmarried mhisp fhisp foreign alcohol msmoke fbaby prenatal1)

```
Elastic net Poisson model                        No. of obs         =        248
                                                 No. of covariates  =         24
Selection: Cross-validation                      No. of CV folds    =         10
```

alpha	ID	Description	lambda	No. of nonzero coef.	Out-of-sample dev. ratio	CV mean deviance
1.000						
	1	first lambda	4.454931	0	-0.0019	1.976502
	29	lambda before	.3803069	3	0.2428	1.49388
	* 30	selected lambda	.3465215	3	0.2428	1.493865
	31	lambda after	.3157375	3	0.2424	1.494536
	36	last lambda	.1982923	6	0.2390	1.501333
0.750						
	37	first lambda	4.454931	0	-0.0019	1.976502
	70	last lambda	.2388438	9	0.2371	1.50503
0.500						
	71	first lambda	4.454931	0	0.0011	1.970744
	100	last lambda	.3465215	9	0.2364	1.506435

* alpha and lambda selected by cross-validation.

（7）弹性网络泊松回归，扩展了 lambda 网格，以包含较小的值。

.elasticnet poisson nprenatal c.mage##c.mage c.fage##c.fage c.mage#c.fage c.fedu##c.medu i.(mmarried mhisp fhisp foreign alcohol msmoke fbaby prenatal1), grid(100, ratio(1e-5))

```
Elastic net Poisson model                 No. of obs         =        248
                                          No. of covariates  =         24
Selection: Cross-validation               No. of CV folds    =         10
```

alpha	ID	Description	lambda	No. of nonzero coef.	Out-of-sample dev. ratio	CV mean deviance
1.000						
	1	first lambda	4.454931	0	-0.0019	1.976502
	23	lambda before	.3892559	3	0.2427	1.494117
	* 24	selected lambda	.3465215	3	0.2428	1.493865
	25	lambda after	.3084786	3	0.2424	1.494595
	29	last lambda	.1937336	6	0.2386	1.502069
0.750						
	30	first lambda	4.454931	0	-0.0019	1.976502
	56	last lambda	.244464	9	0.2376	1.504117
0.500						
	57	first lambda	4.454931	0	0.0011	1.970744
	80	last lambda	.3465215	9	0.2364	1.506435

* alpha and lambda selected by cross-validation.

第14章
CHAPTER 14

Stata 编程基础

当用户针对自己面临的问题需要自定义新的计量分析方法或模型，或者需要反复使用多个命令，或者需要把多个命令汇编成一个便利的命令时，就需要利用 Stata 函数编写 Stata 程序语句，以完成操作。

14.1 基本工具

14.1.1 do 文件和 ado 文件

do 文件、ado 文件是 Stata 命令的集合。

do 文件是收集、存储一个程序或脚本中的所有相关命令、扩展名为 .do 的文本文件。可以包含一系列的 Stata 命令。do 文件的文件名不能有空格，一般情况下 do 文件需要和相关的输入、输出文件都在同一个目录中，并在这个目录中执行 Stata 命令。查看或修改、变换当前目录路径，可以使用 cd 命令。

创建 do 文件，可以单击工具栏中的“新 do-file 编辑器”工具按钮，也可以从“窗口”下拉菜单中，打开一份新的 do 文件。

可以在命令窗口中把目录 cd 转变为存有 do 文件的目录，然后执行 do 命令，执行一个已经编辑好的 do 文件；也可以先用工具栏中的“打开”工具按钮，打开 do 文件，在 do 文件编辑器中，单击运行工具“▶”按钮，执行 do 文件。

使用 Stata 进行数据分析，涉及三个阶段：

（1）创建、编写 do 文件。

（2）在 Stata 中运行 do 文件。

（3）用一个文本编辑器，读取输出结果到 log（日志）文件。

如果想要自动加载并运行程序内容，就需要利用 do 文件编辑器编写程序，do 文件编辑器如下图所示。

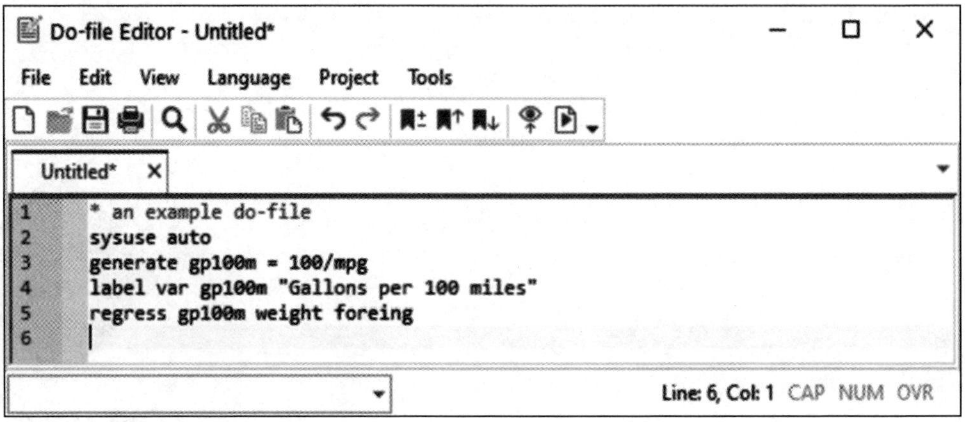

do 文件中可以用“ * ”标注程序命令的注释；用书签标注程序命令层次。单击书签工具按钮，可以在 do 文件中的不同命令之间添加书签，便于命令划分层次段落。

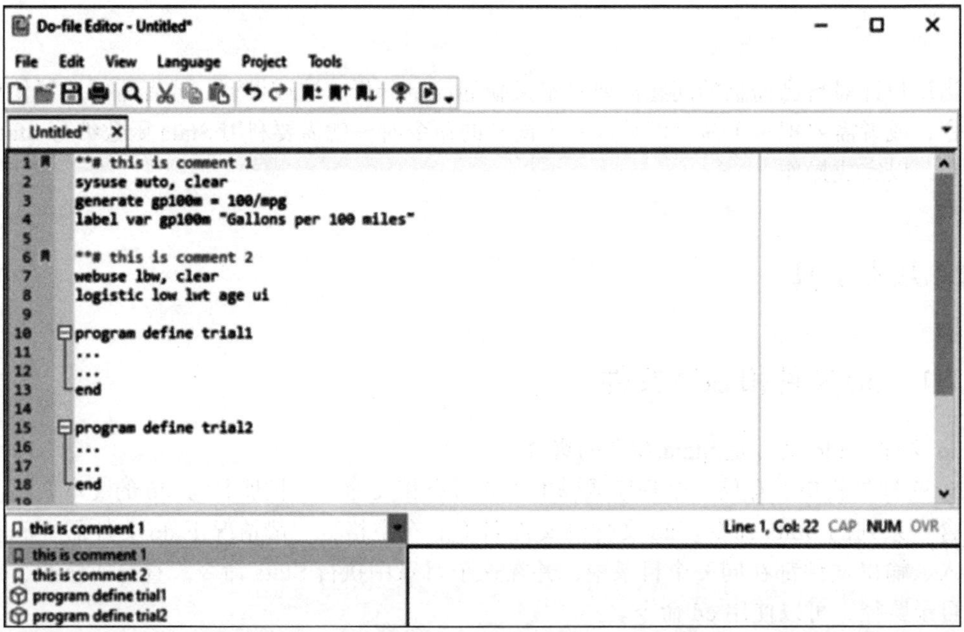

测试通过后把程序保存到扩展名为“ .ado ”的文件中，也就是 ado 文件（automatically do），后续使用中，直接输入程序名就可以直接调用该程序。值得注意的是，ado 文件的文件名必须与 do 文件的文件名一致。

从 do 文件中执行程序的命令语法格式为：

{do|run} filename [arguments] [, nostop]

我们可以使用 Stata 的 do 文件编辑器创建文件名（称为 do 文件）。此文件将是标准文本文件。文件名也可以使用非 Stata 文本编辑器创建。确保以 ASCII 或 UTF-8 格式保存文件。

如果指定的文件名没有扩展名，默认为“.do”。

如果路径名或文件名包含空格，则应该用双引号括起来。

菜单操作路径：

File > Do...

do 和 run 命令使 Stata 执行存储在 filename 中的命令。do 在执行命令时回显命令，而 run 是静默命令。

14.1.2　宏的定义与操作

宏（macro）就是一串相关的字符串。宏分为全局宏和局部宏，用 globe 命令定义全局宏，用 local 命令定义局部宏。

globe 将字符串指定给指定的全局宏名称（mnames）。local 将字符串指定给本地宏名称（lclnames）。允许使用双引号（"and"）和复合双引号（′"and"′）。如果字符串有嵌入的引号，则需要复合双引号。

tempvar 为指定的本地宏分配名称，这些名称可以用作数据集中的临时变量名称。当 do 文件运行结束时，具有这些指定名称的所有变量都将被删除。

tempname 为指定的本地宏分配名称，这些名称可以用作临时本地宏、标量、矩阵或帧名称。当 do 文件运行结束时，所有具有这些指定名称的本地宏、标量、矩阵或帧都将被删除。

tempfile 为指定的本地宏分配名称，这些名称可以用作临时文件的名称。当 do 文件运行结束时，使用这些指定名称创建的任何数据集都将被删除。

宏的语法格式为：

```
globe mname [=exp | :macro_fcn | "[string]" | `"[string]"']
local lclname [=exp | :macro_fcn | "[string]" | `"[string]"']
tempvar  lclname [lclname [...]]
tempname lclname [lclname [...]]
tempfile lclname [lclname [...]]
local { ++lclname | --lclname }
macro dir
macro drop { mname [mname [...]] | mname* | _all }
macro list [ mname [mname [...]] | _all]
macro shift [#]
[...] 'expansion_optr' [...]
```

以上内容有两点需要注意。'expansion_optr' 可以是 lclname | ++lclname | lclname++ | --lclname | lclname-- | =exp | :macro_fcn | .class_directive | macval(lclname)。

macro_fcn 的可设定内容方式较多，选择一种方式即可。

14.1.3　变量创建与操作

变量创建与操作的基础命令

（1）创建新变量。

```
generate [type] newvar[:lblname] =exp [if] [in] [, before(varname) | after(varname)]
```

（2）替换已有变量的内容。

```
replace oldvar =exp [if] [in] [, nopromote]
```

（3）指定分配给新变量的默认存储类型。

set type {float|double} [, permanently]

这里，“type”可以是这些类型之一：byte|int|long|float|double|str|str1|str2|...|str2045。

菜单操作路径：

generate：Data > Create or change data > Create new variable

replace：Data > Create or change data > Change contents of variable

generate 创建一个新变量。变量的值由 =exp 指定。如果未指定类型，则新变量类型由 =exp 返回的结果类型决定。如果结果是数值，则创建浮点变量（或根据集合类型创建双精度变量），如果结果是数值，则创建字符串变量。在后一种情况下，如果字符串变量包含大于 2 045 个字符的值或包含二进制的值，则会创建一个 strL 变量。否则，将创建一个 str# 变量，其中 # 是等待结果。如果指定了类型，=exp 返回的结果必须是字符串或数值。如果指定了 str，则使用与上述相同的规则创建 strL 变量或 str# 变量。

replace 更改现有变量的内容。因为 replace 会改变数据，所以该命令不能缩写。

set type 未明确指定存储类型时，分配给新变量（例如由 generate 创建的变量）的默认存储类型。

例 14.1　变量创建与操作（1）

例 14.2　变量创建与操作（2）

例 14.3　变量创建与操作（3）

例 14.4　正交化变量创建与正交多项式的计算

请扫码查看例 14.1 的内容　请扫码查看例 14.2 的内容　请扫码查看例 14.3 的内容　请扫码查看例 14.4 的内容

14.2 程序文件的基本格式

14.2.1 程序的定义和操作

定义和操作程序（program）的 Stata 命令语法分别为：

（1）定义程序。

program [define] pgmname [, [nclass | rclass | eclass | sclass] byable(recall[, noheader] | onecall) properties(namelist) sortpreserve plugin]

（2）列出存储在内存中的程序名。

program dir

（3）从内存中删除程序。

program drop { pgmname [pgmname [...]] | _all | _allado }

（4）列出程序内容。

program list [pgmname [pgmname [...]] | _all]

命令语法说明：

如果 pgmname 是 define、dir、drop、list 或 plugin，则需要 define。

program dir 列出存储在内存中的所有程序的名称。

program list 列出指定程序的内容。program list_all 列出存储在内存中的所有程序的内容。

program drop 会从内存中删除已命名的程序。program drop_all 清除存储在内存中的所有程序。program drop _allado 消除了存储在内存中的所有从 ado 文件加载的程序。

选项说明：

（1）nclass 声明所定义的程序不返回 r()、e() 或 s() 中的结果，并且是默认值。

（2）rclass 声明正在定义的程序返回 r() 中的结果。这是使用 return 命令完成的；如果程序没有显式声明为 rclass，则它可能不会更改或替换 r() 中的结果。

（3）eclass 声明，正在定义的程序返回 e() 中的结果，或者修改 e() 中已有的结果。这是使用 ereturn 命令完成的；如果该程序未明确声明为 eclass，则可能不直接替换或更改 e()。

（4）sclass 声明正在定义的程序返回 s() 中的结果。这是使用 sreturn 命令完成的；如果程序没有显式声明为 sclass，则它可能不会直接更改或替换 s() 中的结果，但仍然可以使用 sreturn clear 清除 s()。

（5）byable（recall[，noheader]| onecall）指定程序允许 Stata 的 by varlist:prefix。编写字节型程序有两种风格，即字节（recall）和字节（onecall）。

（6）properties(namelist) 声明 pgmname 具有指定的属性。namelist 最多可包含 80 个字符，包括分隔空格。

（7）sortpreserve 声明程序更改了数据的排列顺序，并且 Stata 将在程序结束时恢复原始顺序；plugin 指定动态加载插件（一个专门编译的 C 程序），并由插件定义新命令。

例 14.5　用 program 创建自编程序

请扫码查看例 14.5 的内容

14.2.2　定义变量

Stata 程序有两种解释用户类型的方法。

（1）在位置上，是指第一个参数、第二个参数等。

（2）根据语法，如标准 Stata 语法。

第一种方法是使用 args 命令定义变量，即按位置解析 Stata 语法的命令格式为：

args macroname1 [macroname2 [macroname3 ...]]

第一个参数分配给 macroname1，第二个参数分配给 macroname2，等等；在该程序中，你可以通过将宏的名称包含在单引号内，例如，‘ macroname1’，‘macroname2’。

例 14.6　定义变量

请扫码查看例 14.6 的内容

14.2.3 定义语法格式

第二种方法就是使用 syntax 命令定义语法格式，即根据标准语法结构分析语法：

syntax description_of_syntax

例如，定义新命令 myprog 的语法格式为：

myprog varname[, dof(#) beta(#)]

方括号“[ ]”表示该元素可以省略。我们可以自编程序。

```
program myprog
version 17.0
syntax varlist [if] [in] [, DOF(integer 50) Beta(real 1.0)]
（程序的其余部分说明按照“varlist”“if”“in”“dof”和“beta”设置）
…
end
```

syntax 检查用户键入的内容，并尝试将其与语法图匹配。如果不匹配，将发出错误消息并停止程序（返回非零返回码）。如果匹配，则各个组件存储在特定的本地宏中，可以在其中访问它们。在上面的例子中，结果是定义本地宏“varlist”“if”“in”“dof”和“beta”。

标准的 Stata 语法格式为：

```
cmd [varlist | namelist | anything]
            [if]
            [in]
            [using filename]
            [= exp]
            [weight]
            [, options]
```

（1）varlist 有多种设置方式，包括 nothing，[ ]，varlist、varname、newvarlist，newvarname 中的一个，varlist_specifiers。其中，varlist_specifiers 可以是 default=none，min=#，max=#，numeric，string，str#，strL，fv，ts，generate(newvarlist and newvarname only)。

如果不键入任何内容，则该命令不允许使用 varlist。

输入“[ ]”意味着 varlist 是可选的。

default= 指定当 varlist 是可选的且用户未指定时，如何填写 varlist。默认设置是用所有变量填充它。如果指定了 default=none，则保留为空。

min and max 指定可指定的变量的最小值和最大值。键入 varname 相当于键入 varlist（max=1）。

numeric、string、str# 和 strL 将指定的 varlist 限制为完全由数字、完全由字符串（意思是 str# 或 strL）、完全由 str# 或完全由 strL 变量组成。

fv 允许 varlist 包含因子变量。

ts 允许 varlist 包含时间序列运算符。

generate 为 newvarlist 或 newvarname 指定创建新变量并用缺少的值填充。

在 syntax 命令之后，结果 varlist 将在“varlist”中返回。如果有新变量（你编码了

newvarname 或 newvarlist)，也会定义宏“ typlist”，其中包含每个新变量的存储类型，并一个接一个列出。

例如：

syntax varlist 表示执行程序时，必须设置 varlist。

syntax [varlist] 设置 varlist 为可选项。

syntax varlist(min=2) 最少 2 个 varlist。

syntax varlist(max=4) 最多 4 个 varlist。

syntax varlist(min=2 max=4 numeric) 最少 2 个 varlist，最多 4 个 varlist，且为数值变量。

syntax newvarlist 生成新的 varlist。

syntax newvarlist(max=1) 最多生成一个新的 varlist。

syntax [varname] 只允许设置一个 varlist，且该 varlist 为可选项。

（2）namelist 是 varlist 的替代项，它放宽了用户指定的变量名称的限制。name 是 namelist 的缩写（max=1）。当你希望命令具有近乎标准的命令名语法，后跟名称列表（不一定是变量名），后跟 if、in、options 等时，可以使用 namelist。例如，命令后面可能要跟变量标签名称的列表。

（3）anything。当你希望命令具有几乎标准的语法，即命令名后跟某物，后跟 if、in、options 等时，可以使用 anything。例如，命令后面可能要跟一个或多个表达式，或一个数字列表。

如果不键入任何内容，则该命令不允许“任何内容”。输入 [and] 意味着“任何东西”都是可选的。在 syntax 命令之后，除非指定了 name=name，否则结果“anything list”将以“anything”的形式返回，在这种情况下，结果将以“name”的形式返回。

（4）if。if 的设置方式包括 nothing，[，]，/。如果不键入任何内容，则该命令不允许使用 if exp。

输入“[ ]”意味着 if exp 是可选的。在 syntax 命令之后，生成的 if exp 以 'if' 形式返回。除非指定 /，否则此宏包含 if 后跟表达式，在这种情况下，宏只包含表达式。例如：

syntax ... if ...；syntax ... [if] ...；syntax ... [if/] ...；syntax ... if/ ...。

（5）in、using、_=exp 的设置方式同 if。

（6）weight 选项设置可以是 nothing，[，]，/，fweight、aweight、pweight 和 iweight 之一。

如果不键入任何内容，则该命令不允许 weight。命令可能不允许同时使用 weight 和 =exp。

你必须输入“[”和“]”；它们不是可选的。weight 总是可选的。

指定的第一个 weight 是默认的 weight 类型。

在 syntax 命令之后，生成的权重和表达式以“weight”和“exp”的形式返回。“weight”包含权重类型，如果未指定 weight，则不包含任何内容，'exp' 包含“=”、一个空格和表达式，除非在指定“/”这种情况下，“exp”只包含表达式。

例如：

syntax ... [fweight] ... ；syntax ... [fweight pweight] ... ；syntax ... [pweight fweight] ... ；syntax ... [fweight pweight iweight/] ...。

例 14.7　自编含语法定义的 myprog 程序

例 14.8　定义程序

请扫码查看例 14.7 的内容　　请扫码查看例 14.8 的内容

14.2.4　观测值标记变量的使用与操作

Stata 有专门的命令生成标记变量，对使用的观测值进行标记。这种变量为临时变量，取值为 0 或 1。如果观测值在随后的编码中被使用，则临时变量取值为 1，如果没有被使用，则取值为 0。

marksample、mark 和 markout 用于 Stata 程序。marksample 和 mark 是可替换的；marksample 连接 syntax 留下的信息，mark 则很少被使用。两者都创建了一个 0/1 使用标记变量，该变量记录了在后续代码中使用的观察结果。如果 varlist 中的任何变量包含 missing，则 markout 将使用变量设置为 0，并用于进一步限制观察。

markin 是在 marksample、mark 和 markout 之后使用的，有时还提供了一种更有效的观察编码，以便在后续代码中使用。不过，markin 很少被使用。

只要任何调查特征变量包含缺失值，svymarkout 将变量设置为 0。

在 syntax 命令后生成标记变量，其命令语法格式为：

marksample lmacname [, novarlist strok zeroweight noby]

创建标记变量，其命令语法格式为：

mark newmarkvar [if] [in] [weight] [, zeroweight noby]

修改标记变量，其命令语法格式为：

markout markvar [varlist] [, strok sysmissok]

查找包含选定观测值的范围，其命令语法格式为：

markin [if] [in] [, name(lclname) noby]

基于调查特征变量修改标记变量，其命令语法格式为：

svymarkout markvar

14.2.5　结果保存与查看程序

保存结果的命令程序，可以分为三种类型：

（1）r 类命令，如 summarize，其结果被保存在 r() 中。大部分命令都是 r 类命令。

（2）e 类命令，如 regress，其结果被保存在 e() 中。e 类命令是 Stata 软件的模型估计命令。

（3）s 类命令，其结果保存在 s() 中，这类命令使用较少，有时编程中会使用。

在程序中，把结果保存在 r() 中的命令有：

```
return scalar name =exp
return local name = exp
return matrix name [=] matname [, copy]
```

其中，第一个命令保存标量（scalar），第二个命令保存局部宏（local），第三个命令保存矩阵（matrix）。

运行完一个 r 类命令，可以输入如下命令，查看 Stata 软件保存的结果：

```
return list
```

例 14.9　编写程序

例 14.10　返回结果

例 14.11　e 类命令结果的保存查看

请扫码查看例 14.9 的内容　　请扫码查看例 14.10 的内容　　请扫码查看例 14.11 的内容

14.2.6　程序举例

例 14.12　编写多元回归程序

请扫码查看例 14.12 的内容

14.3　程序控制与循环命令

Stata 常用的条件控制命令主要是 if 命令，循环命令结构有：

（1）foreach 命令，在一个变量名称列表或数字列表中的不同项之间构造循环。

（2）forvalues 命令，在数字的连续值之间构造循环迭代。

（3）while 命令，循环持续到用户指定的条件不能被满足时为止。

（4）continue 命令，可以继续执行过早暂停执行的当前循环迭代命令。

14.3.1　if 条件命令

if 条件控制编程命令的语法格式为：

```
if exp {
        multiple_commands
        }
```

```
else {
        multiple_commands
        }
```

或者

```
if exp single_command
else single_command
```

其中，exp 为表达式，如果表达式为真（非 0），就执行 if 下面的命令语句（multiple_commands）；反之，如果表达式不成立（0），就执行 else 下面的命令。值得注意的是，左花括号“{”必须与 if 或 else 位于同一行上，且其后不能再有命令，要执行的命令必须另起一行，可以有注释。此外，右花括号“}”必须自己占一行。

典型应用 1：

```
program ...
        syntax varlist [, Report ]
        ...
        if "`report'" != "" {
                (logic for doing the optional report)
        }
        ...
end
```

典型应用 2：

```
program ...
        syntax varlist [, Adjust(string) ]
        ...
        if "`adjust'" != "" {
                if "`adjust'" == "means" {
                ...
                }
                else if "`adjust'" == "medians" {
                ...
                }
                else {
                        display as err /*
                        */ "specify adjust(means) or adjust(medians)"
                                exit 198
                }
        }
        ...
end
```

典型应用 3：

```
program ...
```

```
syntax ... [, ... n(integer 1) ... ]
...
if 'n'==1 {
    local word "one"
}
else if 'n'==2 {
    local word "two"
}
else if 'n'==3 {
    local word "three"
}
else {
    local word "big"
}
...
end
```

使用 ++ 宏避免单行 if 和 else：

当操作包含“++”宏时，不要使用 if 和 else 的单行形式，也不要忽略花括号。例如，要编写代码：

```
if (...) {
    somecommand '++i'
    }
```

在上面这段代码中，无论条件是真是假，i 都将递增，因为宏的展开在解释行之前。在下面这段代码中，如果条件为 false，则花括号内的内容将不会显示宏已经展开，因此 i 不会递增。

```
else {
    somecommand '++i'
    }
```

if 条件命令通常用于 do 文件和程序中。

例 14.13　if 条件命令

请扫码查看例 14.13 的内容

14.3.2　while 循环命令

while 循环命令的语法格式为：

```
while exp {
    stata_commands
    }
```

花括号必须用 while 指定：

（1）打开的（左）花括号必须与 while 出现在同一行上。

（2）除注释外，（左）花括号后面不得有任何内容；要执行的第一个命令必须出现在下面另起的一行上。

（3）右花括号必须单独出现在一条线上。

while 循环命令计算 exp，如果表达式 exp 的值为真（非 0），则执行花括号中的 Stata 命令。然后重复该过程，直到 exp 的计算结果为假（0）。while 可以嵌套在 while 中。如果 exp 是指任何变量，除非指定了明确的下标，否则将使用它们在第一次观察中的值。

foreach 和 forvalues 命令是 while 的替代命令。

花括号中的 Stata 命令可以执行一次、多次，或者根本不执行。

例 14.14　while 循环命令

请扫码查看例 14.14 的内容

14.3.3　foreach 循环命令

foreach 循环命令按照每个条目进行循环，其基本命令语法格式为：

```
foreach lname {in|of listtype} list {
                    commands referring to 'lname'
          }
```

foreach 反复为 list 中的每个元素设置本地宏 lname，并执行花括号中的命令。循环执行零次或多次；如果 list 为 null 或空，则执行零次。这是循环处理连续值的最快方法，例如循环处理从 1 到 k 的数字。

具体使用形式说明如下：

（1）foreach lname in list { ... } 允许一个常规列表。元素之间用一个或多个空格隔开。

（2）foreach lname of local list { ... } and foreach lname of globe list { ... } 从指定位置获取列表。这种使用 foreach 的方法产生执行速度最快的代码。

（3）foreach lname of varlist list { ... }, foreach lname of newlist list { ... }, and foreach lname of numlist list { ... } 很像 foreach lname in list { ... }，除非对清单进行了适当的解释。例如，

```
foreach x in mpg weight-turn {
                ...
          }
```

有两个元素，mpg 和 weight turn，因此循环将执行两次。

```
foreach x of varlist mpg weight-turn {
                ...
          }
```

有四个元素，mpg、weight、length 和 turn，因为 list 是 varlist 的解释。

（4）foreach lname of varlist list { ... } 给出变量列表的解释。根据标准变量缩写规则展开列表，并确认变量的存在。

（5）foreach lname of newlist list { ... } 指示列表将被解释为新变量名；执行检查以查看是否可以创建命名变量，但不会自动创建它们。

（6）foreach lname of numlist list { ... } 表示数字列表，并允许使用标准数字列表表示法。

例 14.15 foreach 循环命令

请扫码查看例 14.15 的内容

14.3.4 forvalues 循环命令

forvalues 循环命令为范围（range）的每个元素设置本地宏 lname，并执行花括号中的命令。循环执行零次或多次。forvalues 是为 lname 的不同数值执行代码块的最快方法。其语法格式为：

```
forvalues lname = range {
                Stata commands referring to 'lname'
    }
```

其中，lname 是局部宏的名称，用于存储每次循环的数值，range 为数值的范围，有以下设置方式。

#1（#d）#2：表示数值从 #1 到 #2，步长为 #d。

#1/#2：表示数值从 #1 到 #2，步长为 1。

#1#t to#2：表示数值从 #1 到 #2，步长为 #t-#1。

#1#t:#2：表示数值从 #1 到 #2，步长为 #t-#1。

这里也要求左花括号"{"与 forvalues 位于同一行上，且其后不能有命令内容，但允许注释。右花括号"}"要单独占一行。

例 14.16 forvalues 循环命令

请扫码查看例 14.16 的内容

14.3.5 跳出循环 continue 命令

foreach、forvalues 或 while 循环中的 continue 命令可以中断当前循环迭代的执行，并跳过循环中的其余命令。其语法格式为：

continue [, break]

这里，选项 break 为可选项，默认情况下，continue 命令为略过当前循环的剩余命令，并开始下一次循环，但如果设定了选项 break，程序就会直接执行循环后面的命令。

例 14.17 continue 命令

请扫码查看例 14.17 的内容

14.4 矩阵命令

14.4.1 标量与矩阵

一个标量可以存储单个数字或字符串，可以用 display 命令，显示一个标量的内容。

矩阵在 Stata 中有两种使用方法，一种是使用带有前缀 matrix 的 Stata 命令，另一种是矩阵编程语言 Mata。

手动输入矩阵使用 matrix define 命令，可以输入矩阵的元素，行元素默认名称为 r1，r2，…，行元素之间用反斜线“\”隔开，列元素名称默认为 c1，c2，…，列元素之间用逗号“,”隔开，例如：

```
.matrix define A=(1,2,3 \ 4,5,6)
.matrix list A
```

命令中的“define”可以省略。

矩阵命名的命令为 matname，行和列元素名称修改的命令分别是 matrix rowname 和 matrix colname。

也可以把存入 e() 或 r() 中的 Stata 估计结果输入矩阵。例如，存储在 e(V) 中的方差矩阵，列示内容：

```
.matrix vbols=e(V)
.matrix list vbols
```

在语法图中，大写字母 A，B，…，Z 代表矩阵名称。矩阵命令主要是加前缀 matrix 的矩阵操作命令。除了矩阵命令之外，Stata 还有一种完整的矩阵编程语言 Mata，它提供了更高级的矩阵函数、对复杂矩阵的支持、快速的执行速度，以及直接访问 Stata 数据、宏、矩阵和返回结果的能力。Mata 可以作为矩阵计算器交互使用，但它对编程更有用。

14.4.2 矩阵的输入与输出

例 14.18 矩阵的输入输出

请扫码查看例 14.18 的内容

14.4.3 矩阵的下标和合并

矩阵的下标在方括号中表示出来，矩阵的第（i, j）个元素表示为 $[i, j]$。如果行或列有名称，也可以选用这个名称。

要对一个矩阵添加或追加一些行，使用垂直连接算子“\”；要对一个矩阵条件一些列，使用水平连接算子“,”。例如：

```
. matrix B=mymat\X
. matrix list B

B[4,2]
      c1    c2
r1    1     2
r2    3     4
 1    2     1.5
 2    2.5   3
```

```
. matrix C=B,mycol
. matrix list C

C[4,3]
       c1     c2     c1
r1      1      2     1.7
r2      3      4     2.93
 1      2     1.5    -5
 2     2.5     3      3
```

14.4.4 矩阵运算

矩阵算子有：+（加）、–（减）、*（乘）、#（Kronecker 乘积）、/（除）、“′”（矩阵转置）。另外，乘法命令可以用于与标量相乘，如 2*A 或 A*2，标量除法也是可行的，如 A/2。

要计算 A′A，使用 A′*A。

例 14.19 矩阵运算

请扫码查看例 14.19 的内容

14.4.5 矩阵函数

矩阵函数使用括号“( )”定义。生成标量的矩阵函数包括：colsof(A)、det(A)、rowof(A) 及 trace(A)。生成矩阵的函数有：cholesky(A)、corr(A)、diag(A)、hadmard(A,B)、I(n)、inv(A)、invsym(A)、vec(A)、vecdiag(A) 等。汇总如下表所示。

序号	函数	语法功能
1	cholesky(M)	矩阵的 Cholesky 分解：如果 R=cholesky（S)，那么 RR^T=S；R^T 表示 ***R*** 的转置。行名和列名从 ***M*** 中获取
2	corr(M)	方差矩阵的相关矩阵
3	diag(M)	从行向量或列向量创建的正方形对角矩阵。如果 ***M*** 是行向量，则行名和列名从 ***M*** 的列名中获取；如果 ***M*** 是列向量，则行名和列名从 ***M*** 的行名中获取
4	get(systemname)	Stata 内部系统矩阵 systemname 的副本，包含此函数是为了与以前版本的 Stata 兼容
5	hadamard(M,N)	*i*，*j* 元素为 M[i, j]*N[i, j] 的矩阵（如果 ***M*** 和 ***N*** 的大小不同，此函数报告一致性错误）
6	I(n)	如果 *n* 是整数，则为 $n \times n$ 维单位矩阵；否则，为一个 round(n) × round(n) 的单位矩阵
7	inv(M)	矩阵 ***M*** 的逆。如果 ***M*** 是单数，这将导致错误。函数 invsym() 应该优先于 inv() 使用，因为 invsym() 更准确。结果的行名来自 ***M*** 的列名，结果的列名来自 ***M*** 的行名
8	invsym(M)	如果 ***M*** 是正定的，则求 ***M*** 的逆。如果 ***M*** 不是正定的，行将被反转，直到对角线项为零或负；与这些项对应的行和列将被设置为 0，从而产生 g2 反转。结果的行名从 ***M*** 的列名中获取，结果的列名从 ***M*** 的行名中获取

（续）

序号	函数	语法功能
9	invvech(M)	一种对称矩阵，由行或列向量填充下三角形的列而形成
10	invvecp(M)	一种对称矩阵，由一行或一列向量填充上三角形的列而形成
11	J(r,c,z)	包含 z 元素的 $r \times c$ 矩阵
12	matuniform(r,c)	区间（0, 1）上含有均匀分布伪随机数的 $r \times c$ 矩阵
13	matrix symeigen	计算对称矩阵的特征向量和特征值：matrix symeigen X v = A
14	matrix eigenvalues	非对称矩阵的特征值：matrix eigenvalues r c = A
15	nullmat(matname)	与行连接 (,) 和列连接 (\) 运算符一起使用
16	sweep(M,i)	矩阵 ***M***，第 i 行 / 第 i 列扫描。结果矩阵的行名和列名是从 ***M*** 中获得的，但第 n 行和列的名称是互换的
17	vec(M)	一种列向量，由 ***M*** 的元素组成，从第一列开始，逐列进行
18	vecdiag(M)	包含矩阵 ***M*** 对角线的行向量。vecdiag() 与 diag() 相反。行名设置为 r1；列名是从 ***M*** 的列名中获取的
19	vech(M)	列示 ***M*** 的下三角形元素而形成的列向量。域：$n \times n$ 矩阵。范围：$n(n+1)/2 \times 1$ 矢量
20	vecp(M)	列示 ***M*** 的上三角形元素而形成的列向量。域：$n \times n$ 矩阵。范围：$n(n+1)/2 \times 1$ 矢量

例 14.20　矩阵函数计算

请扫码查看例 14.20 的内容

14.4.6　矩阵累乘命令

矩阵累乘命令能够计算各变量之间的交叉乘积并将结果返回到 Stata 矩阵中。命令语法格式为：

（1）累加叉积矩阵以形成 ***X'X***。

matrix accum A = varlist [if] [in] [weight] [, noconstant deviations means(M) absorb(varname)]

（2）累加叉积矩阵以形成 ***X'BX***。

matrix glsaccum A = varlist [if] [in] [weight], group(groupvar) glsmat(W|stringvar) row(rowvar) [noconstant]

（3）累加叉积矩阵以形成 [(X_i)'e_i(e_i)'X_i]。

matrix opaccum A = varlist [if] [in], group(groupvar) opvar(opvar) [noconstant]

（4）根据剩余变量累加第一个变量。

matrix vecaccum a = varlist [if] [in] [weight] [, noconstant]

matrixaccum 和 matrixVeccum 中的变量列表可能包含因子变量（矩阵 Veccum 变量列表中的第一个变量除外）。

varlist 可以包含时间序列操作符。

允许使用 matrix accum、matrix glsaccum、matrix Opacum 和 matrix Veccum 进行 collect。

允许 aweights，fweights，iweights 和 pweights。

例如，matrix accm A=v1 v2 生成一个矩阵 $\boldsymbol{A} = \boldsymbol{Z'Z}$，其中 $\boldsymbol{Z}$ 是一个 $N \times 3$ 维的矩阵，其

各列为变量 v1 和 v2 及 accm 自动追加的元素为 1 的单位列；matrix vecaccum A=w v1 v2 生成一个 1×3 阶的行向量 $\boldsymbol{A}=\boldsymbol{w}'\boldsymbol{Z}$ 矩阵，其中，$\boldsymbol{w}$ 是一个 $N\times 1$ 阶的列向量，该列为变量 $\boldsymbol{w}$，$\boldsymbol{Z}$ 是一个 $N\times 3$ 阶的矩阵，其各列为变量 v1 和 v2 及 accm 自动追加的元素为 1 的单位列，除非使用了 noconstant 选项。matrix glsacum 命令构造一个形式为 $\boldsymbol{X}'\boldsymbol{B}\boldsymbol{X}$ 的加权交叉乘积。

如需把数据输入到 Stata 矩阵中，进行矩阵计算，建议使用 Stata 软件中的 Mata 语言编程。Mata 语言是 Stata 软件中的一个可以自我运行的组成成分。Stata 函数可以与 Mata 函数结合使用。

例 14.21　Stata 函数与 Mata 函数结合使用

请扫码查看例 14.21 的内容

14.5　矩阵编程

Mata 是 Stata 中的一种矩阵编程语言，可供那些希望以交互方式执行矩阵计算的人使用，也可供那些希望向 Stata 添加新功能的人使用。

14.5.1　Mata 基本操作

Mata 命令通常在 Mata 中运行。要激活运行 Mata，请在命令窗口中的 Stata 的点提示符下键入 Mata，然后按 <Enter> 键；随后直接输入相关命令，要退出 Mata，请在 Mata 的冒号提示符处键入 end 命令：

```
. mata                                        ← type mata to enter Mata
──────── mata (type end to exit) ──
: 2 + 2                                       ← type Mata statements at the colon prompt
  4
: end                                         ← type end to return to Stata
────────────────────────────────────
. _                                           ← you are back to Stata
```

在 Mata 命令前加上 mata 前缀，可以在 Stata 中启动一个单独的 Mata 命令：

```
. mata I=I(2)

. mata I
[symmetric]
       1   2

  1    1
  2    0   1
```

在 Mata 中使用 stata() 可以在一个 Mata 程序中执行一个 Stata 命令。

在 Mata 交互使用中，Mata 不能包含注释。

Mata 的 help 命令可以在 Stata 的点提示符下或 Mata 的冒号提示符下运行，如查询 det 函数，则输入命令：

help mata det

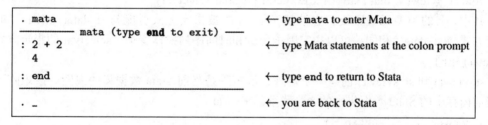

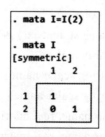

14.5.2 Mata 矩阵命令

手动输入矩阵，基本与 Stata 命令相同，用逗号“,”分割各列元素，用反斜线“\”分割各行。查看矩阵，输入矩阵名称。

```
. mata
------------------------------------------
: A=(1,2,3\4,5,6)

: A
        1   2   3
     +-------------+
  1  |  1   2   3  |
  2  |  4   5   6  |
     +-------------+
```

$n \times n$ 的单位矩阵用 $\boldsymbol{I}(n)$ 命令创建。

一个除了第 i 个元素以外的其他元素为 0 的 $1 \times n$ 维向量用 e(i,n) 创建。

一个各元素为 v 的 $r \times c$ 维常数矩阵用 J(r,c,v) 创建。

范围算子用于创建向量，该向量的元素依次增加 1 个单位。对于行向量，使用“a..b”，如 a=2..10；对于列向量，使用“a::b”，如 b=3::6。

从 Stata 数据输入矩阵，其命令语法格式为：

void st_view(V, real matrix i, rowvector j)

void st_view(V, real matrix i, rowvector j, scalar selectvar)

void st_sview(V, real matrix i, rowvector j)

void st_sview(V, real matrix i, rowvector j, scalar selectvar)

其中，V 的类型无关紧要；它被替换了。i 的被指定方式可能与 st_data() 相同。j 的被指定方式与 st_data() 相同。可以指定因子变量和时间序列操作变量。selectvar 的指定方式与 st_data() 相同。

st_view() 和 st_sview() 创建一个矩阵，该矩阵是当前 Stata 数据集的视图。该矩阵可以与当前内存中的 Stata 数据集中的变量联系起来，如

st_view(y=., ., “ltotexp”)

下载拷贝数据，其命令语法格式为：

xloaded =st_data(., (“totchr”, “cons”)

从 Stata 矩阵输入矩阵，使用 Mata 的 st_matrix() 函数，其语法格式为：

real matrix	st_matrix(string scalar name)
string matrix	st_matrixrowstripe(string scalar name)
string matrix	st_matrixcolstripe(string scalar name)
void	st_matrix(string scalar name, real matrix X)
void	st_matrix(string scalar name, real matrix X,string scalar hcat)
void	st_matrixrowstripe(string scalar name, string matrix s)
void	st_matrixcolstripe(string scalar name, string matrix s)
void	st_replacematrix(string scalar name, real matrix X)

st_matrix（name）返回 Stata 的矩阵名称的内容，如果矩阵不存在，返回 J(0,0,.)。

st_matrixrowstripe（name）返回与矩阵名称关联的行（row stripe），如果矩阵不存在，返

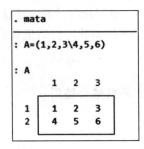

回 J(0,2, “”)。

st_matrixcolstripe（name）返回与矩阵名称关联的列（column stripe），如果矩阵不存在，返回 J(0,2, “”)。

st_matrix(name, X) 将 Stata 矩阵名称的内容设置或重置为 X。如果该矩阵以前不存在，则创建一个新矩阵。如果矩阵确实存在，新内容将取代旧内容。无论哪种方式，行和列条纹也被重置为包含“r1”，“r2”，…和“c1”，“c2”，…。

st_matrix(name, X) 在 X 为 0×0 时删除 Stata 矩阵名称：st_matrix(name, J(0,0,.)) 删除 Stata 矩阵名称，如果名称不存在，则不执行任何操作。

st_matrixrowstripe(name, s) 和 st_matrixcolstripe(name, s) 将与现有 Stata 矩阵名称关联的行和列的内容更改为 s。在任何一种情况下，s 都必须是 $n\times2$ 的，其中 n= 基础矩阵数据的行（列）数。

st_matrixrowstripe(name, s) 和 st_matrixcolstripe(name, s) 将行和列条带重置为“r1”，“r2”，…和“c1”，“c2”，…。当 s 为 0×2 时，即 J(0,2, “”)。

st_replacematrix(name, X) 将 Stata 矩阵名称的内容重置为 X。现有 Stata 矩阵的行数和列数必须与 X 相同。行和列保持不变。

st_matrix（name，X，hcat）和 st_matrix_hcat（name）用于设置和查询 Stata e() 或 r() 矩阵对应的 hcat。不过，它们很少被使用。

例如，

```
. mata
------------------------------------------------
: stata("matrix define B=I(3)")

: C=st_matrix("B")

: C
[symmetric]
       1   2   3
    +-------------+
  1 |  1          |
  2 |  0   1      |
  3 |  0   0   1  |
    +-------------+
```

Stata 的接口函数以“ st_”开头，可以把 Mata 中的矩阵和数据与 Stata 中的矩阵和数据连接起来。使用 Mata 的 st_matrix() 函数可以由 Mata 矩阵创建 Stata 矩阵。要在 Stata 中创建一个新变量并给这个新变量赋值，则要先输入 st_addvar()，再输入 st_store() 函数。

14.5.3 Mata 的矩阵算子

可乘矩阵的算术算子有：“+”表示加，“−”表示减，“*”表示乘，“#”表示 Kronecher 乘积，乘法命令也可以用于标量相乘，如 2*A，或者 A*2。标量除法也是可以的，如 A/2。标量可以升级到标量的幂运算，如 a^2。矩阵 $-\boldsymbol{A}$ 是 $\boldsymbol{A}$ 的逆矩阵。“==”为恒等，“! =”为不等于，“>=”为大于等于，“<=”为小于等于，“&”为且运算，“|”为或运算。

一个单撇号“'”表示矩阵的转置。要计算 A'A，输入命令“A'A”或“A'*A”。

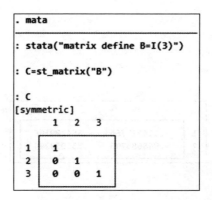

矩阵元素对矩阵元素的算子是冒号算子，即在矩阵算术算子前加上冒号“:”，即为相应

的元素冒号算子。相同维度矩阵的元素之间的乘积（即 Hadamard 乘积），如 C=A:*B。

14.5.4 Mata 矩阵计算函数

标准的矩阵函数的参数在括号“()”中给出。

矩阵的行数函数（rows()）、列数函数（col()）、行列式函数（det()）、秩函数（rank()）、迹函数（trace()）、统计函数（mean()）等，可以生成标量。

绝对值函数（abs()）、符号函数（sign()）、自然对数函数（ln()）、幂指数（exp()）、截取整数（trunc()）等，以及分布函数和密度函数等统计函数，可以通过元素转换生成矩阵。

一些矩阵命令可以作用于整个矩阵，生成向量和矩阵，如矩阵求逆函数、mean 函数、corr 函数等，使用 Mata 的 eigensystem 函数可以得到一个矩阵的特征值和特征向量，其语法格式为：

eigensystem(A, X, L, rcond, nobalance) 计算一般的、实的或复的矩阵 ***A*** 的特征向量和特征值。

lefteigensystem(A, X, L, rcond, nobalance) 镜像了 eigensystem()，不同之处在于 LeftEgenesystem() 求解 XA=diag(L)*X 的左特征向量，而不是求解 AX=X*diag(L) 的右特征向量。

例如，

```
: A = (1, 2 \ 9, 4)
: X = .
: L = .
: eigensystem(A, X, L)
: X
```

	1	2
1	-.316227766	-.554700196
2	-.948683298	.832050294

```
: L
```

	1	2
1	7	-2

第一个特征值为 7，相应的特征向量为（-0.316，-0.949）。第二个特征值为 -2，相应的特征向量为（-0.555，0.832）。

一般来说，即使 A 是实的，特征值和向量也可能是复的。

矩阵求逆的函数命令主要有：cholinv(A) 和 cholinv(A, tol) 返回实矩阵或复矩阵、对称矩阵（厄米特）、正定矩阵和矩阵 ***A*** 的逆矩阵。invsym(A) 返回实对称半正定矩阵 ***A*** 的广义逆。invsym(A, order) 也有相同的功能，但允许指定首先扫描哪些列。luinv(A) 和 luinv(A, tol) 返回实矩阵或复矩阵 ***A*** 的逆矩阵。qrinv() 函数可以计算矩阵的广义逆。

矩阵函数 cross() 可以创建矩阵的交叉乘积。例如，使用 cross(X, X)，可以得到 X'X；使用 cross(X, Z)，可以得到 X'Z；使用 cross(X, w, Z)，可以得到 X'diag(w)Z。

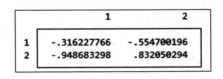

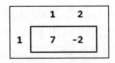

矩阵中的第（i, j）个元素用 [i, j] 表示，列向量的第 i 个元素表示为 [i, 1]，行向量的第 i 个元素表示为 [1, i]。

要对一个矩阵添加一些列，使用水平连接算子逗号“,”，添加一个行，使用垂直连接算子反斜线“\”。使用列举下标，可以从一个矩阵中抽取一个子矩阵。

14.5.5 Mata 编程基础

Mata 是一种类似 C 语言的编译成伪代码的语言，带有矩阵扩展和运行时链接。使用矩阵和标量之前，Mata 程序并不需要声明它们。作为一个例子，我们创建一个 Mata 程序 calcsum，计算列向量的列的和。使用 st_view() 函数从当前内存的 Stata 数据集中的一个名为 varname 的变量得到列向量 **x**，列和计算用 colsum() 函数，其结果存储在实际标量 resultissum 中。要将这个程序运用于 ltotexp 变量上，我们调用带有“ ltotexp”和 sum 参数的 calcsum 程序。结果存储在 sum 中，输入 sum，查看结果。程序为：

```
. mata
------------------------------------------------- mata (type end to exit) --
: void calcsum(varname,resultissum)
> {
> st_view(x=.,.,varname)
> resultissum=colsum(x)
> }

: sum=.

: calcsum("ltotexp",sum)
```

: sum

（结果略）

: end

要把结果传回 Stata 中，我们使用 Mata 的 st_numscalar() 函数，并删除 calcsum 程序中的第二个参数，再使用 Stata 的 display 命令显示结果，程序为：

```
. mata
------------------------------------------------- mata (type end to exit) -
: void function calcsum2(varname)
> {
> st_view(x=.,.,varname)
> st_numscalar("r(sum)",colsum(x))
> }

: calcsum2("itotexp")
```

: stata("display r(sum)")

（结果略）

: end

下面创建一个调用 Mata 程序的 Stata 程序 varsum。该程序使用标准的 Stata 语法，把调用 varsum ltotexp 过程中的参数作为 varlist 中一个变量的名称，调用 Mata 程序 calcsum，并把 varname 作为 varlist 中的变量名称。程序为：

```
. program varsum
  1. version 17
  2. syntax varname
  3. mata:calcsum2("varlist")
  4. display r(sum)
  5. end
. varsum itotexp
```

(结果略)

在 Stata 中编写创建新命令的主要方式为 Stata 的 ado 文件。当在 Mata 中计算高效便利时，ado 文件可以包含 Mata 程序或调用 Mata 函数。在 ado 文件中定义一个 Mata 函数，要求每一次调用时，都进行编辑。将函数的编译代码保存在对象文件中的命令语法格式为：

```
: mata mosave fcnname( ) [, dir(path) complete replace]
```

此命令用于 Mata 模式下，在 Mata 的冒号提示后使用。要在 Stata 的点提示符下使用此命令，请键入：

```
. mata: mata mosave ...
```

例如，

```
: function add(a,b) return(a+b)
: add(1,2)
         3
: mata mosave add()
         (file add.mo created)
: mata clear
: add(1,2)
         3
```

在上面的示例中，函数 add() 保存在文件 add 中。mo 存储在当前目录中。清除 Mata 后，我们仍然可以使用该函数，因为 Mata 找到了存储的目标代码。

创建函数库的命令语法格式为：

```
: mata mlib create libname [, dir(path) replace size(#) ]
: mata mlib add libname fcnlist() [, dir(path) complete ]
: mata mlib index
: mata mlib query
```

此命令用于 Mata 模式下，在 Mata 的冒号提示后使用。要在 Stata 的点提示符下使用此命令，请键入

```
. mata: mata mlib ...
```

例如，创建一个名为 lpersonal 的新空库。在当前目录中的 mlib 中，键入

```
: mata mlib create lpersonal
 (file lpersonal.mlib created)
```

如果 lpersonal.mlib 已经存在，想替换它，请先删除现有文件或键入

```
: mata mlib create lpersonal, replace
(file lpersonal.mlib created)
```

一旦某个库存在，无论你是刚刚创建了它，但它是空的，还是它已经存在并包含一些函数，你都可以通过键入来向它添加新函数：

: mata mlib add libname fcnname()

14.5.6　Mata 编程语言

Mata 编程的基本语言定义包括语法（syntax）、表达式和运算符（expression & operator）、声明和参数（declaration & argument）、控制流程（flow of control）、专题（special topic）和错误代码（error code）等。

控制 Mata 的命令主要包括 Mata 激活运行命令（.mata）和冒号提示符命令。激活运行 Mata 后，可以从冒号提示符使用冒号提示符命令。

Mata 函数包括数学函数（mathematical）、效用与操纵（utility & manipulation）、Stata 接口函数（Stata interface）、数据和时间（date and time）、字符串、I/O 和编程（string, I/O, & programming）等。

14.5.7　Mata 编程示例

Mata 中的 optimize() 优化函数可以交互使用。

optimize_init() 开始定义问题并返回 S，这是一个问题描述句柄，设置为包含默认值。

optimize_init_ *(S, …) 函数允许修改这些默认值。可以使用这些函数来描述要解决的特定问题：设置最大化还是最小化，设置函数 f() 的标识，设置初始值，等等。

optimize(S) 能够进行优化。optimize() 返回实数行向量 $\boldsymbol{p}$，其中包含产生最大值或最小值的参数值。

然后，可以使用 optimize_result _*(S) 函数用于比较最优值对应的函数值与解决方案相关的其他值的函数值。

在其他情况下，也可以通过将生成的参数向量用作新的初始值来重新启动优化。更改优化技术，然后重新启动优化：

optimize_init_params(S, optimize_result_params(S))

optimize_init_technique(S, "dfp")

optimize(S)

下面我们使用这些优化函数来找到最大化 y 的 x 值：

$$y = \exp(-x^2 + x-3)$$

编程及运行结果如下：

```
. mata
------------------------------------------------ mata (type end to exit) ---
: void myeval(todo,x,y,g,H)
> {
> y=exp(-x^2+x-3)
> }
note: argument todo unused.
note: argument g unused.
note: argument H unused.
```

```
: S=optimize_init()

: optimize_init_evaluator(S,&myeval())

: optimize_init_params(S,0)

: x=optimize(S)
Iteration 0:   f(p) =  .04978707
Iteration 1:   f(p) =  .04978708
Iteration 2:   f(p) =  .06381186
Iteration 3:   f(p) =  .06392786
Iteration 4:   f(p) =  .06392786

: x
  .5

: end
```

参考文献

[1] StataCorp. Stata 18 base reference manual[M].College Station: Stata Press, 2023.
[2] CAMERON A C, TRIVEDI P K. Microeconometrics using stata [M].2nd ed. College Station: Stata Press, 2022.
[3] 陈强 . 高级计量经济学及 Stata 应用 [M]. 2 版 . 北京：高等教育出版社，2014.
[4] 王周伟，崔百胜，李小平 . 计量经济分析及 Stata 应用 [M]. 北京：北京大学出版社，2023.
[5] 格林 . 计量经济分析 [M]. 张成思，译 . 北京：中国人民大学出版社，2020.